中 国 数 量 经

数量经济学

Quantitative Economics in the 21st Century

第19卷

◎主 编 李 平 石 磊
◎副主编 李富强 向其凤

经济管理出版社

ECONOMY & MANAGEMENT PUBLISHING HOUSE

图书在版编目（CIP）数据

21 世纪数量经济学. 第 19 卷/李平，石磊主编. —北京：经济管理出版社，2019.6
ISBN 978 – 7 – 5096 – 6468 – 1

Ⅰ. ①2… Ⅱ. ①李…②石… Ⅲ. ①数量经济学—文集 Ⅳ. ①F224. 0 – 53

中国版本图书馆 CIP 数据核字 (2019) 第 054369 号

组稿编辑：陈　力
责任编辑：杨国强　张瑞军
责任印制：黄章平
责任校对：王淑卿

出版发行：经济管理出版社
　　　　　（北京市海淀区北蜂窝 8 号中雅大厦 A 座 11 层　100038）
网　　　址：www. E – mp. com. cn
电　　　话：(010) 51915602
印　　　刷：三河市延风印装有限公司
经　　　销：新华书店
开　　　本：710mm × 1000mm/16
印　　　张：30. 75
字　　　数：504 千字
版　　　次：2019 年 6 月第 1 版　　2019 年 6 月第 1 次印刷
书　　　号：ISBN 978 – 7 – 5096 – 6468 – 1
定　　　价：128. 00 元

21 世纪数量经济学
（第 19 卷）

编审组名单

前　言

本书是《21世纪数量经济学》丛书第19卷。

中国数量经济学会2018年年会于2018年10月26~28日在云南昆明召开，年会由中国数量经济学会与云南财经大学主办，云南财经大学统计与数学学院承办。来自政府部门、研究机构、大专院校和企业的536位数量经济学专家、学者参加了本次年会，会议共收到学术论文305篇。

在本次年会上，美国普林斯顿大学教授范剑青教授、中国人民大学艾春荣教授、云南财经大学石磊教授分别做了高水平的学术报告。天津财经大学白仲林教授、厦门大学郑挺国教授、云南财经大学陈昆亭教授在名家论坛上做了学术报告。会议分为：数量经济理论与方法，经济增长、宏观经济，金融、保险，资本市场，财政、税收，投资、贸易，区域经济、产业经济，环境、资源，大数据理论及方法，实验经济学及其他学科10个小组进行了专题讨论，100多名学者在小组学术交流会上介绍了自己的最新研究成果，会议收到了良好的效果。

本书是在本次年会提交的论文中遴选出来的优秀论文集结成册的，共22篇，分为5个部分：数量经济理论与方法，宏观经济、财政税收，金融、资本市场，企业、产业经济，绿色经济、实验经济学。入选的这些论文均有较高的学术水平，具有一定的理论意义和实践意义。

囿于编者的水平和能力所限，本书一定存在不少错误和疏漏之处，欢迎广大读者批评指正。

目　录

1. 数量经济理论与方法

2. 宏观经济、财政税收

3. 金融、资本市场

4. 企业、产业经济

5. 绿色经济、实验经济学

1. 数量经济理论与方法

Heckman 模型截距项的半参数估计

潘哲文

（中山大学岭南学院，广州　510275）

摘　要　Heckman 模型是处理样本选择问题的标准工具，其截距项的估计可以应用于平均处理效应估计、工资差异分解等问题。无穷处识别方法是 Heckman 模型截距项的一种重要的半参数估计方法，但存在窗宽参数难以选取的问题。本文通过把无穷处识别转化为边界处识别，提出 Heckman 模型截距项的一种核估计方法，并利用经验法则解决窗宽选取问题。模拟结果显示，利用经验法则选取的窗宽在不同的模型设定下均能达到或接近最优水平。

关键词　样本选择；截距项；半参数估计；无穷处识别；窗宽选取；经验法则

Semiparametric Estimation for the Intercept of the Heckman Model

Pan Zhewen

（Lingnan College，Sun Yat – sen University 510275）

Abstract：The Heckman model is a standard tool in sample selection correction, and its intercept is indispensable in applications such as the estimation of average treatment effect and the decomposition of wage difference. The identification at infinity is an important semiparametric estimation method for the intercept of the Heckman model. However, it is difficult to choose appropriate bandwidths for the identification – at – infinity estimation. This study rephrases the identification – at – infinity problem into an identification – at – boundary one, and accordingly proposes a kernel regression method to semiparametrically estimate the intercept of the Heckman model. A virtue of the kernel method is that the bandwidths can be chosen by the rule of thumb. A Monte Carlo simulation shows that the rule – of – thumb bandwidths are optimal or nearly optimal in various designs.

Key Words：Sample Selection；The Intercept；Semiparametric Estimation；Identification at Infinity；Bandwidth Selection；The Rule of Thumb

一、引言

样本选择问题源自样本的非随机性。除了调查样本选取不当的原因外，样本的非随机性主要来源于样本个体的自选择行为。例如，在经典的工资方程研究中，只有在职劳动者的工资数据可以被观测，但是否参加工作是劳动者的自选择行为，因此基于在职劳动者的随机抽样必然是一个非随机样本。又如，在医疗保险对老年人医疗支出影响的研究中（黄枫和甘犁，2010），发现存在大量的"零医疗"支出数据。如果这部分老年人是出于医疗价格或便利程度的考虑而主动放弃就医，那么医疗支出是否为零就是个体自选择行为的结果，而"非零医疗"支出的样本则是一个非随机样本。实际上，样木选择问题普遍存在于微观调查数据以及经济学实证研究，正如 Lee（2009）所述："In the real world, the sample selection problem seems to be the rule rather than the exception."（在现实世界中，样本选择问题似乎是普遍规律而非个别现象。）

样本选择问题的存在有可能导致对经济变量间真实关系的错误推断，从而误导社会经济实践。目前，用于解决或减轻样本选择问题的主要工具是 Heckman 样本选择模型（以下简称 Heckman 模型），该模型通过对自选择行为进行单独建模，可以有效修正非随机样本的不利影响。Heckman 模型的传统估计方法是最大似然估计和 Heckman 两步法，但这两种方法要求模型扰动项服从（联合）正态分布，否则相应的最大似然估计量和 Heckman 两步估计量均不具有相合性①。鉴于此，大量研究通过放松扰动项的参数性分布假定，提出 Heckman 模型的半参数估计量，从而避免了分布误设所导致的非相合性。代表性的研究包括 Gallant 和 Nychka（1987）、Ahn 和 Powell（1993）、Chen 和 Lee（1998）、Newey（2009）、Chen 和 Zhou（2010）、王亚峰（2012）等。但是，这些研究主要关注 Heckman 模型的斜率系数而在一定程度上忽视了截距项的半参数估计问题。

Heckman 模型截距项在平均处理效应估计、工资差异分解等应用中具有关键作用。与 Heckman 模型斜率系数的大量研究相比，其截距项的半参数估计方法相对缺乏，目前最主要的估计方法是 Heckman（1990），Andrews 和 Schafgans（1998）所提出的无穷处识别（Identification – at – infinity）方法。但是，无穷处识别方法的理论窗宽依赖于不可观测的扰动项，因此存在窗宽选取困难的问题，成为限制其实际应用的主要障碍。Schafgans（2004）通过数值模拟考察了不同窗宽选择下无穷处识别估计量的有限样本表现，发现随着窗宽偏离最优水平，估计量的均方误差②会增大；而当偏离程度大于某一阈值时，其均方误差甚至会超过非相合的 Heckman 两步估计量。Schafgans 的研究反映了合适的窗宽选取在实际应用中的重要性，但截至目前，对无穷处识别估计量窗宽选取方法的研究仍未有明显突破。

本研究的主要目标在于解决无穷处识别方法的窗宽选取难题，为实际应用提供理论指导。通过把无穷处识别转化为边界处识别，本研究提出 Heckman 模型截距项的一种具有核回归形式的半参数估计量，这个新的估计量包含无穷处识别估计量作为特例。更重要的是，核回归文献中有着较为成熟的窗宽选取方法可供借鉴。例如，经验法则（The Rule of Thumb）以及交叉验证（Cross Validation）方法。通过数值模拟，本研究发现由经验法则选取的窗宽在不同的模型设定下均接近最优水平，表明简单的经验法则已经能基本解决无穷处识别方法的窗宽选取难题，满足实证研究者的需要。

---

① 相合性（consistency）指的是估计量依概率收敛于参数真实值。一般来说，非相合估计量的特点是渐进偏误收敛于一个非零常数，而渐进方差（以 $\sqrt{n}$ 的速度）收敛于零，因此当样本量很大时，参数真实值几乎总是会落在 95% 的置信区间外，从而产生误导性的统计推断结论。可见，相合性是对估计量的最低要求。

② 估计量的均方误差（mean square error）等于估计量偏误的平方加上估计量的方差，是衡量估计量优劣的主要标准。均方误差越小，估计量与参数真实值越接近。

本研究的关键在于发现无穷处识别问题与非参数回归问题之间的联系，从而成功地将无穷处识别方法置于经典的核回归分析框架下进行研究。本研究至少在两个方面补充和发展了无穷处识别文献：一是扩展了无穷处识别估计量，提出了一种更一般化的估计量，而且这种估计量具有核回归估计量的形式；二是利用核回归文献中的经验法则方法解决了无穷处识别估计量的窗宽选取难题。

本文余下部分的内容安排如下：第二节简要介绍 Heckman 模型，并通过两个例子说明 Heckman 模型截距项的重要性。第三节以核回归方法为基础，给出 Heckman 模型截距项的一种新的半参数估计量。第四节设计数值模拟实验，考察估计量的有限样本性质，并与 Heckman 两步估计量和无穷处识别估计量进行比较。第五节是结论。

二、Heckman 模型

Heckman 模型由选择方程和结果方程构成，形式如下：

$$D = 1\{X'\beta_0 > \varepsilon\}$$
$$Y^* = \mu_0 + Z'\theta_0 + U \qquad (1)$$
$$Y = DY^*$$

式中，可观测的变量为（D，Y，X，Z），$1\{A\}$ 是示性函数，当 A 事件成立时取值为 1，否则为 0。D 是选择变量，取值为 1 和 0，用于标记是否发生样本选择。Y^* 是我们真正关心的变量，但我们只能在 D = 1 时观测到它，即 Y^* 只能被部分地观测。为方便表述，定义一个可观测的变量 Y，当 Y^* 可以被观测时（D = 1 时）Y 就等于 Y^*，而当 Y^* 不能被观测时 Y 就取值为 0。在工资方程的例子中，D = 1 表示参加工作，Y^* 代表工作所能获得的市场工资，但我们只能观察到在职劳动者的工资，即 Y。X 和 Z 分别是选择方程和结果方程的协变量组成的列向量，在 D = 0 的时候也可以被观测；ε 和 U 是随机扰动项，其中 U 的均值假设为零。本文不对 ε 和 U 施加任何参数性分布假定，即本文考虑 Heckman 模型的半参数估计。注意到选择方程参数 β_0 可以用二元选择模型的半参数估计方法进行估计，如 Powell 等（1989）、Klein 和 Spady（1993）、Chen 和 Zhang（2015）等，因此 Heckman 模型文献主要关注结果方程参数 θ_0 和 μ_0 的估计问题。其中，斜率系数 θ_0

的半参数估计研究相当丰富，而截距项 μ_0 的半参数估计方法则相对缺乏。但是，Heckman 模型的多个经济学应用依赖于对 μ_0 的估计。下面以平均处理效应估计和工资差异分解为例说明截距项 μ_0 在 Heckman 模型应用中的重要性，然后对 μ_0 现有的半参数估计方法进行简要回顾。

（一）截距项 μ_0 与平均处理效应估计

考虑以下处理效应模型：

$$D = 1\{X'\beta_0 > \varepsilon\}$$
$$Y_t^* = \mu_t + Z'\theta_t + U_t$$
$$Y_u^* = \mu_u + Z'\theta_u + U_u \tag{2}$$
$$Y = DY_t^* + (1 - D)Y_u^*$$

选择变量 D 用于标记是否接受处理，D = 1 表示进入处理组，D = 0 表示进入控制组，Y_t^* 和 Y_u^* 分别表示进入处理组和进入控制组的潜在结果。因为接受处理和不接受处理互为反事实，所以我们只能观察到其中一个结果，记为 Y。Y_t^* 和 Y_u^* 的差值称为处理效应，其均值 $E[Y_t^* - Y_u^*]$ 则称为平均处理效应（ATE），是模型（2）主要的研究对象[①]。例如，如果 D 表示是否接受高等教育，结果变量 Y 表示工资收入，那么 ATE 就是高等教育的工资回报率。把中间两式代入 $E[Y_t^* - Y_u^*]$，可得 ATE $= (\mu_t - \mu_u) + (\theta_t - \theta_u)'E[Z]$。可见，要估计 ATE，需要先得到结果方程参数的估计。实际上，模型（2）可以拆分成两个 Heckman 模型分别进行估计。若忽略 Y_u^* 的信息，即令 Y_u^* 恒等于 0，则可得到处理组的 Heckman 模型：

$$D = 1\{X'\beta_0 > \varepsilon\}$$
$$Y_t^* = \mu_t + Z'\theta_t + U_t$$
$$Y = DY_t^*$$

类似地，若忽略 Y_t^* 的信息，并定义 $\tilde{D} = 1 - D$，则可得到控制组的 Heckman 模型：

$$\tilde{D} = 1\{X'\beta_0 \leqslant \varepsilon\}$$

---

① 模型（2）关心的其他研究对象还包括处理组的平均处理效应 $E[Y_t^* - Y_u^* \mid D = 1]$、控制组的平均处理效应 $E[Y_t^* - Y_u^* \mid D = 0]$、中值处理效应 $\mathrm{Median}(Y_t^* - Y_u^*)$ 等，参见 Imbens 和 Wooldridge（2009）。

$$Y_u^* = \mu_u + Z'\theta_u + U_u$$

$$Y = \widetilde{D}Y_u^*$$

ATE 中的参数 μ_t 和 μ_u 分别对应于这两个 Heckman 模型的截距项。因此，Heckman 模型截距项的半参数估计是获得 ATE 半参数估计的关键步骤。

（二）截距项 μ_0 与工资差异分解

Oaxaca 分解（Oaxaca，1973；Oaxaca and Ransom，1994）是分析工资差异的标准工具，通常用于研究性别歧视（Schafgans，2000）、种族歧视（Schafgans，1998）等。下面以性别歧视为例说明 Heckman 模型在 Oaxaca 分解中的应用。考虑按性别分组的工资方程：

$$D_k = 1\{X'_k\beta_k > \varepsilon_k\}$$

$$Y_k^* = \mu_k + Z'_k\theta_k + U_k$$

$$Y_k = D_k Y_k^* , \quad k = F, M$$

下标 k = F 表示女性组，k = M 表示男性组，D_k 标记是否参加工作，Y_k^* 是潜在的市场工资，Y_k 是观测工资。记观测样本的平均工资为 $\overline{Y}_k = E[Y_k \mid D_k = 1]$，则可观测的工资差异定义为 $\overline{Y}_M - \overline{Y}_F$。记 $\overline{Z}_k = E[Z_k \mid D_k = 1]$ 和 $\overline{U}_k = E[U_k \mid D_k = 1]$，那么可观测的工资差异可以分解为三项之和：

$$\overline{Y}_M - \overline{Y}_F = \underbrace{(\mu_M - \mu_F) + \overline{Z}'_M(\theta_M - \theta_F)}_{\text{歧视效应}} + \underbrace{(\overline{Z}_M - \overline{Z}_F)'\theta_F}_{\text{禀赋效应}} + \underbrace{\overline{U}_M - \overline{U}_F}_{\text{样本选择效应}} \tag{3}$$

第一项为歧视效应，是工资方程系数差异导致的性别工资差异；第二项为禀赋效应，是男女间特征差异导致的性别工资差异，例如，平均教育水平的差异、工作经验的差异等；第三项为样本选择效应，是样本选择性偏误导致的性别工资差异。与传统回归分解相比，基于 Heckman 模型的 Oaxaca 分解可以把不可观测的样本选择效应分解出来，修正样本选择问题的不利影响（寇恩惠和刘柏惠，2011）。式（3）中，性别歧视的严重程度定义为歧视效应占可观测的工资差异的比重，而歧视效应的估计依赖于分组 Heckman 模型结果方程参数的估计，其中包括截距项 μ_M 和 μ_F。因此，Heckman 模型截距项的半参数估计是工资差异分解半参数分析的重要组成部分。

（三）截距项 μ_0 现有的半参数估计方法

Heckman 模型文献所提出的大多数半参数估计方法只能得到斜率系数的

估计，只有 Gallant 和 Nychka（1987）的半参数最大似然估计方法、Lewbel（2007）的特殊回归元方法，以及 Chen、Zhou（2010）、Chen 等（2017）的方法可以同时得到截距项的估计。但是，这几种方法均存在一定的缺陷：Gallant 和 Nychka 估计量的渐进分布至今没有得到证明，导致其难以对参数进行假设检验和统计推断；Lewbel 的方法需要假设扰动项的支撑集有界，这个假设限制了它的应用范围；Chen 和 Zhou（2010）、Chen 等（2017b）的方法要求扰动项具有联合对称分布，而大部分数据并不满足这个要求。另外，Heckman（1990）、Andrews 和 Schafgans（1998）专门针对 Heckman 模型的截距项提出了一种称为无穷处识别的半参数估计方法，这种方法不需要对扰动项施加任何形状限制。

Heckman（1990）发现，如果 Heckman 模型（1）中的潜变量 Y^* 可以被观测，那么我们只要对（$Y^* - Z'\theta_0$）取样本平均即可得到截距项 μ_0 的相合估计，这是因为 $E[Y^* - Z'\theta_0] = \mu_0 + E[U] = \mu_0$。但是，样本选择问题的存在使我们只能观测到 Y，也就是只有在 $D = 1$ 时才能观测到 Y^*，而

$$E[Y - Z'\theta_0 \mid D = 1] = \mu_0 + E[U \mid D = 1] = \mu_0 + E[U \mid \varepsilon < X'\beta_0] \neq \mu_0$$

样本选择问题的两个特点：Y^* 的不可观测性以及 U 和 ε 的相关性共同造成了 μ_0 估计的困难。对于这个困难，无穷处识别方法的解决思路是找到 $X'\beta_0$ 的值等于正无穷的个体，因为对于这些个体，$D = 1$ 总是成立，即 $D = 1$ 对它们而言是一个确定性的事件，所以这类个体不存在自选择行为：

$$E[Y - Z'\theta_0 \mid D = 1, X'\beta_0 = +\infty] = E[Y - Z'\theta_0 \mid X'\beta_0 = +\infty] = \mu_0 + E[U \mid X'\beta_0 = +\infty] = \mu_0 + E[U] = \mu_0 \tag{4}$$

式（4）第三个等号的成立需要假设扰动项与协变量独立。

基于这个思想，Heckman（1990）给出了截距项 μ_0 的一个半参数估计量：

$$\hat{\mu}_n^H = \frac{\sum_{i=1}^{n} (Y_i - Z'_i\hat{\theta}) D_i \cdot 1\{X'_i\hat{\beta} > \gamma_n\}}{\sum_{i=1}^{n} D_i \cdot 1\{X'_i\hat{\beta} > \gamma_n\}}$$

式中，$\hat{\beta}$ 和 $\hat{\theta}$ 是 β_0 和 θ_0 的相合估计，分别可以用二元选择模型和 Heckman 模型斜率系数的半参数估计方法得到；γ_n 是窗宽参数，用于调节剪截样本的比例，满足 $\gamma_n > 0$ 且 $n \to +\infty$ 时 $\gamma_n \to +\infty$。不过，$\hat{\mu}_n^H$ 的定义中包含了非连续的示性函数，且示性函数中含有估计量 $\hat{\beta}$，我们无法通过泰勒

展开的方式对 $1\{X'_i\hat{\beta} > \gamma_n\}$ 进行处理,因此 $\hat{\mu}_n^H$ 的渐进性质难以推导。为克服这个困难,Andrews 和 Schafgans（1998）提出用光滑函数 s（·）代替示性函数 $1\{·>0\}$,得到一个光滑化的修正估计量（以下简称 AS 估计量）:

$$\hat{\mu}_n^{AS} = \frac{\sum_{i=1}^{n}(Y_i - Z'_i\hat{\theta})D_i \cdot s(X'_i\hat{\beta} - \gamma_n)}{\sum_{i=1}^{n}D_i \cdot s(X'_i\hat{\beta} - \gamma_n)}$$

式中,s（·）三阶连续可微,且满足 $t \leq 0$ 时,$s(t) = 0$,$0 < t < b$ 时,$0 < s(t) < 1$、$t \geq b$ 时,$s(t) = 1$,b 是一个正的常数。在若干正则条件下,Andrews 和 Schafgans（1998）证明了 $\hat{\mu}_n^{AS}$ 的相合性和渐进正态性,完善了无穷处识别方法的渐进理论。

AS 估计量 $\hat{\mu}_n^{AS}$ 的一个特点是不能达到 $1/\sqrt{n}$ 的收敛速度,但这并不妨碍 $\hat{\mu}_n^{AS}$ 的假设检验和统计推断。真正限制其应用于实证问题的是窗宽参数 γ_n 的选取难题。Andrews 和 Schafgans（1998）的理论结果表明 $\gamma_n \rightarrow +\infty$ 的速度应取决于 $X'\beta_0$ 和 ε 分布的尾部厚度,但目前为止仍缺乏半参数二元选择模型扰动项 ε 的估计方法,自然也就无法估计 ε 分布的尾部厚度。第三节通过把无穷处识别问题转化为非参数回归问题,提出截距项 μ_0 的一种核估计量,成功避开了对扰动项 ε 的估计,直接利用核估计文献中的经验法则解决窗宽选取问题。

三、截距项的核估计量

注意到式（4）中的 $E[Y - Z'\theta_0 | D = 1, X'\beta_0 = +\infty]$ 是一个条件期望,但 $+\infty$ 并不是一个严格的点,所以我们无法构造它的核估计。本研究的思路是,如果 F（·）是一个支撑集为实数集 R 的连续型随机变量的累积分布函数,即 F（·）是在 R 上严格单调递增的绝对连续函数且满足 $F(-\infty) = 0$ 和 $F(+\infty) = 1$,那么条件 $X'\beta_0 = +\infty$ 就等价于 $F(X'\beta_0) = 1$,而条件期望 $E[Y - Z'\theta_0 | D = 1, F(X'\beta_0) = 1]$ 可以通过非参数核回归的方法进行估计。根据这个想法,构造 μ_0 的核估计量为:

$$\hat{\mu}_n = \frac{\sum_{i=1}^{n}(Y_i - Z'_i\hat{\theta})D_i \cdot k\left(\frac{1 - F(X'_i\hat{\beta})}{h_n}\right)}{\sum_{i=1}^{n}D_i \cdot k\left(\frac{1 - F(X'_i\hat{\beta})}{h_n}\right)} \tag{5}$$

式中，k（ · ）为核函数，在 ［0， + ∞ ）上单调递减；h_n 为窗宽，满足 $h_n > 0$ 且 $n \to \infty$ 时，$h_n \to 0$。

估计量 $\hat{\mu}_n$ 实际上把"无穷处识别"问题转化成了"边界处识别"问题，即把随机变量 $X'\beta_0$ 的无穷转化成随机变量 $F(X'\beta_0)$ 的边界。当然，我们也可以把 $+\infty$ 看作一个"点"，从而考虑扩张的实数空间 ［ − ∞ ， + ∞ ］，而对于任意的 x，y ∈ ［ − ∞ ， + ∞ ］，$d(x, y) \equiv |F(x) - F(y)|$ 是定义在 ［ − ∞ ， + ∞ ］上的一种距离，因此 $\hat{\mu}_n$ 也可视为 $E[Y - Z'\theta_0 | D = 1, X'\beta_0 = +\infty]$ 在 ［ − ∞ ， + ∞ ］上的核估计量，即：

$$\hat{\mu}_n = \frac{\sum_{i=1}^{n} (Y_i - Z'_i\hat{\theta}) D_i \cdot k\left(\frac{d(X'_i\hat{\beta}, +\infty)}{h_n}\right)}{\sum_{i=1}^{n} D_i \cdot k\left(\frac{d(X'_i\hat{\beta}, +\infty)}{h_n}\right)}$$

从这个角度来看，无穷处识别下的核估计量可以视为传统核估计量的一种扩展。

另外，Heckman（1990）估计量 $\hat{\mu}_n^H$ 和 AS 估计量 $\hat{\mu}_n^{AS}$ 均为核估计量 $\hat{\mu}_n$ 的特例。简单的计算可以验证，当核函数取 $k(t) = 1\{t < 1\}$、窗宽取 $h_n = 1 - F(\gamma_n)$ 时，对于任意的 F（ · ）都有 $\hat{\mu}_n = \hat{\mu}_n^H$ 成立；而当 F（ · ）取双指数分布的累积分布函数 $F(\gamma) = \frac{1}{2}e^{\gamma} \cdot 1\{\gamma \leq 0\} + \left(1 - \frac{1}{2}e^{-\gamma}\right) \cdot 1\{\gamma > 0\}$、窗宽取 $h_n = 1 - F(\gamma_n) = \frac{1}{2}e^{-\gamma_n}$、核函数取 $k(t) = 1\{t \leq e^{-b}\} + s(-\log t) \cdot 1\{e^{-b} < t < 1\}$ 时，则有 $\hat{\mu}_n = \hat{\mu}_n^{AS}$ 成立。因此，无穷处识别下的核估计量也是传统无穷处识别估计量的一种扩展。

仿照 Andrews 和 Schafgans（1998）的方法，可以证明核估计量 $\hat{\mu}_n$ 具有相合性和渐进正态性。计算方面，$\hat{\mu}_n$ 可由式（5）直接求得，无须通过最优化问题求解，因此计算非常方便。但在计算 $\hat{\mu}_n$ 之前，需要计算 $\hat{\beta}$ 和 $\hat{\theta}$，以及确定 k（ · ）、F（ · ）和 h_n 的选择，下面逐一讨论。

（一）选择方程参数的估计 $\hat{\beta}$

Schafgans（2004）的模拟结果表明，只要 $\hat{\beta}$ 满足相合性以及具有 $1/\sqrt{n}$ 的收敛速度，那么截距项 μ_0 的估计就能拥有良好的小样本表现，而 $\hat{\beta}$ 具体的选择影响并不大。Schafgans 建议选择 Klein 和 Spady（1993）的二元选择模型半参数估计量，因为这个估计量具有半参数有效性。但这个估计量需要通过最优化求解得到，计算量较大，因此本文建议采用 Powell 等（1989）提出的加权平均导数估计量（WADE），WADE 可由下式直接计算得到，避免了最优化求解：

$$\hat{\beta} = \frac{1}{n(n-1)} \sum_{i=1}^{n-1} \sum_{j=i+1}^{n} \left(\frac{1}{h_{1n}}\right)^{r+1} \nabla K_1\left(\frac{X_i - X_j}{h_{1n}}\right) \cdot (D_i - D_j)$$

式中，r 是协变量 X 的维数，$K_1(\cdot)$ 是相乘形式的多元核函数 $K_1(x) = \prod_{s=1}^{r} k_1(x_s)$，$k_1(\cdot)$ 是一元核函数，$\nabla K_1(\cdot)$ 表示函数 $K_1(\cdot)$ 的梯度，即 $\nabla K_1(x) = \frac{\partial K_1(x)}{\partial x}$，$h_{1n}$ 是窗宽参数，这里取 $h_{1n} = stdc(X_i) \cdot n^{-\frac{1}{(4+r)}}$，stdc $(\cdot)$ 表示样本标准差。为简单起见，把 $k_1(\cdot)$ 取为高斯核，即标准正态分布的概率密度函数，记为 $\phi(\cdot)$。另外，记 $\phi(x) = \prod_{s=1}^{r} \phi(x_s)$，因为 $\phi'(x_s) = -x_s \varphi(x_s)$，所以 WADE 可写为：

$$\hat{\beta} = -\frac{1}{n(n-1)} \sum_{i=1}^{n-1} \sum_{j=i+1}^{n} \left(\frac{1}{h_{1n}}\right)^{r+2} \phi\left(\frac{X_i - X_j}{h_{1n}}\right) \cdot (X_i - X_j) \cdot (D_i - D_j) \quad (6)$$

需要注意的是，半参数二元选择模型的截距项无法识别，因此，这里的 X 不包含常数项。

（二）结果方程斜率系数的估计 $\hat{\theta}$

为了避免最优化求解，本文建议采用 Powell（2001）所提出的核加权最小二乘估计量作为结果方程斜率系数的估计。记 $\hat{\omega}_{ij} = D_i D_j k_2 [(X'_i \hat{\beta} - X'_j \hat{\beta})/h_{2n}]$，那么 Powell 的估计量可由下式直接求得：

$$\hat{\theta} = \left[\sum_{i=1}^{n} \sum_{j=1}^{n} \hat{\omega}_{ij}(Z_i - Z_j)(Z_i - Z_j)'\right]^{-1} \left[\sum_{i=1}^{n} \sum_{j=1}^{n} \hat{\omega}_{ij}(Z_i - Z_j)(Y_i - Y_j)\right]$$

为简便起见，核函数 $k_2(\cdot)$ 可取为高斯核，窗宽可取为 $h_{2n} = stdc(X'_i \hat{\beta}) \cdot n^{-\frac{1}{5}}$。

（三）核函数 $k(\cdot)$

前文已提到，当核函数 $k(\cdot)$ 取为

$$k(t) = 1\{t \leq e^{-b}\} + s(-\log t) \cdot 1\{e^{-b} < t < 1\} \quad (7)$$

时，可以得到 $\hat{\mu}_n = \hat{\mu}_n^{AS}$，即 AS 估计量是上述核函数所对应的特例，因此本文把具有式（7）形式的核函数称为 AS 核。其中 b 是一个正数，例如 0.5，

而光滑函数 s(·) 的一个例子是:

$$s(t) = \begin{cases} 1 - exp\left(-\dfrac{t}{b-t} \right) & for \quad 0 < t < b \\ 0 & for \quad t \leqslant 0 \\ 1 & for \quad t \geqslant b \end{cases} \tag{8}$$

当 s(·) 取上述形式时,AS 核可写为:

$$k(t) = \begin{cases} 1 - exp\left(\dfrac{logt}{(b + logt)} \right) & for \quad e^{-b} < t < 1 \\ 0 & for \quad t \geqslant 1 \\ 1 & for \quad t \leqslant e^{-b} \end{cases} \tag{9}$$

易知 AS 核函数 (9) 在 $[0, +\infty)$ 上单调递减且无穷次可微。但是 AS 核的形式较为复杂,且涉及参数 b 的选取,因此本文建议 k(·) 采用高斯核 ϕ(·)。

(四) 累积分布函数 F(·)

前文已提到,当 F(·) 取为双指数分布的累积分布函数,即

$$F(\gamma) = \begin{cases} \dfrac{1}{2}e^{\gamma} & for \quad \gamma \leqslant 0 \\ 1 - \dfrac{1}{2}e^{-\gamma} & for \quad \gamma > 0 \end{cases} \tag{10}$$

时,可以得到 $\hat{\mu}_n = \hat{\mu}_n^{AS}$,这个结论主要依赖于指数分布的无记忆性。另一方面,因为大部分计量和统计软件可以直接计算标准正态分布的累积分布函数 Φ(·),所以也可以取 $F = \Phi$。

(五) 窗宽参数 h_n

从 Heckman (1990) 估计量 $\hat{\mu}_n^H$ 和 AS 估计量 $\hat{\mu}_n^{AS}$ 的公式来看,无穷处识别估计量的窗宽参数 γ_n 的作用在于控制参与计算条件期望的有效样本量:γ_n 越小,有效样本量越大,估计量的偏误越大,方差越小;γ_n 越大,有效样本量越小,估计量的偏误越小,方差越大。因此,与非参数回归相似,γ_n 的选择实质上是对偏误和方差的权衡。在实际应用中,Schafgans (2004) 建议取多个窗宽值分别计算估计量,然后比较这些估计量的值。如果估计量的值相差不大,表明估计量对窗宽不敏感,窗宽的选取对估计结果的影响不大。例如,如果估计量都显著为正,就说明截距项为正,是一个稳健

的结论。但如果估计量的值相差很大，这种方法就不再可取，而合适的窗宽选取方法显得尤为必要。

由前文讨论可知，核估计量 $\hat{\mu}_n$ 把趋于无穷的窗宽参数 γ_n 转化为趋于零的窗宽参数 h_n，它们之间的关系为 $h_n = 1 - F(\gamma_n)$。因此，h_n 的选取在一定程度上继承了 γ_n 的选取难题。但是，核估计量的优势在于可以利用核估计文献中相对成熟的窗宽选取方法解决 h_n 的选取问题。本文建议采用经验法则作为 h_n 的选取方法，即

$$h_n = stdc(F(X'_i\hat{\beta})) \cdot n^{-\frac{1}{5}} \tag{11}$$

一是因为经验法则简明有效，已被大量实证研究者所接受；二是因为经验法则计算简单，无须求解最优化问题，可以节省大量计算成本；三是因为下一节的数值模拟结果表明，经验法则所选出的窗宽可以对不同的模型设定进行自适应调整，自动选出最优或者接近最优的窗宽值。

四、数值模拟实验

本节构造蒙特卡洛数值模拟实验，考察经验法则窗宽下的核估计量 $\hat{\mu}_n$ 的有限样本表现，并与 Heckman 两步估计量和 AS 估计量进行对比。基本的模拟设定参照 Schafgans（2004）如下：

$$D_i = 1\{X_{1i}\beta_{10} + X_{2i}\beta_{20} > \varepsilon_i + c\}$$
$$Y_i^* = \mu_0 + U_i$$
$$Y_i = D_i Y_i^*, \quad i = 1, \cdots, n$$

为简便起见，结果方程不包含协变量。选择方程中 c 的引入是为了调节样本选择的比例，这里取 $c = 0$、$c = -1.5$ 和 $c = 1.5$，分别对应于大约 50%、20% 和 80% 的删失样本。选择方程协变量 X_{1i}、X_{2i} 和扰动项 ε_i 的样本由标准正态分布 $N(0, 1)$ 或自由度为 1 的卡方分布 $\chi^2(1)$ 生成，具体有以下三种组合：①X_{1i}，X_{2i}，$\varepsilon_i \sim N(0, 1)$；②$X_{1i}$，$X_{2i} \sim N(0, 1)$，$\varepsilon_i \sim \chi^2(1)$；③$X_{1i}$，$X_{2i}$，$\varepsilon_i \sim \chi^2(1)$，其中卡方分布 $\chi^2(1)$ 均已标准化为零均值和单位方差。结果方程扰动项 U_i 由下式生成：$U_i = \varepsilon_i + e_i$，其中 $e_i \sim N(0, 1)$ 且与 ε_i 相互独立。真实参数取值为 $(\beta_{10}, \beta_{20}) = (1, 1)$ 以及 $\mu_0 = 0$。样本容量 n 分别取 250、1000、4000 和 16000，每种设定重复 1000 次。

Heckman 两步估计量采用标准方法求得：第一步对选择方程进行 Probit 估计；第二步使用 $D_i = 1$ 的样本进行 Y_i 对常数项和偏误修正项（逆米尔斯比率）的最小二乘回归，得到截距项 μ_0 的估计。AS 估计量 $\hat{\mu}_n^{AS}$ 和核估计量 $\hat{\mu}_n$ 的第一步均采用 WADE 估计量（6）。在计算 $\hat{\mu}_n^{AS}$ 时，光滑函数 $s(\cdot)$ 取为（8），b 取为 0.5，窗宽 γ_n 取 $X_i'\hat{\beta}$ 在非删失样本中的不同分位数点，包括 0.5、0.8、0.9 和 0.95 分位数，分别对应于 50%、20%、10% 和 5% 的有效样本。在计算 $\hat{\mu}_n$ 时，核函数 $k(\cdot)$ 取为 AS 核（9）或高斯核 $\phi(\cdot)$，$F(\cdot)$ 取为双指数分布函数（10）或标准正态分布函数 $\Phi(\cdot)$，h_n 取为经验法则窗宽（11）。利用 1000 次重复实验，我们可以计算这些估计量在不同的模型设定下的偏误（bias）、标准差（sd）和均方误差（rmse），其中均方误差体现了偏误和标准差的权衡，因此是主要关注的指标统计量。因为选择方程参数和结果方程斜率系数的估计并非本文的研究对象，所以本文只报告结果方程截距项 μ_0 的估计结果。

表 1 和表 2 报告了适度样本选择比例下样本容量从 250 增加至 16000 的模拟结果。可以看到，当扰动项服从正态分布时，Heckman 两步估计量的表现十分出色，但当扰动项不服从正态分布时，它的偏误变得很大，且没有随着样本容量的上升而下降，反映了它在模型被误设时的非相合性。AS 估计量的相合性不依赖于扰动项的参数性分布假设，但其有限样本表现取决于窗宽 γ_n 的具体选择。从表 1、表 2 可见，随着 γ_n 的增大即有效样本的减少，AS 估计量的偏误和标准差分别呈现下降和上升的趋势，而其均方误差则呈现 "U" 形趋势，与 Schafgans（2004）的模拟结果一致。因此，对于均方误差而言，AS 估计量的窗宽存在最优水平（已在表中加粗显示）。从表 1 和表 2 来看，最优窗宽水平取决于样本容量和模型变量的分布：样本容量越大，扰动项越偏离正态分布，则最优窗宽越大。但在实际应用中，扰动项分布不可观测，这就导致最优窗宽的选取无法实现。当窗宽偏离最优水平时，AS 估计量的均方误差明显增加，在部分情形下甚至超过了 Heck-man 两步估计量在非正态模型下的均方误差。因此，AS 估计量的窗宽选取难题为其实际应用增加了实质性的阻碍。而本文所提出的核估计量则不存在这个问题，只要按照简单的经验法则进行窗宽选取就可以达到令人满意的效果。当样本量较小时（n = 250 和 n = 1000），$k(\cdot)$ 取高斯核以及 $F(\cdot)$ 取标准正态分布函数 $\Phi(\cdot)$ 可以使经验法则窗宽自动达到或接近最优水平；当样本量较大时（n = 4000 和 n = 16000），则 $k(\cdot)$ 取高斯核以及

F（·）取双指数分布函数是更好的组合。因此，在实际应用中，F（·）需要依据样本容量进行选择，而核函数 k（·）和窗宽 h_n 则无须按样本容量进行调整：k（·）始终取为高斯核，h_n 始终按照经验法则进行选取，即可。

表1 适度样本选择下的估计量比较，n = 250 和 n = 1000

	X，$\varepsilon \sim N(0,1)$			$X \sim N(0,1)$，$\varepsilon \sim \chi^2(1)$			X，$\varepsilon \sim \chi^2(1)$		
n = 250；50% 删失	bias	sd	rmse	bias	sd	rmse	bias	sd	rmse
Heckman 两步估计	0.000	0.181	0.181	− 0.190	0.148	0.241	− 0.187	0.158	0.245
AS 估计：窗宽 γ_n 根据有效样本比例选取									
50% 有效样本	− 0.104	0.182	**0.209**	− 0.200	0.152	**0.251**	− 0.185	0.169	**0.251**
20% 有效样本	− 0.014	0.308	0.308	− 0.137	0.254	0.288	− 0.097	0.286	0.302
10% 有效样本	− 0.009	0.454	0.454	− 0.105	0.369	0.384	− 0.057	0.407	0.411
5% 有效样本	0.012	0.632	0.632	− 0.079	0.557	0.563	− 0.025	0.595	0.595
核估计：窗宽 h_n 根据经验法则选取									
AS 核；双指数 F（·）	− 0.017	0.346	0.346	− 0.122	0.318	0.340	− 0.102	0.282	0.299
高斯核；双指数 F（·）	− 0.062	0.218	0.227	− 0.158	0.198	0.254	− 0.132	0.218	0.255
AS 核；正态 F（·）	− 0.051	0.235	0.241	− 0.159	0.205	0.259	− 0.133	0.221	0.258
高斯核；正态 F（·）	− 0.086	0.193	**0.211**	− 0.178	0.172	**0.247**	− 0.152	0.196	**0.247**
n = 1000；50% 删失	bias	sd	rmse	bias	sd	rmse	bias	sd	rmse
Heckman 两步估计	0.002	0.089	0.089	− 0.184	0.076	0.199	− 0.180	0.082	0.198
AS 估计：窗宽 γ_n 根据有效样本比例选取									
50% 有效样本	− 0.106	0.091	**0.140**	− 0.200	0.076	0.214	− 0.179	0.087	0.199
20% 有效样本	− 0.025	0.151	0.153	− 0.127	0.132	**0.183**	− 0.078	0.145	**0.165**
10% 有效样本	− 0.003	0.217	0.217	− 0.095	0.187	0.210	− 0.039	0.216	0.219
5% 有效样本	0.000	0.320	0.320	− 0.063	0.270	0.277	− 0.006	0.316	0.316
核估计：窗宽 h_n 根据经验法则选取									
AS 核；双指数 F（·）	− 0.008	0.194	0.194	− 0.092	0.191	0.212	− 0.072	0.154	0.169
高斯核；双指数 F（·）	− 0.045	0.124	0.131	− 0.133	0.119	0.179	− 0.101	0.121	0.158
AS 核；正态 F（·）	− 0.043	0.126	0.133	− 0.142	0.116	0.184	− 0.111	0.117	0.162
高斯核；正态 F（·）	− 0.070	0.105	**0.126**	− 0.161	0.097	**0.188**	− 0.129	0.105	**0.166**

表 2　适度样本选择下的估计量比较，n = 4000 和 n = 16000

	X, $\varepsilon \sim N(0,1)$			$X \sim N(0,1)$, $\varepsilon \sim \chi^2(1)$			X, $\varepsilon \sim \chi^2(1)$		
n = 4000；50% 删失	bias	sd	rmse	bias	sd	rmse	bias	sd	rmse
Heckman 两步估计	0.000	0.045	0.045	**− 0.186**	0.038	0.189	**− 0.177**	0.041	0.182
AS 估计：窗宽 γ_n 根据有效样本比例选取									
50% 有效样本	− 0.105	0.044	0.114	− 0.200	0.039	0.204	− 0.178	0.043	0.183
20% 有效样本	− 0.020	0.075	**0.078**	− 0.132	0.064	0.146	− 0.082	0.072	**0.109**
10% 有效样本	− 0.009	0.108	0.108	− 0.101	0.094	**0.138**	− 0.042	0.105	0.113
5% 有效样本	− 0.002	0.156	0.156	− 0.083	0.136	0.159	− 0.023	0.152	0.153
核估计：窗宽 h_n 根据经验法则选取									
AS 核；双指数 F（·）	− 0.007	0.117	0.118	− 0.087	0.122	0.150	− 0.064	0.084	0.106
高斯核；双指数 F（·）	− 0.028	0.070	**0.075**	− 0.122	0.070	**0.141**	− 0.089	0.067	**0.111**
AS 核；正态 F（·）	− 0.034	0.066	0.074	− 0.138	0.061	0.151	− 0.106	0.062	0.122
高斯核；正态 F（·）	− 0.055	0.054	0.077	− 0.153	0.052	0.162	− 0.120	0.056	0.132
n = 16000；50% 删失	bias	sd	rmse	bias	sd	rmse	bias	sd	rmse
Heckman 两步估计	− 0.004	0.020	0.020	**− 0.185**	0.019	0.185	**− 0.175**	0.020	0.176
AS 估计：窗宽 γ_n 根据有效样本比例选取									
50% 有效样本	− 0.108	0.021	0.110	− 0.200	0.020	0.201	− 0.177	0.021	0.179
20% 有效样本	− 0.027	0.041	**0.049**	− 0.133	0.029	0.136	− 0.082	0.039	0.091
10% 有效样本	− 0.018	0.056	0.058	− 0.101	0.044	0.110	− 0.043	0.058	**0.072**
5% 有效样本	− 0.003	0.077	0.077	− 0.080	0.065	**0.103**	− 0.034	0.084	0.090
核估计：窗宽 h_n 根据经验法则选取									
AS 核；双指数 F(·)	− 0.005	0.075	0.075	− 0.078	0.074	0.108	− 0.053	0.052	0.074
高斯核；双指数 F(·)	− 0.023	0.045	**0.051**	− 0.108	0.039	**0.115**	− 0.076	0.041	**0.086**
AS 核；正态 F(·)	− 0.032	0.039	0.050	− 0.130	0.031	0.134	− 0.100	0.035	0.106
高斯核；正态 F(·)	− 0.048	0.032	0.058	− 0.145	0.025	0.147	− 0.111	0.032	0.116

　　表 3 考察了样本选择程度较轻和较重时估计量的有限样本表现。为节省篇幅，这里只报告 n = 4000 的模拟结果，其余样本容量的结果差别不大。由表 3 可见，当样本删失比例较小时，Heckman 两步估计量的误设偏误较小，这是由于此时 Heckman 两步估计量更接近于 OLS 估计量，而 OLS 估计量在扰动项非正态时仍然具有相合性。但是，当样本删失比例较大时，Heckman 两步估计量受模型误设的影响加剧。当窗宽取得最优水平时，AS 估计量的

均方误差小于 Heckman 两步估计量。从表 3 看，AS 估计量的最优窗宽水平
也取决于样本删失比例：删失比例越大，最优窗宽越大。而核估计量依据
经验法则所选择的窗宽仍然可以达到或接近最优水平，基本没有受到样本
选择程度的影响。

表3　轻度样本选择和重度样本选择下的估计量比较

	X, $\varepsilon \sim N(0, 1)$			X $\sim N(0, 1)$, $\varepsilon \sim \chi^2(1)$			X, $\varepsilon \sim \chi^2(1)$		
$n=4000$；20% 删失	bias	sd	rmse	bias	sd	rmse	bias	sd	rmse
Heckman 两步估计	0.001	0.030	0.030	**−0.100**	0.030	0.105	**−0.048**	0.042	0.064
AS 估计：窗宽 γ_n 根据有效样本比例选取									
50% 有效样本	−0.013	**0.037**	0.039	−0.107	0.033	0.112	−0.133	0.032	0.137
20% 有效样本	−0.001	0.061	0.061	−0.061	0.055	**0.082**	−0.063	0.052	**0.081**
10% 有效样本	0.003	0.085	0.085	−0.046	0.081	0.093	−0.037	0.074	0.083
5% 有效样本	0.003	0.118	0.118	−0.040	0.115	0.122	−0.024	0.109	0.112
核估计：窗宽 h_n 根据经验法则选取									
AS 核；双指数 F(·)	0.003	0.100	0.100	−0.041	0.096	0.104	−0.036	0.083	0.091
高斯核；双指数 F(·)	0.000	**0.064**	0.064	−0.056	0.060	**0.082**	−0.047	0.066	**0.081**
AS 核；正态 F(·)	−0.001	0.064	0.064	−0.058	0.060	0.083	−0.051	0.064	0.082
高斯核；正态 F(·)	−0.001	0.054	0.054	−0.066	0.050	0.083	−0.058	0.057	0.081
$n=4000$；80% 删失	bias	sd	rmse	bias	sd	rmse	bias	sd	rmse
Heckman 两步估计	0.001	0.086	0.086	**−0.261**	0.067	0.269	**−0.186**	0.068	0.198
AS 估计：窗宽 γ_n 根据有效样本比例选取									
50% 有效样本	−0.322	0.069	0.329	−0.290	0.063	0.297	−0.180	0.072	0.194
20% 有效样本	−0.123	0.113	**0.168**	−0.212	0.104	0.236	−0.086	0.123	**0.150**
10% 有效样本	−0.056	0.171	0.180	−0.172	0.153	**0.230**	−0.047	0.181	0.187
5% 有效样本	−0.012	0.252	0.253	−0.141	0.223	0.263	−0.023	0.262	0.263
核估计：窗宽 h_n 根据经验法则选取									
AS 核；双指数 F(·)	−0.056	0.175	0.184	−0.125	0.446	0.463	−0.072	0.137	0.154
高斯核；双指数 F(·)	−0.169	0.097	**0.195**	−0.155	0.186	**0.242**	−0.099	0.106	**0.145**
AS 核；正态 F(·)	−0.273	0.077	0.284	−0.239	0.086	0.254	−0.176	0.073	0.191
高斯核；正态 F(·)	−0.329	0.068	0.336	−0.258	0.074	0.268	−0.191	0.068	0.202

五、结论

本文提出 Heckman 模型截距项的一种新的半参数估计方法，这种估计方法是无穷处识别方法的延伸，且具有核回归估计的形式。这种估计方法的优势在于可以利用核回归文献中的经验法则解决窗宽参数的选择问题。数值模拟结果显示，基于经验法则选取的窗宽在不同的模型设定下均能达到或接近最优水平。本文的研究，一是有助于加深对于无穷处识别方法的认识，二是对无穷处识别估计量进行了扩展，三是解决了无穷处识别估计的窗宽选取难题。

未来的研究方向至少包括以下三点：第一，利用交叉验证（Hall et al., 2007）等数据驱动方法选取核估计量的最优窗宽。第二，放松模型的线性假定，考虑 Heckman 模型截距项的非参数估计问题。具体地，可以把核估计量式（5）中的 $F(X'_i\hat{\beta})$ 替换为选择变量倾向得分（propensity score）的非参数核估计，把 $Z'_i\hat{\theta}$ 替换为 Heckman 模型结果方程的非参数估计（Das et al., 2003）。第三，进一步把核估计量扩展为局部线性估计量或局部多项式估计量（Fan, 1993; Ruppert and Wand, 1994）。

参考文献

［1］黄枫，甘犁. 过度需求还是有效需求？——城镇老人健康与医疗保险的实证分析［J］. 经济研究，2010（6）：105－119.

［2］寇恩惠，刘柏惠. 公私部门工资差距——基于扩展的 Heckman 选择模型［J］. 数量经济技术经济研究，2011（3）：66－78.

［3］王亚峰. 样本选择模型的一个简单半参数估计量［J］. 统计研究，2012，29（2）：88－93.

［4］Ahn H., Powell J. L. Semiparametric Estimation of Censored Selection Models with a Nonparametric Selection Mechanism［J］. Journal of Econometrics, 1993, 58（1－2）: 3－29.

［5］Andrews D. W, Schafgans M. M. Semiparametric Estimation of the Intercept of a Sample Selection Model［J］. The Review of Economic Studies, 1998, 65（3）: 497－517.

［6］Chen S., Lee L－F. Efficient Semiparametric Scoring Estimation of Sample Selection Models［J］. Econometric Theory, 1998, 14（4）: 423－462.

［7］Chen S., Zhang H. Binary Quantile Regression with Local Polynomial Smoothing［J］.

Journal of Econometrics, 2015, 189 (1): 24 – 40.

[8] Chen S. , Zhou Y. Semiparametric and Nonparametric Estimation of Sample Selection Models under Symmetry [J] . Journal of Econometrics, 2010, 157 (1): 143 – 150.

[9] Chen T. , Ji Y. , Zhou Y. , Zhu P. Testing Conditional Mean Independence under Symmetry [J] . Journal of Business & Economic Statistics, 2017 (1): 1 – 13.

[10] Das M. , Newey W. K. , Vella F. Nonparametric Estimation of Sample Selection Models [J] . The Review of Economic Studies, 2003, 70 (1): 33 – 58.

[11] Fan J. Local Linear Regression Smoothers and Their Minimax Efficiencies [J] . Annals of Statistics, 1993, 21 (1): 196 – 216.

[12] Gallant A. , Nychka D. W. Semi – nonparametric Maximum Likelihood Estimation [J] . Econometrica, 1987, 55 (2): 363 – 390.

[13] Hall P. , Li Q. , Racine J. S. Nonparametric Estimation of Regression Functions in the Presence of Irrelevant Regressors [J] . Review of Economics & Statistics, 2007, 89 (4): 784 – 789.

[14] Heckman J. J. Varieties of Selection Bias [J] . The American Economic Review, 1990, 80 (2): 313 – 318.

[15] Imbens G. W. , Wooldridge J. M. Recent Developments in the Econometrics of Program Evaluation [J] . Journal of Economic Literature, 2009, 47 (1): 5 – 86.

[16] Klein R. , Spady R. H. An Efficient Semiparametric Estimator for Binary Response Models [J] . Econometrica, 1993, 61 (2): 387 – 421.

[17] Lee M – J. Micro – Econometrics: Methods of Moments and Limited Dependent Variables [J] . Springer Science & Business Media, 2009 (1): 7 – 14.

[18] Lewbel A. Endogenous Selection or Treatment Model Estimation [J] . Journal of Econometrics, 2007, 141 (2): 777 – 806.

[19] Newey W. K. Two – step Series Estimation of Sample Selection Models [J] . Econometrics Journal, 2009, 12 (s1): 217 – 229.

[20] Oaxaca R. Male – female Wage Differentials in Urban Labor Markets [J] . International Economic Review, 1973 (1): 693 – 709.

[21] Oaxaca R. L. , Ransom M. R. On Discrimination and the Decomposition of Wage Differentials [J] . Journal of Econometrics, 1994, 61 (1): 5 – 21.

[22] Powell J. L. Semiparametric Estimation of Censored Selection Models [C] //Nonlinear Statistical Modeling: Proceedings of the Thirteenth International Symposium in Economic Theory and Econometrics: Essays in Honor of Takeshi Amemiya [M] . Cambridge University Press, 2001.

[23] Powell J. L. , Stock J. H. , Stoker T. M. Semiparametric estimation of index coeffi-

cients [J] . Econometrica, 1989, 57 (6): 1403 – 1430.

[24] Ruppert D. , Wand M. P. Multivariate Locally Weighted Least Squares Regression [J] . Annals of Statistics, 1994, 22 (3): 1346 – 1370.

[25] Schafgans M. M. Ethnic Wage Differences in Malaysia: Parametric and Semiparametric Estimation of the Chinese – Malay Wage Gap [J] . Journal of Applied Econometrics, 1998, 13 (5): 481 – 504.

[26] Schafgans M. M. Gender Wage Differences in Malaysia: Parametric and Semiparametric Estimation [J] . Journal of Development Economics, 2000, 63 (2): 351 – 378.

[27] Schafgans M. M. Finite Sample Properties for the Semiparametric Estimation of the Intercept of a Censored Regression Model [J] . Statistica Neerlandica, 2004, 58 (1): 35 – 56.

一种基于机器学习的面板数据政策评估方法

高华川　　吴瑞媛

（天津财经大学统计系，天津　30222）

摘　要　将 Hsiao 等（2012）、Li 和 Bell（2017）的两种常系数面板数据政策评估方法扩展为允许权重系数随时间变化的时变 LASSO 面板数据政策评估方法。研究方法：利用经典文献中的三组实际数据对三种面板数据政策评估方法进行对比研究。研究发现：相对于两种常系数模型而言，时变 LASSO 方法对反事实的预测准确性最高，尤其是当前干预期的时期数较大时，预测准确性提高了 20%～30%。研究创新：提出了一种基于机器学习的时变 LASSO 面板数据政策评估方法以及基于此的两种反事实预测方法。研究价值：提高反事实预测准确性、完善面板数据政策评估理论方法，并为定量评估各种社会经济政策的实际效果提供理论工具。

关键词　面板数据；政策评估；机器学习；时变 LASSO

A Panel Data Approach for Program Evaluation Based on Machine Learning

Gao Huachuan　　Wu Ruiyuan

Abstract：Research Objectives：This paper extend the constant coefficient panel data program evaluation method of Hsiao et al.（2012）and Li and Bell（2017）to time – varying LASSO method. Research Methods：Using three groups of real data in classical literatures，this paper makes a comparative study of three panel data program evaluation methods. Research Findings：Compared with the two constant coefficient models, the time – varying LASSO method has the highest accuracy in predicting counterfactual, especially when the number of pretreatment periods is large, the prediction accuracy is improved by 20% ~ 30%. Research Innovations：This paper proposes a time – varying LASSO panel data program evaluation method based on machine learning and two counterfactual prediction methods. Research Value：The approach proposed by this paper increases the accuracy of counterfactual forecasting, and improves the theoretical methods of panel data program evaluation, and provides theoretical tools for quantitatively evaluating the actual effects of various economic policies.

Key Words：Panel Data；Program Evaluation；Machine Learning；Time Varying LASSO

引　言

改革开放 40 年以来，我国实现了从计划经济向以公有制为主体，多种所有制经济共同发展的社会主义市场经济模式的转变，市场机制和宏观调控有效协调，经济发展取得了瞩目的成就。我国从中央到地方各级政府在经济转型与发展过程中发挥了主导作用，而其影响和主导经济活动的最主要方式是制定并实施各种社会经济政策。这些政策囊括了社会经济发展的方方面面。例如，在国家层面上，除了财政政策和货币政策，还包括"一带一路"倡议、精准扶贫政策、国家支持新型战略产业政策、京津冀一体化战略、长江流域发展战略、城镇化战略、自贸区战略等；在地方层面上，有各地出台的人才吸引政策，房地产限购限售政策等。从而定量评估各种社会经济政策的实际效果逐渐成为学界和政策制定者关注的焦点。

进行以数据为基础的严谨的实证研究是提高经济政策研究水平，增强经济政策建议科学性的基本要求。出于对各时期的各种社会经济政策量化评估的需求，20 世纪末，计量经济学出现了一个新的领域，称为政策评估或项目评估（Program Evaluation）。所谓政策评估，是指应用计量经济学方法与工具，在经济数据的基础上，对社会经济政策进行量化分析，其主要目的是测度某个政策实施后对某个群体、行业或地区的"因果"影响（洪永淼，2015）。因果推断以及政策评估的关键在于，根据没有受到政策干预的控制组的信息来估计接受政策干预的处理组的反事实结果（Counterfactual），从而政策干预的因果效应可定义为政策干预下的实际结果与反事实结果之差。

　　面板数据中通常既包含处理组个体信息，又包含控制组个体信息。如果这些个体对政策干预的响应是相似的（Hsiao，2003），或者即使响应不同，只要它们为某些共同因子所驱动（Gregory and Head，1999；Sargentand Sims，1977）那么控制组个体所包含的信息便可以用来推断处理组个体的反事实结果。基于此，国内外关于面板数据的政策评估方法得到不断发展和完善，且已被广泛应用于经济学和其他社会科学的很多领域。例如，Card 和 Krueger（1994）运用双重差分法（Differences in Differences，DID）研究了提高最低工资标准对于就业的影响。Abadie 等（2010）应用合成控制法（Synthetic Control Method）研究了香烟控制政策对香烟消费的影响。另外，Hsiao、Ching 和 Wan（2012）（以下简称 HCW）提出了一种类似合成控制的面板数据政策评估方法，并用于研究内地与香港的政治一体化与经济一体化对香港经济增长的影响。HCW 方法提出后，近年来我国已经有许多学者将其用于各类社会经济政策的效应评估。例如，Bai 等（2014）研究了上海与重庆于 2011 年开始的房产税试点对于房价的影响。Ouyang 和 Peng（2015）研究了 2008 年国际金融危机时期我国实施的"四万亿"财政刺激计划国际的效果。陈海强和范云菲（2015）研究了我国融资融券制度对股市波动率的影响。王艺明和刘志红（2016）研究了我国于 1994 年实施的"八七扶贫攻坚计划"对各贫困县的政策影响。殷华和高维和（2017）以上海自贸区为例，研究了自由贸易试验区的制度红利问题。

　　尽管 HCW 方法具有只需要较为宽松的假设条件且计算简便等优点，然而当控制组个体数较多时，HCW 应用信息准则来选择控制组个体的方法将会失效。针对此问题，Li 和 Bell（2017）提出利用机器学习中的 LASSO 方法（Tibshirani，1996）来进行控制组个体的选择与反事实估计，并证明 LASSO 方法比 HCW 的信息准则方法具有更高的计算效率和样本外预测性能。HCW 方法和 LASSO 方法均假设控制组个体的权重系数为常数，然而，本文认为处理组与控制组个体之间的关系可能会随着时间的推移而发生改变，甚至某些个体会进入或退出控制组。因此，本文以 Kapetanios 和 Zikes

（2018）提出的时变 LASSO 方法为基础，提出了一种允许权重系数平滑变化的时变 LASSO 面板数据政策评估方法。

本文结构安排如下：第一部分介绍两种常系数面板数据政策评估方法，包括 HCW 方法和 LASSO 方法；第二部分提出基于时变 LASSO 的面板数据政策评估方法；第三部分利用经典文献中的三组实际数据对三种方法进行比较研究；第四部分是本文的结论。

一、面板数据政策评估方法

前文提到的面板数据政策评估方法是建立在一些假设基础之上的。随着计量经济学理论特别是面板数据政策评估方法的发展，一些重要方法和工具适用的前提假设条件也进一步被放宽或一般化，其适用范围也随之扩大了。例如，DID 要求共同趋势假设，即如果处理组个体没有接受政策干预，其结果变量的变动趋势将与控制组的变动趋势相同。在很多情况下，共同趋势假设是不满足的，这时政策效应的估计是有偏的。

Abadie 等（2010）提出的合成控制方法放松了 DID 要求的共同趋势假设，其基本思想是：尽管控制组中的任何个体与处理组个体的变动趋势均不相同，但通过为每个控制组个体赋予一个权重 w_j，使合成的控制组个体与处理组个体在政策干预之前的变动趋势非常相似，从而可以用合成的控制组个体在政策干预之后的结果变量作为处理组个体反事实结果的估计。合成控制法要求权重 $w_j \geq 0$ 且 $\sum_j w_j = 1$，即处理组个体在控制组的凸包之内。如果处理组个体观测特征大于或小于所有控制组个体特征，将无法找到合适的权重合成处理组个体。HCW 方法放松了这一要求，允许控制组个体的权重为负，从而一定能找到合适的权重来得到合成控制。

（一）HCW 方法

1. 基本设定

假定能观测到 $N = J + 1$ 个个体共 T 个时期的信息。令 d_{it} 表示是否受到政策干预的虚拟变量，即 $d_{it} = 1$ 表示个体 i 在时期 t 受到政策干预，$d_{it} = 0$ 表示个体 i 在时期 t 没有受到政策干预。令 Y_{it}^1 和 Y_{it}^0 分别表示个体 i 在时期 t

如果接受政策干预和如果没有接受干预的潜在结果。令 Y_{it} 表示个体 i 在第 t 期实际观测到的结果变量。由于不能同时观测到 Y_{it}^1 和 Y_{it}^0，而只能观测到 Y_{it}，因此

$$Y_{it} = d_{it} Y_{it}^1 + (1 - d_{it}) Y_{it}^0$$

HCW 方法通常只能研究处理组仅包含一个个体的情况。不失一般性，假定仅第一个个体在某一时期 T_0（$1 < T_0 < T$）之后不间断地受到政策干预，其他 J 个个体组成没有受到干预的控制组。因此

$$d_{it} = \begin{cases} 1, & i = 1, \ t \geq T_0 + 1 \\ 0, & else \end{cases}$$

对处理组个体 i = 1 而言：

$$Y_{1t} = \begin{cases} Y_{1t}^0, & t = 1, \cdots, T_0 \\ Y_{1t}^1, & t = T_0 + 1, \cdots, T \end{cases}$$

而对 J 个控制组个体有：

$$Y_{it} = Y_{it}^0, \ i = 2, 3, \cdots, J+1, \ t = 1, 2, \cdots, T$$

另外，政策干预对处理组个体的处理效应为：

$$\tau_{1t} = Y_{1t}^1 - Y_{1t}^0, \ t = T_0 + 1, \ T_0 + 2, \cdots, T$$

在后干预期 $t = T_0 + 1, \cdots, T$，我们仅能观测到 Y_{1t}^1 而观测不到 Y_{1t}^0，因此，政策评估的关键是估计反事实结果 Y_{1t}^0，$t = T_0 + 1, \cdots, T$。HCW 方法是通过为每个控制组个体赋予一个权重，使合成的控制组个体与处理组个体在前干预期 $1, \cdots, T_0$ 的变动趋势非常相似，从而可以用合成的控制组个体在政策干预之后的结果变量作为处理组个体反事实结果的估计。具体地，HCW 方法假定 Y_{it}^0 服从如下因子模型：

$$Y_{it}^0 = \mu_i + b_i' f_t + \varepsilon_{it} \ (i = 1, \cdots, J+1; \ t = 1, \cdots, T)$$

式中，μ_i 为个体固定效应；f_t 为 $K \times 1$ 维不可观测的时变共同因子；b_i 为因子载荷；ε_{it} 为均值为 0 的随机误差项。共同因子 f_t 影响所有个体的潜在结果 Y_{it}^0，导致处理组个体的潜在结果 Y_{1t}^0 与控制组个体的潜在结果 $Y_{-1,t} = (Y_{2t}^0, \cdots, Y_{J+1,t}^0)' = (Y_{2t}, \cdots, Y_{J+1,t})'$ 存在截面相关性，因此，可建立如下回归模型：

$$Y_{1t}^0 = \beta_1 + Y'_{-1,t} \beta_{-1} + \xi_{1,t} \tag{1}$$

式中，β_1 为截距项；回归系数 $\beta_{-1} = (\beta_2, \cdots, \beta_{J+1})'$ 为用控制组个体进行合成时的权重。由此可见，HCW 方法并不要求权重系数非负。

利用前干预期 $t = 1$，$\cdots$，T_0 的数据估计式（1）得到 $\hat{\beta}_1$ 和 $\hat{\beta}_{-1}$。HCW 方法认为，如果处理组个体没有接受政策干预，那么在后干预期 $t = T_0 + 1$，$T_0 + 2$，$\cdots$，T 处理组与控制组还应当保持式（1）所表述的关系，因此，可用式（2）预测处理组个体的反事实结果：

$$\hat{Y}_{1t}^0 = \hat{\beta}_1 + Y'_{-1,t}\hat{\beta}_{-1}(t = T_0 + 1, \cdots, T) \tag{2}$$

此时，政策干预的效应估计为：

$$\hat{\tau}_{1t} = Y_{1t} - \hat{Y}_{1t}^0 \ (t = T_0 + 1, \cdots, T)$$

政策干预的平均处理效应的估计为：

$$\hat{\tau}_1 = \frac{1}{T - T_0} \sum_{t = T_0 + 1}^{T} \hat{\tau}_{1t}$$

2. 控制组个体的选择

当前干预期的时期数 T_0 远远大于控制组个体数 J，即用于估计式（1）的样本量远远大于解释变量的个数时，可以让所有控制组个体进入模型。但在面板数据政策评估的实际应用中，T_0 往往是有限的，而进入模型的控制组个体越多，回归模型式（1）的自由度损失越多，样本外反事实预测精度会越低。因此，式（1）存在着样本内拟合优度与样本外预测精度之间的权衡。

HCW 利用地理上的临近或经济上的相似性来筛选潜在控制个体，并提出一种两步法从潜在控制个体中选择进入模型的控制组：首先，依次选择 $j = 1$，2，$\cdots$，J 个控制组个体进入模型，对于有 j 个控制组个体的模型，利用拟合优度 R^2 从中选择拟合最好的模型，记为 $M(j)^*$。第一步结束后共得到 J 个模型 $M(1)^*$，$\cdots$，$M(J)^*$。其次，利用 AIC 或 AICC 等信息准则在 $M(1)^*$，$\cdots$，$M(J)^*$ 中选择出最优模型 $M(m)^*$。

（二）LASSO 方法

如前所述，HCW 方法的关键在于控制组个体的选择。当潜在控制组个体数较多时，HCW 利用地理上的临近与经济上的相似性筛选控制组个体的方法存在一定的主观性。另外，当 $J > T_0$ 时，即式（1）中的解释变量个数大于样本容量，HCW 方法不可行。即使 $J < T_0$，但控制组个体数量 J 仍较大时，HCW 方法的计算量很大，例如，当有 $J = 30$ 个控制组个体时，HCW 方法需要估计 $C_{30}^1 + C_{30}^2 + \cdots + C_{30}^{30} \approx 10^9$ 个模型。实际上，式（1）中控制组个体的选择问题可归结为高维数据中的变量选择或特征选择问题，因此，Li

和 Bell（2017）提出利用机器学习中的 LASSO 方法（Least Absolute Shrink and Select Operator）进行控制组个体选择与模型估计。

1. 基本设定

LASSO 是回归模型在高维情况下进行变量选择或特征选择的方法，为便于叙述，将式（1）写为普通回归模型的形式：

$$Y_t = X'_t\beta + u_t, \ t = 1, \cdots, T_0 \tag{3}$$

式中，$Y_t = Y^0_{1t}$，$X_t = Y_{-1,t}$，$\beta = (\beta_1, \beta'_{-1})' = (\beta_1, \beta_2, \cdots, \beta_{J+1})'$，$u_t = \xi_{1,t}$。

众所周知，当回归模型中解释变量的个数 J（控制组个数）增大时，样本内拟合优度上升，但样本外预测性能下降，这一现象在机器学习领域称为过拟合（Overfitting）。LASSO 方法通过在 OLS 目标函数中加入惩罚项，引入样本内估计偏差，提高样本外预测精度。具体地，LASSO 方法的目标函数为：

$$\sum_{t=1}^{T_0} (Y_t - X'_t\beta)^2 + \lambda \sum_{i=2}^{J+1} |\beta_i| \tag{4}$$

式中，$\sum_{i=2}^{J+1} |\beta_i| = \|\beta\|_1$ 为 L_1 范数，L_1 惩罚能够使某些系数收缩为 0，从而起到变量选择（即控制组个体选择）的作用。$\lambda \geq 0$ 称为调节参数（Tuning Parameter），它控制了对非零系数的惩罚力度，λ 越大，对非零 β_i 的惩罚越大，导致越多的 β_i 收缩为 0。两种极端情况是 $\lambda = 0$ 和 $\lambda = \infty$，前者不对 β 施加任何约束，LASSO 退化为 OLS，而后者将所有 β_i 收缩为 0。

与 HCW 方法相同，在得到 β 的 LASSO 估计量 $\hat{\beta}$ 后，利用 $\hat{Y}_t = X'_t\hat{\beta}$，$t = T_0 + 1, \cdots, T$ 预测处理组个体的反事实结果。由式（4）可知，为得到 $\hat{\beta}$，需要确定调节参数 λ 的值，机器学习领域常用交叉验证（Cross Validation）方法。

2. 交叉验证

在机器学习领域，用于估计式（4）的数据（$t = 1, \cdots, T_0$）称为训练数据，在训练数据上的误差称为训练误差（Training Error）或经验误差（Empirical Error），在新样本 $t = T_0 + 1, \cdots, T$ 上的预测误差称为泛化误差（Generalization Error）。显然，我们希望得到泛化误差小的模型。而由于新样本上的反事实结果观测不到，无法得到真实的泛化误差。交叉验证方法通过将训练数据划分出一部分样本作为测试数据，并用模型在测试数据上的测试误差作为泛化误差的估计。

交叉验证方法先将数据集 $D = \{Y_t, X_t\}_{t=1}^{T_0}$ 划分为 k 个大小相似的互斥子集，即 $D = D_1 \cup D_2 \cup \cdots \cup D_k$，$D_i \cap D_j = \varnothing$，$i \neq j$。然后，每次用 k – 1 个子集的并集作为训练集，余下的子集作为测试集，这样就可获得 k 组训练集与测试集。利用 k 组训练集模型进行 k 次估计，并得到测试集上的 k 次测试误差，最后，将 k 次测试误差的均值作为泛化误差的估计。这种交叉验证方法又称为 k 折交叉验证（k – fold cross validation）。

面板数据政策评估方法中的 T_0 通常较小，一般采用留一法交叉验证（Leave – One – Out，LOO），即令 $k = T_0$。具体地，假定 λ 在一个离散集合 $\Lambda = \{\lambda_1, \lambda_2, \cdots, \lambda_K\}$ 中取值。对于任一 $\lambda \in \Lambda$ 以及任一 $t = 1, \cdots, T_0$，通过最小化如下留一法目标函数来估计 β：

$$\sum_{s=1,s\neq t}^{T_0} (Y_s - X'_s\beta)^2 + \lambda \sum_{i=2}^{J+1} |\beta_i|$$

使上式最小化的 β 记作 $\hat{\beta}_{-t}(\lambda)$。然后，计算测试集 t 上的测试误差 $e_t(\lambda) = Y_t - X'_t\hat{\beta}_{-t}(\lambda)$ 以及 $k = T_0$ 组测试集上的均方误差：

$$CV(\lambda) = \frac{1}{T_0} \sum_{t=1}^{T_0} e_t(\lambda)^2 = \frac{1}{T_0} \sum_{t=1}^{T_0} [Y_t - X'_t\hat{\beta}_{-t}(\lambda)]^2$$

选择 $\hat{\lambda} \in \Lambda$ 以最小化上式中的 $CV(\lambda)$。最后，将 $\hat{\lambda}$ 代入式（4）并用所有样本求出 LASSO 估计量 $\hat{\beta}$。

显然，留一法不受随机样本划分方式的影响，因为每次只有一个样本作为测试集，其他 $T_0 - 1$ 个样本为训练集。留一法使用的训练集与全数据集 D 相比只少了一个样本，被实际评估的模型与期望评估的用 D 估计的模型很相近。因此，留一法的评估结果往往被认为比较准确。

二、时变 LASSO 方法

综上所述，HCW 方法和 LASSO 方法均假定控制组个体的权重系数 β 为不变常数。然而，现实中的经济个体之间的结构关系往往会随着时间的推移而发生改变。例如，当控制组中某国发生制度变革或政策调整，或出现重大技术创新时，其经济结构往往会随之进行调整，导致其与其他国家之间的经济关系发生变化，甚至某些国家会进入或退出控制组。此时，如果错误地假定模型权重系数固定不变，会导致参数估计非一致，且对反事实预测的偏差较大（Giraitis，2014）。因此，本文将 Kapetanios 和 Zikes（2018）提出的时变 LASSO（Time – Varying LASSO）方法引入面板数据政策评估方法，允许控制组个体的权重系数随着时间推移而平滑地变化。

（一）基本设定

本文设定的模型形式为：

$$Y_t = X'_t \beta_t + u_t$$

即允许权重系数时变。Kapetanios 和 Zikes（2018）证明，上式的时变核 LASSO 估计量，即：

$$\hat{\beta}_t = \arg\min_{\beta} \left\{ \sum_{t=1}^{T_0} w_{tj}(Y_t - X'_t\beta)^2 + \lambda \sum_{i=2}^{J+1} |\beta_i| \right\} \tag{5}$$

是时变参数 β_t 的一致估计量，其中，$w_{tj} := \widetilde{w}_{tj} / \sum_{j=1}^{T_0} \widetilde{w}_{tj}$ 为各期样本的权重，$\widetilde{w}_{tj} = K[(t-j)/H]$，$K(\cdot)$ 为高斯核函数，$H = T_0^{1/2}$ 为带宽参数。

（二）留一法交叉验证

假定 λ 在一组离散集合 $\Lambda = \{\lambda_1, \lambda_2, \cdots, \lambda_K\}$ 中取值。首先，对于任一 $\lambda \in \Lambda$ 以及任一 $t = 1, \cdots, T_0$，留一法目标函数为：

$$\sum_{s=1,s\neq t}^{T_0} w_{tj}(Y_s - X'_s\beta)^2 + \lambda \sum_{i=2}^{J+1} |\beta_i|$$

使上式最小化的 β 记作 $\hat{\beta}_{-t}(\lambda)$。然后，计算验证数据集 t 上的误差 $e_t(\lambda) = Y_t - X'_t\hat{\beta}_{-t}(\lambda)$。对每一个 λ 值，计算所有验证数据集上的均方误差，即：

$$CV(\lambda) = \frac{1}{T_0}\sum_{t=1}^{T_0} e_t(\lambda)^2 = \frac{1}{T_0}\sum_{t=1}^{T_0}[Y_t - X'_t\hat{\beta}_{-t}(\lambda)]^2$$

选择 $\hat{\lambda} \in \Lambda_L$ 以最小化上式中的 $CV(\lambda)$。最后将 $\hat{\lambda}$ 代入式（5）并用所有样本求出时变 LASSO 估计量 $\hat{\beta}_t$，$t = 1, \cdots, T_0$。

（三）预测反事实结果

由于时变 LASSO 模型假定时变参数 β_t 随着时间推移而缓慢平滑地变化，$\hat{\beta}_{T_0}$ 和 $\hat{\beta}_{T_0+1}$ 之间相差不大，Kapetanios 和 Zikes（2018）用 $\hat{Y}_{T_0+1} = X'_{T_0+1}$

$\hat{\beta}_{T_0}$ 作为 $Y^0_{T_0+1}$ 的样本外一期预测。然而，在面板数据政策评估的实际应用中，为了更准确地估计政策的效应，通常有多期后干预期数据，也就是要进行多期反事实结果预测。在时变 LASSO 方法的框架下，本文提出了如下两种反事实预测方法。

第一种方法与 Kapetanios 和 Zikes（2018）采用的方法类似。由于 β_t 随着时间缓慢而平滑地变化，假定 $\hat{\beta}_{T_0}$ 和 $\hat{\beta}_\tau$，$\tau = T_0 + 1$，$\cdots$，T 之间相差不大，因此，可用 $\hat{Y}_\tau = X'_\tau \hat{\beta}_{T_0}$ 作为反事实结果 Y_τ 的估计。

第二种方法类似于递归预测。首先，利用 $\hat{Y}_{T_0+1} = X'_{T_0+1} \hat{\beta}_{T_0}$ 估计反事实结果 Y_{T_0+1}；其次，将 $\hat{Y}_{T_0+1}$ 作为 $Y^0_{T_0+1}$ 的真实值，利用数据 $\{Y_t, X_t\}^{T_0+1}_{t=1}$ 得到 $T_0 + 1$ 期的参数估计 $\hat{\beta}_{T_0+1}$，并预测 $T_0 + 2$ 期的反事实结果 $\hat{Y}_{T_0+2}$；重复以上两步直至得到所有反事实结果的递归预测 Y_τ，$\tau = T_0 + 1$，$\cdots$，T。

三、三种方法的比较研究

Li 和 Bell（2017）证明，当真实数据生成过程为常系数模型时，LASSO 方法比 HCW 方法具有更高的计算效率与样本外预测精度。Kapetanios 和 Zikes（2018）研究认为，当真实数据生成过程为时变系数时，时变 LASSO 方法优于常系数 LASSO 方法。然而，在面板数据政策评估的实际应用中不可能观察到潜在的数据生成过程，很难利用模拟数据进行比较。因此，本文参考 Doudchenko、Imbens（2016）以及 They 等（2017）的方法，利用经典文献中的实际数据对三种方法进行对比研究。对于每组数据，常系数 LASSO 和时变 LASSO 方法中 λ 的离散格点值 $\Lambda = \{\lambda_1, \lambda_2, \cdots, \lambda_K\}$ 根据 Friedman 等（2010）来设定。

（一）HCW 数据

HCW 研究了 1997 年香港回归以及 2003 年 6 月 29 日签署并于 2004 年 1 月 1 日开始实施的《内地与香港关于建立更紧密经贸关系的安排》（Closer Economic Partnership Arrangement，CEPA）对于香港经济的影响。结果变量 Y_{it} 为季度实际 GDP 增长率。数据集中包含 N = 25 个国家和地区，其中，中国香港是接受政策干预的处理组个体，而澳大利亚、德国、日本、中国台湾等 J = 24 个国家和地区作为控制组。数据的起止时间为 1993 年第一季度到2008年第一季度，即T=61。

由于真实处理组个体的反事实结果无法观测，为了对三种方法进行评价，暂时不考虑受到政策干预的中国香港。令某控制组个体为假定的处理组，并选定一个假定的政策干预期T_0。例如，图1粗实线为假定中国台湾为处理组个体（j=23），且假定政策干预发生在T_0=43期时，中国台湾实际人均GDP走势。各虚线分别为利用其他控制组国家和地区合成的中国台湾实际人均GDP走势。由于中国台湾并未实际受到政策干预，T_0之后的粗实线便是要预测的反事实结果，从而可用各虚线与粗实线之间的距离来测度各方法的反事实预测性能。由图1可知，三种方法均能较好地拟合政策干预前中国台湾实际人均GDP的走势。然而，从样本外反事实预测角度来看，时变LASSO方法对反事实结果的估计最为准确，LASSO方法次之。

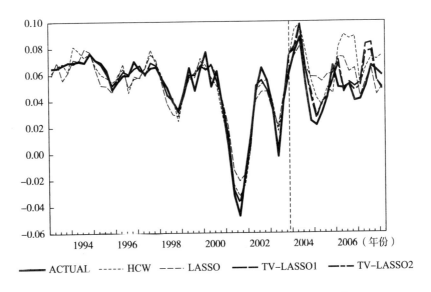

图1　中国台湾作为假定的处理组个体（$T_0/T = 0.7$）

为定量评价各种方法的优劣，本文提出如下方法：依次设定第j=1，2，…，j个控制组个体为假定的处理组个体，并利用其余的j-1个控制组个体来合成个体j。首先，利用前干预期1，…，T_0的数据分别得到三种方法的样本内拟合值$\hat{Y}_{jt}$，t=1，…，T_0；然后，利用后干预期T_0+1，…，T的数据分别得到三种方法对个体j的反事实结果的预测$\hat{Y}_{jt}$，t=T_0+1，…，

T。由于假定的处理组个体 j 实际并未受到政策干预，因此，$Y_{jt} = Y_{jt}^0$，可以用 $RMSE_j = \sqrt{\sum_{t=T_0+1}^{T}(Y_{jt} - \hat{Y}_{jt})^2}$ 衡量每种方法对个体 j 反事实预测的准确性；最后，取 $RMSE_j$ 在所有 j 个控制组个体上的中位数①，用中位数 RMSE 评价三种方法对反事实结果预测的准确性。另外，前干预期时期数 T_0 为估计模型时的样本容量，为了评价不同前干预期时期数 T_0 对政策评估结果的影响，本文依次考察了 $T_0/T = 0.5, 0.7, 0.9$ 三种情况。

由于每组数据的量纲不同，为便于比较，每组数据的结果均选用一种方法作为基准。表 1 的结果以 HCW 方法为基准，即将三种方法的 RMSE 中位数全部除以 HCW 方法的中位数，从而 HCW 方法的 RMSE 中位数比值均为 1，若其他方法的 RMSE 中位数比值小于 1，表示此方法的反事实预测结果比 HCW 方法准确；反之，则不如 HCW 方法准确。

表 1　HCW 数据的 RMSE 的中位数比值

T_0/T	0.5	0.7	0.9
HCW	1	1	1
LASSO	0.7782	0.8350	1.0403
TV – LASSO1	0.7683	0.9548	0.8558
TV – LASSO2	0.7231	0.9734	0.8528

注：TV – LASSO1 为时变 LASSO 的第一种反事实预测方法，TV – LASSO2 为第二种反事实预测方法。

从表 1 的 RMSE 中位数比值来看，首先，常系数 LASSO 方法只有在 $T_0/T = 0.5, 0.7$ 时对反事实的预测比 HCW 方法准确，而在 $T_0/T = 0.9$ 时，预测性能劣于 HCW 方法。而时变 LASSO 的两种反事实预测方法在三种情况下均优于 HCW 方法。其次，从常系数 LASSO 方法与时变 LASSO 方法的对比来看，时变 LASSO 方法在 $T_0/T = 0.5, 0.9$ 时预测性能强于常系数 LASSO 方法，尤其是在 $T_0/T = 0.9$ 的情况下，预测性能较常系数 LASSO 提高了 20% 左右。最后，时变 LASSO 的两种反事实预测方法在此数据集下的预测性能差别不大。因此，从这一组数据来看，时变 LASSO 方法总的来说优于常系数 LASSO 方法和 HCW 方法。

---

① 由于面板数据政策评估方法中，控制组个体数 J 通常较小，且平均值易受异常值影响，因此，本文采用 RMSE 中位数，而没有采用平均值。

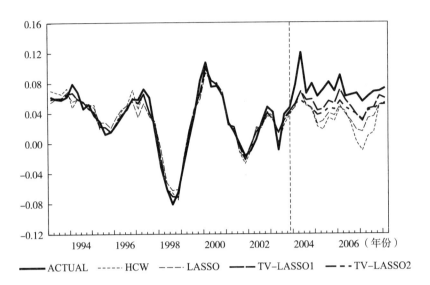

图 2 中国香港的实际 GDP 与预测实际 GDP

本文分别用三种方法重新估计了 CEPA 对于香港经济的影响①。在此情况下，处理组个体为中国香港，另外，J = 24 个国家和地区作为控制组。另外，由于样本起始于 1993 年第一季度，而 CEPA 与 2004 年第一季度生效，因此，$T_0 = 44$。图 2 为中国香港实际季度 GDP 增长率走势以及三种方法的样本内拟合与样本外反事实预测（图 2 中垂直虚线位置为 CEPA 生效时间）。从图 2 中可以明显看出 HCW 方法对政策效应的估计值最大。实际上，HCW 研究结果认为 CEPA 对中国香港实际 GDP 平均提升 4.03%，而本文应用常系数 LASSO 方法和两种时变 LASSO 方法的估计结果分别为 3.36%、2.02% 和 2.67%，即常系数 LASSO 方法和时变 LASSO 方法的估计结果均低于 HCW 方法。实际上中国香港在 CEPA 生效前（1993 年第一季度到 2003 年第四季度）的平均实际 GDP 增长率仅为 3.05%，因此，本文认为 HCW 方法有可能高估了 CEPA 对于香港经济的影响。

（二）Abadie 等（2010）与 Gardeazabal 和 Vega – Bayo（2017）数据

Abadie 等（2010）研究了美国加利福尼亚州于 1988 年 11 月通过的香

---

① HCW 研究结果表明，1997 年香港回归对香港经济增长的影响并不显著，而 CEPA 对香港实际 GDP 平均提高了 4.03%。因此，本文仅考虑 CEPA 对香港经济增长的影响。

烟控制 99 号法案对加州香烟消费的影响。结果变量 Y_{it} 为各州年度人均香烟消费量[①]。数据集中包含 N = 39 个州,其中,加利福尼亚州是接受政策干预的处理组个体,而其他 J = 38 个州作为控制组[②]。数据的起止时间为 1970 ~ 2000 年,即 T = 31。

Gardeazabal 和 Vega – Bayo(2017)提供了研究 1991 年爆发的塞拉利昂内战的经济成本的数据集。结果变量 Y_{it} 为各国年度人均实际 GDP 的对数。数据集中包含 N = 41 个国家,其中,塞拉利昂是受到干预的处理组个体,而其他 J = 40 个国家作为控制组。数据的起止时间为 1970 ~ 2009 年,即 T = 40。

由于在这两组数据集中,控制组个体数 N 均大于总时期数 T,HCW 方法失效。因此,分别采用常系数 LASSO 方法和两种时变 LASSO 方法对反事实结果进行估计。表 2 的结果以常系数 LASSO 方法的 RMSE 中位数为基准,得到两种时变 LASSO 方法的中位数 RMSE 比值,即用时变 LASSO 方法的中位数 RMSE 除以常系数 LASSO 方法的中位数 RMSE。

表 2　两组数据反事实预测中位数 RMSE 比值

数据集	Abadie 等（2010）			Gardeazabal 和 Vega – Bayo（2017）		
T_0/T	0.5	0.7	0.9	0.5	0.7	0.9
LASSO	1	1	1	1	1	1
TV – LASSO1	0.9482	0.9774	0.7183	0.9272	1.0120	0.7676
TV – LASSO2	1.1139	0.9031	0.7697	1.0250	1.1081	0.8861

注:TV – LASSO1 为时变 LASSO 的第一种反事实预测方法,TV – LASSO2 为第二种反事实预测方法。

由表 2 可知,在 Abadie 等(2010)数据中,时变 LASSO 的第一种反事实预测方法的表现最好,在 T_0/T = 0.5, 0.7, 0.9 三种情况下均优于常系数 LASSO 方法,而第二种反事实预测方法在 T_0/T = 0.7, 0.9 时预测性能较好。

---

①　Abadie 等(2010)采用了合成控制方法,其数据集中还包括人均 GDP 的对数、州人口中 15 ~ 24 岁人口所占比重、香烟零售价格以及人均啤酒消费量等协变量。本文考虑的 HCW、LASSO 和时变 LASSO 方法均不需要协变量。

②　Abadie 等(2010)在研究过程中去掉了一些在样本期内同样实施某种香烟控制政策或提高香烟税的州。

在 Gardeazabal 和 Vega – Bayo（2017）数据中，时变 LASSO 的第一种反事实预测方法在 $T_0/T = 0.5$，0.9 情况下优于常系数 LASSO 方法，而第二种反事实预测方法在 $T_0/T = 0.9$ 时预测性能较好。综合这两组数据的情况，总的来看，时变 LASSO 方法优于常系数 LASSO 方法，尤其是当前干预期时期数较大，即 $T_0/T = 0.9$ 时，预测性能较常系数 LASSO 方法提高了 20% ~ 30%。最后，从两种时变 LASSO 方法的对比来看，第一种方法更为稳健。

四、结论

本文提出了一种基于机器学习的时变 LASSO 面板数据政策评估方法，并利用经典文献中的三组实际数据对 HCW 方法、常系数 LASSO 方法和时变 LASSO 方法进行对比研究。研究结果表明，常系数 LASSO 方法与时变 LAS-SO 方法对反事实结果的预测更加准确，在多数情况下，时变 LASSO 方法又优于常系数方法，尤其是前干预期时期数 T_0 较大时优势更为明显，预测准确性提高了 20% ~ 30%。

本文提出的基于时变 LASSO 的面板数据政策评估方法是对面板数据政策评估理论的一种扩充和完善。与 HCW 方法与常系数 LASSO 方法相比，该方法的优势主要体现在：传统 HCW 方法与常系数 LASSO 方法由于假定权重系数为常数，从而只能选择处理组与控制组个体之间的关系相对稳定的时期进行研究，例如，HCW 的数据截至 2008 年第一季度，避免了 2008 年金融危机时期各国家之间经济关系的可能波动。Abadie 等（2014）在挑选潜在控制组时，排除了一些样本期内经历了较大的经济结构变化的国家和地区。而本文提出的时变 LASSO 面板数据政策评估方法不仅允许控制组个体权重随着时间的变化推移而发生改变，而且允许个体在某些时期进入或退出控制组。本文的研究结论有助于提高反事实预测准确性，完善面板数据政策评估理论方法，并为定量评估各种社会经济政策的实际效果提供了理论工具。

参考文献

［1］陈海强，范云菲. 融资融券交易制度对中国股市波动率的影响——基于面板数据政策评估方法的分析［J］. 金融研究，2015（6）.

［2］洪永森. 提倡定量评估社会经济政策，建设中国特色新型经济学智库［J］. 经济研究，2015（12）.

［3］王艺明，刘志红. 大型公共支出项目的政策效果评估——以"八七扶贫攻坚计划"为例［J］. 财贸经济，2016（1）.

［4］殷华，高维和. 自由贸易试验区产生了"制度红利"效应吗?［J］. 财经研究，2017（2）.

［5］Abadie A. , Diamond A. , Hainmueller J. Synthetic Control Methods for Comparative Case Studies: Estimating the Effect of California's Tobacco Control Program［J］. Journal of the American Statistical Association, 2010, 105（490）: 493 – 505.

［6］Athey, S. , Bayati, M. , Doudchenko, N. , Imbens, G. and Khosravi K. Matrix Completion Methods for Causal Panel Data Models［J］. Economic Review, 2017（1）: 7 – 14.

［7］Bai C. , Li Q. , Ouyang M. Property Taxes and Home Prices: A Tale of Two Cities［J］. Journal of Econometrics, 2015, 180（1）: 1 – 15.

［8］Card D. , Krueger A. B. Minimum Wages and Employment: A Case Study of the Fast – Food Industry in New Jersey and Pennsylvania［J］. American Economic Review, 1994, 84（4）: 772 – 793.

［9］Doudchenko N. , Imbens G. W. , Balancing, Regression, Difference – in – Differences and Synthetic Control Methods: A Synthesis［D］. NBER Working Paper, No. 22791, 2017.

［10］Giraitis L. , Kapetanios G. and Yates T. Inference on Stochastic Time – varying coefficient models［J］. Journal of Econometrics, 2014, 179（1）: 46 – 65.

［11］Gregory A. , Head A. Fluctuations in Productivity, Investment, and the Current Account［J］. Journal of Monetary Economics, 1999, 44: 423 – 452.

［12］Hsiao C. , Ching H. S. , Wan S. K. A Panel Data Approach for Program Evaluation: Measuring the Benefits of Political and Economic Integration of Hong Kong with Mainland China［J］. Journal of Applied Econometrics, 2012, 27（5）: 705 – 740.

［13］Hsiao C. Analysis of Panel Data（2nd dn. ）［M］. New York: Cambridge University Press, 2003.

［14］Kapetanios, G. , Zikes F. Time – varying Lasso［J］. Economics Letters, 2018, 169: 1 – 6.

［15］Li K. T. , Bell D. R. Estimation of Average Treatment Effects with Panel Data: Asymptotic Theory and Implementation［J］. Journal of Econometrics, 2017, 197（1）: 65 – 75.

［16］Ouyang M. , Y. Peng. The Treatment – effect Estimation: A Case Study of the 2008 Economic Stimulus Packages of China［J］. Journal of Econometrics, 2015, 188（2）: 545 – 557.

［17］Sargent, T. J. , Sims C. A. Business Cycle Modeling without Pretending to Have Too

Much A – Priori Economic Theory [J] . New Methods in Business Cycle Research, 1977 (1):
45 – 109.

[18] Tibshirani R. Regression Shrinkage and Selection via the lasso [J] . Journal of the
Royal Statistical Society, Series B (methodological), 1996, 58 (1): 267 – 288.

广义随机效应矩阵指数空间规范面板
数据模型的估计

张元庆[1] 冯树辉[2]

（1. 上海对外经贸大学 国际经贸学院，上海 201620；

2. 上海师范大学 商学院，上海 200234）

摘 要 研究目的：本文研究被解释变量、个体随机效应和干扰项同时具有矩阵指数空间规范（MESS）过程的随机效应面板数据模型的估计问题。研究方法：采用拟极大似然估计（QMLE）的方法得到了模型参数进行了估计。研究发现：当 n 趋于无穷大，T 有限或趋于无穷大时，当模型满足一定的条件时，其拟极大似然估计值（QMLEs）是一致的，并且渐进服从正态分布。同时，Monte Carlo 模拟验证模型的 QMLEs 具有良好的有限样本性质，并且随着样本量的增加，有限样本性质的表现更加优异。研究价值：将传统的 SAR 相关模型推广到 MESS 的分析框架，拓展了空间面板数据模型的建模方法。

关键词 MESS；面板数据模型；随机效应；拟极大似然估计

Estimation of Generalized Matrix Exponential Spatial Specification Panel Data Model with Random Effects

Zhang Yuanqing[1]   Feng Shuhui[2]

(1. International Business School, Shanghai University of
International Business and Economics, Shanghai 201620;

2. School of Finance and Business, Shanghai Normal
University, Shanghai 200234)

Abstract: Research Object: This paper studies the estimation of panel data model with random effects that has the matrix exponential spatial specification (MESS) in dependent variable, individual random effects and disturbances. Research Methods: This paper constructs the estimators of the parameters in the model using the method of Quasi – maximum likelihood estimate (QMLE). Research Findings: The proofs show that as n tends to infinite and T is fixed or tends to infinite, under some indispensable conditions, the Quasi – maximum likelihood estimators (QMLEs) are consistent and obey normality distribute asymptotically. Meanwhile, the Monte Carlo experiment is used to verify the QMLEs have good finite sample properties, and with the increase of sample size, the performance of finite sample properties become increasingly good. Research Values: The related traditional spatial autoregression (SAR) model is extended to the analysis framework of MESS, the modeling methods of spatial panel data models are extended.

Key Words: MESS; Panel Data Model; Random Effects; Quasi – maximum Likelihood

一、引言

经过数十年的发展，空间计量经济学已经成为一种学术界广泛接受的主流的经济计量研究方法，并且在实证研究中得到广泛的应用。空间计量研究的是截面个体之间的空间相关性，因此，早期的研究主要是对截面数据模型进行研究，学者从空间自相关（SAR）及其衍生模型的设定、估计方法、检验等方面构建了一套空间计量经济学分析体系。比如，在 SAR 截面数据模型的估计的研究中，提出了极大似然估计（MLE）法、矩估计法（MOM）和工具变量法（IV）、矩估计的基础上的广义矩法、准极大似然估计（QMLE）法等方法，并且对上述方法估计的大样本性质进行了严格的证明。随着面板数据的可获得性增加，以及面板数据模型理论和应用研究的发展，学者在研究空间相关性问题时，研究的视角逐渐转向空间面板数据模型。空间面板数据模型在时间和空间两个维度上具有状态依赖性和截面相依性，因此未知的不可观测的异质性变得可控。在空间面板数据模型的文献中，采用随机效应模型的设定很流行，比如，Anselin（1988）提出了一种具有误差成分和具有空间自回归的误差项的模型。在其基础上，Kapoor 等（2007）对参考文献［8］提出的模型的误差成分进行了不同的设定，他们研究的 KKP 模型中的误差成分具有空间相关性，并且剩余干扰项含有个体随机效应。Baltagi 等（2013）对上面含有误差成分的模型进一步推广，提出了个体随机效应和干扰项具有相同或者不同的空间相关性结构，并给出了两种不同设定的识别检验。Lee 和 Yu（2012）概括性地提出了包含多种误差成分、空间结构、空间移动平均（SMA）以及剩余误差存在序列相关的广义空间面板数据模型，使用 QMLE 的方法研究了上述模型的估计及估计的大样本性质，提出了 Hausman 类型的检验统计量来识别个体效应的类别以及拉格朗日乘数（LM）检验统计量来识别模型的类别。空间随机效应模型的优势在于：首先，当个体很多时，可以避免固定效应模型中的自由度的损失。其次，随机效应模型可以直接估计出固定效应模型不能或者难以估计的非时变自变量的系数。在一些特定的经济问题中，空间随机效应模型可能更加有效，比如，Case（1991）使用空间随机效应模型对印度尼西亚对大米的消费需求的空间模式进行研究中发现，空间随机效应模型要优于空间固定效应模型。

然而，研究和使用 SAR 及其衍生模型时，通常首先考虑参数的限制，即空间相关性系数限定在（−1，1）区间内，否则模型将不稳定。同时，求解模型时，似然函数中转换雅克比行列式的存在使模型求解过程变得复杂，尤其是大数据时代，庞大的数据量下，这个过程变得更加复杂。LeSage

和 Pace（2007）首次提出了矩阵指数空间规范（MESS）模型，能很好地克服上述问题。文章指出，MESS 模型可以作为 SAR 模型的一种替代，并且 MESS 具有如下优势：其一，对解释变量的 MESS 使传统 SAR 下的空间影响的几何衰减过程变为指数衰减，这样更能满足空间计量建模的需要；其二，MESS 模型总能得到正定的协方差矩阵的估计，因此，MESS 模型不存在对空间相关性系数的限定；其三，矩阵指数特有数学特征使模型求解中不需要考虑转换雅克比行列式，大大简化了计算量。基于此，基于 MESS 截面数据模型的研究也逐渐丰富。Debarsy 等（2015）使用 QMLE 和 GMM 对解释变量和误差相同时具有空间相关性模型（MESS（1，1））的估计和大样本性质进行了研究。特别地，文章更加强调 MESS 模型不需要对参数空间进行限制的优势，SAR 模型实际上并不能完全替代 MESS 模型。免予参数限制的 MESS 模型具有比 SAR 模型更加稳定的优势。Magdalena 等（2017）使用了贝叶斯的方法对包括 MESS 杜宾模型、MESS 误差模型等一系列的 MESS 模型的估计和大样本性质进行了研究。近年来，有学者开始将 MESS 截面数据模型推广到面板数据模型中。比如，Figueiredo 和 Silva（2015）提出，MESS 面板数据模型的极大似然估计（MLE）估计具有良好的估计以及统计推断性质。Le Sage 和 Chih（2017）使用贝叶斯马尔科夫链蒙特卡洛方法研究了异质系数的矩阵指数空间规范（HMESS）面板数据模型的估计。

上述 MESS 面板数据的研究中，均是在含有固定效应的面板数据模型的分析框架内。对于含有随机效应的 MESS 面板数据模型，国内外文献中尚未研究。基于此，本文结合 MESS 的优势，将参考文献［10］提出的模型推广到 MESS 的分析框架，提出 MESS 同时存在于被解释变量、个体随机效应和干扰项中的广义随机效应 MESS 面板数据模型，并使用 QMLE 的方法研究模型的估计和估计的大样本性质。本文剩余部分的安排为：第二部分给出模型的设定与估计；第三部分讨论和证明估计的大样本性质；第四部分中使用 Monte Carlo 模拟的方法考察估计的有限本性质；第五部分为本文的结语。正文中用到的矩阵和引理的证明将在附录中给出。

二、模型的设定与估计

本文研究的 MESS 面板数据模型中假定 MESS 过程同时存在于被解释变

量、个体随机效应和干扰项中（即空间相关性的设定遵从 Lee 和 Yu（2012）中的广义 RE – SMA 设定）。我们将这种模型命名为广义随机效应 MESS 面板数据模型，即为 GRE – MESSPD，具体形式如下：

$$e^{\alpha W_n} Y_{nt} = X_{nt}\beta + \mu_n + U_{nt},$$
$$e^{\tau M_n} U_{nt} = V_{nt}, \tag{1}$$
$$e^{\iota D_n}\mu_n = c_n, \quad t = 1, 2, \cdots, T$$

式中，$Y_{nt} = (y_{1t}, y_{2t}, \cdots, y_{nt})'$ 为具有空间结构的因变量，$U_{nt} = (u_{1t}, u_{2t}, \cdots, u_{nt})'$ 为具有空间结构的回归模型干扰项，$\mu_n = (\mu_{n1}, \mu_{n1}, \cdots, \mu_{nn})'$ 是具有空间关系的非时变个体随机效应矩阵，三者都是 $n \times 1$ 阶向量。X_{nt} 是 $n \times k_x$ 阶外生时变的回归元矩阵，其相应的系数为 $k_x \times 1$ 阶向量 β。W_n，M_n 和 D_n 为 $n \times n$ 阶非随机的空间权重矩阵，其对角元素均为零，它们分别俘获了每个截面单位中的 y_{it}，u_{it} 和 μ_{it} 之间的空间相关性，三者可以相同也可以不同。$c_{ni} \sim iid(0, \sigma_c^2)$ 和 $v_{it} \sim iid(0, \sigma_v^2)$ 分别表示 $c_n = (c_{n1}, c_{n2}, \cdots, c_{nn})'$ 和 $V_{nt} = (v_{1t}, v_{2t}, \cdots, v_{nt})'$ 的元素，并且两者是相互独立的。模型中需要估计的参数为 $\theta = (\beta', \alpha, \tau, \iota, \sigma_v^2, \sigma_c^2)'$。

令 l_T 表示元素均为 1 的 T 维列向量，I_T 表示 T 阶单位矩阵，$J_T = I_T - \frac{1}{T} l_T l_T'$，"$\otimes$" 表示 Kronecker 乘积。记 $Y_{nT} = (Y_{n1}', Y_{n2}', \cdots, Y_{nT}')'$，$X_{nT} = (X_{n1}', X_{n2}', \cdots, X_{nT}')'$，$V_{nT} = (V_{n1}, V_{n2}, \cdots, V_{nT})'$，$\theta_0 = (\beta_0', \alpha_0, \tau_0, \iota_0, \sigma_{v_0}^2, \sigma_{c_0}^2)'$ 为 θ 的真实值。Chiu 等（1996）指出对于任何 $n \times n$ 阶矩阵 A_n，矩阵指数 $e^{\alpha A_n} = \sum_{i=0}^{\infty} (i!)^{-1} \alpha^i A_n^i$ 总是可逆的，并且它的逆为 $e^{-\alpha A_n}$。Baltagi 等（2013）指出，在上述个体随机效应的设定下，μ_n 中的 MESS 过程可以看作一种溢出效应。基于此，式（1）可以写为 nT 个观测的向量简化形式，即：

$$(I_T \otimes e^{\alpha_0 W_n}) Y_{nT} = X_{nT}\beta_0 + \xi_{nT}, \tag{2}$$

式中，$\xi_{nT} = (l_T \otimes e^{-\iota_0 D_n}) c_n + (I_T \otimes e^{-\tau_0 M_n}) V_{nT}$ 表示总干扰项。ξ_{nT} 的方差—协方差矩阵（CV）为：

$$\begin{aligned}
\sum_{nT} &= E(\xi_{nT}\xi_{nT}') = \sigma_{c0}^2(l_T l_T' \otimes e^{-\iota_0 D_n} e^{-\iota_0 D_n'}) + \sigma_{v0}^2(I_T \otimes e^{-\tau_0 M_n} e^{-\tau_0 M_n'}) \\
&= \left(\frac{1}{T} l_T l_T' \otimes (T\sigma_{c0}^2 e^{-\iota_0 D_n} e^{-\iota_0 D_n'} + \sigma_{v0}^2 e^{-\tau_0 M_n} e^{-\tau_0 M_n'}) \right) + \\
&\quad (J_T \otimes \sigma_{v0}^2 e^{-\tau_0 M_n} e^{-\tau_0 M_n'})
\end{aligned} \tag{3}$$

令 $Z_n = T\sigma_{c0}^2 e^{-\iota_0 D_n} e^{-\iota_0 D'_n} + \sigma_{v0}^2 e^{-\tau_0 M_n} e^{-\tau_0 M'_n}$，由矩阵性质可知，$\sum\limits_{nT}^{-1} =$ $\left(\dfrac{1}{T}l_T l'_T \otimes Z_n^{-1}\right) + \left(J_T \otimes \dfrac{1}{\sigma_{v0}^2} e^{\tau_0 M'_n} e^{\tau_0 M_n}\right)$，$\sum\limits_{nT}$ 的 行 列 式 为 $\left|\sum\limits_{nT}\right| =$ $|\sigma_{v0}^2 e^{-\tau_0 M_n} e^{-\tau_0 M'_n}|^{T-1} |Z_n|$。为分析估计的渐进性质，我们需要对模型做出以下一般性假定条件：

假定 1：W_n，M_n 和 D_n 为 $n \times n$ 阶非随机的空间权重矩阵，其对角元素均为零。并且三者的元素绝对值的行和和列和均为一致有界的（简单记为 UB）。

假定 2：模型的误差项序列 $\{v_{it}\}$ 在 $i = 1, 2, \cdots, n$ 和 $t = 1, 2, \cdots, T$ 上是独立同分布的，其均值为 0，方差为 σ_{v0}^2，并且 v_{it} 的四阶矩 $E|v_{it}|^4$ 存在。

假定 3：误差序列 $\{c_{ni}\}$ 在 $i = 1, 2, \cdots, n$ 上是独立同分布的，其均值为 0，方差为 σ_{c0}^2，并且 c_i 的四阶矩 $E|c_{ni}|^4$ 存在。并且 c_n 与 V_{nT} 和 X_{nT} 均是独立的。

假定 4：存在常数 $\delta > 0$ 使 $|\alpha| \leqslant \delta$，$|\tau| \leqslant \delta$ 和 $|\iota| \leqslant \delta$，并且 α，τ 和 ι 真实值 α_0，τ_0 和 ι_0 在参数空间 $\Phi = [-\delta, \delta] \times [-\delta, \delta] \times [-\delta, \delta]$ 的内部。

假定 5：n 趋于无穷大，T 是有限的或趋于无穷大。

假定 6：$n \times k_x$ 阶矩阵 X_{nt} 的元素均是非随机并且一致有界的。且在假定 3 和假定 4 下，$\lim \dfrac{1}{nT} X'_{nT} \sum\limits_{nT}^{-1} X_{nT}$ 存在并且是非奇异的。

假定 1 是空间计量模型对空间权重矩阵的常见假设，有助于解释空间相关性，并且 UB 条件可以将空间相关性限制在一个可控的水平。假定 2 对 v_{it} 一致同分布的正则性假设，在渐进分布分析中，要求 v_{it} 的四阶矩存在。假定 3，首先给出了 c_i 的正则性假设，然后对于个体随机效应的假设中，要求随机效应和解释变量 X_{nT} 以及干扰项 V_{nT} 是相互独立的。尽管对于任意的 α，τ 和 ι，$e^{\alpha W_n}$，$e^{\tau M_n}$ 以及 $e^{\iota D_n}$ 总是可逆的，但是在渐进分布分析中依然假定 α，τ 和 ι 在一个限定的参数空间内。在实际问题的研究中，MESS 模型并不需要对空间相关性系数做特别的限定。但是在理论分析中，由于 $\|e^{\alpha W_n}\| \leqslant e^{|\alpha| g\|W_n\|}$，$\|e^{\tau M_n}\| \leqslant e^{|\tau| g\|M_n\|}$ 和 $\|e^{\iota D_n}\| \leqslant e^{|\iota| g\|D_n\|}$，其中 $\|g\|$ 表示矩阵的行和或者列和范数。为确保 $e^{\alpha W_n}$，$e^{\tau M_n}$ 和 $e^{\iota D_n}$ 的行和列和范数有界，α 和 τ 也应当是有界的。本文对于个体随机效应的研究中，关注的是空间模型 n 大、T 固定或 T 大的情形。在下文中，没有特别说明"lim"均表示在假定 5 的条件下的极限。因此下文中极限均在假定 5 下存在。假定 6 将 X_{nt} 的各个元素假

定为有界的常数，并且排除了解释变量的多重共线性。

对于任一方阵 A_n，矩阵指数 $|e^{\alpha A_n}| = e^{\alpha \cdot \text{trace}(A_n)}$。因此，式（7）的拟极大似然函数为：

$$\ln L_{r,nT}(\theta) = -\frac{nT}{2}\ln(2\pi) - \frac{1}{2}\ln\left|\sum_{nT}(\phi)\right|^{-1} -$$

$$\frac{1}{2}\xi'_{nT}(\theta)\sum_{nT}(\phi)^{-1}\xi_{nT}(\theta), \tag{4}$$

式中，$\phi = (\tau, \iota, \sigma_v^2, \sigma_c^2)'$，$\xi_{nT}(\theta) = (I_T \otimes e^{\alpha W_n})Y_{nT} - X_{nT}\beta$，其得分向量和信息矩阵见附录中式（9）和式（10）。

对于上述极大似然函数，除了待估参数外，其他部分均为已知，因此可以通过非线性迭代的方法得到 θ 的估计值。

三、估计的大样本性质

在通过拟极大似然估计得到参数的估计后，我们需要研究估计的大样本性质，即一致性和渐进分布，以此来对参数进行统计推断和显著性检验。

（一）估计的一致性

对于参数估计的一致性，我们首先讨论参数识别的唯一性。由模型的简化式（2）和拟极大似然函数（4）可得 $\xi_{nT}(\theta) = (I_T \otimes e^{(\alpha-\alpha_0)W_n})X_{nT} - X_{nT}\beta + (I_T \otimes e^{(\alpha-\alpha_0)W_n})\xi_{nT}$，其中 $\xi_{nT} = (l_T \otimes e^{-\omega_0 D_n})c_n + (I_T \otimes e^{-\tau_0 M_n})V_{nT}$。令 $g_{nT}(\theta) = \frac{1}{nT}((I_T \otimes e^{(\alpha-\alpha_0)W_n})X_{nT}\beta_0 - X_{nT}\beta)'\sum_{nT}(\phi)^{-1}((I_T \otimes e^{(\alpha-\alpha_0)W_n})X_{nT}\beta_0 - X_{nT}\beta)$，则：

$$\frac{1}{nT}E(\xi'_{nT}(\theta)\sum_{nT}(\phi)^{-1}\xi_{nT}(\theta)) = g_{nT}(\theta) + f_{nT}(\alpha,\phi) \tag{5}$$

式中，$f_{nT}(\alpha,\phi) = \frac{1}{nT}\text{tr}((I_T \otimes e^{(\alpha-\alpha_0)W'_n})\sum_{nT}(\phi)^{-1}(I_T \otimes e^{(\alpha-\alpha_0)W_n})\sum_{nT})$。对式（4）

$$\frac{1}{nT}E\ln L_{r,nT}(\theta) - \frac{1}{nT}E\ln L_{r,nT}(\theta_0) = -\frac{1}{2nT}\ln\left|\sum_{nT}(\phi)\right| - \frac{1}{2}f_{nT}(\alpha,\phi)$$

$$- \left(-\frac{1}{2nT}\ln\left|\sum_{nT}\right| - \frac{1}{2} \right) - \frac{1}{2}g_{nT}(\theta)$$

$$= T_{1,nT}(\alpha,\phi) - T_{2,nT}(\theta) \tag{6}$$

式中，$T_{1,nT}(\alpha,\phi) = -\frac{1}{2nT}\ln\left|\sum_{nT}(\phi)\right| - \frac{1}{2}f_{nT}(\alpha,\phi) - \left(-\frac{1}{2nT}\ln\left|\sum_{nT}\right| - \frac{1}{2} \right)$，$T_{2,nT}(\theta) = \frac{1}{2}g_{nT}(\theta)$。$\theta_0$ 的识别依赖于式（6）严格小于零。假设我们考虑一个不含外生解释变量的 GRE – MESSPD 模型，即 $e^{\alpha W_n}Y_{nt} = e^{-\iota D_n}c_n + e^{-\tau M_n}V_{nt}$。在假定 1 和假定 2 下，可以写出其似然函数：

$$\ln L_{r,nT}(\alpha,\phi) = -\frac{nT}{2}\ln(2\pi) - \frac{1}{2}\ln\left|\sum_{nT}^{-1}(\phi)\right|$$

$$- \frac{1}{2}\xi'_{nT}(\alpha,\phi)\sum_{nT}^{-1}(\phi)\xi_{nT}(\alpha,\phi)$$

式中，$\xi_{nT}(\alpha,\phi) = (I_T \otimes e^{-\alpha W_n})Y_{nT}$。不难发现，由信息不等式可知，对于处于参数空间内任意的 (α,ϕ)，$\frac{1}{nT}E\ln L_{r,nT}(\alpha,\phi) - \frac{1}{nT}E\ln L_{r,nT}(\alpha_0,\phi_0) = T_{1,nT}(\alpha,\phi) \leqslant 0$ 恒成立。而 $T_{2,nT}(\theta)$ 为 θ 中各分量的二次函数，因此，$T_{2,nT}(\theta) \geqslant 0$ 总是成立的。下面假定可以保证 θ_0 被识别：

假定 7：（1）给定 α，对于任意的 $\phi = \phi_0$，$\lim\left(\frac{1}{nT}\ln\left|\sum_{nT}\right| + 1 - \frac{1}{nT}\ln\left|\sum_{nT}(\phi)\right| - f_{nT}(\phi) \right) \neq 0$ 恒成立，给定 ϕ，对于任意的 $(\beta,\alpha) \neq (\beta_0,\alpha_0)$，$\lim g_{nT}(\theta) > 0$ 恒成立，其中 $f_{nT}(\phi) = tr\left(\sum_{nT}^{-1}(\phi)\sum_{nT} \right)$；或（2）对于任意的 $(\alpha,\phi) \neq (\alpha_0,\phi_0)$，$\lim\left(\frac{1}{nT}\ln\left|\sum_{nT}\right| + 1 - \frac{1}{nT}\ln\left|\sum_{nT}(\phi)\right| - f_{nT}(\alpha,\phi) \right) \neq 0$ 恒成立。

在假定 7（1）的前半部分成立的条件下，给定 α，ϕ_0 可被唯一识别，给定 ϕ，对于任意的 $(\beta,\alpha) \neq (\beta_0,\alpha_0)$，$T_{2,nT}(\theta) > 0$，此时，式（6）小于 0，$(\beta_0,\alpha_0)$ 可被唯一识别。假定 7（2）成立时，(α_0,ϕ_0) 可以别唯一识别，$T_{2,nT}(\theta)$ 可以保证 β_0 的识别。因此，当假定 7（1）识别失败，假定 7（2）的成立可以保证 θ_0 识别的唯一性。然后，我们讨论 $\frac{1}{nT}\ln L_{r,nT}(\theta) - \frac{1}{nT}E\ln L_{r,nT}(\theta_0)$ 的一致收敛性。首先在上述假定 1～假定 5 的基础上，我们可以

得到下面一个有用的引理，引理的证明见附录。

引理假设 W_n，M_n 和 D_n 为 $n \times n$ 阶非随机的空间权重矩阵，nT 维列向量 $\{b_{nT} = [b_{nt,i}]\}$ 的各元素均为一致有界，$\{V_{nT} = [v_{it}]\}$ 和 $\{c_n = [c_{ni}]\}$ 分别为 nT 维和 n 维随机列向量，$A_{nT}(\phi)$ 为 $nT \times nT$ 阶矩阵函数，$A_{nT}(\phi)$ 总是 UB 的且其一阶导存在。在假定 1 ~ 假定 5 成立的条件下，

$$\frac{1}{nT}b'_{nT}(I_T \otimes e^{\alpha W'_n})A_{nT}(\phi)(I_T \otimes e^{\alpha W_n})\xi_{nT} = o_p(1)$$

和

$$\frac{1}{nT}\xi'_{nT}(I_T \otimes e^{\alpha W'_n})A_{nT}(\phi)(I_T \otimes e^{\alpha W_n})\xi_{nT} - \frac{1}{nT}E(\xi'_{nT}(I_T \otimes e^{\alpha W'_n})A_{nT}(\phi)(I_T$$
$$\otimes e^{\alpha W_n})\xi_{nT}) = o_p(1)$$

在 Φ 均为一致的。其中，$\xi_{nT} = (l_T \otimes e^{-\omega_0 D_n})c_n + (I_T \otimes e^{-\tau_0 M_n})V_{nT}$。

计算可知，$\frac{1}{nT}\ln L_{r,nT}(\theta) - \frac{1}{nT}E\ln L_{r,nT}(\theta_0) = -\frac{1}{2}\left(\frac{1}{nT}\xi'_{nT}(\theta)\sum_{nT}^{-1}(\phi)\xi_{nT}(\theta) - \right.$

$\left.\frac{1}{nT}E(\xi'_{nT}(\theta)\sum_{nT}^{-1}(\phi)\xi_{nT}(\theta))\right)$，因此，$\frac{1}{nT}\ln L_{r,nT}(\theta) - \frac{1}{nT}E\ln L_{r,nT}(\theta_0)$ 的一致

收敛性取决于 $\frac{1}{nT}\xi'_{nT}(\theta)\sum_{nT}^{-1}(\phi)\xi_{nT}(\theta) - \frac{1}{nT}E(\xi'_{nT}(\theta)\sum_{nT}^{-1}(\phi)\xi_{nT}(\theta))$ 在

$\theta \in \Theta$ 上是一致收敛的，其中 Θ 为 θ 的参数空间。注意到：

$$\frac{1}{nT}\xi'_{nT}(\theta)\sum_{nT}^{-1}(\phi)\xi_{nT}(\theta) - \frac{1}{nT}E(\xi'_{nT}(\theta)\sum_{nT}^{-1}(\phi)\xi_{nT}(\theta))$$

$$= \frac{1}{nT}\xi'_{nT}(I_T \otimes e^{(\alpha-\alpha_0)W'_n})\sum_{nT}^{-1}(\phi)(I_T \otimes e^{(\alpha-\alpha_0)W_n})\xi_{nT} - f_{nT}(\alpha,\phi) + $$

$$\frac{2}{nT}((I_T \otimes e^{(\alpha-\alpha_0)W_n})X_{nT}\beta_0 - X_{nT}\beta)'\sum_{nT}^{-1}(\phi)(I_T \otimes e^{(\alpha-\alpha_0)W_n})\xi_{nT} \quad (7)$$

不难发现，在假定 1 ~ 假定 3 成立的条件下，使用 Debarsy 等（2015）

补充材料中的 Lemma A.7 可得 $\sum_{nT}^{-1}(\phi)$ 以及式（7）中的相应的 $n \times n$ 阶矩

阵指数 $e^{(\alpha-\alpha_0)W_n}$ 均为 UB 的。因此，使用上述引理可知式（7）中等号右边第

一行和第二行在 Θ 上均一致的依概率收敛到 0，从而 $\frac{1}{nT}\xi'_{nT}(\theta)\sum_{nT}^{-1}(\phi)\xi_{nT}$

$(\theta) - \frac{1}{nT}E(\xi'_{nT}(\theta)\sum_{nT}^{-1}(\phi)\xi_{nT}(\theta)) \xrightarrow{P} 0$ 在 Θ 上是一致的。因此，一致收敛

性得证。最后，我们证明 $\frac{1}{nT}ElnL_{r,nT}(\theta)$ 在 θ 上是一致等度连续的。对于任意的 $\theta_1 = (\beta'_1, \alpha_1, \phi'_1)'$，$\theta_2 = (\beta'_2, \alpha_2, \phi'_2)'$，$\in \Theta$，由均值定理可得：

$$\frac{1}{nT}ElnL_{r,nT}(\theta_1) - \frac{1}{nT}ElnL_{r,nT}(\theta_2) = \frac{1}{2nT}(\ln |\sum_{nT}^{-1}(\phi_2)| -$$

$$\ln |\sum_{nT}^{-1}(\phi_1)|) + \frac{1}{2}(g_{nT}(\theta_2) - g_{nT}(\theta_1) + f_{nT}(\alpha_2,\phi_2) - f_{nT}(\alpha_1,\phi_1))$$

$$= \sum_{i=1}^{4}\left(\frac{1}{2nT}tr(\sum_{nT}^{-1}(\bar{\phi})\frac{\partial\sum_{nT}(\bar{\phi})}{\partial\phi_i}) + \frac{\partial g_{nT}(\bar{\theta})}{\partial\phi_i} + \frac{\partial f_{nT}(\bar{\alpha},\bar{\phi})}{\partial\phi_i}\right)\cdot$$

$$(\phi_{2i} - \phi_{1i}) + \left(\frac{\partial g_{nT}(\bar{\theta})}{\partial\alpha} + \frac{\partial f_{nT}(\bar{\alpha},\bar{\phi})}{\partial\alpha}\right)(\alpha_2 - \alpha_1) + \frac{\partial g_{nT}(\bar{\theta})}{\partial\beta}(\beta_2 - \beta_1)$$

$$(8)$$

式中，$\bar{\theta} \in (\theta_1, \theta_2)$，$\phi_{1i}$ 和 ϕ_{2i} 分别为 ϕ_1 和 ϕ_2 中的第 i 个元素，以及

$$\frac{\partial g_{nT}(\theta)}{\partial\phi_i} = \frac{1}{nT}((I_T \otimes e^{(\alpha-\alpha_0)W_n})X_{nT}\beta_0 - X_{nT}\beta)'\sum_{nT}^{-1}(\phi)\frac{\partial\sum_{nT}(\phi)}{\partial\phi_i}$$

$$\sum_{nT}^{-1}(\phi)((I_T \otimes e^{(\alpha-\alpha_0)W_n})X_{nT}\beta_0 - X_{nT}\beta),$$

$$\frac{\partial g_{nT}(\theta)}{\partial\alpha} = \frac{2}{nT}((I_T \otimes W_n e^{(\alpha-\alpha_0)W_n})X_{nT}\beta_0)'\sum_{nT}^{-1}(\phi)((I_T \otimes e^{(\alpha-\alpha_0)W_n})$$

$$X_{nT}\beta_0 - X_{nT}\beta),$$

$$\frac{\partial g_{nT}(\theta)}{\partial\beta} = -\frac{2}{nT}X'_{nT}\sum_{nT}^{-1}(\phi)((I_T \otimes e^{(\alpha-\alpha_0)W_n})X_{nT}\beta_0 - X_{nT}\beta),$$

$$\frac{\partial f_{nT}(\alpha,\phi)}{\partial\alpha} = \frac{1}{nT}tr((I_T \otimes W'_n e^{(\alpha-\alpha_0)W'_n})\sum_{nT}^{-1}(\phi)(I_T \otimes e^{(\alpha-\alpha_0)W_n})\sum_{nT}) +$$

$$\frac{1}{nT}tr((I_T \otimes e^{(\alpha-\alpha_0)W'_n})\sum_{nT}^{-1}(\phi)(I_T \otimes W_n e^{(\alpha-\alpha_0)W_n})\sum_{nT}),$$

$$\frac{\partial f_{nT}(\alpha,\phi)}{\partial\alpha} = \frac{1}{nT}tr\left((I_T \otimes e^{(\alpha-\alpha_0)W'_n})\sum_{nT}^{-1}(\phi)\frac{\partial\sum_{nT}(\phi)}{\partial\phi_i}\sum_{nT}^{-1}(\phi)\right.$$

$$\left.(I_T \otimes e^{(\alpha-\alpha_0)W_n})\sum_{nT}\right)$$

在假定 1～假定 6 存在的基础上，使用 Debarsy 等（2015）补充材料中的 Lemma A. 7 和 Lee（2004）中的 Lemma A. 7 可知，存在常数 k 使 $\sup_{\theta\in\Theta}$

$\left| \dfrac{1}{nT}\text{Eln}L_{r,nT}(\theta_1) - \dfrac{1}{nT}\text{Eln}L_{r,nT}(\theta_2) \right| \leqslant k\,|\,\theta_1 - \theta_2\,|$。因此，$\dfrac{1}{nT}\text{Eln}L_{r,nT}(\theta)$ 的一致

等度连续性得证。当上述三个条件同时达到时，θ 的估计 $\hat{\theta}_{nT}$ 的一致性可以
用下面命题来概括：

命题 1：在假定 1~假定 7 成立的基础上，θ_0 可以被识别，并且 $\hat{\theta}_{nT}$
$- \theta_0 \xrightarrow{\ \ p\ \ } 0$。

（二）估计的渐进正态性

下面我们讨论参数估计的渐进分布。对 $\hat{\theta}_{nT}$ 在 θ_0 处对一阶条件
$\dfrac{\partial \ln L_{r,nT}(\hat{\theta}_{nT})}{\partial \theta} = 0$ 使用均值定理可得：

$$\sqrt{nT}(\hat{\theta}_{nT} - \theta_0) = \left(-\frac{1}{nT}\frac{\partial^2 \ln L_{r,nT}(\bar{\theta}_{nT})}{\partial\theta\partial\theta'} \right)^{-1} \left(\frac{1}{\sqrt{nT}}\frac{\partial \ln L_{r,nT}(\theta_0)}{\partial\theta} \right)$$

式中，$\bar{\theta}_{nT}$ 介于 $\hat{\theta}_{nT}$ 和 θ_0 之间。注意到

$$-\frac{1}{nT}\frac{\partial^2 \ln L_{r,nT}(\bar{\theta}_{nT})}{\partial\theta\partial\theta'} = \left[\left(-\frac{1}{nT}\frac{\partial^2 \ln L_{r,nT}(\bar{\theta}_{nT})}{\partial\theta\partial\theta'} \right) - \left(-\frac{1}{nT}\frac{\partial^2 \ln L_{r,nT}(\theta_0)}{\partial\theta\partial\theta'} \right) \right] +$$
$$\left(-\frac{1}{nT}\frac{\partial^2 \ln L_{r,nT}(\theta_0)}{\partial\theta\partial\theta'} - \sum_{r,nT} \right) + \sum_{r,nT} \tag{9}$$

在假定 1~假定 6 存在条件下，对于进入式（9）等号右边第一行矩阵
中的分块元素使用中值定理[①]，并且在命题 1 成立的条件下，可以得到 $\dfrac{1}{nT}$

$\dfrac{\partial^2 \ln L_{r,nT}(\bar{\theta}_{nT})}{\partial\theta\partial\theta'} = \dfrac{1}{nT}\dfrac{\partial^2 \ln L_{r,nT}(\theta_0)}{\partial\theta\partial\theta'} + o_p(1)$。对于式（9）中 $-\dfrac{1}{nT}\dfrac{\partial^2 \ln L_{r,nT}(\theta_0)}{\partial\theta\partial\theta'} -$

$\displaystyle\sum_{r,nT}$，由于 $\displaystyle\sum_{r,nT} = -\dfrac{1}{nT}E\dfrac{\partial^2 \ln L_{r,nT}(\theta_0)}{\partial\theta\partial\theta'}$，因此，进入差分矩阵的每一分块元素

的均值均为 0。使用 Yu 等（2008）中的 Lemma 15 可得，矩阵差分的每一个
分块元素均为 $o_p(1)$。因此，$-\dfrac{1}{nT}\dfrac{\partial^2 \ln L_{r,nT}(\theta_0)}{\partial\theta\partial\theta'} - \displaystyle\sum_{r,nT} = o_p(1)$。由上述结论

可知，$-\dfrac{1}{nT}\dfrac{\partial^2 \ln L_{r,nT}(\bar{\theta}_{nT})}{\partial\theta\partial\theta'} = \displaystyle\sum_{r,nT} + O_P\left(\dfrac{1}{\sqrt{nT}} \right)$。$\dfrac{\partial \ln L_{r,nT}(\theta_0)}{\partial\theta}$ 为 ξ_{nT} 的二次型，其

---

① 这里的"使用中"指定理的证明过程和式（8）中相同，因此，详细过程不再展示。

均值为零。使用 Lee 和 Yu（2012）中的 B. 2. 3 的中心极限定理（CLT）可

知[1]，$\frac{1}{\sqrt{nT}} \frac{\partial \ln L_{r,nT}(\theta_0)}{\partial \theta} \xrightarrow{d} N(0, \sum_{r,nT} + \Omega_{r,nT})$。估计的渐进 CV 矩阵要求 $\sum_{r,nT}$ 可

逆，因此必须对 $\sum_{r,nT}$ 做如下假定：

假定 8：信息矩阵 $\sum_{r,nT}$ 的极限 $\lim \sum_{r,nT}$ 是非奇异的。

在假定 8 成立的条件下，$\left(\sum_{r,nT} + O_P\left(\frac{1}{\sqrt{nT}}\right)\right)^{-1} = \sum_{r,nT}^{-1} + O_P\left(\frac{1}{\sqrt{nT}}\right)$。因此，

可以将估计的渐进分布用下面命题来概括：

命题 2：在假定 1～假定 8 成立的基础上，由式（4）得到的参数 θ 的估

计 $\hat{\theta}_{nT}$ 渐进服从正态分布，即：

$$\sqrt{nT}(\hat{\theta}_{nT} - \theta_0) \xrightarrow{d} N\left(0, \lim \sum_{r,nT}^{-1} \left(\sum_{r,nT} + \Omega_{r,nT}\right) \sum_{r,nT}^{-1}\right),$$

式中，$\sum_{r,nT}$ 为信息矩阵附录中的式（11），$\Omega_{r,nT}$ 见附录中的式（12），其

与 c_{ni} 和 v_{it} 的三阶矩四阶矩相关，且当 c_{ni} 和 v_{it} 服从正态分布时，$\Omega_{r,nT} = 0$。

四、Monte Carlo 数值模拟

（一）数据生成过程

本节将通过 Monte Carlo 模拟的方法对 GRE – MESSPD 模型的 QML 估计
的有限样本性质进行考察。我们将通过 $Y_{nT} = (I_T \otimes e^{-\alpha_0 W_n})(X_{nT}\beta_0 + (l_T \otimes e^{-\omega_0 D_n})c_n + (I_T \otimes e^{-\tau_0 M_n})V_{nT})$ 产生样本。样本量的选择上，使用 n = 90，150
和 T = 5，10，20 进行组合。空间权重矩阵根据中国 30 个省市自治区的地理
临近距离，每个地区取最近的 k 个邻居设定为 1，其余设定为 0，然后使用
分块矩阵的方式生成 W_n，M_n 和 D_n，空间权重矩阵进行了行标准化变换。
我们将取两种不同设定：第一，取 k = 10 生成 $W_n = M_n = D_n$；第二，取 k =

---

① 本文模型干扰项 V_{nT} 中不存在序列相关，μ_n 和 U_{nt} 没有空间移动平均（SMA）的特征，并且空间关系使用 MESS 来表达。因此，本文使用的 CLT 是相对于 Lee 和 Yu（2012）的 B. 2. 3 的特殊形式。

10，5 和 6 分别生成 W_n，M_n 和 D_n，此时，$W_n \neq M_n \neq D_n$。$X_{nt,1}$，c_{n0} 和 V_{nt} 取自标准正态分布，$X_{nt,2}$ 取自均匀分布 $U(-1, 1)$。在模拟的过程中取 $\theta_0 = (1, 1, -2, 1, 0.9, 1, 1)'$。我们独立重复 1000 次进行数据生成和计算 QML 估计。有限样本性质概括在表 1 中。其中，对于每个次数据生成的估计值，我们报告 1000 次重复的估计偏差（Bias）、样本标准差（SSE）和根均方误差（RMSE）。

（二）结果分析

从表 1 可以看出，当空间权重矩阵 $W_n = M_n = D_n$，$\theta_0 = (1, 1, -2, 1, 0.9, 1, 1)'$ 时，参数估计偏差的绝对值均小于 0.1，SSE 和 RMSE 均在一个理想的水平。对于相同的 T，随着 n 的增大，估计的 Bias、SSE 和 RMSE 均减小。对于相同的 n，随着 T 的增大也有类似的结果。随着样本总量的增加，估计结果的有限样本性质的表现越来越小。并且，只要 n 大，无论 T 是小还是大，估计的精度均能保持良好的水平。

表 1　$W_n = M_n = D_n$ 时的参数模拟结果

T	n		α	τ	ι	β_1	β_2	σ_v^2	σ_c^2
5	90	Bias	0.0197	−0.0013	0.0962	−0.0050	−0.0040	−0.0105	−0.0261
		SSE	0.2491	0.2817	0.3819	0.1237	0.1244	0.0719	0.1849
		RMSE	0.2498	0.2817	0.3938	0.1238	0.1245	0.0727	0.1867
	150	Bias	0.0076	0.0010	0.0599	−0.0049	0.0003	−0.0059	−0.0039
		SSE	0.1924	0.2198	0.3329	0.0954	0.0934	0.0571	0.1393
		RMSE	0.1925	0.2198	0.3383	0.0955	0.0934	0.0574	0.1394
10	90	Bias	0.0014	0.0053	0.0852	−0.0010	−0.0016	−0.0038	−0.0179
		SSE	0.1721	0.1928	0.3583	0.0795	0.0853	0.0507	0.1590
		RMSE	0.1721	0.1929	0.3683	0.0795	0.0853	0.0509	0.1600
	150	Bias	−0.0031	0.0078	0.0525	−0.0005	−0.0002	−0.0041	−0.0104
		SSE	0.1304	0.1468	0.2777	0.0622	0.0664	0.0373	0.1235
		RMSE	0.1305	0.1470	0.2826	0.0622	0.0664	0.0375	0.1239
20	90	Bias	0.0024	0.0032	0.0639	0.0009	−0.0030	−0.0018	−0.0108
		SSE	0.1198	0.1352	0.3335	0.0572	0.0567	0.0333	0.1560
		RMSE	0.1198	0.1353	0.3396	0.0572	0.0568	0.0334	0.1564
	150	Bias	0.0074	−0.0056	0.0179	0.0003	0.0023	−0.0021	−0.0094
		SSE	0.0925	0.1042	0.2308	0.0458	0.0456	0.0267	0.1220
		RMSE	0.0928	0.1043	0.2315	0.0458	0.0457	0.0268	0.1224

续表

T	n		α	τ	ι	β_1	β_2	σ_v^2	σ_c^2
20	150	Bias	0.0021	0.0011	0.0398	0.0002	0.0030	−0.0020	−0.0112
		SSE	0.0309	0.0567	0.2183	0.0363	0.0375	0.0267	0.1218
		RMSE	0.0309	0.0568	0.2219	0.0363	0.0376	0.0268	0.1223

从表2可以看出，当空间权重矩阵 $W_n \neq M_n \neq D_n$，$\theta_0 = (1, 1, -2, 1, 0.9, 1, 1)'$ 时，参数估计偏差的绝对值均小于0.1，SSE 和 RMSE 也均在一个理想的水平。随着样本总量的增加，估计结果的有限样本性质的表现越来越小。其有限样本表现和表1中呈现的大体相同。

表2 $W_n \neq M_n \neq D_n$ 时的参数模拟结果

T	n		α	τ	ι	β_1	β_2	σ_v^2	σ_c^2
5	90	Bias	0.0046	0.0110	0.0665	0.0027	0.0065	−0.0107	−0.0309
		SSE	0.0670	0.0969	0.2734	0.0764	0.0745	0.0720	0.1839
		RMSE	0.0672	0.0975	0.2814	0.0765	0.0747	0.0728	0.1864
	150	Bias	0.0023	0.0060	0.0366	0.0037	−0.0014	−0.0046	−0.0123
		SSE	0.0526	0.0742	0.1932	0.0570	0.0590	0.0575	0.1468
		RMSE	0.0527	0.0745	0.1966	0.0571	0.0591	0.0577	0.1473
10	90	Bias	0.0034	0.0032	0.0549	0.0005	0.0041	−0.0051	−0.0249
		SSE	0.0454	0.0655	0.2482	0.0548	0.0564	0.0502	0.1611
		RMSE	0.0455	0.0656	0.2542	0.0548	0.0566	0.0504	0.1630
	150	Bias	0.0009	−0.0001	0.0372	−0.0007	0.0014	−0.0015	−0.0092
		SSE	0.0360	0.0493	0.1808	0.0418	0.0430	0.0380	0.1237
		RMSE	0.0361	0.0493	0.1846	0.0418	0.0431	0.0381	0.1240
20	90	Bias	0.0003	0.0035	0.0562	0.0004	−0.0001	−0.0022	−0.0169
		SSE	0.0319	0.0433	0.2265	0.0448	0.0417	0.0340	0.1588
		RMSE	0.0319	0.0434	0.2334	0.0448	0.0417	0.0341	0.1597
	150	Bias	0.0014	0.0003	0.0215	0.0011	0.0018	−0.0006	−0.0156
		SSE	0.0241	0.0345	0.1640	0.0335	0.0337	0.0261	0.1197
		RMSE	0.0241	0.0345	0.1654	0.0336	0.0337	0.0261	0.1207

总之，Monte Carlo 显示，对于 GRE – MESSPD 模型，只要满足 n 大，使

用本文的 QMLE 估计，能够得到具有良好有限样本性质的估计结果，并且随着样本量的增加，估计结果的表现越来越好。

五、结语

MESS 不需要对参数的限定的性质使较之对应的 SAR 模型的求解更具有优势，并且将空间相关性由集合衰减变为指数衰减使在理论上建立模型更加简单。本文将 MESS 的优势和 Baltagi 等（2013）的广义随机效应空间面板模型相结合，创新性地构建了被解释变量、个体随机效应和误差项同时具有空间相关性的广义随机效应 MESS 面板数据模型。针对 GRE – MESSPD 模型，本文使用了 QMLE 的方法，对模型中的参数进行了估计，研究了当 n 趋于无穷大、T 有限或趋于无穷大时的大样本性质，即 QMLE 估计量在一定条件下满足一致性和渐进正态性，并在理论上对其进行了证明。同时，本文使用了 Monre Carlo 模拟的方法证明了模型估计量具有良好的有限样本性质。

本文研究的模型实际上包含集中不同类型的随机效应 MESS 面板数据模型，比如对于式（1），当 $\iota = 0$ 时，得到的模型将是 Anselin（1998）研究模型的 MESS 推广；当 $\tau = \iota$ 且 $M_n = D_n$ 时，模型将变为 Kapoor 等（2007）研究模型（KKP 模型）的推广等。在实际应用中，需要根据不同的实际情况对不同的模型进行选取。因此，在后续的研究中，我们将考察本文衍生模型的估计和不同模型的识别检验问题。

参考文献

［1］陈建宝，孙林. 随机效应变系数空间自回归面板模型的估计［J］. 统计研究，2017（5）.

［2］林光平，龙志和. 空间经济计量：理论与实证［M］. 北京：科学出版社，2014.

［3］Anselin L. Spatial Econometrics：Methods and Models［M］. Springer Netherlands，1988.

［4］Anselin L. Spatial Econometrics：Methods and Models［J］. Economic Geography，1988，65（2）：160 – 162.

［5］Baltagi，Badi H. Peter Egger，and Michael Pfaffermayr. A Generalized Spatial Panel

Data Model with Random Effects [J] . Econometric Reviews, 2013, 32 (5 – 6) : 650 – 685.

[6] Case A. C. Spatial Patterns in Household Demand [J] . Econometrica, 1991, 59 (4) : 953 – 965.

[7] Chiu T. Y. M. , Leonard T. , Tsui K. W. The Matrix – logarithmic Covariance Model [J] . Journal of the American Statistical Association, 1996, 91 (433) : 198 – 210.

[8] Davidson J. Stochastic Limit Theory [M] . Oxford: Oxford University Press, 1994.

[9] Debarsy N. , Jin F. , Lee L. F. Large Sample Properties of the Matrix Exponential Spatial Specification with an Application to FDI [J] . Journal of Econometrics, 2015, 188 (1) : 1 – 21.

[10] Figueiredo C. , Silva A. R. D. A Matrix Exponential Spatial Specification Approach to Panel Data Models [J] . Empirical Economics, 2015, 49 (1) : 115 – 129.

[11] Kapoor M. , Kelejian H. H. , Prucha I. R. Panel Data Models with Spatially Correlated Error Components [J] . Journal of Econometrics, 2007, 140 (1) : 97 – 130.

[12] Kelejian H. H. , Prucha I. R. A Generalized Moments Estimator for the Autoregressive Parameter in a Spatial Model [J] . International Economic Review, 1999, 40 (2) : 509 – 533.

[13] Kelejian H. H. , Prucha I. R. A Generalized Spatial Two – Stage Least Squares Procedure for Estimating a Spatial Autoregressive Model with Autoregressive Disturbances [J] . Journal of Real Estate Finance & Economics, 1998, 17 (1) : 99 – 121.

[14] Lee L. F. Consistency and Efficiency of Least Squares Estimation for Mixed Regressive, Spatial Autoregressive Models [J] . Econometric Theory, 2002, 18 (2) : 252 – 277.

[15] Lee L. F. , Yu J. Spatial Panels: Random Components Versus Fixed Effects [J] . International Economic Review, 2012, 53 (4) : 1369 – 1412.

[16] Lee L. F. , Yu J. Some Recent Developments in Spatial Panel Data Models [J] . Regional Science & Urban Economics, 2010a, 40 (5) : 255 – 271.

[17] Lee L. F. Asymptotic Distributions of Quasi Maximum Likelihood Estimators for Spatial Autoregressive Models [J] . Econometrica, 2004, 72 (6) : 1899 – 1925.

[18] Lesage J. , Chih Y. Y. A Matrix Exponential Spatial Panel Model with Heterogeneous Coefficients [J] . Geographical Analysis, 2017 (433) .

[19] Lesage J. P. , Pace R. K. A Matrix Exponential Spatial Specification [J] . Journal of Econometrics, 2007, 140 (1) : 190 – 214.

[20] Strauβ M. E. , Mezzetti M. , Leorato S. Is a Matrix Exponential Specification Suitable for the Modeling of Spatial Correlation Structures? [J] . Spatial Statistics, 2017, 20 : 221 – 243.

[21] Yu J. , de Jong R. , Lee L. F. Quasi – maximum Likelihood Estimators for Spatial Dynamic Panel Data with Fixed Effects When bothn and Tare Large [J] . Journal of Econometrics, 2008, 146 (1) : 118 – 134.

附录

A1　正文中用到的矩阵

A1.1　式（4）的得分向量和信息矩阵

注意到式（3）中的 VC 矩阵是 $\phi_0 = (\tau_0,\ \iota_0,\ \sigma_{v0}^2,\ \sigma_{c0}^2)'$ 的函数，其中 ϕ_0 为 ϕ 的真实值。记对任一方阵 A_n，$A_n^s = A_n + A_n'$。注意到在真实值处，记 $R_1 = \dfrac{\partial e^{-\tau_0 M_n} e^{-\tau_0 M_n'}}{\partial \tau} = -e^{-\tau_0 M_n} M_n^s e^{-\tau_0 M_n'}$，同样地，在真实值处记 $R_1 =$

$\dfrac{\partial e^{-\iota_0 D_n} e^{-\iota_0 D_n'}}{\partial \iota} = -e^{-\iota_0 D_n} D_n^s e^{-\iota_0 D_n'}$，于是 $\dfrac{\partial \sum_{nT}}{\partial \tau} = \sigma_{v0}^2 (I_T \otimes R_1)$，$\dfrac{\partial \sum_{nT}}{\partial \iota} = \sigma_{v0}^2 (I_T \otimes$

$R_2)$，$\dfrac{\partial \sum_{nT}}{\partial \sigma_v^2} = I_T \otimes e^{-\tau_0 M_n} e^{-\tau_0 M_n'}$，$\dfrac{\partial \sum_{nT}}{\partial \sigma_c^2} = l_T l_T' \otimes e^{-\iota_0 D_n} e^{-\iota_0 D_n'}$。因此，得分向量为：

$$\frac{\partial \ln L_{r,nT}(\theta_0)}{\partial \theta} = \begin{pmatrix} X_{nT}' \sum_{nT}^{-1} \xi_{nT} \\[2mm] \beta_0' X_{nT}' (I_T \otimes W_n)' \sum_{nT}^{-1} \xi_{nT} + \xi_{nT}' (I_T \otimes W_n)' \sum_{nT}^{-1} \xi_{nT} \\[2mm] \frac{1}{2} \left(\xi_{nT}' \sum_{nT}^{-1} \frac{\partial \sum_{nT}}{\partial \phi_i} \sum_{nT}^{-1} \xi_{nT} - tr \left(\sum_{nT}^{-1} \frac{\partial \sum_{nT}}{\partial \phi_i} \right) \right) \end{pmatrix}$$

$$(10)$$

式中，ϕ_i 表示 ϕ 中的第 i 行元素，$i = 1,\ \cdots,\ 4$。相应地，（4）的信息矩阵为：

$$\sum_{r,nT} = E\left(-\frac{1}{nT} \frac{\partial^2 \ln L_{r,nT}(\theta_0)}{\partial \theta \partial \theta'} \right)$$

$$
= \frac{1}{nT}
\begin{pmatrix}
X'_{nT} \sum\limits_{nT}^{-1} X_{nT} & * & * \\[2ex]
\beta'_0 X'_{nT} (I_T \otimes W_n)' \sum\limits_{nT}^{-1} X_{nT} & \beta'_0 X'_{nT} (I_T \otimes W_n)' \\[2ex]
\sum\limits_{nT}^{-1} (I_T \otimes W_n) X_{nT} \beta_0 & * \\[2ex]
0_{4 \times k_x} & 0_{4 \times 1} & 0_{4 \times 4}
\end{pmatrix}
+ \frac{1}{nT}
$$

$$
\begin{pmatrix}
0_{k_x \times k_x} & * & * \\[2ex]
0_{1 \times k_x} T \cdot tr(W_n^2) + tr\left((I_T \otimes W_n)' \sum\limits_{nT}^{-1} (I_T \otimes W_n) \sum\limits_{nT} \right) & * \\[2ex]
0_{4 \times k_x} tr\left((I_T \otimes W_n)' \sum\limits_{nT}^{-1} \frac{\partial \sum\limits_{nT}}{\partial \phi_i} \right) - \frac{1}{2} tr\left(\frac{\partial \sum\limits_{nT}^{-1}}{\partial \phi_i} \frac{\partial \sum\limits_{nT}}{\partial \phi_j} \right)
\end{pmatrix}
\quad (11)
$$

式中，ϕ_i 和 ϕ_j 分别表示 ϕ 中的第 i 和第 j 个元素，i，j = 1，…，4。

A1.2　得分向量的方差矩阵

对于式（10），由 Yu 等（2008）中的 Lemma 3 和陈建宝和孙林（2017）中的引理 3 得 $E\left(\frac{1}{\sqrt{nT}} \frac{\partial \ln L_{r,nT}(\theta_0)}{\partial \theta} \cdot \frac{1}{\sqrt{nT}} \frac{\partial \ln L_{r,nT}(\theta_0)}{\partial \theta'} \right) = \sum\limits_{r,nT} + \Omega_{r,nT}$，其中，$\sum\limits_{r,nT}$ 为信息矩阵（11），$\Omega_{r,nT}$ 见（12）。令 $\mu_{4,c}$ 和 $\mu_{4,v}$ 分别表示 c_{ni} 和 v_{it} 的四阶矩，$\mu_{3,c}$ 和 $\mu_{3,v}$ 分别表示 c_{ni} 和 v_{it} 的三阶矩。即：

$$
A_{c,\alpha} = (l_T \otimes e^{-\iota_0 D_n})' (I_T \otimes W_n)' \sum\limits_{nT}^{-1} (l_T \otimes e^{-\iota_0 D_n}), A_{v,\alpha}
$$

$$
= (I_T \otimes e^{-\tau_0 M_n})' (I_T \otimes W_n)' \sum\limits_{nT}^{-1} (I_T \otimes e^{-\tau_0 M_n})
$$

$$
A_{c,\phi_i} = -\frac{1}{2} (l_T \otimes e^{-\iota_0 D_n})' \frac{\partial \sum\limits_{nT}^{-1}}{\phi_i} (l_T \otimes e^{-\iota_0 D_n}), A_{v,\phi_i}
$$

$$
= -\frac{1}{2} (I_T \otimes e^{-\tau_0 M_n})' \frac{\partial \sum\limits_{nT}^{-1}}{\phi_i} (I_T \otimes e^{-\tau_0 M_n}),
$$

$$
B_{c,\alpha} = (l_T \otimes e^{-\iota_0 D_n})' \sum\limits_{nT}^{-1} (I_T \otimes W_n) X_{nT} \beta_0, B_{v,\alpha}
$$

$$
= (I_T \otimes e^{-\tau_0 M_n})' \sum\limits_{nT}^{-1} (I_T \otimes W_n) X_{nT} \beta_0,
$$

$$B_{c,\phi_0} = (1_T \otimes e^{-\iota_0 D_n})' \sum_{nT}^{-1} X_{nT}, B_{v,\phi_0} = (I_T \otimes e^{-\tau_0 M_n})' \sum_{nT}^{-1} X_{nT}, C_c$$

$$= [C_{c,\alpha}, C_{c,\phi}], C_v = [C_{v,\alpha}, C_{v,\phi}]$$

式中，$C_{c,\alpha} = \text{vec}_D(A_{c,\alpha})$，$C_{c,\phi} = (\text{vec}_D(A_{c,\phi_1}), \cdots, \text{vec}_D(A_{c,\phi_1}))$，$C_{v,\alpha} = \text{vec}_D(A_{v,\alpha})$，以及 $C_{c,\phi} = (\text{vec}_D(A_{c,\phi_1}), \cdots, \text{vec}_D(A_{c,\phi_1}))$。于是：

$$\Omega_{r,nT} = \begin{pmatrix} 0_{k_x \times k_x} & * \\ 0_{5 \times k_x} & \mu_{4,c}C'_c C_c + \mu_{4,v}C'_v C_v \end{pmatrix} +$$

$$\begin{pmatrix} 0_{k_x \times k_x} & * & * \\ \mu_{3,c}C'_{c,\alpha}B_{c,\phi_0} + \mu_{3,v}C'_{v,\alpha}B_{v,\phi_0} & 2\mu_{3,c}C'_{c,\alpha}B_{c,\alpha} + 2\mu_{3,v}C'_{v,\alpha}B_{v,\alpha} & * \\ \mu_{3,c}C'_{c,\phi}B_{c,\phi_0} + \mu_{3,v}C'_{v,\phi}B_{v,\phi_0} & \mu_{3,c}C'_{c,\phi}B_{c,\alpha} + \mu_{3,v}C'_{v,\phi}B_{v,\alpha} & 0_{4 \times 4} \end{pmatrix}$$

$$(12)$$

A2 引理的证明

引理假设条件成立下，使用 Yu 等（2008）中的 Lemma 15 可知：

$$\frac{1}{nT}b'_{nT}(I_T \otimes e^{\alpha W'_n}) A_{nT}(\phi)(I_T \otimes e^{\alpha W_n})\xi_{nT} = o_p(1),$$

和

$$\frac{1}{nT}\xi'_{nT}(I_T \otimes e^{\alpha W'_n}) A_{nT}(\phi)(I_T \otimes e^{\alpha W_n})\xi_{nT} - \frac{1}{nT}E(\xi'_{nT}(I_T \otimes e^{\alpha W'_n}) A_{nT}(\phi)$$

$$(I_T \otimes e^{\alpha W_n})\xi_{nT}) = o_p(1)$$

在参数空间内均是逐点成立的。由 Davidson（1994）中的 Theorems 21.9 和 21.10 可知，需要证明上面两个等式右边的部分是随机等度连续的。证明随机等度连续依赖于均值定理，这里的详细证明过程和 Debarsy 等（2015）中 LemmaA.7 的证明类似，故详细证明过程省略。

2. 宏观经济、财政税收

发展不平衡现状下财政政策的
收入分配效应
——基于异质性家庭新凯恩斯 DSGE 模型

尹彦辉[1]　缪　言[2]　白仲林[1]

（1. 天津财经大学统计系，天津　300222；

2. 天津师范大学经济学院，天津　300387）

摘　要　中国特色社会主义进入新时代，我国社会主要矛盾已经转化为人民日益增长的美好生活需要和不平衡不充分的发展之间的矛盾，其中"发展不平衡"包含了由于社会收入分配不公平导致的不同社会群体财富存量不平衡的内涵。作为调节居民收入差距、推动民生改善最重要的政策手段，财政政策应当在改善居民收入分配格局、兼顾效率与公平以及构建社会主义和谐社会中起到积极且关键的作用。本文注意到，现阶段不同社会群体的现状，将异质性家庭引入新凯恩斯 DSGE 模型，并且考虑了细分的财政收入政策和财政支出政策，运用中国实际经济数据对模型进行了校准和求解，得到了反映中国实际经济特征的结构参数。并且通过进一步地模拟分析，得到了财政收入政策负向冲击和财政支出政策正向冲击的宏观经济波动效应，特别分析了积极的财政政策对两类家庭的消费结构、投资决策以及就业意向的动态影响，以及由此引致的收入分配调节效应，并据此提出可操作性的政策建议。

关键词　收入分配；异质性家庭；财政支出政策；财政收入政策

The Income Distribution Effect of Fiscal Policy under the Condition of Unbalanced Development

—Based on New Keynesian DSGE model of heterogeneous family

Yin Yanhui   Miao Yan   Bai Zhonglin

(1. Department of Statistic, Tianjin University of
Finance and Economics, Tiangin 300222;

2. Tianjin School of Economics, Tianjin Normal University, Tianjin 300387)

Abstract: The socialism with Chinese characteristics has entered a new era, and the main contradictions in our society have been transformed into contradictions between the people's growing needs for a better life and the development of inadequate imbalances. The "unbalanced development" includes the unfair distribution of social income. The connotation of the imbalance of wealth in different social groups. As the most important policy means to adjust the income gap of residents and promote the improvement of people's livelihood, fiscal policy should play an active and crucial role in improving the income distribution pattern of residents, balancing efficiency and fairness, and building a harmonious socialist society. This paper takes note of the current situation of different social groups at present, introduces heterogeneous families into the New Keynes DSGE model, and considers the fiscal revenue policy and fiscal expenditure policy of the subdivision, and uses the actual economic data of China to calibrate and solve the model. Structural parameters that reflect China's actual economic characteristics. Moreover, through further simulation analysis, the macroeconomic volatility effect of the negative impact of fiscal revenue policy and the positive impact of fiscal expenditure policy is obtained, especially the positive fiscal policy on the consumption structure, investment decision and employment intention of the two types of households. The dynamic impact, and the resulting income distribution adjustment effects, and the proposed operational recommendations.

Key Words: Income Distribution; Heterogeneous Family; Fiscal Expenditure Policy; Fiscal Revenue Policy

一、引言

党的十九大报告中指出："中国特色社会主义进入新时代，我国社会主要矛盾已经转化为人民日益增长的美好生活需要和不平衡不充分的发展之间的矛盾。"这是党的十九大提出的重大理论创新。从满足人民日益增长的物质文化需要到满足人民日益增长的美好生活需要，从解决落后的社会生产问题到解决发展不平衡不充分问题，我们党始终把为中国人民谋幸福、为中华民族谋复兴作为自己的初心和使命，努力促进人的全面发展（韩胜利，2018）。伴随着改革开放40年来经济的迅猛发展，我国的物质文明、精神文明、政治文明、社会文明水平不断提高，逐步实现了中华民族从"站起来"到"富起来"的飞跃。但同时，我们党也充分意识到了社会发展的不平衡与不充分。对于"不平衡不充分"的内涵，政府及学术界的权威专家纷纷给出了较为一致的解读。例如，国务院发展研究中心主任李伟曾指出，"不平衡"包括六个方面：一是实体经济和虚拟经济不平衡；二是区域发展不平衡；三是城乡发展不平衡；四是收入分配不平衡；五是经济与社会发展不平衡；六是经济与生态发展不平衡。另外，中央党校教授辛鸣表示，发展的不平衡主要体现为领域不平衡、区域不平衡、群体不平衡，其中群体不平衡主要指不同社会群体在共享发展成果方面有差距，建立在良性橄榄形社会结构上的财富公平正义分配格局有待形成。显然，专家学者们纷纷指出了收入分配的不平衡及财富存量的差距问题。

事实上，自1978年以来，我国的居民收入差距在持续加深。本文利用最高收入水平20%人口的收入份额减去最低收入水平20%人口的收入份额代表我国居民收入差距，进行ADF单位根检验（带有趋势项），结果如表1所示。

表1 居民收入差距ADF单位根检验

变量	ADF–t值	t临界值（1%）	Prob.	结论
Z_t	−0.625	−4.27	0.9776	（趋势）非平稳

注：其中，Z_t表示1978~2015年收入前20%人所占收入份额与收入后20%人所占收入份额之差。

　　显然，我国居民收入差距是明显的不平稳序列，并且含有确定的正向时间趋势，这充分说明，我国高收入人群与低收入人群之间的收入差距在逐渐扩大。这种收入差距的扩大必然导致居民财富存量水平不平衡的加剧（见图 1）。World Wealth 和 Income Database 的数据显示（见图 2），自改革开放直至 2010 年，我国的 GINI 系数整体上是升高的趋势，同时，不难发现，几个明显的转折点均出现在税收政策，特别是个税政策的修订之后，例如，1994 年开始全面征收个人所得税以及 2006 年、2008 年及 2011 年调整个税免征额。

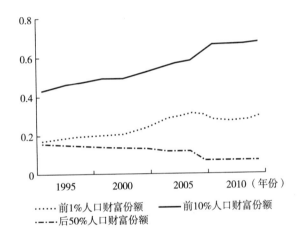

图 1　1995～2010 年财富存量差距

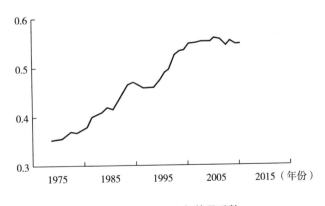

图 2　1975～2015 年基尼系数

财政政策作为调节居民收入差距的基本政策手段，无论是以财政收入为主的税收政策还是以财政支出为主的政府消费、投资与转移支付政策，无疑都通过影响经济的资源配置从而影响居民的消费、投资决策及收入分配。近些年的中央经济工作会议也多次强调，财政政策是推进供给侧结构性改革最为重要的宏观经济政策，财政政策的取向从促增长和保增长逐渐变为着力推动民生改善。那么，各类财政政策在兼顾效率与公平方面如何发挥作用，通过怎样的机制改善我国居民收入分配状况从而构建社会主义和谐社会，如何更好地应对和解决社会主义新时代的主要矛盾，都是理论界与实务界十分关心又亟待解决的重要战略问题。各项财政工具的收入再分配效应，对健全我国财政再分配调节机制具有重要意义。近年来，国内外关于财政政策的收入分配效应研究持续升温。自凯恩斯提出应当重视财政政策对收入分配的影响和干预以来，新凯恩斯学派和新古典学派都对财政政策的收入分配效应展开了分析和研究。例如，Giavazzi 和 Pagano（1990）的财政赤字对私人消费的非线性效应，由于赤字降低（挤进效应）以及政府债券风险溢价在降低利率和刺激私人消费的同时，改变了消费者的通胀预期以及私人消费对前期政府消费的替代，从而导致了更为剧烈的私人消费变化。Hall（1980）研究了政府消费及跨期替代效应在收入分配决策中的作用，研究发现，政府消费的短暂变化引起实际利率的小幅调整，而持久变化则引起更为剧烈的劳动供给和产出反应。Ramos 和 Sagales（2008）研究了英国的财政支出和收入政策对收入分配的长期影响，研究发现，间接税率的正向冲击会加剧收入分配不平等，而政府公共支出的正向冲击则能够显著降低收入分配不平等。国内学者往往单独针对财政收入政策或者财政支出政策讨论其收入分配效应。一部分学者重点关注财政收入政策，即税收政策对收入分配的影响及作用，如王亚芬等（2007）研究发现，2002 年以来个税改革对城乡居民收入分配差距发挥了调节作用，缓解了收入分配的不公平。张世伟等（2006）建立微观模型对个税制度改革进行模拟实验，研究发现，个税改革并不能明显降低收入分配差距，但是能够扩大中等收入阶层比例并且促进了税负公平。另外一部分学者则更加关注财政支出政策对收入分配的影响及作用，如胡日东、王卓（2002）对我国政府转移支付、城镇 GINI 系数和消费率进行研究，指出政府转移支付能够缩小城镇 GINI 系数从而促进消费。彭定赟、王磊（2013）研究发现，财政补贴性支出无法有效降低不同地区居民的收入差距，而社会保障支出及科教文卫支出能够明显降低不同地区居民的收入差距。汪昊、娄峰（2017）通过构建社会核算矩阵和可计算一般均衡模型对我国税收、社会保障和转移支付三类重要的财政工具的再分配效应进行了综合测算，发现不同财政工具的再分配效应存在明显差别：转移支付、社会保障缴费和个人所得税的再分配效应为正，而来源端间接税、社会保障收益和支出端间接税的再分配效应为负。

特别地，在 DSGE 分析框架下，由于税收政策及转移支付政策直接进入代表性家庭的预算约束，相对于影响经济总量（如产出缺口和通胀率）的货币政策，财政政策对于居民的消费结构、投资意向乃至就业情况的影响更为直接。动态随机一般均衡（DSGE）的分析范式也被广泛用于财政政策的波动效应及模拟分析。例如，Susan Yang（2005）、Mertens 和 Ravn（2010）等将税收政策引入 DSGE 模型，通过模拟分析解释了经济波动的原因及传导机制。王文甫（2012）将收入税率引入 DSGE 模型，研究发现，税率增加对总产量、消费和净出口产生负效应。白仲林等（2016）建立了我国分税制 DSGE 模型，分别研究了国税、地税冲击的宏观经济波动效应，研究发现，增加国税、地税税率引致的经济变量波动方向往往相反，并且地税政策的调节效应更为明显。杨源源（2017）将财政支出政策细分为政府投资、消费以及转移支付，并且引入新凯恩斯 DSGE 模型，分析了财政政策非李嘉图制度的"债务通胀化"路径。

对比国内外学者的相关研究，不难发现，目前对于财政政策的收入分配效应研究存在进一步研究的空间：第一，大多数研究往往单独关注财政收入政策或者财政支出政策的收入分配效应，显然，可以将两类政策同时纳入统一的分析框架，并且对比分析其对于居民消费决策、投资意向以及就业情况的调节情况；第二，鉴于 DSGE 模型业已成为宏观政策效应分析的主流范式，应考虑将细分的财政政策引入标准的新凯恩斯模型，研究各类财政收入政策和财政支出政策的宏观经济波动效应及对居民收入分配的动态影响；第三，应充分考虑我国社会主义新时代"群体不平衡"的现状，通过建立模型和模拟分析，提出解决不同群体之间收入分配不平衡的可操作性强的财政政策优化措施。

因此，本文将异质性家庭引入标准的新凯恩斯 DSGE 模型，并且通过引入细分的财政收入政策变量（消费税、劳动收入税及资本利得税）及财政支出政策变量（政府消费、政府投资及转移支付），分析并研究了各类财政政策对两类家庭的消费结构、投资决策及就业情况的不同影响，以及由此产生的收入分配调节效果及传导机制。本文的主要贡献在于：①参考 Campbell 和 Mankiw（1989）、Mankiw（2000）的做法，按照是否参与金融市场将家庭分为两类，将异质性家庭引入标准新凯恩斯 DSGE 模型中，分析各类财政政策冲击对收入分配的影响作用机制；②从支出和收入的角度对我国财政政策进行了全面细致的区分，并定量分析了不同类型的财政政策对两类家庭的消费结构、投资决策及就业情况的不同动态影响；③通过模拟分析，提出解决不同群体之间收入分配不平衡现状的可操作性强的财政政策优化措施。

二、模型构建

本节将在动态随机一般均衡的框架下，构建涵盖异质性家庭以及各类细分财政工具的经济体系。假设经济中存在连续统多的家庭 υ，根据家庭是否对其收入进行跨期消费配置刻画异质性家庭，其中占比为 ω 的非李嘉图家庭（经验规则式家庭），文中用上标 n 表示，无法参与金融资本市场交易，只是消费来源于劳动收入和转移支付的可支配收入。其余占比为（1 − ω）的李嘉图家庭（Ricardian Household），文中用上标 r 表示，他们拥有整个经济的资本存量，参与金融和资本市场交易，在跨期预算约束下最大化其终身效用。在面对外生冲击时，李嘉图家庭将通过资本市场跨期规避风险（收入的不确定性）保持收入增长稳定性，创造较高预期收入。因此，本文认为可将李嘉图家庭视为高收入家庭，而经验规则式家庭视为中低收入家庭。另外，为区分各类财政政策不同作用机制的差异，按照财政支出和收入规则，对政策规则进行了细致划分，财政支出方面分别考察政府消费、政府投资、转移支付三方面的作用机制，财政收入方面则分别从劳动税、消费税、资本利得税的角度区分政策规则。

（一）家庭

1. 李嘉图家庭效用最大化的决策问题

$$E_0 \sum_{t=0}^{\infty} \varepsilon_t^u \beta^t \left(\frac{(C_t^r - \gamma C_{t-1}^r)^{1-\sigma_c}}{1-\sigma_c} - \frac{\varepsilon_t^l (L_t^r)^{1+\sigma_l}}{1+\sigma_l} \right) \tag{1}$$

$\sigma_c > 0$ 为消费风险厌恶系数，$\sigma_l \geq 0$ 为劳动的弗里希弹性倒数，$0 < \gamma < 1$ 表示消费习惯的重要性。ε_t^u 和 ε_t^l 分别为消费者偏好冲击和劳动力供给冲击。李嘉图家庭参与资本市场交易，并在预算约束下最大化其终生效用，家庭的税后消费 C_t^r、投资 I_t^r、一期债券 B_t^r 不得超过总收入：

$$(1 + \tau_t^c) C_t^r + I_t^r + B_t^r \leq (1 - \tau_t^l) W_t^r L_t^r + (1 - \tau_t^k) r_t^k K_{t-1}^r + \frac{R_{t-1} B_{t-1}^r}{\pi_t} + \Pi_t^r + TR_t^r \tag{2}$$

式中，π_t 为通货膨胀率，τ_t^c、τ_t^l 和 τ_t^k 分别表示政府对消费、劳动收入和资本收益的税率。式（2）左侧为家庭支出部分，$(1 + \tau_t^c) C_t^r$、I_t^r、B_t^r 分别表示当期消费、投资和购买债券支出；式（2）右侧表示收入部分，$(1 - \tau_t^l) W_t^r L_t^r$ 和 $(1 - \tau_t^k) r_t^k u_t^k K_{t+1}^r$ 分别为税后劳动收入和资本收入。$\frac{R_{t-1} B_t^r}{\pi_t}$ 为债券市场收入，其中，R_{t-1} 为一期债券的名义利率。从具有所有权的企业得到的红利为 Π_t^r，TR_t^r 为一次性政府转移支付。资本积累方程为：

$$K_t^r = (1 - \delta_k) K_{t-1}^r + I_t(I_t^r, I_{t-1}^r) \tag{3}$$

参考 Schmitt – Grohe（2006）的做法，考虑投资调整成本，将投资水平设为：

$$I_t(I_t^r, I_{t-1}^r) = \left[1 - \frac{\psi}{2} \left(\frac{\varepsilon_t^p I_t^r}{I_{t-1}^r} - 1 \right)^2 \right] I_t^r \tag{4}$$

式中，ε_t^p 为投资效率冲击，服从 AR（1）过程。在预算约束下求解最优化问题得到李嘉图家庭的欧拉方程：

$$U_{c,t}^r = \varepsilon_t^p (C_t^r - \gamma C_{t-1}^r)^{-\sigma_c} = \beta E_t \left[\frac{R_t}{\pi_{t+1}} \frac{1 + \tau_t^c}{1 + \tau_{t+1}^c} \varepsilon_{t+1}^p (C_{t+1}^r - \gamma C_t^r)^{-\sigma_c} \right] \tag{5}$$

式中，$U_{c,t}^r$ 为消费的边际效用。李嘉图家庭进行债券投资的边际效用成本等于预期债券回报带来的边际效用。资本的一阶条件为：

$$Q_t = E_t \left[\frac{\pi_{t+1}}{R_t} Q_{t+1} (1 - \delta_k) + (1 - \tau_{t+1}^k) r_{t+1}^k \right] \tag{6}$$

式中，Q_t 表示资本的影子价格。式（6）表明资本价格是持有资本未来净收入的现值。关于投资的一阶条件为：

$$\lambda_t = Q_t \lambda_t I_t'(I_t^r, I_{t-1}^r) + \beta E_t (Q_{t+1} \lambda_{t+1} \beta I_t'(I_t^r, I_{t-1}^r)) \tag{7}$$

式中，λ_t 为预算约束的拉格朗日乘子。

2. 经验规则式家庭

经验规则式家庭不储蓄，当期的税后劳动收入和政府转移支付全部都用来消费：

$$(1 + \tau_t^c)\ C_t^n = (1 - \tau_t^l)\ w_t^n L_t^n + TR_t^n \tag{8}$$

（二）劳动力市场

假设劳动的边际收益等于平均工资，劳动力市场最优化目标和约束如下：

$$\max\ W_t L_t - \int_0^1 W_t^\upsilon L_t^\upsilon d\upsilon \tag{9}$$

$$\text{s. t.}\ \ L_t = \Big[\int_0^1 (L_t^\upsilon)^{\frac{\upsilon-1}{\upsilon}} d\upsilon \Big]^{\frac{\upsilon}{\upsilon-1}}$$

W_t 和 W_t^υ 分别表示最终劳动和中间劳动的工资，υ 表示不同劳动力投入间的替代弹性，可得劳动力需求函数为：

$$L_t^\upsilon = \Big(\frac{W_t^\upsilon}{W_t} \Big)^{-\upsilon} L_t \tag{10}$$

对式（10）积分并将式（9）代入可得工资指数和差别化工资之间的关系为：

$$W_t = \Big[\int_0^1 (W_t^\upsilon)^{\frac{\upsilon-1}{\upsilon}} d\upsilon \Big]^{\frac{\upsilon}{\upsilon-1}} \tag{11}$$

李嘉图家庭的名义工资与 Calvo（1983）的交错价格机制类似，每一期，有一部分前瞻性家庭（θ_w）无法调整其工资水平，这些家庭简单地遵循部分指数化规则并按照下式设定工资：$W_t^{r,\upsilon} = \pi_{t-1} W_{t-1}^{r,\upsilon}$，剩余 $1 - \theta_w$ 家庭在 t 期的最优化工资 $\widetilde{W}_t^r$ 满足方程：

$$E_t \sum_{i=0}^{\infty} (\beta\theta_w)^i L_t^r \lambda_{t+i} \Big\{ \widetilde{W}_t^r Z_{ti} \frac{U_{c,t+i}^r}{1 + \tau_{t+i}^c} - \frac{\upsilon}{1-\upsilon} \frac{U_{l,t+i}^r}{1 - \tau_{t+i}^l} \Big\} = 0 \tag{12}$$

式中，$Z_{ti} = \prod_{l=1}^{i} \pi_{t+l-1}$，上述条件反映了 $1 - \theta$ 李嘉图家庭通过设定工资使单位劳动收入的边际效用现值等于边际劳动的负效用现值，即 $\widetilde{W}_t^r = \frac{\upsilon}{1-\upsilon}$

$\dfrac{U_{l,t+i}^r}{U_{c,t+i}^r} \dfrac{1 + \tau_{t+i}^c}{1 - \tau_{t+i}^l}$，李嘉图家庭工资水平如下：

$$W_t^r = [(1 - \theta_w)\ (\widetilde{W}_t^r)^{1-\upsilon} + \theta_w\ (\pi_{t-1} W_{t-1}^r)^{1-\upsilon}]^{\frac{1}{1-\upsilon}} \tag{13}$$

为了简化模型，参考 Erceg 等（2006）的做法，设经验规则式家庭工资等于李嘉图家庭的平均工资，$W_t = W_t^r = W_t^n$，所有的家庭都面临相同的劳动力需求，设经验规则式家庭劳动供给与李嘉图家庭的劳动供给相等，$L_t = L_t^r = L_t^n$。

（三）厂商

最终产品厂商出售的最终产品是一个综合品，由众多的中间商品组合而成，其生产函数形式为：

$$Y_t = \left[\int_0^1 Y_{j,t}^{\frac{\eta-1}{\eta}} dj \right]^{\frac{\eta}{\eta-1}} \tag{14}$$

式中，Y_t 和 $Y_{j,t}$ 分别为 t 期最终产品和中间产品 j 的投入量。用 P_t 和 $P_{j,t}$ 分别表示最终产品和中间产品的价格，设最终产品市场是完全竞争市场，其产品价格等于其边际收益，最终产品厂商在约束式（11）下最大化 $P_t Y_t - \int_0^1 P_{j,t} Y_{j,t} dj$，求解可得中间产品需求函数：

$$Y_{j,t} = \left[\frac{P_{j,t}}{P_t} \right]^{-\eta} Y_t \tag{15}$$

完全竞争的最终产品市场意味着总价格水平：

$$P_t = \left[\int_0^1 P_{j,t}^{1-\eta} dj \right]^{\frac{1}{1-\eta}} \tag{16}$$

假定生产中间产品的厂商是垄断竞争的，服从 Cobb - Douglas 生产函数，并且为考虑政府投资的效应，考虑了公共资本在中间产品生产中的作用，表达式为：

$$Y_{j,t} = A_t (\widetilde{K}_{j,t})^\alpha (L_{j,t})^{1-\alpha} (K_t^g)^{\alpha_g} \tag{17}$$

式中，K_t^g 表示公共资本，$\widetilde{K}_{j,t} = u_t K_t$ 表示生产中实际利用的资本存量，A_t 表示生产技术冲击，服从一阶自回归随机过程。中间产品厂商租用资本和劳动，分别支付租金 R_t^k 和工资 W_t，垄断厂商最小化其成本，可得租金工资比方程：

$$\frac{\widetilde{K}_{j,t}}{L_{j,t}} = \frac{\alpha}{1-\alpha} \frac{W_t}{R_t^k} \tag{18}$$

名义边际成本为：

$$P_t mc_t = \left(\frac{1}{1-\alpha}\right)^{1-\alpha} \left(\frac{1}{\alpha}\right)^\alpha A_t^{-1} (K_t^g)^{-\alpha_g} (W_t)^{1-\alpha} (R_t^k)^\alpha \tag{19}$$

由于中间产品具有差异性，因此，中间产品厂商在垄断竞争市场中具有自主定价权，其通过选择价格实现利润最大化，设定厂商通过 Calvo 定价方式调整价格，每一期有 $1-\theta_p$ 比例的中间产品厂商进行价格调整，剩余 θ_p 部分厂商沿用上一期价格水平 $P_{j,t}=\pi_{t-1}P_{j,t-1}$。代表性厂商设定价格 $\tilde{P}_t$ 最大化其预期利润：

$$E_t\sum_{i=0}^{\infty}(\beta\theta_p)^i\lambda_{t+i}\left[\tilde{P}_t Z_{ti}-\frac{\eta}{1-\eta}\frac{mc_{t+i}}{P_{t+i}}\right]Y_{j,t+i} \tag{20}$$

式中，$(\beta\theta_p)^i\lambda_{t+i}$ 表示厂商未来利润的贴现，λ_t 为李嘉图家庭预算约束下的拉格朗日乘子，厂商将其视为外生冲击。

（四）政府

设政府在预算约束下通过财政政策对经济市场进行调节，财政政策的调控工具分为支出和收入两大类，政策目标主要是保持产出缺口和政府债务以及经济社会的稳定。政府面临的预算约束为：

$$\tau_t^c C_t+\tau_t^l W_t L_t+\tau_t^k r_t^k u_t K_{t-1}+B_t=\left(\frac{R_{t-1}}{\pi_t}\right)B_{t-1}+G_t+IG_t+TR_t \tag{21}$$

公共资本的累积方程：
$$K_t^g=(1-\delta_{kg})K_{t-1}^g+IG_t \tag{22}$$

财政支出工具在 GDP 偏离稳态时进行逆周期性调节，税收工具则对产出缺口波动进行顺周期调控，财政工具在经济波动中起到了自动稳定器的作用。并且，政府通过财政工具的使用使债务波动得到控制。鉴于此，本文参考 Leeper 等（2010）、王国静和田国强（2014）以及 Bhattarai K. 等（2017），将财政政策工具设为：

$$\hat{G}_t=-\varphi_b^g\hat{B}_t-\varphi_y^g\hat{Y}_t+\varepsilon_t^g \tag{23}$$
$$\hat{IG}_t=-\varphi_b^{Ig}\hat{B}_t-\varphi_y^{Ig}\hat{Y}_t+\varepsilon_t^{Ig} \tag{24}$$
$$\hat{TR}_t=-\varphi_b^{tr}\hat{B}_t-\varphi_y^{tr}\hat{Y}_t+\varepsilon_t^{tr} \tag{25}$$
$$\hat{\tau}_t^c=\varphi_b^c\hat{B}_t+\varphi_y^c\hat{Y}_t+\varepsilon_t^c \tag{26}$$
$$\hat{\tau}_t^l=\varphi_b^l\hat{B}_t+\varphi_y^l\hat{Y}_t+\varepsilon_t^l \tag{27}$$
$$\hat{\tau}_t^k=\varphi_b^k\hat{B}_t+\varphi_y^k\hat{Y}_t+\varepsilon_t^k \tag{28}$$

式中，上标"^"表示变量与其稳态水平之间的差异。ε_t^i（$i=$ G，IG，TR，C，L，K）为相应的外生冲击，设其均服从一阶自回归过程。

货币政策主要通过利率进行调整，本文参考刘斌（2008）在平滑利率下盯住通货膨胀和产出缺口的货币政策设定方式，将政策规则均采用对数线性化后的形式进行描述：

$$\hat{R}_t = \rho \hat{R}_{t-1} + (1 - \rho)(\rho_\pi \hat{\pi}_t + \rho_\pi \hat{Y}_t) + \varepsilon_t^r \tag{29}$$

(五) 均衡系统

因为本文将异质性家庭引入模型，由于仅有李嘉图家庭参与资本市场交易，故资本市场的均衡问题与标准的同质性家庭模型有所不同：

$$I_t = (1 - \omega) I_t^r \tag{30}$$

$$K_t = (1 - \omega) K_t^r \tag{31}$$

$$B_t = (1 - \omega) B_t^r \tag{32}$$

$$\Pi_t = (1 - \omega) \Pi_t^r \tag{33}$$

两类家庭在劳动供给、消费需求以及转移支付等方面共同参与：

$$C_t = (1 - \omega) C_t^r + \omega C_t^n \tag{34}$$

$$L_t = (1 - \omega) L_t^r + \omega L_t^n \tag{35}$$

$$TR_t = (1 - \omega) TR_t^r + \omega TR_t^n \tag{36}$$

市场出清条件为：

$$C_t + I_t + G_t + IG_t = Y_t \tag{37}$$

三、参数校准与贝叶斯估计

在对上述模型进行求解模拟分析前，须先对模型参数进行校准，为使模型体现当前我国经济运行状况的基本特征，本文中模型参数赋值方法分为两种：一是利用标准的校准方法，参考中国现实经济分析的经验文献，并基于中国实际经济数据计算稳态值来对部分参数进行校准；二是利用中国实际经济数据进行贝叶斯估计求解模型参数。

关于居民外部消费习惯 γ，参照 Forni（2009）、杨源源（2017）的研究，将其校准为 0.7。参考朱军（2017a）的做法，使用 1992～2016 年居民消费价格指数估计季度贴现因子 β，校准结果为 0.985。对于跨期消费弹性倒数 σ_c 以及劳动在效用函数中权重 σ_1，根据朱军（2018）和江春（2018）的研究分别设定为 2 和 3.4。产品价格 θ_w 和工资黏性 θ_p 参数根据王文甫（2010）和孙文莉等（2013）的设定分别取值为 0.75 和 0.8。对于稳态时季度口径的资本折旧率，本文借鉴田国强（2014）和朱军（2017）的研究将私人资本折旧率校准为 $\delta_k 0.025$，公共资本折旧率 δ_{kg} 校准为 0.015。稳态时，取资本利用率 $u^r = 1$，工资加成 $\dfrac{v}{1-v} = 1.05$。参照张佐敏（2013）估计资本产出弹性 α 的方法，本文校准为 0.476。

对于模型中主要宏观经济变量的稳态值，主要基于中国现实经济数据得到。其中"李嘉图"家庭占比 $1 - \omega$，本文参考江春（2018）的研究方法，使用 2000 ~ 2016 年城镇人口占总人口比例的均值将其校准为 0.47。政府购买性支出、政府投资以及转移支付占总产出的比例，分别用 2000 ~ 2016 年政府名义消费、国家预算内固定资产投资、国家决算中民生支出①占名义 GDP 比例的均值校准为 0.145、0.021 和 0.052。债券实际余额占比用 2005 ~ 2016 年国债余额与名义总产出之比的平均值校准。本文参照刘溶沧等（2002）对消费、劳动和资本征收的有效税率的估算方法，校准 1996 ~ 2016 年消费税、劳动税和资本税的稳态值分别为 0.076、0.082 和 0.086。

关于财政政策变量对产出和债务的反应程度参数，本文使用 1995 ~ 2016 年我国现实经济季度数据进行贝叶斯估计，包括居民消费、政府消费、私人投资、政府投资等共计 12 个指标作为贝叶斯估计的外部观察数据。首先对数据进行了 X12 季节性调整、取对数以及 HP 滤波处理，然后采用蒙特卡洛—马尔科夫方法的随机 Metropolis – Hasting 算法得到相应参数的后验分布。如表 2 所示。

表 2　相应参数

参数	先验分布	先验均值	标准差	后验均值	90% 置信区间	
φ_y^g	Gamma	0.5	0.2	0.0613	0.0524	0.0698
φ_y^{Ig}	Gamma	0.5	0.2	0.3840	0.3665	0.3983
φ_y^{tr}	Gamma	0.5	0.2	0.0642	0.0365	0.0926
φ_y^c	Gamma	0.5	0.2	0.0710	0.0663	0.0770
φ_y^l	Gamma	0.5	0.2	0.4846	0.4751	0.4944
φ_y^k	Gamma	0.5	0.2	1.0175	1.0056	1.0350
φ_b^g	Gamma	0.4	0.2	0.0104	0.0095	0.0114
φ_b^{Ig}	Gamma	0.4	0.2	0.0030	0.0010	0.0047
φ_b^{tr}	Gamma	0.4	0.2	0.0010	0.0007	0.0014
φ_b^c	Gamma	0.4	0.2	0.0010	0.0007	0.0014
φ_b^l	Gamma	0.4	0.2	0.0031	0.0012	0.0045
φ_b^k	Gamma	0.4	0.2	0.0015	0.0007	0.0020

---

① 包括医疗卫生支出、社会保障与就业支出、文化体育与传媒支出以及教育支出。

四、财政政策冲击动态模拟分析

在建立并求解模型的基础之上，结合我国当前"稳货币，松财政"的政策走向，本文重点考虑了积极的财政政策——财政收入政策的负向冲击及财政支出政策的正向冲击对宏观经济变量的波动效应及其收入分配效应，模拟了消费税、劳动收入税和资本利得税减税政策及政府消费、政府投资以及转移支付增加政策的动态影响，特别分析了各类政策导致两类家庭的消费结构、投资决策以及就业意向的不同变化，以及由此导致的收入分配差距的变化。

（一）财政收入政策负向冲击效应

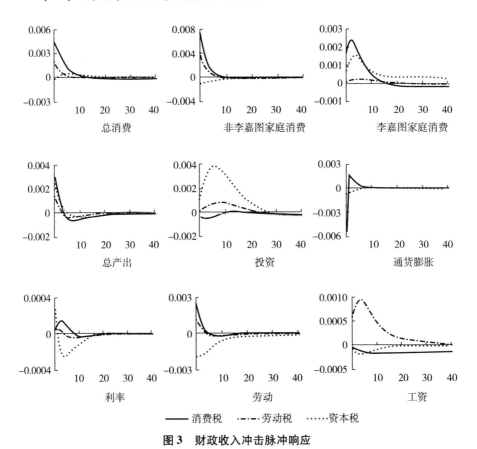

图3   财政收入冲击脉冲响应

主要宏观经济变量对于消费税、劳动收入税和资本利得税负向冲击的动态响应如图 3 所示。显然，减税措施在短期内对经济增长均有明显的促进作用，然而不同税种的减免对两类家庭的消费结构、投资决策以及就业意向的影响在方向和程度上均有所不同。

首先，消费税的减免意味着产品价格的下降，无疑会刺激总的商品需求，使经验规则式家庭和李嘉图家庭的消费均增加，但这样的刺激效应显然对经验规则式家庭更为明显，同时，消费税的减免刺激了就业导致产出增加。并且，李嘉图家庭的消费增加对投资产生"挤出效应"，导致利率上涨。从短期看，消费税减税会促进消费和产出，但由于投资的减少，产出水平在长期范围内有小幅降低，并且伴随着李嘉图家庭消费水平的降低。可见，消费税的减免对于调节消费结构有明显的作用，特别是针对不同类型消费品有不同的征税措施，将更有利于收入分配的调节。

其次，劳动税减少的即时效应是从资本到劳动力生产投入的重新分配，导致劳动力需求的增加，对资本需求减少，从而工资增加，直接导致两类家庭收入增加。但由于劳动收入是经验规则式家庭消费的主要决定因素，因此对其消费的积极效应更显著。对于李嘉图家庭来说，劳动税减少带来的收入效应大于增加消费对投资的"挤出效应"，因此私人投资增加，而消费没有明显的变化。可见，劳动税的减免无疑更有利于提高经验规则式家庭的收入并改善其消费状况，因此，个税改革是我国经常用于调节收入分配的主要政策手段。

最后，资本所得税下降的即时效应是劳动和资本在生产投入中的配置更新，无疑导致更高的资本需求以及更低的劳动力需求，资本需求增加带来投资增加及利率上升，李嘉图家庭由于参与金融市场获取更高收益使其收入增加从而促进其消费的上升。同时，对劳动力的需求下降给工资带来了下行压力，经验规则式家庭收入减少，消费也相应地降低。可见，资本利得税的减免不仅对改善消费结构和促进就业无效，甚至在调节收入分配方面起到了消极作用。

综上所述，考虑对于收入再分配效果，消费税和劳动税对消费结构和就业意向的调节作用更为直接和显著，这两类税种的减免能够更好地调节收入分配，具有缩小收入差距的作用。而资本利得税的减免无疑更有利于高收入者群体，并且对总的商品需求没有明显的刺激作用，同时还会挤出劳动、降低就业，甚至对于收入分配调节起反作用。因此，在深化收入分

配制度改革进程中，应着重考虑减免消费税和劳动税两种政策工具的积极
作用。

（二） 财政收入政策正向冲击效应

主要宏观经济变量对于政府消费、政府投资以及转移支付正向冲击的
脉冲响应如图 4 所示。显然，政府投资及政府消费短期内明显刺激经济增
长，但同时也推高了通胀，而转移支付的宏观经济波动效应较温和，短期
及长期均对经济总体影响不大。与政府收入政策冲击相似，不同支出政策
的增加对两类家庭的消费结构、投资决策以及就业意向的影响在方向和程
度上也有所不同。

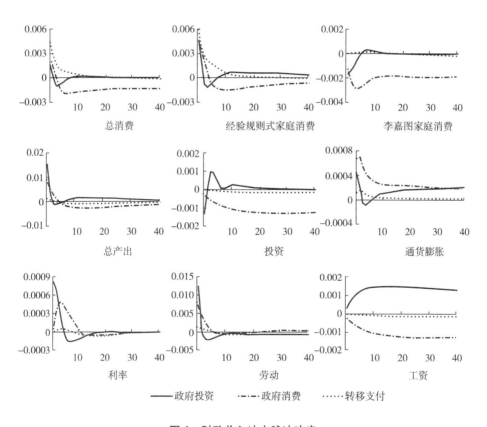

图 4 财政收入冲击脉冲响应

首先，政府消费与私人消费之间存在埃奇沃思互补效应，因此，政府

消费的增加使私人消费（总消费）在短期内也立即增加，这一结论传统文献 Baxter（1993）不同，但与 Mazraani（2010）、Iwata（2013）和田国强（2014）的结论一致。然而，政府消费增加意味着政府要通过增加税收和发行债券来融资以保持预算平衡，李嘉图家庭在经济系统中掌握更多财富，导致的财富负效应使李嘉图家庭减少消费。这在 Ramey（2012）的研究中也得到了验证。长期来看，私人消费最终被政府消费挤出，经验规则性家庭的消费变化与总消费的变化基本一致，呈现先上升后下降的趋势。并且，政府消费的增加刺激了需求上升从而促进了就业，但由于政府融资引起的财富负效应使私人投资减少，长期来看，导致总产出水平降至稳态以下。因此，增加政府消费，短期内能够促进就业并且改善经验规则式家庭的消费，不过长期来看，并没有实质性的缩小收入分配差距的效应，并且不利于经济增长。

其次，政府投资和政府消费的主要区别在于政府投资导致了公共资本的增加。公共资本的增加对产出形成正的外部性，产出增加使私人消费增加，经验规则式家庭的消费明显上升，而李嘉图家庭消费水平在负的财富效应下减少。公共资本增加短期内挤占了私人投资，但其带来的正外部性使私人投资逐步回升，这与田国强（2014）的结论一致。私人要素生产率的提高，工资水平也会增加，相应的劳动需求也会增加，最终使总产出水平提升。显然，增加政府投资的收入分配调节作用较明显，不仅能够很好地改善经验规则式家庭的消费水平，增加其工资收入，并且对经济增长也有积极的促进作用。

最后，转移支付增加的宏观经济波动效应较小，其直接影响是经验规则式家庭消费的增加，李嘉图家庭平稳消费，从而总消费增加。随着需求的增加，导致资本和劳动力的短暂增长，利率和工资上升，通货膨胀也在短期内上升，长期各变量均回到稳态。从收入分配的角度来看，转移支付的财政政策短期内能显著改善经验规则式家庭的消费水平，且宏观经济系统无明显波动，但在长期范围内无显著作用。

综上所述，考虑对收入分配的动态影响，政府投资的积极作用明显高于其他两种政策工具，尽管在短期内提升经验规则式家庭的消费水平的同时，使李嘉图家庭的消费水平受到了影响，但其在长期内改善了消费结构并促进经济增长。转移支付能在短期内改善经验规则式家庭的生活水平，但在长期效果不明显，但其在政策实行过程中对其他宏观经济变量影响较小，能够保障经济系统平稳运行。政府消费尽管在短期内改善了经验规则式家庭的消费水平，但在长期对经济增长、消费等宏观经济变量均呈现负向作用，并且没有实质性地缩小收入分配差距的效应。

五、结论及政策建议

中国特色社会主义进入新时代，而社会主要矛盾已经转化为人民日益增长的美好生活需要和不平衡不充分的发展之间的矛盾。毫无疑问，这其中的发展"不平衡"包含不同社会群体在共享发展成果上的差距，特别是收入分配不公平导致的财富存量差距。习近平总书记指出，消除贫困、改善民生、实现共同富裕，是社会主义的本质要求。作为调节居民收入差距、推动民生改善最重要的政策手段，财政政策应当在改善居民收入分配格局、兼顾效率与公平以及构建社会主义和谐社会中起到积极且关键的作用。本文注意到，现阶段不同社会群体的现状，将异质性家庭引入新凯恩斯DSGE模型，并且考虑了细分的财政收入政策和财政支出政策，运用中国实际经济数据对模型进行了校准和求解，得到了反映中国实际经济特征的结构参数。并且通过进一步地模拟分析，得到了财政收入政策负向冲击和财政支出政策正向冲击的宏观经济波动效应，特别分析了积极的财政政策对两类家庭的消费结构、投资决策以及就业意向的动态影响，以及由此引致的收入分配调节效应。

通过求解模型和模拟分析，本义主要得出如下结论：

（1）作为财政收入手段的消费税、劳动税及资本利得税的减税措施，短期都对经济增长产生了促进作用，然而对两类家庭的消费结构、投资决策以及就业意向的影响在方向上和程度上均有所不同。研究表明：消费税和劳动税对消费结构和就业意向的调节作用更为直接和显著，这两类税种的减免能够更好地调节收入分配，具有缩小收入差距的作用；而资本利得税的减免无疑更有利于高收入者群体，同时，还会挤出劳动、降低就业，可见，资本利得税的减免对于缩小收入分配差距起到了"反作用"。

（2）作为财政支出手段的政府消费、政府投资和转移支付的增加，短期也有刺激经济增长、提高就业率的作用。政府消费的增加短期有利于提升经验规则式家庭的消费，但长期来看，仍然对两类家庭的私人消费产生基本相同的"挤出效应"。政府投资导致公共资本的增加，其带来的正外部性使就业增加、工资提高，从而经验规则式家庭消费水平得到显著提升。转移支付的增加短期能够显著改善经验规则式家庭的消费水平，且宏观经济系统无明显波动，但长期无明显作用。可见，政府投资的收入分配调节效应要明显优于其他两种政策工具，不仅在短期改善了消费结构，且在长期促进了经济增长，很好地兼顾了效率与公平。

根据上述研究结论，本文结合现阶段财政政策目标及改革动向，提出了如下具有可操作性的、充分发挥收入分配调节作用的财政政策优化建议：

（1）在结构性减税的税制改革导向下，针对不同产品调整消费税及增值税的征收办法，如对奢侈品、投资性房产、高能耗及重污染产品增税，而对农牧产品及居民基本生活用品减税，从而真正起到调节收入分配的积极作用。

（2）优化个人所得税的征管模式，通过提高免征额和调整累进税率，切实降低中低收入家庭的税负，适当提高高收入家庭的税负，2018年7月，新一轮个税改革使工薪阶层成为最大的受益者，无疑是财政政策发挥了积极的收入分配调节效应。

（3）注意到资本利得税减税的消极效应，应适当对高收入群体的资本收入提高税率，这样不仅能够促进就业、提升劳动收入，同时能够缩小收入差距，扭转收入不平等的恶化趋势。

（4）积极的财政支出政策短期内均有促进经济增长的效应，但从调节收入分配的角度出发，更应重视政府投资和转移支付的积极作用。对于政府投资形成的公共资本去向应当确保注重改善民生、形成更为积极的正外部性，应着重投向公共基础设施建设及科教文卫领域。同时，通过优化转移支付制度，提高政府转移支付的针对性和精准性，特别是确保对于低收入群体的基本保障性支出，更好地应对和解决发展"不平衡"的矛盾，使各阶层人民对美好生活的向往都能真正实现。

参考文献

[1] 白仲林，缪言，王理华. 分税制与中国宏观经济波动——基于新凯恩斯DSGE模型的实证分析 [J]. 财经论丛，2016，206（4）.

[2] 韩胜利. 把握社会主要矛盾变化的实践要求 [N]. 人民日报，2018-06-03（5）.

[3] 胡日东, 王卓. 收入分配差距、消费需求与转移支付的实证研究 [J]. 数量经济技术经济研究, 2002 (4).

[4] 江春, 向丽锦, 肖祖沔. 货币政策、收入分配及经济福利——基于 DSGE 模型的贝叶斯估计 [J]. 财贸经济, 2018, 39 (3).

[5] 刘斌. 我国 DSGE 模型的开发及在货币政策分析中的应用 [J]. 金融研究, 2008 (10).

[6] 刘溶沧. 我国入世后的财政政策调整与政策创新 [J]. 财政研究, 2002 (6).

[7] 彭定赟, 王磊. 财政调节、福利均等化与地区收入差距——基于泰尔指数的实证分析 [J]. 经济学家, 2013, 5 (5).

[8] 孙文莉, 丁晓松, 伍晓光. 工资粘性、货币冲击与价格贸易条件 [J]. 经济研究, 2013 (8).

[9] 汪昊, 娄峰. 中国财政再分配效应测算 [J]. 经济研究, 2017 (1).

[10] 王国静, 田国强. 政府支出乘数 [J]. 经济研究, 2014 (9).

[11] 王文甫, 王子成. 积极财政政策与净出口: 挤入还是挤出?——基于中国的经验与解释 [J]. 管理世界, 2012 (10).

[12] 王文甫, 朱保华. 政府支出的外部性和中国政府支出的宏观效应: 动态随机一般均衡视角 [J]. 经济科学, 2010 (2).

[13] 王亚芬, 肖晓飞, 高铁梅. 我国收入分配差距及个人所得税调节作用的实证分析 [J]. 财贸经济, 2007 (4).

[14] 杨源源. 财政支出结构、通货膨胀与非李嘉图制度——基于 DSGE 模型的分析 [J]. 财政研究, 2017 (1).

[15] 张世伟, 万相昱, 曲洋. 公共政策的行为微观模拟模型及其应用 [J]. 数量经济技术经济研究, 2009 (8).

[16] 张佐敏. 财政规则与政策效果——基于 DSGE 分析 [J]. 经济研究, 2013 (1).

[17] 朱军, 许志伟. 财政分权、地区间竞争与中国经济波动 [J]. 经济研究, 2018, 53 (1).

[18] 朱军. 技术吸收、政府推动与中国全要素生产率提升 [J]. 中国工业经济, 2017 (1).

[19] 朱军. 中国财政政策不确定性的指数构建、特征与诱因 [J]. 财贸经济, 2017, 38 (10).

[20] Baxter M. , King R. G. Fiscal Policy in General Equilibrium [J]. The American Economic Review, 1993 (1): 315 – 334.

[21] Bhattarai K. , Trzeciakiewicz D. Macroeconomic Impacts of Fiscal Policy Shocks in

the UK: A DSGE Analysis [J]. Economic Modelling, 2017 (61).

[22] Calvo G. A. Staggered Prices in a Utility – maximizing Framework [J]. Journal of Monetary Economics, 1983, 12 (3): 383 – 398.

[23] Campbell J. Y., Mankiw N. G. Consumption, Income, and Interest Rates: Reinterpreting the Time Series Evidence [J]. NBER Macroeconomics Annual, 1989 (4): 185 – 216.

[24] Erceg C., Levin A. Optimal Monetary Policy with Durable Consumption Goods [J]. Journal of Monetary Economics, 2006, 53 (7): 1341 – 1359.

[25] Forni L., Monteforte L., Sessa L. The General Equilibrium Effects of Fiscal Policy: Estimates for the Euro Area [J]. Journal of Public Economics, 2009, 93 (3 – 4).

[26] Giavazzi F., Jappelli T., Pagano M. Searching for Non – linear Effects of Fiscal Policy: Evidence from Industrial and Developing Countries [J]. European Economic Review, 2000, 44 (7): 1259 – 1289.

[27] Hall R. E., Mishkin F. S. The Sensitivity of Consumption to Transitory Income: Estimates from Panel Data on Households [J]. The Economic Journal, 1980.

[28] Iwata Y. Two Fiscal Policy Puzzles Revisited: New Evidence and an Explanation [J]. Journal of International Money and Finance, 2013 (33): 188 – 207.

[29] Leeper E. M., Walker T. B., Yang S. C. S. Government Investment and Fiscal Stimulus [J]. Journal of Monetary Economics, 2010, 57 (8): 1000 – 1012.

[30] Mankiw N. G. The Savers – spenders Theory of Fiscal Policy [J]. American Economic Review, 2000, 90 (2): 120 – 125.

[31] Mazraani S. Public Expenditures in an RBC Model: A likelihood Evaluation of Crowding – in and Crowding – out Effects [J]. University of Pittsburgh, Department of Economics Mimeo, 2010 (1): 7 – 14.

[32] Mertens K., Ravn M. O. Measuring the Impact of Fiscal Policy in the Face of Anticipation: A Structural VAR Approach [J]. The Economic Journal, 2010, 120 (544).

[33] Ramey V. A. Government Spending and Private Activity [R]. National Bureau of Economic Research, 2012.

[34] Ramos X., Roca – Sagales O. Long – Term Effects of Fiscal Policy on the Size and Distribution of the Pie in the UK [J]. Fiscal Studies, 2008, 29 (3): 387 – 411.

[35] Schmitt – Grohé S., Uribe M. Comparing Two Variants of Calvo – type Wage Stickiness [R]. National Bureau of Economic Research, 2006.

[36] Yang S. C. S. Quantifying Tax Effects under Policy Foresight [J]. Journal of Monetary Economics, 2005, 52 (8): 1557 – 1568.

地缘政治经济视角下的经济周期协动性传导机制研究

——动态因子模型的空间计量分析 *

李林玥

（中央财经大学国际经济贸易学院，北京　100081）

摘　要　本文从地缘政治经济的视角建立动态因子模型并结合面板模型研究经济周期协动性的传导机制。研究结果表明：①随着亚洲国家间贸易一体化程度的加深，国家之间的经济周期同步性会通过贸易传导而加大。②经济周期协动性所受到的影响更多来自产业内贸易渠道而不是贸易总量本身。③地区影响因子和时段影响因子对经济周期的影响力在很大程度上可能会超过贸易渠道及政策合作对经济周期的影响程度。④亚洲经济体与欧美发达经济体之间的相互依存性在加强，从而不能支持亚洲经济体从欧美发达经济体中脱钩的假说。⑤从国际经济政策合作的角度看，作为衡量最优货币区的标准之一，经济周期同步性的重要性很可能言过其实。

关键词　地缘政治经济学；经济周期协动性；传导机制

＊　本文获得国家自然科学基金项目（批准号：71503284）的资助。

Geopolitical Economic Research on Transmission Mechanism of Business Cycles

—Spatial Econometric Analysis of Dynamic Factor Model

Li Linyue

(School of International Trade and Economics,

Central University of Finance and Economics, Beijng, 100081)

Abstract: This paper constructs a dynamic factor model with the panel regression to analyze business cycle synchronization, from the perspective of geopolitical economy. The research indicates that: ①As trade integration among Asian countries increased, business cycle synchronization among these countries was expected to expand through trade transmission. ②The co – movements of business cycles are influenced more through the intra – industry trade channel than by the total volume of trade itself. ③Inter – industry trade resulting in higher specialization will induce less synchronized business cycles, while intra – industry trade could lead to increased business cycle synchronization. ④The impact of regional influential factor and time period influential factor on business cycle synchronization may exceed the influential degree of trade channel and policy cooperation on business cycle synchronization, to a large extent. ⑤Moreover, increased business cycle synchronization, as one of the optimum currency area criteria, is overemphasized.

Key Words: Geopolitical Economics; Business Cycles Synchronization; Transmission Mechanism

一、引言

2018 年是中国改革开放 40 周年，也是党的十九大后的开局之年、决胜全面建成小康社会的关键之年以及推进供给侧结构性改革的深化之年。回顾 40 年的经济发展历程，中国式发展取得了举世瞩目的成就：中国经济自

1978 年改革开放以来保持了年均 9.5% 以上的高速增长，经济总量位居世界第二，然而，从 2012 年起，中国经济的增长速度开始出现一定程度的下降，经济发展进入"新常态"阶段，深层次矛盾逐渐显现，产业结构调整成为"稳增长、调结构及提质量"这一改革立足点中的核心内容。同时，2013 ~ 2016 年，中国国内生产总值平均年增长率达到 7.2%，高于同期世界经济 2.6% 以及发展中经济体 4% 的平均增长率水平，超过美国、欧元区及日本对世界经济发展贡献率的总和，位居世界第一位，这是环顾全球无可企及的成绩单。2017 年，中国 GDP 增速达到 6.9%，实现了 7 年以来的首次提速（国家统计局，2018）。

随着亚洲金融危机的爆发，东亚地区再次探索建立货币联盟的可能性，在这一背景下，经济周期同步性的研究有着深远的意义。在对建立区域货币联盟或者区域政策协调机制意见不统一的背景下，如何实施最优货币区的衡量标准激发了众多相关的研究（Willett，2010）。本实证研究基于 Mundell（1961）关于最优货币区（OCA）的论点，以检验贸易联系密切的国家间经济周期相关性作为研究的出发点（Frankel and Rose，1998）。从国际贸易与经济周期的跨国趋同性来看，产业内贸易，尤其是垂直型的产业内贸易是经济周期趋同的主要原因。数据显示，80% 的周期趋同性源自垂直型产业内贸易，另外的 20% 则源自水平型产业内贸易（Luis and Maria，2007）。一方面，产业内贸易使经济周期同步性加大；另一方面，跨行业的产业间贸易又导致更高的生产专业化程度，进而减小经济周期同步性。如果来自行业的冲击比较显著，那么产出的协动性程度也会上升或下降，具体情况取决于贸易性质（产业内贸易效应与产业间贸易效应的比较）。随着东亚地区垂直专业化分工程度的加大，东亚国家经济周期的联系也会因行业冲击变得更加密切，尽管产业间贸易和产业内贸易会使贸易国家之间的经济周期以相反的方向运动。程惠芳和岑丽君（2010）对影响中国经济周期协动性的因素进行了比较全面的研究和分析。梅冬州等（2012）、杨子晖和田磊（2013）则分别运用引入中间贸易品的 DSGE 模型和三层静态因子模型研究中国与世界经济周期的协动性。

经济周期始终是经济学研究领域的主要对象之一。经济周期理论为人们理解经济波动的协同效应、形成因素及传导机制提供了有力的思想工具。近年来，金融市场与货币政策等经济因素对宏观经济政策和宏观经济周期的影响日益增强。对全球金融经济周期和国别金融经济周期的研究变得越来越重要。然而，已有的研究大都建立在宏观模型和数据分析的基础上，研究世界经济周期的特征和行为，没有从地缘政治经济的角度考虑。本文在吸收已有研究成果的基础上，考虑地缘政治经济及空间计量因素建立动态因子模型，结合静态面板模型进行分析，为系统全面地研究经济周期协动性传导机制提供新思维。

　　本文以下内容的结构安排如下：第二部分叙述了与经济周期传导机制相关的文献；第三部分是构建了理论模型和研究框架；第四部分是动态因子模型与面板模型的实证分析结果；第五部分为结论及政策启示。

二、经济周期传导机制的相关文献

　　影响经济周期协动性的渠道至少有四个：产业间贸易、产业内贸易（水平型和垂直型）、需求外溢和政策相关性。此外，资本流动也是相关的渠道。第一种渠道表明贸易扩大会降低经济周期波动的同步性，而其他三种渠道则表明贸易扩大会增强经济周期波动的同步性。

　　在对经济周期协动性影响因素的实证研究中，关注双边贸易强度与经济周期协动性的文献比较丰富，观点大致可以分为四类。第一种观点认为，两者之间呈现正相关关系。Frankel 和 Rose（1998）在对 20 个发达国家双边贸易强度与经济周期双边相关性的研究得到贸易联系越紧密两国经济协动度越高。然而，由于这一模型不能够将共同冲击从影响因素中分离而引发了对文章结论的争议。第二种观点认为，双边贸易的增强能使国家之间的专业化分工程度提高从而导致经济周期协动性的下降（Krugman，1993）。第三种观点认为，不同的贸易模式对经济周期协动性具有不同的影响，产业内贸易是导致经济周期协动性的关键因素，而产业间贸易则会使经济周期同步性下降。第四种观点认为，双边贸易对经济周期协动性的影响主要是由双边垂直专业化引起的，而并非是由于双边贸易强度导致的（Ng，2010）。但迄今为止，已有的实证研究结果对贸易强度是否促进国际经济周期协动性还存在异议。

　　国内外学者在研究国际经济周期以及世界经济周期协同性与非协同性的进程中取得了里程碑的进步。Gerlach（1988）首次采用 Frequency Band 的衡量指标将世界经济周期定义为多国工业生产指数的变动在一定周期频带上的高度相关性存在。Backus、Kehoe 和 Kydland（BKK）（1992）则首次建立了一个存在完备金融市场的国际经济周期模型（International Business Cycle）研究国际贸易对国际经济周期协动性的影响，由于生产可以跨国自由转移，外部冲击使贸易强度越高，两国间的经济协动性反而越低。Kose 和 Yi（2001）在 BKK 模型的基础上引入了生产的垂直专业化后发现贸易规模对经济周期协动性的影响与贸易和冲击的类型有关，即当贸易促进产业专业化时，贸易联系越紧密，两国的经济协动性越低；但当贸易的发展促进两国的产业内贸易时，贸易联系越紧密，两国的经济协动性越高。在 Anderson 和 Wincoop（2003）研究发现两国的贸易程度可能与两国之间的贸易壁垒相关的基础上，Kose 和 Yi（2006）将 BKK 模型从两国拓展到三国并引入跨国贸易交易成本后发现引入这些因素能提高贸易对经济周期协动性的影响。Baxter 和 Farr（2005）在 BKK 模型的基础上引入可变资本利用率后发现 FDI 的流入能够使两国经济结构的相似度上升，从而贸易导致的两国经济协动性也越来越高。由此可见，以上这些研究都认识到贸易强度是经济协动性的重要影响因素，并从贸易模式和贸易类型的角度深入分析了不同贸易形式是如何影响经济周期协动性的。值得注意的是，当今不同国家对外贸易在商品类别上的"异质性"，贸易品的不同类别是否会对两国经济周期的协同性产生影响？

在 Frankel 和 Rose（1998）研究的基础上，Calderon 等（2007）扩大了研究样本，并对发展中国家贸易强度和经济协动度的关系进行验证后发现两者之间的正相关关系仍然成立，但是发达国家比发展中国家的正相关关系更强些。Koεe 和 Yi（2006）则从贸易双方在产业结构上的相似程度入手探讨影响国际经济周期同步性的因素，发现产业内贸易比产业间贸易更能引起 GDP 的同步运动，因为考虑到两国不同的产业结构会使双方在面临同一产业冲击时反应的周期不同。关于产业结构与经济周期协动性的关系研究也成为一个比较新的研究领域。一部分学者（Imbs，2004）认为，产业结构越相似，经济周期协动程度就会越高；另一部分学者（Cerqueira and Martins，2009）认为，产业结构相似度与经济周期协动性之间不具有显著的关系。Di Giovanni（2010）运用工业层面的生产和贸易数据分析不同产业间双边贸易对经济周期协动性的影响机制，研究得到的结论是垂直分工在某一部门中的作用越重要，则该部门对应产业的双边贸易对经济协动性的影响越大。

然而，BKK 模型是在假设国际金融市场完备性的前提下成立的，当国际金融市场不完备时 BKK 模型的结论将会发生显著的变化（Baxter and Cru-cini，1995；Heathcote and Perri，2002）。考虑到银行间的跨国借贷存在规模不经济的现状，Iacoviello 和 Minettib（2006）在模型中引入了借贷市场不完备的衡量因子，当一国遇到外部冲击时，银行在调整国内和国外借贷中将使两国经济的协动性增强。曹永琴和李泽祥（2009）对中国金融经济周期与真实经济周期的动态关联性进行研究发现，金融因素对经济周期的影响越来越显著，货币政策对真实经济周期的引导效果进一步强化。政府运用宏观经济政策平抑经济波动时不仅以真实经济指标作为参考还应参考金融经济指标。方芳和刘鹏（2010）对中国金融顺周期效应进行了经济学分析，研究结果表明，中国的金融系统存在顺周期效应，经济波动与金融周期之间存在较强的格兰杰因果关系并在短期内影响明显。张晓晶和王宇（2016）从金融周期理论溯源、形成的时代背景以及金融周期的特质入手，对传统宏观政策提出了挑战，提出创新宏观调控的新维度，是新常态呼唤宏观调控体制机制的创新。

随着国际贸易和国际资本流动的迅速发展，经济全球化和区域经济一体化的加深，各国间经济波动的相互影响及协同变化趋势明显加强，地缘经济合作已经成为当今世界经济发展中不可或缺的组成部分。事实上，大量的经济波动与人们日益扩展和深化的金融经济活动有关。金融因素对经济波动影响的研究越来越多，并已形成经济学中一个重要的新兴研究领域——金融经济周期理论（Financial Business Cycle Theory，FBC）。该理论侧重将金融周期融入经济周期，将金融冲击、金融摩擦以及金融中介等金融市场因素嵌入动态随机一般均衡（DSGE）框架中，系统地研究金融周期与经济周期之间相互关联及相互作用的内生机制。"金融加速器"效应是金融经济周期理论的核心研究内容之一。由于金融市场缺陷产生的交易成本，如信息成本、监督和审计成本等金融摩擦会放大金融冲击，从而产生"金融加速器"效应。金融经济周期理论基本研究思路是在假设借贷双方信息不对称和金融摩擦存在的前提下，经济冲击在金融加速器和银行信贷融资渠道两大主要机制的作用下通过金融市场传导到实体经济的传播和放大机制。金融经济周期理论的创新点主要体现在认为金融体系是经济周期的重要传导渠道，通过金融加速器机制对金融冲击产生放大效应，而传统观念认为的国际贸易是经济周期的重要传播渠道。后续的研究将 FBC 的理论机制拓展到外生信贷约束机制和内生信贷约束机制。金融经济周期理论主要贡献在于将金融引入经济周期理论的研究之中，并从微观视角研究经济波动的宏观现象。在研究金融摩擦对经济周期传导机制影响的同时，注重分析制度因素对金融经济周期的影响，金融摩擦通过改变经济周期的传导机制，既增强冲击对经济周期的影响。也缓解冲击对经济周期的影响，从而为政府适当干预经济提供理论依据，金融经济周期理论对制定和实施宏观经济政策具有重大意义。

由于静态的计量模型通常不能反映变量的滞后效应，尤其是2008年国际金融危机的爆发，使越来越多的学者认识到金融市场一体化和金融市场不完备性在世界经济周期传导中的重要作用，同时传统的静态模型已经不能够捕捉滞后变量带来的影响，于是，动态模型逐渐发展起来。其中，动态随机一般均衡模型（DSGE）被学者们广泛使用。Faia（2007）在一个两国DSGE模型中引入金融市场结构的差异后发现，两国的金融市场结构差异越大经济周期协动性就越低。Gourinchas等（2007）建立了两国的DSGE模型并对跨国资产互持所带来的"估值效应"（Valuation Effect）在经常账户调整中的作用进行了系统性的分析。Devereux和Sutherland（2010，2011）则在运用高阶展开方法后将资本互持特征引入两国的DSGE模型之中，并在模型中考虑加入金融摩擦，从而探讨外部冲击的传导渠道。梅冬州等（2012，2014）在一个标准的两国DSGE模型中引入中间品贸易并讨论了存在中间品贸易的经常账户调整和国际经济周期协动性等问题。DSGE模型的拓展形式正在广泛地应用在关于经济周期协动性的学术探讨中。与此同时，为了克服以往研究在样本和双边相关性研究等计量方法上的局限性，Kose等（2003）提出了多层动态因子模型并抽象出多层次的因子分解成分，因为该贝叶斯分析框架凭借其能够同时拟合多国样本数据的优势迅速成为这一领域的国际主流计量模型，相关研究不断涌现，其中，Kose等（2008a，2008b）、Crucini等（2011）、Neely和Rapach（2011）相继借助Kose的多层动态因子模型考察了GDP增长率、产出、消费、投资以及通货膨胀的国际协同特征。杨子晖和田磊（2013）在借鉴以上经典模型的基础上，遵循多层嵌套因子模型思想，构建了国际经济周期三层静态因子模型并运用该模型对包括中国在内的24个主要经济体进行跨国研究从而考察中国经济与世界经济的协同性。但是，鲜有研究将静态模型和动态模型的优势结合起来研究寻找使变量解释相匹配的契合点。Imbs（2004，2006）通过构建联立方程组模型发现金融市场一体化程度的不断提高也对各国经济周期协动性的传递产生了重要影响。但是 Dees 和 N. Zorell（2012）的研究则表明，金融一体化程度的提高对经济周期协动性的提高没有直接的影响。有关 FDI 与国际经济周期相关性的研究相对比较少，Wu 等（2009）的研究结果表明，FDI 对国际经济周期的协同性具有显著的正效应，并且 FDI 比贸易和产业结构相似度更能解释经济周期协同性的变化模式。需要注意的是，以上研究都是从总量的角度出发，没有考虑贸易品类别和金融资本的异质性对经济周期协动性的影响。

　　之前的大部分相关研究都以发达国家为研究对象，但是由于 1997～1998 年亚洲金融危机以及 2008 年全球金融危机对中国及一些发展中国家的经济带来了巨大的冲击，使发展中国家与发达国家的经济周期趋同性日益增强。Kim 和 Lee（2012）、Imbs（2006），以及 Moneta 和 Ruffer（2009）的研究结果表明，亚洲金融危机后东亚各国联系更加紧密，经济协动性程度显著增强，为进一步的货币及汇率合作创造了良好背景。于是，有关亚洲尤其是与中国有关的国际经济周期协动性的研究得到广泛关注，Kose 等（2003）运用动态因子模型观测到东亚经济受区域因子的影响大于全球因子，提出以中国和印度为代表的东亚国家是否可以从以美国和欧盟为代表的西方经济周期中分离出来，即 "Decoupling or Convergence" 的讨论。欧阳志刚（2013）使用共同趋势及共同周期的方法检验中国经济波动的国际协同，分解中国经济增长与国际经济增长的共同趋势及共同周期，进而针对共同趋势与共同周期分别设定非线性因子模型来刻画国际共同冲击、国别冲击对中国经济波动的效应。结果表明，当前的国际共同冲击、外国冲击和本国冲击的综合作用使未来一定时期内中国经济增长速度将处于下行趋势中。中国当前保增长的政策效果主要取决于本国内部经济形势，但同时也与重要贸易伙伴国的经济形势密切相关。Bayoumi 等（2000）通过估计东亚各国间经济周期的非对称性系统地比较了东亚建立自由货币区的成本收益，并得到东盟区域经济整合程度与 20 世纪 80 年代末的欧盟相当。Shin 和 Wang（2004）发现，东亚各国间产业内贸易和国际资本流动的增加使各国之间的经济波动协动性增强。宋玉华和方建春（2007）对从改革开放 1978～2004 年中国经济与世界经济的相关度及相互影响的因果关系进行研究。程惠芳等（2010）对影响中国经济周期协动性的因素进行了比较全面的研究和分析。王勇等（2010）选取中国的 8 个贸易伙伴研究发现中国与这些国家经济周期协动性随着时间推移而增大。模型创新部分提到的梅冬

州（2012，2014）以及杨子晖和田磊（2013）分别运用引入中间贸易品的
DSGE模型和三层静态因子模型研究中国与世界经济周期的协动性。周炎和
陈坤亭（2012）在银行部门嵌入DSGE框架中建立金融经济周期模型并对
中国经济进行了拟合的效果检验，发现基本模型在较大参数范围内能够较
好地模拟实际经济中主要变量的数据特征。周炎和陈坤亭（2014）基于发
达经济的研究结论指出，金融冲击对经济总体波动的贡献已经超过50%，
超越实际冲击成为最重要的经济波动诱因。

通过对国内外文献的回顾和总结可以发现存在以下几方面的问题。首
先，现有的研究主要是以宏观层面和产业层面为切入对象分析中国经济周
期与世界经济周期协动性的关系。然而，一国经济的宏观经济表现主要是
由微观经济主体所决定的，宏观和产业数据无法揭示异质性企业的行为，
难以分析所关注因素影响中国经济与世界经济周期关联的微观传导机制，
从而提出针对性的对策建议。金融经济周期恰好通过将金融引入经济周期
理论研究从微观视角研究经济波动的宏观现象。其次，国内学术界和政府
管理层对于开放经济下中国金融经济周期与全球金融周期协动性的研究大
部分局限于经验实证层面，并且鲜有文章将静态分析模型与动态分析模型
有机地结合起来，优劣互补，综合多重指标，进行多维度的全面分析，从
而找到具体变量和政策变量相匹配的契合点。

三、理论模型

在两国模型的基础上进行拓展，形成一个相互联系、相互作用的多国
模型，探讨世界经济周期的传导及生成机制，从内部冲击开始，即从世界
经济体系内部的、国与国之间同一部门或不同部门之间经济的相互影响开
始。一层是在一国内各个经济总量之间、各经济部门之间的传导；另一层
是世界经济周期形成过程中由于国家之间的多重经济联系使一国的经济波
动向另一国经济扩散的过程。而世界经济周期的生成机制可以用"外部冲
击的传导机制"来概括。

现有研究对于影响因素及传导机制的检验，一般是通过直接检验所关
注变量对目标变量影响的显著性作为影响机制存在与否的判断标准，或者
可以构建包含所关注变量和目标变量的方程组，再根据各方程相关变量估

计系数间的关系对影响和传导机制进行分析。由于后者更严谨，这里拟采用多层次方程组来考察影响中国经济和世界经济周期协动性的传导机制。实证研究将由静态模型和动态模型两部分构成：

东亚经济体的出口增长型方式将贸易作为经济周期传导的首要渠道。然而，2008 年全球金融危机的爆发是否意味着经济周期的波动及传染效应的蔓延通过传统贸易渠道传播的重要性将被金融渠道传播方式彻底颠覆？亚洲新兴经济体是否会与欧盟国家以及美国脱钩？国际贸易传导对经济周期同步性的影响有多大？两国间更密切的贸易往来是否能增强国家间经济周期的同步性？针对以上问题，本文采用的分析方法主要基于 Shin 和 Wang（2003）的研究框架，根据 11 个亚洲国家和地区（中国、中国香港、中国台湾、新加坡、韩国、菲律宾、泰国、马来西亚、印度尼西亚、日本与印度）、欧元区国家以及美国的数据来探讨并明确贸易一体化和经济周期同步性的关系。

（1）静态模型设定：

$$\text{Corr}(v, s)_{i,j,t} = \alpha_0 + \alpha_1 \text{Trade}_{i,j,t} + \varepsilon_1 \tag{1}$$

$$\text{Corr}(v, s)_{i,j,t} = \beta_0 + \beta_1 \text{Finance}_{i,j,t} + \varepsilon_2 \tag{2}$$

$$\text{Corr}(v, s)_{i,j,t} = \gamma_0 + \gamma_1 \text{Policy}_{i,j,t} + \varepsilon_3 \tag{3}$$

式中，$\text{Corr}(v, s)_{i,j,t}$ 表示两国在 t 时段的周期相关系数，基于经济指标 v（实际 GDP、失业率或其他宏观变量）通过 s 方法（如 HP 滤波去势法、线性去势法等）。$\text{Trade}_{i,j,t}$、$\text{Finance}_{i,j,t}$ 和 $\text{Policy}_{i,j,t}$ 则分别表示国际贸易渠道、国际金融渠道以及国际政策协调。其中，国际贸易渠道包含双边贸易强度、产业结构相似度、贸易结构相似度、垂直型和水平型产业内贸易。金融渠道包含国际直接投资 FDI、国际股票及债券市场综合指数等。国际政策协调指标则主要包含财政政策协调、货币政策协调以及汇率政策协调的衡量指标。财政政策协调的衡量指标可以用财政离散度（Darvas et al.，2005）或者政府赤字占 GDP 比重的相关性（Shin and Wang，2003）来计量。参照 Shin 和 Wang（2003），货币政策协调的衡量指标可以用货币供应量（广义货币供应量或 M_2）增长率的相关系数来表示。汇率政策协调的衡量指标也可以通过构建汇率变化相关关系数来描述。

（2）动态模型设定：

$$Y_t^{i,j,k} = a_t^{i,j,k} + b_{World}^{i,j,k} f_t^{World} + b_{Regionk}^{i,j,k} f_t^{Regionk} + b_{Countryj}^{i,j,k} f_t^{Countryj} + \varepsilon_t^{i,j,k} \tag{4}$$

$$\varepsilon_t^{i,j,k} = \varphi^{i,j,k}(L) \varepsilon_{t-1}^{i,j,k} + v_t^{i,j,k} \tag{5}$$

$Y_t^{i,j,k}$代表 t 时期地区 k 中第 j 国的第 i 个变量的增长率，f_t^{World}、$f_t^{Regionk}$、$f_t^{Countryj}$ 和 $\varepsilon_t^{i,j,k}$ 分别表示模型中提炼的抽象因子——世界共同因子、地区共同因子、国家因子以及序列特异误差项。借鉴 Kose 等（2008）的模型，其中地区因子还可以替换为按照经济水平发展程度的差异划分的不同经济组，比如发达国家经济组、新兴市场经济国家组以及其他发展中国家经济组。根据研究需要，每一类经济组还可以进一步地划分，同时可以体现地缘政治经济学的研究思想。这一模型的运用分析领域比较广，还可以类推运用来分析中国国内各个省份、地区以及全国之间的变量因子分解。下面是变量的方程因子分解表达式：

$$var(Y_t^{i,j,k}) = (b_{World}^{i,j,k})^2 var(f_t^{World}) + (b_{Regionk}^{i,j,k})^2 var(f_t^{Regionk}) + (b_{Countryj}^{i,j,k})^2 var$$
$$(f_t^{Countryj}) + var(\varepsilon_t^{i,j,k}) \tag{6}$$

$$\frac{(b_{World}^{i,j,k})^2 var(f_t^{World})}{var(Y_t^{i,j,k})} \tag{7}$$

其中，某一因子对被解释变量进行方差因子分解后的解释比率可以按照上面表达式（7）类推计算。这些衡量指标在构建的每个环节都通过马尔科夫—蒙特卡洛算法（Markov Chain Monte Carlo，MCMC）估计参数，并且对它们的后验分布反映出不确定性的量级。其中对经济变量 i 的选取可以根据模型研究的经济层面及研究目标进行灵活的选取。

对于宏观层面动态因子分解的研究变量选取可以考虑包含以下宏观经济指标的增长率：实际产出 RGDP、收入、就业、国内消费、国内投资、出口、进口、财政收入、财政支出、国内信贷总量、货币供给 M_2、股票价格、人民币实际有效汇率指数、上证综指、银行间 7 天同业拆借平均利率、汇率、利率、货币、通货膨胀、CPI、金融市场指数、信贷总量以及产品价格等宏观经济序列，其中，既有实体经济的衡量指标，又有价格及金融市场等虚拟经济的衡量指标，比较全面地反映经济活动的全貌。

类似地，对于产业或产品层面的动态因子分解模型的研究，可以考虑将宏观模型中的宏观经济指标序列替换成中国工业企业和海关进出口企业中对应的某一产业或某一产品的进口和出口额等进行研究，从而将具体变量分解为世界共同因子、地区共同因子、国家因子以及序列特异误差项这些抽象变量，对贸易政策制定的使用范围具有指导意义。作为政策制定者或者企业的管理者，可以从不同的角度对模型的结果进行解读，从中获得价值的信息。在企业的微观数据方面，除了与宏观数据进行匹配整合作为桥梁外，还可以从个体企业的角度出发，划分区域、产品流向地区，结合信贷约束、金融摩擦等金融经济周期的影响因素，对出口产品的流向地区结构进行分析，同时将企业异质性也纳入其中，探讨企业的应对策略。

四、实证分析

（一）面板数据模型

本研究在估算实证框架时使用四个子时期的年度数据（框架结构）：1980～1984 年，1985～1996 年，1997～2007 年，2008～2017 年。因为，1997～1998 年的亚洲金融危机，1997～1998 年的数据可用作稳健性检验的比较。值得注意的是，2000～2001 年的信息和通信技术泡沫扭曲了相关数据并夸大了经济周期的协动性，这一常规计算结果也可以作为假设，在将来进一步研究。另一个可以检验的是亚洲自由贸易区成立的 1992 年。选择 1985 年作为第一个分界点是参照 Kose, Otrok 和 Prasad（2008），Kose, Otrok 和 Whiteman（2008）的研究，因为自 20 世纪 80 年代以来，全球贸易和资金流动明显增强，并且全球化时期的开端正值工业国家和非工业国家的经济周期不稳定性发生结构性下降。选择 1997 年和 2008 年作为分界点则是因为 1997～1998 年亚洲金融危机以及 2008 年全球金融危机的爆发。

$$
\begin{aligned}
\mathrm{Syn}(i,\ j)_t = {} & \alpha_0 + \alpha_1 \times \mathrm{Trade\ Intensity}(i,\ j)_t + \alpha_2 \times \mathrm{Intra-Industry} \\
& \mathrm{Trade}(i,\ j)_t + \alpha_3 \times \mathrm{Fiscal\ Policy\ Correlations}(i,\ j)_t + \\
& \alpha_4 \times \mathrm{Monetary\ Policy\ Correlations}(i,\ j)_t + \\
& \alpha_5 \times \mathrm{Exchange\ Rate\ Movement}(i,\ j)_t + \\
& \alpha_6 \times \mathrm{Region} + \alpha_7 \times \mathrm{period} + \varepsilon_{ijt}
\end{aligned} \tag{8}
$$

$$
\mathrm{Intra-trade\ Intensity} = \mathrm{IIT} \times \mathrm{Trade\ Intensity} \tag{9}
$$

$$
\mathrm{Inter-trade\ Intensity} = (1-\mathrm{IIT}) \times \mathrm{Trade\ Intensity} \tag{10}
$$

式中，经济周期同步程度用两个国家之间 GDP 周期成分的同期双边相关系数进行计算：

$$
\begin{aligned}
\mathrm{Corr}(i,\ j)_t &= \mathrm{Corr}(\mathrm{GDP}_{it},\ \mathrm{GDP}_{jt}) \\
&= \mathrm{cov}(\mathrm{GDP}_{it},\ \mathrm{GDP}_{jt}) / [\mathrm{var}(\mathrm{GDP}_{it}) \times \mathrm{var}(\mathrm{GDP}_{jt})]^{1/2}
\end{aligned} \tag{11}
$$

$$\text{Syn}(i, j)_t = \text{Corr}_{\text{trans},ijt} = (1/2) \times \text{Ln}\big[(1 + \text{corr}(i, j)t)/(1 - \text{corr}(i, j)t)\big]$$
$$(12)$$

Fiscal Policy Correlations $(i, j)_t = \text{Corr}\big[\text{Govspending}_{it}/\text{GDP}_{it}, \text{Govspending}_{jt}/\text{GDP}_{jt}\big]$，即 i 国和 j 国间一般政府最终消费支出与 GDP 比率的去趋势值相关性，而非 Shin 和 Wang 采用的 $\text{Corr}\big[(G_{it} - T_{it})/Y_{it}, (G_{jt} - T_{jt})/Y_{jt}\big]$，因为前者估算的是财政变量变化的活跃部分，这才是相关的因素。

Monetary Policy Correlations $(i, j)_T$ 是在时期 T 内，每对国家之间的广义货币年增长率相关系数。汇率变动用双边名义汇率稳定性计算，用其标准差比平均数（Nguyen，2007）：

$$\text{Exchange Rate Movement} = \text{Standard Deviation}(\text{NER}_{ijT})/\text{Mean}(\text{NER}_{ijT})$$
$$(13)$$

式中，NER_{ijT} 表示 i 国和 j 国在时期 T 内的双边名义汇率。通过与美元的汇率换算计算双边名义汇率。汇率变动用其标准差计算，并且由于更稳定的汇率很可能带来更高的同步性，该系数值是负数。Fiscal Policy Correlation，Monetary Policy Correlation 以及 Exchange Rate Movement 三个变量之间的相关系数表明它们之间不存在相关性问题。

Frankel 和 Rose 的贸易强度估算方法运用如下自然对数：
$$\text{WT}_{ijt} = (X_{ijt} + M_{ijt})/(X_{i,t} + X_{j,t} + M_{i,t} + M_{j,t}) \tag{14}$$
$$\text{WY}_{ijt} = (X_{ijt} + M_{ijt})/(Y_{i,t} + Y_{j,t}) \tag{15}$$

Shin 和 Wang 用如下的自然对数进行进一步补充：
$$\text{WX}_t(i, j) = X_{ijt}/(X_{it} + X_{jt}) \tag{16}$$
$$\text{WM}_t(i, j) = M_{ijt}/(M_{it} + M_{jt}) \tag{17}$$

这两种方法的使用让双边贸易强度有三种不同的指标：出口额、进口额和进出口总额。T 表示每个时期的年数。

$$wx(i,j,T) = \ln\left(\frac{1}{|T|}\sum_{t \in T}\frac{x_{ijt}}{X_{it} + X_{jt}}\right) \tag{18}$$

$$wm(i,j,T) = \ln\left(\frac{1}{|T|}\sum_{t \in T}\frac{m_{ijt}}{M_{it} + M_{jt}}\right) \tag{19}$$

$$wt(i,j,T) = \ln\left[\frac{1}{|T|}\sum_{t \in T}\frac{x_{ijt} + m_{ijt}}{(X_{it} + X_{jt}) + (M_{it} + M_{jt})}\right] \tag{20}$$

对于产业内贸易强度，用《国际标准产业分类》体系的一位码至五位码分类方法对每个制造业进行分类，再用 Grubel 和 Lloyd（1975）的如下计算方法进行估算：

$$IIT(i,j,T) = \frac{1}{|T|} \sum_{t \in T} \left[\frac{\sum_k (x_{ijt}^k + m_{ijt}^k) - \sum_k |x_{ijt}^k - m_{ijt}^k|}{\sum_k (x_{ijt}^k + m_{ijt}^k)} \right] \tag{21}$$

　　总体来说，无论基于出口额、进口额还是进出口贸易总额，贸易强度都经历了持续性的增长，这表明亚洲国家、美国和欧洲国家正在成为彼此越来越重要的贸易伙伴。对于产业内贸易的估算，无论使用一位码、二位码、三位码、四位码还是五位码分类来计算产业内贸易指标，这种变化趋势都在持续增强（Li，2016）。

　　本部分通过使用线性趋势的方法对 1980~2017 年的数据进行面板回归分析。表 2 的 HP 滤波趋势回归结果是表 1 的稳健性检验。在不加入体现空间因素的地区（Region）和时段（Period）变量的情况下（见表 1 中的回归结果从第（1）栏到第（4）栏），产业内贸易系数均为正，且在 10% 显著性水平上具有统计上的显著性，这表明产业内贸易与实际 GDP 增长同步化之间存在显著的正相关性。产业内贸易系数在数值上比贸易强度系数平均大 3 倍，这表明产业内贸易对经济周期协动性的影响程度超过了贸易强度指标的影响程度。财政政策和货币政策系数的取值均为正，汇率波动系数的取值为负值，这三个控制变量的系数取值正负与预期相一致。从理论上来说，货币政策和财政政策的相关性越强，汇率稳定性就越高（即汇率的变动幅度越小），越可能提高经济周期的同步性。财政政策相关性系数为 0.132~0.133，而货币政策的相关性系数为 0.035~0.038，低于财政政策系数。考虑到不同政策相关性变量的系数可以进行比较，汇率波动系数通常大于 0.6，而小于 1。然而，从控制变量意义的角度来看，与汇率协动性相反，财政政策和货币政策比以上任何一个系数都更具有可比性，因为财政政策和货币政策都是通过相关比率或增长率的相关性计算得出的，而汇率波动性在计算时没有运用相关性，它的值只是名义双边汇率的标准差与其平均值之比。

　　当加入体现空间因素的地区（Region）和时段（Period）变量之后，产业内贸易指数和常数项的统计显著性明显下降，且在 10% 的显著性水平下变得不显著。同时，地区与时段变量在 1% 的显著性水平上具有较强的统计显著性。地区因素的系数为负，表明距离对经济周期协动的影响呈现负相关关系。财政政策相关性的系数仍然在 5% 的显著性水平上具有统计显著性，但系数的大小下降 0.016~0.018。货币政策与汇率波动性的系数与预期的一致，货币政策相关性系数依然不显著，但汇率波动性的系数变得不显著。由此可见，地区因素和时段因素对经济周期的影响力在很大程度上可能会超过贸易渠道及政策合作对经济周期的影响程度。在表1第（5）栏到第（7）栏的回归结果中，可以将时段（Period）因素近似地看作全球影响因子，地区（Region）影响因素近似地看作地区影响因子。动态因子模型将进一步探讨全球影响因子、地区影响因子、国家影响因子对经济周期协动性的影响程度。

表1　贸易对11个亚洲国家（地区）、美国以及欧元区之间的经济周期协动的影响
Linear De – trended

	（1）	（2）	（3）	（4）	（5）	（6）	（7）
wx	0. 120				0. 622		
	(1. 192)				(0. 958)		
wm		– 0. 141				– 0. 014	
		(0. 854)				(0. 783)	
wt			– 0. 0434				0. 429
			(1. 287)				(1. 122)
IIT	0. 321 *	0. 329 *	0. 324 *	0. 323 *	0. 219	0. 230	0. 218
	(0. 171)	(0. 175)	(0. 173)	(0. 170)	(0. 150)	(0. 159)	(0. 152)
财政政策	0. 132 **	0. 133 **	0. 133 **	0. 133 **	0. 115 **	0. 116 **	0. 115 **
	(0. 058)	(0. 058)	(0. 058)	(0. 058)	(0. 058)	(0. 058)	(0. 058)
货币政策	0. 038	0. 035	0. 036	0. 0364	0. 060	0. 053	0. 057
	(0. 070)	(0. 069)	(0. 070)	(0. 068)	(0. 066)	(0. 063)	(0. 066)
汇率波动性	– 0. 659 ***	– 0. 661 ***	– 0. 659 ***	– 0. 6592 ***	– 0. 365	– 0. 373	– 0. 370
	(0. 221)	(0. 221)	(0. 221)	(0. 221)	(0. 350)	(0. 351)	(0. 349)
Period					0. 161 ***	0. 159 ***	0. 161 ***
					(0. 048)	(0. 048)	(0. 048)
Region					– 0. 324 ***	– 0. 324 ***	– 0. 324 ***
					(0. 057)	(0. 057)	(0. 058)
常数项	0. 278 ***	0. 281 ***	0. 280 ***	0. 280 ***	– 0. 185	– 0. 169	– 0. 178
	(0. 105)	(0. 103)	(0. 104)	(0. 103)	(0. 209)	(0. 203)	(0. 210)

注：括号内的数值为相应变量的标准差；*** 表示 $p < 0.01$，** 表示 $p < 0.05$，* 表示 $p < 0.1$。因变量为两个国家之间的实际 GDP 的相关性（欧元区视为一个整体），分为4个子时期：1980 ~ 1984年，1985 ~ 1996年，1997 ~ 2007年与2008 ~ 2017年。产业内贸易指数 IIT 以国际贸易标准分类（SITC）一位数分类计算。SITC 二位数，三位数，四位数以及五位数分类分别用来计算 IIT2，IIT3，IIT4 和 IIT5，但由于篇幅有限，数据结果不在此展示。

表 2　贸易对 11 个亚洲国家（地区）、美国以及欧元区之间的经济周期协动的影响

HP Filter De – trended

	（1）	（2）	（3）	（4）	（5）	（6）	（7）
wx	1.156				1.594 **		
	（1.142）				（0.772）		
wm		0.842				0.986	
		（0.821）				（0.643）	
wt			1.209				1.761 *
			（1.234）				（0.950）
IIT	0.390 **	0.368 **	0.380 **	0.408 **	0.212	0.191	0.194
	（0.163）	（0.166）	（0.164）	（0.162）	（0.144）	（0.156）	（0.149）
财政政策	− 0.023	− 0.024	− 0.023	− 0.021	− 0.020	− 0.021	− 0.020
	（0.060）	（0.060）	（0.060）	（0.060）	（0.062）	（0.062）	（0.061）
货币政策	− 0.004	− 0.007	− 0.003	− 0.017	− 0.004	− 0.010	− 0.002
	（0.072）	（0.071）	（0.072）	（0.070）	（0.076）	（0.074）	（0.076）
汇率波动性	− 0.915 ***	− 0.913 ***	− 0.924 ***	− 0.920 ***	− 0.420	− 0.421	− 0.427
	（0.215）	（0.215）	（0.215）	（0.215）	（0.317）	（0.320）	（0.317）
Period					0.211 ***	0.209 ***	0.212 ***
					（0.039）	（0.039）	（0.039）
Region					− 0.183 ***	− 0.179 ***	− 0.179 ***
					（0.045）	（0.047）	（0.046）
常数项	0.374 ***	0.385 ***	0.380 ***	0.391 ***	− 0.261	− 0.240	− 0.259
	（0.100）	（0.098）	（0.100）	（0.098）	（0.168）	（0.167）	（0.169）

　　注：括号内的数值为相应变量的标准差：*** 表示 $p < 0.01$，** 表示 $p < 0.05$，* 表示 $p < 0.1$。因变量为两个国家之间的实际 GDP 的相关性（欧元区视为一个整体），分为 4 个子时期：1980 ~ 1984 年，1985 ~ 1996 年，1997 ~ 2007 年与 2008 ~ 2017 年。产业内贸易指数 IIT 以国际贸易标准分类（SITC）一位数分类计算。SITC 二位数，三位数，四位数以及五位数分类分别用来计算 IIT2，IIT3，IIT4 和 IIT5，但由于篇幅有限，数据结果不在此展示。

（二）动态因子模型

　　图 1 展现了美国、德国、英国、日本、中国以及印度 6 个有代表性国家的动态因子模型分解情况。通过对比调整数据范围之后的产出变动趋势以及不同层次的动态因子动向趋势，可以发现，2008 年全球金融危机后，全球因子（factor_Global）受到来自美国、德国、英国、日本等发达国家产出的

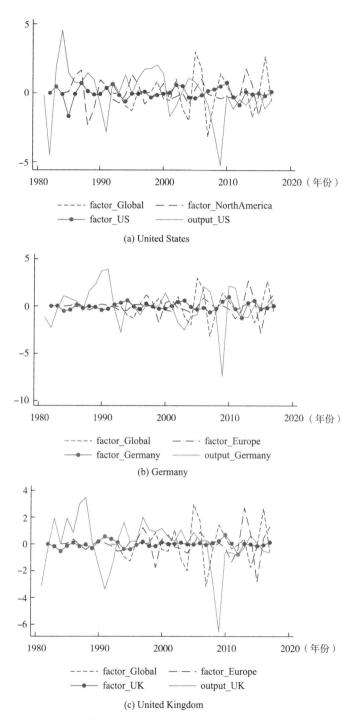

图 1 调整数据范围后的产出与不同层次的动态因子

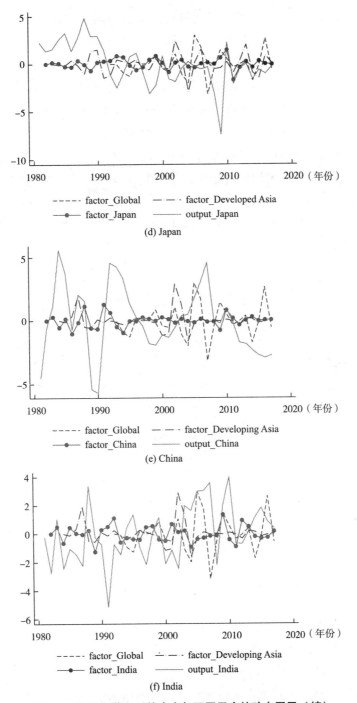

图1　调整数据范围后的产出与不同层次的动态因子（续）

影响程度要远大于来自中国和印度等亚洲发展中国家的产出影响程度，说明美国等发达国家仍然是世界经济周期的主导力量。从地区因子的角度分析，地区因子（factor_NorthAmerica，factor_Europe，factor_Developed Asia 以及 factor_Developing Asia）在解释国别经济周期波动时的影响力逐渐上升，而全球因子的解释能力在下降，尤其是 2008 年全球金融危机之后。

基于数据的可获得性并兼顾本文研究的侧重点，下面就从宏观层面入手，以股票市场金融传导渠道为例，研究 2008 年全球金融危机对所选的 10 个亚洲国家和发达国家之间的金融经济周期协动效应或"脱钩假说"进行分析。本研究选择的时间段为 2000 年 1 月到 2011 年 12 月（见表 3），其中包含"前危机时期"（从 2000 年 1 月到 2007 年 6 月）和"危机及后危机时期"（从 2007 年 7 月到 2011 年 12 月）。

表 3   所选经济体及其代表性的股票指数

经济体	股票指数名称	在 Bloomberg 的符号
美国	S&P500	SPX
欧洲—发达市场	MSCI – Europe	MSCI
中国	Shanghai Se Comp	SHCOMP
中国香港	China Hang Seng	HIS
印度	BSE Sensex 30	SENSEX
印度尼西亚	Jakarta Comp	JCI
日本	Topix	TXP
马来西亚	FTSE Bursa Malaysia KLCI	FBMKLCI
菲律宾	PSEI Philippine Sc	PCOMP
新加坡	Straits Times	FSSTI
韩国	KOSPI	KOSPI
泰国	Stoke Exchange of Thailand	SET

实证研究方法主要采用静态最小二乘法的面板固定效应估计和动态 VAR 多因素分析法探讨发达经济体的股市对亚洲股市的影响，探讨金融经济周期的"脱钩假说"是否成立。

最小二乘法的面板固定效应模型即统计模型为：

$$y_{it} = \beta_0 + X_{it}\beta + Z_i + \alpha_i + \mu_{it} \tag{22}$$

式中，y_{it} 为对于个体 i 在 t 时期的因变量，X_{it} 为随时间变化的解释变量，Z_i 为不随时间变化的定常回归量，α_i 为未被观测的个体因素，μ_{it} 为个体 i 在 t 时期的误差项。假设固定效应 α_i 与 X_{it} 和 Z_i 不是独立的，回归结果在考虑个体固定效应的基础上得到共同的回归系数。

动态 VAR 多因子分析法模型的简化形式如下：

$$y_t = c + A_1 y_{t-1} + A_2 y_{t-2} + \cdots + A_p y_{t-p} + e_t \qquad (23)$$

式中，y_t 为一组时间序列变量，$y_t = (y_{1t}, y_{2t}, \cdots, y_{kt})'$；$A_i s$ 为 kxk 系数矩阵；c 为一个 kx1 的常数向量；p 为模型的滞后阶数；e_t 为一个 kx1 的误差项，并且 $e_t s$ 为连续不相关但可能同时相关的序列。动态 VAR 多因子分解模型在允许变量之间相互作用的前提下分析创新的影响（Innovation Shocks）冲击并可以提供更多动态估计的解决方案。由于篇幅的限制，具体结果的图表就不在这里展示了。

表 4 的结果显示，代表全球金融经济周期分解因子的发达国家的股权收益（由 S&P 500 和 MSCI – Europe 组合而成）对于因变量亚洲经济体的股权收益影响在危机及后危机时期有所加强，表示亚洲经济体与欧美发达经济体之间的相互依存性在加强，从而不能支持亚洲经济体从欧美发达经济体中脱钩的假说。对于国内因素而言，汇率变化对亚洲经济体股权收益的影响显著并且为负数，这与经济理论中直接标价法的汇率值上升导致本国货币贬值从而减少外国对本国的投资进而导致股票价格下降的现象相吻合。因此，GDP 增长率对股票回报率有负面影响。这个结果无法解释正常情况下更高的 GDP 预计将提振股市，因此，在高 GDP 增长的情况下视为经济下降的开始点。更多的经验性研究将在未来将进一步探讨 GDP 对股票汇率的影响。

表 4　对亚洲股本回报率在不同时期的影响因素分解

（面板固定影响最小二乘法估计）

因变量为亚洲经济体的股权收益		
自变量	前危机时期（1/2000 ~ 6/2007）	危机及后危机期（7/2007 ~ 12/2011）
发达国家的股权收益	0. 36 ***	0. 47 ***
利息差额	0. 0012	– 0. 0019
CPI 差额	0. 00143	0. 00144
汇率变化	– 0. 00006 ***	– 0. 00007 ***

续表

因变量为亚洲经济体的股权收益		
自变量	前危机时期（1/2000～6/2007）	危机及后危机期（7/2007～12/2011）
GDP 增长率	−0.0011	−0.0004
R－Squared 拟合优度	0.25	0.54
观测值数量	739	499

注：*** 表示在 1% 的显著水平上显著，** 代表在 5% 的显著水平上显著，* 表示在 10% 的显著水平上显著。

五、结论及政策启示

综上所述，随着亚洲国家间贸易一体化程度的加深，国家之间的经济周期同步性会通过贸易传导而加大。经济周期协动性所受到的影响更多地来自产业内贸易渠道，而不是贸易总量本身。地区影响因子和时段影响因子对经济周期的影响力在很大程度上会超过贸易渠道及政策合作对经济周期的影响程度。亚洲经济体与欧美发达经济体之间的相互依存性在加强，从而不能支持亚洲经济体从欧美发达经济体中脱钩的假说。值得注意的是，作为最优货币区的衡量标准之一，经济周期同步性的提高被人们过度强调。通过贸易渠道的经济周期传导并没有直接影响国际政策的调整，因为在此之前，不同国家之间可能已经达成对国际政策的共识，因而导致经济周期的同步性提高；相反，如果经济周期同步性相对较低，这些国家则需要作出更大的政策调整。

随着世界各国经济和政治力量对比的变化和悬殊，人们发现，存在于世界各国之间的经济周期并不是简单的协同性或非协同性，而是呈现出地缘政治经济博弈的复杂性与多重性。深入探究这种复杂的多重性则是构建异质性微观主体动态博弈模型的基础。通过构建动态多因子模型并对其进行分解，无论是作为政策制定者的政府还是作为政策接受者的厂商都可以对国际层面、国家层面、产业层面以及企业层面等不同层次的政策效应做出反应，并找到有效的应对策略。将理论模型运用于中国经济周期与世界经济周期协动性传导机制的研究中，关注经济周期及金融周期的相关理论运用，从地缘政治经济学的研究视角出发，以"一带一路"为立足点，考察中国经济与世界经济波动的相互关系及变动不仅具有重要的战略意义，还具有较高的理论和实践价值。一方面，未来的深入研究方向可以通过揭示影响中国经济与世界经济周期协动性的微观传导机制，在考虑中国企业异质性及贸易产品类别的基础上，提出相关的政策建议，促进中国企业出口结构的升级，实现中国经济持续稳定的发展；另一方面，将比较抽象的不可观测的动态分解因子与静态模型中的相关变量进行匹配，通过分别评估国际贸易、国际金融和投资及政策协调对中国经济与世界经济周期协动性的影响程度，对判断产业结构调整、加快金融改革、提高企业的贸易融资能力以及促进中国经济的发展具有指导意义。

参考文献

［1］曹永琴，李泽祥. 中国金融经济周期与真实经济周期的动态关联研究［J］. 统计研究，2009（5）.

［2］陈强. 高级宏观经济学讲义［D］. 山东大学经济学院，2010.

［3］程惠芳，岑丽君. FDI、产业结构与国际经济周期协动性研究［J］. 经济研究，2010（9）.

［4］杜群阳，朱剑光. 产业内贸易对东亚经济周期协动性影响的实证研究［J］. 国际贸易问题，2011（12）.

［5］方芳，刘鹏. 中国金融顺周期效应的经济学分析［J］. 经济研究，2010（8）.

［6］李旸，李天德，陈少炜. 当前世界经济周期波动的新特征及中国的对策［J］. 经济学家，2013（10）.

［7］梅冬州，赵晓军，张梦云. 贸易品类别和国际经济周期协动性［J］. 经济研究，2012（2）.

［8］梅冬州，王子健，雷文妮. 党代会召开、监察力度变化与中国经济周期波动［J］. 经济研究，2014（3）.

［9］欧阳志刚. 中国经济增长的趋势与周期波动的国际协同［J］. 经济研究，2013（7）.

［10］王勇，傅雄广，魏强. 外部冲击下的中国与世界经济波动协同性研究［J］. 世界经济研究，2010（7）.

［11］宋玉华，方建春. 中国与世界经济波动的相关性研究［J］. 财贸经济，2007（1）.

［12］宋玉华，李泽祥. 金融经济周期理论研究新进展［J］. 浙江大学学报，2007（1）.

［13］宋玉华等. 世界经济周期理论与实证研究［M］. 北京：商务印书馆，2007.

［14］宋玉华，周阳敏. 世界经济周期的协同性与非协同性研究综述［J］. 经济学动态，2003（12）.

［15］孙希芳. 一个制度变迁的动态博弈模型［J］. 经济学动态，2001（12）.

［16］杨子晖，田磊. 中国经济与世界经济周期协同性研究［J］. 世界经济，2013（1）.

［17］张晓晶，王宇. 金融周期与创新宏观调控新维度［J］. 经济学动态，2016（7）.

［18］周炎，陈昆亭. 金融经济周期模型拟合中国经济的效果检验［J］. 管理世界，2012（6）.

［19］周炎，陈昆亭. 金融经济周期理论研究动态［J］. 经济学动态，2014（7）.

［20］周炎，黄晶，魏熙晔，陈昆亭. 金融经济周期理论新进展——首届中国金融经济周期论坛综述［J］. 经济研究，2016（1）.

［21］Anderson，J. E. and E. van Wincoop. Gravity with Gravitas：A Solution to the Border Puzzle［J］. The American Economic Review，2003，93（1）：170 – 192.

［22］Backus，D. K.，Kehoe，P. and Kydland，F. E. International Real Business Cycles［J］. Journal of Political Economy，1992（100）：745 – 775.

［23］Baxter，Marianne. International Trade and Business Cycles［J］. Handbook of International Economics，1995（3）：18 – 24.

［24］Baxter，Marianne and Dorsey D. Farr. Variable Capital Utilization and International Business Cycles［J］. Journal of International Economics，2005，65（2）：335 – 347.

［25］Blanchard，O. J.，M. Das and H. Faruqee. The Initial Impact of the Crisis on Emerging Market Countries［J］. Brookings Papers on Economic Activity，2010（3）：263 – 307.

［26］Calderon，Cesar，Alberto Chong and Ernesto Stein. Trade Intensity and Business Cycle Synchronization：Are Developing Countries Any Different?［J］. Journal of International Economics，2007，71（1）：2 – 21.

［27］Cerqueira，P. A. and R. Martins. Measuring the Determinants of Business Cycle Synchronization Using a Panel Approach［J］. Economics Letters，2009（2）：106 – 108.

［28］Dées，Stéphane and Nico Zorell. Business Cycle Synchronisation：Disentangling Trade and Financial Linkages［J］. Open Economies Review，2012（1）：1 – 21.

［29］Crucini，M. J.，Kose，M. A. and Otrok，C. What are the Driving Forces of International Business Cycles?［J］. Review of Economic Dynamics，2011（14）：156 – 175.

［30］Devereux，Michael B. and Alan Sutherland. Country Portfolio Dynamics［J］. Journal of Economic Dynamics and Control，2010，34（7）：1325 – 1342.

［31］Devereux，Michael B. and Alan Sutherland. Country Portfolios in Open Economy Macro - Models [J] . Journal of the European Economic Association, 2011, 9 (2): 337 – 369.

[32] Di Giovanni, Julian and Andrei A. Levchenko. Putting the Parts Together: Trade, Vertical Linkages, and Business Cycle Comovement [J] . American Economic Journal: Macroeconomics, 2010, 2 (2): 95 – 124.

[33] Faia, Ester. Finance and International Business Cycles [J] . Journal of Monetary Economics, 2007, 54 (4): 1018 – 1034.

[34] Frankel, Jeffrey and Andrew Rose. The Endogeneity of the Optimum Currency Area Criteria [J] . Economic Journal, 1998, 449 (8): 1009 – 1025.

[35] Grauwe, P. D. and Z. Zhang. Monetary Integration and Exchange Rate Issues in East Asia [J] . The World Economy, 2012, 35 (4): 397 – 404.

[36] Gourinchas, Pierrer – Olivier and Olivier Jeanne. Capital Flows to Developing Countries: The Allocation Puzzle [D] . NBER Working Paper, No. 13602, 2007.

[37] Heathcote, Jonathan and Fabrizio Perri. Financial Autarky and International Business Cycles [J] . Journal of Monetary Economics, 2002, 49 (3): 601 – 627.

[38] Iacoviello, M. and R. Minetti. International Business Cycles with Domestic and Foreign Lenders [J] . Journal of Monetary Economics, 2006, 53 (8): 2267 – 2282.

[39] Imbs, J. Trade, Finance, Specialization, and Synchronization [J] . Review of Economics and Statistics, 2004, 86 (3): 723 – 734.

[40] Imbs, J. The Real Effects of Financial Integration [J] . Journal of International Economics, 2006, 68 (2): 296 – 324.

[41] Kim, Soyoung, Lee, Jong Wha and Park Cyn Young. Emerging Asia: Decoupling or Recoupling [J] . The World Economy, Wiley Blackwell, 2011, 34 (1): 23 – 53.

[42] Kose, M. Ayhan, Christopher Otrok and Eswar S. Prasad. Global Business Cycles: Convergence or Decoupling? [D] . IMF Working Paper, WP/08/143, 2008a.

[43] Kose, M. Ayhan, Christopher Otrok and Whiteman, C. Understanding the Evolution of World Business Cycles [J] . Journal of International Economics, 2008b (75): 110 – 130.

[44] Kose, M. Ayhan and Kei – Mu Yi. Can the Standard International Business Cycle Model Explain the Relation between Trade and Comovement? [J] . Journal of International Economics, 2006, 68 (2): 267 – 295.

[45] Kose, M. Ayhan and Kei – Mu Yi. International Trade and Business Cycles: Is Vertical Specialization the Missing Link? [J] . The American Economic Review, 2001, 91 (2): 371 – 375.

[46] Krugman, P. Lesson of Massachusetts for EMU [C] // The Transition to Economic and Monetary Union in Europe (Edited by Giavazzi, F. and F. Torres) [M] . Cambridge University Press.

［47］ Krugman, P. The International Financial Multiplier ［M］. Princeton University, 2008.

［48］ Moneta, F. and R. Ruffer. Business Cycle Synchronization in East Asia ［J］. Journal of Asian Economics, 2009, 20 (1): 1 – 12.

［49］ Neely, C. J. and Rapach, D. E. International Comovements in Inflation Rates and Country Characteristics ［J］. Journal of International Money and Finance, 2011 (30): 1471 – 1490.

［50］ Ng, E. C. Y. Production Fragmentation and Business – Cycle Co – movement ［J］. Journal of International Economics, 2010, 82 (1): 1 – 14.

［51］ Shin, K. and Y. Wang. Trade Integration and Business Cycle Synchronization in East Asia ［J］. Asian Economic Papers, 2003, 2 (3): 1 – 20.

［52］ Zsolt Darvas, Andrew K. Rose and György Szapáry. Fiscal Divergence and Business Cycle Synchronization: Irresponsibility is Idiosyncratic ［D］. NBER Working Paper, No. w11580, 2005.

中国"十三五"预期 GDP 增长与 CPI 目标的最优控制实现 *

赵果庆

（云南财经大学统计与数学学院，昆明 650211）

摘 要 应用计量经济学方法，以 1979~2015 年 GDP 增长率与 CPI 时间序列数据估计了 2020 年 CPI 目标值，选择 M0 和 M2 为控制变量，建立我国 GDP 与 CPI 的二次线性最优控制（GDP – CPI LQOC）模型。结果显示，在我国"十三五"GDP 6.5% 预期增速下的 CPI 为 2.54%，但仅按 M0 和 M2 以往增速还不能控制 GDP 和 CPI 的预期目标的精准实现。最优控制实验表明：M0、M2 最优增长率分别为 7.71% 和 14.10%。因此，与"十二五"相比，对 M0、M2 采取适度宽松的货币供应政策，就可以把"十三五"期间 GDP 与 CPI 预期目标的实现率提高到 97% 以上。

关键词 GDP 增长率；CPI；M0；M2；二次线性型最优控制；中国

---

* 国家自然科学基金项目"我国'十三五'宏观经济目标与最优控制研究"（71563059）。

The Optimal Control of China's Expected GDP Growthand Inflation Target During "13th Five – Year"

Zhao Guoqing

(Institute of Quantitative Economics, Yunnan University of Finance and Economics, Kunming 650211)

Abstract：Econometrics method is applied to estimated 2020 CPI target value by GDP growth rate and CPI time series data from 1979 to 2015, selection of M0 and M2 as control variables, set up China's GDP and CPI linear quadratic optimal control model (GC – LQOC). The results show that the CPI is 2.54% under the expected GDP6.5% growth in China "13th Five – Year", But GDP and CPI is not controlled to achieve the goal of precision only by M0 and M2 in the past growth rate. Optimal control experiments show that：Optimal M0 and M2 growth rate respectively 7.71% and 14.10%. Therefore, compared with the "12th Five Year Plan", the M0 and M2 take a moderately loose monetary policy, the realization rate of GDP growth rate and CPI will increase more than 97% at the end of "13th Five – Year".

Key Words：GDP Growth Rate；CPI；M0；M2；Linear Quadratic Optimal Control (LQOC)；China

一、引言

到 2020 年全面建成小康社会，是我们党确定的"两个一百年"的第一个百年奋斗目标。"十三五"时期是全面建成小康社会的决定性阶段。《中华人民共和国国民经济和社会发展第十三个五年规划纲要》（以下简称《十三五规划纲要》）已围绕实现这个奋斗目标而确定了 GDP 增长率大于 6.5% 预期目标。GDP 与通货膨胀（CPI）是宏观经济的两个相关联的核心变量。

在 GDP 目标已明确的情况下,如何确定 CPI 的目标,并实施有效控制,精准实现 GDP 与 CPI 的目标。这是"十三五"我国宏观调控机制中的核心问题。

改革开放以来,我国形成了中央政府调节市场,市场引导企业的宏观调控机制,宏观调控能力不断加强,然而宏观调控机制的精准度仍较低。在宏观经济调控各项目标中,GDP 增长率目标具有综合性和核心性。如何达到增长目标,这一直是宏观经济系统的调节和控制中的核心问题。

我国"八五"时期、"九五"时期、"十五"时期、"十一五"时期规划 GDP 增长目标与实际运行结果,除"九五"时期外,实际经济增长率都较高地超过了原来设定的目标,如"十一五"时期,GDP 规划年均增长目标为 7.5%,实际为 11.2%,与美国对比,我国宏观控制精度较低。"十二五"时期,我国规划 GDP 增长目标为 7%,实际则为 7.8%,其中,2011 年为 9.3%,2015 年为 6.9%,与规划目标的差距较大。也就是说,我国宏观调控的精准度是比较低的,更多的情况是处在自由放任状态,控制不住,效果不明显。

采取一定的政策,调节经济系统向目标运行,这个过程就是宏观调控。转变宏观调控方式,提高宏观调控机制精准度,选择适宜的调控方法已是必然。最优控制被认为耶伦秘密武器。耶伦所主张的利率决策的"最优控制方法"集中体现了其货币政策的核心思想。实际上,最优控制论模型是美联储会惯用的遵循最优选择的方式。最著名的是,Robert S. Pindyck(1972,1973)建立了由 10 个状态变量,3 个控制变量和 2 个其他外生变量组成美国小型宏观经济系统二次线性最优控制模型,并成功地进行了最优稳定政策的控制实验,具体地研究财政政策、货币政策和税收政策对美国经济的影响和作用。虽然,计量经济学分析也能宏观调控提供有价值的相关政策建议,但是,调节能否控制经济增长及相关预期目标,这仍是计量经济学难以回答的。邹至庄认为,二次线性最优控制表述的宏观经济政策优于计量经济学,并把现代控制论引入计量经济学。

改革开放以来,许多经济研究者致力于研究如何自觉地选择经济发展的最优途径,将计量经济学与最优控制理论结合起来,也成为解决这个问题的有力工具。无论是着眼于未来,制订最优计划,还是对历史政策进行评价,都可以采用最优控制的方法。最优控制理论进入我国宏观经济调控研究领域。在经济新常态下,我国宏观调控形势和任务发生了较大的变化,宏观调控的复杂性和难度加大。中央在十八届三中全会和十八届五中全会公报中提出转变宏观调控方式，由从"全面调控"向"定向调控"转变，创新调控思路和政策工具，在区间调控基础上加大定向调控力度，增强针对性和准确性。然而，如何提高宏观调控机制精准度还是一个亟待解决的问题。显然，最优控制有助于我国进一步完善宏观调控机制，提升政府的宏观调控能力，完善宏观调控方法，提高精准度。

面对宏观调控的新挑战，在我国 2020 年经济增长目标确定的情况下，与之相关的通货膨胀如何？进一步如何对实施最优控制以同步实现我国经济增长及通货膨胀目标？本文将计量经济学与最优控制理论结合起来，以 1979～2015 年不变价 GDP 增长率与 CPI 数据建立回归模型，以 GDP 增长确定出 CPI 的值，再进一步应用计量经济学法建立以 M0 和 M2 为控制变量的线性二次最化控制（GC – LQOC）模型，求解得出"底线"精准方案，并确定货币供应政策目标。

二、GC – LQOC 模型

（一）目标函数

在实践中，宏观经济政策选择主要还是如何在经济增长和通货膨胀率之间寻找到最佳选择。换言之，问题关键是决定者能否让目标函数最小化：

$$L = \frac{1}{2}\left[(GDP - GDP^*)^2 + \alpha(CPI - CPI^*)^2 \right] \tag{1}$$

式（1）为目标损失函数，其中，α 反映决策者对增长与通货膨胀的重要性偏好，还反映代表决策者有偏好，GDP^* 与 CPI^* 分别表示 GDP 与通货膨胀的目标值。罗默目标函数实质上是二次型函数，引进 $\Delta z = \begin{bmatrix} \Delta GDP \\ \Delta CPI \end{bmatrix} = \begin{bmatrix} GDP - GDP^* \\ CPI - CPI^* \end{bmatrix}$ 和 $Q = \begin{bmatrix} q_{11} & 0 \\ 0 & q_{22} \end{bmatrix}$ 后，式（1）矩阵表达式为：

$$L(u) = \frac{1}{2}\Delta z^T Q \Delta z \tag{2}$$

式（2）中，Δz^T 为 Δz 的转置，Q 中的 q_{11}、q_{22} 分别表示对 ΔGDP 和

ΔCPI 趋向零目标点重视程度。

（二）二次线性动态方程

在考虑 M0 和 M2 为控制变量的情况下，GDP 增长率与 CPI 形成非自治线性动力系统（GC – LDS），其计量模型为：

$$\begin{cases} \Delta GDP_{t+1} = c_{11}\Delta GDP_t + c_{12}\Delta CPI_t + c_{13}M0_t + c_{14}M2_t + u_t \\ \Delta CPI_{t+1} = c_{21}\Delta GDP_t + c_{22}\Delta CPI_t + c_{23}M0_t + c_{24}M2_t + u_t \end{cases} \tag{3}$$

式（3）中，取 $A = \begin{bmatrix} c_{11} - 1 & c_{12} \\ c_{21} & c_{12} - 1 \end{bmatrix}$，$B = \begin{bmatrix} c_{13} & c_{14} \\ c_{23} & c_{24} \end{bmatrix}$，$c = \begin{bmatrix} M0 \\ M2 \end{bmatrix}$，则式

（3）变为：

$$\Delta z' = A\Delta z + Bc \tag{4}$$

（三）GC – LQOC 模型

在进行最优控制时，对罗默 L 目标函数进行扩展。引进：

$$R = \begin{bmatrix} r_{11} & 0 \\ 0 & r_{22} \end{bmatrix}，\Delta c = \begin{bmatrix} M0 - M0^* \\ M2 - M2^* \end{bmatrix}$$

联合式（2）和式（4），构成矩阵表达的 GC – LQOC 模型：

$$\begin{cases} \text{Min } L = \dfrac{1}{2}\int_{t1}^{t2} \left[\Delta z^T Q\Delta z + \Delta c^T R\Delta c \right] dt \\ \text{s.t.} \quad \Delta z' = A\Delta z + B\Delta c \end{cases} \tag{5}$$

式（5）中，$\Delta z^T Q\Delta z$ 为控制误差，$\Delta c^T Q\Delta c$ 为控制成本。式（5）为在线性动态方程约束下，实现（GDP^*，CPI^*）目标，且使损失最小。

（四）GC – LQOC 模型的解

最优控制问题是，在动态约束状态下，求最优策略 $u^*(t)$，使用 $L(u)$ 最小。

解代数里卡蒂方程（Riccati equation）：

$$-\hat{P}(A + \theta I) - (A + \theta I)^T\hat{P} + \hat{P}BR^{-1}B^T\hat{P} - Q = 0 \tag{6}$$

$\hat{P}$ 为式（6）的解。由于最优反馈增益矩阵为 $K = R^{-1}B^T\hat{P}$，因此，最优策略为：

$$\Delta c(t) = -R^{-1}B^T\hat{P}\Delta z(t) = -K\Delta z(t) \tag{7}$$

最后，得到稳定反馈闭环系统（见图1）：

$$\Delta z' = \overline{A} \Delta z + B \Delta c \tag{8}$$

式 (8) 中, $\overline{A} = A - BK$。

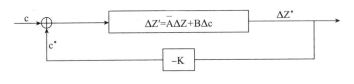

图1 GC－LQOC 结构

三、通货膨胀目标估计

（一）数据来源

GDP 与 CPI 是宏观经济两大核心指标，而 M0 与 M1 表示货币政策下的货币供应量，表示宏观调控数量政策的重要方面。1979～2015 年我国 GDP 增长率指数、CPI、M0 增长率自《中国统计年鉴》（2016）计算；1979～1990 年 M2 增长来自张海涛估算数据，1990～2013 年 M2 增长数据来自《中国统计年鉴》（2015）（见图2）。1979～2015 年 GDP 增长率、CPI 的平均值分别为 9.65% 和 5.19%，我国经济属于温和通货膨胀下的高增长，期间 M0 和 M1 增长率分别为 17.11% 和 21.26%，M2 平均增长率高达 20% 以上。1998 年以前，GDP 与 CPI 波动较大，M0 与 M1 大起大落，而1998 年以来波动幅度较小，经济运行相对平稳，"十二五"期间 M0 和 M1 增长率分别为 7.28% 和 13.30%，宏观调控发生了更重要作用。

（二）数据平稳性特征

对图2数据进行平稳性检验（见表1）。1979～2015 年 GDP、CPI、M0 和 M2 增长率的 ADF 统计量值小于 5% 水平的 MacKinnon 临界值，均为平稳变量即 I (0)。

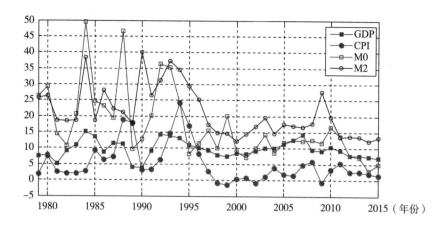

图2 1979～2015 年 GDP、CPI、M0 和 M2 的数据

表1 1979～2015 年 GDP、CPI、M0 和 M2 的平稳性检验

变量	检验方程 （C，T，K）	ADF 统计量值	MacKinnon 临界值（5%）
GDP_t	（C，0，0）	−2.9540	−2.9458
CPI_t	（C，0，0）	−3.3155	−2.9458
$M0_t$	（C，0，0）	−3.7931	−2.9458
$M2_t$	（C，0，0）	−3.2904	−2.9458
GDP_t^2	（C，0，0）	−3.9779	−2.9458
GDP_t^3	（C，0，0）	−3.9098	−2.9458
GDP_t^4	（C，0，0）	−3.9087	−2.9458
GDP_t^5	（C，0，0）	−3.5077	−2.9458

注：检验形式（C，T，K）分别表示 ADF 方程中的常数项、时间趋势和滞后阶数，由 AIC 准则自动确定，Δ 表示差分算子。

（三）2020 年通货膨胀目标估算

1979～2015 年 GDP 增长率、CPI 之间存在复杂的非线性关系（见图3）。总体上，GDP 增长率集中在 7%～10%，相应地，CPI 集中在 0%～10%，在我国 CPI 小 0 属于小概率事件，也就是说，CPI 与 GDP 具有促进作用。

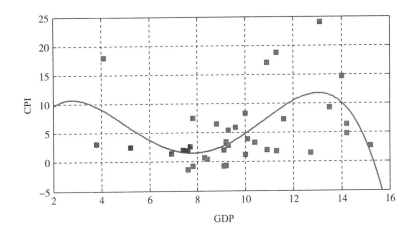

图 3 1979 ~ 2015 年 GDP 与 CPI 关系

从回归结果看，线性回归的效果较差，随着 GDP 阶数上升，拟合效果随之上升，但 GDP 的五次方项不显著，模型（3）的 Adj. R^2 较高，AIC 值最小，模型（3）为最佳的模型（见表2）。

表 2 CPI 与 GDP 回归模型的参数估计

CPI$_t$	（1）		（2）		（3）		（4）	
变量	参数估计	t 统计量	参数估计	t 统计量	参数估计	t 统计量	参数估计	t 统计量
c			70. 0832	3. 2627				
GDP$_t$	0. 5421	6. 0427	− 24. 4561	− 3. 1300	12. 1342	3. 4217	12. 0394	1. 3240
GDP$_t^2$			2. 7150	3. 0581	− 3. 8349	− 3. 4892	− 3. 7893	− 0. 9081
GDP$_t^3$			− 0. 0914	− 2. 9001	0. 3956	3. 5680	0. 3879	0. 5682
GDP$_t^4$					− 0. 0128	− 3. 5622	− 0. 0123	− 0. 2597
GDP$_t^5$							− 1. 35 × 10^{-5}	− 0. 0114
u$_t$	u$_{t,1}$		u$_{t,2}$		u$_{t,3}$		u$_{t,4}$	
Adj. R^2	0. 0713		0. 3091		0. 3400		0. 3400	
AIC	6. 3882		6. 2546		6. 2088		6. 2628	

党的十八大提出 2020 年国内生产总值比 2000 年翻一番，以此计算 GDP 的年平均增长率为 7. 18% 。以不变价 2011 年、2012 年、2013 年和 2014 年 GDP 的增长率分别为 9. 3% 、7. 7% 、7. 4% 和 6. 90% ，"十二五"时期前四

年及均值都高于设定的 GDP 增长率水平。实现 2020 年 GDP 倍增目标的
GDP 增长率为 6.6%。"十三五"规划纲要把 2016～2020 年的 GDP 预期性
增长目标设定为 6.5%。以此，按表 3 中的模型（3）计算，与 GDP 配合的
CPI 预期性目标为 2.54%。

四、GC－LQOC 模型参数

（一）GC－LDS 模型参数估计

只要把 2020 年末的 GDP 预期性增长目标设定为 6.5%，就可以确保
"十三五"期间 GDP 增长率 6.6% 的底线。2020 年末我国经济运行目标
（GDP^*，CPI^*）为（6.5%，2.54%），式（3）的参数估计见表 3。

表 3　GC－LDS 模型的参数估计

变量	ΔGDP_{t+1}				ΔCPI_{t+1}			
	（5）		（6）		（7）		（8）	
	参数估计	t 统计量	参数估计	t 统计量	参数估计	t 统计量	参数估计	t 统计量
c	1.5210	2.7370	−1.9407	−2.0762	−1.9212	−1.8493	−4.1117	−3.5905
ΔGDP_t	−0.1586	−2.6120	−0.2694	−4.8193	0.5410	4.7650	0.4496	4.3102
ΔCPI_t	0.6590	4.8383	0.6429	5.8012	0.9817	3.8555	0.5946	2.3272
M0							0.2117	3.2010
M2			0.1807	4.2308				
u_t	$u_{t,5}$		$u_{t,6}$		$u_{t,7}$		$u_{t,8}$	
Adj. R^2	0.4352		0.6378		0.6034		0.6996	
DW	1.4292		1.6719		1.4056		1.7346	
AIC	4.4174		4.0286		5.6687		5.4465	
F	12.7184		18.7875		25.1112		24.8468	

表 3 中，模型（6）、模型（8）的 Adj. R^2、DW 和 F 值都分别高于模型
（5）和模型（7）的对应值，模型（6）、模型（8）的 AIC 值分别低于模型
（5）和模型（7）的 AIC 对应值，GDP－CPILDS 是一个非自治线性动力系

统。由表 4 中的模型（6）和模型（9）变换成控制变量影响下的 GDP - CPILDS 非自治系统：

$$\Delta z' = \begin{bmatrix} -1.2694 & 0.6429 \\ 0.4496 & -0.4054 \end{bmatrix} \Delta z + \begin{bmatrix} 0 & 0.1807 \\ 0.2117 & 0 \end{bmatrix} c + \begin{bmatrix} -1.9407 \\ -4.1117 \end{bmatrix} \quad (9)$$

为了消去式（9）中的常数项，引入常数 1 变量后，式（9）转化为微分状态方程：

$$\Delta z' = \begin{bmatrix} -1.2694 & 0.6429 & -1.9407 \\ 0.4496 & -0.4054 & -4.1117 \\ 0 & 0 & 1 \end{bmatrix} \Delta z + \begin{bmatrix} 0 & 0.1807 \\ 0.2117 & 0 \\ 0 & 0 \end{bmatrix} c \quad (10)$$

式（10）表明，$\Delta GDP'$、$\Delta CPI'$ 均有一阶负反馈效应，这是 GC - LDS 的内稳定机制；同时，GDP 增长率对通货膨胀起促进作用，通货膨胀也对 GDP 增长起推动作用，双方互为动力。从控制变量看，M0 对 CPI 产生促进性影响，M2 则对 GDP 增长产生促进性影响。显然，经济增长有较小幅度上升，通货膨胀就有更大幅度上升。在经济增长的一定范围内，通货膨胀可以保持在较低的范围，甚至是负值。这表明 GDP 增长要有较适宜的高通货膨胀来配合。

（二）GC - LQOC 模型

$$\begin{cases} L(c) = \dfrac{1}{2} \displaystyle\int_{2016}^{2020} \left[\Delta z^T Q \Delta z + \Delta c^T R \Delta c \right] dt \\ s.\,t.\ \Delta z' = A\Delta z + Bc \end{cases} \quad (11)$$

式（11）中，$A = \begin{bmatrix} -1.2694 & 0.6429 & -1.9407 \\ 0.4496 & -0.4054 & -4.1117 \\ 0 & 0 & 1 \end{bmatrix}$，$B = \begin{bmatrix} 0 & 0.1807 \\ 0.2117 & 0 \\ 0 & 0 \end{bmatrix}$。

（三）GC - LQOC 模型的解

2015 年 GDP 与 CPI 的起点值为（6.9，1.4），2020 年的目标值为（6.5，2.54），以此计算 GC - LQOC 的初始值（ΔGDP，ΔCPI）为（0.40%，1.14%）。表 4 显示的是当 R 和 Q 分别取二阶与三阶对角矩阵时，式（11）的解。

从 GC - LQOC 模型的解看出，最优策略矩阵的三个特征根才能为负值，控制系统具有稳定性。

表 4　GC – LQOC 模型的解

目标（GDP*，CPI*）	(6.50%，2.54%)
初始值（ΔGDP，ΔCPI）	(0.40%，1.14%)
控制策略	$Q = \begin{bmatrix} 1 & 0 & 0 \\ 0 & 1 & 0 \\ 0 & 0 & 1 \end{bmatrix}$, $R = \begin{bmatrix} 1 & 0 \\ 0 & 1 \end{bmatrix}$, $B = \begin{bmatrix} 0 & 0.1807 \\ 0.2117 & 0 \\ 10^{-4} & 10^{-4} \end{bmatrix}$
反馈增益矩阵	$K = \begin{bmatrix} -0.0580 & -0.0523 & 1040.0291 \\ -0.1203 & -0.4080 & 1115.9316 \end{bmatrix}$
最优策略矩阵	$\bar{A} = \begin{bmatrix} -1.2477 & 0.7166 & -203.5895 \\ 0.4619 & -0.3943 & -224.2859 \\ 0.0002 & 0.0005 & -1.1560 \end{bmatrix}$
特征根	$\bar{\lambda}_1 = -1.5381$，$\bar{\lambda}_2 = -0.2612$，$\bar{\lambda}_3 = -0.9987$
目标函数值	1.6707
精度	ΔGDP = 84.67%，ΔCPI = 74.26%

图 4 中，ΔGDP 与 ΔCPI 为 GC – LQOC 模型输出，ΔM0 和 ΔM2 为式
（8）的负反馈输出，C0 为常数项的控制效应。从图 4 看出，ΔGDP 由正值
下降为负值，也就是 GDP 还将下降，然后小幅回升，而 ΔCPI 逐步上升，两
者离目标还有一定的差距，ΔGDP 与 ΔCPI 的零目标实现率分别为 84.67% 和
74.26%。这表明在现有的控制机制下，GDP 与 CPI 还不能精准到达目标。
显然，若要实现"十三五"时期 GDP 与 CPI 的预期目标，仍需采取对策，
改进调控机制。

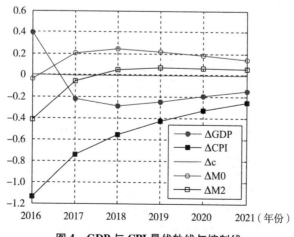

图 4　GDP 与 CPI 最优轨线与控制线

五、GC – LQOC 模型实验

(一) 改变 Q 对控制性能的影响

Q 阵取的是对角阵，对角阵上的元素分别表示目标分量的重视程度。改变 Q 的值，可以得到不同的响应效果，Q 的值越大，GC – LQOC 系统抵抗干扰的能力越强，调整时间越短，但目标函数值增加，要付出较大的代价。

让 R 不变，Q 改变，选择 q_{11} 和 q_{22} 值从 1 到 100，步长为 10，GC – LQOC 系统对改变加权阵 Q 有较明显的响应 (见图 5 和图 6)。从图 5 看出，最优轨线对 q_{11} 改变的响应较敏感，ΔGDP 与 ΔCPI 的最优轨线有较大幅度上升位移，但仍未达到目标，其终态的零目标实现率分别为 98.04% 和 93.06%。这过程中目标函数值由 q_{11} 为 1 时的 1.6707 上升到 q_{11} 为 100 时的 20.8197。从图 6 可以看出，最优轨线对 q_{22} 改变的响应也较敏感，ΔGDP 与 ΔCPI 的最优轨线有较大幅度上升，但也未达到目标，其终态的零目标实现率分别为 97.66% 和 99.366%。这过程中，目标函数值由 q_{22} 为 1 时的 1.6729 上升到 q_{22} 为 100 时的 110.4216。也就是说，Q 改变对 2020 年目标的最优控制性能有较大的影响，相对而言，选择对 CPI 的控制，更可以大幅度提高实现预期目标的精准度，但目标损失也较高。

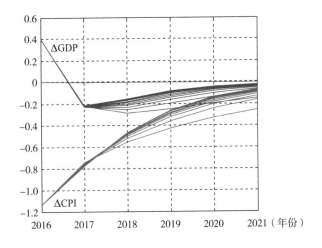

图 5　改变 q_{11} 后的最优轨线响应

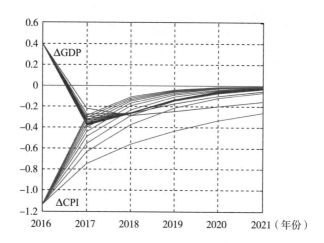

图 6　改变 q_{22} 后的最优轨线响应

（二）改变 R 对控制性能的影响

加权矩阵 R 不要过小，否则会导致控制量的增大。而 R 阵也不要太大，否则控制作用太小会影响控制性能。从降低控制系统能量要求优先角度出发，让 Q 不变，R 减小。若让 Q 不变，选择 r_{11} 和 r_{22} 值从 1 到 0.01，步长为 -0.1，GC－LQOC 系统有明显的响应（见图7和图8）。从图7看出，GC－LQOC 系统最优轨线对 r_{11} 改变有一定的响应，ΔGDP 与 ΔCPI 的最优轨线有小幅度上升，目标实现率分别为 92.93% 和 92.02%，精准度有所提升，目标函数值由 r_{11} 为 1 时的 1.6707 下降到 r_{11} 为 0.01 时的 1.5322。从图8也可看出，最优轨线对 r_{22} 改变的响应较敏感，ΔGDP 的最优轨线有较小幅度上升，ΔCPI 的最优轨线也有较小幅度上升，ΔGDP 与 ΔCPI 的零目标实现率分别为 91.63% 和 78.87%，目标函数值由 r_{22} 为 1 时的 1.6707 下降到 r_{22} 为 0.01 时的 1.6375。也就是说，R 改变对 2020 年目标选择方案的最优控制性能一定的影响，但仍不能精准实现预期目标，尤其难以实现 CPI 目标。

（三）同时改变 Q 与 R 对控制性能的影响

选取 q_{11} 从 1～100，r_{11} 从 1～0.01，GC－LQOC 系统的 ΔGDP 与 ΔCPI 的最优轨线有较大幅度上升，目标实现率分别为 99.71% 和 99.57%，较精准地实现目标，目标函数值上升到 19.1761（见图9）。q_{22} 从 1～100，r_{22} 从 1～

0.01 时，ΔGDP 与 ΔCPI 最优轨线也有较大幅度上升（见图 10），终态的零目标实现率分别为 99.17% 和 99.81%，目标函数值上升到 111.1243。

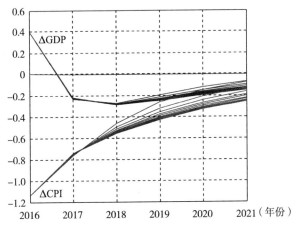

图7 改变 r_{11} 后的最优轨线响应

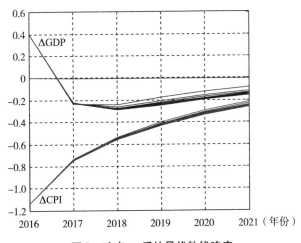

图8 改变 r_{22} 后的最优轨线响应

选取 q_{11} 从 1～100，r_{22} 从 1～0.01，ΔGDP 最优轨线有较大幅度上升，ΔCPI 的最优轨线也有较大幅度上升，其终态的目标实现率分别为 99.94% 和 86.09%，ΔGDP 较精准地实现目标，而 ΔCPI 的实现精度较低，终态的目标函数值上升到 11.6796（见图 11）。再选择 q_{22} 从 1～100，r_{11} 从 1～0.01 时，ΔGDP 和 ΔCPI 最优轨线均有较大幅度上升，终态的零目标实现率分别为 97.09% 和 99.66%，目标函数值上升到 57.0775（见图 12）。

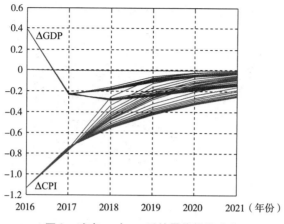

图 9　改变 q_{11} 与 r_{11} 后的最优轨线响应

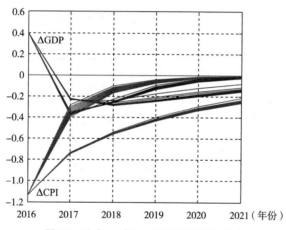

图 10　改变 q_{22} 与 r_{22} 后的最优轨线响应

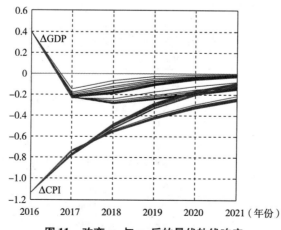

图 11　改变 q_{11} 与 r_{22} 后的最优轨线响应

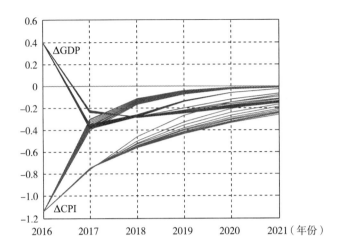

图 12　改变 q₂₂ 与 r₁₁ 后的最优轨线响应

（四）　GC‐LQOC 最优控制线与增长轨道

从 GC‐LQOC 模型实验看出，调节 Q 可以有效地提高控制精度，但控制成本也会大幅度提升，反之调节 R 可以在一定程度上提高控制精度，而控制成本却有所下降，同时调节 Q 和 R 时可达较高的精度，而控制成本也相应上升。本着控制精度较高，而目标损失相对较低的考虑，取 q_{11} 为 10，r_{11} 为 0.1 时，得到一个合适的目标方案（见表 5）。

表 5　"十三五"期间我国 GDP 增长率与 CPI 最优控制的目标方案

控制策略	$Q = \begin{pmatrix} 10 & 0 & 0 \\ 0 & 1 & 0 \\ 0 & 0 & 1 \end{pmatrix}$, $R = \begin{bmatrix} 0.1 & 0 \\ 0 & 1 \end{bmatrix}$, $B = \begin{pmatrix} 0 & 0.1807 \\ 0.2117 & 0 \\ 10^{-4} & 10^{-4} \end{pmatrix}$
反馈增益矩阵	$K = \begin{bmatrix} -1.3361 & -2.9320 & 3057.8275 \\ 0.1546 & -0.6492 & 419.0860 \end{bmatrix}$
最优策略矩阵	$\bar{A} = \begin{bmatrix} -1.2973 & 0.7602 & -77.6695 \\ 0.7324 & 0.2153 & -651.4538 \\ 0.0012 & 0.0036 & -2.4769 \end{bmatrix}$
特征根	$\bar{\lambda}_1 = -1.1885 + 0.2162i$, $\bar{\lambda}_2 = -1.1885 - 0.2162i$, $\bar{\lambda}_3 = -1.1820$
目标函数值	3.4506
精度	$\Delta GDP = 97.28\%$, $\Delta CPI = 97.85\%$

　　对比表 5 与表 4 可以看出，目标方案的反馈增益矩阵中 M0 的反馈效应系数增大，M2 的反馈效应系数中 GDP 效应系数变为正值；目标方案的最优策略矩阵元素的符号没有变化，其特征根中有一个负根，一对负实部的共轭复数根，控制系统具有稳定性。目标方案的目标函数值小幅上升，而控制精度提高到 97% 以上（见图 13）。进一步对比图 13 和图 4 可以看出，ΔGDP、ΔCPI、ΔM0 和 ΔM2 到 2020 年末已趋近于 0 轴，零目标实现精度大幅提升；ΔM0 的初始值有较大幅度降低，ΔM2 的初始值略有下降，而 2020

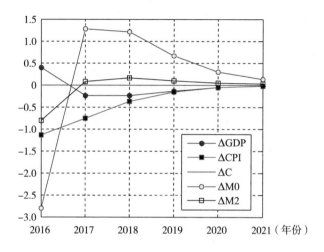

图 13　GDP 与 CPI 的最优增长与控制轨线

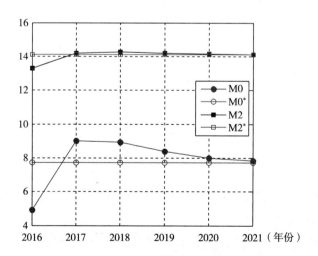

图 14　M0 与 M2 的最优轨线

年末，ΔM0 和 ΔM2 更趋向 0 线。以图 13 数据，2016 年初，ΔM0 和 ΔM2 的初始计算，M0* 与 M2* 的最优值分别为 7.71% 和 14.10%。把最优政策变量还原成增长率线后，M0 的增长由 2015 年的 4.90% 上升到 2016 年的 8.99%，然后回落到 2020 年末的 7.83%，M2 由 2015 年的 13.30% 上升到 2017 年的 14.25%，然后回落到 2020 年末的 14.12%（见图 14）。实现目标方案，"十三五"期间要增加 M0 和 M2 供应量，M0 年均增长 0.59 个百分点，M2 年均增长 0.16 个百分点。这表明，要实现"十三五"时期 GDP 与 CPI 的预期目标，需采取增加 M0 供应量，稳定 M2 的货币供应政策。

六、结论与政策含义

我国通货膨胀与经济增长之间存在同向变动关系，GDP 增长率上升带动通货膨胀上升，而通货膨胀上升也促进 GDP 增长率上升。"十三五"期间，与 GDP 倍增相配合的 CPI 为 2.54%，为温和的通货膨胀，同时，M0 增长对 CPI 产生促进性影响，M2 增长则对 GDP 增长产生显著的促进作用。"十三五"期间，凭 M0 与 M2 的自然组合货币财政手段可以精准控制而实现 GDP 增长目标和 CPI 预期目标。

实验表明，调控 GDP 增长率比调控 CPI 更有效，只要把 M0、M2 增长率分别控制在 7.71% 和 14.10% 水平，选择 M0 与 M2 组合策略，可以把 GDP 与 CPI 的实现率提高 97% 以上。因此，与"十二五"期间相比，要实现"十三五"时期 GDP 增长率与 CPI 目标，增加 M0 与 M2 供应，形成最优稳定货币供应的组合策略。

参考文献

[1] 陈国华，盛昭瀚. 一类动态宏观经济非均衡模型的最优控制 [J]. 系统工程理论与实践，2003（3）：60-64.

[2] 戴维·罗默. 高级宏观经济学 [M]. 北京：商务印书馆，1999.

[3] 黄小原，樊治平，扬斌. 辽宁省宏观经济模型和最优控制解 [J]. 东北大学学报，1992，13（6）：573-579.

[4] 介跃建，齐小明，张录达. 宏观经济模型稳定性控制研究 [J]. 北京农学院学报，2000（2）：56-60.

[5] 陆晓明. 从泰勒规则到最优控制方法——耶伦货币政策主张及其影响 [J].

经济学动态，2014（5）：157 – 160.

［6］屈百达，刘庆君，陆殿生．金融风险下宏观经济模型的控制策略［J］．辽宁大学学报（自然科学版），1999，26（1）：21 – 25.

［7］孙剑飞，冯英浚，王新生．基于无模型控制的一类宏观经济动态调控［J］．系统工程理论与实践，2008（6）：46 – 51.

［8］张海涛．我国1978～1995年月度 M2 缺失数据的估算方法［J］．北方经济，2012（20）：6 – 7.

［9］中国社会科学院经济研究所宏观经济调控课题组．宏观调控目标的"十一五"分析与"十二五"展望［J］．经济研究，2010（2）：4 – 17.

［10］周文，赵果庆．中国 GDP 增长与 CPI：关系、均衡与"十二五"预期目标调控［J］．经济研究，2012（5）：4 – 17.

［11］邹至庄．动态经济系统的分析与控制［M］．北京：中国友谊出版公司，1983.

［12］Barro, R. J. Gordon, D. B. Rules. Discretion and Reputation in a Model of Monetary Policy［J］. Journal of Monetary Economics, 1983, 12（1）：101 – 121.

［13］Robert S. Pindyck. An Application of the Linear Quadratic Tracking Problem to Economic Stabilization Policy［J］. IEEE Transactions on Automatic Control, 1972, 17（3）：287 – 300.

［14］Robert S. Pindyck. Optimal Policies for Economic Stabilization［J］. Econometrica, 1973, 41（3）：529 – 560.

经济发展方式转变与水资源承载能力提升

王喜峰

（中国社会科学院数量经济与技术经济研究所，北京   100732）

摘　要　以北京市为代表的北方城市普遍受到水危机的威胁，不仅危害区域水安全，并且从多个途径危害国家安全。"以水定城、以水定地、以水定人、以水定产"的发展理念急需要求研究发展方式转变与水资源承载力的作用机制。本文考虑到投入产出表的系统性和结构性的优点，将基于投入产出模型的结构分解分析作为研究转变发展方式对水资源承载能力影响的基本工具，将北京市作为典型研究区域。在 1997 年、2000 年、2002年、2005 年、2007 年、2010 年、2012 年北京市投入产出表的基础上，结合相应年份的《北京统计年鉴》《北京水资源公报》的数据计算出各产业的用水量，并将用水量作为表征水资源承载能力的负指标，与投入产出表关联。这些年份的投入产出表都以 1997 年为基期进行生产价格平减，形成可比价投入产出表。根据研究发现，用水的技术变化一直是增加水资源承载能力的动力，经济总量的变化则一直是降低水资源承载能力的主要动力，中间投入的技术变化、进口和省外调入、制造业结构调整、第二层面产业结构调整、三次产业层面的结构调整、最终使用内部结构调整对水资源承载能力的影响有正有负，与发展方式关系十分密切。在 3 个层面界定发展方式转变的基础上，本文发现，经济发展方式转变基本都是增加水资源承载力的动力，并且其动力呈现越来越强的趋势。

关键词　经济发展方式转变；水资源承载能力；以水定城；结构分解分析；产业疏解

The Influence of the Transformation of Development Mode on Water Resources Carrying Capacity: Taking Beijing as an Example

Wang Xifeng

(Institute of Quantitative Economics and Emergency Letts,

Chinese Academy of Social Sciences, Beijing 100732)

Abstract: The northern cities represented by Beijing are generally threatened by the water crisis, which not only harms regional water safety, but also endanger national security in many ways. The mechanism of transformation of a given city water, water set, a set of people with water, with water yield and the development of the concept of development and the need of water resources carrying capacity. Taking into account the systemic and structural advantages of input – output table, we take the structural decomposition analysis based on the input output model as a basic tool to study the impact of transformation development mode on water resources carrying capacity, and regard Beijing as a typical research area. In 1997, 2000, 2002, 2005, 2007, 2010, 2012 Beijing City input – output table, with the corresponding year "Beijing Statistical Yearbook" and "Beijing water resources bulletin" data to calculate the industrial water consumption, and water consumption as a negative index for characterization of water resources carrying capacity, and table input and output connection. These years the input – output table in 1997 for the base of production price deflator, the formation of input – output tables. According to the findings of the research, technical change of water has been driving the increase of water resources carrying capacity, change economic output has been reduced main power carrying capacity of water resources, the impacts of technological changes, intermediate input imports and foreign input, the structural adjustment of manufacturing industry, the second level adjustment of industrial structure, the three level of industry structure the final use of adjustment, the adjustment of internal structure of water resources carrying capacity is a negative relationship with the mode of development is very close. On the basis of defining the transformation of development mode from 3 levels, we find that the transformation of the mode of economic development basically increases the power of carrying capacity of water resources, and its driving force is showing stronger and stronger trend.

Key Words: Change the Mode of Economic Development; Water Resources Carrying Capacity; Structural Decomposition Analysis

一、前言

习近平总书记将贫困和生态文明建设作为全面建成小康社会的两个重大挑战，其中扶贫问题能够得到很好的解决，而生态文明建设中的问题虽取得阶段性进展，但离 2020 年全面建成小康社会的目标尚存在一定差距。在生态文明建设中，水问题是非常严重的问题，以水资源短缺、水环境污染、水生态恶化为代表的水危机普遍存在。水危机不仅仅影响水安全自身，而且从多重途径影响国家安全和区域的发展。以北京市为代表的北方城市的发展普遍受到水资源短缺的影响，区域水资源的开发、利用量超过区域水资源承载能力，生产、生活用水严重挤占生态用水，"有河皆干、有水皆污"的现象普遍存在。在普遍的水危机面前，不仅是气候变化等结果，实质上也是经济发展方式与区域水资源承载能力不适应。

针对我国水安全形势，习近平总书记提出了"以水定城、以水定地、以水定人、以水定产"的水安全理念，凸显水资源承载能力的硬约束。在 2015 年"水十条"中提出，优化空间布局，合理确定发展布局、结构和规模。充分考虑水资源、水环境承载能力，"以水定城、以水定地、以水定人、以水定产"。北京市的发展是突破水资源承载能力的典型城市，根据 2015 年《北京市统计年鉴》，北京市用水总量为 38.2 亿立方米左右，本地年均水资源量为 26.8 亿立方米，用水量是本地水资源的 1.5 倍。为照顾北京市发展，周边省份"支援"调入水量为 2.3 亿立方米，再生水 9.5 亿立方米，南水北调 7.6 亿立方米。即使在这种情况下，依然有 16.7 亿立方米的用水依靠地下水。北京市面临的水安全问题十分严峻，不但影响北京的发展安全，更影响国家水安全全局，是治国安邦面临的重大问题。北京市水安全问题的症结是人口无序过快增长，深层次原因是功能过度集聚。为解决区域水安全问题，北京市在全国的范围属于较早依靠转变发展方式进行着手解决的区域。1997 年以来，农业用水、工业用水持续下降，生活用水持续走高。但是，北京市发展仍然严重超出区域水资源承载能力。

从这个角度来说，研究经济发展方式转变对水资源承载能力的影响十分有必要。一是从现实意义上来说，研究结果不仅对北京未来发展模式提供参考，而且对其他省份的发展方式提供借鉴意义。二是从学术意义上来说，为阐释"以水定城、以水定地、以水定人、以水定产"提供支撑，为绿色发展和生态文明建设提供一定的学术借鉴。

二、方法和数据

为研究这一问题，必须深刻理解和分析经济发展方式与水资源承载能力之间的内在联系。投入产出分析是建立在系统性、结构性之上的研究方法，充分刻画了部门、技术和需求模式之间的影响，广泛地应用在资源环境经济学的各个领域。例如，张友国（2009）、郭朝先（2010）研究了经济发展方式对中国碳排放强度的影响。基于投入产出模型的结构分解方法是研究经济系统中资源环境相互关联影响因素的重要方法，由于对结构的分解分析，可以将影响资源环境背后的经济驱动力进行结构分解。在水资源的研究中，虽然已有部分研究，但从经济发展方式研究水资源承载力的还未见到。本研究利用 1997～2012 年北京市可比价投入产出模型，结合结构分解分析，将取用水总量与经济系统关联，分析经济发展方式转变对北京市水资源承载能力变化的影响。

（一）可比价投入产出表的构建

本次研究所用的北京市投入产出表均来自北京市局网站上的北京市投入产出表格，涉及的年份分别是 1997 年、2000 年、2002 年、2005 年、2007 年、2010 年、2012 年共 7 张表格，其中 2000 年、2005 年、2010 年为延长表。这 7 张表格中，部门有一定的差别，为了研究的统一性，对有一定差别的部门进行了合并。此外，由于服务业部门较多，为研究的方便，将服务业分为生产性服务业、消费性服务业和公共服务业三个部门。以 2012

年表格为例，生产性服务业包括交通运输、仓储和邮政业，信息传输、软件和信息技术服务，金融，租赁和商务服务，科学研究和技术服务；消费性服务业包括批发与零售，住宿与餐饮，房地产，居民服务、修理和其他服务；公共服务业包括水利、环境和公共设施管理，教育，卫生和社会服务，公共管理、社会保障和社会组织。一共划分为26个部门，部门代码及名称见表1。其中行业1为农业，行业2至行业23为工业，行业24至行业26为服务业。在工业内部又分为采掘业和制造业，其中行业2至行业5为采掘业；行业6至行业23为制造业。

表1　北京市投入产出表合并后的行业及对应的用水类别

代码	行业	大类	用水类别	代码	行业	大类	用水类别
1	农林牧渔业	农业	农业口径	14	金属冶炼及压延加工业	制造业	工业用水
2	煤炭开采和洗选业	采掘业	工业用水	15	金属制品业	制造业	工业用水
3	石油和天然气开采业	采掘业	工业用水	16	通用、专用设备制造业	制造业	工业用水
4	金属矿采选业	采掘业	工业用水	17	交通运输设备制造业	制造业	工业用水
5	非金属矿及其他矿采选业	采掘业	工业用水	18	电气机械及器材制造业	制造业	工业用水
6	食品制造及烟草加工业	制造业	工业用水	19	通信设备、计算机及其他电子设备制造业	制造业	工业用水
7	纺织业	制造业	工业用水	20	仪器仪表及文化办公用机械制造业	制造业	工业用水
8	纺织、服装、鞋帽、皮革、羽绒及其制品业	制造业	工业用水	21	废品废料、工艺品及其他制造业	制造业	工业用水
9	木材加工及家具制造业	制造业	工业用水	22	电力、热力、燃气和水的生产和供应业	制造业	工业用水
10	造纸印刷及文教体育用品制造业	制造业	工业用水	23	建筑业	制造业	生活用水
11	石油加工、炼焦及核燃料加工业	制造业	工业用水	24	生产性服务业	服务业	生活用水
12	化学工业	制造业	工业用水	25	消费性服务业	服务业	生活用水
13	非金属矿物制品业	制造业	工业用水	26	公共服务业	服务业	生活用水

在可比价计算中，将1997年作为基准期，利用1997~2013年农产品生

产者价格指数、工业生产者出厂价格指数和、固定资产投资价格指数和商品零售价格指数分别对农业、除建筑业的工业、建筑业、服务业进行价格平减，到 1997～2012 年，价格平减后的 26 部门投入产出表方法参考双重平减法。

（二）水资源承载力与投入产出模型关联

本研究在研究水资源承载力过程中，不对水资源承载力概念进行过多的鉴别。一是水资源承载力的定义还存在争议；二是北京的用水一直高于本地水资源量，在现有研究中，已严重突破水资源承载力。因此，这里将用水量作为表征水资源承载力的负向指标，因此，本次研究也可以看作是经济发展方式对用水量的影响。用水总量越低，越有利于水资源承载力。

需要说明的是本文的用水量与实际用水量有一定差别。根据《北京市统计年鉴》，取水量的来源包括地表水、地下水、再生水、应急供水、南水北调供水。用水包括农业用水、工业用水、生活用水。根据统计年鉴的指标解释，工业用水不包括建筑业用水，而生活用水则包括建筑业、服务业和家庭生活用水。这里参考李玮（2015）的研究，工业（除了建筑业、电力、热力以及水的生产与工业）中各行业的"水的生产与供应业"的中间投入占工业"水的生产与供应业"中间投入总额的比例进行计算各工业部门用水；电力和热力的供应业的用水参考对应年份全国火核电用水占整个工业用水的比例，代入北京市工业用水进行计算。建筑业、服务业和生活用水的用水，则将"水的生产与供应业"的产出用于上述各行业和居民消费的产值，按照价格修正后与上述行业和居民消费的总值占比，代入生活用水进行计算。农业用水则用《北京市统计年鉴》上的农业用水。该方法利用了 2008 年全国经济普查中的各行业用水量进行检验，对应关系非常好。这样得到 1997～2012 年 26 个部门的用水量和居民生活用水量。考虑到居民生活用水受发展方式转变的影响机制相对复杂，这里暂时不再考虑居民生活用水。此外，环境用水（仅包括人为措施供给的城镇环境用水和部分河湖、湿地补水，而不包括降水、径流自然满足的水量）也不在本次研究范围内。

本次研究将各行业的用水与各行业的总产出的比值作为各行业的用水技术系数，下文会详细解释。得到的可比价水资源投入产出模型如表 2 所示。

表 2　水资源投入产出模型

	中间投入	最终需求（消费、固定资产、 省外调出、出口）	省内调入、进口	总产出
部门	$A^i X$	Y^i		$X = (I - A)^{-1} Y = LY$
增加值	V			
总投入	X^T			
用水量	W_1	W_2		

（三）结构分解分析方法

投入产出模型的基本公式为：

$$X = (I - A)^{-1} Y = LY \tag{1}$$

式中，X 为总的产出；A 为总的技术系数矩阵；Y 为最终需求（其中，最终需求分为净调出、净出口）。L 为列昂惕夫逆矩阵，反映各部门最终使用对其他部门的消耗；考虑到用水在投入产出表中的关联：

$$W = C^i X \tag{2}$$

式中，W 为行业生产的用水；C^i 为各行业水资源的投入强度（行业用水系数）。

将 X = LY 代入到式（2），得到：

$$W = C^i LY \tag{3}$$

为研究发展方式转变，这里以最终需求矩阵来考察经济发展方式转变的结构。Y 为最终需求的矩阵，可以将 Y 分为最终需求总量和各需求结构矩阵的乘积。即：

$$Y = UMNOSG \tag{4}$$

式中，M 为最终需求衡量的制造业产业结构；N 为最终需求衡量的二产业结构矩阵；O 为最终需求衡量的三次产业结构；S 为反映产业间需求结构的矩阵（消费、固定资产形成和调出、出口的结构）；G 为最终需求净总量；U 为最终需求。

根据以上模型，用水量 W 可以分解为：

$$\Delta W = W^1 - W^0$$
$$= C^1 L^1 U^1 M^1 N^1 O^1 S^1 G^1 - C^0 L^0 U^0 M^0 N^0 O^0 S^0 G^0 \tag{5}$$

式中，上标 0 代表基期，上标 1 代表计算期。

根据 Dietzenbacher 和 Los（2000）的研究，对式（5）进行进一步分解可知，分解的结果非唯一的，且结果的个数与其因素的个数 n 有关，结果个数为 n！个。根据 Fujimagari（1989）和 Betts（1989）提出的两极分解得出的结果极为接近。本文根据两极分解法进行计算。

$$\Delta W = \frac{\Delta C_1 L^1 U^1 M^1 N^1 O^1 S^1 G^1 + \Delta C_1 L^0 U^0 M^0 N^0 O^0 S^0 G^0}{2} +$$

$$\frac{C^0 \Delta L U^1 M^1 N^1 O^1 S^1 G^1 + C^1 \Delta L U^0 M^0 N^0 O^0 S^0 G^0}{2} +$$

$$\frac{C^0 \Delta L U^1 M^1 N^1 O^1 S^1 G^1 + C^1 \Delta L U^0 M^0 N^0 O^0 S^0 G^0}{2} +$$

$$\frac{C^0 L^0 \Delta U\, M^1 N^1 O^1 S^1 G^1 + C^1 L^1 \Delta U\, M^0 N^0 O^0 S^0 G^0}{2} +$$

$$\frac{C^0 L^0 U^0 \Delta M\, N^1 O^1 S^1 G^1 + C^1 L^1 U^1 \Delta M\, N^0 O^0 S^0 G^0}{2} +$$

$$\frac{C^0 L^0 U^0 M^0 \Delta N\, O^1 S^1 G^1 + C^1 L^1 U^1 M^1 \Delta N\, O^0 S^0 G^0}{2} +$$

$$\frac{C^0 L^0 U^0 M^0 N^0 \Delta O\, S^1 G^1 + C^1 L^1 U^1 M^1 N^1 \Delta O\, S^0 G^0}{2} +$$

$$\frac{C^0 L^0 U^0 M^0 N^0 O^0 \Delta S\, G^1 + C^1 L^1 U^1 M^1 N^1 O^1 \Delta S G^0}{2} +$$

$$\frac{C^0 L^0 U^0 M^0 N^0 O^0 S^0 \Delta G + C^1 L^1 U^1 M^1 N^1 O^1 S^1 \Delta G}{2}$$

等号右边各项分别表示用水技术变化、中间投入技术变化、进口和调入、制造业结构变化、第二产业和第三产业加总产业结构变化、三次产业结构变化、最终需求结构变化、最终需求总量变化对北京用水量的影响。其中，需要说明的是，在以下的研究中会对 U 进行处理，以分析省外调入和进口造成的各因素对用水量的影响。

三、结果分析

（一）基本结果分析

根据以上投入产出和结构分解分析，可以得到各因素的影响结果，具体见表3。根据结果，可以看出，1997～2000年，用水的技术进步减少了12.2亿立方米，其含义是在其他因素不变的情况下，以产出产值考虑的用水技术进步使用水减少了12.2亿立方米，说明了单方水的产出提升。这个绝对量可以表征节水技术进步的实际驱动力。L表征的是以中间投入为考量的技术变化情况，从结果来看，技术变化增加了用水量6.8亿立方米，意味着技术的变化不利于节约用水。U是一个用来考虑省外调入和出口的变量，其具体矩阵为26×26的对角矩阵，每个元素为各行业：（最终使用－省外调入－进口）/最终使用＝最终需求/最终使用，可以看出（省外调入＋进口）占最终使用比例越大，U元素的数值越小。从U造成水资源减少10亿立方米的用水量来说，当时的净出口和净身外调出不利于水资源节约。M为制造业结构变动对用水的影响，1997～2000年，制造业结构增加了0.2亿立方米，制造业变动朝着不利于水资源承载力的方向，N为第二层次的结构的变化，即采掘业、建筑业、电热煤气水工业与总的制造之间结构变动，以及各第三产业之间结构变动，1997～2000年，朝着不利于水资源承载力的方向转变。O为三次产业之间结构变动，朝着有利于水资源承载力的方向变动，减少了1.2亿立方米。S为最终使用（居民消费、政府消费、资本形成总额、省外调出、出口）内部结构的变化对用水的影响，朝着有利于水资源承载力的方向。G为最终使用总额变动的影响，可以看出在其他情况不变的情况下，经济总量的增加使北京市用水增加了14.7亿立方米。

2000～2002年，用水的技术进步依旧比较大，是利于水资源承载力的主要驱动力；中间投入技术变化朝着利于水资源承载力方向变化；U则成为驱动用水量减少的主要动力；制造业的结构变化则是当时用水量朝着增加变化的主要驱动力，反映了当时高耗水的制造业占比增大；二次行业结构、三次产业结构以及最终使用的内部结构则朝着用水降低的方向变化。2002～2005年，用水的技术变化减少了12.5亿立方米，中间投入技术增加了用水3亿立方米，制造业结构变化减少了15亿立方米，第二层面产业机构增加了4.5亿立方米，三次产业结构变化增加了2.4亿立方米。2005～2007年，用水的技术变化减少了3.2亿立方米，中间投入的技术变化增加了8.6亿立方米，制造业结构变化减少了1.3亿立方米，第二层次产业结构变化减少了2.4亿立方米，三次产业结构减少了0.6亿立方米。2007～2010年，用水的技术变化降低了8.9亿立方米，中间投入的技术变化降低了7.9亿立方米，制造业结构变化增加了0.6亿立方米，第二层次产业结构变化降低了16.1

亿立方米，三次产业结构变化降低了 4.1 亿立方米。2010~2012 年，用水的技术变化降低了 1 亿立方米，中间投入技术变化增加了 4.1 亿立方米，制造业结构变化降低了 18.4 亿立方米，第二层次产业结构降低了 9.4 亿立方米，三次产业结构调整降低了 10.8 亿立方米，最终使用内部结构变化降低了 11.1 亿立方米。1997~2010 年，用水量一直处于减少趋势，2012 年相对于 2010 年用水增加。

表3 各驱动力对北京市用水量变动的影响 单位：亿立方米

年份	C	L	U	M	N	O	S	G	ΔW
1997~2000	-12.2	6.8	-10.0	0.2	0.6	-1.2	-1.4	14.7	-2.5
2000~2002	-14.5	-3.5	-24.7	41.2	-9.5	-5.0	-2.9	14.0	-4.8
2002~2005	-12.5	3.0	-1.4	-15.0	4.5	2.4	2.1	14.5	-2.4
2005~2007	-3.2	8.6	-12.7	-1.3	-2.4	-0.6	0.1	10.6	-1.0
2007~2010	-8.9	-7.9	23.0	0.6	-16.1	-4.1	0.0	11.3	-2.1
2010~2012	-1.0	4.1	18.4	-18.9	-9.4	-10.8	-11.1	30.0	1.2

（二）经济发展方式转变的影响分析

从用水的技术变化来看，这 6 个阶段可以分成 2 个部分，2005 年之前，用水的技术变化的驱动力一直处于高位。2005 年之后，用水的技术变化则处于相对较低的位置。这体现了水资源承载力对生产的硬约束越来越大，且真正依靠用水的技术进步已没有实质性的提高。从中间投入的技术变化来看，大部分都不利于水资源承载力。从 U 的变化来看，2007 年之前都利于水资源承载力，2007 年之后不利于水资源承载力。从制造业的结构变化来看，除 2000~2002 年之外，其他时间段都朝着利于水资源承载力的方向，这可能与 2000~2002 年，中国刚加入 WTO，使北京市大规模的制造业发展。从数据上来看，在价格平减之后，2002 年，用水量超过 1 亿立方米的制造业部门的总产值相对于 2000 年都增长 40% 以上。其中，化学工业在 2002 年产值增加了 45%，总用水量增加到 2.21 亿立方米，是北京用水最高的制造业，是计算出来的制造业总用水量 6.59 亿立方米的 33.5%。在第二层次的结构上，降低了 9.5 亿立方米，从计算出的数据来看，电力热力煤气生产与供应业和服务业是降低的主要动力。三次产业结构变化降低了 5 亿立方米。高用水农业产出占总产出的比重下降是主要因素。

　　由于 M、N、O 为产业结构调整的控制矩阵，这里将其作为狭义的发展方式转变（作为定义1）。以此考虑的发展方式转变对水资源承载力的影响如图1所示。从图1的定义1可以看出，北京市除 2000~2002 年增加用水，降低水资源承载力以外，其他时间段经济发展方式转变都降低了用水量，提升了水资源承载能力。并且呈现越来越强的趋势，并且在 2010~2012 年成为最重要的提升水资源承载能力的动力。"以水定产"的趋势越来越明显，高用水、高耗水的行业正在逐步疏解出北京。

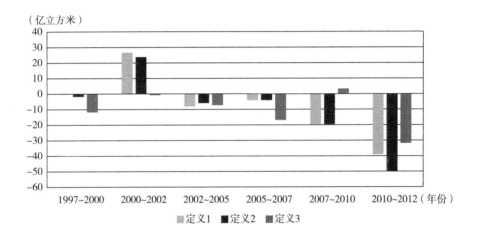

图1　狭义发展方式转变对水资源承载力影响

　　S 为最终使用内部的结构，即居民消费、政府消费、固定资产形成总额、省外调出、出口的结构。由于消费、投资、出口作为驱动经济增长的"三驾马车"，这里 S 可以作为发展方式转变的一个部分，与定义1组合成为文中的定义2。从图1的定义2可以看出，除 2000~2002 年增加用水，降低水资源承载能力之外，其他年份都降低了用水，增加了水资源承载能力。并且呈现越来越强的趋势，这说明增加了最终使用内部结构之后，经济发展方式转变更适于水资源承载能力的提升。U 作为省外调入和进口的控制矩阵，也可以作为经济发展方式转变的一部分。这里将其与定义2综合形成定义3的内容，同样看出，在这个定义下，经济发展方式转变总体上利于用水降低，水资源承载能力的提升，并且呈现越来越强的趋势。

四、结论

本文基于投入产出模型的结构分解分析作为研究转变发展方式对水资源承载能力影响的基本工具，将北京市作为典型研究区域。在 1997 年、2000 年、2002 年、2005 年、2007 年、2010 年、2012 年北京市投入产出表的基础上，结合相应年份的《北京统计年鉴》《北京水资源公报》的数据计算出各产业的用水量，并将用水量作为表征水资源承载能力的负指标，与投入产出表关联。这些年份的投入产出表都以 1997 年为基期进行生产价格平减，形成可比价投入产出表。

根据研究发现，用水的技术变化一直是增加水资源承载能力的动力，在 2005 年之前，其一直是增加北京市水资源承载能力的主要动力，但 2005 年之后，其增加越来越小，可以看出依靠用水的技术变化，近年来相对乏力，与北京市节水技术水平较高有关。

经济总量的变化则一直是降低水资源承载能力的主要动力，这是由于在不考虑其他因素的条件下，经济增长会增加同比例的用水量，可以看出北京市经济一直增长。中间投入的技术变化、进口和省外调入、制造业结构调整、第二层面产业结构调整、三次产业层面的结构调整、最终使用内部结构调整对水资源承载能力的影响有正有负。可以看出经济结构调整的复杂程度。在从 3 个层面界定发展方式转变的基础上，本文发现经济发展方式转变基本都是增加水资源承载力的动力，并且其动力呈现越来越强的趋势。这符合"以水定城、以水定地、以水定人、以水定产"的要求。

参考文献

[1] 郭朝先. 中国二氧化碳排放增长因素分析——基于 SDA 分解技术 [J]. 中国工业经济，2010（12）.

[2] 贺瑞敏，张建云，鲍振鑫等. 海河流域河川径流对气候变化的响应机理[J]. 水科学进展，2015（26）.

[3] 江兴. 我国煤炭价格波动的传导效应研究——基于投入产出价格影响模型 [J]. 价格理论与实践，2014（5）.

[4] 李玮，刘家宏，贾仰文等. 社会水循环演变的经济驱动因素归因分析 [J]. 中国水利水电科学研究院学报，2016（14）.

［5］刘岚芳.投入产出技术在北京市水价调整中的应用［J］.统计与决策，2005 （20）.

［6］杨中文，许新宜，陈午，王红瑞.用水变化动态结构分解分析模型研究Ⅱ：应 用［J］.水利学报，2015，46（7）.

［7］张友国.经济发展方式变化对中国碳排放强度的影响［J］.经济研究，2010 （4）.

［8］Betts，J. R. Two Exact，Non – arbitrary and General Methods of Decomposing Tem- poral Change［J］. Economic Letter，1989（30）：15 – 21.

［9］Dietzenbacher，E. and Los，B. Structural Decomposition Analyses with Dependent Determinants［J］. Economic Systems Research，2000（12）：4 – 9.

［10］Fujimagari，D. The Sources of Change in the Canadian Industry Output［J］. Eco- nomic Systems Research，1989（1）：7 – 14.

货币政策与财政政策的协调机制及经济福利

缪　言[1]　尹彦辉[2]　白仲林[2]

（1. 天津师范大学经济学院，天津　300387；

2. 天津财经大学统计系，天津　300222）

摘　要　货币政策与财政政策是一国政府进行宏观经济调控最基本的政策手段。自2008～2009年爆发全球性经济危机以来，世界主流经济体的政策制定者越发重视货币政策与财政政策协调配合的积极作用与良好效果。在我国，中央银行与财政部均隶属于国务院，两者具有统一的经济社会发展目标，良好的货币政策与财政政策合作协调机制确保了经济又好又快的增长。然而，"统一目标"意味着货币政策部门由于较多的"行政渗透"而缺乏决策独立性，并且始终保持一致的目标降低了政策决策的灵活性，宏观审慎政策框架难以形成。为了探索适合我国经济发展现实的货币政策与财政政策协调机制，本文利用博弈均衡代替市场出清规则建立了动态随机博弈均衡模型，分别讨论了货币政策与财政政策非合作的纳什博弈和卡特尔式的合作博弈机制，模拟分析对比了两种政策协调机制下外生冲击的宏观经济波动效应及政策之间的响应方式、持续性及有效性，并讨论了两种机制下的社会经济福利水平。研究发现：合作博弈的政策协调机制符合我国经济发展事实；良好的政策协调机制（合作均衡）能够确保政策的有效性和可持续性，有利于提升决策部门公信力；同时，合作机制能够有效避免"债务—通缩"及流动性陷阱风险；并且相对于纳什博弈，合作机制是有效的帕累托改进，能够显著提升经济整体的福利水平。

关键词　货币政策；财政政策；协调机制；动态博弈；经济福利

Coordination Mechanism Between Monetary and Fiscal Policy and Economic Welfare

Miao Yan[1]   Yin Yanhui[2]   Bai Zhonglin[2]

(1. Department of Statistic, Tianjin University of
Finance and Economics, Tianjin 300387;

2. Tianjin School of Economics, Tianjin Normal University, Tianjin 300222)

Abstract: Monetary policy and fiscal policy are the most basic policy means for a government to carry out macroeconomic regulation and control. Since the outbreak of the global economic crisis in 2008 – 2009, policymakers in the world's mainstream economies have paid more and more attention to the positive role and good results of the coordination of monetary and fiscal policies. In our country, both the central bank and the Ministry of Finance belong to the State Council. They have unified economic and social development goals. Good cooperation and coordination mechanism between monetary policy and fiscal policy ensures sound and rapid economic growth. However, the "unified goal" means that the monetary policy departments lack decision – making independence because of more "administrative infiltration". Moreover, the consistency of objectives reduces the flexibility of policy decision – making, and the macro – prudential policy framework is difficult to form. In order to explore the coordination mechanism between monetary policy and fiscal policy which is suitable for China's economic development, this paper establishes a dynamic stochastic game equilibrium model by using game equilibrium instead of market clearing rules, discusses the non – cooperative Nash game and the cartel – like cooperative game mechanism of monetary policy and fiscal policy respectively, and simulates and analyzes them. This paper compares the macroeconomic fluctuation effects of exogenous shocks under the two policy coordination mechanisms and the response modes, persistence and effectiveness between policies, and discusses the social and economic welfare levels under the two mechanisms. It is found that the policy coordination mechanism of cooperative game conforms to the fact of China's economic development; good policy coordination mechanism (cooperative equilibrium) can ensure the effectiveness and sustainability of policies, and is conducive to enhancing the credibility of decision – making departments; at the same time, cooperative mechanism can effectively avoid "debt – deflation" and liquidity trap risk; Moreover, compared with the Nash game, the cooperative mechanism is an effective Pareto improvement, which can significantly improve the overall welfare level of the economy.

Key Words: Monetary Policy; Fiscal Policy; Coordination Mechanism; Economic Welfare

一、引言

货币政策与财政政策是现代宏观经济管理最核心的组成部分，也是一国政府进行宏观经济调控最基本的政策手段。特别地，在 2008～2009 年爆发全球性经济危机之后，世界主要经济体纷纷采取货币政策与财政政策双重调控予以应对，并取得了相应的成效。在我国，中央银行（中国人民银行）和财政部都是中华人民共和国国务院的组成部门①，在国务院的领导下，根据统一的经济社会科学发展目标制定相应的货币政策和财政政策。因此，与西方经济体的转变不同，一直以来，我国都是采用货币政策与财政政策协调一致的政策举措。我国经济经历了 30 余年的高速增长，并且在 2010 年之后逐步进入平稳增长的新常态，正是货币政策与财政政策良好的协调机制不断地发挥作用，为经济发展提供了环境基础及政策保障。

然而，就在近期，中国人民银行研究局局长徐忠发表题为《当前形势下财政政策大有可为》的文章，高调指责财政政策不积极，并且将财政风

---

① 中国人民银行，简称央行，是中华人民共和国的中央银行，中华人民共和国国务院组成部门。在国务院领导下，制定和执行货币政策，防范和化解金融风险，维护金融稳定。中国人民银行根据《中华人民共和国人民银行法》的规定，在国务院的领导下依法独立执行货币政策，履行职责，开展业务，不受地方政府、社会团体和个人的干涉。中华人民共和国财政部是中华人民共和国负责财政的国务院组成部门。负责拟订财税发展战略、规划、政策和改革方案并组织实施，分析预测宏观经济形势，参与制定各项宏观经济政策，提出运用财税政策实施宏观调控和综合平衡社会财力的建议，拟订中央与地方、国家与企业的分配政策，完善鼓励公益事业发展的财税政策。承担中央各项财政收支管理的责任。负责编制年度中央预算草案并组织执行。受国务院委托，向全国人民代表大会报告中央、地方预算及其执行情况，向全国人大常委会报告决算。组织制定经费开支标准、定额，负责审核批复部门（单位）的年度预决算。完善转移支付制度。

险转嫁给金融部门。随后，财政部专家发文《财政政策为谁积极？如何积极？》予以针对性回应，使"央行与财政部互怼"事件甚嚣尘上。两者的辩论引发了广泛的关注与热议，特别地，对于央行与财政部的权利与职能、目标与政策手段乃至政策协调机制，政府和学术界的专家都纷纷发表了各自的观点。事实上，大国内部央行和财政部门的分歧并不鲜见，例如，前美联储主席伯南克曾多次指责财政政策削弱了货币政策保障充分就业的能力，阻碍了美国的经济复苏。欧元区由于只有一个央行——欧洲中央银行（ECB）而没有统一的财政部门，缺少了财政政策和结构型改革的配合，使央行更加力不从心。实际上，欧元区面临的货币政策与财政政策的矛盾比美国更为严重。众所周知，美联储以其在货币政策上的独立性而著称，由于西方经济学家逐渐强调"央行的独立运行会比由政府主导产生更好的效果"①，欧洲中央银行（ECB）随之确立了货币政策制定的独立性。然而小型经济体货币政策和财政政策制定部门大多是协调统一的，如新加坡金管局董事局主席大多由财政部部长兼任，中国香港特区金管局向财政司司长负责。而在我国，中央银行与财政部均隶属于国务院，两者具有统一的经济社会发展目标，一直以来，都是货币政策和财政政策相互配合并且共同发力，确保了经济又好又快增长。然而，近期爆发的"矛盾"，却引起学术界的一些争议，关于我国央行货币政策决策的"独立性"问题以及货币政策与财政政策协调机制和响应方式的问题议论纷纷。因此，货币政策与财政政策是否应当坚持"统一目标"的合作协调机制，各类政策工具如何使用，所谓的"积极""稳健""宽松"与"紧缩"是怎样的含义以及如何实现，是政府决策部门和学术界更为关注和亟待认清的关键问题。

宏观经济政策分析始终是宏观经济学研究的核心内容和热点问题。同时，动态随机一般均衡的分析框架业已成为宏观政策（无论是货币政策还是财政政策）的主流分析工具。由于其宏微观的一致性、理论上的严谨性和建模框架的结构化等特点，近年来，动态随机一般均衡（DSGE）模型在经济活动分析与预测、经济政策选择与评价中发挥了至关重要的作用。然而，传统 DSGE 模型的标准分析框架近年来也颇受争议，其中，Colander 等（2008）就曾经指出："任何有意义的宏观经济模型，除了分析代理人个体

———————

① 本·伯南克. 金融的本质：伯南克四讲美联储［M］. 巴曙松译. 北京：中信出版社，2014.

特征之外，更要关注它们相互作用的结构。"因此，用于政策评估的宏观模型，应当更注重研究和分析各个代理人之间的交互性、合作性、协调机制及内生学习机制。通过梳理经典的 DSGE 实证研究文献，不难发现两点问题：首先，模型以坚持各种市场出清规则建立一般均衡，然而这样的出清规则并不符合政策分析模型所要求的"实证经验基础"（Empirically Based）；其次，货币政策部门与财政政策部门往往是独立决策的，服从各自的政策决定规则（如泰勒规则及严格的财政预算平衡规则），因此对货币政策和财政政策的研究往往是分别进行的，并不能体现货币政策部门与财政政策部门之间的交互作用及协调机制。

　　事实上，为了摆脱自 2008～2009 年全球危机以来的经济困境，实施全局最优的政策组合，成为全球政策制定者的共识。一国货币政策与财政政策的相互响应，需要注意特定的战略空间、政策制定目标以及政策的不对称性。开展政策协调机制分析，对宏观经济学的建模提出了挑战，通过构建适当的微观基础、动态性、随机性和博弈均衡，基于 DSGE 分析框架发展的动态随机博弈均衡模型最有可能成功地完成这些任务。因此，为了拟合并研究我国货币政策与财政政策的协调机制及福利效应，分析并理解不同经济环境下货币政策和财政政策的政策选择及其含义，本文参考 DSGE 的分析步骤，分别在两部门"独立"和"合作"实现福利损失最小化的政策协调机制下，构建我国货币财政政策协调机制的动态随机博弈均衡模型，分别讨论了相对独立决策的纳什均衡和卡特尔式的合作均衡机制，对模型参数进行了"中国化"的校准和修正，并通过模拟分析发现我国近 40 年来的经济运行状况更符合合作均衡的情况。进一步地，通过经济福利分析，也验证了合作机制导致了较小的社会福利损失。本文研究意义在于：在理论上统一了政策选择规则——福利损失最小化，并基于统一的政策选择规则求得最优的政策决策方程；通过模拟分析，验证了我国货币财政政策在统一目标规划下采用合作机制的优越性，为平息央行与财政部的"矛盾"、升华两部门合作提供了模拟证据；通过拟合我国货币政策与财政政策之间的响应模式，从而提出理想的政策组合以提高经济福利水平，为我国宏观经济政策的设计及制定提供一定的理论依据及量化参考。

二、文献综述及相关研究的启示

货币政策和财政政策的相互协调机制一直是政府决策部门和学术界共同关注的焦点。宏观经济政策分析近年来经历了广泛的变化，诚然，基于规则的决策方法已经在全世界的货币和财政政策中发挥了重要作用。例如，Woodford（2003）就把注意力放在旨在稳定通货膨胀的利率规则货币政策上。然而，本文的研究目标是分析货币政策和财政政策之间的相互作用及协调机制，需要考虑不同的政策机构之间在不同博弈理论框架下的相互作用所导致的不同决策规则。因此，本文重点针对政策协调机制的国内外文献，做出详细的梳理。

在国际上，货币政策与财政政策协调机制的研究，主要采用动态博弈的分析框架。Backus 和 Driffill（1985），Tabellini（1985）使用重复博弈证明，在特定条件下，低通货膨胀的均衡可以在宏观审慎政策下出现。即当货币当局依靠良好的信誉来控制通胀时，会影响私人部门对于通胀的预期。因此，即使在宏观审慎的情况下，政策制定者也需要保持良好的信誉，这个背景下 Taylor（1993）提出了名义利率应对通胀和产出缺口变化的反应函数，即泰勒规则。同时，财政政策与货币政策之间的协调必须考虑到利益冲突，因为每个决策者都有自己的最优规划目标。在这种情况下，政策调整所诱发的经济溢出和外部性变得非常重要。这个问题是由 Engwerda（1998），Engwerda 等（1999，2002）率先提出，他们在货币政策和财政政策制定者之间建立了动态博弈模型。Dixit（2001）为了分析欧洲国家的货币政策和财政政策的相互作用，建立了 EMU（欧洲货币联盟）和欧洲中央银行（ECB）的动态博弈模型。他发现特定的投票机制可以实现温和稳定的通货膨胀。并且他强调无节制的国家财政政策所起的危险作用，这可能会损害欧洲央行的货币政策承诺。Van Aarle 等（2002）参考 Engwerda 等（2002）的模型建立了分析 EMU 国家货币和财政政策的框架，研究了可选择的政策区制下宏观经济政策的交互性、溢出性和外部性。Kirsanova 等（2005）扩展了传统的三方程泰勒规则新凯恩斯模型，包括货币政策和财政政策的协调分析，分别在不合作、部分合作和完全合作三种情况下考虑了政策之间的互动，新构建的五方程系统用以描述财政政策的作用，将其反馈到债务水平，从而帮助货币当局稳定通胀。结果表明，如果政策当局是合作的，货币当局将承担稳定通胀的责任。此外，纳什均衡的政策协调机制会产生较大的福利损失。Lambertini 和 Rovelli（2003）也利用动态博弈方法研究了货币和财政政策的协调。他们认为每个政策制定者都倾向于作为 Stackelberg 顺序博弈的追随者。但由于具体实施的局限，要求财政当局作为博弈的领先者。另外，Favero（2004）则指出，货币和财政政策之间的战略互补性或替代性可能取决于经济的冲击类型，并且如果财政和货币政策规则惯性不协调，反周期的财政政策可能会导致更大的福利损失。Helton Saulo（2013）通过博弈论方法分析了货币政策与财政政策之间的相互作用，他指出这两项政策之前的协调机制至关重要，因为一个机构的决策可能会对另一个机构造成"灾难性"的影响，造成社会的福利损失。Lech Kruś（2015）通过建立 IS – LM 模型得到财政当局（政府）和货币当局（央行）基于政策工具的博弈框架，在博弈中，货币和财政当局从实现其各自经济目标的角度来选择最佳战略。模拟结果表明，一般情况下，纳什均衡不是帕累托最优的。这意味着政策应该协调一致，而且政策应该通过谈判进行多准则优化从而达到最优的帕累托共识。显然，越来越多的国外学者对西方经济体货币部门和财政部门的相对独立决策机制提出了批判和质疑，例如，Sargent 和 Wallace（1981）提出，货币财政政策不可能完全独立，由于两者受到严格统一的政府跨期预算方程约束，一旦财政政策出现预算赤字，央行必然会通过发行货币为财政赤字融资。Nordhaus（1994）运用博弈模型开创性地证明：央行和财政部的不合作有损于宏观经济稳定，其原因在于央行和财政部政策目标的不一致性，非合作博弈纳什均衡解是高财政赤字与高利率并存，并且高利率抑制了民间投资，高赤字并没有降低失业率和提高产出。Herzog（2006）认为，宏观经济政策的目的是实现非通货膨胀的、稳定的增长，而实现这一目的的政策工具即货币政策与财政政策。但独立决策的中央银行和财政部采取的政策措施目标和含义往往产生冲突，因此需要政策协调，从而有效地执行政策决定直至达到既定目标。

在我国，货币政策与财政政策的协调机制研究，近年来也颇受关注，研究角度和研究方法也发生了广泛的变化。首先是根据基本宏观经济理论，并且对比欧美日等国家的不同情况，从理论上阐述了货币政策与财政政策的协调机制及其作用，如刘锡良（1997）从经济转型期的国情出发，对货币财政政策的配合模式进行了分析，认为我国应从宏观上稳定物价、抑制通胀，中观层面调整产业结构及地区经济结构，微观上处理好公平与效率的关系。郭庆旺（2004）运用主流经济学方法对财政货币政策配合的必要性以及方式方法进行了探讨。其次是以 IS－LM 框架为基准建立联立方程组模型来研究货币政策与财政政策搭配效应，通过模拟分析货币政策和财政政策对宏观经济变量的影响，从而提出相应的政策组合形式。龙小海等（2006）在 IS－LM 模型中引入制度变迁，对我国的经济波动进行了分析，认为货币政策与财政政策应相机协调，宏观调控政策与制度改革要相互配合。林黎与任若恩（2007）在最优化 IS－LM 基准模型中引入对定期存款的配置行为，加入政府和国外部门，从而将模型拓展为四部门三资产模型，然后利用中国数据采用理性预期的方法进行参数估计，运用动态化模型描述经济的演化及政策的效应。张龙与白永秀（2010）通过建立货币财政政策效应分析的联立方程模型，模拟分析了货币财政政策对宏观经济的影响。此外，由于 DSGE 模型近年来被广泛地用于政策效应分析，许多学者通过建立 DSGE 模型研究货币政策与财政政策的协调机制。例如，王彬（2010）建立了包含金融加速器的新凯恩斯主义模型，分析了货币政策和财政政策的宏观经济波动效应，并为政策组合实施提出了合理建议；陈小亮与马啸（2016）构建含有高债务—通缩特征的 DSGE 模型，研究发现，货币政策与财政政策协调（双宽松）可以为财政政策创造空间，并为货币政策节省空间，增强政策可持续性；朱军（2016）构建含有"债券压力"的开放经济DSGE 模型，研究发现财政政策对货币政策响应、货币政策对财政政策不响应符合我国宏观经济事实特征的模式选择。

通过梳理国内外相关研究，可以得到以下三点启示：

（1）良好的政策协调机制能够增强政策的有效性和可持续性，从而能够提高一国治理经济的能力，同时提高整体经济的福利水平。尽管西方学者在两类政策是否应当协调决策的问题上仍有争议，但近年来西方经济体治理经济的事实表明，诸多国家的政策制定者意识到政策合作协调的优势和成效。而在我国，长期以来坚持的发展目标统一、全局最优规划的政策合作机制，确保了货币政策和财政政策的有效性和可持续性，并且实现了经济非通胀的、平稳的增长。

（2）由于不同政策决策部门有其自身最优目标规划，因此，动态博弈的分析方法对于研究政策协调机制及响应方式十分有效。通过构建不合作、部分合作和完全合作的不同博弈机制，可以得到不同政策的最优规划策略以及对其他政策的响应方式。通过前人的研究发现，非合作的纳什博弈机制（西方经济体更倾向于这种政策协调机制）并不是帕累托最优的，而我国的实际情况更类似于卡特尔式的合作博弈，并且合作的政策协调机制能够提高社会总体经济福利水平。

（3）DSGE 方法通过建立具有微观基础的宏观经济模型来解释总体经济现象，如经济增长、经济周期以及货币和财政政策的动态影响，其完整的分析框架和科学的建模方法为政策效应模拟和评估提供了良好的技术支撑。由于欧美国家的货币政策部门与财政政策部门的决策独立性，DSGE 模型用于模拟和评估西方经济体的政策效应取得了巨大的成功。然而，在我国，由于中央银行和财政部都是中华人民共和国国务院的组成部门，两者有统一的经济社会科学发展目标，因此，传统 DSGE 模型中的货币政策规则和财政政策规则并不完全适用于我国的国情，用于政策效应研究的模型必须基于"实证经验基础"进行适当的改进。

综上所述，本文参照 DSGE 的分析框架、建模思想和步骤，同时，引入了纳什均衡和卡特尔合作均衡的政策协调机制，即用博弈均衡代替了传统 DSGE 的市场出清规则，从而构建了动态随机博弈均衡模型。同时，对模型参数进行了"中国化"的修正和校准，借助 Dynare 工具箱，模拟分析了两种不同机制（纳什均衡及合作均衡）下，货币政策和财政政策冲击的宏观经济波动效应。特别地，本文关注了模拟分析中，货币政策和财政政策的相互响应方式、有效性和持续性等特征。最后，通过对比模拟分析中的稳态结果及方差差异，进一步进行了经济福利分析。研究发现：合作博弈的政策协调机制符合我国经济发展事实；良好的政策协调机制能够确保政策的有效性和可持续性，对于提升决策部门公信力起到积极作用；同时，合作机制下，有效地避免了"债务—通缩"及流动性陷阱风险；并且相对于纳什博弈，合作机制是有效的帕累托改进，能够显著提升经济整体的福利水平。

三、基准模型构建

本文将基于新凯恩斯主义菲利普斯曲线表示的供给方程、包含投资和储蓄之间跨期关系的 IS 曲线表示的需求方程、政府应该遵守的跨期预算约束以及最优的货币和财政规则，构建具有前瞻性的动态随机博弈均衡（Dynamic Stochastic Game Equilibrium）模型。

在供给方面（新凯恩斯主义菲利普斯曲线），企业在价格黏性假设下选择使其利润最大化的价格。参照 Woodford（2003）、Kirsanova 等（2005）和郭豫媚等（2018），将通货膨胀率和总产出之间的关系（对数线性化）表示为：

$$\pi_t = \kappa y_t + \beta E_t \pi_{t+1} + \mu_t \tag{1}$$

当前的通货膨胀率 π_t 取决于 $t+1$ 时期的预期通货膨胀率 $E_t \pi_{t+1}$ 以及当前的产出缺口 $\hat{y}_t$。并参照 Woodford（2003），设定供给冲击 μ_t[①]，参数 $\kappa > 0$ 衡量通货膨胀相对于产出缺口敏感性，其中 $0 < \beta < 1$ 为跨期贴现因子。

跨期 IS 曲线表示的经济总需求函数可以基于消费的欧拉方程和市场出清条件得到。本文基于（Woodford，2003）提出的 IS 曲线，参考 Nordhaus（1994）、Kirsanova 等（2005，2014）以及 Bénassy（2007）等将公共债务加入总需求函数对 IS 曲线进行的修改，将封闭经济中对数线性化形式的 IS 曲线表示为：

$$y_t = E_t y_{t+1} - \sigma(r_t - E_t \pi_{t+1}) + \alpha b_t + \zeta_t \tag{2}$$

式中，y_t 表示产出缺口，r_t 为名义利率，b_t 表示债务存量，$E_t y_{t+1}$ 和 $E_t \pi_{t+1}$ 分别表示 t 时刻对下期产出缺口和通胀率的预期，ζ_t 表示需求冲击。$\sigma > 0$ 时，私人支出中的跨期替代弹性。α 衡量了产出缺口对债务的敏感性。由上式可得需求关系不仅取决于当期值，还取决于对未来的预期。当利率的增加（减少）大于 $t+1$ 时，通货膨胀率的预期增加（减少）时，总需求货币政策传导发生。经济总需求通过方程式降低（增加）通货膨胀。

本文参照 Kirsanova 等（2005）设定政府债务约束方程，考虑政府债务 b_t 与上期债务存量 b_{t-1} 和 t 期到 $t-1$ 期流量之间的关系，方程设为：

$$b_t = (1 + r^*)b_{t-1} + \bar{b}r_t + g_t - \tau y_t + \iota_t \tag{3}$$

两期之间流量支付包括利息支付、政府支出和政府收入。其中 r^* 和 r_t 分别代表均衡利率和 t 期利率，$\bar{b}$ 表示债务存量的稳态值，g_t 和 τ 分别为政府支出和税率，ι_t 表示债务冲击。

本文模型系统由新凯恩斯菲利普斯曲线（1）、IS 曲线（2）和政府债务约束方程（3），财政部门的工具政府支出（政府支出规则）以及央行的政

---

① 供给冲击在通货膨胀与产出缺口稳定之间进行权衡。

策工具为利率（利率规则）构成。在新凯恩斯主义框架下，本文将使用博弈论方法，在不同的协调机制下推导最优政策规则，使财政部门和央行的福利损失最小。

传统的经济学理论认为，相机抉择机制能够有效解决经济活动中的滞胀问题，而 Kydland 和 Prescott（1977）认为，相机抉择机制决定的只是一种次优机制，政府只有采取时间一致性的经济政策，才能达到既定的经济目标，达到经济的最优均衡。设定财政部门和货币部门的福利损失函数时，本文不仅考虑其目标变量，还从时间一致性的角度出发，通过在政策工具变量，加入对决策部门政策持续性的考察[①]，以反映时间一致性。因此，本文将各部门政策工具加入其损失函数，在考虑时间一致性的前提下求解最优政策规则。

（一）货币政策与财政政策的非合作协调机制

首先，当财政部门和央行同时做出决策，即两部门形成纳什非合作协调机制时寻找两部门的最优决策规则。本文借鉴 Ball（1999）、Kirsanova 等（2005）、Helton 等（2013），将货币部门福利损失函数设为：

$$L_t^M = \rho_\pi \pi_t^2 + \rho_y y_t^2 + \rho_r (r_t - r^*)^2 \tag{4}$$

则货币当局的福利损失最小化问题可以表示为：

$$minE_0 \left\{ \frac{1}{2} \sum_0^\infty \beta^t (\rho_\pi \pi_t^2 + \rho_y y_t^2 + \rho_r (r_t - r^*)^2) \right\} \tag{5}$$

式中，约束方程为方程（1）和方程（2）。将其代入方程（5），可得拉格朗日方程：

$$L_M = E_0 \left\{ \sum_0^\infty \beta^t \begin{bmatrix} \rho_\pi \pi_t^2 + \rho_y y_t^2 + \rho_r (r_t - r^*)^2 \\ + \lambda_{1t} (y_t - y_{t+1} + \sigma(r_t - \pi_{t+1}) - \alpha b_t - o_t^n) \\ + \lambda_{2t} (\pi_t - \kappa y_t - \beta \pi_{t+1} - \nu_t) \end{bmatrix} \right\} \tag{6}$$

---

① 20 世纪 80 年代以来，中国经历了 6 次经济波动，而每次经济波动，政府都实施了相机抉择型财政政策，交替使用"松"或"紧"的手段去作用于经济周期。这些政策运作都起到一定的甚至很大的效果，但负作用也显而易见，尤其 1998 年开始的"积极财政政策"更是如此，它改变了中国财政政策的运作模式，从被动型赤字财政政策模式正式转到主动型上来，大大加强了相机抉择型财政政策运作的分量，同时也以其特殊性引起世人的广泛关注。它的实施，使现代财政政策理论在中国似乎失灵了：原本应当是短期的财政政策，却不得不中长期使用；原本应当废止的若干传统行政手段，不仅还在使用，而且似乎比市场手段还更灵验有效；原本财政应当减收以刺激经济，增收以抑制经济，却不管经济冷热，财政的年增收规模都大幅攀升，等等。

式中，λ_{1t} 和 λ_{2t} 是拉格朗日乘数。通过极小化上述损失函数，可以得到如下的最优性条件：

$$\frac{\partial L}{\partial \pi_t} = \rho_\pi \pi_t - \beta^{-1} \sigma \lambda_{1,t-1} + \lambda_{2,t} - \lambda_{2,t-1} = 0 \tag{7}$$

$$\frac{\partial L}{\partial y_t} = \rho_y y_t + \lambda_{1,t} - \beta^{-1} \lambda_{1,t-1} - \kappa \lambda_{2,t} = 0 \tag{8}$$

$$\frac{\partial L}{\partial (r_t - r^*)} = \rho_r (r_t - r^*) + \sigma \lambda_{1,t} = 0 \tag{9}$$

通过进一步计算可以得到最优的名义利率规则：

$$r_t = -\Psi_{r,0} r^* + \Psi_{r,1} r_{t-1} - \Psi_{r,2} r_{t-2} + \Psi_{\pi,0} \pi_t + \Psi_{y,0} y_t - \Psi_{y,1} y_{t-1} \tag{10}$$

式中，$\Psi_{r,0} = \frac{\sigma\kappa}{\beta}$，$\Psi_{r,1} = \left(\frac{\sigma\kappa}{\beta} + \frac{1}{\beta} + 1 \right)$，$\Psi_{r,2} = \frac{1}{\beta}$，$\Psi_{\pi,0} = \frac{\rho_\pi \sigma\kappa}{\rho_r}$，$\Psi_{y,0} = \frac{\rho_y \sigma}{\rho_r}$，$\Psi_{y,1} = \frac{\rho_y \sigma}{\rho_r}$。中央银行的最优利率规则一方面考虑利率以及产出缺口滞后期等历史因素的影响；另一方面考虑当期产出缺口以及通胀等因素的影响。其中菲利普斯曲线斜率陡峭程度由 κ 衡量，κ 越大，利率对通胀偏离目标的反应越强。跨期替代弹性 σ 在货币当局反应函数中也起重要作用，σ 越高意味着利率对通货膨胀率和产出缺口的偏差的反应越强。

财政部门与货币部门类似，同样考虑加入工具变量，区别在于财政部门的政策工具是政府支出，本文参考 Kirsanova 等（2005），将福利损失函数形式设为：

$$L_t^F = \phi_\pi \pi^2 + \phi_y y_t^2 + \phi_g g_t^2 \tag{11}$$

式中，债务目标水平没有进入损失函数。如果存在财政政策对债务水平的反馈机制，那么经济将呈现周期性，因此，对家庭福利来说重要的通货膨胀和产出的波动性会更高，这可能使福利减少。若政策当局的福利损失函数中有一个债务目标，那么，政策制定者将不得不按照目标函数中与债务惩罚规模成正比的债务反馈债务机制，这将损害主要宏观经济变量的稳定性并导致福利损失。

则财政当局的福利损失最小化问题可以表示为：

$$\min E_0 \left\{ \frac{1}{2} \sum_{t=0}^{\infty} \beta^t (\phi_\pi \pi_t^2 + \phi_y y_t^2 + \phi_g g_t^2) \right\} \tag{12}$$

其中，约束条件为方程（1）、方程（2）和方程（3）。将其代入方程（12），可得拉格朗日方程：

$$L_F = E_0 \left\{ \sum_{t=0}^{\infty} \beta^t \left[\begin{array}{l} \frac{1}{2}\phi_\pi \pi_t^2 + \frac{1}{2}\phi_y y_t^2 + \frac{1}{2}\phi_g g_t^2 + \\ \lambda_{1t}(y_t - y_{t+1} + \sigma(r_t - \pi_{t+1}) - \alpha b_t - o_t^n) + \\ \lambda_{2t}(\pi_t - \kappa y_t - \beta \pi_{t+1} - \nu_t) + \\ \lambda_{3t}(b_t - (1+r^*)b_{t-1} - \overline{b}r_t - g_t + \tau y_t - \eta_t) \end{array} \right] \right\} \quad (13)$$

相应的一阶条件为：

$$\frac{\partial L}{\partial \pi_t} = \phi_\pi \pi_t - \beta^{-1}\sigma\lambda_{1,t-1} + \lambda_{2,t} - \lambda_{2,t-1} = 0 \quad (14)$$

$$\frac{\partial L}{\partial y_t} = \phi_y y_t + \lambda_{1,t} - \beta^{-1}\lambda_{1,t-1} - \kappa\lambda_{2,t} + \tau\lambda_{3,t} = 0 \quad (15)$$

$$\frac{\partial L}{\partial g_t} = \phi_g g_t - \lambda_{3,t} = 0 \quad (16)$$

$$\frac{\partial L}{\partial b_t} = -\alpha\lambda_{1,t} + \lambda_{3,t} - (1+r^*)\beta\lambda_{3,t+1} = 0 \quad (17)$$

通过进一步计算可以得到最优的政府支出规则：

$$g_t = -\Upsilon_{\pi,0}\pi_t + \Upsilon_{g,1}g_{t-1} - \Upsilon_{g,2}g_{t-2} + \Upsilon_{g,+1}E_t g_{t+1} - \Upsilon_{y,0}y_t + \Upsilon_{y,1}y_{t-1} \quad (18)$$

其 中，$\Upsilon_{\pi,0} = \frac{\alpha\phi_\pi\kappa}{\phi_g}$，$\Upsilon_{g,1} = \frac{\beta^{-1}\sigma\kappa + \beta^{-1} + 1 + (1+r^*)}{(1+r^*)(\sigma\kappa\alpha+1+\beta)+\tau\alpha+1}$，$\Upsilon_{g,2} = \frac{1}{\beta((1+r^*)(\sigma\kappa\alpha+1+\beta)+\tau\alpha+1)}$，$\Upsilon_{g,+1} = \frac{(1+r^*)\beta}{\beta((1+r^*)(\sigma\kappa\alpha+1+\beta)+\tau\alpha+1)}$，$\Upsilon_{y,0} = \Upsilon_{y,1} = \frac{\phi_y\alpha}{\phi_g\beta((1+r^*)(\sigma\kappa\alpha+1+\beta)+\tau\alpha+1)}$，由上述政府支出规则，可得财政政策由当期通货膨胀、当期和滞后期的产出缺口以及政府支出的滞后期和预期决定。由于其中福利损失函数中政府支出的权重 ϕ_g 增加会减少对通货膨胀和产出缺口偏差的反应。

（二）货币政策与财政政策的合作协调机制

当财政部门和货币部门为追求共同的政策目标而选择卡特尔式合作时，政策之间协调机制发生作用。财政部门和货币部门面临相同的目标函数：

$$\min E_0 \left\{ \frac{1}{2}\sum_{t=0}^{\infty} \beta^t (\chi_\pi \pi_t^2 + \chi_y y_t^2 + \chi_r (r_t - r^*) + \chi_g g_t^2) \right\} \quad (19)$$

约束条件为方程（1）、方程（2）、方程（3）。将其代入方程（19），可得拉格朗日方程：

$$L = E_0 \left\{ \sum_{t=0}^{\infty} \beta^t \left[\begin{array}{l} \frac{1}{2}\chi_\pi \pi_t^2 + \frac{1}{2}\chi_y y_t^2 + \frac{1}{2}\chi_r (r_t - r^*)^2 + \frac{1}{2}\chi_g g_t^2 \\ + \lambda_{1t}(y_t - y_{t+1} + \sigma(i_t - \pi_{t+1}) - \alpha b_t - o_t^n) \\ + \lambda_{2t}(\pi_t - \kappa y_t - \beta \pi_{t+1} - \nu_t) \\ + \lambda_{3t}(b_t - (1 + r^*)b_{t-1} - \bar{b}r_t - g_t + \tau y_t - \eta_t) \end{array} \right] \right\} \quad (20)$$

可得相应的一阶条件：

$$\frac{\partial L}{\partial \pi_t} = \chi_\pi \pi_t - \beta^{-1}\sigma\lambda_{1,t-1} + \lambda_{2,t} - \lambda_{2,t-1} = 0 \quad (21)$$

$$\frac{\partial L}{\partial y_t} = \chi_y y_t + \lambda_{1,t} - \beta^{-1}\lambda_{1,t-1} - \kappa\lambda_{2,t} + \tau\lambda_{3,t} = 0 \quad (22)$$

$$\frac{\partial L}{\partial (r_t - r^*)} = \chi_r(r_t - r^*) + \sigma\lambda_{1,t} - \bar{b}\lambda_{3,t} = 0 \quad (23)$$

$$\frac{\partial L}{\partial g_t} = \chi_g g_t - \lambda_{3,t} = 0 \quad (24)$$

可得最优利率规则为：

$$r_t = -\Psi_{r,0}r^* + \Psi_{r,1}r_{t-1} - \Psi_{r,2}r_{t-2} + \Psi_{\pi,0}\pi_t + \Psi_{y,0}y_t - \Psi_{y,1}y_{t-1} \\ + \Psi_{g,0}g_t - \Psi_{g,1}g_{t-1} + \Psi_{g,2}g_{t-2} \quad (25)$$

式中，$\Psi_{r,0} = \dfrac{\sigma\kappa}{\beta}$，$\Psi_{r,1} = \left(\dfrac{\sigma\kappa}{\beta} + \dfrac{1}{\beta} + 1\right)$，$\Psi_{r,2} = \dfrac{1}{\beta}$，$\Psi_{\pi,0} = \dfrac{\chi_\pi \sigma\kappa}{\chi_r}$，$\Psi_{y,0} = \dfrac{\chi_y \sigma}{\chi_r}$，$\Psi_{y,1} = \dfrac{\chi_\pi \sigma}{\chi_r}$，$\Psi_{g,0} = \dfrac{\bar{b}\chi_g + \sigma\tau\chi_g}{\chi_r}$，$\Psi_{g,1} = \left(\dfrac{\sigma\kappa\bar{b}\chi_g}{\beta\chi_r} + \dfrac{\bar{b}\chi_g}{\beta\chi_r} + \dfrac{\bar{b}\chi_g}{\chi_r} + \dfrac{\sigma\tau\chi_g}{\chi_r}\right)$，$\Psi_{g,2} = \dfrac{\bar{b}\chi_g}{\beta\chi_r}$

最优的政府支出规则为：

$$g_t = -\Upsilon_{\pi,0}\pi_t + \Upsilon_{r,0}(r_t - r^*) - \Upsilon_{r,1}(r_{t-1} - r^*) + \Upsilon_{r,2}(r_{t-2} - r^*) \\ - \Upsilon_{y,0}y_t + \Upsilon_{y,1}y_{t-1} + \Upsilon_{g,1}g_{t-1} - \Upsilon_{g,2}g_{t-2} + \Upsilon_{g+1}E_t g_{t+1} \quad (26)$$

其中，定义 $\Delta = \left(\dfrac{\bar{b}\chi_g}{\sigma_r} + \tau\chi_g\right)$，$\Upsilon_{\pi,0} = \dfrac{\chi_\pi \kappa}{\Delta}$，$\Upsilon_{r,0} = \dfrac{\chi_r}{\sigma\Delta}$，$\Upsilon_{r,1} = \left(\dfrac{\chi_r \kappa}{\beta\Delta} + \dfrac{\chi_r}{\beta\sigma\Delta} + \dfrac{\chi_r}{\sigma\Delta}\right)$，$\Upsilon_{r,2} = \dfrac{\chi_r}{\beta\sigma\Delta}$，$\Upsilon_{y,0} = \Upsilon_{y,1} = \dfrac{\chi_y}{\Delta}$，$\Upsilon_{g,1} = \left(\dfrac{\chi_g \kappa\bar{b}}{\beta\Delta} + \dfrac{\chi_g \bar{b}}{\beta\sigma\Delta} + \dfrac{\chi_g \bar{b}}{\sigma\Delta} + \dfrac{\tau\chi_g}{\Delta}\right)$，$\Upsilon_{g,2} = \dfrac{\chi_g \bar{b}}{\beta\sigma\Delta}$

上述两部门的行动规则与纳什非合作机制下的最优规则相似，但在合作机制下，各部门在自己的决策规则中都考虑了对方的行动规则。即最优的名义利率规则对当期和滞后期的政府支出进行反馈，最优的政府支出规则中加入了对当期和滞后期的利率的反应。

(三) 动态随机博弈均衡系统的构建

本文中动态随机博弈均衡系统由新凯恩斯主义菲利普斯曲线表示的供给方程、包含投资和储蓄间跨期关系的 IS 曲线表示的需求方程、政府应该遵守的跨期预算约束以及最优的货币和财政规则以及对外生的需求、供给、贷款、货币政策和财政政策的随机性假设构成。

首先，非合作的纳什博弈条件下的动态随机博弈均衡模型方程组为：

$$\pi_t = \kappa y_t + \beta E_t \pi_{t+1} + \mu_t$$

$$y_t = E_t y_{t+1} - \sigma(r_t - E_t \pi_{t+1}) + \alpha b_t + \zeta_t$$

$$b_t = (1 + r^*) b_{t-1} + \overline{b} r_t + g_t - \tau y_t + \iota_t$$

$$r_t = -\Psi_{r,0} r^* + \Psi_{r,1} r_{t-1} - \Psi_{r,2} r_{t-2} + \Psi_{\pi,0} \pi_t + \Psi_{y,0} y_t - \Psi_{y,1} y_{t-1} + \upsilon_t$$

$$g_t = -\Upsilon_{\pi,0} \pi_t + \Upsilon_{g,1} g_{t-1} - \Upsilon_{g,2} g_{t-2} + \Upsilon_{g+1} E_t g_{t+1} - \Upsilon_{y,0} y_t + \Upsilon_{y,1} y_{t-1} + \ell_t$$

$$\mu_t = \eta_\mu \mu_{t-1} + \varepsilon_\mu$$

$$\zeta_t = \eta_\zeta \zeta_{t-1} + \varepsilon_\zeta$$

$$\iota_t = \eta_\iota \iota_{t-1} + \varepsilon_\iota$$

$$\upsilon_t = \eta_\upsilon \upsilon_{t-1} + \varepsilon_\upsilon$$

$$\ell_t = \eta_\ell \ell_{t-1} + \varepsilon_\ell$$

外生冲击均服从平稳的 AR (1) 过程。

其次，卡特尔合作博弈下的动态随机博弈均衡系统类似于纳什博弈下的结构模型，区别在于财政部门和货币部门最优政策规则的不同：

$$\pi_t = \kappa y_t + \beta E_t \pi_{t+1} + \mu_t$$

$$y_t = E_t y_{t+1} - \sigma(r_t - E_t \pi_{t+1}) + \alpha b_t + \zeta_t$$

$$b_t = (1 + r^*) b_{t-1} + \overline{b} r_t + g_t - \tau y_t + \iota_t$$

$$r_t = -\Psi_{r,0} r^* + \Psi_{r,1} r_{t-1} - \Psi_{r,2} r_{t-2} + \Psi_{\pi,0} \pi_t + \Psi_{y,0} y_t - \Psi_{y,1} y_{t-1}$$
$$\quad + \Psi_{g,0} g_t - \Psi_{g,1} g_{t-1} + \Psi_{g,2} g_{t-2}$$

$$g_t = -\Upsilon_{\pi,0} \pi_t + \Upsilon_{r,0} (r_t - r^*) - \Upsilon_{r,1} (r_{t-1} - r^*) + \Upsilon_{r,2} (r_{t-2} - r^*)$$
$$\quad - \Upsilon_{y,0} y_t + \Upsilon_{y,1} y_{t-1} + \Upsilon_{g,1} g_{t-1} - \Upsilon_{g,2} g_{t-2} + \Upsilon_{g+1} E_t g_{t+1}$$

$$\mu_t = \eta_\mu \mu_{t-1} + \varepsilon_\mu$$

$$\zeta_t = \eta_\zeta \zeta_{t-1} + \varepsilon_\zeta$$

$$\iota_t = \eta_\iota \iota_{t-1} + \varepsilon_\iota$$

$$\upsilon_t = \eta_\upsilon \upsilon_{t-1} + \varepsilon_\upsilon$$
$$\ell_t = \eta_\ell \ell_{t-1} + \varepsilon_\ell$$

四、模型校准及模拟分析

通过前文的分析，本文已经构建了两种政策协调机制的动态随机博弈均衡模型。不难发现，其对数线性化之后的动态结构方程组与传统的 DSGE 模型类似，因此，本文仍然参照 DSGE 模型的模拟分析方法，首先对模型的稳态参数进行校准，然后借助 Dynare 工具箱模拟分析外生冲击的波动效应。

在对构建的动态随机博弈均衡模型进行模拟分析前，首先需要进行参数校准。须校准的模型参数主要包括菲利普斯曲线中通货膨胀的预期系数 β 和产出缺口的权重 κ、IS 曲线中产出缺口的利率弹性以及债务弹性。这些参数值的大小反映了我国经济运行状况的特征。因此，本文中参数校准值均参照相关中国现实经济分析的经验文献。

对于预期通胀率对实际通胀率的影响系数，巩师恩和范从来（2013）在其构建的通货膨胀动态方程研究中得到其值为 0.76，吕越和盛斌（2011）在考虑我国地区间经济发展及开放程度等差异的基础上，得到预期通胀率的影响系数约为 0.814，本文参照卞志村和高洁超（2014）的做法，取以上研究结果的平均值，将通货膨胀预期系数设为 0.787。耿强等（2009）在对我国开放经济下通货膨胀动态特性研究中，得到中国产出缺口对实际通货膨胀率的影响系数在 0.16 ~ 0.23，于光耀和徐娜（2011）估计产出缺口对通货膨胀的影响为 0.2 ~ 0.3，本文参照伍戈（2014）基于动态菲利普斯曲线研究结果，将产出缺口影响系数设为 0.229。这也与上述学者的研究结果相吻合。本文参照刘斌（2003）利用 GMM 方法对中国动态 IS 曲线的估计，将 IS 曲线中实际利率系数设为 0.14。债务对产出缺口的影响系数，采用张佐敏（2014）在动态随机一般均衡模型框架下对我国财政规则的研究结果，将其设为 0.219。对于中国自然利率的设定，本文参照李宏瑾（2016）基于泰勒规则对中国自然利率的估计结果，将我国自然利率设为 2.5%。财政赤字占总产出的比例用政府支出总额减去收入总额后与总产出的比值替代，本文得到的稳态校准结果为 0.034。如表 1 所示。

表1　参数校准结果

参数	β	κ	σ	α	r^*	$\overline{b}$
取值	0.787	0.229	0.14	0.219	2.5%	0.034

进一步地，对两种协调机制下正向的需求冲击、货币政策冲击及财政政策冲击（债务冲击及政府支出冲击）进行了模拟分析，分别得到了各个冲击的脉冲相应函数。

（一）货币政策与财政政策的非合作协调

在相对独立决策的纳什均衡协调机制下，货币部门与财政部门均具有相对独立的决策权，两者根据各自的目标函数做出最优规划，宏观经济变量及政策工具变量受到不可预期的外生冲击后的波动情况。如图1～图4所示。

如图1所示，在非合作纳什博弈机制的情况下，正向的需求冲击无疑扩大了产出缺口，推动了经济增长同时推高通胀。此时，中央银行采取紧缩的货币政策予以应对，而财政政策部门的应对则出现了典型的"震荡"调整特征，特别是政府支出政策，前20期在宽松与紧缩之间频繁地转向调整。尽管西方学者认为这一现象是合理的"超调"机制，但是对于政府信誉与

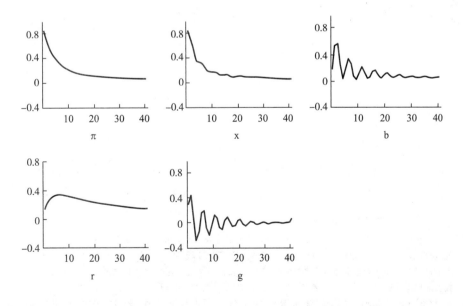

图1　纳什博弈机制下需求冲击脉冲响应

公信力无法产生积极的影响，同时也增加了财政政策风险。在后文的福利分析中，也能看到这种政策的频繁转向对社会福利造成的损失。

如图2所示，正向的货币政策冲击最直接的效应无疑是推动利率上升。然而，其他变量，特别是通胀率的变化与我国学者诸如王彬（2010）、朱军（2015）等的研究不同。这是由于财政部门为了实现自身的最优规划目标，采取过于宽松的财政政策刺激经济所导致的，显然这不利于经济的平稳运行，也不符合我国经济运行实际。同样，在后文的福利分析中，纳什均衡的情形下，货币政策冲击导致经济变量的波动程度明显，从而造成较大的社会福利损失。

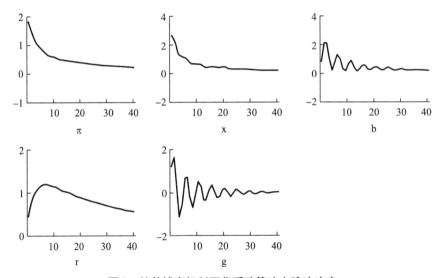

图2　纳什博弈机制下货币政策冲击脉冲响应

如图3所示，正向的政府债务冲击刺激了经济的增长，同时，货币政策部门为了实现自身的最优规划采用"紧缩"的政策——不断提高利率予以应对。这个结果看上去很符合我国2009年"四万亿"投资计划①带来的经

① 2009年5月21日，发改委有关负责人解释了4万亿元新增投资的资金来源情况。在4万亿元投资中，新增中央投资共11800亿元，占总投资规模的29.5%，主要来自中央预算内投资、中央政府性基金、中央财政其他公共投资以及中央财政灾后恢复重建基金；其他投资28200亿元，占总投资规模的70.5%，主要来自地方财政预算、中央财政代发地方政府债券、政策性贷款、企业（公司）债券和中期票据、银行贷款以及吸引民间投资等。（发改委："万亿新增中央投资有四大来源"，《中国证券报》，2009年5月22日）

济增长效应及之后的多轮货币政策调整措施，然而，频繁变向的财政支出政策及产出和通胀较大幅度的波动，并不符合我国真实的经济运行实际。

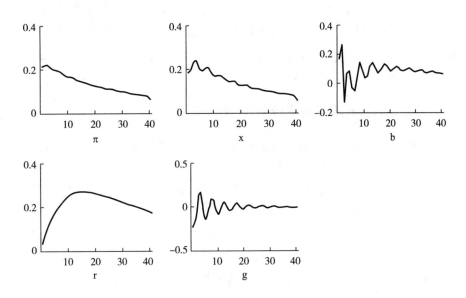

图3 纳什博弈机制下政府债务冲击脉冲响应

如图4所示，在纳什均衡的情形下，财政支出的正向冲击带来了"债

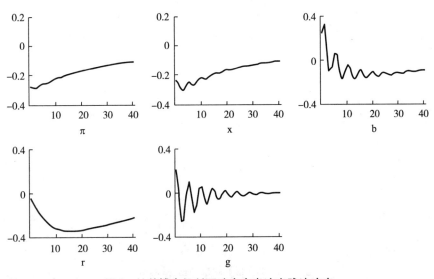

图4 纳什博弈机制下政府支出冲击脉冲响应

务—通缩"风险,即政府负债增长和通货紧缩并存。同时看到,持续宽松的货币政策,并不能改善经济的萧条,通胀率与产出缺口长期低于稳态水平。这一结果验证了凯恩斯关于经济"大萧条"时期流动性陷阱的假说,在西方经济体相对独立的政策决策机制下,的确可能出现货币政策失效的风险。而在我国,并没有出现类似的情形,在后文的模拟分析中可以看出,良好的政策协调机制能够有效避免"债务—通缩"和流动性陷阱的风险。

(二) 货币政策与财政政策的合作协调

在货币政策与财政政策卡特尔式的合作协调机制下,货币部门与财政部门有统一的经济发展目标,并且两者协调运用各自政策工具从而保证最优规划的实现。此时,宏观经济变量及政策工具变量受到不可预期的外生冲击后的波动情况。如图 5 ~ 图 8 所示。

如图 5 所示,在合作机制的情形下,正向的需求冲击首先引起了产出和通胀的小幅正向波动。不难发现,货币部门和财政部门采用了适度宽松的财政政策(小幅提升政府负债及政府支出)及稳健的货币政策予以应对,从而确保产出缺口及通胀率较快地回到稳态水平,并且在至少 5 个时期内保持了政策的持续性。

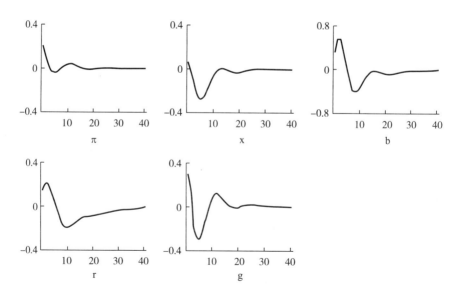

图 5　合作机制下需求冲击脉冲响应

如图6所示，在合作机制下，紧缩的货币政策的直接效应无疑是提高利率，从而有效地抑制了经济的快速增长，并且使通胀率和产出缺口迅速回落至稳态以下。同时可以看到，财政部门的响应方式是降低政府负债并逐渐增加政府支出，从而促使经济增长逐步回归稳态水平。

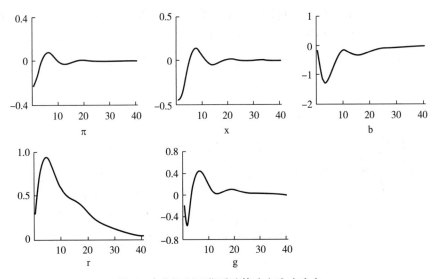

图6　合作机制下货币政策冲击脉冲响应

如图7所示，在合作机制下，温和的债务冲击并不会引致经济的大幅波

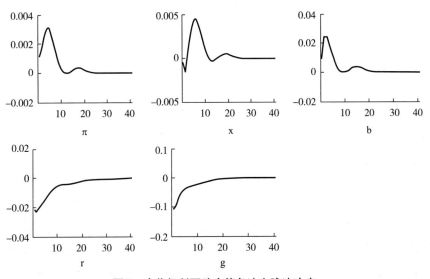

图7　合作机制下政府债务冲击脉冲响应

动，同时，配合稳健的货币政策既可以确保经济的平稳运行，并且不会出现"债务—通缩"风险。通过模拟分析和脉冲响应图，可以清晰地看到，宏观政策（货币政策、政府债务及政府支出）均没有出现明显的转向，确保了政策取向的时间一致性，有利于政府公信力的确立与提升。

如图 8 所示，在合作机制下，宽松的财政政策（政府债务及政府支出同时增加）促进了经济增长，同时，中央银行采用适度紧缩的货币政策予以响应，即可实现稳定物价的最优规划目标。宏观政策的持续性和时间一致性也得以确保，经济发展平稳有序，政策协调的优势显而易见。

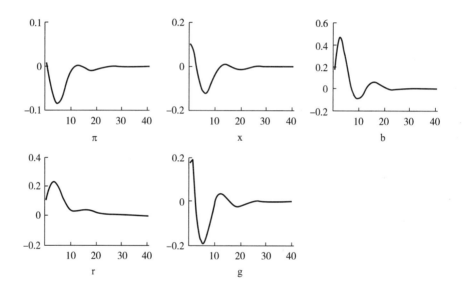

图 8   合作机制下政府支出冲击脉冲响应

通过对比纳什博弈机制和合作博弈机制两种情形的模拟分析，不难发现：①在纳什博弈机制下，政策冲击的宏观经济波动效应明显，并且由于决策部门是相对独立地作出规划，政策的转向较为频繁，带有典型"震荡"调整特征，容易导致政策的时间不一致性；而在合作博弈机制下，政策冲击的宏观经济波动效应较温和，同时由于决策部门采取了卡特尔式的合作博弈，政策的持续性和时间一致性得到了保障。②在纳什博弈机制下，紧缩的货币政策伴随的是宽松的财政政策，因此，货币政策的收紧并没有得到抑制经济过热的预期效果，导致货币政策的失效；而在合作机制下，紧缩的货币政策伴随的是稳健的财政政策组合（即政府负债收紧与政府支出略增加），在达到抑制经济过热的效果之后，使经济逐步回归至稳态水平。③在纳什博弈机制下，宽松的财政政策如政府支出的正向冲击明显导致了"债务—通缩"风险，同时伴随着持续宽松的货币政策长期失效，即流动性陷阱的出现；而在合作博弈机制下，债务的正向冲击不会引起经济的剧烈波动，配合稳健的货币政策并适当减少政府支出，既可以刺激经济温和增长也不会引致物价的高企，同样，政府支出的正向冲击搭配了适度紧缩的货币政策，在提振经济的同时又能够很好地稳定物价。

综上所述，纳什博弈协调机制下的政策效应较为明显，但是，由于决策部门的相对独立性，导致其政策的频繁变向乃至可能造成时间不一致性，同时，也伴随诸如"债务—通缩"及流动性陷阱的风险。因此，从模拟结果来看，纳什博弈的政策协调机制并不符合我国经济运行实际。同时，合作博弈机制的政策效应相对温和，并且由于两者具有统一的最优规划目标，合作博弈机制下的最优决策往往是较理想的政策组合。在模拟结果中也可以看到，政策的有效性、持续性和时间一致性得以实现，对于经济的平稳增长和物价的稳定都提供了良好的环境基础和政策保障。正如 Krugman（2015）所指出的，货币政策与财政政策良好的协调机制能够确立公众信心，有效实现再通胀，从而帮助经济摆脱萧条。

五、均衡比较与经济福利分析

对于本文考虑的两类动态随机博弈均衡，利用 Dynare 工具箱求解稳态，得到表 2 的结果：

表 2　两类博弈均衡稳态值

变量	纳什均衡	合作均衡
通胀率	0.0261	0.0012
产出缺口	0.0243	0.0011
政府负债	0.0241	0.0118
利率	0.0637	0.0196
政府支出	0.0084	− 0.0036

通过对比稳态结果，不难发现，在合作机制下，各个变量偏离目标的程度都相对较小，显然，良好的政策协调机制确保了经济增长、物价稳定与充分就业等多目标的实现。

社会福利损失被定义为财政或货币当局预期的自身损失的总和，即 $L = L_t^M + L_t^F$，参考 Woodford（2003），可以通过计算无条件的方差来获得，根据经济福利损失函数的计算公式，可以表示为：

$$L_t^M = \rho_\pi var(\pi_t) + \rho_y var(y_t) + \rho_r var(r_t)$$
$$L_t^F = \phi_\pi var(\pi_t) + \phi_y var(y_t) + \phi_g var(g_t)$$

代入各个变量的方差从而得出两类博弈均衡福利损失情况。由于货币部门往往更关注通胀率，不妨将通货膨胀权重系数取1，其余取0.5，同理财政部门往往更关注产出，不妨将产出权重系数取1，其余取0.5。如表3所示：

表3 两类协调机制下的福利损失

变量	损失系数		方差		福利损失			
	财政部门	货币部门	纳什机制	合作机制	纳什机制		合作机制	
通胀率	0.5	1	5.871	0.207	L_t^M	21.70	L_t^M	4.96
产出缺口	1	0.5	11.744	1.030	L_t^S	19.14	L_t^S	2.16
政府负债			8.571	9.584	L	40.84	L	7.12
利率		0.5	1.921	8.478				
政府支出	0.5		8.912	2.043				

显然，在纳什博弈的协调机制下，代表宏观经济波动程度的通胀率及产出缺口方差比合作博弈机制大得多，这种相对独立决策的政策协调机制无法保障经济的平稳运行和良好发展。同时，其主要的政策工具变量——政府负债及利率的波动性却低于合作博弈机制，实际上这显示了政策工具的调整空间相对较小，但却导致了更为剧烈的经济波动，使通胀率及产出缺口偏离目标值更远，从而形成了较大的经济福利损失。毫无疑问，通过经济福利分析可知，相对于纳什机制，合作机制是有效的帕累托改进，具有明显的制度优越性，能够显著提升经济整体的福利水平。

六、结论及政策建议

自 2008～2009 年爆发全球性经济危机以来，世界上的两大超级央行——美联储和欧洲中央银行一面不断地与财政部"较劲"，一面呼吁财政政策应当与货币政策相互配合和协调。事实上，世界主流经济体的政策制定者越来越意识到货币政策与财政政协协调配合，并且共同发力的积极作用与良好效果。而在我国，中央银行与财政部均隶属于国务院，两者具有统一的经济社会发展目标，一直以来，良好的货币政策与财政政策合作协调机制确保了经济又好又快增长。本文注意到，政策效应研究模型应当具备"实证经验基础"，将动态博弈分析方法引入随机均衡框架，即引入了纳什博弈和卡特尔合作博弈的政策协调机制，用博弈均衡代替了传统 DSGE 的市场出清规则，从而构建了动态随机博弈均衡模型。进一步地，对模型参数进行了"中国化"的修正和校准，借助 Dynare 工具箱，模拟分析了两种不同机制（纳什均衡及合作均衡）下，货币政策和财政政策冲击的宏观经济波动效应。本文特别关注了脉冲响应分析中，货币政策和财政政策的相互响应方式、有效性和持续性等特征。并且通过对比稳态结果及方差差异，利用福利损失函数进行了经济福利分析。

通过模拟的脉冲响应分析及经济福利分析，本文得出如下结论：

（1）在纳什博弈的情况下，货币政策与财政政策具有相对独立的决策权，能够较为自由并且灵活地使用各自的政策工具从而实现其最优规划目标。然而，这样的协调机制在应对外部冲击时，例如，不可预期的需求冲击时，财政政策出现了频繁的转向调整，一方面造成对政府信誉与公信力消极影响，另一方面对社会经济福利造成损失。并且对于紧缩的货币政策，财政部门会采用宽松的财政政策予以应对，由此导致通胀率的不降反升，十分不利于经济平稳运行。政府支出的正向冲击又带来了"债务—通缩"风险，导致了流动性陷阱的出现，完全符合本·伯南克对于财政政策"帮倒忙"的指责。可见，货币政策与财政政策具有相对独立的纳什博弈机制并不能确保政策工具达到预期的调控效果，并且在这样的机制下，政策工具的频繁转向调整不利于政府公信力的确立，同时带来了较大的社会福利损失。

（2）在卡特尔式的合作博弈下，货币政策与财政政策相互配合并且共同发力，从而实现统一的最优规划目标。在应对不可预期的需求冲击时，采取"稳健的货币政策和适度宽松的财政政策"使经济较快回归稳态，同时至少在 5 个时期内保持了政策的一致性和持续性。在经济过热的情况下，"紧缩的货币政策、收紧政府债务、逐渐增加政府支出"的政策组合能够抑制经济快速增长，逐步回归稳态增长水平。在经济下行周期，宽松的财政政策无疑能够促进经济增长，而搭配以"适度紧缩的货币政策"即可实现稳定物价的最优规划目标。注意到，在合作机制下温和的政府债务冲击不会导致经济大幅波动，并且不用担心"债务—通缩"风险，配合稳健的货币政策并适当减少政府支出，既可以刺激经济温和增长，也不会引致物价的高企。可见，具有统一规划目标的货币政策与财政政策合作协调机制，是符合我国经济运行实际，并且能够确保经济平稳增长的良好制度保障。合作机制不仅确保了政策工具的有效性和持续性，同时，由于经济福利损失较小从而提升了社会整体福利水平。

（3）根据稳态结果可知，在合作机制下，不仅通胀率和产出缺口偏离目标的程度较小，作为政策工具的政府负债、利率及政府支出也更为接近目标水平。可见，良好的政策协调机制对政策工具目标的设定更为精确，并且能够确保经济增长、物价稳定与充分就业等经济发展目标的实现。

根据上述研究结论，结合我国经济进入新常态的发展现状，本文提出如下货币政策与财政政策协调优化建议：

（1）继续坚持并深化我国一贯的货币政策与财政政策合作协调机制，两者在统一的社会经济科学发展目标下，选择最优的政策组合策略，从而确保经济的持续增长和良好运行。

（2）在经济结构转型及下行压力下，"积极的财政政策"无疑是正确且有效的政策刺激手段，中央银行采用适度紧缩的货币政策予以响应，即可实现稳定物价的最优规划目标，这即是我国去年提出的"紧货币，宽财政"的政策组合策略。根据本文的模拟结果，不难发现，大约 3 个周期之后，政府债务应当反向调整，而对应的货币政策的紧缩程度也会逐渐减弱，完全符合近期我国货币政策和财政政策的调整动向。可以预期的是，接下来，央行"稳杠杆"和财政部适当缩减负债并增加政府支出是利于经济平稳回升的最优决策。可见，"央行先生"和"财政先生"的小分歧，并不影响两者统一的规划目标，即实现经济非通胀的平稳增长。

参考文献

［1］卞志村，高洁超．适应性学习、宏观经济预期与中国最优货币政策［D］．中央财经大学博士学位论文，2014.

［2］陈小亮，马啸．"债务—通缩"风险与货币政策、财政政策协调［J］．经济研究，2016（8）：4.

［3］耿强，张永杰，朱牡丹．中国的通胀、通胀预期与人民币有效汇率——开放新凯恩斯混合菲利普斯曲线框架下的实证分析［J］．世界经济文汇，2009（4）：23 – 35.

［4］巩师恩，范从来．二元劳动力结构与通货膨胀动态形成机制——基于新凯恩斯菲利普斯曲线框架［J］．财经研究，2013，39（3）：75 – 86.

［5］郭庆旺，吕冰洋，何乘材——积极财政政策的乘数效应［J］．财政研究，2004（8）：13 – 15.

［6］郭豫媚，周璇．央行沟通——适应性学习和货币政策有效性［J］．国际货币评论，2018：103.

［7］李宏瑾，苏乃芳．货币理论与货币政策中的自然利率及其估算［J］．世界经济，2016（12）：22 – 46.

［8］林黎，任若恩．中国的最优化动态 IS – LM 模型构建与应用［J］．数量经济技术经济研究，2007，24（2）：27 – 36.

［9］刘锡良．论我国经济转型时期财政政策与货币政策的协调与配合［J］．经济学家，1997，2（2）：43 – 49.

［10］龙小海，叶子荣，张吕．制度变迁中中国宏观经济的 IS – LM 模型分析——兼析财政政策和货币政策的调控效用［J］．财政研究，2006（3）：2 – 8.

［11］吕越，盛斌．开放条件下产出缺口型菲利普斯曲线的再验证——基于中国省际季度动态面板数据［J］．金融研究，2011（10）：47 – 60.

［12］王彬．财政政策、货币政策调控与宏观经济稳定——基于新凯恩斯主义垄断竞争模型的分析［J］．数量经济技术经济研究，2010（11）：3 – 18.

［13］伍戈，刘琨．中国通胀与产出的动态研究——基于时变性的菲利普斯曲线［J］．财贸经济，2014（10）：61 – 72，104.

［14］于光耀，徐娜．中国通货膨胀预期：理性还是适应性［J］．财经科学，2011（11）：1 – 10.

［15］张龙，白永秀．我国财政政策与货币政策及其配合效应模拟分析［J］．数量经济技术经济研究，2010（12）：24 – 26.

［16］张佐敏．中国存在财政规则吗？［J］．管理世界，2014（5）：23 – 35.

［17］朱军．债权压力下财政政策与货币政策的动态互动效应——一个开放经济的 DSGE 模型［J］．财贸经济，2016，37（6）：5 – 17.

［18］朱军. 中国宏观 DSGE 模型中的税收模式选择及其实证研究［J］. 数量经济技术经济研究, 2015, 32（1）: 67 - 81.

［19］Backus D. , Driffill J. Rational Expectations and Policy Credibility Following a Change in Regime［J］. The Review of Economic Studies, 1985, 52（2）: 211 - 221.

［20］Ball L. Efficient Rules for Monetary Policy［J］. International Finance, 1999, 2（1）: 63 - 83.

［21］Benigno P. , Woodford M. Optimal Monetary and Fiscal Policy: A linear - quadratic Approach［J］. NBER Macroeconomics Annual, 2003, 18: 271 - 333.

［22］Bénassy J. P. IS - LM and the Multiplier: A Dynamic General Equilibrium Model［J］. Economics Letters, 2007, 96（2）: 189 - 195.

［23］Chen X. , Kirsanova T. , Leith C. An Empirical Assessment of Optimal Monetary Policy Delegation in the Euro Area［J］. European Economic Review, 2014（1）: 7 - 14.

［24］Colander D. , Howitt P. , Kirman A. , et al. Beyond DSGE Models: Toward an Empirically Based Macroeconomics［J］. American Economic Review, 2008, 98（2）: 236 - 240.

［25］Dixit A. , Lambertini L. Monetary - fiscal Policy Interactions and Commitment Versus Discretion in a Monetary Union［J］. European Economic Review, 2001, 45（4 - 6）: 977 - 987.

［26］Engwerda J. C. , Van Aarle B. , Plasmans J. E. J. Cooperative and Non - cooperative Fiscal Stabilization Policies in the EMU［J］. Journal of Economic Dynamics and Control, 2002, 26（3）: 451 - 481.

［27］Engwerda J. C. , Van Aarle B. , Plasmans J. E. J. Cooperative and Non - cooperative Fiscal Stabilization Policies in the EMU［J］. Journal of Economic Dynamics and Control, 2002, 26（3）: 451 - 481.

［28］Engwerda J. C. Computational Aspects of the Open - loop Nash Equilibrium in Linear Quadratic Games［J］. Journal of Economic Dynamics and Control, 1998, 22（8 - 9）: 1487 - 1506.

［29］Favero C. A. , Giavazzi F. Inflation Targeting and Debt: Lessons from Brazil［R］. National Bureau of Economic Research, 2004.

［30］Kirsanova T. , Stehn S. J. , Vines D. The interactions between Fiscal Policy and Monetary Policy［J］. Oxford Review of Economic Policy, 2005, 21（4）: 532 - 564.

［31］Kruś L. , Woroniecka - Leciejewicz I. Fiscal - Monetary Game Analyzed with Use of a Dynamic Macroeconomic Model［C］//International Conference on Group Decision and Negotiation［J］. Springer, Cham, 2015: 199 - 208.

［32］Kydland F. E. , Prescott E. C. Rules Rather Than Discretion: The Inconsistency of

Optimal Plans ［J］. Journal of Political Economy, 1977, 85 (3): 473 –491.

［33］Lambertini L. , Rovelli R. Monetary and Fiscal Policy Coordination and Macroeconomic Stabilization ［J］. A theoretical Analysis, 2003.

［34］Nordhaus W. D. , Schultze C. L. , Fischer S. Policy games: Coordination and Independence in Monetary and Fiscal Policies ［J］. Brookings Papers on Economic Activity, 1994 (2): 139 –216.

［35］Sargent T. J. , Wallace N. Some Unpleasant Monetarist Arithmetic ［J］. Federal Reserve Bank of Minneapolis Quarterly Review, 1981, 5 (3): 1 –17.

［36］Saulo H. , Rêgo L. C. , Divino J. A. Fiscal and Monetary Policy Interactions: A game Theory Approach ［J］. Annals of Operations Research, 2013, 206 (1): 341 –366.

［37］Tabellini G. Accommodative Monetary Policy and Central Bank Reputation ［J］. Giornale Degli Economisti Annali di Economia, 1985: 389 –425.

［38］Taylor J. B. Discretion Versus Policy Rules in Practice ［C］//Carnegie – Rochester Conference Series on Public Policy ［J］. North – Holland, 1993, 39: 195 –214.

［39］Weeren A. , Schumacher J. M. , Engwerda J. C. Asymptotic Analysis of Linear Feedback Nash Equilibria in Nonzero – sum Linear – quadratic Differential Games ［J］. Journal of Optimization Theory and Applications, 1999, 101 (3): 693 –722.

3. 金融、资本市场

创业者的收益风险之谜

——基于 CFPS 2010 的实证研究

廖迎吴琨[*]

（江西财经大学统计学院，南昌　333000）

摘　要　"大众创业，万众创新"是近几年的一个高频词，反映了政府对创新创业的支持和劳动者的创业热情。本文首先利用 CFPS 2010 年数据，考虑到潜在的样本选择偏差，运用倾向得分匹配法（PSM）研究了创业的"收入溢价"问题及不同创业类型的收入差异。其次研究了中国创业环境中是否存在"创业回报之谜"并分析了其可能的原因。本文研究发现：①创业会显著提高劳动者收入 5809 ~ 6947 元，创业类型对"收入溢价"无显著影响；②收益与风险之间不存在悖论，想要获得高收益需要承担高风险；③风险偏好、过度自信和非物质效应等不同（分为高低两组）的人在进行创业决策时存在显著差异。本文的政策意义在于呼唤理性，建议劳动者结合个人实际选择创业与否及创业类型。

关键词　创业；收入溢价；创业回报之谜；PSM

一、引言

改革开放以来，我国社会生产力得到进一步解放，人们积极投身创业

---

　*　廖迎，1978 年 7 月出生，女，数量经济学博士，副教授，邮箱：liaoying@ jxufe. edu. cn；吴琨，男，应用统计学硕士。

活动，民营企业数量显著增加。根据《中国私营经济年鉴》（王钦敏主编）
数据显示，截至 2010 年末，我国私营企业有 8455158 户（含分支机构），投资
者人数 17940158 人，雇工人数 76235608 人，注册资本 1920546495.5 万元。个
体工商业 34528876 户，从业人员 70075638 人，投资金额 133875812 万元；截
至 2011 年末，我国私营企业有 9676776 户（含分支机构），投资者人数
19857478 人，雇工人数 83678703 人，注册资本 2578804174.5 万元。个体工商
业 37564672 户，从业人员 79452765 人，投资金额 161775692 万元。2018 年
《政府工作报告》强调"进一步减轻企业税负。改革完善增值税制度，按照三
档并两档方向调整税率水平，重点降低制造业、交通运输等行业税率，提高
小规模纳税人年销售额标准。大幅扩展享受减半征收所得税优惠政策的小微
企业范围"。创业是政府高度关心的民生话题，历来受到重视。

本文要讨论的是创业是否存在显著的"风险溢价"，并且进一步讨论
"雇主式创业"和"自雇式创业"的收入差异；验证是否存在"创业回报之
谜"，同时探讨背后的原因。本文接下来的安排是：第二部分对有关文献进
行梳理回顾；第三部分介绍数据来源及主要变量的描述性统计；第四部分
是实证分析；第五部分是总结与建议。

二、文献回顾

关于创业能否提高劳动者收入这个问题，王春超、冯大威（2018）研
究发现创业相对工资性工作存在显著收入溢价，且随着收入分位数水平提
高，收入溢价水平也越高。他们还发现"雇主型"创业存在显著的收入溢
价，而"自雇型"创业对收入不存在显著影响。潘春阳、王紫妍（2016）
发现创业者的年收入高于就业者 30% ~ 40%，但同时也面对更高的收入不
确定性。

在创业的收益风险方面，Thomas Åstebro, Holger Herz, Ramana Nanda
和 Roberto A. Weber（2014）指出，创业带来的收益中位数低，但收益方差
大（即风险高）；另有实证研究发现创业不会提高个体的货币性收入（Bor-
jas and Bronars, 1989；Evans and Leighton, 1989；Hyytinenetal, 2013；
Astebro and Chen, 2014）。这一现象被称为"创业回报之谜"。一个简明扼
要的解释就是创业者可能从创业中获得非物质效应获得了补偿。Moskowitz

和 Vissing – Jorgensen（2002）等指出，虽然创业收益平均回报较低，但是创业者对自主权和控制权的偏好可能使个人倾向于成为创业者。徐小洲、梅伟惠和倪好（2015）认为，工作中的独立性和自主性是提高幸福的有效来源。

在影响创业决策的因素方面，周洋、刘雪瑾（2017）指出，现有的国外与创业影响因素相关的研究主要围绕个人特质、家庭环境和社会环境（包括制度环境、经济状况和金融可得性等）三个方面展开。李涛等（2017）指出，"已有关于创业影响因素的实证分析主要从宏观制度环境、中观家庭特征和微观个人特征三个层面展开"。

本文利用中国家庭追踪调查（CFPS）2010 年全国基线调查数据整理而成的 6637 个样本研究了创业的"收入溢价"及不同创业类型的收入差异；用 Mincer 残差度量收益风险以验证是否存在"创业回报之谜"；同时着重分析了可以解释存在"创业回报之谜"时的三个创业动机。

三、基于 CFPS（2010）数据的描述性统计

（一）数据来源

本文使用的数据来自中国家庭追踪调查（CFPS）2010 年全国基线调查数据。CFPS 是由北京大学社会科学调查中心负责开展的大型微观入户调查，旨在通过跟踪收集个体、家庭、社区三个层次的数据，反映中国社会、经济、人口、教育和健康的变迁，为学术研究和公共政策分析提供数据基础。

根据研究需要，本文首先使用成人数据（adult. dta），通过 stata 命令进行匹配加入了配偶、父母、配偶父母和兄弟姐妹的相关数据，然后合并了家庭数据（family. dta），并且添加了 2010 年社会经济发展状况（来源于中经网）的数据，同时对信息缺失的个体进行了必要的剔除（合并过程详见文末源代码）。本文根据"您现在主要是在哪个机构工作"将回答"自己经营"的人界定为创业者，将回答"在单位工作"的人界定为非创业者，需要指出的是，农户的农业生产经营活动如农、林、牧、渔等并不在本文的研究范围。最后保留有效样本量为 6637 个，其中创业个体 1522 个，非创业个体 5115 个。

（二）变量说明

根据研究需要，本文的被解释变量和处理变量描述如下：

表 1　变量列表

变量类型	变量名	变量描述（定义）
被解释变量/结果变量	个人收入	单位：元
	个人收入的对数	lincome = ln（income + 1）
	风险偏好度	风险偏好度 =（股票本金总额 + 基金本金总额）/各种存款余额总额
	对自己未来的信心程度	取值 1 ~ 5，数值越大越自信
	对工作的满意程度	取值 1 ~ 5，数值越大越满意
处理变量	是否创业	是 = 1，否 = 0
	是否公司制创业	是 = 1，否 = 0

此外，为了使个体的多维度信息尽可能全面，本文从个人特征、家庭特征、宏观经济特征三个方面一共选取了 48 个控制变量，其变量描述如下：

表 2　变量列表

变量名	变量定义	变量名	变量定义
性别（1）	男 = 1，女 = 0	配偶是否有行政职位（25）	有 = 1，没有 = 0
年龄（2）	单位：岁	父亲是否有行政职位（26）	有 = 1，没有 = 0
年龄平方（3）	年龄平方	母亲是否有行政职位（27）	有 = 1，没有 = 0
受教育程度（4）	单位：年	配偶父亲是否有行政职位（28）	有 = 1，没有 = 0
少数民族（5）	是 = 1，否 = 0	配偶母亲是否有行政职位（29）	有 = 1，没有 = 0
婚姻（6）	未婚 = 1；在婚（有婚配）= 2；同居 = 3；离婚 = 4；丧偶 = 5	兄弟姐妹是否有行政职位（30）	有 = 1，没有 = 0

变量名	变量定义	变量名	变量定义
健康（7）	1 = 健康状况一般及以上；0 = 其他	父亲是否住在家中（31）	是 = 1，否 = 0
参加政党（8）	参加 = 1；未参加 = 0	母亲是否住在家中（32）	是 = 1，否 = 0
拥有福利保险补贴数量（9）	拥有福利保险补贴数量	配偶父亲是否住在家中（33）	是 = 1，否 = 0
是否有福利保险补贴（10）	有 = 1，没有 = 0	配偶母亲是否住在家中（34）	是 = 1，否 = 0
是否有孩子（11）	有 = 1，没有 = 0	地区生产总值（35）	单位：亿元
父亲是否健在（12）	是 = 1，否 = 0	地区人均生产总值（36）	单位：元
母亲是否健在（13）	是 = 1，否 = 0	居民消费水平（37）	单位：元
配偶父亲是否健在（14）	是 = 1，否 = 0	城镇居民家庭人均可支配收入（38）	单位：元
配偶母亲是否健在（15）	是 = 1，否 = 0	农村居民家庭人均纯收入（39）	单位：元
兄弟姐妹个数（16）	您有几个兄弟姐妹	城乡消费水平对比（40）	比例形式
家庭实际收入（17）	income_ fam = ff401 + ff601，单位：元	第二产业占 GDP 比重（41）	比例形式
家庭实际支出（18）	单位：元	第三产业占 GDP 比重（42）	比例形式
配偶是否创业（19）	是 = 1，否 = 0	工作强度（43）	平均每天工作时间：小时
父亲是否创业（20）	是 = 1，否 = 0	任期（44）	从事当前工作的年数
母亲是否创业（21）	是 = 1，否 = 0	有无正式超过半年的工作经验（45）	有 = 1，没有 = 0
配偶父亲是否创业（22）	是 = 1，否 = 0	社会网络（46）	和借钱人的关系
配偶母亲是否创业（23）	是 = 1，否 = 0	是否参加培训（47）	是 = 1，否 = 0
兄弟姐妹是否创业（24）	是 = 1，否 = 0	县区代码（48）	取值 1 ~ 162

注：ff401 = 您家的离/退休金/社会保障金/低保等收入，ff601 = 您家的（含工资、奖金、补贴、分到个人名下的红利等）总收入，不含离/退休金及其他政府补助。

(三) 主要变量的描述性统计

表 3　描述性统计

变量	均值	标准差	最小值	最大值	样本量
个人收入	23048.59	28072.65	0	800000	6637
创业	0.2293205	0.4204274	0	1	6637
性别	0.6252825	0.4840864	0	1	6637
年龄	37.82341	10.26792	16	60	6637
受教育年数	10.22661	3.874251	0	22	6637
少数民族	0.0445985	0.2064361	0	1	6637
婚姻	1.920446	0.5299919	1	5	6637
健康	0.9383758	0.2404899	0	1	6637
参加政党	0.1258099	0.3316599	0	1	6637
拥有补贴数量	1.97494	1.718347	0	16	6624
是否拥有补贴	0.8582191	0.3488516	0	1	6637
是否有孩子	0.7090553	0.4542323	0	1	6637
兄弟姐妹个数	2.35272	1.748989	0	13	6637
家庭收入	45018.83	130374	0	1.00E+07	6637
家庭支出	48830.68	181832	0	1.00E+07	6637
配偶是否创业	0.0994425	0.2992778	0	1	6637
父亲是否创业	0.0233539	0.1510363	0	1	6637
母亲是否创业	0.0103963	0.1014383	0	1	6637
配偶父亲是否创业	0.0042188	0.0648198	0	1	6637
配偶母亲是否创业	0.0016574	0.0406802	0	1	6637
兄弟姐妹是否创业	0.0015067	0.03879	0	1	6637
自信	3.821455	1.009257	1	5	6637
风险偏好	8.186786	290.3333	0	12000	3439
工作满意度	3.277384	0.7904584	1	5	6637
工作强度	9.10562	2.513105	1	24	6637
任期	8.501431	8.917657	0	45	6637
有无工作经验	0.9496761	0.218629	0	1	6637
是否参加培训	0.0498719	0.2176967	0	1	6637
已婚	0.8265783	0.37864	0	1	6637

四、实证分析

本文的实证分析分为三个部分，一是考虑创业组和非创业组个体的异质性，使用倾向得分匹配法选择配对样本，比较创业带来的"收入溢价"，即倾向得分匹配法中的 ATT 效应。同时利用创业样本（样本量 1522），进一步分析不同创业类型的 ATT 效应；二是用 Mincer 残差度量创业组和非创业组的收益风险，看创业行为是"高风险，高收益"还是存在"创业回报之谜"；三是利用 t 检验分析风险偏好、过度自信和非物质效应等不同（分为高低两组）的人在进行创业决策时是否存在显著差异，以期用中国数据验证前文中提到的结论，同时以是否创业为因变量，分别以风险偏好、过度自信和非物质效应为核心解释变量，并且加入控制变量做 Logit 回归，分析这三个变量对创业决策的影响。

（一）倾向得分匹配分析

1. 研究方法

根据对照实验方法的设计思想，随机选择处理组（也称为实验组）与对照组（也称为控制组）。除处理变量（也称为实验变量）外，控制对照组的其他变量与处理组保持相同。由于随机分组，处理组和对照组中其他变量的影响是相等且均衡的，因而处理组与对照组结果变量之间的差异可认为是来自处理变量的作用效果。本文本部分考察的是创业对个人收入的影响，因此处理变量为是否选择创业，结果变量为个人收入。然而，如果简单地将是否创业作为虚拟变量，对总体进行回归，这样做实际上只观察到某一些个体选择创业后的个人收入情况，并且将此结果与另一些没有选择创业的人的个人收入进行比较，但是选择创业的人身上往往具有某种特质（如偏爱风险等）。由于比较对象具有异质性，参数估计可能会产生偏误。为了解决样本选择偏差问题，本文采用 Rosenbaum 和 Rubin（1983）提出的倾向得分匹配（PSM）来筛选对照组样本，即通过寻找与创业组样本各种特征尽可能相似的非创业组样本来降低样本选择偏误，从而提高可比性。

本文讨论创业对收入的"收入溢价"效应，需要回答这样一个问题：如果创业组群体没有选择创业，其个人收入是否会有差异以及此差异有多大？因而，创业组选择创业的平均处理效应可表示为：

ATT = E(Y_1 | D = 1) – E(Y_0 | D = 1)

式中，Y_1和Y_0分别表示同一个人在选择创业和没有选择创业两种情形下的个人收入；D表示个人处于创业组还是非创业组的虚拟变量，创业组取值为1，非创业组取值为0。创业组个人收入的均值E(Y_1 | D = 1)可根据样本数据计算得到，创业组在反事实框架下（假设没有选择创业时）的个人收入均值E(Y_0 | D = 1)是不可观测的，这样就导致了数据缺失的问题。一个简单的做法是采用非创业组个人收入均值E(Y_0 | D = 0)代替E(Y_0 | D = 1），这样将造成严重的"样本选择偏误"，因此是不可行的。

倾向得分匹配法，又名"倾向值匹配法"，由Rosebum和Rubin在1983年提出。其基本原理是将各个观察对象多维度的信息，通过统计方法使之化为一维的数值，即倾向得分（也称为倾向值），然后根据得到的倾向得分进行匹配，之所以这样做是为了寻找与处理组具有相同（或者相近）倾向得分的对照组样本，两者之间的差异就是处理变量带来的处理效应。

在匹配过程中，如果仅仅考虑一个创业组特征，往往无法得到有效的配对效果，创业组与非创业组之间依然存在很大差异，而基于多维创业组特征进行匹配时，很难找到与创业组所有特征都十分接近的非创业组。因而，PSM通过采用函数的方式将多维创业组特征浓缩成一个名为"倾向得分"的指标，这样就克服了多维匹配的技术难度。假设在创业组特征X条件下，某个个体选择创业的倾向得分为：

P = Pr(D = 1 | X = χ)

由于倾向得分往往不可观测，一般运用Logit或Probit模型对个人选择创业的倾向得分进行估计。本文运用Logit模型估计得到的倾向得分，从而将创业组与其倾向得分相同（或者相近）的非创业组匹配。具体匹配方法又可以分为一对一匹配、K近邻匹配、卡尺匹配、卡尺内K近邻匹配和核匹配。

一对一匹配是一种精确匹配方法，其基本原理是在处理组和对照组之间寻找相同倾向得分的样本，但它不能解决没有相同倾向值的情况；K近邻匹配的基本原理是在处理组和对照组之间，寻找"相似的"倾向得分进行匹配。此方法是将处理组和对照组的样本按照倾向得分依照从小到大的顺序排列，如果对照组样本可以替换重复使用，则处理组样本匹配倾向得分和它最接近的对照组样本；如果对照组样本不可以替换重复使用，则须确保每个处理组样本依次匹配对照组的样本，每一个对照组样本只能匹配一个实验组样本，容易产生匹配率低的问题；卡尺匹配限制了处理组和对照组倾向得分的最大距离，超过这个差距的匹配被舍弃；核匹配是通过核函数调整权重，目的是更合理地调整每个对照组样本与任一处理组样本之间的距离（倾向得分之间的差异）。本文选择卡尺内 K 近邻匹配方法，以兼顾卡尺匹配和 K 近邻匹配的优点，同时匹配率也较高。

最终，经过匹配后的创业组平均处理效应可由下式表示，即在有效控制样本选择偏误和内生性问题时创业对个人收入的影响效果。

$$ATT = E(Y_1 \mid D = 1, P(X = x)) - E(Y_0 \mid D = 0, P(X = x))$$

使用倾向得分匹配估计处理组的平均处理效应，其步骤如下：

利用回归模型估计倾向得分—匹配—检验—估计平均处理效应，其中检验包括三个部分：控制变量（也称为协变量或共变量）分布是否平衡、控制变量分布是否重合以及选择性偏差分析。

本文倾向得分匹配的结果变量为个人收入，处理变量为是否创业，控制变量为表 2 中变量（1）～变量（42）。控制变量的选取主要参考了尹志超等（2015），王春超、冯大威（2018）。需要特别说明的是父母和配偶父母是否健在以及他们是否住在家中，会增加或者减轻子女的家务量，从而在个人创业决策中产生一定影响，因此，本文选取这些变量进入控制变量，使之更加符合实际情况。

2. 实证过程

将是否创业（Entre）作为因变量，性别（Gender）等特征变量（即控制变量）作为自变量进行 Logit 回归，结果如表 4 所示：

表 4 处理变量 Entre 与协变量的 Logit 回归结果

变量	系数	标准误	p 值	变量	系数	p 值
性别	0.8004363	0.1157183	0	配偶母亲是否创业	0.7923755	0.362
年龄	0.0718008	0.0474977	0.131	兄弟姐妹是否创业	0.4648683	0.701
年龄平方	− 0.0009052	0.0005671	0.11	配偶是否有行政职位	− 0.0239197	0.107
受教育年数	− 0.0403723	0.0132208	0.002	父亲是否有行政职位	− 0.011395	0.526
少数民族	0.0725835	0.2123516	0.732	母亲是否有行政职位	− 0.0143288	0.414
婚姻	0.0110946	0.6776845	0.987	配偶父亲是否有行政职位	− 0.0088266	0.605

续表

变量	系数	标准误	p值	变量	系数	p值
健康	0.1010781	0.1789624	0.572	配偶母亲是否有行政职位	−0.0002351	0.989
参加政党	−1.024899	0.1796552	0	兄弟姐妹是否有行政职位	0.2099347	0.451
拥有补贴数量	−0.8766226	0.0641773	0	父亲是否同住	0.0325941	0.142
是否拥有补贴	0.9001454	0.1574556	0	母亲是否同住	−0.002609	0.892
是否有小孩	0.10437	0.1399657	0.456	配偶父亲是否同住	−0.0376605	0.182
父亲是否健在	0.0399993	0.0299587	0.182	配偶母亲是否同住	−0.0364482	0.141
母亲是否健在	−0.0164373	0.0240933	0.495	地区生产总值	−4.77E−06	0.418
配偶父亲是否健在	0.0227588	0.0276565	0.411	地区人均生产总值	1.48E−06	0.912
配偶母亲是否健在	0.0148418	0.0228711	0.516	消费水平	−0.0001537	0
兄弟姐妹个数	0.0241182	0.0311249	0.438	城乡消费水平对比	0.2650893	0.084
家庭收入	4.71E−06	1.44E−06	0.001	第二产业比重	0.009713	0.727
家庭支出	3.10E−06	6.92E−07	0	第三产业比重	0.0208272	0.466
配偶是否创业	2.446285	0.1259472	0	城镇居民家庭人均可支配收入	0.0001175	0.022
父亲是否创业	1.295837	0.6084923	0.033	农村居民家庭人均纯收入	0.0000589	0.635
母亲是否创业	−0.6753696	1.063138	0.525	常数项	−6.382336	0.031
配偶父亲是否创业	1.254622	0.5566089	0.024			

从表4可以看出在5%显著性水平上，创业与否与性别、受教育年数、是否参加党派、是否拥有补贴、拥有补贴数量、家庭收入、家庭支出、配偶是否创业、父亲是否创业、配偶父亲是否创业、居民消费水平、城镇居民家庭人均可支配收入存在一定的关系。

同时本文考虑可能存在的多重共线性问题，在上述回归中依次加入配偶是否创业（Entre_s）等6个变量，本文发现配偶是否创业和父亲是否创业在5%显著性水平上显著，这一发现符合现实情况（囿于篇幅表格不再列出）。

为了检验根据 Logit 回归得到的倾向得分进行的匹配是否合适——其检验标准是匹配后，处理组和对照组除处理变量之外，在其他各控制变量上的差异是不显著的。本文通过呈现平衡性检验表、倾向得分密度图和箱线图来说明我们的匹配是有效的。

由表5可知，所有的控制变量（包含倾向得分）在经过匹配后，p 值都大于0.1，说明经过倾向得分匹配之后，处理组和对照组差异不显著，这说明结果变量的差异就是处理变量（此处指是否创业）导致的，平衡性检验通过。

表5 平衡性检验表

		实验组均值	对照组均值	偏差	偏差降低比例	t 统计量	p 统计量
性别	匹配前	0.69185	0.60547	18.2		6.13	0
	匹配后	0.68373	0.66701	3.5	80.6	0.79	0.43
年龄	匹配前	38.76	37.545	12.3		4.06	0
	匹配后	40.822	40.857	−0.4	97.1	−0.10	0.924
年龄平方	匹配前	1588.2	1520.5	8.8		2.94	0.003
	匹配后	1733.4	1732.6	0.1	99	0.02	0.981
受教育年数	匹配前	8.7234	10.674	−53.1		−17.64	0
	匹配后	8.5159	8.4222	2.5	95.2	0.56	0.578
少数民族	匹配前	0.05059	0.04282	3.7		1.29	0.197
	匹配后	0.05629	0.04742	4.2	−14.1	0.88	0.377
婚姻	匹配前	1.9823	1.9021	16		5.19	0
	匹配后	2.001	1.9986	0.5	97	0.73	0.468
健康	匹配前	0.94087	0.93763	1.4		0.46	0.645
	匹配后	0.93347	0.91624	7.2	−433	1.44	0.149
参加党派	匹配前	0.04928	0.14858	−33.7		−10.34	0
	匹配后	0.05629	0.05937	−1	96.9	−0.29	0.771
拥有补贴数量	匹配前	1.0598	2.2479	−83.6		−24.74	0
	匹配后	1.0983	1.1013	−0.2	99.7	−0.08	0.933
是否拥有补贴	匹配前	0.79895	0.87586	−21		−7.58	0
	匹配后	0.83009	0.84272	−3.4	83.6	−0.75	0.451
是否有孩子	匹配前	0.79106	0.68465	24.4		8.06	0
	匹配后	0.87513	0.88127	−1.4	94.2	−0.41	0.678

续表

		实验组均值	对照组均值	偏差	偏差降低比例	t统计量	p统计量
父亲是否健在	匹配前	0.17871	0.14018	1.9		0.63	0.531
	匹配后	0.1566	0.13289	1.1	38.5	0.26	0.792
母亲是否健在	匹配前	0.10972	0.13333	-1		-0.34	0.733
	匹配后	0.03173	0.05868	-1.1	-14.2	-0.25	0.806
配偶父亲是否健在	匹配前	0.01987	0.00056	0.8		0.25	0.801
	匹配后	0.11668	0.1914	-3.3	-287	-0.82	0.412
配偶母亲是否健在	匹配前	-0.16887	-0.08357	-3.2		-0.97	0.334
	匹配后	-0.03582	-0.05339	0.7	79.4	0.15	0.88
兄弟姐妹个数	匹配前	2.6682	2.2588	23.4		8.05	0
	匹配后	3.1044	3.0937	0.6	97.4	0.15	0.885
家庭收入	匹配前	39320	46715	-6.8		-1.94	0.052
	匹配后	36061	38047	-1.8	73.1	-1.10	0.272
家庭支出	匹配前	49201	48720	0.3		0.09	0.928
	匹配后	46247	46700	-0.3	5.9	-0.13	0.893
配偶是否创业	匹配前	0.30026	0.03969	73.9		32.04	0
	匹配后	0.37666	0.38042	-1.1	98.6	-0.17	0.864
父亲是否创业	匹配前	0.03482	0.01994	9.1		3.38	0.001
	匹配后	0.00921	0.0116	-1.5	84	-0.52	0.603
母亲是否创业	匹配前	0.00986	0.01056	-0.7		-0.24	0.813
	匹配后	0.00205	0.00341	-1.4	-94.5	-0.58	0.563
配偶父亲是否创业	匹配前	0.00788	0.00313	6.4		2.51	0.012
	匹配后	0.01126	0.00648	6.5	-0.4	1.13	0.26
配偶母亲是否创业	匹配前	0.00329	0.00117	4.5		1.78	0.075
	匹配后	0.00409	0.00034	8	-77.7	1.76	0.078
兄弟姐妹是否创业	匹配前	0.00329	0.00098	5		2.04	0.042
	匹配后	0.00307	0.00068	5.2	-3.5	1.22	0.223
配偶是否有行政职位	匹配前	-2.0611	-2.8205	20.3		6.79	0
	匹配后	-1.306	-1.3538	1.3	93.7	0.34	0.731
父亲是否有行政职位	匹配前	-5.1261	-4.914	-5.4		-1.86	0.063
	匹配后	-5.5855	-5.5899	0.1	97.9	0.03	0.979
母亲是否有行政职位	匹配前	-5.4001	-5.1613	-6.3		-2.14	0.032
	匹配后	-5.6899	-5.7271	1	84.4	0.23	0.82

续表

		实验组均值	对照组均值	偏差	偏差降低比例	t 统计量	p 统计量
配偶父亲是否有行政职位	匹配前	-5.5671	-5.4832	-2.3		-0.68	0.5
	匹配后	-5.5507	-5.7369	5	-122.2	1.13	0.261
配偶母亲是否有行政职位	匹配前	-5.7276	-5.6367	-2.5		-0.75	0.453
	匹配后	-5.6735	-5.6916	0.5	80.1	0.11	0.912
兄弟姐妹是否有行政职位	匹配前	0.03448	0.03706	-1.4		-0.41	0.682
	匹配后	0.02866	0.02764	0.6	60.3	0.14	0.891
父亲是否同住	匹配前	-5.9941	-5.6587	-8.7		-2.95	0.003
	匹配后	-6.8004	-6.9342	3.5	60.1	0.99	0.321
母亲是否同住	匹配前	-5.6518	-5.2954	-8.8		-2.99	0.003
	匹配后	-6.4667	-6.7097	6	31.8	1.64	0.101
配偶父亲是否同住	匹配前	-7.2591	-7.0506	-8		-2.33	0.02
	匹配后	-7.259	7.2108	-1.8	76.9	-0.42	0.671
配偶母亲是否创业	匹配前	-7.0786	-6.8049	-9.5		-2.77	0.006
	匹配后	-7.0266	-6.9736	-1.8	80.6	-0.42	0.678
地区生产总值	匹配前	20891	20171	5.8		2.03	0.042
	匹配后	20959	20742	1.8	69.8	0.37	0.713
地区人均生产总值	匹配前	35305	40618	-29		-9.47	0
	匹配后	34172	34440	-1.5	94.9	-0.38	0.702
消费水平	匹配前	12241	14573	-29.6		-9.47	0
	匹配后	11663	11792	-1.6	94.5	-0.46	0.643
城乡消费水平对比	匹配前	3.1982	3.0922	18.7		6.39	0
	匹配后	3.2214	3.1912	5.3	71.5	1.18	0.237
第二产业占GDP比重	匹配前	50.987	49.947	19.3		6.37	0
	匹配后	51.36	51.32	0.7	96.2	0.19	0.851
第三产业占GDP比重	匹配前	39.196	41.444	-26.4		-8.58	0
	匹配后	38.559	38.878	-3.7	85.8	-1.02	0.308
城镇居民家庭人均可支配收入	匹配前	19027	20366	-23.2		-7.54	0
	匹配后	18681	18798	-2	91.3	-0.54	0.593
农村居民家庭人均纯收入	匹配前	6811.6	7673.9	-28.5		-9.19	0
	匹配后	6603	6634	-1	96.4	-0.28	0.783
ps	匹配前	0.49429	0.18152	140.5		41.40	0
	匹配后	0.4859	0.48593	0	100	-0.00	0.998

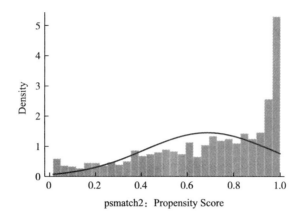

图1　创业组倾向得分密度

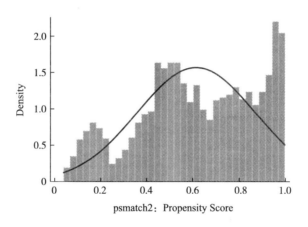

图2　非创业组倾向得分密度

　　以上两幅图是倾向得分分值分布情况，图1是创业组，图2是非创业组。可以看出处理组（创业组）的倾向得分分布以0.7为中心大致呈正态分布，对照组（非创业组）的倾向值得分分布以0.6为中心大致呈正态分布，多数观测值均在共同范围内，因此倾向得分损失的样本会很少，可以进行得分匹配。

　　图3是倾向得分箱线图，采用逻辑回归时，创业组（Entre=1）的个体倾向得分的上下四分位数区域为（9.210441，10.30899），上下边缘区域为（7.5626173，11.956813）；未创业组（entre=0）倾向得分上下四分位数区域为（9.210441，10.20363），其上下边缘值区域为（7.7206559，11.693415）；

创业与未创业的个体倾向得分在区域（0，13.30469）内存在重合，存在共同支撑区域。

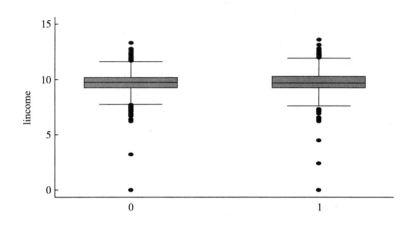

图3　倾向得分箱线图

此外，我们还可以用条状图和敏感性分析表展现共变量的平衡情况。

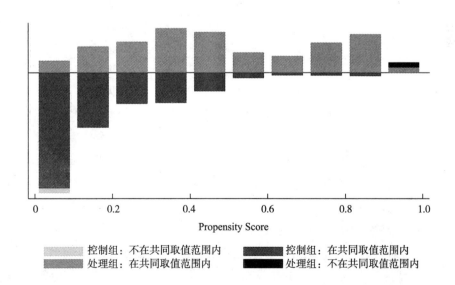

图4　共变量条状图

表 6　敏感性分析

Gamma	Sig +	Sig –	T – Hat +	T – Hat –	CI +	CI –
1	0.125672	0.125672	633.333	633.333	–416.667	1666.67
1.1	0.556604	0.007361	–66.6667	1333.33	–1050	2416.67
1.2	0.906542	0.000145	–666.667	2000	–1666.67	3133.33
1.3	0.991914	1.20E – 06	–1183.33	2583.33	–2166.67	3783.33
1.4	0.999679	4.70E – 09	–1666.67	3166.67	–2666.67	4400
1.5	0.999993	1.10E – 11	–2166.67	3750	–3100	5000
1.6	1	1.50E – 14	–2550	4266.67	–3500	5600
1.7	1	0	–2950	4800	–3866.67	6166.67
1.8	1	0	–3316.67	5333.33	–4200	6732.67
1.9	1	0	–3633.33	5800	–4533.33	7266.67
2	1	0	–3926.67	6266.67	–4833.33	7833.33
2.1	1	0	–4200	6716.67	–5166.67	8333.33
2.2	1	0	–4500	7166.67	–5416.67	8833.33
2.3	1	0	–4750	7666.67	–5666.67	9333.33
2.4	1	0	–5000	8066.67	–5916.67	9833.33
2.5	1	0	–5233.33	8500	–6166.67	10333.3
2.6	1	0	–5466.67	8916.67	–6366.67	10833.3
2.7	1	0	–5666.67	9333.33	–6583.33	11333.3
2.8	1	0	–5833.33	9733.33	–6833.33	11833.3
2.9	1	0	–6066.67	10166.7	–7000	12250
3	1	0	–6250	10516.7	–7166.67	12733.3

　　Wilcoxon 符号秩检验结果（Sig + 和 Sig – 两列）显示，当 Gamma 值从 1 变化到 3 过程中，显著性水平上界（Sig + ）都大于 0.05，根据 Rosenbaum 提出的经验法则：如果 Gamma > 2 时，Sig + 都大于 0.05，认为该研究通过了敏感性检验。由此说明此处敏感性检验通过。

　　以上各种方法均能说明共变量之间的平衡性检验通过，匹配有效。

3. 结论

　　为避免单一匹配方法存在的偶然性，我们将使用多种匹配方法（目的是加强本文实证结果的稳健性）来估计创业对个人收入的平均处理效应。平均处理效应估计结果如表 7 所示：

表7 处理组的平均处理效应（ATT）

结果变量	匹配方法					
	一对一匹配	K 近邻匹配	卡尺匹配	卡尺内 K 近邻匹配	核匹配	OLS
个人收入 （income）	5808.7175 (3.64)	6648.94882 (4.16)	6301.0414 (3.87)	6362.25486 (3.97)	6946.99421 (4.39)	7424.634 (8.38)

注：括号内标注的是 ATT 估计量的 t 值。

以上数据处理结果表明，在以上 5 种匹配方法中，ATT 估计值均是在 1% 的水平下显著大于 0，这说明选择创业的人群（处理组）的个人收入明显要高于未选择创业的人群（对照组），这意味着选择创业对于提高个人收入具有正向促进作用。具体到促进作用程度的度量，在以上 5 种匹配方法中，个人收入的 ATT 估计量最大值为 6946.99421，最小值为 5808.7175，倾向得分匹配方法分析结果表明选择创业最少可以促进个人收入增加 5808.7175 元，最多可以促进个人收入增加 6946.99421 元；但是以上 5 种匹配方法所得到的 ATT 估计量均小于传统的 OLS 回归估计结果。倾向得分匹配法分析结果说明选择创业对个人收入确实有显著的正向促进作用。

同时，本文还定义"创业且工作机构属于非个体工商户"为"雇主式创业"，定义"创业且工作机构属于个体工商户"为"自雇式创业"，由此形成两个创业类别。由于篇幅所限，不再报告倾向得分匹配的整个过程，仅说明变量选取情况并列出如下 ATT 效应表。此处，结果变量是个人收入；处理变量是否为"雇主式创业"；控制变量选取了年龄、年龄平方、性别、已婚、健康、少数民族、受教育年数、是否参加党派、自信、风险偏好、工作强度、任期、是否有正式且超过半年的工作经验、社会网络、是否参加培训、县区编码。

表8 不同创业类型的 ATT 效应

结果变量	匹配方法				
	一对一匹配	K 近邻匹配	卡尺匹配	卡尺内 K 近邻匹配	核匹配
个人收入 （income）	4288.61538 (0.96)	3013.4359 (0.62)	2313.66179 (0.53)	2092.07435 (0.43)	3526.37536 (0.83)

从表 8 可以看出，"雇主式创业"比"自雇式创业"收入高出 2092.07435 ~

4288.61538元，但t值较小（均小于10%显著性水平的临界t值1.64），结果不显著，说明创业类型存在"收入溢价"但不显著。这或许启示我们选择创业类型时要根据自己的实际情况，选择合适自己的创业项目，而非盲目地追随他人或者出于虚荣心选择自己驾驭不了的项目。

（二）收益与风险分析

本文按照McGoldrick（1995）提出的方法测度收益风险。首先，估计一个Mincer收益方程。Mincer方程是关于收入决定的实证研究中的"主力模型"。Mincer工资决定方程是经济学家Mincer根据人力资本理论推导出的研究收入决定的函数，Mincer工资决定方程的基准方程如下：

$$lny_i = \beta_0 + \beta_1 x_{1i} + \beta_2 x_{2i} + \cdots + \beta_p x_{pi} + \varepsilon_i$$

式中，lny_i表示第i个个体收入的对数，x_{pi}表示第i个个体的第p项人力资本特征变量，β_p表示对应人力资本的收益率，ε_i表示随机误差项。

在本文的回归模型中，因变量是个人收入的对数，自变量包括最高完成学位的虚拟变量、所在省份的虚拟变量、是否有正式的且连续超过6个月的工作经历的虚拟变量、职业的虚拟变量、从事目前工作的时间。得到Mincer回归的残差后将其指数化，分别计算创业组和非创业组指数化残差的标准差，命名为"风险度"以此来衡量各组收益风险。同时本文结合分组计算所得到的个人收入的均值和标准差，可以得到表9：

表9　收益风险对比

	样本数	收入均值	收入标准差	风险度
创业组	1522	26565.23	40994.14	2.295141
非创业组	5115	22002.2	22760.1	0.8453255

从表9可以看出，创业组的个人收入均值高于非创业组，同时创业组的个人收入标准差和风险度均高于非创业组，这说明"高风险，高收益"，收益风险不存在悖论。与此同时我们也应该看到收益与风险是不成比例的，创业组的"单位风险收益"（定义为一单位风险下的收益）低于非创业组（即26565.23/2.295141 = 11574.553 < 26028.08 = 22002.2/0.8453255）。

（三）创业动机分析

创业动机可分为生存型创业和机会型创业，前者是创业者由于缺乏其他就业选择而被动创业，后者是创业者发现创业机会并主动进行创业活动。人们选择创业可以从哪些方面加以解释呢?

　　一些实证研究试图记录创业者和普通工作者之间的风险偏好差异，其结论是不一致的。Hvide 和 Panos (2014) 收集了 2000～2007 年有关挪威人的详细数据，包括投资行为和财富，以及相关时期所有新公司的详细记录。这些数据表明，那些把更多的财富投资到股市或者那些拥有更大风险的股票投资组合的人们是会拥有更大风险承受能力的人，他们更有可能成为创业者。但蔡莉和汤淑琴 (2014) 认为，风险态度和创业行为之间没有这种关系。

　　对人们选择创业的另一种解释是创业者通常过度自信，他们在评估自己的创业项目时，主观地认为自己的创业能带来丰厚的收益。例如，Cooper、Woo 和 Dunkelberg (1988) 报告说，在他们调查的 3000 名创业者中，有 33% 的人认为自己的成功概率为五分之一，这种估计显然是很高的。Shane (2009) 报告了一项全球创业调查的结果，该调查发现，美国创业者普遍认为自己有 5 倍于成本的销售额。

　　另有实证研究发现创业不会提高个体的货币性收入 (Borjas and Bronars, 1989; Evans and Leighton, 1989; Hyytinenetal, 2013; Astebro and Chen, 2014)，但每年依然有新公司注册成立。一个简明扼要的解释就是创业者可能从创业活动中获得非物质效应。Moskowitz 和 Vissing - Jorgensen (2002) 等指出，创业收益平均回报较低，但是创业者对自主权和控制权的偏好使个人倾向于成为创业者，并成为坚持创业的潜在原因。标准经济理论通常认为创业者的工作不仅仅是获得更高的经济利益，决策权和控制权同样也是他们在工作中追求的目标。潘长风和张陆洋 (2012)，熊维勤 (2013)，陈成文 (2009) 和傅晋华等 (2011) 均认为，有这种自主性偏好的人可能会被这些工作特征所吸引而去选择创业，即使收入可能会很低。徐小洲、梅伟惠和倪好 (2015) 认为，工作中的独立性和自主性是提高幸福的有效来源。

　　风险偏好、过度自信和非物质效应等不同 (分为高低两组) 的人进行创业决策时是否存在显著差异? 本文的做法是: ①分别以 "风险偏好度" 度量风险偏好、以 "对自己未来的信心程度" 度量过度自信、以 "对工作的满意程度" 度量非物质效应，并分别以这三个变量为因变量; 自变量包括两部分: 一是直接放入回归方程中的变量，这些变量是年龄、年龄平方、性别、婚姻、健康、受教育年数，二是利用 Lasso 方法从其他控制变量中筛选出系数不为零的变量（研究过度自信时，多加入了身高这个变量），本文将这些筛选出来的变量与前面 6 个变量一起作为自变量放入回归方程。进行回归后，根据残差大于 0 和小于 0 分组，接着进行 t 检验；②以是否创业为因变量，分别以风险偏好、过度自信和非物质效应为核心解释变量，其中控制变量是表 2 中（1）~（42），进行 Logit 回归。其实证结果如表 10 所示。

表 10　　t 检验

变量	残差小于 0 组		残差大于 0 组		
	样本量	均值	样本量	均值	均值差异
风险偏好	1372	0.212	5265	0.234	−0.022*
过度自信	1632	0.249	5005	0.223	0.026**
非物质效应	2896	0.26	3741	0.205	0.055***

注：*、**、*** 分别表示在 10%、5%、1% 水平上显著。

表 11　　Logit 回归

因变量	是否创业	是否创业	是否创业
核心解释变量	风险偏好	过度自信	非物质效应
P 值	0.443	0.003	0.089

由表 10 可知，不同风险偏好的人选择创业与否在 10% 显著性水平上是存在显著差异的；不同自信程度的人选择创业与否在 5% 显著性水平上是存在显著差异的；对工作满意度不同的人选择创业与否在 1% 显著性水平上是存在显著差异的。因此，本文认为风险偏好、过度自信和非物质效应在一定程度上可以解释"创业回报之谜"。

表 11 的 Logit 回归结果告诉我们，过度自信在 1% 显著性水平上显著影响创业决策，非物质效应在 10% 显著性水平上显著影响创业决策，而风险偏好影响不显著。

五、总结与建议

本文使用来自中国家庭追踪调查（CFPS）2010 年全国基线调查数据研究了创业的"收入溢价"以及不同创业类型的收入差异问题，同时初步回答了中国创业者中是否存在"创业回报之谜"并解释了其中可能的原因。本文研究发现：①创业能显著提高劳动者收入，但创业类型对"风险溢价"无显著影响；②"收益与风险并存"，且创业者单位风险下收益小于非创业者。

一直以来，创业以其高收入的特点吸引了很多人，但真正创业成功的比例并不很高。本文认为创业者要具备足够的风险意识，结合个人实际情况选择创业与否及创业类型。同时本文建议创业者不要盲目选择创业和创业类型，在进行创业决策之前，要全面考察创业项目前景、客观评估项目风险及自身抗风险能力，往往"适合自己的才是最好的"。同时鉴于本文"创业类型对'收入溢价'无显著影响"的结论，建议政府给予小微企业更多税收优惠政策，让更多有意愿、有实力的创业者真正拥有一个良好宽松的创业环境。只有当创业者感受到政策激励与创业成功，他们才可能做大做强，"大众创业，万众创新"的浪潮才能持续兴起，否则便不能产生规模效应。当然如果有创业意愿，可是客观条件不允许"雇主式创业"，那么"自雇式创业"未必不是一条出路，等积累到一定资本再进行"雇主式创业"也不迟。

参考文献

[1] 蔡莉等. 创业学习、创业能力与新企业绩效的关系研究 [J]. 科学学研究，2014（8）：1189 – 1197.

[2] 陈成文，孙淇庭. 大学生创业政策：评价与展望 [J]. 高等教育研究，2009（7）：24 – 30.

[3] 傅晋华，郑风田，刘旭东. 国外创业政策的主要特征及对我国的启示 [J]. 中国科技论坛，2011（9）：156 – 160.

[4] 李涛，朱俊兵，伏霖. 聪明人更愿意创业吗？——来自中国的经验发现 [J]. 经济研究，2017（3）：91 – 105.

[5] 潘长风，张陆洋. 完善地方政府创业投资引导基金政策的思考 [J]. 价格理

论与实践, 2010 (6): 62 – 63.

[6] 潘春阳, 王紫妍. 创业的得与失——中国居民创业的货币与非货币回报 [J]. 世界经济文汇, 2016 (4): 102 – 120.

[7] 王春超, 冯大威. 中国城镇创业行为与收入溢价 [J]. 经济学动态, 2018 (4): 28 – 42.

[8] 熊维勤. 引导基金模式下的政府补偿及其激励效应 [J]. 系统工程理论与实践, 2013 (8): 1926 – 1933.

[9] 徐小洲, 梅伟惠, 倪好. 大学生创业困境与制度创新 [J]. 中国高教研究, 2015 (1): 45 – 48, 53.

[10] 尹志超等. 金融知识、创业决策和创业动机 [J]. 管理世界, 2015 (1): 87 – 98.

[11] 周洋, 刘雪瑾. 认知能力与家庭创业——基于中国家庭追踪调查 (CFPS) 数据的实证分析 [J]. 经济学动态, 2017 (2): 66 – 75.

[12] Astebro, T., et al. Seeking the Roots of Entrepreneurship: Insights from Behavioral Economics [J]. Journal of Economic Perspectives, 2014, 28 (3): 49 – 70.

[13] A. A. Stebro, T. and J. Chen. The Entrepreneurial Earnings Puzzle: Mismeasurement or real? [J]. Journal of Business Venturing, 2014, 29 (1): 88 – 105.

[14] Borjas, G. J. and S. G. Bronars. Consumer Discrimination and Self – employment [J]. Journal of Political Economy, 1989, 97 (3): 581 – 605.

[15] Cooper, A. C., C. Y. Woo and W. C. Dunkelberg. Entrepreneurs' Perceived Chances for Success [J]. Journal of Business Venturing, 1988, 3 (2): 97 – 108.

[16] Evans, D. S. and L. S. Leighton. Some Empirical Aspects of Entrepreneurship [J]. The American Economic Review, 1989, 79 (3): 519 – 535.

[17] Hvide, H. K. and G. A. Panos. Risk Tolerance and Entrepreneurship [J]. Journal of Financial Economics, 2014, 111 (1): 200 – 223.

[18] Hyytinen, A., P. Ilmakunnas and O. Toivanen. The Return – to – entrepreneurship Puzzle [J]. Labour Economics, 2013, 20: 57 – 67.

[19] Mehrotra, V. Fool's Gold: The Truth Behind Angel Investing in America [J]. Economic Record, 2009, 85 (271): 495 – 496.

[20] Moskowitz, T. J. and A. Vissing – J O. Rgensen. The Returns to Entrepreneurial Investment: A Private Equity Premium Puzzle? [J]. American Economic Review, 2002, 92 (4): 745 – 778.

股票流动性会提高企业创新能力吗？

——来自中国 A 股市场的证据[*]

唐 亮[1] 顾 振[1] 万相昱[2]

（1. 东北师范大学商学院，长春 130024；

2. 中国社会科学院，北京 100732）

摘 要 股票流动性影响企业创新的已有观点正确吗？基于中国 A 股市场数据，进行面板数据负二项回归估计的结果和已有研究者一致，即股票流动性会显著抑制企业创新水平，且相对于民营企业而言，在国有企业中这种抑制作用可能减弱；但进一步分析表明这一结论是不可靠的，原因在于流动性和创新性指标的连续变量估计结果可能掩盖了两者的真实关系，以股权分置改革和大小非解禁政策为时点的 DID 估计给出了更可靠的估计结果：股票流动性的提高显著增强企业的创新能力。原因在于企业股权结构多元化、公司治理的完善、管理层的监督机制有助于提高创新活动的积极性。进一步验证发现，提高股票流动性进而增强企业创新能力是通过强化股权集中度实现的，而机构投资者持股比例的影响则是微乎其微的。

关键词 股票流动性；企业创新；股权分置改革；大小非解禁；双重差分

* 本文在中国金融系统工程与风险管理国际年会（2018），中国数量经济学国际年会（2018）上得到了南京师范大学易志高教授、吉林大学陈守东教授、中国科学院房勇教授等学者们的意见，感谢各位学者对本文的深入点评和建设性修改意见，当然，文责自负。

Dose Stock Liquidity Enhance the Ability of Firm Innovation?

—The Evidence from China's A – Stock Market

Tang Liang[1]   Gu Zhen[1]   Wan Xiangyu[2]

(1. Business School, Northeast Normal University Chaongchun 130024;

2. Chinese Academy of Social Sciences, Beijing 100732)

Abstract: Is the existing view of stock liquidity affecting firm innovation correct? Based on China's A – stock market data, using panel data of the negative binomial regression method to estimate the results, which is consistent with the existing researchers, that is, stock liquidity will significantly inhibit the level of firm innovation. Compared with private firms, in the state – owned firms, this inhibition may be weakened. However, further analysis indicates that the conclusion is unreliable, because the liquidity and innovative indicators as continuous variables may obscure the true relationship. The reform of non – tradable share and large and small – sized non – tradable share policy give a more reliable estimate with the DID estimate: The increase in stock liquidity significantly enhances the firm innovation ability. The reason is that the diversification of corporate shareholding structure, the improvement of corporate governance and the supervision mechanism of management help to increase the enthusiasm of innovation activities. Further verification found that enhancing the stock liquidity and the innovation ability may be achieved by strengthening the ownership concentration, while the influence of institutional investors' shareholding ratio is minimal.

Key Words: Stock Liquidity; Firm Innovation; Reform of Non – tradable Share; Large and Small – sized Non – tradable Share; Difference in Differences

一、引言

当前，我国正在向社会主义强国迈进，其中一个重要的途径就是从制造业大国向创新型国家的转变，而建设创新型国家的主要推动力在于提高企业的创新能力。股票市场作为社会上规模较大，前景较好的企业代表，其创新能力是否受到投资者情绪和投资者选择行为的影响，是一个值得关注的问题。但在资源限制的情况下，企业如何把研发投入的决策与资本市场环境的变化及自身的发展状况结合起来，进而提升竞争实力与国际地位呢？

2017 年中央工作会议将"深化供给侧结构性改革，促进三个转变"[1]作为宏观经济调控的基调，明确指出强化科技创新，推动传统产业结构优化升级，培育一批具有创新能力的领军企业，推动实现经济更高质量的发展，为企业创新提供强有力的支持。然而，企业的创新不仅要求国家的引导，更需要资本市场的支撑，而且资本市场推动企业创新的机制如何，越来越备受学者的关注。Fang 等（2014）基于美国资本市场的数据研究发现，股票流动性越高，企业的创新能力反而下降，其背后的机制源自两个方面，即企业为避免恶意收购而选择投资于短期收益项目以及短期机构投资者的退出压力而放弃投资于高风险的创新。显然，这与我国的股权分置改革[2]的初衷相悖，因为政府的宏观政策的目的就在于提高股票流动性，进而改善资本市场的效率，增强企业的创新能力，提升国家竞争力。于是，很自然会想到一个问题，Fang 的结论符合我国的情况吗？胡勇等（2016）借助我国创新型行业的数据研究发现，股票流动性提高时，会吸引更多的短期利益投资者，管理层为防止股价下跌，就会选择投资短期收益较高的项目而减少创新支出，而沈达勇（2017）研究发现，股票流动性会显著提高管理层薪酬激励水平，促进企业技术创新水平的提高。那么，股票流动性到底是如何影响企业创新的呢？

股票流动性对企业创新能力的影响通过两种机制展开：其一为流动性对代

---

① 推进"中国制造"向"中国创造"转变、"中国速度"向"中国质量"转变、"制造大国"向"制造强国"转变。

② 我国的股权分置改革始于 2005 年 5 月，截至 2006 年底，沪深两市改革完成 97%，意味着股权分置改革的任务基本完成。

理问题的强化，其二为流动性改变了投资者结构从而强化了创新能力。高的股票流动性使短期利益投资者的进入与退出成本较低，它们追逐短期收益的目的，迫使企业管理层可能会放弃创新投资，同时，管理层为避免被收购的威胁，便会更倾于向短期项目投资。然而，随着股权结构多元化与内部考核办法不断完善，企业加强了对管理层的监督，从而提高了创新活动的积极性。

鉴于政府可以通过改变证券市场法规及其相关政策进一步影响股票流动性，从而影响企业的创新能力（Fang，2014）。比如，我国的股权分置改革与大小非解禁①政策，这些外部冲击不仅会对流动性产生显著改变，而且显然会对流动性和创新能力的关系产生影响。因此，我们首先对流动性和创新能力的关系建立负二项回归估计，其次引入 DID 方法估计外生冲击下流动性和创新能力关系的变化，最后检验可能存在的影响机制。

文章的研究结论表明：股票流动性会显著抑制企业创新水平，且相对于民营企业而言，在国有企业中这种抑制作用可能减弱，这与已有的研究者结论一致；但双重差分法估计的结果表明这一结论是不可靠的，原因在于作为连续变量的流动性和创新性指标掩盖了两者的真实关系，以股权分置改革和大小非解禁政策为时点的 DID 估计给出了更可靠的估计结果：股票流动性的提高显著增强企业的创新能力。原因在于企业股权结构多元化、公司治理的完善、管理层的监督机制有助于提高创新活动的积极性。进一步验证发现，提高股票流动性进而增强企业创新能力可能是通过强化股权集中度实现的，而机构投资者持股比例的影响则是微乎其微的。

文章剩余部分的安排如下：第二部分进行文献综述和理论分析，在此基础之上提出相关研究假设；第三部分是数据来源、选取相关变量以及描述性统计；第四部分是模型估计及实证结果分析；第五部分给出结论。

二、文献综述与研究假设

（一）文献综述

虽然早期的学者就股票流动性问题形成一系列丰富的研究成果，但主

---

　　①　大小非是指非流通股，即限售股。小非，限售股占总股本比例小于5%的部分，在股改一年后方可渐进流通；大非，限售股占总股本比例5%以上的部分，在股改后两年以上方可流通。

要涉及股票流动性对资产定价（Amihud and Mendelson，1986）、企业资本结构（Lipson and Mortal，2009；顾乃康、陈辉，2009）公司治理与资本配置效率（Maug，1998；Edmans，2009；苏冬蔚、熊家财，2014）以及公司价值（陈辉、顾乃康，2011）等方面的影响；而在企业创新方面的研究则聚焦于国家引导创新（Porter，1990；Grossman，1991）、企业规模与创新（Shefer，2003；周黎安等，2005；聂辉华等，2008）、负债水平与研发（陈海声等，2010）、股权集中度及独立董事与企业创新（冯根福、温军，2008）等几个方面。而现有的文献自 Stein（1988）开始关注股票流动性对于企业长期利益（创新）这一重大问题影响的研究，有趣的是，结论有很大差异。下面我们将从两个角度展开论述：

1. 股票流动性抑制企业创新

Stein 和 Shleifer 等（1988）从管理层短期视角出发，认为企业管理层为避免公司收购，往往倾向于短期收益项目，放弃长期无形资产的投资；Kyle 和 Vila（1991）发现，股票流动性越高，投资者的进入和退出成本较低，这使局外人可以掩盖其收购的意图，而机构投资者更倾向于追逐短期利益，从而引发管理层的短期投资行为与非正常收益（Bushee，2001）；Atanassov（2013）研究认为，通过反恶意收购的法案的地区，企业的创新能力反而下降，尤其是在法案颁布 2 年内；Fang 等（2014）更进一步从恶意收购与短期机构投资者两种可能性机制验证了股票流动性阻碍企业创新；而国内学者杜金岷和吕寒（2017）利用我国资本市场数据，研究认为，股票流动性会抑制企业创新专利的产出，另外，较高的股票流动性能提高股价信息含量（苏冬蔚、熊家财，2013），投资者从而能够利用有效信息对企业进行监督，削减股票流动性的不利影响。综上，显而易见，这些学者之所以主张股票流动性抑制企业创新，在他们看来，过高的股票流动性会使管理层面临恶意收购或者短期机构投资者退出威胁时减少创新的投资。

2. 股票流动性促进企业创新

Maug（1998）认为，股票流动性越高，使交易成本降低，容易形成大股东，他们会积极干预公司的治理，管理层可能会注重企业的长期发展，投资于无形资产项目；Norli（2015）则同样发现，股票流动性能够提高股东对于监督企业管理层的积极性，尤其在企业绩效差的公司更是如此；Coles（2003）研究发现，股票波动性越高企业管理层越倾向于高风险的政策选择，包括注重研发的投入，利用高财务杠杆；Hall（2005）验证了专利的引用次数正向影响企业的价值，意味着创新能力越强企业价值越高；Tian 等（2014）研究发现，容忍度较高的风险投资者支持的 IPO 公司更具有创新能力；Edmans（2009）表明，高的股票流动性会带来大股东的退出威胁，从而优化公司治理；Ferreira（2014）认为，权益融资影响管理层对于创新投资的决定，在私人企业起着促进作用，而在国有企业起着抑制作用；Aghion 和 Zingales（2013）研究表明，机构投资者能降低信息不对称，企业管理层因考虑职业生涯因素，特别是被替代的威胁，从而提高投资于创新的积极性；张信东、李娟（2017）基于我国上证 A 股的数据研究发现，股票流动性对企业创新投入有显著的促进作用；冯根福和刘虹等（2017）则验证认为，企业的异质性对于股票流动性与创新之间的关系差异很大，对于国有企业而言，在股权结构不断多元化和内部考核办法不断改进的背景下，股票流动性与企业创新呈现正向关系，对于民营企业而言，两者呈现负相关关系。综上可以看出，主张股票流动性促进企业创新的学者认为大股东能够发挥有效的监督作用或者机构投资者能够降低信息不对称，从而优化公司治理。

现有的研究认为，股票流动性抑制企业创新的学者是从短期视角与收购的机制展开的，而主张股票流动性促进企业创新的学者则是从监督机制、公司治理、投资者结构入手的，他们认为股票流动性抑制或者促进企业的创新。然而，我们注意到除了 Fang（2014）与冯根福等（2017），大多数研究者的结论几乎基于连续数据，即股票流动性与企业创新指标在一定范围内的渐进改变得出的，这一结论是不可靠的，原因在于作为连续变量的流动性和创新性指标掩盖了两者的真实关系。因此，我们首先基于连续数据对股票流动性与企业创新之间的关系进行验证，进而引入外部冲击事件的准自然实验进行 DID 估计，最后，验证可能存在的影响机制。

（二）研究假设

鉴于我国资本市场起步较晚，初始的资本市场参与者更可能倾向于追逐短期利益。因此，股票流动性对企业创新的影响，理论上应该回归到 Stein（1988）提出的管理层的短期视角，即企业管理层的短期行为会直接抑制企业的创新水平；同时，投资者的非理性行为表现更加突出，其用脚投票的方式显然会加剧管理层短期投资项目的选择；而且企业股权集中度较高，几乎所有企业缺乏股权激励，偏高的委托代理成本以及不健全的监督机制，致使管理层更加倾向于短期收益而非投资于高风险的创新。因此，在初始的资本市场状况下，股票流动性更加可能抑制企业创新。

值得注意的是，与欧美成熟的资本市场相比，我国存在着差异显著的两类企业：国有企业与民营企业。对于国有企业而言，在股权分置改革之前，大约61%[①]的股票不能上市流通，大股东持股比例高，但却没有追逐短期利益的动机；相反，民营企业本身市场规模较小，股权相对分散，股东可能倾向于短期利益；而且机构投资者很难进入国有企业，因此，它们可能更加青睐于民营企业，机构投资者的天然逐利行为显然会加剧管理层投资于较高的短期收益项目，从而减少创新的支出。Chemmanur 等（2012）表明，拥有更多反收购措施的企业往往创新能力较强，而国有企业高级管理人员的更换取决于政府的行政命令，其几乎不会面临收购的压力，同时，基于职业生涯的考虑可能更加积极投资于创新。但是，民营企业较小的规模以及相对分散的股权特征本身会增加其面临的收购概率，而且薄弱的资金实力致使其缺乏有效的反并购措施，因而，管理层更可能倾向于短期收益项目而放弃投资于创新等高风险的项目。

然而，伴随着股权分置改革的实施与大小非解禁的推行，股票流动性的迅速提高可能对企业的创新的影响产生重大变化。机制在于：首先，两种政策的实施，在很大程度上消除了流通股和非流通股之间的差异，公司治理逐渐形成共同的利益基础，企业股价的趋同能在一定程度上对大股东和管理层形成市场化的激励和监督约束机制。其次，企业考核机制的不断完善，尤其是股权激励的逐渐实施将使管理层两手都要抓，两手都要硬，即不仅注重企业的短期利益，更加重视公司的未来发展，从而投资于创新等长期项目。同时，国有股的减持与股权结构的多元化，不仅为企业的发展注入新的活力，而且随着投资者的渐进理性行为的培育，他们将可能重视企业的长期发展状况；反之，其用脚投票的方式将会使企业资产贬值，因而，管理层倾向于投资创新等可持续发展项目。最后，建设创新型国家的政策导向，企业作为我国经济发展的重要主体，当然肩负着科技创新的重大责任，因此，企业不得不注重公司的长远利益，进而增加创新投入，提高未来竞争潜力。

综上分析，我们认为，在初始的资本市场状况下，股票流动性更加可能抑制企业创新；而与民营企业相比，股票流动性抑制企业创新的作用在

---

① 基于 Csmar 数据库计算所有 A 股上市公司 2000～2004 年的非流通股比例的均值计算得出。

国有企业可能减弱，但基连续性数据的渐进改变可能致使结果不可靠、不可信。因此，在股权分置改革与大小非解禁不断推行下，股票流动性的跳跃式提高可能会促进企业的创新。

三、研究设计

（一）样本选择与数据来源

文章选取我国沪深 A 股上市公司为研究对象，具体的数据来源与样本选择过程如下：首先，通过 Wind 数据库获取上市公司专利数与机构投资者持股比例；其次，利用 CSMAR 数据库获得上市公司总资产报酬率、资产负债率、资产总额、主营业务收入、托宾 Q、股权集中度、非流通股比例等企业异质特征数据，通过相关指标数据计算加工得出相对有效价差、非流动性指标、行业资产负债率、行业资产报酬率及赫芬达尔指数；最后，剔除成立时间晚于 2000 年的企业和 PT、ST 企业及金融行业，删除数据缺失的企业及教育、卫生与社会工作行业[①]，之后进行数据匹配，一共得到 214 家上市公司的数据，形成大约 3424 个非平衡面板数据。

（二）变量定义

1. 被解释变量

企业创新能力：现有文献主要采用专利数、研发投入、全要素生产率等指标衡量企业的创新能力，因为研发投入容易受到管理层的操纵，难以有效衡量企业创新，同样，全要素生产率是企业生产过程中使用的技术，也难以准确测量，而专利数不易被管理层操纵，能够更好地度量企业的创新产出能力，所以文章采用专利数度量企业的创新水平，记为 PATENT［参考 Fang 等（2014）的做法，文章引入专利的滞后期为 2 年］。

2. 解释变量

股票流动性：股票流动性的度量方式包括相对有效价差（RES，Relative Effective Spread）、换手率（TURNOVER）、非流动性指标 ILLIQ 等，文

---

① 基于 2012 年上市公司行业分类索引标准。

章参考 Fang 等（2014）和冯根福等（2017）的做法，采用相对有效价差衡量股票流动性，同时，考虑到结果的稳健性，选取非流动性指标作为衡量股票流动性的另一指标。具体公式如下：

（1）相对有效价差。

$$RES_{i,t} = \frac{1}{D} \sum_{d=1}^{D_{i,t}} \frac{|P_{i,d,t} - (BID_{i,d,t}^{A} + ASK_{i,d,t}^{B})|}{0.5\ BID_{i,d,t}^{A} + 0.5\ ASK_{i,d,t}^{B}} \qquad (1)$$

式中，$P_{i,d,t}$ 是股票 i 在第 t 年第 d 天的成交价格，$BID_{i,d,t}^{B}$ 和 $ASK_{i,d,t}^{A}$ 分别是股票 i 在第 t 年第 d 天的收盘时的买入价和卖出价，$D_{i,t}$ 是股票 i 在 t 年能够观测到的天数。该指标越大，表明股票流动性越差。

（2）非流动性指标。

$$ILLIQ_{i,t} = 10000 \times \sum_{d=1}^{D_{i,t}} \frac{|R_{i,t,d}|}{VOL_{i,t,d}} \qquad (2)$$

式中，$R_{i,t,d}$ 和 $VOL_{i,t,d}$ 分别是上市公司股票 i 在 t 年第 d 天的股票回报率和交易数量；$D_{i,t}$ 是上市公司 i 在 t 年的全年交易天数；$|R_{i,t,d}|/VOL_{i,t,d}$ 是一单位成交量所引起的价格变化，考虑到量纲问题，我们对结果乘以 10000，即非流动性指标。该指标越大，表明股票流动性越差。

3. 控制变量

借鉴 Fang 等（2014）与杜金岷和吕寒（2017）等的研究成果，文章引入公司特征变量、行业特征变量、所有权特征变量。具体包括企业规模（SIZE）、总资产报酬率（ROA）、资产负债率（LEV）、有形资产占总资产的比例（TANG）、企业年龄（LNAGE）、非流通股占总股票的比例（NTS）、融资约束 KZ 指数、投资机会（Q）、行业资产报酬率（INDROA）和行业资产负债率（INDLEV）、企业属性（STATE）、市场竞争的度量（HHI）等。

式中，赫芬达尔指数（Herfindahl）的计算公式如下：

$$HHI = \sum_{i=1}^{N} R_i^2 = \sum_{i=1}^{N} (A_i/A)^2; A = \sum_{i=1}^{N} A_i \qquad (3)$$

A_i 代表一个行业内某公司某年的营业总收入，A 为一个行业内所有公司某年份的营业总收入。

KZ 指数的计算公式如下：

$$KZ = -1.002CASHFLOW_i + 0.283\ Q_i + 3.139\ LEV_i$$
$$-39.368\ DIVIDENDS_i - 1.315\ CASHHOLDINGS_i \qquad (4)$$

$CASHFLOW_i$ 为公司 i 当期现金流量与滞后一期固定资产的比值；

DIVIDENDS$_i$为公司 i 当期现金股利与滞后一期固定资产的比值；CASHHOLDINGS$_i$为公司i当期现金与现金等价物持有量与滞后一期固定资产的比值；Q$_i$、LEV$_i$的含义与上述一致。如表1所示。

表1　变量定义

变量	变量名称	变量说明
PATENT	专利数	被解释变量，衡量企业创新产出
RES	相对有效价差	解释变量，指标越高，流动性越差
ILLIQ	非流动性指标	解释变量，指标越高，流动性越差
SIZE	企业规模	控制变量，企业总资产账面价值的自然对数
ROA	总资产报酬率	控制变量，企业盈利能力
LEV	资产负债率	控制变量，负债账面价值与资产账面价值比
TANG	有形资产比	控制变量，企业有形资产总额与总资产的比例
LNAGE	企业年龄	控制变量，企业成立年数的自然对数
NTS	非流通股比例	控制变量，非流通股占总股票的比例
Q	投资机会	控制变量，企业年末的市值与总资产账面价值比
KZ	融资约束指数	控制变量，企业的融资能力
INDROA	行业资产报酬率	控制变量，行业的盈利能力
INDLEV	行业资产负债率	控制变量，行业的债务利用水平
HHI	市场竞争的度量	控制变量，企业的市场竞争强度
STATE	是否国有	国有企业 = 1，民营企业 = 0①

（三）描述性统计

考虑到异常值的影响，我们对所有变量进行 1% 的 Winsorize 处理。表 2 为全样本变量的描述性统计结果，表 3、表 4 分别为国有企业与民营企业主要变量的描述性统计结果，具体情况如下：

---

① 本文以最终实际控制人为分类依据。

表2 全样本变量的描述性统计

指标名称	观察数	平均值	中位数	最大值	最小值	标准差
PATENT	3346	333.9668	60	8630	1	1088.658
ILLIQ	3355	0.0380	0.0156	0.2798	0.0006	0.0526
RES	3356	1.0004	1	1.0141	0.9981	0.0026
SIZE	3360	21.9892	21.7906	25.7409	19.9981	1.1765
LEV	3360	0.4708	0.4669	0.8608	0.1103	0.1728
TANG	3360	0.9614	0.9722	1	0.7766	0.0394
LNAGE	3414	2.3512	2.4849	3.2958	0	0.6145
ROA	3360	0.0530	0.0494	0.2209	−0.1293	0.0519
NTS	3364	0.3382	0.3748	0.7853	0	0.2745
Q	3352	2.1379	1.6614	9.4588	0.8505	1.4710
KZ	3142	−2.5458	−0.1780	3.5767	−45.0683	7.2693
HHI	3360	0.0277	0.0096	0.5016	0.0076	0.0819
INDLEV	3424	0.5223	0.5442	0.6517	0.0613	0.0662
INDROA	3424	0.0583	0.0552	0.0892	0.0297	0.0127

表3 国有企业主要变量描述性统计

指标名称	观察数	平均值	中位数	最大值	最小值	标准差
PATENT	1897	417.6226	64	9800	1	1345.642
ILLIQ	1904	0.0350	0.0146	0.2890	0.0006	0.0507
RES	1905	1.0003	0.9999	1.0140	0.9980	0.0025
SIZE	1893	22.7125	22.4685	26.2350	20.6743	1.1555

表4 民营企业主要变量描述性统计

指标名称	观察数	平均值	中位数	最大值	最小值	标准差
PATENT	1449	200.6391	53	3179	1	440.4807
ILLIQ	1451	0.0419	0.0173	0.2634	0.0009	0.0547
RES	1451	1.0005	1	1.0141	0.9982	0.0026
SIZE	1441	22.5218	22.3851	25.6103	20.6424	1.0202

从表2中可以看出，企业专利数的标准差与极差较大，而且中位数明显小于平均值，说明企业的创新能力有较大的差异。对于流动性指标而言，

相对有效价差比非流动性指标相对集中。在控制变量方面，企业的成立时间、有形资产比差异程度不大，而企业的资产负债率与盈利能力呈现较大的差异，特别是 ROA 的最大值、最小值一正一负，表明企业存在盈利与亏损的极端情形；托宾 Q 最小值为 0.85，均值与中位数均大于 1.5，说明企业存在一定的投资机会；赫芬达尔指数有一定的差异，企业的竞争程度不同。

在分样本的情况下，国有企业的专利数量显著高于民营企业[①]，但两者非流动性指标、相对有效价差大致相同，可能说明在国有企业中，股票流动性抑制创新的作用会减弱。同时注意到，在对企业总资产进行对数化处理后，国企与民企的规模相差较小，但其实它们的实际值之间差异很大[②]，说明企业的规模可能正向影响创新能力。

四、模型和估计

（一）基本回归

考虑到股票流动性与企业创新之间可能存在内生性问题，而固定效应模型则能部分解决内生性问题，同时，我们运用 Stata 对模型进行 Hausman 检验[③]显示固定效应模型结果更稳健；并且因为文章采用的专利数据为非负的整数的形式，而计数模型具有更好的拟合效果（温军等，2012），因此应当采用泊松回归，但泊松回归要求被解释变量的期望与方差必须相等，鉴于公司个体异质性所带来的差异，将导致方差远大于期望，从表 2 的结果可以计算得出专利数的期望为 334，方差为 1185176，在这种情形下，本文倾向采用更为一般的技术，即负二项回归下的固定效应模型，构建如下基本回归模型：

$$
\begin{aligned}
\text{PATENT}_{i,t+2} = {} & \beta_0 + \beta_1 \text{ILLIQ}_{i,t}(\beta_1 \text{RES}_{i,t}) + \beta_2 \text{SIZE}_{i,t} + \beta_3 \text{TANG}_{i,t} + \beta_4 \text{LEV}_{i,t} + \\
& \beta_5 \text{ROA}_{i,t} + \beta_6 \text{LNAGE}_{i,t} + \beta_7 Q_{i,t} + \beta_8 \text{INDROA}_{i,t} + \beta_9 \text{INLEV}_{i,t} + \\
& \beta_{10} \text{HHI}_{i,t} + \beta_{11} \text{KZ}_{i,t} + \beta_{12} \text{NTS}_{i,t} + \text{YEAR}_t + \text{FIRM}_i + \varepsilon_{i,t} \quad\quad (5)
\end{aligned}
$$

---

① 分组的均值检验 p = 0.0000。
② 国有企业总资产均值 145 亿元，民营企业总资产均值 70 亿元。
③ P 值为 0.0430。

式中，i 代表公司个体，t 代表年份，$PATENT_{i,t+2}$ 是公司 i，t+2 年度的专利数，$ILLIQ_{i,t}$、$RES_{i,t}$ 是解释变量，$YEAR_t$、$FIRM_i$ 分别代表时间固定效应与公司个体固定效应，$\varepsilon_{i,t}$ 为随机扰动项。结果如下：

表5　股票流动性与企业创新的回归结果

NBR – FE	PATENT			
	（1）	（2）	（3）	（4）
ILLIQ	0.725 **		1.113 ***	
	(2.30)		(2.88)	
RES		7.926 ***		7.923 ***
		(3.47)		(3.49)
ILLIQ × STATE			− 0.784 *	
			(− 1.64)	
RES × STATE				− 0.283 ***
				(− 5.08)
SIZE	0.274 ***	0.262 ***	0.274 ***	0.272 ***
	(15.73)	(15.27)	(15.71)	(15.85)
TANG	− 1.562 ***	− 1.527 ***	− 1.518 ***	− 1.440 ***
	(− 5.63)	(− 5.50)	(− 5.44)	(− 5.11)
LEV	− 0.319 ***	− 0.281 ***	− 0.315 ***	− 0.290 ***
	(− 3.71)	(− 3.28)	(− 3.67)	(− 3.40)
ROA	− 0.871 ***	− 0.869 ***	− 0.863 ***	− 0.873 ***
	(− 4.08)	(− 4.07)	(− 4.05)	(− 4.10)
LNAGE	1.356 ***	1.302 ***	1.357 ***	1.293 ***
	(27.59)	(26.41)	(27.59)	(26.29)
Q	0.001	− 0.001	0.001	0.0006
	(0.18)	(− 0.17)	(0.17)	(0.10)
INDROA	− 4.572 ***	− 4.343 ***	− 4.568 ***	− 4.196 ***
	(− 5.96)	(− 5.62)	(− 5.95)	(− 5.45)
INDLEV	1.232 ***	1.314 ***	1.277 ***	1.251 ***
	(3.71)	(3.94)	(3.84)	(3.75)
HHI	0.304	0.347	0.345	0.408
	(1.02)	(1.17)	(1.16)	(1.36)

续表

NBR – FE	PATENT			
	(1)	(2)	(3)	(4)
KZ	– 0.004 ***	– 0.004 ***	– 0.004 ***	– 0.004 ***
	(– 2.63)	(– 2.79)	(– 2.62)	(– 2.74)
NTS	– 0.882 ***	– 0.878 ***	– 0.878 ***	– 0.884 ***
	(– 16.58)	(– 16.80)	(– 16.51)	(– 17.06)
CONS	– 6.409 ***	– 14.037 ***	– 6.478 ***	– 14.121 ***
	(– 12.92)	(– 6.05)	(– 13.01)	(– 6.12)

注：***、**和*分别代表1%、5%和10%的显著性水平；括号内为回归系数的统计量。

从表 5 的回归结果可以看出，在全样本的情况下（第一列与第二列），非流动性指标与相对有效价差的回归系数一致为正，且在 5% 的水平上显著，表明在不考虑企业产权属性的情况下，股票流动性与企业的专利数量之间呈负向关系，即股票流动性会抑制企业创新。在考虑企业产权属性的情况下（第三列与第四列），民营企业中，股票流动性显著抑制企业创新的结论没有改变，而在国有企业中，这种抑制作用反而减弱（ILLIQ × STATE 与 RES × STATE 的系数显著为负）。这一结论与主张股票流动性抑制企业创新的学者基本一致，但基于连续与渐进的流动性和创新性指标掩盖了两者的真实关系。因此，本文将进一步引入外部冲击事件的影响，对两者关系进一步验证。

（二）外部冲击下的股票流动性与企业创新关系的进一步分析

鉴于流动性和创新性指标的连续变量估计结果掩盖了两者的真实关系，同时，两者可能存在内生性问题，很难判断是股票流动性的提高改善企业创新，还是企业自身的创新水平高吸引更多的投资者，从而提高股票流动性。为解决这两个问题，本文选择股权分置改革与大小非解禁两个显著改变流动性而不直接影响创新的事件，采用双重差分的方法，对股票流动性与企业创新之间的关系进行深入分析。

1. 股权分置改革

参考 Fang 等（2014），冯根福等（2017）的做法，文章使用以下方法构建实验组与控制组。以换手率为分组依据，分别计算出股改前后每个样本企业的平均换手率；计算出股改前后平均换手率的差值，记为 Δ_{TURNOVER}；计算 Δ_{TURNOVER} 的均值，记为 M_{TURNOVER}；将 $\Delta_{\text{TURNOVER}} > M_{\text{TURNOVER}}$ 的企业赋值为流动性变化幅度大的组，即实验组，$\text{TREAT}_{i,t} = 1$，否则，$\text{TREAT}_{i,t} = 0$，即控制组。

如前所述，股权分置改革始于 2005 年，在 2006 年底完成将近 97%，本文以 2006 年为时间点，构建如下模型：

$$\text{PATENT}_{i,t+2} = \beta_0 + \beta_1 \text{TREAT}_{i,t} + \beta_2 \text{TIME}_{i,t} \times \text{TREAT}_{i,t} + \beta_3 \text{BEFORE}_{i,t}^1 + \beta_4 \text{BEFORE}_{i,t}^{2,3} + \beta_5 \text{CURRENT}_{i,t} + \beta_6 \text{AFTER}_{i,t}^1 + \beta_7 \text{AFTER}_{i,t}^{2,3} + \beta_8 \text{AFTER}_{i,t}^{4,5,6} + \varepsilon_{i,t} \tag{6}$$

$$\text{PATENT}_{i,t+2} = \beta_0 + \beta_1 \text{TREAT}_{i,t} + \beta_2 \text{TIME}_{i,t} \times \text{TREAT}_{i,t} + \beta_3 \text{TIME}_{i,t} \times \text{TREAT}_{i,t} \times \text{STATE} + \beta_4 \text{BEFORE}_{i,t}^1 + \beta_5 \text{BEFORE}_{i,t}^{2,3} + \beta_6 \text{CURRENT}_{i,t} + \beta_7 \text{AFTER}_{i,t}^1 + \beta_8 \text{AFTER}_{i,t}^{2,3} + \beta_9 \text{AFTER}_{i,t}^{4,5,6} + \varepsilon_{i,t} \tag{7}$$

式中，$\text{TREAT}_{i,t} = \{0, 1\}$，0 表示公司 i 为控制组，1 表示公司 i 为实验组；$\text{TIME}_{i,t} = \{0, 1\}$，0 表示公司 i 股改前，1 表示公司 i 股改后；$\text{BEFORE}_{i,t}^{2,3}$、$\text{BEFORE}_{i,t}^1$、$\text{CURRENT}_{i,t}$、$\text{AFTER}_{i,t}^1$、$\text{AFTER}_{i,t}^{2,3}$、$\text{AFTER}_{i,t}^{4,5,6}$ 分别代表 2002~2003 年、2004 年、2005~2006 年、2007 年、2008~2009 年、2010~2012 年虚拟变量。

2. 大小非解禁

作为股权分置改革后续推进的重要措施，大小非解禁从 2007 年开始增多[①]。本文以 2013 年为时间点，构建如下模型：

$$\text{PATENT}_{i,t+2} = \beta_0 + \beta_1 \text{TREAT}_{i,t} + \beta_2 \text{TIME}_{i,t} \times \text{TREAT}_{i,t} + \beta_3 \text{BEFORE}_{i,t}^1 + \beta_4 \text{CURRENT}_{i,t} + \beta_5 \text{AFTER}_{i,t}^1 + \beta_6 \text{AFTER}_{i,t}^{2,3} + \varepsilon_{i,t} \tag{8}$$

$$\text{PATENT}_{i,t+2} = \beta_0 + \beta_1 \text{TREAT}_{i,t} + \beta_2 \text{TIME}_{i,t} \times \text{TREAT}_{i,t} + \beta_3 \text{TIME}_{i,t} \times \text{TREAT}_{i,t} \times \text{STATE} + \beta_4 \text{BEFORE}_{i,t}^1 + \beta_5 \text{CURRENT}_{i,t} + \beta_6 \text{AFTER}_{i,t}^1 + \beta_7 \text{AFTER}_{i,t}^{2,3} + \varepsilon_{i,t} \tag{9}$$

式中，$\text{TREAT}_{i,t} = \{0, 1\}$，0 表示公司 i 为控制组，1 表示公司 i 为实验组；$\text{TIME}_{i,t} = \{0, 1\}$，0 表示公司大小非解禁前，1 表示公司 i 大小非解禁后；$\text{BEFORE}_{i,t}^{2,3}$、$\text{BEFORE}_{i,t}^1$、$\text{CURRENT}_{i,t}$、$\text{AFTER}_{i,t}^1$ 分别代表 2010~2011

---

① 2007 年解禁 118.42 亿股，2008 年解禁 1620 亿股，2009 年解禁 7547 亿股，2010 年解禁 3466 亿股，2011 年解禁 1602.06 亿股，2012 年解禁 2159.28 亿股，2013 年解禁 7091.88 亿股，2014 年解禁 1241.32 亿股。

年、2012 年、2013 年、2014 年度虚拟变量。

表6 外部冲击下股票流动性与企业创新

NBR – FE	PATENT			
	股权分置改革		大小非解禁	
	(1)	(2)	(3)	(4)
$TREAT_{i,t}$	− 0.104	− 0.084	− 0.642 ***	− 0.629 ***
	(− 1.62)	(− 1.32)	(− 6.10)	(− 5.98)
$TIME_{i,t} \times TREAT_{i,t}$	0.144 ***	0.217 ***	0.047 **	0.005
	(3.50)	(4.01)	(2.06)	(0.17)
$TIME_{i,t} \times$ $TREAT_{i,t} \times STATE$		− 0.172 ***		0.079 **
		(− 2.72)		(2.35)
$BEFORE_{i,t}^{1}$	0.864 ***	0.863 ***	− 0.421 ***	− 0.421 ***
	(14.11)	(14.07)	(− 20.28)	(− 20.31)
$BEFORE_{i,t}^{2,3}$	0.464 ***	0.465 ***	− 0.698 ***	− 0.698 ***
	(8.26)	(8.26)	(− 36.61)	(− 36.66)
$CURRENT_{i,t}$	1.224 ***	1.233 ***	− 0.279 ***	− 0.280 ***
	(23.61)	(23.72)	(− 16.12)	(− 16.18)
$AFTER_{i,t}^{1}$	1.575 ***	1.594 ***	− 0.142 ***	− 0.142 ***
	(27.85)	(28.05)	(− 8.49)	(− 8.53)
$AFTER_{i,t}^{2,3}$	1.946 ***	− 0.033		
	(37.92)	(− 0.82)		
$AFTER_{i,t}^{4,5,6}$	2.486 ***	2.520 ***		
	(50.26)	(50.57)		
CONS	0.118 **	0.101 *	4.130 ***	4.130 ***
	(2.13)	(1.84)	(48.95)	(48.95)

注：***、**和*分别代表1%、5%和10%的显著性水平；括号内为回归系数的统计量。

表6为外部冲击下股票流动性与企业创新关系 DID 分析。在股权分置改革事件中：不考虑企业产权性质的情况下（第一列），外部的冲击显著提高了企业的专利数量（$TIME_{i,t} \times TREAT_{i,t}$ 的系数在 1% 水平上显著为正），表明股权分置改革所带来的股票流动性的提高对企业的创新水平的增强有着积极的影响；在考虑企业产权性质的情况下（第二列），民营企业中，股

权分置改革的政策效果所带来的流动性的提高对企业创新水平的增强依然有着显著的改善，然而，在国有企业中，这种政策效果的作用相对减弱（$TIME_{i,t} \times TREAT_{i,t} \times STATE$ 的系数在 1% 水平上显著为负），说明股权分置改革所带来的政策冲击在民营企业中表现得更为突出。原因可能在于国有企业全民所有性质导致较高的委托代理成本，政策执行效率偏低，而民营企业则更加灵活、迅速响应政策的要求，其股票流动性的提高能带来更有效率的创新。

在大小非解禁事件中：不考虑企业产权性质的情况下（第三列），外部的冲击同样显著提高了企业的专利数量（$TIME_{i,t} \times TREAT_{i,t}$ 的系数在 5% 水平上显著为正），即股票流动性的提高改善了企业的创新水平；在考虑到企业产权性质的情况下（第四列），民营企业中，系数为正，但结果不显著，而在国有企业中，股票流动性的提高却显著增强了企业的创新能力（$TIME_{i,t} \times TREAT_{i,t} \times STATE$ 的系数在 5% 水平上显著为正），这与股权分置改革的政策效果不一致。表明随着时间的推移，国有企业股权结构多元、绩效考核的完善、公司治理的水平的提高，市场监督机制的健全，委托代理成本进一步降低，大小非解禁的政策效果发挥着越发积极的作用，而民营企业拥有股权分置改革的政策效果后，大小非解禁所带来的积极作用呈现减弱趋势。

综上所述，外部冲击所导致的股票流动性的提高对于促进上市公司创新水平有着显著作用，考虑到企业的产权属性，在股权分置改革的情形下，对于民营企业的影响效果优于国有企业，而在大小非解禁的推行下，对于国有企业的政策效果则更加优于民营企业。

（三）外部冲击下可能机制

在股权分置改革与大小非解禁的进程中，股票流动性与企业创新之间的关系受到哪些可能性因素的影响呢？Aghion 和 Zingales（2013）认为，机构投资者能降低信息不对称，从而激发企业管理层积极投资于创新（Kochhar，2015）；冯根福、温军（2008）认为，股权集中度与企业创新之间呈现倒"U"形关系。从股权分置改革以来，我国机构投资者越发活跃，股权结构不断变化，那么股票流动性是通过改变机构投资者持股比例与股权集中度进而影响企业创新的吗？因此，本文进行如下可能性验证：

鉴于机构投资者持股比例（INS）与股权集中度（CR）[1]（于东智，2001）的取值范围在 [0，1] 之间，本文采用随机效应的 TOBIT 模型[2]，构建如下回归方程：

$$INS_{i,t}(CR_{i,t}) = \beta_0 + \beta_1 TREAT_{i,t} + \beta_2 TIME_{i,t} \times TREAT_{i,t} +$$
$$\beta_3 BEFORE_{i,t}^1 + \beta_4 BEFORE_{i,t}^{2,3} + \beta_5 CURRENT_{i,t} +$$
$$\beta_6 AFTER_{i,t}^1 + \beta_7 AFTER_{i,t}^{2,3} + \beta_8 AFTER_{i,t}^{4,5,6} + \varepsilon_{i,t} \qquad (10)$$

对于机构投资者持股比例（INS）与股权集中度（CR）对企业创新能力的影响则沿用前述的负二项回归，模型如下：

$$PATENT_{i,t+2} = \beta_0 + \beta_1 TREAT_{i,t} + \beta_2 TIME_{i,t} \times TREAT_{i,t} + \beta_3 INS_{i,t}(\beta_3 CR_{i,t}) +$$
$$\beta_4 BEFORE_{i,t}^1 + \beta_5 BEFORE_{i,t}^{2,3} + \beta_6 CURRENT_{i,t} +$$
$$\beta_7 AFTER_{i,t}^1 + \beta_8 AFTER_{i,t}^{2,3} + \beta_9 AFTER_{i,t}^{4,5,6} + \varepsilon_{i,t} \qquad (11)$$

表 7　股权分置改革下的回归结果

TOBIT/NBR – FE	股权分置改革			
	INS	PATENT	CR	PATENT
	（1）	（2）	（3）	（4）
$TREAT_{i,t}$	− 0.098 **	− 0.087	− 0.046 ***	− 0.075
	（− 2.22）	（− 1.36）	（− 3.52）	（− 1.18）
$TIME_{i,t} \times TREAT_{i,t}$	− 0.092 ***	0.119 ***	− 0.038 ***	0.139 ***
	（− 7.36）	（2.87）	（− 3.82）	（3.39）
$INS_{i,t}$		0.046		
		（0.78）		
$CR_{i,t}$				0.464 ***
				（6.48）
$BEFORE_{i,t}^1$	0.168 ***	0.859 ***	0.938	0.837 ***
	（11.14）	（13.96）	（0.07）	（13.67）
$BEFORE_{i,t}^{2,3}$	0.096 ***	0.463 ***	0.851	0.454 ***
	（7.44）	（8.21）	（0.06）	（8.09）
$CURRENT_{i,t}$	0.219 ***	1.228 ***	0.963	1.198 ***
	（16.90）	（23.42）	（0.07）	（22.98）

[1]　企业的前三大股东持股比例之和。

[2]　LR 的检验结果认为存在个体效应，应使用随机效应的面板 Tobit 回归。

TOBIT/NBR – FE	股权分置改革			
	INS	PATENT	CR	PATENT
	(1)	(2)	(3)	(4)
$\text{AFTER}_{i,t}^{1}$	0.325***	1.586***	1.007	1.540***
	(20.17)	(27.32)	(0.08)	(26.91)
$\text{AFTER}_{i,t}^{2,3}$	0.454***	1.958***	1.154	1.851***
	(32.92)	(35.95)	(0.09)	(33.78)
$\text{AFTER}_{i,t}^{4,5,6}$	0.550***	2.505***	1.303	2.334***
	(42.30)	(45.82)	(0.10)	(40.68)
CONS	−0.148***	0.099*	−0.863	0.110**
	(−4.63)	(1.79)	(−0.07)	(2.00)

注：***、**和*分别代表1%、5%和10%的显著性水平；括号内为回归系数的统计量。

从表7的第一列可以看出，股权分置改革的冲击显著降低了企业的机构投资者持股比例（$\text{TIME}_{i,t} \times \text{TREAT}_{i,t}$ 的系数在1%的水平上显著为负），结合第二列中则能进一步看出，机构投资者持股比例与企业创新能力的提高并没有显著关系，即股票流动性的提高并不是通过改变机构者的持股比例进而增强企业创新能力的，但股权分置改革的冲击依然显著增强企业的创新能力。因此，股权分置改革下，机构投资者持股比例对于股票流动性与企业创新之间关系的影响是微乎其微的，这与Fang（2014）等的结论不一致。对于我国而言，股权分置改革后，股票流动性的提高可能吸引了更多的散户而并非机构投资者的进入，同时，逐渐消除的流通股与非流通股的差异，能够形成公司治理的共同利益，股价的趋同能形成激励与约束机制，企业的考核机制完善以及投资者的理性都促使管理层更加倾向于创新投入。从第三列可以看出股权分置改革的冲击显著降低了企业的股权集中度（$\text{TIME}_{i,t} \times \text{TREAT}_{i,t}$ 的系数在1%的水平上显著为负），而在第四列则能看出股权集中度对企业创新能力的提高有显著的正向影响，则表明股权集中度在股票流动性与企业创新之间存在中介效应，即股票流动性的提高将通过强化企业的股权集中度进而增强企业创新能力，这与股权分置改革的政策效果初衷一致。股权分置改革后，股权集中度降低是必然结果，但股权分置改革逐渐形成的共同利益基础以及股价的趋同会强化股权集中度，形成监督机制，从而促进企业管理层对创新的投入。

表8 大小非解禁下的回归结果

TOBIT/NBR – FE	大小非解禁			
	INS	PATENT	CR	PATENT
	（1）	（2）	（3）	（4）
$TREAT_{i,t}$	−0.036	−0.635***	−0.047**	−0.648***
	（−0.58）	（−6.04）	（−2.07）	（−6.14）
$TIME_{i,t} \times TREAT_{i,t}$	0.035***	0.049**	0.026**	0.043*
	（2.78）	（2.14）	（2.45）	（1.87）
$INS_{i,t}$		−0.075		
		（−1.19）		
$CR_{i,t}$				0.156***
				（2.51）
$BEFORE_{i,t}^1$	−0.004	−0.421***	0.014	−0.424***
	（−0.28）	（−20.26）	（1.27）	（−20.49）
$BEFORE_{i,t}^{2,3}$	0.008	−0.697***	−0.002	−0.698***
	（0.65）	（−36.56）	（−0.19）	（−36.77）
$CURRENT_{i,t}$	−0.006	−0.279***	0.016*	−0.283***
	（−0.51）	（−16.11）	（1.72）	（−16.34）
$AFTER_{i,t}^1$	−0.020*	−0.143***	0.011	−0.144***
	（−1.80）	（−8.54）	（1.20）	（−8.65）
CONS	0.314***	4.154***	0.421***	4.081***
	（6.77）	（48.11）	（24.12）	（46.43）

注：***、**和*分别代表1%、5%和10%的显著性水平；括号内为回归系数的统计量。

从表8的第一列可以看出，与股权分置改革不一致的是，大小非解禁的冲击显著提高了企业的机构投资者持股比例（$TIME_{i,t} \times TREAT_{i,t}$的系数在1%的水平上显著为正），表明股权分置改革初始阶段，大量散户进入股票市场，而随着时间的推移，他们的进入优势渐失，大小非解禁则能吸引资金实力强大的机构投资者的进入。结合第二列则能看出，机构投资者持股比例与股票流动性高的企业创新能力的提高并没有显著关系，即股票流动性的提高并不是通过改变机构者的持股比例进而增强企业创新能力的，这与股权分置改革下的结果一致。因此，大小非解禁下，机构投资者持股比例对于股票流动性与企业创新之间关系的影响亦是微乎其微的。在这个时间段内，不仅公司的治理水平不断提高以及考核机制进一步完善，更为重要的是，国家越发重视企业创新，并将创新视为提高企业竞争潜力，增强国家实力必由之路。从第三列可以看出，与股权分置改革不一致的是，大小非解禁的冲击显著提高了企业的股权集中度（$TIME_{i,t} \times TREAT_{i,t}$的系数在1%的水平上显著为正），而在第四列则能看出股权集中度对企业创新能力的提高有着显著的正向影响，亦即股票流动性的提高将通过强化企业的股权集中度进而增强企业创新能力，这与股权分置的结论相一致。

综上所述，股权分置改革与大小非解禁的外部冲击事件迅速提高股票流动性进而增强企业创新能力可能是通过强化股权集中度实现的，而机构投资者持股比例的影响则是微乎其微的。

五、结论

在我国向创新型国家转型过程中，如何提高企业创新能力从而带动经济的增长已经成为学术界研究的热点问题。本文从微观资本市场出发，基于中国 A 股上市公司的数据，探究股票流动性与企业创新之间的关系。运用面板数据负二项回归方法进行估计的结果和已有研究者一致，即股票流动性会显著抑制企业创新水平，且相对于民营企业而言，国有企业中这种抑制作用可能减弱；但双重差分法估计的结果表明这一结论是不可靠的，原因在于作为连续变量的流动性和创新性指标掩盖了两者的真实关系，以股权分置改革和大小非解禁政策为时点的 DID 估计给出了更可靠的估计结果：股票流动性的提高显著增强企业的创新能力。原因在于企业股权结构多元化、公司治理的完善、管理层的监督机制有助于提高创新活动的积极性。进一步验证发现，提高股票流动性进而增强企业创新能力是通过强化股权集中度实现的，而机构投资者持股比例的影响则是微乎其微的。

更确切地说，对所有企业，股权分置改革降低了机构投资者数量与股权集中度，但却提高了创新能力。股权分置改革后，共同利益基础的形成与考核机制的完善而形成的监督机制是引发企业创新能力提高的关键因素。对所有企业，大小非解禁提高了机构投资者数量与股权集中度，推动了企业的创新。大小非解禁进程中，股权集中度的强化与国家创新政策的导向成为提高企业创新能力的关键因素。

参考文献

[1] 陈海声，卢丹. 股权性质、资本结构、现金流量与研发强度 [J]. 科技管理研究，2010 (21)：230 – 232.

[2] 陈辉，顾乃康，万小勇. 股票流动性、股权分置改革与公司价值 [J]. 管理科学，2011 (3)：43 – 55.

[3] 杜金岷，吕寒. 股票流动性、机构投资者与企业创新 [J]. 暨南学报 (哲学社会科学版)，2017 (11)：85 – 95.

[4] 冯根福，刘虹，冯照桢，温军. 股票流动性会促进我国企业技术创新吗 [J]. 金融研究，2017 (3)：192 – 206.

[5] 冯根福，温军. 中国上市公司治理与企业技术创新关系的实证分析 [J]. 中国工业经济，2008 (7)：91 – 100.

[6] 顾乃康，陈辉. 股票流动性与企业资本结构的决定——基于中国上市公司的经验证据 [J]. 财经研究，2009 (8)：37 – 48.

[7] 胡勇，李意，乔元波. 股票流动性与公司创新——基于创新行业的实证分析 [J]. 投资研究，2016 (10)：97 – 110.

[8] 聂辉华，谭松涛，王宇锋. 创新、企业规模和市场竞争：基于中国企业层面的面板数据分析 [J]. 世界经济，2008 (7)：57 – 66.

[9] 沈达勇. 股票流动性、管理层激励与企业技术创新 [J]. 西安交通大学学报 (社会科学版)，2017 (5)：31 – 39.

[10] 苏冬蔚，熊家财. 股票流动性、股价信息含量与 CEO 薪酬契约 [J]. 经济研究，2013 (11)：56 – 70.

[11] 温军，冯根福. 异质机构、企业性质与自主创新 [J]. 经济研究，2012 (3)：53 – 64.

[12] 熊家财，苏冬蔚. 股票流动性与企业资本配置效率 [J]. 会计研究，2014 (11)：54 – 60.

[13] 于东智. 股权结构、治理效率与公司绩效 [J]. 中国工业经济，2001 (5)：54 – 62.

[14] 张信东，李娟. 股票流动性会促进企业创新投入吗？——来自上证 A 股的证据 [J]. 科技管理研究，2017 (6)：134 – 142.

[15] 周黎安，罗凯. 企业规模与创新：来自中国省级水平的经验证据 [J]. 经济学 (季刊)，2005 (2)：623 – 638.

[16] Aghion, P. , J. V. Reenen and L. Zingales Innovation and Institutional Ownership

〔J〕. American Economic Review, 2013, 103 (1): 277 – 304.

〔17〕 Amihud, Y and H. Mendelson. Asset Pricing and the Bid – ask Spread 〔J〕. Journal of Financial Economics, 1986, 17 (2): 223 – 249.

〔18〕 Atanassov, J. Do Hostile Takeovers Stifle Innovation? Evidence from Antitakeover Legislation and Corporate Patenting 〔J〕. Social Science Electronic Publishing, 2013, 68 (3): 1097 – 1131.

〔19〕 Bushee, B. J. Do Institutional Investors Prefer Near – Term Earnings over Long – Run Value? 〔J〕. Contemporary Accounting Research, 2001, 18 (2): 207 – 246.

〔20〕 Chemmanur, T. and X. Tian. Do Anti – Takeover Provisions Spur Corporate Innovation? 〔J〕. A Regression Discontinuity Analysis, Social Science Electronic Publishing, 2012, 53: 1 – 45.

〔21〕 Coles, J. L. , N. D. Daniel and L. Naveen. Executive Compensation and Managerial Risk – Taking 〔J〕. Ssrn Electronic Journal, 2003, 79: 1 – 48.

〔22〕 Edmans A. Blockholder Trading, Market Efficiency, and Managerial Myopia 〔J〕. Journal of Finance, 2009, 64 (6): 2481 – 2513.

〔23〕 Fang, V. W. , X. Tian and S. Tice. Does Stock Liquidity Enhance or Impede Firm Innovation? 〔J〕. Journal of Finance, 2014, 69 (5): 2085 – 2125.

〔24〕 Ferreira, D. , G. Manso and A. C. Silva. Incentives to Innovate and the Decision to Go Public or Private 〔J〕. Social Science Electronic Publishing, 2014, 27 (7750): 256 – 300.

〔25〕 Grossman, G. M and E. Helpman. Innovation and growth in the global economy 〔M〕. Mit Press Books, 1991: 323 – 324.

〔26〕 Hall, B. H. , A. Jaffe and M. Trajtenberg. Market Value and Patent Citations 〔J〕. Rand Journal of Economics, 2005, 36 (1): 16 – 38.

〔27〕 Kochhar, R. and P. David. Institutional Investors and Firm Innovation: A Test of Competing Hypotheses 〔J〕. Strategic Management Journal, 2015, 17 (1): 73 – 84.

〔28〕 Kyle, A. S. and J. L. Vila. Noise Trading and Takeovers 〔J〕. Rand Journal of Economics, 1991, 22 (1): 54 – 71.

〔29〕 Lipson, M. L. and S. Mortal. Liquidity and Capital Structure 〔J〕. Journal of Financial Markets, 2009, 12 (4): 611 – 644.

〔30〕 Maug, E. Large Shareholders as Monitors: Is There a Trade – off between Liquidity and Control? 〔J〕. Journal of Finance, 1998, 53 (1): 65 – 98.

〔31〕 Oyvind, N. , C. Ostergaard and I. Schindele. Liquidity and Shareholder Activism 〔J〕. Ssrn Electronic Journal, 2015, 28 (2): 486 – 520.

〔32〕 Porter, M. E. The Competitive Advantage of Nations 〔M〕. Free Press, 1990:

42 – 43.

[33] Shefer, D. and A. Frenkel. R&D, Firm Size and Innovation: An Empirical Analysis [J]. Technovation, 2003, 25 (1): 25 – 32.

[34] Shleifer, Andrei, Summers and H. Lawrence. Breach of Trust in Hostile Takeovers [J]. Social Science Electronic Publishing, 1988, 11 (1): 33 – 68.

[35] Stein, J. C. Takeover Threats and Managerial Myopia [J]. Journal of Political Economy, 1988, 96 (1): 61 – 80.

[36] Tian, X. and T. Y. Wang. Tolerance for Failure and Corporate Innovation [J]. Review of Financial Studies, 2014, 27 (1): 211 – 255.

海外并购与企业创新

明秀南

（云南财经大学，昆明 650221）

摘 要 在当前我国企业海外并购迅速增加的背景下，本文利用 2008～2015 年上市公司海外并购交易数据和企业专利数据库，采用倾向匹配得分法和非线性双重差分法考察了跨国并购对企业自主创新的影响。研究结果发现，海外并购显著地提高了企业的创新水平，且这种提升效应具有持续性但呈逐年下降的趋势；区分专利类型看，海外并购企业的发明与实用新型专利申请显著增加，但对外观专利的影响不明显甚至为负，海外并购企业创新产出的增加不仅体现在数量上，创新的质量也显著提高。

关键词 海外并购；创新；倾向匹配得分

Cross Broad Merger and Innovation of Acquiring Firms

Ming Xiunan

（Yunnan University of Finance and Economics，Kunming 650221）

Abstract：Cross – border acquisitions constitute the main form of Chinese OF-DI，Using the patent applications data of A – share listed companies from 2008 to 2015，this paper provides empirical evidence on the relationship between cross – border acquisitions and innovation activities of the acquirer. To account for the possibility that performance differences arise due to the selection，we uses a non-linear difference – in – differences approach combined with propensity score matching to create an appropriate control group of nonacquirer firms. The results indi-cate a considerable increase in post – acquisition innovation in the acquirer, and the effect is lasting but declining year by year. Moreover, We also find that the number of the invention and utility patent application increases significantly in those firms after the acquisition. Which means that acquirer firms pursue the qual-ity of innovation rather than innovation by numbers.

Key Words：Cross – Border Acquisitions；Innovation；PSM

一、引言

创新既是企业保持竞争优势的关键，也是经济持续增长的重要动力。党的十八大明确提出实施创新驱动发展战略，强调科技创新是提高社会生产力和综合国力的战略支撑，必须摆在国家发展全局的核心位置。2008年国际金融危机后，我国出台了一系列促进企业研发投资的政策，并取得了突出成绩，专利申请量已连续多年排名全球第一位。但从中国规模以上制造业企业的数据上看，企业的研发强度还不及 1%，远远低于发达国家 2.5% ~ 4.1% 的水平，在开展研发活动的企业中，申请发明专利的企业比例偏低，自主创新能力不强，使我国核心技术对外依存度较高，某些行业的关键零部件需要从发达国家进口①。随着我国"走出去"倡议不断推进，有学者认为国内企业可以通过跨国并购来获得海外的前沿技术，实现技术上"弯道超车"（吴先明和苏志文，2014；陈爱贞和刘志彪，2016）。

近年来，中国企业海外并购交易一路高歌猛进，根据商务部发布的《中国对外直接投资统计公报》中数据显示，2016 年是中国企业海外并购最活跃的年份，实施对外投资并购项目 765 起，实际交易总额高达 1353.3 亿美元，形成了中国企业海外并购投资的浪潮。中国企业如此大规模地进行海外并购也引起各界的广泛关注，那么，海外并购是否提高了或降低了企业的创新能力？从理论上看，一方面，海外子公司和母公司的创新可能存在着替代关系。海外收购高科技企业使母公司在较短的时期内

① 根据海关总署的统计数据显示，近 5 年中国集成电路的进口金额每年超过 2000 亿美元，ht-tp：//www.chinacustomsstat.com。

获得前沿技术，大大降低了前导时间并运用现有的技术，有可能降低母公司的创新激励；另一方面，如果母公司与目标企业之间在技术上呈互补性关系或有交叉关系，海外并购带来的新技术以及市场规模扩张，能够促使企业增加研发投入、提升员工技能等互补性投资，进而增进双方的知识与技术创新。根据 Griliches（1979）知识生产函数 $\Delta K = f(I_h, I_f)$，海外并购企业通过内部的知识积累（I_h）和外部知识获取（I_f）将大大提升企业的创新能力。

为考察海外并购对收购方企业创新的影响，本文将利用 2008~2015 年中国 A 股上市公司海外并购的样本和专利数据，深入探讨海外并购对企业创新之间的内在关系，为控制海外并购的自选择效应和内生性问题，实证部分采用了倾向匹配得分法和双重差分法。研究结果发现，海外并购对企业创新具有显著的影响，总体上，海外并购显著地提高了企业的专利产出，平均而言，相对于未对外投资企业，海外并购企业的专利申请提高了 28.5%，海外并购对企业专利增长的贡献达到了 20.5%，这种正向的提升效应具有明显的持续性但呈逐年下降的趋势。进一步地区分不同的专利类型，发现海外并购对企业发明专利产出具有正向的持续性提升作用，对实用新型专利产出具有短期的提升作用但不具有持续性，外观设计专利产出则不显著或为负。海外并购对发明专利的提升效应贡献最大，说明企业在进行跨国并购后的创新的增加不仅体现在"数量"上，且更加注重"质量"。这一结论也表明，海外并购对企业创新带来结构性与实质性的变化，有利于优化企业内部的创新资源配置，使企业在并购投资后将创新资源用于攻克核心技术上。此外，我们还发现，企业的所有权特征、东道国和行业技术密集度差异也会影响到海外并购的创新效应。在当前我国经济结构转型和海外并购日渐活跃的背景下，本文的研究不仅有助于客观评估中国企业海外并购的创新绩效，而且能够为进一步地实施"走出去"战略提供有益的政策启示。

后文的结构安排如下：第二部分回顾有关跨国并购与企业绩效、创新等相关文献；第三部分是理论模型；第四部分是跨国并购的企业数据统计性分析与实证研究方法；第五部分是实证检验与结果分析；第六部分为结论与政策建议。

二、文献回顾

围绕海外并购对企业创新影响，国内外学者已从多个角度开展了大量理论和实证研究。Helpman（1984）基于一般均衡模型来分析垂直型跨国公司，该模型指出跨国公司总部是熟练劳动和资本密集型，技术、组织管理经验、营销等总部服务是从母国向境外子公司单向转移。Markusen（2002）提出的知识资本模型解释了跨国生产分割和总部技术投资，其研究指出，知识和技术等无形资产可以在企业内以较低的成本转移至子公司，对外投资后，跨国公司将提高其技术创新投资以强化其所有权优势。以上结论也都得到了数据的支持，尤其是以美国为代表的发达国家跨国公司总部创新与海外子公司生产的分工格局验证了知识资本模型的主要结论（Bilir and Morales，2016）。此外，技术创新具有外溢效应，跨国公司在收购了东道国目标企业后，也会因避免研发外溢和被模仿的风险，将研发资源转移至总部，以提高 RD 投资的规模经济与范围经济（Stieble，2016）。

产业组织学者则从内部资源优化配置和技术互补的角度来分析企业的跨国并购行为，Neary（2007）构建的两国寡头垄断模型指出，跨国并购是一种促进企业资源配置的有效方式，使资源从低效率企业向高效率企业进行转移，并对收购方企业的技术创新具有提升作用。Jovanovic 和 Rousseau（2008）也认为，通过资产重组以及所有权的更替将优质资产进行整合和优化配置，使技术得到更加有效的利用，提高了企业的生产率。Nocke 和 Yeaple（2007）、Norbäck 和 Persson（2012）的研究指出，跨国并购是为了获得东道国标的企业专有性资产或技术，交易双方的技术与资产互补性越高，并购交易的成功率也越高，技术上的互补性也进一步提高了企业 RD 投资。

在实证研究方面，不少文献从目标企业和收购方企业两大视角考察了跨国并购对经营绩效和创新的影响。Arnold 和 Javorcik（2009）采用印度尼西亚的企业数据，在控制自选择问题和内生性问题后，被外资收购后的企业其生产率显著提高。Guadalupe 等（2012）利用西班牙企业数据来考察外资并购对创新的影响，发现外资倾向于收购那些生产率较高的企业，在收购后子公司会进行组织创新与技术升级。Stiebale 和 Reize（2011）实证检验了外资并购对德国中小型企业 RD 投资和创新产出（新产品销售占比）的影响，发现外资并购降低了标的企业 RD 投资，但对创新产出没有影响。Stiebale（2013）同样利用德国企业研究表明跨国并购与收购方 RD 投入存在显著的正向因果关系，且这一促进效应在技术密集型行业更高。Stiebale（2016）进一步地运用欧洲 33 个国家企业的数据，综合考察了跨国并购对交易双方创新之间的关系，研究发现，跨国并购增加了收购方企业的 RD 投入和专利申请，但降低了子公司的 RD 投资。上述研究表明，跨国公司在收购境外的标的企业后，母公司会继续增加 RD 投入以强化其所有权优势，并通过企业内贸易向子公司转移中间品、技术和知识等无形资产。而对于发展中国家而言，其跨国公司所有权优势也不明显，向子公司转移技术较为有限，这些国家的跨国公司境外并购可能有别于发达国家（Chen，2011），逆向的技术溢出反而更加明显（Griffith et al.，2006）。

随着中国企业对外投资规模的迅速增长，已有不少文献考察了中国企业 OFDI 对经营绩效和创新的影响，毛其淋和许家云（2014）发现，对外投资显著地提高了企业研发积极性和创新存续期，而蒋冠宏和蒋殿春（2014）采用 2004 ~ 2009 年中国工业企业数据检验则发现技术研发型外向投资不一定显著提升企业生产率。袁东等（2015）利用 2002 ~ 2008 年中国企业数据区分了企业对外投资不同的进入模式对生产率的影响，结果表明，对外投资前具有 RD 投资的企业在对外投资后其生产率显著提升，海外并购投资的企业短期内并不能提高生产率，仅在并购投资三年后生产率才有所增加。鉴于中国当前企业跨国并购日渐活跃的趋势，部分学者认为海外并购是一种可行的技术获取策略（Bena and Li，2014；张学勇等，2017），海外并购不仅可以规避知识产权壁垒和国外政府的技术封锁，也有助于企业快速地构建创新体系。与国内的生产形成优势互补，加速前沿技术的引进、学习、使用和推广，实现技术上的"弯道超车"和战略转型（吴先明和苏志文，2014；陈爱贞和刘志彪，2016）。与本文研究相似的是朱治理等（2016）同样运用上市公司来考察跨国并购对企业创新的影响，运用倾向匹配得分法和双重差分法进行检验发现，跨国并购不利于企业创新。

综上所述，以上文献仍存在以下不足：①现有的关于跨国并购与企业创新相关领域的研究仅限于发达国家，已有的研究也未得到一致的结论。②虽然中国企业海外并购交易增长迅速，但并购交易的成功率低和并购投资企业亏损等问题依然存在①，在企业创新等长期性的投资相对不足，跨国并购能否提升母公司创新水平来强化其所有权优势的这一命题还有待检验。③迄今国内关于中国企业海外并购领域的研究大多集中于分析中国企业海外并购的决定因素（刘莉亚等，2016；张学勇等，2017）和股票市场的长、短期收益率（邵新建等，2012）。

与已有研究相比，本文的贡献可能体现在以下四个方面：

一是借鉴 Desai 等（2009）模型从理论上分析了企业海外并购投资与创新投资之间的关系。

二是克服数据上的局限性，我们构建了 2008 年金融危机后上市公司海外并购交易数据库来考察中国企业跨国并购对创新的影响。受改革红利和上市公司并购政策持续性放宽等一系列利好条件，上市公司的并购投资活跃度远远高于国内其他企业，是我国企业海外并购的主力军②，且并购交易主要发生在 2008 年国际金融危机后③。此外，上市公司的创新能力较强，R&D 支出占全国企业 R&D 支出的 1/3 以上，拥有专利的上市公司比例也高于全国平均水平。选取上市公司样本来考察海外并购对企业创新的影响具有代表性。

三是本文采用企业国内三类专利（发明专利、实用新型专利和外观设计专利）申请的数据作为创新的衡量指标，可以进一步地考察海外并购对企业内部创新资源配置的影响，是追求创新数量还是质量？在三类专利中，发明专利是指对产品、方法或者其改进所提出的新的技术方案，必须具有新颖性和创造性的特征，其质量也最高。相对于朱治理等（2016）仅采用专利授权数，利用三类专利数据可以进一步地甄别海外并购对企业内部创新资源配置的结构性变化，同时也丰富了企业国际化行为与技术升级等领域的研究。

四是在研究方法上，直接评估跨国并购投资企业的自主创新效应有可能会受到样本自选择带来的偏差。我们将企业的海外并购投资视为准自然

---

① 资料来源：联合国开发计划署、国资委研究中心和商务部研究院联合发布的《中国企业海外可持续发展报告 2015》，http：//www.cn.undp.org。

② 根据普华永道（http：//www.pwccn.com/）监测的数据显示，上市公司是中国企业海外并购的主力军。

③ 全球并购交易的浪潮大多是发生于经济危机时期，标的企业易于受到融资约束影响进行"甩卖"行为。根据 Wind 并购数据库和马晓白与武常岐（2017）筛选的 Thomson Reuters SDC Platinum 数据库显示，2008 年前上市公司跨国并购交易宗数占比不及 15%。

实验，利用倾向得分匹配法（Rosenbaum and Rubin，1983；Abadie and Imbens，2016）并结合双重差分法来控制样本的自选择偏差和内生性问题。运用倾向得分匹配法为海外并购投资企业匹配到一组具有与这些企业相似特征的非对外投资企业。此外，企业专利申请数是非负整数，我们将借鉴Winkelmann（2008）和袁建国等（2015）的研究，结合非线性双重差分法来检验企业海外并购与创新之间的因果关系。

三、理论分析框架

本部分主要是参考 Desai 等（2009）简化的理论模型来分析在并购投资后，境外子公司的技术特征与母公司创新之间的关系，Desai 等（2009）的研究发现，美国跨国公司对外投资需要母公司提供更多的总部服务，会带动母公司投资、就业和研发的投入。在此基础上，Kerr 等（2015）考察了美国的技术移民与本土企业员工之间的互补关系，同样中国企业 OFDI 对就业也存在类似的特征（李磊等，2016）。此外，已有的研究结论指出，多数收购的目标企业都是择优挑选的（Guadalupe et al.，2012），境外并购的重要动机是为了获得互补性的资产和技术（Nocke and Yeaple，2007；Bena and Li，2014）。照此思路，中国企业在海外并购目标公司后，其知识、技术的积累 $K(I_h, I_f)$ 将来自国内的创新投资（I_h）以及并购获得的国外已有的技术和创新投入（I_f）两部分，创新投资的成本为 $C(I_h, I_f)$，其中 $\frac{\partial K}{\partial I_h} > 0$，$\frac{\partial^2 K}{\partial I_h^2} < 0$，$\frac{\partial K}{\partial I_f} > 0$，$\frac{\partial^2 K}{\partial I_f^2} < 0$。$R(K, y)$ 为企业的收益函数，y 为影响企业技术投资的一些外部因素，如市场规模等。同时假设资源整合与协调的成本 $\lambda(I_f)$，是目标企业技术水平的增函数，由此企业的利润函数为 $R(K, y, \lambda) - C(I_h, I_f)$，企业利润最大化的一阶条件：$\frac{\partial R}{\partial K}\frac{\partial K}{\partial I_h} = \frac{\partial C}{\partial I_h}$ 和 $\frac{\partial R}{\partial K}\frac{\partial K}{\partial I_f} + \frac{\partial R}{\partial \lambda}\frac{\partial \lambda}{\partial I_f} = \frac{\partial C}{\partial I_f}$。

给定国内创新成本的情况下，境外研发成本的变化将直接影响到海外子公司创新投入（dI_f），进而影响国内母公司的创新投入（dI_h）：

$$dI_h = \frac{\left[\frac{\partial R}{\partial K}\frac{\partial^2 K}{\partial I_h \partial I_f} + \frac{\partial^2 R}{\partial K^2}\frac{\partial K}{\partial I_f}\frac{\partial K}{\partial I_h} + \frac{\partial K}{\partial I_h}\frac{\partial^2 R}{\partial K \partial \lambda}\frac{\partial \lambda}{\partial I_f}\right]dI_f + \frac{\partial K}{\partial I_h}\frac{\partial^2 R}{\partial K \partial y}dy -}{\left[\frac{\partial R}{\partial K}\frac{\partial^2 K}{\partial I_h^2} + \frac{\partial^2 R}{\partial K^2}\left(\frac{\partial K}{\partial I_h}\right)^2\right]} \quad (1)$$

在前文的假设条件下，式（1）的分母为正；分子中第一项 $\frac{\partial^2 K}{\partial I_h \partial I_f} > 0$ 衡量的是国内创新投资与海外技术的互补性程度；第二项为负；第三项中企业间整合协调的成本与目标企业技术水平（I_f）负相关且后者 I_f 越高，整合的成本也越高，故第三项为负；第四项中企业的外部需求 y 越高，相应的对产品的质量和技术水平也有更高的要求，故 $\frac{\partial^2 R}{\partial K \partial y} > 0$。因此，只有当国内外技术互补程度足够大到抵消边际收益递减和整合成本，式（1）才有可能为正。当进行海外并购投资的企业在海外搜寻到某一目标企业，需要母公司能够全面了解和掌握目标企业的经营能力和技术水平时才能够争取到谈判主动权和更高的议价能力，这也需要企业在并购前不断地进行研发投资来提升自身的技术水平，从而降低资源整合成本 λ（I_f）。如果母公司自身的技术水平和组织管理能力有限，资源整合成本将增加，技术的互补性将不足以抵消边际收益递减和资源整合成本，有可能导致并购投资的失败，也不利于企业创新。以上结论指出企业的海外并购对创新的影响取决于企业间技术的互补性或替代性的特征和资源整合能力，这就需要母公司"内外兼修"，一方面提高自身的技术创新效率，另一方面加强与子公司及海外消费者、供应商之间的沟通交流来获得知识。

四、数据与计量方法

（一）数据

本文实证检验部分所使用的数据来源主要有三个：一是 Wind 上市公司财务数据库与企业并购交易数据库；二是中国专利数据库和佰腾专利检索；三是商务部《境外投资企业（机构）名录》。现有关于中国企业对外投资绩效等的研究，主要是通过中国工业企业数据库与商务部《名录》匹配合并获得，受限于样本数据，大多数研究都未能分析 2008 年国际金融危机后中国企业大规模地进行海外并购投资的特征和评估跨国并购效应。为了获得较为全面的上市公司海外并购交易数据，我们首先从 Wind 企业并购数据库选择了 2009 年 1 月至 1 日~2015 年 12 月 31 日公告已完成的海外并购交易样本。通过上市公司年报、网站等渠道进一步地确认企业的海外并购投资行为的信息，获得一个较为全面的上市公司跨国并购原始数据库。考虑到研究意义与可比性，我们剔除了中方收购的股份低于 10% 和收购方为金融类企业的并购样本。在 2009 ~ 2015 年，上市公司海外并购交易成功的有473 起，制造业企业是跨国并购的主角，服务业企业海外并购增长迅速；海外并购目的地大多是流向中国香港、美国、澳大利亚、日本、德国、韩国等高收入国家和地区，占比超过 90%，这与全球跨国并购交易集中于发达国家的特征一致。海外并购投资的主体中，央企占了近 6.5%，广东省是中国海外并购企业数量最多的省份，占总交易数的 16%，对外投资前 5 省占比超过 60%；按企业所有制来看，民营企业占比达 70.55%，国有企业占23%，虽然国有企业海外并购金额较高，但也逐渐地让位于民营企业。

为保证样本数据的一致性，本文删除了金融业、ST 股、借壳上市、营业收入等关键变量缺失的样本，最后保留了连续经营 4 年以上的企业，用于分析的有 2419 家上市公司共 16008 个样本，其中制造业企业样本 10089 个。部分上市公司在样本期间内，进行过多次海外并购，借鉴已有的处理方式，将样本期间内首次进行并购投资的年份来考察企业的跨国并购行为（蒋冠宏和蒋殿春，2014；周茂等，2015）。经过进一步的筛选后，2009 ~ 2015 年首次进行海外并购投资的企业有 266 家。

企业创新数据则是来源于中国专利数据库和佰腾专利检索，鉴于当前我国企业在国外申请的专利比例较低[①]，本文仅限于企业向中国专利局申请的国内专利而没有收集企业在境外申请的专利。通过与上市公司匹配和佰腾专利检索获得了上市公司发明专利、实用新型和外观设计三种专利申请的数据。

（二）实证方法

实证研究部分是为了评估中国企业海外并购对创新的影响，揭示海外并购与企业创新是否存在因果关系。根据企业异质性理论预测和已有的实证研究结果，企业海外并购并非是随机性的，仅有那些具有生产率和技术优势的企业会选择跨国并购投资（Nocke and Yeaple，2007；Bena and Li，

[①] 资料来源："World Intellectual Property Indicators 2015"，http：//www.wipo.int/ipstats/en/wipi/index.html。

2014），直接采用 OLS 估计有可能会导致估计结果的偏差。本文借鉴蒋冠宏和蒋殿春（2013）以及 Stieble（2016）的研究，将海外并购看作是一次准自然实验，采用倾向得分匹配法（Rosenbaum and Rubin，1983；Abadie and Imbens，2016）和 DID 来评估企业海外并购的创新效应。基本思路是从没有进行过海外并购投资的企业中寻找出与海外并购企业在并购投资前具有相似特征的样本作为对照组，海外并购企业为处理组。为获得这一合适的对照组，我们采用最近邻匹配方法匹配。

在总的样本企业中，有 183 家制造业上市公司进行了海外并购交易，我们将这些企业作为处理组，以 $dcma_i = \{0, 1\}$ 表示企业是否进行海外并购，$dcma_i = 1$ 为海外并购投资企业，$dcma_i = 0$ 为非对外投资企业。

在总的样本企业中，有 266 家上市公司进行了海外并购交易，我们将这些企业作为处理组，以 $dcma_i = \{0, 1\}$ 表示企业是否进行海外并购，$dcma_i = 1$ 为海外并购投资企业，$dcma_i = 0$ 为非对外投资企业。本文选择的对照组样本是那些未进行对外投资的企业，为获得较为详细的对照组样本，我们首先利用《名录》与上市公司进行匹配，将匹配成功的剔除，而剩余的上市公司作为潜在的对照组样本。$dt_i = 0$ 和 $dt_i = 1$ 分别为企业跨国并购的前、后年份，对于样本期间内如果有超过一次的海外并购活动，本文仅以首次成功的海外并购公告日期来界定 dt。将 y_{it} 表示为第 i 家企业从事跨国并购活动前后的创新，那么，处理组企业的平均处理效应（ATT），即跨国并购对企业创新的影响可以表示为：

$$\begin{aligned} ATT &= E\{y_{it}^1 - y_{it}^0 \mid dcma_i = 1\} \\ &= E\{E(y_{it}^1 - y_{it}^0 \mid dcma_i = 1,\ p(z_{it-1}))\} \\ &= E\{E(y_{it}^1 \mid dcma_i = 1,\ p(z_{it-1})) - E(y_{it}^0 \mid dcma_i = 1,\ p(z_{it-1}))\} \end{aligned} \quad (2)$$

式中，$E(y_{it}^1 \mid dcma_i = 1)$ 为企业在跨国并购后的创新，而 $E(y_{it}^0 \mid dcma_i = 1)$ 表示跨国并购企业在没有跨国并购情况下的创新，但此状态下的企业创新产出是无法观测到的一种"反事实"。运用最近邻匹配法从未进行海外并购投资的样本中获得与跨国并购企业并购前相似特征的样本，基于条件独立性假设，可利用匹配后的样本近似替代跨国并购企业在 $dcma_i = 0$ 的状态下，即 $E(y_{it}^0 \mid dcma_i = 1) = E(\hat{y}_{it}^0 \mid dcma_i = 0)$。$p(z_{it-1})$ 为倾向匹配得分，是通过企业并购投资前一期的匹配变量 z_{it-1} 来估算跨国并购投资的概率。进一步地结合 DID 方法，以控制那些不随时间变化的不可观测的因素对企业创新的影响，构建的 DID 估计模型如下：

$$y_{it} = \alpha_0 + \alpha_1 dcma + \alpha_2 dt + \lambda dcma \times dt + \delta z_{it} + \nu_j + \nu_k + \varepsilon_{it} \tag{3}$$

被解释变量 y_{it} 为企业创新，用企业当年发明专利、实用新型和外观设计三类专利的申请数来衡量。由于被解释变量是非负整数值，模型（2）为非线性的 DID 模型，如果直接采用 OLS 方法或经过自然对数变换后线性估计有可能导致结果的偏误，本文借鉴袁建国等（2015）和 Stieble（2016）方法，采用泊松回归对模型（2）进行估计，系数 λ 可以捕捉到海外并购与企业创新之间的因果效应（Winkelmann，2008），具体地我们将参考 Ai 和 Norton（2003）以及 Puhani（2012）对非线性 DID 模型的交互项解释。

此外，运用 PSM 和 DID 估计的关键步骤是如何选取匹配变量 z_{it}，根据 Smith 和 Todd（2005）研究指出，要满足条件独立性假设，匹配变量能够同时影响项目参与和结果变量，即能够同时影响企业的跨国并购投资行为和创新。借鉴已有的文献及企业异质性理论（Stieble，2016），选择如下匹配变量 z_{it}：

企业劳动生产率（lp），由企业营业收入除以员工数的对数值计算得到，海外并购需要克服东道国市场的投资壁垒，以及收购方与目标企业之间的信息不对称等问题，只有生产率较高的企业能够承担较高的进入成本。资本密集度（capital），用固定资产与企业员工数的比重衡量；资产负债率（debt），用企业的总资产与总负债的比例来表示，资产负债率也是测算企业融资约束的一个重要指标，过高的负债率会恶化企业的财务条件而不利于企业创新；企业规模（size），用员工总人数的对数值来表示；利润率（profit），由企业的总利润与营业总收入比值计算得到；平均工资（wage），用期末应付职工薪酬 – 期初应付职工薪酬 + 支付给职工以及为职工支付的现金除以员工总人数来衡量；企业年龄（age），用样本当年年份减去企业的成立年份得到；研发（rd），研发支出大于 0 记为 1，没有研发支出记为 0；海外业务收入（overseas），海外业务收入大于 0 记为 1，仅在国内销售记为 0；国企（state）虚拟变量，根据企业最终控制权属性区分为国有企业取值为 1 和非国有企业取值为 0。变量的描述性统计见表 1。在表 1 中，我们对海外并购投资企业和非海外并购企业样本进行了比较，能够得到以下信息：海外并购企业的规模、海外业务收入、劳动生产率、研发强度和专利申请数都高于非海外并购企业，说明企业海外并购企业是那些具有技术创新的企业，这与 Nocke 和 Yeaple（2007），Bena 和 Li（2014）的理论预测和实证研究结论一致。

表1　描述性统计

	制造业总样本					海外并购企业		其他企业	
	样本量	均值	标准差	最小值	最大值	样本量	均值	样本量	均值
发明专利	10089	15.62	139.63	0	5864	1221	20.68	8868	14.92
实用新型	10089	14.50	76.50	0	3975	1221	30.14	8868	12.34
外观设计	10089	4.93	27.80	0	983	1221	9.97	8868	4.24
专利总数	10089	35.05	204.49	0	7662	1221	60.80	8868	31.50
劳动生产率	10089	13.52	0.77	7.25	19.70	1221	13.60	8868	13.48
规模	10089	7.68	1.16	2.56	12.19	1221	8	8868	7.64
是否有海外 业务收入	10089	0.70	0.46	0	1	1221	0.83	8868	0.68
海外业务收入	10089	6.84	4.78	0	15.53	1221	8.81	8868	6.57
是否为国企	10089	0.37	0.48	0	1	1221	0.21	8868	0.40
年龄	10089	13.03	5.29	0	47	1221	12.35	8868	13.12
资本密集度	10089	185.08	607.53	0.09	36127.59	1221	175.97	8868	186.33
平均工资	10089	1.29	3.84	0.01	258.49	1221	1.36	8868	1.28
是否研发	10089	0.86	0.35	0	1	1221	0.88	8868	0.85
研发强度	10089	0.031	0.04	0	0.89	1221	0.033	8868	0.03
利润率	10089	0.07	0.29	-14.36	5.81	1221	0.09	8868	0.07

五、实证分析

（一）自选择效应

在 DID 对模型（3）进行估计之前，本部分将利用上市公司 2008～2015 年面板数据和 Logit 方法来考察生产率与创新对企业海外并购的影响，以进一步检验哪些企业更有可能进行海外并购投资，采用 Logit 方法估计结果报告，如表 2 所示。

表 2　**Logit 模型估计结果**

	制造业			所有行业		
	（1）	（2）	（3）	（4）	（5）	（6）
lp	0.216 **	0.255 **	0.271 ***	0.188 **	0.215 ***	0.283 ***
	(0.1017)	(0.1086)	(0.1029)	(0.0757)	(0.0791)	(0.0733)
rd		1.241 ***	1.160 ***		0.944 ***	0.557 ***
		(0.3686)	(0.3872)		(0.2168)	(0.1836)
size			0.495 ***			0.480 ***
			(0.0665)			(0.0505)
oversea			0.875 ***			0.692 ***
			(0.2193)			(0.1508)
state			− 1.539 ***			− 1.489 ***
			(0.2155)			(0.1605)
age			0.0123			0.0157
			(0.0139)			(0.0113)
capital			0.0001 ***			0.0001 ***
			(0.0001)			(0.0000)
wage			0.01			− 0.001
			(0.01)			(0.004)
profit			0.941 ***			0.231 ***
			(0.2599)			(0.0651)
常数项	− 8.387 ***	− 9.919 ***	− 13.14 ***	− 7.660 ***	− 8.826 ***	− 12.32 ***
	(1.6975)	(1.7790)	(1.4716)	(1.5468)	(1.6616)	(1.1196)
行业	Y	Y	Y	Y	Y	Y
地区	Y	Y	Y	Y	Y	Y
年份	Y	Y	Y	Y	Y	Y
N	10089	10089	10089	16008	16008	16008
伪 R^2	0.027	0.036	0.0805	0.038	0.046	0.082
Wald	61.94	79.36	144.7	138.5	158.9	213.6
对数似然比	− 865.5	− 857.8	− 832.6	− 1264.7	− 1254.1	− 1231.7

注：所有行业总样本有 16008 个观测值，跨国并购投资企业 266 家；制造业样本 10089 个，跨国并购投资企业 183 家。括号内为稳健标准差，***、**、* 分别表示在 1%、5%、10% 统计水平下显著。行业、省份和年份固定效应没有报告。

表 2 中（1）～（3）列为制造业企业样本估计结果，（4）～（6）列是利用所有企业样本估计结果。为尽可能地控制遗漏变量及某些无法观测的变量影响，所有回归均控制了二位行业、省份和年份固定效应。从制造业样本的估计结果来看，生产率（lp）的系数在 5% 的统计水平下显著为正，说明生产率高的企业才能进行跨国并购投资，才能够克服东道国市场的一些投资壁垒、进入成本和信息收集处理等方面的成本，这一结论验证了中国企业海外并购的自选择效应（周茂等，2015）。研发指标（rd）的系数在 1% 的统计水平下显著为正，说明具有一定技术创新水平的企业更有可能进行海外并购投资（Bena and Li，2014），这些企业具有知识储备和技术吸收能力，有利于并购后的资源整合与技术上的协调。

海外业务收入（oversea）系数显著为正，企业先期开展海外业务（出口或 OFDI）能够提高企业海外并购成功的概率。海外业务收入有可能是出口贸易和前期的境外其他投资带来的收益，前期的海外业务活动经历有利于企业收集大量的信息，如消费者偏好、东道国政府管制、法律制度等，这些有利信息能够降低企业并购投资的不确定性，提高并购交易成功的概率。此外，规模较大、利润率较高的企业也有利于企业的海外并购投资，这些企业能够承受较大的投资风险。以上结论表明，仅有那些具有一定技术创新优势和生产率优势的企业能够进行对外投资，验证了企业的异质性理论的结论和对外投资的自选择效应（Helpman et al.，2004）。

国有企业（state）变量系数为负，说明国有企业身份不利于企业的跨国并购。《中国对外直接投资统计公报》数据显示，国有企业跨国并购投资的贡献度持续性地下降，逐渐让位于私营企业。此外，在国际并购市场上，一些东道国政府频频爆出以经济安全为由阻碍中国国有企业境外投资，已有多宗国有企业并购交易失败的案例，除了在资源密集型行业，其他行业的国有企业对外投资热度有所下降。

通过 Logit 模型估计得到企业海外并购的倾向得分，并依此我们将采用近邻匹配法为处理组（海外并购）企业样本匹配到合适的对照组企业。匹配平衡性条件和 Hotelling 检验结果报告如表 3 所示，从 T 检验的结果看，处理组企业与对照组样本在匹配后均无显著差异，近邻匹配法得到了较好的效果，说明我们匹配到的对照组企业能够控制样本的自选择效应。为避免遗落某些关键的匹配变量，我们采用罗森鲍姆界限（Rosenbaum Bounds）对历年匹配的结果进行检验，结果发现，伽马系数直到 2.0 才不显著，说明我们的匹配结果是可靠的，选取的匹配变量是合理的。

表 3　PSM 匹配样本的平衡性条件检验

变量		制造业企业样本				所有行业企业样本			
		均值		t 检验		均值		t 检验	
		处理组	对照组	t 值	p 值	处理组	对照组	t 值	p 值
劳动生产率	lp	13.511	13.564	0.7547	0.4507	13.581	13.56	-0.3323	0.7397
企业规模	size	7.93	7.837	-0.9001	0.3684	7.927	7.87	-0.5947	0.5522
海外业务	oversea	0.834	0.795	-1.1235	0.2617	0.69	0.65	-1.1458	0.2522
国有企业	state	0.16	0.205	1.2901	0.1975	0.224	0.249	0.7929	0.4281
年龄	age	12.589	12.64	0.1093	0.913	12.835	12.82	-0.0365	0.9709
资本密集度	capital	162.808	173.448	0.4042	0.6862	235.066	243.413	0.2469	0.8050
平均工资	wage	1.293	1.416	0.4275	0.6692	1.354	1.331	-0.1105	0.9121
是否研发	rd	0.931	0.942	0.5259	0.5991	0.827	0.799	-0.5104	0.6099
利润率	profit	0.096	0.102	0.3105	0.7563	0.089	0.096	0.3466	0.7290
Hotelling 检验		T^2		F 值	P 值	T^2		F 值	P 值
		5.2829		0.5795	0.8145	3.5797		0.3943	0.9382

（二）海外并购对企业创新的初步检验

上文已检验了企业海外并购投资的自选择效应，接下来将进一步地揭示跨国并购与企业创新之间的因果关系，考察企业并购投资的事后处理效应。基于倾向得分匹配的处理结果，采用 DID 方法对式（3）进行估计，结果如表4所示。

表 4　海外并购对企业创新的影响

	制造业					所有行业
	（1）	（2）	（3）	（4）	（5）	（6）
	Patent	Patent	Invention	Utility Model	Design	Patent
dd	0.0759 ***	0.284 ***	0.530 ***	0.107 ***	0.00862	0.399 ***
	(0.0097)	(0.0101)	(0.0163)	(0.0159)	(0.0245)	(0.0095)
dt	0.248 ***	-0.347 ***	-0.288 ***	-0.540 ***	-0.375 ***	-0.210 ***
	(0.0053)	(0.0074)	(0.011)	(0.0127)	(0.0186)	(0.007)

续表

	制造业					所有行业
	（1）	（2）	（3）	（4）	（5）	（6）
	Patent	Patent	Invention	Utility Model	Design	Patent
dcma	0. 0951 ***	− 0. 748 ***	− 1. 279 ***	− 0. 164 ***	− 0. 265 ***	− 0. 358 ***
	（0. 0064）	（0. 0078）	（0. 0129）	（0. 0123）	（0. 0177）	（0. 0071）
lp		0. 587 ***	0. 684 ***	0. 431 ***	0. 225 ***	0. 491 ***
		（0. 0045）	（0. 0074）	（0. 0070）	（0. 0097）	（0. 0043）
size		0. 969 ***	1. 126 ***	0. 768 ***	0. 760 ***	0. 945 ***
		（0. 0022）	（0. 0035）	（0. 0037）	（0. 0055）	（0. 0023）
oversea		0. 612 ***	0. 509 ***	0. 649 ***	0. 433 ***	0. 497 ***
		（0. 0090）	（0. 0143）	（0. 0141）	（0. 0212）	（0. 0076）
state		− 0. 506 ***	− 0. 637 ***	− 0. 0568 ***	− 0. 0341 *	− 0. 637 ***
		（0. 0069）	（0. 0110）	（0. 0110）	（0. 0172）	（0. 0062）
age		0. 0148 ***	0. 0126 ***	0. 0177 ***	0. 0412 ***	0. 0146 ***
		（0. 0004）	（0. 0007）	（0. 0006）	（0. 0010）	（0. 0004）
capital		− 0. 0001 ***	− 0. 0001 ***	0. 00004 ***	− 0. 000001	− 0. 0004 ***
		（0. 0000）	（0. 0000）	（0. 0000）	（0. 0000）	（0. 0000）
wage		0. 0154 ***	0. 0190 ***	0. 00678 ***	0. 0147 ***	0. 0330 ***
		（0. 0011）	（0. 0018）	（0. 0010）	（0. 0022）	（0. 0011）
rd		0. 327 ***	0. 567 ***	0. 0340 *	0. 0686 **	0. 614 ***
		（0. 0105）	（0. 0176）	（0. 0168）	（0. 0225）	（0. 0092）
profit		0. 832 ***	0. 971 ***	0. 644 ***	0. 535 ***	0. 541 ***
		（0. 0107）	（0. 0171）	（0. 0156）	（0. 0227）	（0. 0302）
常数项	3. 737 ***	− 14. 07 ***	− 17. 59 ***	− 11. 93 ***	− 8. 567 ***	− 15. 51 ***
	（0. 0035）	（0. 0697）	（0. 1091）	（0. 1162）	（0. 1500）	（0. 2941）
行业	NO	Y	Y	Y	Y	Y
年份	NO	Y	Y	Y	Y	Y
省份	NO	Y	Y	Y	Y	Y
N	4271	4271	4271	4271	4271	6401
伪 R^2	0. 005	0. 741	0. 803	0. 695	0. 523	0. 692
对数似然比	− 451482. 55	− 117343. 57	− 53662. 965	− 51485. 471	− 40971. 196	− 160815. 18

注：* 、** 和 *** 分别表示10%、5%、1%下的显著性水平。第（1）～（5）列为制造业企业样本分别用历年专利申请总数、发明专利、实用新型和设计专利申请数作为被解释变量的估计结果，第（6）列为所有行业企业样本专利申请总数估计的结果。行业、省份和年份固定效应没有报告。

从表 4 报告的估计结果看，第（1）列中 dcma 的系数在 1% 的统计水平下显著为正，在未控制企业特征时，海外并购投资的企业创新水平要高于非并购企业，在引入企业特征变量和行业、年份、地区固定效应后，dcma 的系数则显著为负，说明企业的一些特征以及行业、地区和年份等差异对企业创新水平产生影响。我们重点关注的是交互项 dcma*dt 的系数 λ 在 1% 的统计水平下显著为正，为检验该结论的稳健性，我们引入企业特征变量和控制行业、省份及年份固定效应，结果发现，dcma*dt 系数依然在 1% 的统计水平上显著为正，企业海外并购投资后其专利申请显著高于非对外投资企业，海外并购对企业的自主创新能力具有显著的提升作用。列（2）中交互项的系数为 0.284，在非线性 DID 模型设定下，这一系数并不能直接解释为跨国并购带来的处理效应（Ai and Norton，2003；Puhani，2012）。根据 Winkelmann（2008）模型计算得到跨国并购对企业创新的效应为 0.328[①]，说明海外并购对企业专利产出的提升效应达到 32.8%，对上市公司专利产出增长的贡献度达到 20.5%。

近年来，中国专利申请数呈"爆发式"增长，但企业的自主创新能力仍处于较低水平，在具有研发活动的企业中超过 2/3 没有申请发明专利[②]。为进一步地考察海外并购对企业创新质量的影响，我们将区分专利类型进行估计，结果如列（3）～（5）所示。海外并购对发明专利和实用新型专利产出都具有显著的促进作用，具体而言，列（3）交互项 dcma*dt 系数为 0.53 且在 1% 统计水平上显著，跨国并购对企业发明专利产出的提升效应达到 69.9%，对企业发明专利增长的贡献度达到 28.5%；列（4）交互项 dcma*dt 系数为 0.107，海外并购对企业实用新型专利申请的增长效应达到 11.3%，对企业实用新型专利增长的贡献度为 6.5%；列（5）交互项 dcma*dt 系数为正但不显著，海外并购对外观设计专利没有影响。以上结论可以看出，海外并购投资的企业，专利申请的数量显著增加，尤其是发明专利的申请增长尤为明显，而对设计专利申请的影响不显著，创新质量得到大幅度提高。说明海外并购会给企业创新带来结构性的变化和实质性的影响，使企业更加重视创新的质量非数量，优化了企业内部的创新资源配置。

此外，从其他控制变量的估计结果来看，劳动生产率（lp）、企业规模

---

① 由 Winkelmann（2008）可以推导计数模型的 DID 边际效应近似为 exp（λ）－1。

② 国家知识产权局规划发展司：《2013 年我国规模以上工业企业专利活动与经济效益状况报告》。

（size）、年龄（age）、工资（wage）、海外业务收入（oversea）、研发（rd）、利润（profit）系数为正，并在1%的统计水平上显著，表明经营绩效越好，生产规模越大及海外业务收入的企业创新水平也越高；而国有企业（state）拥有大量的创新资源但创新效率最低（Wei et al.，2017），以上控制变量的估计结果与既有研究结论较为一致。

（三）海外并购对企业创新的动态影响

前文估计结果表明，海外并购能够促进企业的创新，接下来我们考察海外并购对企业创新的动态效应，检验海外并购对企业创新的正向效应是否具有可持续性。创新活动具有高度的不确定性且需要长期性的大量投资，虽然海外并购能够获得目标企业的技术、专有性资产等资源，但在资金有限及财务约束下可能存在战略目标的非一致性。由此带来一个问题，海外并购对企业创新的影响是暂时性的还是持久性的，或者从长期看，企业的研发资源是否能够在企业内得到合理的配置与利用。

表5报告了企业跨国并购对创新的动态效应，从第（1）列结果来看，相对于没有进行对外投资的国内企业，海外并购企业在投资当年（dd0）及三年后（dd3）系数在1%统计水平下显著为正，表明海外并购交易对企业创新的促进作用具有持续性。具体来看，对投资当年的创新提升作用最大，即期效应达到60%，但这种促进效应随企业对外投资年限增加而下降，3年后效应为22.8%。进一步地区分专利类型发现，对企业发明专利的提升作用具有持续性，在企业海外并购投资三年后，系数依然显著为正，发明专利在企业海外并购三年后显著提升27.8%；并购投资提高了企业当年和第二年的实用新型专利申请，但在并购投资后两年及后三年系数不显著，这种促进效应并不具有持续性；外观设计专利则具有负向影响，在即期便降低了65%。采用全部企业样本估计结果报告于第（5）列，与制造业企业类似，海外并购对企业创新的促进作用具有持续性，相对于未对外投资企业，海外并购对于创新的即期效应为36.7%，而到第三年其提升效应为16.7%，这一正向的影响效应呈逐年下降态势。以上结论与Desai等（2009）和Stieble（2013，2016）研究得到的结论一致，在海外并购投资后，企业间竞争加剧，使企业将更多的资源用于提高核心技术竞争力。

表5　海外并购对企业创新的动态影响

	制造业				所有行业
	（1）	（2）	（3）	（4）	（5）
	Patent	Invention	Utility Model	Design	Patent
dd0	0.471 ***	0.448 ***	0.749 ***	−0.524 ***	0.382 ***
	（0.0334）	（0.0565）	（0.0506）	（0.0890）	（0.0343）
dd1	0.377 ***	0.478 ***	0.469 ***	−0.652 ***	0.352 ***
	（0.0305）	（0.0495）	（0.0468）	（0.0855）	（0.0294）
dd2	0.116 ***	0.395 ***	−0.0140	−1.049 ***	0.191 ***
	（0.0285）	（0.0421）	（0.0457）	（0.0853）	（0.0252）
dd3	0.206 ***	0.246 ***	−0.0176	−0.0269	0.0107
	（0.0253）	（0.0404）	（0.0420）	（0.0560）	（0.0224）
dt	−0.768 ***	−0.799 ***	−0.869 ***	−0.303 ***	0.108 ***
	（0.0201）	（0.0324）	（0.0383）	（0.0517）	（0.0222）
dcma	−0.497 ***	−0.259 ***	−0.378 ***	−0.561 ***	−0.237 ***
	（0.0213）	（0.0316）	（0.0358）	（0.0730）	（0.0193）
lp	0.516 ***	0.606 ***	0.681 ***	1.284 ***	0.325 ***
	（0.0171）	（0.0221）	（0.0283）	（0.0538）	（0.0132）
size	1.141 ***	1.216 ***	0.721 ***	1.190 ***	0.840 ***
	（0.0078）	（0.0109）	（0.0128）	（0.0233）	（0.0070）
oversea	0.543 ***	0.850 ***	0.330 ***	0.897 ***	0.668 ***
	（0.0256）	（0.0379）	（0.0405）	（0.0908）	（0.0233）
state	−0.0989 ***	−0.207 ***	−0.816 ***	−0.568 ***	−0.129 ***
	（0.0218）	（0.0351）	（0.0346）	（0.0728）	（0.0167）
age	0.0706 ***	0.0591 ***	0.0391 ***	0.190 ***	0.0036 **
	（0.0021）	（0.0034）	（0.0032）	（0.0062）	（0.0017）
capital	−0.0028 ***	0.00003	−0.0044 ***	−0.0157 ***	−0.0007 ***
	（0.0001）	（0.0000）	（0.0002）	（0.0005）	（0.0001）
wage	0.0820 ***	0.0532 ***	0.0748 ***	0.00960	0.0711 ***
	（0.0055）	（0.0074）	（0.0095）	（0.0133）	（0.0047）
rd	0.890 ***	1.311 ***	0.243 ***	0.650 ***	0.0973 ***
	（0.0270）	（0.0455）	（0.0468）	（0.0619）	（0.0167）
profit	0.454 ***	0.534 ***	2.594 ***	0.460 *	0.295 ***
	（0.0856）	（0.1358）	（0.1506）	（0.1953）	（0.0543）

续表

	制造业				所有行业
	（1）	（2）	（3）	（4）	（5）
	Patent	Invention	Utility Model	Design	Patent
常数项	−12.36 ***	−15.15 ***	−12.16 ***	−27.90 ***	−13.31 ***
	(0.2426)	(0.3225)	(0.4005)	(0.8756)	(0.7570)
行业	Y	Y	Y	Y	Y
年份	Y	Y	Y	Y	Y
省份	Y	Y	Y	Y	Y
N	1083	1083	1083	1083	1406
伪 R^2	0.885	0.939	0.788	0.729	0.782
对数似然比	−21794.819	−9616.6207	−8170.4415	−6602.9134	−25085.696

注：*、** 和 *** 分别表示10%、5%、1%下的显著性水平。前4列为制造业企业样本分别用历年专利申请总数、发明专利、实用新型和设计专利申请数作为被解释变量的估计结果，第（5）列为所有行业企业样本专利申请总数估计的结果。行业、省份和年份固定效应没有报告。

（四）分样本检验

1. 企业所有制特征

已有的研究表明国有企业在创新投资方面的效率更低（Wei et al.，2017），且国有企业海外并购带有与利润最大化相冲突的政治性目标（Shleifer and Vishny，1988）。为进一步地考察不同所有制企业海外并购对企业创新的异质性影响，我们根据企业最终控制权属性将样本区分为国有企业和非国有企业两大子样本进行匹配后估计。

2. 东道国技术水平差异

跨国并购对企业创新的影响也会因东道国的技术水平而有所不同。不同国家的市场竞争环境、技术创新理念、资源和创新要素都存在迥异，会直接影响到企业在并购投资后的创新决策和投资的"干中学"效应，有些企业到发达国家进行投资不仅仅是为了增进市场份额，更有可能是技术外包获得发达国家企业间的技术外溢（Griffith et al.，2006）。我们根据并购投资东道国的创新水平排名，区分为技术前沿国家和其余国家。

3. 行业技术水平

跨国并购对企业创新的影响也有可能会因企业所处的行业而有所不同。

在距离世界技术前沿的专利密集型行业中的企业，其创新效率、知识储备和学习吸收能力相对更高，跨国并购后，会面临更大的市场规模与市场竞争环境，企业会加速创新以逃离市场竞争获得垄断利润，因而跨国并购带来的创新效应会更高。为此，我们按行业的专利密集度将样本划分为高技术密集型行业与低技术密集型行业并进一步地检验。根据企业所有权属性、东道国和行业技术水平分组重新匹配估计得到的结果如表6所示。

从表6前4列的结果来看，dcma*dt交互项系数在1%的统计水平上显著为正，区分企业的所有权属性特征并没有影响跨国并购带来的创新效应，国有企业和民营企业都能够从海外并购中获益，企业的创新水平得到显著提升。民营企业海外并购对创新水平的提升效应高于国有企业，与非对外投资企业相比，国有企业海外并购其总的专利产出将增加21.8%，而民营企业海外并购则增加33.8%；民营企业海外并购对创新的正向影响效应具有持续性，民营企业的创新在并购投资第四年仍显著增加23%，尤其是发明专利产出提高了27.6%。以上结论可以看出，民营企业跨国并购带来的创新效应显著高于国有企业，对此可能的解释是：一方面，国有企业海外并购会承担一定的政治目标并以较高的资产溢价收购境外企业，进而导致国有企业创新不具有持续性；另一方面，民营企业的创新效率更高，跨国并购投资获得目标企业先进技术，可以迅速地吸收并转化，因而跨国并购对其创新的提升效应更为明显。

第（5）~（8）列的报告区分东道国技术水平的回归结果，dcma*dt交互项的系数显著为正，表明无论是对技术水平高的国家，还是其他国家并购投资都能够显著地提升企业的创新水平。从跨国并购对企业创新的动态影响来看，对高技术水平国家的投资带来的创新提升效应具有持续性，在企业海外并购投资第四年仍显著增加83%，且这一系数相较于并购投资当年、第二年都有所上升，到技术前沿国家并购投资对企业创新持续递增的动态变化特征。虽然对其他东道国的并购投资同样能够提高母公司的创新，但这一提升效应并不具有持续性。对高技术水平国家的投资，一方面能够直接获得目标企业的资源、创新要素和组织管理实践经验，转移前沿技术国家的产品设计理念与技术等隐性知识（Stieble，2016）；另一方面在技术前沿的国家，市场规模更大、竞争更激烈，居民也偏好于高质量产品，会促使持续性进行创新以提高竞争力。

表 6　分样本检验

	企业所有制				东道国				行业技术水平	
	(1)	(2)	(3)	(4)	(5)	(6)	(7)	(8)	(9)	(10)
	国有	国有	民营	民营	高	高	低	低	高	低
dd	0.197***		0.292***		0.209***		0.415***		0.651***	0.400***
	(0.0252)		(0.0132)		(0.0186)		(0.0143)		(0.0253)	(0.0129)
dt	-0.098***	-0.695***	0.006	0.0579	-0.134***	0.448***	-0.350***	-0.621***	-0.147***	-0.587***
	(0.0193)	(0.0442)	(0.009)	(0.0442)	(0.0154)	(0.1022)	(0.0117)	(0.0372)	(0.0208)	(0.0109)
dcma	-1.224***	-1.695***	0.0265**	-0.0394	0.0793***	-0.579***	-0.392***	-0.069	-0.254***	-0.230***
	(0.0329)	(0.1454)	(0.0102)	(0.0382)	(0.0144)	(0.0726)	(0.0128)	(0.0476)	(0.0297)	(0.0103)
lp	0.583***	-0.445***	0.355***	0.0689*	0.460***	0.435***	0.360***	-0.0465	0.411***	0.326***
	(0.0165)	(0.0529)	(0.0055)	(0.0346)	(0.0118)	(0.0469)	(0.0063)	(0.0264)	(0.0129)	(0.0065)
size	0.844***	0.579***	0.781***	0.539***	0.682***	0.895***	0.853***	0.824***	0.886***	0.717***
	(0.0112)	(0.0405)	(0.0033)	(0.0154)	(0.0052)	(0.0257)	(0.0042)	(0.0178)	(0.0083)	(0.0036)
oversea	0.384***	0.150**	0.261***	0.934***	-0.0045	0.803***	0.627***	0.135**	0.736***	0.326***
	(0.0246)	(0.0551)	(0.0118)	(0.0525)	(0.0142)	(0.0668)	(0.0155)	(0.0455)	(0.0177)	(0.0123)
age	0.0330***	0.0817***	0.0157***	0.0461***	0.0413***	0.00529	0.0234***	0.0431***	0.0407***	0.0309***
	(0.0021)	(0.0135)	(0.0005)	(0.0048)	(0.0013)	(0.0096)	(0.0005)	(0.0039)	(0.0022)	(0.0005)
capital	0.001***	0.815***	0.0003***	0.316***	0.002***	0.001*	0.0093***	0.0003***	0.0005***	0.001***
	(0.0001)	(0.0633)	(0.0000)	(0.0309)	(0.0001)	(0.0003)	(0.0000)	(0.0001)	(0.0000)	(0.0000)

续表

	企业所有制				东道国				行业技术水平	
	(1)	(2)	(3)	(4)	(5)	(6)	(7)	(8)	(9)	(10)
	国有	国有	民营	民营	高	高	低	低	高	低
wage	0.0556***	-0.00444	0.0341***	0.209***	0.00264	0.149***	0.0144***	0.108***	0.01***	0.106***
	(0.0042)	(0.0114)	(0.0014)	(0.0097)	(0.0048)	(0.0245)	(0.0012)	(0.0083)	(0.0023)	(0.0029)
rd	0.0356	0.125**	0.579***	0.475***	0.112***	0.0473	0.403***	0.151***	0.0648*	0.388***
	(0.0231)	(0.0462)	(0.0131)	(0.0396)	(0.0178)	(0.0476)	(0.0181)	(0.0445)	(0.0371)	(0.0133)
profit	1.827***	0.997***	0.695***	2.579***	0.663***	5.432***	1.380***	1.568***	0.330***	2.141***
	(0.1210)	(0.1512)	(0.0132)	(0.1372)	(0.0180)	(0.2661)	(0.0508)	(0.1246)	(0.0203)	(0.0434)
state					-0.104***	-1.229***	-0.231***	-0.179***	-0.0512**	-0.234***
					(0.0151)	(0.1060)	(0.0133)	(0.0611)	(0.0179)	(0.0107)
dd0		0.630***		0.341***		0.267***		0.402***		
		(0.0512)		(0.0509)		(0.0781)		(0.0585)		
dd1		0.513***		0.340***		0.360***		0.244***		
		(0.0473)		(0.0483)		(0.0743)		(0.0542)		
dd2		0.290***		0.491***		0.329***		0.222***		
		(0.0426)		(0.0463)		(0.0783)		(0.0452)		
dd3		-0.0527		0.208***		0.606***		0.240		
		(0.0418)		(0.0379)		(0.0713)		(0.408)		

续表

	企业所有制				东道国				行业技术水平	
	(1)	(2)	(3)	(4)	(5)	(6)	(7)	(8)	(9)	(10)
	国有	国有	民营	民营	高	高	低	低	高	低
常数项	-11.58***	9.451***	-11.79***	-4.085***	-9.344***	-11.13***	-11.05***	-14.86***	-10.77***	-9.209***
	(0.2514)	(1.1067)	(0.1030)	(0.3847)	(0.1647)	(0.1062)	(0.4652)	(0.2222)	(0.308)	(0.1009)
行业	Y	Y	Y	Y	Y	Y	Y	Y	Y	Y
地区	Y	Y	Y	Y	Y	Y	Y	Y	Y	Y
年份	Y	Y	Y	Y	Y	Y	Y	Y	Y	Y
N	817	336	3381	724	1949	410	2249	524	895	3303
伪 R^2	0.826	0.924	0.613	0.708	0.591	0.756	0.693	0.899	0.801	0.604
似然比	-12147.08	-3266.77	-70448.5	-6995.5	-28061.32	-4717.16	-57996.26	-5375.78	-16406.69	-69719.65

注：本部分仅汇报制造业企业样本估计结果。*、**和***分别表示10%、5%、1%下的显著性水平。前4列为区分国有企业与民营企业样本用历年专利申请总数作为被解释变量的估计结果，其中海外并购的制造业国有企业57家。第(5)~(8)列则是按各国技术水平区分东道国样本专利申请数量估计的结果，本文中高技术水平的国家是按世界经济论坛2010~2011年《全球竞争力报告》指标中创新指标排名前10国家，包括美国、荷兰、瑞士、德国、英国、法国、日本、韩国、新加坡、以色列，这些国家的研发投入强度和PCT专利申请也远远高于其余国家。行业、省份和年份固定效应没有报告。

表6中第（9）、（10）列报告了区分行业技术水平的回归结果，dcma*dt 交互项的系数在1%的统计水平上显著为正。相对于非对外投资企业，技术密集型行业的企业海外并购带来的效应为91%，这一提升效应具有持续性，影响效应的强度与表3、表4采用制造业总样本相似，呈逐年下降的趋势。低技术密集型行业的企业海外并购带来的创新效应为49%，但不具有持续性，甚至在并购投资的三年后为负。

（五）影响机制检验

上文研究结果表明，海外并购对企业的创新产出具有正向的促进作用，即企业在跨国并购投资后其创新能力得到了显著提升，并更加注重于创新的质量。但跨国并购究竟是如何提升了企业的创新？从本文第二部分的理论模型分析来看，企业知识的积累将主要来自"内"（I_h）"外"（I_f）两个方面（Griliches，1979；Criscuolo et al.，2010），对"内"是增加企业的研发投入来提高自身的知识积累、提高技术的吸收能力并降低资源融合的成本；对"外"是通过与子公司、消费者、供应商进行沟通与交流。为此，本部分将构建中介效应模型对以上两大影响机制进行检验，表7为对外投资对企业创新活动的影响机制检验结果。

表7 影响机制检验

	研发投入		海外业务收入	
	（1）	（3）	（4）	（5）
	lnrd	patent	lnoversea	patent
dd	0.219	0.287 ***	0.836 ***	0.267 ***
	(0.3069)	(0.0101)	(0.1658)	(0.0101)
dcma	− 0.337	− 0.757 ***	0.434 ***	− 0.764 ***
	(0.2027)	(0.0077)	(0.1040)	(0.0078)
dt	0.0630	− 0.352 ***	− 0.144	− 0.341 ***
	(0.2261)	(0.0074)	(0.1127)	(0.0074)
lp	0.311 **	0.566 ***	0.210 ***	0.513 ***
	(0.1101)	(0.0045)	(0.0547)	(0.0046)
size	0.789 ***	0.942 ***	0.902 ***	0.884 ***
	(0.0721)	(0.0023)	(0.0360)	(0.0025)

续表

	研发投入		海外业务收入	
	（1）	（3）	（4）	（5）
	lnrd	patent	lnoversea	patent
oversea	0.631 **	0.594 ***		
	（0.1931）	（0.0090）		
state	− 0.267	− 0.465 ***	0.225 *	− 0.491 ***
	（0.2226）	（0.0069）	（0.1108）	（0.0068）
age	− 0.183 ***	0.0156 ***	0.0177 *	0.0141 ***
	（0.0152）	（0.0004）	（0.0077）	（0.0004）
capital	− 0.000358 **	− 0.000175 ***	0.0000431	− 0.000139 ***
	（0.0001）	（0.0000）	（0.0001）	（0.0000）
wage	0.0386 *	0.0142 ***	0.0175 *	0.0151 ***
	（0.0176）	（0.0011）	（0.0087）	（0.0011）
profit	1.993 ***	0.804 ***	− 1.506 ***	0.774 ***
	（0.5118）	（0.0106）	（0.2548）	（0.0103）
lnrd		0.0301 ***		
		（0.0006）		
rd			0.378 **	0.287 ***
			（0.1376）	（0.0108）
lnoversea				0.0864 ***
				（0.0011）
_cons	− 0.942	− 13.70 ***	− 7.812 ***	− 12.09 ***
	（1.7945）	（0.0685）	（0.8952）	（0.0715）
N	4271	4271	4271	4271
R^2 或伪 R^2	0.4132	0.744	0.3503	0.743
似然比		674750.0		673728.9

表 7 中第（1）、（3）列分别是用企业研发投入和海外业务收入两个中介变量作为被解释变量进行估计的结果，从第（1）列的回归结果来看，交互项（dd）系数为正但不显著，说明并购投资企业并未显著增加其研发投入，但其创新产出，专利申请尤其是发明专利申请显著增加，说明企业在海外并购投资后研发效率得到了显著增强。第（3）列的估计结果显示，交

互项（dd）系数显著为正，表明企业在海外并购后会进一步地强化企业的海外业务能力，通过与海外市场的消费者、供应商的交流与沟通来获得更多的外部知识（I_f）。第（2）、（4）列分别引入中介变量后估计得到的结果，发现交互项（dd）依然显著为正，而中介变量海外业务收入（lnoversea）和研发强度（lnrd）均在 1% 的显著水平上显著为正。通过以上分析，中国海外并购投资的企业虽然其自身的研发投入并未显著增加，但其创新产出得到了快速增长，其主要得益于海外并购投资后与子公司在技术开发上的互补效应以及市场规模的扩张能够与更多的消费者、供应商加强沟通与交流，通过外部知识的获取来提高其研发投资效率（Criscuolo et al.，2010），进而强化所有权优势。

六、结论

随着我国"走出去"倡议的不断推进，我国企业境外并购投资规模和交易的金额呈"爆发式"增长，跨国并购成为中国企业进入东道国的重要模式。海外并购是否提高了企业创新能力和技术水平？在当前我国企业全球价值链升级和产业结构转型的发展战略背景下，这一议题成为学术界与政策所关注的焦点。本文利用上市公司跨国并购交易数据和企业专利申请数据来考察跨国并购对母公司创新的影响，主要的研究结论如下：

（1）利用 Logit 模型估计结果发现生产率高的企业进行海外并购的概率更大，企业跨国并购具有自选择效应。

（2）为克服内生性问题和样本选择性偏差，在 Logit 模型的基础上，采用倾向匹配得分和双重差分法来考察海外并购与企业创新的因果关系，结果显示海外并购提升了企业的创新水平，发明专利和实用新型专利申请数都显著增加，且跨国并购带来的创新效应具有持续性，但影响的强度随年份的增加呈下降趋势；海外并购降低了外观设计专利的申请，海外并购投资后，企业更加注重创新的质量。

（3）为深入考察海外并购对企业创新的异质性影响，我们根据企业所有制、东道国技术水平和行业技术密集度区分样本后进行估计。首先，区分企业所有制发现，民营企业海外并购带来的创新提升效应要高于国有企业；其次，到技术前沿的发达国家并购投资，对企业创新的正向影响更显著且具有时间上的持续性；最后，技术密集型行业的企业海外并购对创新的提升效应也更加明显。

（4）本文还通过构建中介效应模型来考察海外并购对企业创新的影响机制，发现海外并购企业主要是通过与子公司、消费者、供应商等之间的相互沟通与交流来获取更多的外部知识进而提高其创新水平，而不仅仅是企业内部的研发投入的增加。

本文研究的一个重要发现是，海外并购对企业创新具有显著的促进作用，且对企业创新的提升效应主要体现在高质量的发明专利产出上，说明政府大力支持企业"走出去"倡议取得了一定的成效。我国企业跨国并购无论是绝对数量，还是企业国际化水平，仍有巨大的增长空间，企业应抓住当前全球资产价格尚未快速反弹的大好时机积极参与海外并购，而政府应为海外并购投资企业提供良好的融资、创新补贴等有利政策，激发企业通过并购获得东道国有利的创新要素。此外，我们还发现，跨国并购对企业创新的影响因企业所有制、东道国及行业技术密集度而存在异质性。政府应在现有的支持企业"走出去"倡议的基础上，制定更加明确和具体的海外并购政策，签订与实施更加有利的双边国家投资协定，引导技术密集型民营企业到技术前沿的发达国家并购投资，并鼓励国有企业参与东道国技术密集企业的并购，以使自身研发投资效率得到更大程度的提升。最后，跨国并购投资企业也应该加大研发强度与效率，构建具有竞争力的创新体系，既能提高企业海外并购交易的成功率，也能促进企业间的技术互补与融合，以最大限度地从跨国并购投资中获益。

参考文献

［1］陈爱贞，刘志彪. 以并购促进创新：基于全球价值链的中国产业困境突破［J］. 学术月刊，2016（12）：63-74.

［2］顾露露，Robert Reed. 中国企业海外并购失败了吗？［J］. 经济研究，2011（7）：116-129.

［3］蒋冠宏，蒋殿春，蒋昕桐. 我国技术研发型外向 FDI 的"生产率效应"［J］. 管理世界，2013（9）：44-54.

［4］李磊，白道欢，冼国明. 对外直接投资如何影响了母国就业？［J］. 经济研究，2016（8）：144-158.

［5］刘莉亚，何彦林，杨金强. 生产率与企业并购：基于中国宏观层面的分析［J］. 经济研究，2016（3）：123-136.

［6］毛其淋，许家云. 中国企业对外直接投资是否促进了企业创新［J］. 世界经济，2014（8）：98 - 125.

［7］邵新建，巫和懋，肖立晟，杨骏，薛熠. 中国企业跨国并购的战略目标与经营绩效［J］. 世界经济，2012（5）：81 - 105.

［8］吴先明，苏志文. 将跨国并购作为技术追赶的杠杆：动态能力视角［J］. 管理世界，2014（4）：146 - 164.

［9］袁东，李霖洁，余淼杰. 外向型对外直接投资与母公司生产率［J］. 南开经济研究，2015（3）：38 - 57.

［10］袁建国，后青松，程晨. 企业政治资源的诅咒效应——基于政治关联与企业技术创新的考察［J］. 管理世界，2015（1）：37 - 54.

［11］张学勇，柳依依，罗丹，陈锐. 创新能力对上市公司并购业绩的影响［J］. 金融研究，2017（3）：159 - 175.

［12］周茂，陆毅，陈丽丽. 企业生产率与企业对外直接投资进入模式选择——来自中国企业的证据［J］. 管理世界，2015（11）：70 - 86.

［13］朱治理，温军，李晋. 海外并购、文化距离与技术创新［J］. 当代经济科学，2016（2）：79 - 86.

［14］Ai C. and C. Norton. Interaction Terms in Logit and Probit Models［J］. Economics Letters，2003，80（1）：123 - 129.

［15］Abadie A. and G. W. Imbens Matching on the Estimated Propensity Score［J］. Econometrica，2016，84（3）：781 - 807.

［16］Antras P. and S. R. Yeaple. Multinational Firms and the Structure of International Trade，In Handbook of International Economics，Eds. by Helpman E，K. Rogoff，G. Gopinath，2014，55 - 130.

［17］Arnold M. and B. Javorcik. Gifted Kids or Pushy Parents？Foreign Direct Investment and Plant Productivity in Indonesia［J］. Journal of International Economics，2009，79（1）：42 - 53.

［18］Bena J. and K. Li. Corporate Innovations and Mergers and Acquisitions［J］. Journal of Finance，2014，69（5）：1923 - 1960.

［19］Bilir K. and E. Morales. Innovation in the Global Firm［J］. NBER Working Papers，No. 22160，2016.

［20］Chen W. The Effect of Investor Origin on Firm Performance：Domestic and Foreign Direct Investment in the United States［J］. Journal of International Economics，2011，83（2）：219 - 228.

［21］Criscuolo C.，Haskel E. and M. Slaughter. Global Engagement and the Innovation Activities of Firms［J］. International Journal of Industrial Organization，2010，28（2）：191 - 202.

［22］Desai M. , F. Foley, J. , Hines. Domestic Effects of the Foreign Activities of US Multinationals［J］. American Economic Journal: Economic Policy, 2009, 1 (1): 181 - 203.

［23］Griffith R. , J. Van Reenen and R. Harrison. How Special Is the Special Relationship? Using the Impact of U. S. R&D Spillovers on U. K. Firms as a Test of Technology Sourcing［J］. American Economic Review, 2006, 96 (5): 1859 - 1875.

［24］Griliches Z. Issues in Assessing the Contribution of Research and Development to Productivity Growth［J］. Bell Journal of Economics, 1979, 10 (1): 92 - 116.

［25］Guadalupe M. , O. Kuzmina and C. Thomas. Innovation and Foreign Ownership［J］. American Economic Review, 2012, 102 (7): 3594 - 3627.

［26］Helpman E. , M. Melitz and S. Yeaple. Export versus FDI with Heterogeneous Firms［J］. American Economic Review, 2004, 94 (1): 300 - 316.

［27］Jovanovic B. and Peter L. Rousseau. Mergers as Reallocation［J］. Review of Economics and Statistics, 2008, 90 (4): 765 - 776.

［28］Kerr K. , W. Kerr and W. Lincoln. Skilled Immigration and the Employment Structures of US Firms［J］. Journal of Labor Economics, 2015, 33 (S1): 147 - 186.

［29］Markusen J. R. . Multinational Firms and the Theory of International Trade［M］. Published by MIT Press, 2002.

［30］Neary J. P. Cross - Border Mergers as Instruments of Comparative Advantage［J］. Review of Economic Studies, 2007, 74 (4): 1229 - 1257.

［31］Norbäck P. and L. Persson. Investment Liberalization, Why a Restrictive Cross Border Merger Policy Can be Counterproductive［J］. Journal of International Economics, 2007, 72 (2): 366 - 380.

［32］Nocke V. and S. Yeaple. Cross Border Mergers and Acquisitions Greenfield Foreign Direct Investment: The Role of Firm Heterogeneity［J］. Journal of International Economics, 2007, 72 (2): 336 - 365.

［33］Puhani P. The Treatment Effect, the Cross Difference and the Interaction Term in Nonlinear "Difference - in - Differences" Models［J］. Economics Letters, 2012, 115 (1): 85 - 87.

［34］Rosenbaum P. R. and D. B. Rubin. The Central Role of the Propensity Score in Observational Studies for Causal Effects［J］. Biometrika, 1983, 70: 41 - 55.

［35］Seru A. Firm Boundaries Matter: Evidence from Conglomerates and R&D Activity［J］. Journal of Financial Economics, 2014, 111 (2): 381 - 405.

［36］Shleifer A. and R. Vishny. Value Maximization and the Acquisition Process［J］. Journal of Economic Perspectives, 1988, 2 (1): 7 - 20.

［37］Smith J. and P. Todd. Does Matching Overcome LaLonde's Critique of Nonexperimental Estimators? ［J］. Journal of Econometrics, Elsevier, 2005, 125 (1 –2): 305 –353.

［38］ Stiebale J. The Impact of Cross Border Mergers and Acquisitions on the Acquirers' R&D ［J］. International Journal of Industrial Organization, 2013, 31 (4): 307 –321.

［39］ Stiebale J. Cross – Border M&A and Innovative Activity of Acquiring and Target Firms ［J］. Journal of International Economics, 2016, 99 (C): 1 –15.

［40］ Stiebale J. and F. Reize. The Impact of FDI through Mergers and Acquisitions on Innovation in Target Firms ［J］. International Journal of Industrial Organization, 2011, 29 (2): 155 –167.

［41］ Wei S. , Z. Xie and X. Zhang. From "Made in China" to "Innovated in China": Necessity, Prospect and Challenges ［J］. Journal of Economic Perspectives, 2017, 31 (1): 49 –70.

［42］ Winkelmann R. Econometric Analysis of Count Data, published by Springer, 2008.

投资者股利偏好：现金还是股票？

——基于 2005～2017 年中国 A 股上市公司的实证检验

张　晨

（中国社会科学院大学（研究生院），北京　1002488）

摘　要　已有关于股利政策的信号传递理论、代理成本理论均认为现金股利政策应该更加受到投资者欢迎。本文以 2005～2017 年中国 A 股 14222 起股利政策公告为样本，对股利政策公告的短期市场反应进行估计，利用倾向得分匹配方法（Propensity Score Matching）对不同股利政策的市场反应差异进行检验。检验结果表明，整个事件窗内，股票股利政策和混合股利政策的累积异常收益率要显著高于现金股利政策。实施现金股利政策的公司其股东财富显著降低，实施股票股利和混合股利政策的公司能够获得显著为正的累积异常收益率。对于股票股利和混合股利政策的市场反应，在控制其他影响因素后并不存在显著差异。

关键词　股利政策；倾向得分匹配；市场反应

Investor Dividend Preferences：Cash or Stock？

Zhang Chen

—A Empirical Test Based on China A – share listed
companies from 2005 to 2017

（University of Chinese Academy of Social Science，Beijing 1002488）

Abstract：The signaling theory and agency cost theory on dividend policy all believe that the cash dividend policy should be more welcomed by investors. This article takes 14222 dividend policy announcements of China A – Shares listed companies from 2005 to 2017 as research samples, and uses the method of Propensity Score Matching to test the difference in market reaction based on estimating the short – term market reaction after dividend policy announcement. Test results show that the cumulative abnormal return rate of stock dividend policy and mixed dividend policy are significantly higher than cash dividend policy in the entire event window. In other words, implementation of cash dividend policy significantly reduces shareholder wealth and implementing stock dividends and mixed dividend policies can yield positive cumulative abnormal returns significantly. At the same time, there is no significant significant difference in the market reaction of stock dividends and mixed dividend policies under the event window in the case of controlling for other factors.

Key Words: Dividend Policy; Propensity Score Matching; Market Reaction

一、引言

投资者对于股利政策的反应取决于政策所传递的关于公司未来盈利能力的信息。信号传递理论认为,现金股利政策能够向投资者传递公司未来现金流增加的信号,意味着公司未来良好的业绩表现能够为投资者带来超额回报。代理成本理论认为,更多地发放现金股利,能够降低诸如管理层不合理的在职消费等代理成本,从而提高公司价值。由此可见,依据西方学术界所提出的信号传递理论和代理成本理论,现金股利政策应该更加受到投资者欢迎,市场反应也更加积极。但是,马宏、胡耀亭(2017)认为,信号传递理论和代理成本理论成立的前提条件是西方成熟的资本市场,健全的法律和公司治理机制能够有效约束管理层行为,一切股利政策实施的目标均是股东利益最大化。相比西方发达的资本市场和监管机制,信号传递理论和代理成本理论可能在中国弱有效的资本市场中并不成立,投资者对于股利政策所传递的信号可能会有其他解读,因此股利政策的市场反应可能会与国外有所不同。本文基于事件研究方法,对现金股利政策、混合股利政策(现金+股票)以及股票股利政策公告发布的市场反应差异进行实证检验,以便获得中国股票市场上投资者关于股利政策的偏好特征。

二、文献综述

关于股利政策市场反应的研究文献大多集中在现金股利政策，对于股票股利等其他股利政策的研究相对较少，至于不同股利政策的市场反应差异并没有文章进行严格的检验。

（一）股利政策具有积极的市场反应

Gordon M. J. （1963）开创性地对股利和股票价格之间的关系进行研究，认为两者之间存在显著的正相关。Baker M. 和 Wurgler J. （2002）与 Dong M. 和 Robinson C （2005）均得到了相似的结论。易颜新等（2007）以 2003 ~ 2004 年分配股利的上市公司为样本，研究发现，现金股利分配能够显著提高股东财富。李卓、宋玉（2007）实证检验股利支付和公司未来营利性之间的关系，发现现金股利支付与未来营利性呈现正相关关系。严武等（2009）对 1993 ~ 2006 年沪深股利公告样本进行研究，实证发现支付股利的公司公告效应为正，投资者依次偏爱股票股利、混合股利和现金股利。孔德兰、许辉（2011）通过构建现金股利和股东财富的理论模型，推导发现适度的现金股利能够提高股东财富。朱翔（2011）以 2005 ~ 2009 年 A 股上市公司为样本，实证发现企业价值与稳定的现金股利正相关。罗进辉（2013）以 2005 ~ 2010 年 A 股上市公司为样本，实证发现现金股利能够显著影响公司价值。徐晟、赵圣捷（2013）基于事件研究方法对股利支付连续性的短期效应进行研究，发现其能够显著提高超额收益。Travlos N. G. 、Trigeorgis L. 和 Vafeas N. （2014）通过对新兴股票市场的研究，得出股利政策能够显著提升股东财富。刘洋（2016）以 2009 ~ 2015 年创业板上市公司为样本，研究现金股利支付和公司价值的关系，发现两者呈现显著的正相关关系。

（二）股利政策具有消极或者不确定的市场反应

Chen J. 等（2002）通过构建理论模型和实证分析，发现股利政策和股票价格之间不存在相关关系。Adefila J. J. 等（2004）通过案例分析，同样认为股利政策和股票价格之间不存在任何相关关系。同样的发现还有 Denis

D. J. 和 Osobov I. （2008）及 Adesola W. A. 和 Okwong A. E. （2012）的研究中。许辉、祝立宏（2010）研究发现，低现金股利政策不利于股东财富的提升。陆正飞等（2010）研究发现，"激进股利政策"并不受市场欢迎，其积异常收益率显著为负。严太华、杨永召（2014）以 2008~2012 年沪深两市 A 股上市公司为样本，采用事件研究方法检验了现金股利公告的市场反应，实证结果表明，现金股利公司的市场反应显著为负。马宏、胡耀亭（2017）以 2009~2015 年沪深两市的 A 股上市公司为样本，实证检验了不同形式的现金分红与长期股票投资收益之间的关系，结果表明，主动性的现金分红能够提高股票投资的长期收益，非主动性的现金分红反而会带来小于零的收益。Wang J.、Finance D. O.、University H.（2017）发现，现金股利支付率与股票收益率呈现显著的负相关。

（三）不同股利政策市场反应比较

肖万、宋光辉（2012）以 2011 年沪深两市纯现金股利公告为样本，计算事件窗内的异常收益率，发现现金红利普遍受到市场欢迎，整个事件窗内累积异常收益率显著大于零。张继袖、陆宇建（2012）以 2007~2009 年 A 股上市公司为样本，研究现金股利政策和股票股利政策的市场反应差异，发现在牛市时期，两类股利政策对于公司价值的影响无差异，熊市时期，市场更喜欢现金股利。田宝新、王建琼（2016）对不同类型股利政策的市场反应进行研究，发现投资者依次偏好股票股利、混合股利和现金股利。

通过对已有文献的整理和归纳，可以发现现有关于股利政策市场反应的研究文献并没有得到一致的研究结论。对于不同股利政策市场反应的比较，文献数量较少，并且只是停留在对累计异常收益率直接进行均值相等性检验上（肖万和宋光辉，2012；田宝新和王建琼，2016），并没有控制其他因素的影响，因此检验结果并不可靠。本文将利用倾向匹配得分方法和 OLS 方法在控制影响股利政策的其他因素的条件下，对不同股利政策的市场反应进行检验，希望能够得到较为可信和稳健的检验结果。

三、研究设计

本文的研究设计分为两阶段：第一阶段为市场关于股利政策市场反应

的估计；第二阶段为不同股利政策市场反应差异的检验。

（一） 市场反应估计

根据传统事件研究方法，投资者对于事件的反应采用异常收益率度量，因此首先需要估计正常收益率。正常收益率和异常收益率的计算需要明确两个时间窗口，第一个为估计窗口，用来估计计算正常收益率所需要的参数。第二个为事件窗口，采用估计窗口得到的参数计算正常收益率，然后其与真实收益率的差即为异常收益率。

1. 事件窗口和估计窗口

事件窗口需要包含事件发生日，股利政策相关的时间点有两个，分配预案公告日和正式分配方案公告日。分配预案公告需要在股东大会上进行决议，最后公布正式的分配预案，虽然分配预案公告日从时间上应该作为事件发生日，但分配预案往往与年报和审计报告一起公布，因此如果选择该日期作为事件发生日则很难将市场对年报和其他报告的反应分离出来（俞乔等，2001）。因此，本文将事件发生日明确为正式分配方案公告日，并且以该日期前后 30 个交易日（事件日为 0，[－30，＋30]）作为股利政策公告的事件窗口，需要保证该窗口内并无其他重大事项（并购重组，管理层变更等）发生。

估计窗口用来对正常收益率计算所需的参数进行估计，所以应该选在事件窗口之前，本文参考以往的事件研究文献，将估计窗口明确为事件窗口前 120 个交易日（[－150，－31]），同样要求估计窗口内无重大事项发生。

2. 异常收益率计算

正常收益率的计算一般有两种方法：常量—均值模型和市场模型，常量—均值模型采用估计窗口的平均收益率作为事件窗口正常收益率的估计。市场模型引入市场收益率变量，能够排除市场因素的影响，降低异常收益率的方差，并且市场模型也是大部分事件研究文献所采用的模型。异常收益率的计算公式如下：

$$\hat{\varepsilon}_{it} = R_{it} - E(R_{it})$$
$$E(R_{it}) = \hat{\alpha}_i + \hat{\beta}_i R_{mt} \tag{1}$$

式中，$\hat{\varepsilon}_{it}$ 为证券 i 在 t 时刻的异常收益率；R_{it} 为实际收益率；$E(R_{it})$ 为正常收益率；R_{mt} 为市场收益率。$\hat{\alpha}_i$，$\hat{\beta}_i$ 为利用估计窗口样本所估计得到的

市场模型参数。

市场对于股利政策反应通过计算平均累积异常收益率得到：

$$AR_t = \frac{1}{N} \sum_{i=1}^{N} \hat{\varepsilon}_{it} \tag{2}$$

$$ACAR(\tau_1, \tau_2) = \sum_{t=-\tau_1}^{\tau_2} AR_t \tag{3}$$

式中，AR_t 为 t 时刻的平均异常收益率，$ACAR(\tau_1, \tau_2)$ 为时刻 τ_1 到 τ_2 的（$\tau_1 \leq \tau_2$）平均累积异常收益率。

（二）不同股利政策市场反应差异的检验

以往关于不同股利政策市场反应差异的检验并未考虑公司特征，只是简单地对于平均异常收益或者平均累积异常收益率进行均值相等性检验，要想真正识别反应差异，就必须将影响公司股利政策的其他因素排除。对于上市公司股利政策的影响因素已经得到广泛研究，本文参考王咏梅（2003）关于股利分配政策相关因素的研究，选择公司规模、盈利能力、现金状况、资产流动性、公司成长性、再投资能力以及治理结构作为控制变量，利用倾向得分匹配方法（Propensity Score Matching）和 OLS 方法进行差异性检验。

倾向得分匹配方法基于"反事实"推断对平均干预效应（ATT）进行估计：

$$ATT = E[Y_i(1) - Y_i(0) | D=1] = E[Y_i(1) | D=1] - E[Y_i(0) | D=1] \tag{4}$$

式中，$Y_i(1)$ 为个体 i 被干预时的观测结果；Y 为结果变量；$Y_i(0)$ 为未干预时的结果，$D=1$ 表示被干预。现实中，我们往往观测到 $E[Y_i(1) | D=1]$，即被干预后的结果，而没有办法获得未被干预的状态：$E[Y_i(0) | D=1]$。倾向得分匹配方法采用未干预时的结果 $E[Y_i(0) | D=0]$ 作为潜在结果：$E[Y_i(0) | D=1]$ 的替代：

$$ATT = \{E[Y_i(1) | D=1] - E[Y_i(0) | D=0]\} + \{E[Y_i(0) | D=1] - E[Y_i(0) | D=0]\} = \hat{ATT} + SelectBias \tag{5}$$

如果干预完全随机，那么选择性偏误等于 0，$E[Y_i(0) | D=0]$ 就是 $E[Y_i(0) | D=1]$ 的完美替代。但对于观测数据来说，往往缺乏随机性干预，就需要采用匹配方法使 $E[Y_i(0) | D=0] \approx E[Y_i(0) | D=1]$。

倾向得分匹配方法分为两步：第一步，利用影响干预与否即 D 的变量（具体到本文为影响股利政策的相关因素）估计样本被干预的概率，第二步，从实际未被干预的样本中找到干预概率与实际被干预样本最为接近的样本作为匹配样本，然后采用均值相等性检验进行两类样本结果变量的差异性检验。

除利用倾向得分匹配方法进行不同股利政策市场反应的差异检验外，本文通过引入表示不同股利政策的虚拟变量，影响股利政策的其他变量作为控制变量，利用 OLS 方法即虚拟变量系数来进行市场反应差异的检验。回归模型如下：

$$\text{CAR}\ (\tau_1,\ \tau_2)_i = \alpha_0 + \alpha_1 \text{StockPolice1}_i + \alpha_2 \text{StockPolice2}_i + \text{Control} + \mu_i \quad (6)$$

本文样本所涉及的股利政策有三种类型：现金股利、纯股票股利以及混合股利（现金 + 股票）。回归分析通过引入两个虚拟变量：StockPolice1（若为现金股利政策则等于 1，其他为 0）和 StockPolice2（若为股票股利政策则等于 1，其他为 0），混合股利政策作为比较基准来进行差异性检验。α_1 和 α_2 体现了现金股利政策和股票股利政策相较于混合股利政策的差异。另外，通过对 $\alpha_1 = \alpha_2$ 进行 F 检验来对现金股利政策和股票股利政策的反应差异进行检验。被解释变量 CAR (τ_1, τ_2) 分别采用 [0]，[−1, +1]，[−3, +3]，[−5, +5] 的平均累积异常收益率进行度量，不选择更长的窗口计算是因为往往在股利分配的正式公告发布后一周时间 [本文所涉及的公告样本，除权（息）日和公告日的平均相差天数为 7] 为除权（息）日和股利支付日，如果股利公告发布后股票收益率上涨，则在除权（日）之前股票收益率将会下降恢复至原有水平。Control 为影响股利政策的控制变量：规模（Size）、盈利能力（Profitability）、现金状况（Cash）、资产流动性（AssetLiquidity）、成长性（Growth）、再投资能力（Investability）和治理结构（GovernStru）。相关变量的度量方法和符号表示见表 1。

表 1 变量界定与度量

变量	度量	符号
市场反应	平均累积异常收益率	CAR0、CAR1、CAR3、CAR5
规模	资产的自然对数	Size
现金状况	经营活动现金流除以营业利润	Cash
投资能力	投资活动产生的现金流净额除以总资产	Investability

续表

变量	度量	符号
资产流动性	流动资产除以流动负债	AssetLiquidity
盈利能力	每股收益	Profitability
成长性	营业收入增长率	Growth
治理结构	十大股东持股比例	GovernStru

四、实证结果和分析

（一）样本来源和描述性统计

1. 样本来源

本文的所有数据均来自国泰安数据库。样本筛选条件为：①事件窗口无其他重大事项发生（重大投资公告、治理结构变动、并购重组等），估计窗口要求无任何重大事项发生；②剔除非 A 股，金融行业样本；③剔除相关数据缺失样本。经过筛选，获得公告样本 10340，其中现金股利公告：10483，混合股利（现金＋股票）公告：2955，股票股利公告：784，其他股利（配股、拆细等）公告：303。由于其他股利公告数量太少，所以本文将其剔除，最终用于实证分析的股利政策公告有三种：现金股利、混合股利以及股票股利，公告样本数量为 14222。样本年度分布如表 2 所示。

表 2 股利政策公告的年度分布

年份	混合股利	现金股利	股票股利
2005	124	552	25
2006	107	436	65
2007	113	501	65
2008	244	464	105
2009	156	611	44
2010	200	572	61
2011	320	652	64
2012	366	923	55

续表

年份	混合股利	现金股利	股票股利
2013	313	1159	37
2014	313	1158	50
2015	229	1127	66
2016	203	1057	74
2017	267	1271	73
总计	2955	10483	784

2. 描述性统计

CAR0、CAR1、CAR3 和 CAR5 分别表示 [0]，[-1，+1]，[-3，+3]，[-5，+5] 的平均累积异常收益率。从统计结果来看，平均异常收益率的均值随着计算窗口的扩大而增加，窗口 [-5，+5] 的平均异常收益率小于零，这说明股票收益率大约在股利分配公告后的第5个交易日开始下降，属于正常反应。控制变量中，Size 为经过对数化处理的统计结果，Asset Liquidity 和 Growth 的统计结果表明可能存在异常值，因此在进行回归分析之前进行了异常值检测和剔除①，如表3所示。

表3　变量描述性统计

变量	平均值	标准差	最小值	最大值	观测数
CAR0	0.006	0.030	-0.112	0.116	14222
CAR1	0.008	0.052	-0.307	0.292	14222
CAR3	0.010	0.078	-0.569	0.673	14222
CAR5	-0.006	0.099	-0.849	0.841	14222
Size	22.031	1.495	18.805	30.571	14222
Cash	1.531	5.000	0.005	12.583	14222
Investability	0.175	0.185	0.008	0.487	14222
AssetLiquidity	2.633	4.662	0.000	144.000	14222
Profitability	0.472	0.507	-1.469	15.378	14222
Growth	1.951	148.268	-11.329	148.059	14222
GovernStru	0.607	0.151	0.045	0.995	14222

---

① 检验方法参见格林《计量经济分析》（第六版），通过计算投影矩阵的对角元素实现。

（二）实证结果

1. 不同股利政策的市场反应

图 1 给出了全部样本事件窗（[-30，+30]）实际收益率（return）和平均异常收益率（AR）的走势，从图 1 中不难发现实际收益率与平均异常收益率具有同样的变动趋势，均在股利正式分配公告日前 4 个交易日开始下降，在公告当天又出现了急剧上升，随后开始下降，大约在第 8 个交易日恢复公告前的水平。表 3 给出了平均异常收益率的检验结果，从 [-10，+10] 的检验结果来看，图 1 所描述的平均异常收益率走势具备统计上的显著性，正式股利分配方案公告后会带来收益率的显著提高，随后由于除权（息）日和支付日的临近，收益率开始下降恢复至公告前接近于 0 的水平。

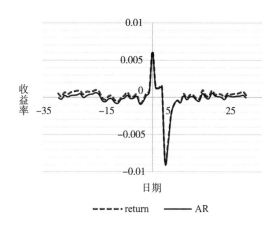

图 1　全样本收益率

图 2 给出三种股利政策的平均异常收益率，AR1 为现金股利政策，AR2 为混合股利政策，AR3 为股票股利政策。正式分配方案公告日前，收益率均没有出现普遍性的显著波动，从表 4 平均异常收益率的检验结果可以看到。虽然现金股利政策和混合股利政策公告前若干交易日（特别是从公告前第 4 个交易日开始）平均异常收益率小于零，但是并没有呈现出全样本下的显著性。混合股利政策在公告前平均异常收益率虽然均大于零，但同样不具备统计意义上的显著性。在公告日当天，图 2 较为清楚地呈现了不同

股利政策的市场反应差异，股票股利政策的平均异常收益率最高，其次为混合股利政策，最后为现金股利政策。公告日后，所有股利政策的平均异常收益率均出现了显著下降，在水平轴上下小范围地波动，意味着此时平均异常收益率基本为 0。

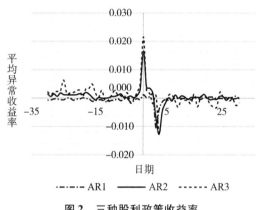

图 2　三种股利政策收益率

图 3 是关于三种股利政策的平均累积异常收益率，表 5 为 [− 10, + 10] 的检验结果。t 时期的平均累积异常收益为 [− 30, t] 的平均异常收益率的和。三种股利政策的平均累积异常收益率异同样十分显著，整体来看，股票股利的平均累积异常收益率最高，整个事件窗内均大于零。其次为混合股利政策，虽然均大于 0，但显著低于股票股利政策。现金股利政策的平均累积异常收益率不仅最低，而且基本全小于零。股票股利和现金股

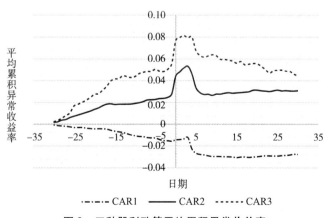

图 3　三种股利政策平均累积异常收益率

利政策的平均累积异常收益走势基本一致，在公告当日急剧上升，随后下降趋于平稳。至于现金股利政策，在公告日后略有上升，但随后同样出现了急剧下降，然后趋于平稳。此处并没有给出直接的均值相等性检验，原因在于，这种差异性比较并没有控制其他影响股利政策的变量，比如公司的营利情况。下文将会对三种股利政策的市场反应差异进行检验。

表 4 不同股利政策的平均异常收益率

日期	AR	AR1	AR2	AR3
−10	−0.027	−0.077**	0.058	0.091
−9	−0.013	−0.070**	0.065	0.264**
−8	0.025	−0.021	0.100*	0.118
−7	−0.017	−0.086***	0.150**	0.081
−6	−0.012	−0.030	0.023	0.007
−5	0.011	−0.013	0.030	0.188
−4	−0.091***	−0.127***	0.078	−0.170
−3	−0.059**	−0.100	0.021	−0.033
−2	0.022	−0.013	0.088	0.193
−1	0.069**	−0.045	0.300***	0.505***
0	0.602***	0.120***	1.654***	2.154***
1	0.126***	0.029	0.389***	0.280**
2	0.120***	0.058*	0.351***	0.166
3	0.126***	0.141***	0.171***	−0.196
4	−0.880***	−1.050***	−0.705***	0.081
5	−0.630***	−0.387***	−1.270***	−1.256***
6	−0.224***	−0.123***	−0.464***	−0.442***
7	−0.089***	−0.046	−0.163**	−0.154
8	−0.044	−0.082***	0.018	0.107
9	−0.073***	−0.061**	−0.097	0.115
10	0.019	0.007	0.113*	−0.097

注：表中收益率均为实际值乘以 100 后的结果。*、**和***分别表示在 10%、5%和 1%的水平下显著。

表5　不同股利政策的平均累积异常收益率

日期	CAR1	CAR2	CAR3
−10	−1.067***	1.908***	4.378***
−9	−1.137***	1.973***	4.642***
−8	−1.157***	2.073***	4.759***
−7	−1.243***	2.223***	4.840***
−6	−1.274***	2.246***	4.846***
−5	−1.287***	2.275***	5.035***
−4	−1.415***	2.353***	4.865***
−3	−1.515***	2.375***	4.832***
−2	−1.528***	2.463***	5.025***
−1	−1.573***	2.763***	5.530***
0	−1.453***	4.417***	7.684***
1	−1.423***	4.806***	7.964***
2	−1.365***	5.157***	8.130***
3	−1.224***	5.328***	7.934***
4	−2.274***	4.622***	8.015***
5	−2.661***	3.352***	6.759***
6	−2.784***	2.888***	6.317***
7	−2.830***	2.725***	6.163***
8	−2.912***	2.743***	6.270***
9	−2.973***	2.646***	6.386***
10	−2.965***	2.759***	6.288***

注：表中收益率均为实际值乘以 100 后的结果。*、**和***分别表示在 10%、5% 和 1% 的水平下显著。

2. 不同股利政策的市场反应的差异性检验

从图1、图2以及表4和表5可以清楚地看到不同股利政策的市场反应差异，但仍需要给出统计上可靠的检验结果。本文利用倾向得分匹配以及OLS方法对三种股利政策的市场反应差异进行检验。

（1）倾向得分匹配检验结果。表6～表9是不同事件窗下三种股利政策市场反应的差异检验。关于倾向得分匹配第一步 Logit 回归的结果由于篇幅问题并没有在文章中呈现。倾向得分匹配能够为处置组匹配到得分（处置概率）最为接近的未处置样本，认为未处置样本的状态即为处置样本未受干预时的状态，从而控制了诸多影响处置结果的其他因素。本文在进行倾向得分匹配检验时，控制了以往研究所发现的影响股利政策的公司规模、盈利能力、成长性等因素，同时也报告了未匹配的差异性检验。

表6　不同股利政策 CAR0 差异性检验

分组（前为控制组，后为处置组）	效应	处置组	控制组	t 值
混合股利—现金股利	未匹配效应	0.120	1.656	− 22.93 ***
	ATT	0.118	1.744	− 13.56 ***
混合股利—股票股利	未匹配效应	2.149	1.656	3.11 **
	ATT	2.141	1.892	0.98
现金股利—股票股利	未匹配效应	2.149	0.120	17.49 ***
	ATT	2.148	0.260	9.52 ***

注：表中收益率均为实际值乘以100后的结果。*、**和***分别表示在10%、5%和1%的水平下显著。

表7　不同股利政策 CAR1 差异性检验

分组（前为控制组，后为处置组）	效应	处置组	控制组	t 值
混合股利—现金股利	未匹配效应	0.104	2.347	− 19.11 ***
	ATT	0.101	2.417	− 11.54
混合股利—股票股利	未匹配效应	2.936	2.347	2.17 *
	ATT	2.953	2.935	0.04
现金股利—股票股利	未匹配效应	2.936	0.104	13.76 ***
	ATT	2.928	0.119	8.34 ***

注：表中收益率均为实际值乘以100后的结果。*、**和***分别表示在10%、5%和1%的水平下显著。

表8 不同股利政策 CAR3 差异性检验

分组（前为控制组，后为处置组）	效应	处置组	控制组	t 值
混合股利—现金股利	未匹配效应	0.189	2.977	- 15.55 ***
	ATT	0.185	3.005	- 9.35 ***
混合股利—股票股利	未匹配效应	3.061	2.977	0.21
	ATT	3.128	3.457	- 0.5
现金股利—股票股利	未匹配效应	3.061	0.189	9.13 ***
	ATT	3.073	0.324	5.32 ***

注：表中收益率均为实际值乘以100后的结果。＊、＊＊和＊＊＊分别表示在10%、5%和1%的水平下显著。

表9 不同股利政策 CAR5 差异性检验

分组（前为控制组，后为处置组）	效应	处置组	控制组	t 值
混合股利—现金股利	未匹配效应	- 1.391	1.104	- 10.85 ***
	ATT	- 1.389	1.084	- 6.12 ***
混合股利—股票股利	未匹配效应	1.920	1.104	1.51
	ATT	1.996	1.910	0.1
现金股利—股票股利	未匹配效应	1.920	- 1.391	8.35 ***
	ATT	1.926	- 1.184	4.62 ***

注：表中收益率均为实际值乘以100后的结果。＊、＊＊和＊＊＊分别表示在10%、5%和1%的水平下显著。

图2、图3已经给出了［-30，30］期间内三种股利政策的平均异常收益率和平均累积异常收益率的直观描述，可以较为清楚地发现，无论是平均异常收益率，还是平均累积异常收益率，股票股利政策＞混合股利政策＞现金股利政策。该特征同样在倾向匹配得分检验结果中有所体现，混合股利和现金股利政策的检验中，四个事件窗的检验结果均一致，现金股利政策的平均累积异常收益率要显著小于混合股利政策，未匹配时的检验结果和匹配后的 ATT 检验结果一致。现金股利和股票股利的比较结果同样说明股票股利的市场反应要比现金股利的市场反应更强烈，无论哪一个事件窗，未匹配和匹配的检验结果均一致。至于混合股利和股票股利的比较，

未匹配时，只有在 CAR0 和 CAR1 两个事件窗口股票股利的平均累积异常收益要显著大于混合股利，但这种显著性明显不如另外两组的比较结果。当进行匹配比较时，两种股利政策市场反应的显著差异就消失了，这样的检验结果和图 2、图 3 给出的描述并不一致。无差异的检验结果可以从未匹配时的 t 值变动看到，和其他两组的结果比较来看，未匹配时的 t 值出现了显著的降低，当控制其他影响因素时，差异性的显著性彻底不见，说明混合股利和股票股利的市场反应差异至少没有另外两组显著。

（2）OLS 估计结果。为了得到更加稳健的检验结果，本文利用 OLS 方法，将影响股利政策的其他因素作为控制变量，引入表示不同股利政策的虚拟变量，通过 OLS 对虚拟变量的系数进行估计得到不同股利政策市场反应的检验结果，和前文倾向得分匹配的检验结果进行对比。

表 10 中，回归模型中的虚拟变量设定是以混合股利政策作为基准，StockPolice1 的系数 α_1 体现了现金股利和混合股利的市场反应差异（现金股利减去混合股利），从四个事件窗的回归结果来看，α_1 均在 1% 的水平下显著小于 0，说明混合股利政策的平均累积异常收益率要显著高于现金股利政策。StockPolice2 的系数 α_2 度量了股票股利和混合股利政策市场反应的差异（股票股利减去混合股利），与上文匹配检验时的结果一致，在控制其他影响因素的情况下，无论在何种事件窗口下，两种股利政策的股票市场反应均无显著差异。另外，对 $\alpha_1 < \alpha_2$ 进行 F 检验，两者之差度量了股票股利和现金股利市场反应的差异，从检验结果看，股票股利政策的平均累积异常收益率同样显著高于现金股利政策。

表 10　基于 OLS 的不同股利政策市场反应差异性检验

系数	CAR0	CAR1	CAR3	CAR5
Stock Police1	− 1.497 ***	− 2.206 ***	− 2.642 ***	− 2.338 ***
	（− 21.03）	（− 17.69）	（− 13.91）	（− 9.60）
Stock Police2	0.533	0.577	0.182	0.753
	（0.97）	（0.45）	（0.51）	（1.64）
Size	− 0.031	− 0.099 ***	− 0.128 **	− 0.298 ***
	（− 1.45）	（− 2.66）	（− 2.26）	（− 4.10）
Investability	0.000	1.460 **	0.974	0.790
	（0.68）	（2.43）	（1.06）	（0.67）

续表

系数	CAR0	CAR1	CAR3	CAR5
Asset Liquidity	0.514	−0.017	0.010	0.012
	(1.50)	(−1.52)	(0.57)	(0.56)
Cash	−0.008	0.000	0.000	0.001
	(−1.21)	(0.13)	(0.24)	(0.35)
Profitability	0.209***	0.150	0.297*	−0.084
	(3.46)	(1.42)	(1.84)	(−0.41)
Growth	0.000	−0.001	−0.001	0.000
	(−1.40)	(−1.57)	(−1.31)	(−0.36)
Govern Stru	0.076	0.248	0.773	0.080
	(0.39)	(0.72)	(1.47)	(0.12)
截距	2.217***	4.432***	5.128***	7.585***
	(4.82)	(5.50)	(4.18)	(4.82)
$\alpha_1 < \alpha_2$	265.590***	162.710***	72.120***	52.600***
调整 R^2	0.064	0.045	0.027	0.017
F 值	78.400***	53.500***	32.450***	19.890***

注：表中系数均为实际值乘以100后的结果，其中0.000是因为保留三位小数的原因，括号内为 t 值。*、**和***分别表示在10%、5%和1%的水平下显著。

五、结论

本文基于传统事件研究方法对不同股利政策（现金股利、混合股利和股票股利）公告的市场反应进行估计，并且利用倾向得分匹配方法和OLS方法在控制其他影响股利政策因素的情况下对不同股利政策的市场反应差异进行检验，主要结论如下：

第一，三种股利政策在公告日当天均出现了股票收益率的显著提高，随后由于除权（息）和支付日的临近，收益率显著下降。就整个事件窗来说，股票股利和混合股利的平均累积异常收益率显著大于0，现金股利政策则显著小于零。直观来看，股票股利的市场反应要显著高于混合股利和现金股利，其中，现金股利政策的市场反应最小，甚至为负。

第二，倾向得分匹配方法和 OLS 检验结果均表明，股票股利和混合股利政策的市场反应要显著高于现金股利政策，对于股票股利和混合股利政策的比较，在控制影响股利政策的其他因素后，两种股利政策并没有产生显著差异的市场反应。

参考文献

[1] 孔德兰，许辉. 现金股利政策与股东财富关系研究——基于自由现金流量的思考 [J]. 广东财经大学学报，2011，26 (1)：3-6.

[2] 李卓，宋玉. 股利政策、盈余持续性与信号显示 [J]. 南开管理评论，2007，10 (1)：70-80.

[3] 刘洋. 我国创业板上市公司现金股利分配政策对公司价值影响 [J]. 现代经济信息，2016 (20)：291.

[4] 陆正飞，王春飞，王鹏. 激进股利政策的影响因素及其经济后果 [J]. 金融研究，2010 (6)：162-174.

[5] 罗进辉. 机构投资者持股、现金股利政策与公司价值——来自 2005~2010 年中国上市公司的经验证据 [J]. 投资研究，2013 (1)：56-74.

[6] 马宏，胡耀亭. 现金股利政策选择的市场反应研究——基于长期股票投资收益的视角 [J]. 证券市场导报，2017 (8)：36-41.

[7] 田宝新，王建琼. 基于投资者视角的再融资与股利政策的市场反应 [J]. 中国流通经济，2016，30 (11)：93-100.

[8] 王咏梅. 股利分配政策相关因素与市场反应研究 [J]. 证券市场导报，2003 (12)：24-28.

[9] 肖万，宋光辉. 现金股利宣告、市场反应与强制分红政策——基于我国资本市场的实证分析 [J]. 西安财经学院学报，2012，25 (6)：17-20.

[10] 徐晟，赵圣捷. 股利政策连续性与公司价值——基于中国股票市场短期效应的实证分析 [J]. 山东社会科学，2013 (3)：145-149.

[11] 许辉，祝立宏. 低现金股利政策、股东财富与控股股东决策 [J]. 商业经济与管理，2010 (6)：72-79.

[12] 严太华，杨永召. 中国上市公司现金股利变化的公告效应实证研究 [J]. 经济问题，2014 (1)：53-57.

[13] 严武，潘如璐，石劲. 中国上市公司股利公告效应实证研究：1993~2006 [J]. 当代财经，2009 (9)：50-55.

[14] 易颜新，柯大钢，张晓. 股利政策的股东财富效应：来自中国股市的经验证据 [J]. 中国工商管理研究前沿，2007，9 (3)：4-10.

[15] 俞乔，程滢. 我国公司红利政策与股市波动 [J]. 经济研究，2001（4）：32-40.

[16] 张继袖，陆宇建. 投资者情绪、股利政策与公司价值研究 [J]. 南京审计学院学报，2012（2）：29-36.

[17] 朱翔. 连续支付现金股利下的股利政策对企业价值的影响效应 [J]. 财会通讯，2011（33）：47-49.

[18] Adefila J. J. , Oladipo J. A. , Adeoti J. O. The Effect of Dividend Policy on the Market Price of Shares in Nigeria：Case Study of Fifteen Quotedcompanies [J]. International Journal of Accounting, 2004, 2（1）：82-91.

[19] Adesola W. A. , Okwong A. E. An Empirical Study of Dividend Policy of Quoted Companies in Nigeria [J]. Global Journal of Social Sciences, 2012, 8（1）.

[20] Baker M. , Wurgler J. Market Timing and Capital Structure [J]. Journal of Finance, 2002, 57（1）：1-32.

[21] Chen J. , Hong H. , Stein J. C. Breadth of Ownership and Stock Returns [J]. Journal of Financial Economics, 2002, 66（2）：171-205.

[22] Denis D. J. , Osobov I. Why Do Firms Pay Dividends? International Evidence on the Determinants of Dividend Policy [J]. Journal of Financial Economics, 2008, 89（1）：62-82.

[23] Dong M. , Robinson C. , Veld C. Why Individual Investors Want Dividends [J]. Social Science Electronic Publishing, 2005, 12（1）：121-158.

[24] Gordon M. J. Dividends, Earnings, and Stock Prices [J]. Review of Economics & Statistics, 1959, 41（2）：99-105.

[25] Travlos N. G. , Trigeorgis L. and Vafeas N. Shareholder Wealth Effects of Dividend Policy Changes in an Emerging Stock Market：The Case of Cyprus [J]. Social Science Electronic Publishing, 2014, 5（2）：87-112.

[26] Wang J. , Finance D. O. , University H. An Empirical Study on the Impact of Dividend Policy on Stock Price [J]. Value Engineering, 2017.

央行沟通政策有效吗？

——一种计算语言学方法

杨　璐　李颖超　贾真珍

（天津财经大学统计学系，天津　300222）

摘　要　本文利用计算语言学方法构建了测度央行沟通的经济状态指数和前瞻指导综合指数，并建立 FAVAR 模型研究了央行沟通政策的宏观经济效应。研究发现：①这两个指数能即时地反映利率调整；②央行增加对经济"扩张"状态的表述具有短期的产出效应；③前瞻指导综合指数冲击对未来利率变化不具有显著影响；④紧缩性前瞻指导冲击也不具有减缓经济增长的效应；⑤经济"扩张"的观点具有显著为从紧货币政策短期"降温"的潜在效应。

关键词　央行沟通；货币政策；LDA 模型

Is the Central Bank Communication Efficient?

—A Computational Linguistics Approach

Yang Lu　Li Yingchao　Jia Zhenzhen

（Tianjin University of Finance Economics，Tianjin 300222）

Abstract：In this paper, we measure the economic state index and forward guidance index from central bank's communication using tools from computational linguistics, then we employ these measures within FAVAR model to explore their macroeconomic effects. It is found that：① these two indexes can capture the adjustment of interest rate instantly；②an increase statement of "expansionary" eco-nomic state has a short – term output effect；③the forward guidance index has no significant effect on future interest rate；④contractionary forward guidance has no effect on slowing economic growth；⑤views of economic "expansion" have poten-tial effect of significantly "cooling – down" a tight monetary policy in short run.

Key Words：Central Bank Communication；Monetary Policy；LDA FAVAR

一、引言

近年来，随着一国货币政策透明度的显著提高，央行沟通逐渐成为管理通胀预期的有效工具。所谓央行沟通，是指央行口头或书面地向市场与公众进行信息供给与交流的行为，沟通的信息涵盖货币政策目标、政策策略、经济前景以及货币政策走向等（Blinder et al.，2008）。

学术界普遍认为，央行沟通具有重要作用。央行沟通有助于货币政策实现"预期管理"的目标（Woodford，2001），对货币政策决策的沟通能够减少公众的经济状态判断和政策预期上可能存在的信息不对称和不确定性，从而更好地引导公众预期。并且，央行沟通实现了中央银行逐步认同的货币政策透明度。尤其，Cruijsen 和 Eijffinger（2007）指出，关于货币政策透明度的研究应该更多地转向对央行沟通的研究。另外，最优沟通策略选择也是如何优化货币政策结果（Reis，2013）的重点内容之一。但是，Hansen 和 McMahon（2016）则发现，有关未来政策的沟通相比有关当前经济状况的沟通要更为重要，但跟实际干预相比，两类信息沟通对于实际经济变量的影响还是相对较弱。事实上，李云峰和李仲飞（2010）对美联储、英格兰银行和欧洲央行的沟通内容、方式、时机和效果的比较研究发现，有效的沟通内容至少涉及政策目标、政策决定、经济展望和未来利率路径四个方面。英国、瑞典、智利和韩国等公布了通货膨胀目标制、美联储发布了价格稳定及充分就业的双重目标；美联储和英格兰银行也通过发布会议纪要和投票记录公开货币政策决定信息；并且，一些央行还会发布关于未来通胀预期的评估。例如，英格兰银行公布了经济风险的方向及概率大小；欧洲银行公布了有关通货膨胀与实际 GDP 的预测信息；美联储明确宣布了未来货币政策倾向和宏观经济风险评估；许多央行甚至出版了对产出缺口的评估。另外，沟通工具的选择包括但不限于会议纪要与声明、通货膨胀报告、货币政策月刊、年度报告、金融稳定报告、中央银行网站、演讲、采访、新闻发布会等。而且，自2009年12月的中央经济工作会议将"管理通胀预期"列为宏观调控的一项重要任务以来，2013年，中共十八届三中全会将"稳定市场预期"明确纳入宏观调控体系框架。2015年12月的中央经济工作会议提出"实施宏观调控要更加注重引导市场行为和社会心理预期"。我国中央银行也顺应国际趋势，逐渐加强沟通、不断提高货币政策透明度。因此，中央银行沟通作为一种新型的货币政策工具，在货币政策的预期管理中发挥着重要的作用（付英俊，2017）。

为了科学测度央行沟通，国内外学术界通过构建央行沟通指数将原始的文本转化为有含义的、可供系统分析的定量数据。其中，央行沟通指数的构建方法有两大类：第一类是基于措辞提取方法构建指数。如林建浩和赵文庆（2015）参照Heineman和Ulrich（2007）提出的测度方法通过分析关键措辞构造了中国央行沟通指数。第二类是变量赋值法。如冀志斌和周先平（2011），王博和刘翀（2016）根据货币政策意图分别采用了三级（−1、0、+1）和五级（−2、−1、0、+1、+2）赋值法。

本文将借鉴Hansen和McMahon（2016）的"大数据"技术依据中国人民银行货币政策分析小组每季度发布的《中国货币政策执行报告》建立LDA模型，并构造中国人民银行的两个沟通指数，以测度中国人民银行对公众公开的有关当前经济状态和未来货币政策取向的信息。并且，将基于这两个指数建立因子扩展向量自回归模型（FAVAR模型）研究央行沟通对宏观经济及金融市场变量的影响。

本文的结构如下：第一部分介绍了央行沟通的内涵、方式和作用；第二部分根据《中国货币政策执行报告》建立了LDA（Latent Dirichlet Allocation）模型；第三部分构造了中国人民银行的两个央行沟通指数；第四部分建立了包含央行沟通指数的FAVAR模型，不仅研究了央行沟通的宏观经济效应，而且验证了本文所构造的央行沟通指数与理论预期的一致性；第五部分是本文的结论。

二、LDA 建模

众所周知，中国人民银行货币政策分析小组每季度发布的《中国货币政策执行报告》是央行提供货币政策信息的核心媒介，不仅包含了货币信贷概况、货币政策操作和金融市场运行概况，还包括对宏观经济形势的展望和下一阶段的主要政策思路。它向公众传递了及时、准确和全面的央行沟通信息。因此，本文将 2008 年第一季度至 2017 年第四季度共 40 期的报告文本作为央行沟通的信息源，采用文本挖掘技术建立 LDA 模型，以构造测度央行沟通的指数。

（一）LDA 模型

根据文档的生成过程，Blei 等（2003）提出了一种文本挖掘方法——LDA 模型。他们认为每篇文档是通过重复如下四个步骤而生成：①从 Dirichlet 分布随机抽取服从多项式分布的主题分布参数；②从已知的主题分布随机选择主题；③从 Dirichlet 分布随机抽取服从多项式分布的词汇分布参数；④从已确定主题对应的词汇分布中"随机"抽取无序词汇。于是，LDA 模型的基本思路是在设定的主题分布和词汇分布下对文档样本词汇依据词频共现信息萃取语义相关的潜在主题集合，确定关键主题及其词汇组，借助词云图直观反映文本挖掘结果；并通过 LDA 模型训练形成的 K 个主题表达文档的内涵。另外，Porteous 等（2008）提出了 LDA 模型 Bayesian 分析的 Gibbs 抽样计算。

（二）文本预处理

在建立 LDA 主题模型前需将原始文本文档进行以下简单的预处理。
（1）清除所有空格、断行、目录、图表、与核心无关的专栏等的部分；
（2）为了建立以句子为基础的 LDA 模型，还需对文档进行断句，使每个句子为一个文本样本；
（3）保留或剔除特定需求的文本模式，使表述正则化；
（4）剔除所有表示数量的数字，保留"M1""M2"等固定搭配组合。

（三）语句的分词处理

（1）停用词典设置。因原始文本中可能存在影响模型效率的大量无实意词汇，在分析词汇时候，需通过设立停用词典剔除。鉴于常用停用词典①的定向性和特殊性，在分析专业文本时，必须修正停用词典。本文按照如下规则，将以下三类词汇添加于常用停用词典。

1）关键词后的附带词汇。如 2003 年货币政策报告中的"非典期间""非典疫情""非典型肺炎"都是对同一事实的近似表达，将"非典"后的词汇设定为停用词汇；

2）表示时间的词，如"本季度""今年"和"上半年"等；

3）表示存在、判断和动作行为的动词和助动词，如"发展""是""乃""为""保持""应该""能够"等。但因本文还需判断主题的变动方向，所以，本文保留大部分表示趋向和发展的动词，如"扩大""复苏""加强""提高"等。

（2）自定义词典设置。货币政策执行报告中存在大量经济学专业词汇、商业词汇以及与政策相关的新词汇和热词汇，为了提高分词工具可识别性和分词效果，须通过加载自定义词典保留一些特定词汇和固定搭配。然而，在设置自定义词典时，须权衡自定义词典中的词汇量，应既不过于完整、又不过于简短，一方面，为了避免主题过于分散，应将表达相同内涵的相似词汇汇集为同一词根词汇、视为同一个词汇。例如，"同业拆借利率""七天回购利率"和"上海银行间同业拆借利率"等专业词汇均表达了"短期利率"的内涵。另一方面，为了避免主题过于集中，还应在自定义词典中区分有相同成分、不同含义的词汇，如"价格"和"劳动力价格"，前者的内涵为商品价格，后者反映了就业。须将它们同时添加于自定义词典。

本文设置自定义词典的规则如下：

1）带否定前缀的词汇。"不确定""逆周期""负利率""去产能""非现金支付"等。

2）政策相关的新词、热词。"一带一路""互联网＋""非现金支付""新常态"等。

3）专业词汇。"广义货币供给量""票据贴现""超额储备率""窗口

---

① 常用停用词汇表来源于哈工大停用词表。

指导"等。

4）组合时才能形成完整意思、拆分后含义发生变化的固定搭配。如"绿色债券""高铁经济圈""过剩产能""虚拟经济""云计算"等。

5）有明确含义，没有近似或简化表达方式的词汇。如"群体性事件风险""巴塞尔协议""三农金融事业部""双边货币互换协议"等。

6）非常用词，但在语境下有实际含义的词组。如"资金融出融入"中，会分割为"资｜金融｜出｜融入"，需要手动添加"融出"。

本文使用 Python 软件的 Jiaba 中文分词工具将停用词典和自定义词典直接载入，对文本进行分词处理。

（四）LDA 建模

本文将货币政策执行报告中每个完整的句子作为一个（文档）样本，这样将文档表达为主题的形式有助于辨识每个句子的主题。并且为了提高各主题内词汇的相关性、减少主题间词汇的无关性，本文从 40 篇报告的 23905 个句子中提取出了 15 个主题（见附表 1）。并列示了每个主题的前七个关键词及其概率，如表 1 所示。并且筛选了 5 个与经济运行状况相关的主题，以词云图的方式展示了每个主题下概率最高的前 18 个词汇，Python 的输出结果 Topic 0、Topic 2、Topic 5、Topic 7 和 Topic 9（见图 1）。例如，Topic 0 分别以 0.0833、0.0654、0.0636 的概率分布在"价格""上涨""成交"三个词汇上，其中词汇"价格"为整个词典中在 Topic 0 上分布概率最大的词汇，即最多地表达了 Topic 0 的内涵。

表 1　词汇在经济主题上的分布

Topic 0	概率	Topic 2	概率	Topic 5	概率	Topic 7	概率	Topic 9	概率
价格	0.0833	指数	0.0687	经济	0.0718	增长	0.1396	增长	0.1236
上涨	0.0654	企业	0.0310	增长	0.0193	增速	0.0894	出口	0.0285
成交	0.0636	上升	0.0273	结构调整	0.0147	投资	0.0753	消费	0.0261
涨幅	0.0518	下降	0.0245	需求	0.0125	房地产	0.0343	工业	0.0239
下降	0.0465	上涨	0.0219	较快	0.0115	回落	0.0283	增速	0.0238
增长	0.0387	下跌	0.0195	压力	0.0108	实际	0.0229	企业	0.0237
CPI	0.0234	居民	0.0153	变化	0.0101	面积	0.0205	收入	0.0215

图1　经济主题关键词汇的词云图

由图1可知，这5个主题分别是关于价格指数、就业与股票市场、经济结构、房地产与投资和工业与进出口的主题。并且，所建LDA模型的结果如图2所示。

三、央行沟通指数构造

（一）经济状态指数

经过LDA模型训练后，每个句子均以一定的概率符合于15类主题。首先将概率最大的主题定义为该句的主题。其次，识别并筛选出符合上述五个经济类主题的句子。

依据字典方法，借助语调词汇表构造央行沟通的经济状态指标，并获得其观测值时间序列。

本文将从t期完整货币政策执行报告中按照原始顺序根据五个经济类主题所筛选出的句子集合设定为文本 D_t，记 $D_t = （\pi_1^{D_t}, \pi_2^{D_t}, L, \pi_{N_D}^{D_t}）$，其中 $\pi_i^{D_t}$ 表示文本 D_t 的第 i 个句子，N_D 是文本 D_t 的句子总数。并且，设 l =（w_1，w_2，L，w_N）是一个特定词向量，$n_{D_t}(l)$ 为文本 D_t 中所包含 l 中词汇的个数。

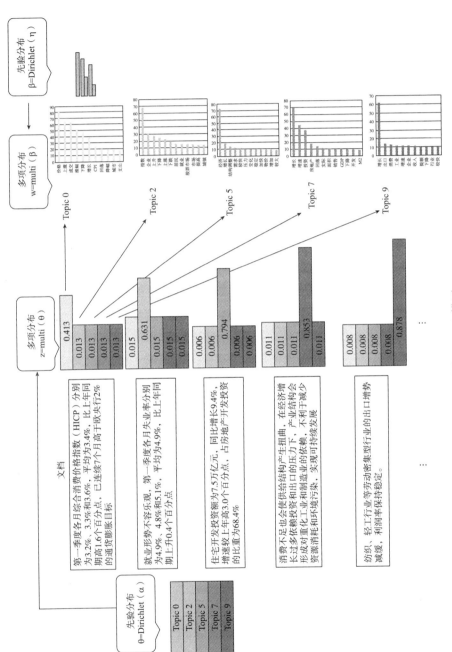

图 2 LDA 模型

为了测度有关经济形势句子的基调，本文分别设置了表达"扩张"和"收缩"含义的特定词向量 l_{inc} 和 l_{dec}，如表 2 所示。

表 2 表达"扩张"和"收缩"的特定词向量

"扩张"词向量 l_{inc}	增	高	强	涨	升	多	扩
"收缩"词向量 l_{dec}	减	低	弱	落	降	少	缩

于是，$n_{D_t}(l_{inc})$ 和 $n_{D_t}(l_{dec})$ 分别表示文本 D_t 中"扩张"类词汇和"收缩"类词汇的个数。并且本文定义文本 D_t 的经济状态指数：

$$S_{D_t} = \left[n_{D_t}(l_{inc}) - n_{D_t}(l_{dec}) \right] / n_{D_t} \tag{1}$$

式中，n_{D_t} 是文本 D_t 中的总字数。

因此，根据 2008 年第一季度至 2017 年第四季度的《中国货币政策执行报告》即可构造出经济状态指数 S_{D_t} 的观测值时间序列，如图 3 所示。

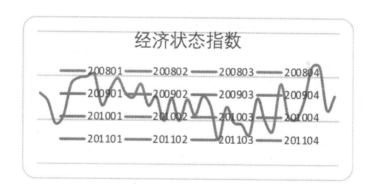

图 3 央行沟通的经济状态指数

（二）前瞻指导测度

1. 三种前瞻指导信息

为了测度《中国货币政策执行报告》中所包含的前瞻指导信息，本文以语句为基础单位，从《货币政策执行报告——货币政策趋势》中人工摘取了有关货币政策走向的陈述。类似于 Campbell（2012），将前瞻指导的陈述区分为货币政策走向的条件陈述、有数据基础的指导，以及央行预见的风险三类内容。其中，三类陈述的示例如下。在 2017 年第三季度报告的货币政策趋势中，陈述"下一阶段……实施好稳健中性的货币政策，并加强货币政策与其他相关政策协调配合……"即为关于货币政策走向的条件陈述；在 2008 年第四季度的报告中，陈述"按照国务院有关金融促进经济发展的政策措施，加大金融对经济发展的支持力度。以高于 GDP 增长和物价上涨之和 3~4 个百分点的增长幅度作为全年货币供应总量目标，争取广义货币供应量 M2 增长 17% 左右"为有数据基础的指导；在 2013 年第二季度的报告中，陈述"受劳动力、服务、租金价格存在上行压力等影响，消费物价平稳运行的基础还不很稳固，CPI 对总需求变化比较敏感，通胀预期比较容易被激发"为央行预见风险的陈述。

2. 测度指导的方向、数量和确定性

（1）测度指导的方向。在确定了有关前瞻指导的陈述后，需要判断前瞻指导的方向和力度，即货币政策是"宽松"还是"从紧"，是"适度宽松""灵活适度"，还是"松紧适度""稳健中性"等，为此须对每篇报告的前瞻指导方向和力度进行标记。

综观央行报告，对前瞻指导方向的表述如下。2008 年第一至第二季度宣告"将执行从紧的货币政策"；从 2008 年第三季度开始，直至 2010 年第三季度，央行下一阶段政策思路均为"继续实施适度宽松的货币政策"，而后一直处于稳健状态；2014 年第四季度至 2015 年第四季度，报告强调了稳健的"松紧适度"，而后的 2016 年第一至第三季度的表述为"灵活适度"；2016 年第四季度至今，"稳健中性"成为了政府宏观调控对货币政策的常态要求。

由此可见，关于货币政策的方向，如果简单分类为"扩张"和"紧缩"两类，可能会遗失部分信息。并且为了避免定向赋值的主观性，根据报告中提出的"从紧""稳健中性""稳健""适度宽松"几类货币政策指导表述，按照从紧到松的顺序，以 CPI 滞后一期值与 M1 同比增速为解释变量，建立有序选择模型：

$$y_t = \begin{cases} 1 & \text{适度宽松} & y_t^* < c_1 \\ 2 & \text{稳健} & c_1 \leq y_t^* < c_2 \\ 3 & \text{稳健中性} & c_2 \leq y_t^* < c_3 \\ 4 & \text{从紧} & c_3 \leq y_t^* \end{cases}, \quad y_t^* = \alpha_1 CPI_{t-1} + \alpha_2 M1_{t-1} + \varepsilon_t \quad (2)$$

并且，依据有序选择模型的潜变量得分定义为标准化的前瞻指导方向指数：

$$
DFG_t^* = \begin{cases}
\sum_{I(y_t^* < c_1) = 1} y_t^* \Big/ \sum_t I(y_t^* < c_1) & \text{适度宽松} \\
\sum_{I(c_1 < y_t^* < c_2) = 1} y_t^* \Big/ \sum_t I(c_1 < y_t^* < c_2) & \text{稳健} \\
\sum_{I(c_2 < y_t^* < c_3) = 1} y_t^* \Big/ \sum_t I(c_2 < y_t^* < c_3) & \text{稳健中性} \\
\sum_{I(c_3 \leq y_t^*) = 1} y_t^* \Big/ \sum_t I(c_3 \leq y_t^*) & \text{从紧}
\end{cases}
\tag{3}
$$

再在区间 $[-1, 1]$ 内标准化指数 DFG_t^*，得到前瞻指导方向指数 DFG_t 序列。如图 4 所示。

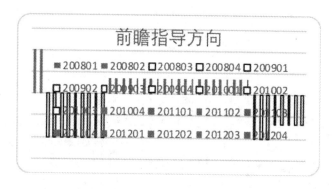

图4 央行沟通的前瞻指导方向

（2）测度指导的数量。为了反映政策指导陈述的数量，本文用政策趋势部分中关于前瞻指导句子的总字数测度，记为 SFG_t。从图 5 可以看出 2012 年第二季度的指导最多，其次是 2011 年第四季度。

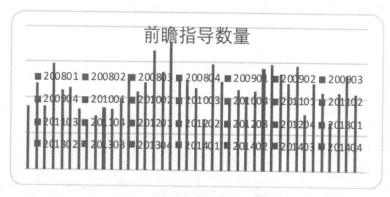

图5 央行沟通的前瞻指导数量

（3）前瞻指导的不确定性指数。最后，为了测度央行报告中前瞻指导陈述的"谨慎"性和"确定"性，本文结合我国货币政策执行报告的特点，对 Loughran 和 McDonald（2011）根据 FOMC 货币政策会议纪要设计的"不确定性"词向量 Uncer$_t$ 进行修订，并使用字典方法构造前瞻指导的不确定性指数：

$$UFG_t = n_{D_t}(Uncer_t)/n_t^{FG} \tag{4}$$

式中，$n_{D_t}(Uncer_t)$ 为 t 时刻报告中前瞻指导句子中所包含"不确定性"词向量词汇的总字数；n_t^{FG} 是前瞻指导句子中总字数。

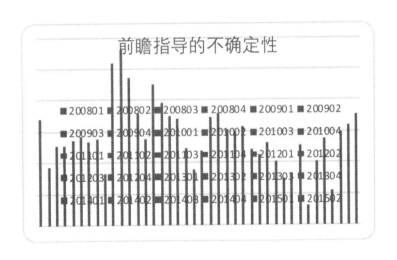

图 6　央行沟通的前瞻指导不确定性

（4）前瞻指导综合指数。综合以上三方面的指数，构造前瞻指导综合指数：

$$FG_t = (SFG_t \times DFG_t)/UFG_t \tag{5}$$

显然，前瞻指导综合指数为正反映了央行对紧缩性货币政策具有更多的确定性信念；反之亦然。

根据《中国货币政策执行报告》计算的前瞻指导综合指数如图 7 所示。

通过与银行间同业拆借加权平均利率 i、M1 和 CPI 比较不难发现，前瞻指导综合指数与利率 i 序列和 CPI 序列具有先于一期的显著同向波动性、与 M1 的一期滞后序列具有显著的反向变动特征。因此，前瞻指导综合指数对于货币政策具有一定的前瞻指导。如图 7 所示。特别是自 2014 年上半年我国提出"经济新常态"以来,"转方式、调结构"的一系列宏观调控措施的效果逐步显现,利率和价格都保持平稳运行,前瞻指导的沟通也保持稳健状态。2016 年第二季度的前瞻指导极小值是沟通的确定性增强的结果。可以看出,沟通内容越确定,货币政策变量的反应就会越迅速。

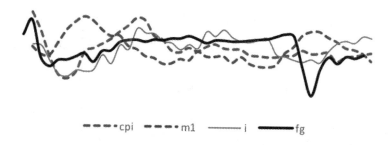

图 7   央行沟通的前瞻指导综合指数和相关变量变动关系
资料来源:中经网数据库。

四、央行沟通的宏观经济效应分析

(一) FAVAR 模型

为了解决 VAR 模型非完全信息问题和"维度诅咒"问题,Bernanke 等(2005)提出了 FAVAR 模型以弥补经典 VAR 模型的缺陷。FAVAR 可以从大型数据集中提取少量共同因子,这些共同因子包含了丰富的信息,从而解决了 VAR 模型所固有的两个局限性。目前,FAVAR 模型已成为宏观经济政策分析和外生冲击效应研究的基本计量分析方法。例如,王胜和陈继勇(2010)从中美两国经济状态数据集中提取共同因子,探究了中美经济互动是否对中国汇率政策传导机制及宏观经济产生了影响。王少平(2012)利用 FAVAR 模型估计结果分解我国 CPI 宏观成分与特质成分,并揭示了宏观成分的冲击效应。肖强和白仲林(2015)建立因子扩展的 Logistic 平滑转移向量自回归(FALSTVAR)模型,分析了 FCI 对宏观经济变量冲击响应对金融状况变迁的依赖性。王少林和林建浩(2015)在 FAVAR 模型中纳入五个关注变量,考察了我国货币政策变量与股票市场变量的相互影响,证实了两者之间存在非对称的互动关系。

为了开展央行沟通的宏观经济效应分析，本文拟建立一个 FAVAR 模型进行实证分析。总体上，它由以下三部分组成：

FAVAR 模型形式如下：

$$X_t = \Lambda^F F_t + \Lambda^Y Y_t + e_t = (\Lambda^F \quad \Lambda^Y)(F_t \quad Y_t)' + e_t \tag{6}$$

$$B(L)(F_t \quad Y_t)' = \varepsilon_t \tag{7}$$

式中，X_t 为 N 个可观测宏观经济变量的向量，F_t 是 k 个不可观测共同因子的向量，Y_t 为对宏观经济系统具有普遍影响的 m 个可观测变量的向量，且 $N \gg k + m$。

本文中，设定 Y_t 为 3 个可观测货币政策变量：

$$Y_t = (I_t \quad S_t \quad FG_t)' \tag{8}$$

向量 X_t 中的 N 个可观测宏观经济变量涵盖了产出和收入、就业、消费、投资、汇率、股票市场、价格指数及货币量等方面，并且对原始数据进行取对数、季节调整和差分等项预处理，使时间序列平稳化。如附表 1 所示。另外，Bai 和 Ng（2002）的信息准则选择向量 X_t 中的共同因子个数，本文提取了 3 个不可观测的共同因子。

（二） FAVAR 模型估计

FAVAR 模型的估计使用了两步方法，即先利用 X_t 的主成分估计不可观测因子 $\hat{F}_t$，然后估计 $\hat{F}_t$ 与 Y_t 的 VAR 模型。

鉴于从 X_t 中直接提取的主成分均是 F_t 与 Y_t 的线性组合，它包含了 Y_t 的信息，为了识别 X_t 中与可观测变量 Y_t 无关的主成分，Bernanke（2005）将 X_t 中的数据集分为对政策冲击产生同期响应的"速动变量"和不能同期对政策冲击产生响应的"慢动变量"。但限于"速动变量"与"慢动变量"的划分具有主观性，本文采用了 Boivin 等（2009）的迭代算法估计共同因子 $\hat{F}_t$，其迭代步骤如下：

（1）提取 X_t 的前 k 个主成分，记为 F_t^0，作为 F_t 的初始值；

（2）X_t 关于 F_t^0 和 Y_t 回归，记 Y_t 的系数估计为 $\tilde{\lambda}_y^0$；

（3）令 $\tilde{X}_t^0 = X_t - \tilde{\lambda}_y^0 Y_t$，即初步剔除 X_t 中包含的 Y_t 的信息；

（4）提取 $\tilde{X}_t^0$ 的前 k 个主成分，作为 F_t 的第二个估计值，记为 F_t^1；

（5）重复步骤②～④多次，得到共同因子的估计 $\hat{F}_t$。

本文经 50 次迭代得到共同因子的估计 $\hat{F}_t$ 后，基于 $\hat{F}_t$ 与 Y_t 建立式（7）

的 VAR 模型。

（三）央行沟通的宏观经济效应分析

本文使用脉冲响应分析方法讨论货币政策冲击、央行沟通的经济状态冲击和前瞻指导冲击对产出增长率、通货膨胀率和失业率等宏观经济变量的影响。

（1）利率冲击的经济效应分析。对于利率的一个正向冲击，图 8 分别列示了利率、央行沟通的经济状态指数和前瞻指导综合指数的脉冲响应。可见，利率的一个正向冲击带来同期经济状态指数的负向响应。也就是说，利率上升的档期，央行沟通就可以即时地捕捉到利率的调整信息，释放出更多更确定关于紧缩性货币政策的观点。并且，利率冲击引起了前瞻指导综合指数为期三个季度的正向变动。所以，当下紧缩的货币政策立场通常导致紧缩性的前瞻指导。另外，利率自身的变动也持续了 2 期之久。

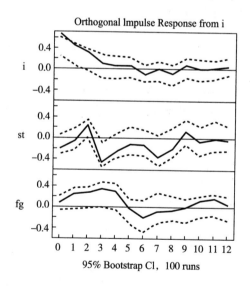

图8　利率冲击的脉冲响应函数

由图 9 可见，受利率一个单位的正向冲击影响，股票市场变量在前 2 期有较大的增长，并在第 2 期达到高峰。产出变量在前三个季度有一个较小正向响应，紧接着迅速下降，在第四季度达到最低值；随后逐步回升，七个季度后冲击效应逐渐消失。提高利率的紧缩政策抬升了价格指数（如 PPI）

与公众价格预期。

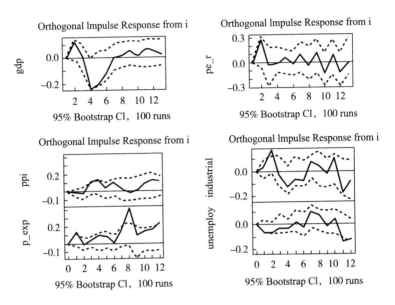

图9 股票市场、产出、PPI、失业率和工业总产值增长率对利率冲击的响应函数

（2）央行沟通的经济状态指数冲击效应分析。从图10可见，央行沟通中经济状态指数的一单位正向冲击，即货币政策分析报告中更多地谈论经济

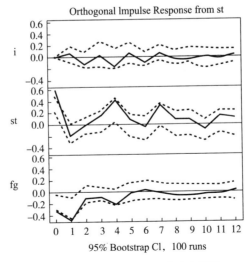

图10 经济状态冲击的脉冲响应函数

扩张。当前经济状态指数一单位的正向冲击并未对当期及未来货币政策带来显著影响（置信区间长期包含零），但是，经济状态指数一单位的正向冲击对前瞻指导综合指数具有 2 期的负向影响。所以，经济扩张的观点具有显著的为从紧货币政策短期"降温"的潜在效应。

图 11 列示了宏观经济变量对经济状态指数一单位正向冲击的脉冲响应函数，央行沟通中经济状态指数的正向冲击引起 GDP 在两期内的同方向变动，即经济状态指数存在短期产出效应。PPI 有延时 1 期、持续 5 期的较长期正向响应、公众价格预期也整体上呈上升趋势。可见，各变量对央行沟通中经济状态指数冲击存在响应。

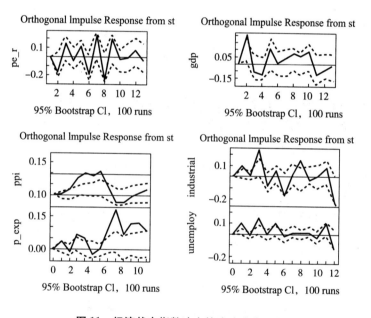

图 11　经济状态指数冲击的脉冲响应函数

（3）前瞻指导综合指数冲击效应分析。鉴于央行沟通的前瞻指导综合指数测度了货币政策走向的预测方向、数量与确定性。它的正向冲击反映了更多更确定紧缩性货币政策的信念。从图 12 可见，前瞻指导综合指数对未来 2 期的利率变化只具有微弱的效应，但并不显著。可见，央行的承诺是不一致的，即货币政策存在时间不一致性。同样，对经济状态指数的负向作用也存在 2 期滞后，在统计意义下也不显著。但是，前瞻指导综合指数存在显著的 2 期惯性。

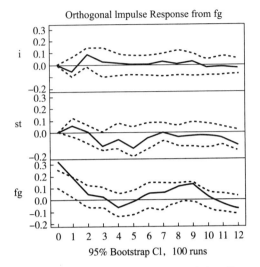

图12 前瞻指导综合指数的脉冲响应函数

由图 13 可见，紧缩性前瞻指导冲击对股票市场变量将产生滞后 2 期、持续 2 期的负向效应；紧缩的前瞻指导指数冲击引起公众预期价格的显著下降；紧缩性前瞻指导冲击使滞后 1 期的投资收益产生显著不利影响。但是，紧缩性前瞻指导冲击并未使经济增长出现显著的趋缓。

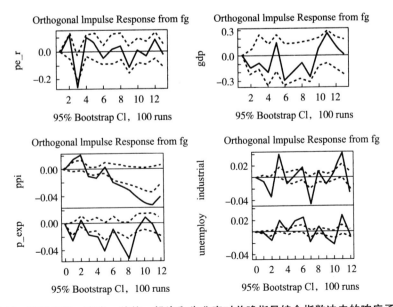

图13 股票市场、产出、价格、投资和失业率对前瞻指导综合指数冲击的响应函数

五、结论

本文利用计算语言学方法构建了测度央行沟通效应的经济状态指数和前瞻指导综合指数，从货币政策工具的角度出发，建立 FAVAR 模型研究了央行沟通政策的宏观经济效应。研究发现：①经济状态指数和前瞻指导综合指数能即时地捕捉利率调整信息；②央行增加对经济"扩张"状态的表述具有短期的产出效应，即 GDP 在两期内存在显著增长；③央行沟通的前瞻指导综合指数冲击对未来利率变化不具有显著影响，即我国货币政策也存在着时间不一致性；④紧缩性前瞻指导冲击也不具有减缓经济增长的效应；⑤经济"扩张"的观点具有显著的为从紧货币政策短期"降温"的潜在效应。另外，央行关于经济状态的沟通及前瞻指导的沟通对宏观经济的影响符合理论分析的预期。

附表 1　词汇在经济主题上的分布

主题	关键词及其概率					
Topic0	价格	上涨	成交	涨幅	下降	增长	cpi
概率	0.083	0.065	0.064	0.052	0.046	0.039	0.023
Topic1	贷款	增长	余额	增加	增速	多增	金融机构
概率	0.099	0.091	0.082	0.058	0.041	0.03	0.029
Topic2	指数	企业	上升	下降	上涨	下跌	居民
概率	0.069	0.031	0.027	0.024	0.022	0.02	0.015
Topic3	经济	全球	复苏	国际	美国	经济体	货币政策
概率	0.063	0.032	0.02	0.019	0.018	0.018	0.015
Topic4	银行	gdp	增长	商业银行	资金	金融机构	市场
概率	0.028	0.028	0.026	0.024	0.024	0.019	0.018
Topic5	经济	增长	结构调整	需求	较快	压力	变化
概率	0.072	0.019	0.015	0.012	0.011	0.011	0.01
Topic6	流动性	政策	操作	货币政策	管理	银行体系	宏观审慎
概率	0.056	0.024	0.024	0.021	0.018	0.017	0.017
Topic7	增长	增速	投资	房地产	回落	实际	面积

续表

主题		关键词及其概率					
概率	0.14	0.089	0.075	0.034	0.028	0.023	0.021
Topic8	人民币	交易	跨境	投资	外汇	贸易	银行间
概率	0.053	0.039	0.026	0.025	0.024	0.019	0.018
Topic9	增长	出口	消费	工业	增速	企业	收入
概率	0.124	0.028	0.026	0.024	0.024	0.024	0.021
Topic10	利率	上升	下降	国债	收益率	债券	shibor
概率	0.129	0.042	0.037	0.034	0.03	0.028	0.028
Topic11	风险	管理	改革	监管	加强	机制	金融机构
概率	0.025	0.021	0.02	0.018	0.018	0.015	0.015
Topic12	金融	信贷	金融机构	加大	改革	金融服务	领域
概率	0.028	0.025	0.022	0.018	0.018	0.017	0.015
Topic13	利率	央行	下调	存款	金融机构	资产	基准利率
概率	0.026	0.023	0.023	0.023	0.023	0.022	0.018
Topic14	人民币	汇率	人民币汇率	美元	升值	贬值	机制
概率	0.057	0.053	0.052	0.047	0.046	0.034	0.033

附表 2　X_t 中选取的宏观经济变量集

变量名	变量名缩写	平稳处理
GDP_当期同比实际增速	gdp	d_ln
城镇居民人均可支配收入_累计同比实际增速	income	/
城镇登记失业率_期末	unemploy	/
房地产开发企业投资完成额_累计	real_estate	d2_ln_sa
固定资产投资完成额（不含农户）_累计	capital	d_ln_sa
新增固定资产（不含农户）_累计	new_capital	d_ln_sa
规模以上工业增加值_当期同比实际增速	industrial	d_ln
金融机构本外币各项存款余额_期末	deposit	d2_ln
金融机构本外币各项贷款余额_期末	loan	d_ln
金融机构本外币债券投资_期末	bond	d2_ln
社会融资规模增量_当期	social_fin	/
流通中货币（M0）_期末	M0	d_ln
狭义货币（M1）_期末	M1	d2_ln

变量名	变量名缩写	平稳处理
广义货币（M2）_期末	M2	d_ln
欧元兑人民币平均汇率_当期	EU_ex	/
美元兑人民币平均汇率_当期	US_ex	d2_ln
日元兑人民币平均汇率_当期	Japan_ex	d2_ln
国家外汇储备增量_期末	foreign_res	/
银行间债券质押式回购交易加权平均利率_6个月_当期	i_inter_6m	d2_ln
银行间债券质押式回购交易加权平均利率_1年_当期	i_inter_1y	d2_ln
股票市价总值增量_期末	stock_market	/
加权平均市盈率_上海证券交易所_农、林、牧、渔业_期末	pe_r	d_ln
社会消费品零售总额_当期同比增速	cons	d_ln
银行业景气指数_当期	bank_boom	d_ln
制造业采购经理人指数（PMI）_当期	m_pmi	/
非制造业采购经理人指数（非制造业PMI）_商务活动_当期	nm_pmi	d_ln
进出口总额（美元）_当期	im_exports	d_ln
商品零售价格指数（上年同期=100）_当期	rpi	/
工业生产者出厂价格指数（上年同期=100）_当期	ppi	/
农产品生产价格指数（上年同期=100）_当期	mtpi	/
固定资产投资价格指数（上年同期=100）_当期	faipi	/
城镇储户未来物价预期指数_当期	p_exp	d_ln

注：d_ln表示取对数后差分；d2_ln表述取对数后二阶差分；sa表示去季节效应；/表示没有进行处理。

资料来源：中经网数据库。

参考文献

[1] 付英俊. 我国央行预期管理实践：现状、问题及建议 [J]. 武汉金融，2017 (9)

[2] 冀志斌，周先平. 中央银行沟通可以作为货币政策工具吗——基于中国数据的分析 [J]. 国际金融研究，2011 (2).

[3] 李云峰，李仲飞. 中央银行沟通策略与效果的国际比较研究 [J]. 国际金融研究，2010 (8).

[4] 林建浩，赵文庆. 中国央行沟通指数的测度与谱分析 [J]. 统计研究，2015

（1）.

［5］王少林，林建浩，杨燊荣.中国货币政策与股票市场互动关系的测算——基于 FAVAR – BL 方法的分析［J］.国际金融研究，2015（5）.

［6］王少平，朱满洲，胡朔商.中国 CPI 的宏观成分与宏观冲击［J］.经济研究，2012（12）.

［7］王胜，陈继勇.中美经济关系、汇率制度与中国汇率政策——基于 FAVAR 模型的实证分析［J］.数量经济技术经济研究，2010（1）.

［8］肖强，白仲林.我国 FCI 的构建及其对宏观经济的非对称性冲击［J］.中国经济问题，2015（5）.

［9］Blei D. M. , A. Ng , M. I. Jordan. Latent Dirichlet Allocation［J］. Machine Learning Research Archive, 2003（3）: 993 – 1022.

［10］Bai Jushan , Ng Serena. Determining the Number of Factors in Approximate Factor Models［J］. Econometrica, 2010, 70（1）: 191 – 221.

［11］Bernanke B. S. , J. Boivin, P. Eliasz. Measuring the Effects of Monetary Policy: A Factor – Augmented Vector Autoregressive（FAVAR）Approach［J］. Quarterly Journal of Economics, 2005, 120（1）: 387 – 422.

［12］Blinder A. S. , M. Ehrmann, M. Fratzscher, et al. Central Bank Communication and Monetary Policy: A Survey of Theory and Evidence［J］. Journal of Economic Literature, 2008, 46（4）: 910 – 945.

［13］Boivin J. , M. P. Giannoni, I. Mihov. Sticky Prices and Monetary Policy: Evidence from Disaggregated US Data［J］. The American Economic Review, 2009, 99（1）: 350 – 384.

［14］Campbell J. R. , C. L. Evans, J. D. M. Fisher. Macroeconomic Effects of Federal Reserve Forward Guidance［J］. Brookings Papers on Economic Activity, 2012（1）: 1 – 80.

［15］Carin V. D. C. , S. C. WEijffinger. The Economic Impact of Central Bank Transparency: A Survey［J］. Social Science Electronic Publishing, 2007: 1 – 40.

［16］Hansen S. , M. Mcmahon. Shocking Language Understanding the Macroeconomic Effects of Central Bank Communication［J］. Journal of International Economics, 2016（99）: 114 – 133.

［17］Loughran T. , B. Mcdonald. When Is a Liability Not a Liability? Textual Analysis, Dictionaries, and 10 – Ks［J］. Journal of Finance, 2011, 66（1）: 35 – 65.

［18］Lucca, David O. , F. Trebbi. Measuring Central Bank Communication: An Automated Approach with Application to FOMC Statements［J］. Social Science Electronic Publishing, 2009, 38（5）: 1211 – 1262.

［19］Porteous I. , D. Newman, A. Ihler, et al. Fast Collapsed Gibbs Sampling for Latent

Dirichlet Allocation [J]. ACM SIGKDD International Conference on Knowledge Discovery and Data Mining, August, 2008: 569 – 577.

[20] Reis R. Central Bank Design [J]. Social Science Electronic Publishing, 2013, 27 (4): 17 – 44.

[21] Woodford, M. Monetary Policy in the Information Economy [J]. Nber Working Papers, 2001: 383 – 390.

4. 企业、产业经济

中国软件产业的经济影响研究

焦云霞

一、引言与文献综述

进入 21 世纪后，信息技术快速发展的势头有增无减，创新步伐进一步加快，新技术、新产品、新工艺、新应用、新业态层出不穷，正孕育着新的重大突破。随着软件技术和软件产品的广泛应用，软件产业快速发展，成为增长最快的产业之一。同时，软件技术、软件产品和信息技术服务在各行各业不断扩散和渗透，带动了其他产业乃至整个经济的增长。当前，云计算、物联网、移动互联网等新技术新模式不断涌现，软件产业加快了转型发展的步伐，世界软件产业格局面临新的调整，世界软件产业进入新的发展阶段。各国政府通过制定战略、规划、政策和研发创新资金支持的方式来推动软件产业发展。近几年，我国也推出了一系列的激励政策，鼓励新一代信息技术应用，促进信息化与工业化融合，希望进一步释放信息技术推动经济增长的潜力。

随着软件产业的飞速发展，国内外学者也开始重视对软件产业的经济影响进行研究，并取得了一些成果。大量学者的研究结果表明软件产业发展对经济增长有明显的促进作用。Jorgenson 和 Stiroh（2000）通过研究发现美国经济在 20 世纪 90 年代末的高速增长主要是由于资本增加、每小时生产效率提高和全要素生产率的提高，而这些变化都是由信息产业发展引起的，其中软件产业的发展起到了很大的作用。Jorgenson（2001）通过研究信息产业与其他产业之间的关系，得出包括软件产业在内的信息产业发展会推动经济增长，信息产业产品包括软件产品价格下降，会带来此类产品在其他产业中对其他生产要素的替代作用，因此导致整个社会全要素生产率的提高，推动国民经济的快速发展。Oliner 和 Sichel（2000）把信息产业的投资分为计算机硬件、软件投资和通信设备制造投资与其他资本投资以及劳动力资本投资各自对经济的贡献进行比较，得出软件产业对经济发展的贡献越来越明显。Aiora 和 Athreye（2002）在数据分析的基础上，评价了软件产业对印度经济发展的贡献和作用，尤其考察了软件产业对就业的吸收作用，他们认为软件产业的成功提高了编程人员的素质，同时促进了管理者、分析人员素质的提高，人力资本的提高又进一步促进了企业组织能力的提高，同时扩展到其他行业，从长期来看，这是印度工业增长的主要源泉。Camel（2003）通过对美国、印度、爱尔兰和西欧部分国家软件产业的研究，分析了软件出口对国家福利的影响。

除了对国外软件产业发展的经济影响研究外，也有许多学者开始关注中国软件产业。唐鹏琪（2001）通过分析印度软件产业的发展现状，指出快速发展的软件产业拉动了印度经济的增长，增加了就业机会，吸引了大量外资，促进了整个信息产业的发展。庄丽娟（2007）认为，国内软件产业发展对 GDP 增长的贡献率波动较大，最低年份贡献为 0.1%，最高年份贡献则为 0.6%，与美国、印度两国的软件产业发展比较来看，我国软件产业发展对 GDP 增长的影响还相当有限。施莉和胡培（2008）采用双推法，估算 1980~2006 年，计算机硬件、软件业、通信业生产效率提高对中国全要素生产率增长的贡献，随着近年来中国 IT 业的快速发展，IT 对全要素生产率增长的推动更为显著。但是 IT 业对中国全要素生产率增长的拉动明显不均衡：贡献集中在硬件部门，而软件业的贡献明显低于发达国家。陈伟达和景生军（2010）以软件服务业为研究背景，计算了我国软件服务产业各软件服务业务的区域经济贡献度。李德升（2012）研究表明，软件产业的发展与 GDP 增长有显著的正相关性，两者之间存在协整关系，同时软件产业发展在一定滞后时期内是 GDP 增长的 Granger 原因，说明软件产业通过自身发展、带动新兴产业发展、改造提升传统产业和优化产业结构等多种方式，软件产业的发展很大程度上能促进经济增长。

近几年，随着互联网的普及，对新兴软件技术的经济影响研究也日益增多。马斌和徐越倩（2005）认为，电子商务在对传统专业市场的发展带来挑战的同时，也为其升级与优化提供了有力的支撑，电子商务与专业市场可以互动发展。刘佐太（2007）认为，电子商务能够在充分发挥生产优势的基础上缩短生产和消费的距离，克服市场信息不对称，降低交易成本，扩大交易范围；在促进县域经济发展中，电子商务对农业产业化、工业化的促进作用，是农业产业化过程中农产品经营市场化的有力手段，对促进当地第二产业的发展作用也日益凸显，还可以提高县域企业尤其是中小企业的竞争优势。Hagel 和 Brown（2010）详细分析了云计算技术应用对于宏观经济影响产生的源头和路径，认为云计算应用最终产生宏观经济影响需要经历四个阶段：第一阶段，云计算或先改变了 IT 服务交付模式；第二阶段，将对现有的 IT 资源运行方式产生较大的新技术冲击；第三阶段，将对信息产业进行重构；第四阶段，云计算的经济效益将波及医疗卫生、金融保险、能源电力、文化传媒等重要的支柱产业，从而产生较显著的宏观经济影响。但是，他们的研究并没有对宏观经济影响进行定量的预测和评估。Etro（2009）利用欧盟国家的数据对于云计算经济效益进行了初步测算，并在不同情景模式下对就业和产出进行了预测，他的研究方法是在一个传统动态随机一般均衡模型（DSGE）的基础上，引入了 Etro（2007）提出的"内生市场结构"模型并进行修正，并依据此模型对云计算带来的冲击进行模拟。

综上所述，软件产业对经济增长的作用巨大，软件产业一方面因其较高的生产效率而能够提高自身的产出从而直接带动经济增长，另一方面还因其广泛的适应性和极强的渗透力能够产生强劲的联动作用，促进非软件产业生产效率的提高从而间接带动经济增长，即所谓的"溢出效应"（Spillover Effect）。软件产业与其他产业最大的不同在于它具有多种外溢效应，它可以优化产业结构从而改变经济增长方式并改善经济活动赖以存在的社会环境，使经济活动更具有效率，加快经济增长速度。本文拟在两部门模型的基础上，实证研究软件产业发展对经济增长的贡献，分析我国软件产业发展对经济增长的带动作用和溢出作用。

二、理论模型：一个两部门模型

本文在内生增长理论中的两部门模型和 Feder（1983）的两部门模型的基础上，构建软件产业发展对经济增长影响的理论模型，为后续的实证分析做准备。

Feder（1983）在分析出口部门对经济增长的贡献时，将国民经济分为出口部门和非出口部门来分别测算出口部门的直接贡献和间接贡献，提出两部门模型的思想，这为本文分析软件产业对经济增长的带动效应和溢出效应提供了很好的借鉴。通过对 Feder（1983）的两部门模型的改进，本文将整个经济部门划分为软件产业部门和非软件产业部门，同时将人力资本要素引入生产函数，对两部门模型进行扩展，构建一个两部门模型来分析中国软件产业发展对经济增长的影响。

本文模型假设经济中存在两个部门——软件部门 S 和非软件部门 N，并且两部门都使用资本 K 和劳动 L 两种要素进行生产。模型还假设软件部门的产出对非软件部门的产出存在外部效应，即软件部门产出 S 要进入非软件部门生产函数中。依据上述假设，我们可以把两部门的生产函数表示为：

$$Y = Y_N + Y_S \tag{1}$$
$$Y_S = h(K_S, H_S, L_S) \tag{2}$$
$$Y_N = f(K_N, H_N, L_N, Y_S) \tag{3}$$

式中，Y_N、Y_S 分别表示非软件产业部门、软件产业部门的经济产出；K_N、K_S 分别表示非软件产业部门和软件产业部门的物质资本存量；H_N、H_S 分别表示投入到非软件产业部门和软件产业部门的人力资本；L_N、L_S 分别表示投入到非软件产业部门和软件产业部门的劳动。另外，假设全社会的物质资本、人力资本和劳动全部投入到软件产业部门和非软件产业部门，即 $K = K_N + K_S$、$H = H_N + H_S$、$L = L_N + L_S$。式（2）说明软件产业部门经济产出增长是由投入到其中的物质资本、人力资本和劳动拉动的。式（3）说明非软件产业部门的产出增长不仅是投入到其中的物质资本、人力资本和劳动拉动的，软件产业部门产出也是其增长的要素，即软件产业部门对经济增长的间接作用即对非软件产业部门的"溢出效应"。

分别对式（1）、式（2）和式（3）关于时间 t 的求导可得：

$$\frac{dY}{dt} = \frac{dY_N}{dt} + \frac{dY_S}{dt} \tag{4}$$

$$\frac{dY_S}{dt} = \frac{\partial Y_S}{\partial K_S} \times \frac{dK_S}{dt} + \frac{\partial Y_S}{\partial H_S} \times \frac{dH_S}{dt} + \frac{\partial Y_S}{\partial L_S} \times \frac{dL_S}{dt} \tag{5}$$

$$\frac{dY_N}{dt} = \frac{\partial Y_N}{\partial K_N} \times \frac{dK_N}{dt} + \frac{\partial Y_N}{\partial H_N} \times \frac{dH_N}{dt} + \frac{\partial Y_N}{\partial L_N} \times \frac{dL_N}{dt} + \frac{\partial Y_N}{\partial Y_S} \times \frac{dY_S}{dt} \tag{6}$$

式（5）中，$\dfrac{\partial Y_S}{\partial K_S}$、$\dfrac{\partial Y_S}{\partial H_S}$ 和 $\dfrac{\partial Y_S}{\partial L_S}$ 分别表示软件产业部门对物质资本、人力资本和劳动的边际产量。式（6）中，$\dfrac{\partial Y_N}{\partial K_N}$、$\dfrac{\partial Y_N}{\partial H_N}$、$\dfrac{\partial Y_N}{\partial L_N}$ 和 $\dfrac{\partial Y_N}{\partial Y_S}$ 分别表示非软件产业部门对物质资本、人力资本、劳动和软件产业部门的边际产量；借鉴 Feder（1983）建立模型时使用的一个方法，引入估计软件产业和非软件产业的物质资本、人力资本要素生产率差异的变量系数（δ、ε、σ）来反映生产要素在软件产业内，由于自身技术结构素质发生了质变，造成的两部门间边际要素生产率的差异，即变异系数 = 两部门间边际要素生产率之间差异，表示为 $\dfrac{\partial Y_S}{\partial K_S} \Big/ \dfrac{\partial Y_N}{\partial K_N} = 1 + \delta$、$\dfrac{\partial Y_S}{\partial H_S} \Big/ \dfrac{\partial Y_N}{\partial H_N} = 1 + \varepsilon$、$\dfrac{\partial Y_S}{\partial L_S} \Big/ \dfrac{\partial Y_N}{\partial L_N} = 1 + \sigma$。

为便于简单分析，本文假设 $\delta = \varepsilon = \sigma$，则有 $\dfrac{\partial Y_S}{\partial K_S} \Big/ \dfrac{\partial Y_N}{\partial K_N} = \dfrac{\partial Y_S}{\partial H_S} \Big/ \dfrac{\partial Y_N}{\partial H_N} = \dfrac{\partial Y_S}{\partial L_S} \Big/ \dfrac{\partial Y_N}{\partial L_N} = 1 + \delta$。其中，$\dfrac{\partial Y_S}{\partial K_S}$、$\dfrac{\partial Y_N}{\partial K_N}$ 分别代表两个部门的物质资本边际生产力，$\dfrac{\partial Y_S}{\partial H_S}$、$\dfrac{\partial Y_N}{\partial H_N}$ 分别代表两个部门的人力资本边际生产力，$\dfrac{\partial Y_S}{\partial L_S}$、$\dfrac{\partial Y_N}{\partial L_N}$ 分别代表两个部门的劳动边际生产力，δ 反映了两部门的边际生产力差异。如果 $\delta > 0$，说明软件产业部门的边际生产力大于非软件产业部门的边际生产力；如果 $\delta < 0$，说明软件产业的边际生产力小于非软件产业部门的边际生产力。

把式（5）和式（6）代入式（4）中，并做适当的变换可得：

$$\frac{dY}{dt} = \frac{\partial Y_N}{\partial K_N} \times \frac{dK}{dt} + \frac{\partial Y_N}{\partial H_N} \times \frac{dH}{dt} + \frac{\partial Y_N}{\partial L_N} \times \frac{dL}{dt} + \left(\frac{\delta}{1+\delta} + \frac{\partial Y_N}{\partial Y_S} \right) \times \frac{dY_S}{dt} \tag{7}$$

进一步假设软件产业部门对非软件产业部门的溢出效应弹性是不变的，即存在：

$$Y_N = f(K_N, \ H_N, \ L_N, \ Y_S) = Y_S^{\beta} \times m(K_N, \ H_N, \ L_N) \tag{8}$$

所以有：

$$\frac{\partial Y_N}{\partial Y_S} = \beta \frac{Y_N}{Y_S} = \beta \frac{Y}{Y_S - 1}$$

对式（7）两边同除以 Y 整理可得：

$$\frac{dY/dt}{Y} = \frac{1}{Y}\frac{\partial Y_N}{\partial K_N} \times \frac{dK}{dt} + \frac{1}{Y}\frac{\partial Y_N}{\partial H_N} \times \frac{dH}{dt} + \frac{1}{Y}\frac{\partial Y_N}{\partial L_N} \times \frac{dL}{dt} + \frac{1}{Y}\left[\frac{\delta}{1+\delta} + \right.$$

$$\left. \beta\left(\frac{Y}{Y_S}-1\right)\right] \times \frac{dY_S}{dt} = \frac{\partial Y_N}{\partial K_N}\frac{K}{Y}\left(\frac{dK/dt}{K}\right) + \frac{\partial Y_N}{\partial H_N}\frac{H}{Y}\left(\frac{dH/dt}{H}\right) +$$

$$\frac{\partial Y_N}{\partial L_N}\frac{L}{Y}\left(\frac{dL/dt}{L}\right) + \frac{\delta}{1+\delta}\frac{Y_S}{Y}\left(\frac{dY_S/dt}{Y_S}\right) + \beta\left(\frac{dY_S/dt}{Y_S} - \frac{dY_S/dt}{Y_S}\frac{Y_S}{Y}\right)(9)$$

又有：

$$\left(\frac{dY_S/dt}{Y_S} - \frac{dY_S/dt}{Y_S}\frac{Y_S}{Y}\right) = \frac{dY_S/dt}{Y_S}\left(1 - \frac{Y_S}{Y}\right) = \frac{dY_S/dt}{Y_S}\frac{Y_N}{Y} = \left(\frac{dY_S/dt}{dY_N/dt}\frac{Y_N}{Y_S}\right)$$

$$\left(\frac{dY_N/dt}{Y_N}\frac{Y_N}{Y}\right) \qquad (10)$$

所以式（9）可以改写为：

$$\frac{dY/dt}{Y} = \frac{\partial Y_N}{\partial K_N}\frac{K}{Y}\left(\frac{dK/dt}{K}\right) + \frac{\partial Y_N}{\partial H_N}\frac{H}{Y}\left(\frac{dH/dt}{H}\right) + \frac{\partial Y_N}{\partial L}\frac{L}{Y}\left(\frac{dL/dt}{L}\right) +$$

$$\frac{\delta}{1+\delta}\frac{Y_S}{Y}\left(\frac{dY_S/dt}{Y_S}\right) + \beta\left[\left(\frac{dY_S/dt}{dY_N/dt}\frac{Y_N}{Y_S}\right)\left(\frac{dY_N/dt}{Y_N}\frac{Y_N}{Y}\right)\right] \qquad (11)$$

式中，$\frac{dY/dt}{Y}$、$\frac{dK/dt}{K}$、$\frac{dH/dt}{H}$、$\frac{dL/dt}{L}$ 分别表示经济产出、物质资本投入、人力资本投入和劳动投入的年增长率。从上述公式变量的定义可知，$\frac{Y_S}{Y}\left(\frac{dY_S/dt}{Y_S}\right)$ 是软件产业产出占总产出比重与软件产业增长率的乘积，可以表示软件产业对整个经济增长的带动效应；式（10）表明软件部门产出 Y_S 可以通过与非软件产业部门的弹性关系 $\left(\frac{dY_S/dt}{dY_N/dt}\frac{Y_N}{Y_S}\right)$ 影响非软件产业部门的产出 Y_N 的增长，而 Y_N 又可以通过 $\left(\frac{dY_N/dt}{Y_N}\frac{Y_N}{Y}\right)$ 影响整个经济产出的增长，所以 β 可以表示软件产业部门对非软件产业部门的溢出效应。

三、软件产业发展对经济增长影响实证模型的构建

前文对软件产业发展对经济增长影响的理论模型进行了推导，此处将

继续构建用于实证研究的模型框架。

1. 模型框架的构建

进一步地，为便于书写，本文假定 $\lambda_1 = \dfrac{\partial Y_N}{\partial K_N} \dfrac{R}{Y}$、$\lambda_2 = \dfrac{\partial Y_N}{\partial H_N} \dfrac{H}{Y}$、$\lambda_3 = \dfrac{\partial Y_N}{\partial L_N}$

$\dfrac{L}{Y}$、$\lambda_4 = \dfrac{\delta}{1+\delta}$、$\lambda_5 = \beta$，并假设 λ_1、λ_2、λ_3、λ_4 和 λ_5 为常数；并用符号 y、

k、h、I、pull 和 spill 分别表示变量 $\dfrac{dY/dt}{Y}$、$\dfrac{dK/dt}{K}$、$\dfrac{dH/dt}{H}$、$\dfrac{dL/dt}{L}$、$\dfrac{Y_S}{Y}$

$\left(\dfrac{dY_S/dt}{Y_S}\right)$ 和 $\left(\dfrac{dY_S/dt}{dY_N/dt} \dfrac{Y_N}{Y_S}\right)\left(\dfrac{dY_N dt}{Y_N} \dfrac{Y_N}{Y}\right)$，得到计量模型为：

$$y = c + \lambda_1 k + \lambda_2 h + \lambda_3 l + \lambda_4 pull + \lambda_5 spill + \mu \tag{12}$$

式中，c 为常数项；μ 为随机误差项。

2. 控制变量的加入

考虑到还有其他的经济变量会影响经济增长，在构建计量模型时还必须考虑其他因素对经济增长的影响。参照余甫功和欧阳建国（2007）的做法，本文将贸易开放度、政府收入与支出的比率、国有企业占工业总产值的比重作为控制变量。根据式（12），在加入常数项、控制变量和随机干扰项后，构造出对应的计量模型：

$$y = c + \lambda_1 k + \lambda_2 h + \lambda_3 l + \lambda_4 pull + \lambda_5 spill + \lambda_6 tra + \lambda_7 fis + \lambda_8 soe + \mu \tag{13}$$

四、数据来源与变量描述

本文以 2004~2013 年为研究时间段，个别变量使用了滞后期的数据，所使用的基础数据主要来源于《中国统计年鉴》《中国电子信息产业统计年鉴（软件篇）》《中国劳动年鉴》《中国固定资产投资统计年鉴》等，具体指标描述时会详细说明。此外，需要说明的是，对于个别子行业个别年份的缺失数据采取了插值法测算。西藏、青海由于数据缺乏没有包括在样本中。

产出增长率（y）：选用国内生产总值（GDP）上一年为 100 的增长率表示，数据来源为 2005~2014 年的《中国统计年鉴》。

物质资本增长率（k）：Barro 和 SalaiMartin（1992）认为，理想意义上可以利用物质资本的服务流量作为资本投入的测量，但实际可得数据并不

支持该测度，且大量学者在研究 TFP 时均选取固定资本存量作为度量物质资本投入指标。所以本文也同样选用软件产业的固定资本存量作为分析物质资本投入的数量指标。目前已被普遍采用的测算资本存量的方法是戈登史密斯（Goldsmith）在 1951 年开创的永续盘存法省份。在本文中所采用的方法是在估计一个基准年后运用永续盘存法按不变价格计算各省份的软件产业的固定资本存量。这一方法可以写作 $K_{it} = K_{i,t-1}(1 - \delta_{it}) + I_{it}$，i 指第 i 个地区，t 指第 t 年。其中涉及四个变量的确定：当年固定资本投资额 I 的选取；固定投资价格指数的选取，以折算到不变价格；折旧率 δ 的确定；基年资本存量 K 的确定。新增资产投资和固定资产投资价格指数数据均来源于《中国固定资产投资统计年鉴》，并换算成以 2007 年为基期的不变价格指数；折旧率 δ 参照张军（2004）的研究结果 9.6%。随后求出 2004~2013 年物质资本存量增长率。

人力资本增长率（h）：按照人力资本存量＝受教育年限×劳动就业人数，计算得到人力资本。受教育年限采用李秀敏（2007）采用的方法计算，全国各省份的平均受教育年限可根据 2005~2014 年《中国统计年鉴》相关数据求出，而劳动就业人数选用年底就业人数表示，相关数据也来自2005~2014 年《中国劳动统计年鉴》，并根据人力资本存量数据求出人力资本增长率。

软件产业产出（Y_s）：软件产业的业务收入增加值作为衡量软件产业的产出指标得到广大研究学者的认同。软件产业的业务收入来源于《中国电子信息产业统计年鉴（软件篇）》（2004~2013），在该年鉴中，软件产业的业务收入由软件产品收入、系统集成与支持服务收入、信息技术咨询服务收入、数据处理和存储服务收入、嵌入式系统软件收入和集成电路设计收入等构成。该指标能够充分反映软件产业的规模，也能够在一定程度上反映其对社会的贡献。在本文中对软件产业的业务收入增加值利用我国的第三产业的 GDP 平减指数进行平减，以剔除通胀的影响，得到以 2004 年为基期的数值。其中，第三产业的 GDP 平减指数来源于《中国统计年鉴》（2004~2014）。

软件产业产出对工业的直接贡献（pull）：是软件产业增长率与软件产业产出占 GDP 的比重的乘积，其中，软件产业增长率和软件产业产出占 GDP 的比重是根据我国各省份国有及规模以上非国有的软件产业和工业分别以 1990 年不变价格的总产值计算出来的。

　　软件产业对非软件产业部门的溢出（spill）：为软件产业增长率减去软件产业产出对 GDP 的直接贡献（pull），也是根据我国各省份国有及规模以上非国有的软件产业和工业分别以 1990 年不变价格的总产值计算出来的。由于溢出效应多存在时滞（孙晓华和田晓芳，2011），因此在实证检验过程中采用 spill 的一阶滞后变量代替 spill。

　　控制变量：tra（对外贸易）用进出口贸易总额占 GDP 的比重来表示；其他控制变量还有 fis（政府收入与支出的比率）、soe（国有企业占工业总产值的比重）。相关变量的描述性统计信息见表 1。

表 1　变量的描述性统计

变量名	变量	平均值	标准差	最小值	最大值
GDP 增长率	y	0.126	0.022	0.054	0.238
物质资本增长率	k	0.231	0.093	0.004	0.490
人力资本增长率	h	0.040	0.051	− 0.209	0.406
劳动增长率	l	0.031	0.043	− 0.225	0.332
拉动效应	pull	0.009	0.022	− 0.008	0.264
溢出效应	spill	0.378	0.857	− 0.772	7.816

五、测度结果及分析

　　本文采用面板数据模型的估计方法，对我国软件产业发展与经济增长之间的关系进行实证研究。在进行面板数据估计之前，要先对模型进行设定检验。根据 Hausman 统计量检验值，选取固定效应模型（Fixed Effects Model）对我国软件产业发展与经济增长之间的关系进行估计。此外，为了保证估计结果的稳健性（Robustness），通过加入一定的控制变量来体现估计结果的稳定性和适应性，采用 GMM 估计方法，运用 Stata 工具，估计结果如表 2 所示。

表 2　模型回归结果

变量	回归系数	标准差	t 值
k	0.070	0.023	3.11
h	0.115	0.034	3.37
l	− 0.115	0.039	− 2.95
pull	0.112	0.089	− 2.26
spill_−1	0.020	0.002	2.39
tra	0.042	0.013	3.3
fis	0.077	0.039	2.29
soe	0.013	0.021	1.96
常数项	0.054	0.022	2.47
整体 R^2	0.618	F (8, 195)	5.92
corr（u_ i, Xb）	− 0.876	Prob > F	0
Hausman	16.480		

由模型的回归结果可知，方程总体估计可决系数为 0.618，方程拟合度较高，通过了方程整体的显著性检验。考察单个解释变量的参数估计值，均在 5% 水平上显著。根据参数估计结果，可得如下实证结论：

（1）从表 2 的回归结果可以发现，物质资本存量、人力资本存量和劳动投入在给定的显著性水平下对经济增长的影响均很显著，物质资本存量增长率的系数高度显著（在 5% 的显著性水平以上显著），物质资本增长率每提高 1 个百分点，经济增长速度提高 0.07 个百分点左右；人力资本存量增长率的系数也高度显著（在 1% 的显著性水平以上显著），并且在拉动经济增长方面的作用要稍强一些，人力资本增长率每提高 1 个百分点，经济增长速度提高 0.115 个百分点左右；而劳动投入对经济增长的影响在统计上显著，但模型中其系数为负。主要原因在于，我国的劳动力资源存在大量剩余。Feder（1983）曾指出，当样本国在考察样本期内存在劳动力供给过剩情况时，这一系数表现为不显著。另一个原因可能是目前我国对就业人口的统计存在问题[①]。

（2）变量 pull 的系数估计值就是软件产业对经济增长的带动效应，其

---

① 《中国统计年鉴》（2007）上就业人员合计数根据 1990～2000 年第五次人口普查资料调整，而 2001 年及以后数据则根据抽样调查资料推算，这使就业人口数据的质量受到影响。

含义是，假设其他条件不变，软件产业对经济增长的带动效应为 λ_4，在本文的实证检验中，软件产业对经济增长的带动效应系数为 0.112，并且在给定的显著性水平下通过检验，可见我国软件产业对经济增长的带动效应较为明显。此外，软件产业边际要素生产率差异 δ 分别为 0.126。由此可知，就全国平均水平而言，软件产业的边际要素生产率比非软件产业部门的边际要素生产率高 12.6%，所以，软件产业的发展能够显著促进我国经济增长，但是与发达国家相比，这种促进作用还是小得多，这与我国软件产业的总体规模有很大关系，因此，我国政府还要进一步采取激励措施以加快软件产业的发展。

（3）变量 spill 的系数估计值就是软件产业对非软件产业部门的溢出效应，其含义是，假设其他条件不变，软件产业对非软件产业部门的产出弹性为 λ_5。可以看出，软件产业对非软件产业部门的产出弹性在 5% 的显著性水平下通过检验，说明软件产业的确对其他工业部门存在一定的溢出效应。但溢出效应的系数仅为 0.0196，可以看出溢出效应的水平并不高，仅为 1.96%，与期望还存在一定差距，其主要原因在于：一方面，我国软件产业核心技术缺乏、技术创新能力低下，导致软件产品及服务的整体技术水平比较低，对非软件产业部门的溢出效果有限；另一方面，非软件产业部门的软件产品更新换代速度较慢，导致溢出效果不理想。

六、结论

本文借鉴内生增长理论中的两部门模型和 Feder（1983）的两部门模型思想，将我国国民经济部门分为软件产业和非软件产业两个部门，并将软件产业部门的产出引入非软件产业部门的生产函数，构建软件产业发展对经济增长产生经济影响的理论模型。接着在理论模型的基础上，结合我国软件产业实际，对我国软件产业的发展对经济增长的带动效应和对非软件产业部门的溢出效应进行实证检验。

由实证检验结果可以发现，我国软件产业发展对非软件产业部门确实具有一定的溢出效应，软件产业的充分发展能够带动整个经济的增长，成为保持 GDP 持续提升的重要力量。同时，物质资本投入和人力资本投入对经济增长有较强的促进作用，而劳动增长与经济增长呈负相关关系。具体来说，软件产业部门的边际要素生产率大于非软件产业部门的边际要素生产率，因此应大力发现软件产业，促进我国产业结构的优化升级，实现信息化带动工业化。软件产业对经济增长的带动效应为0.112，这表明软件产业对经济增长的直接贡献较大，将软件产业确定为国民经济的新兴战略性产业能够促进经济增长；软件产业对非软件产业的溢出效应为0.0196，这表明软件产业对非软件产业的溢出效应还较小，因此应优化软件产业结构，进一步推出鼓励新一代信息技术应用，加快信息化与工业化融合，以加强软件产业对非软件产业的联动作用，进一步释放信息技术推动经济增长的潜力。

参考文献

[1] 庄丽娟. 软件产业及其贸易的经济增长效应——基于美国、印度和中国的比较分析 [J]. 经济理论与经济管理, 2007 (2).

[2] 陈伟达, 景生军. 软件服务产业区域经济贡献度的实证分析 [J]. 科技进步与对策, 2010 (13).

[3] 李德升. 我国软件产业发展与经济增长分析 [J]. 商业研究, 2012 (5).

[4] 李秀敏. 人力资本、人力资本结构与区域协调发展——来自中国省级区域的证据 [J]. 华中师范大学学报 (人文社会科学版), 2007 (3).

[5] 刘佐太. 试论电子商务与县域经济的发展 [J]. 农村经济, 2007 (3).

[6] 马斌, 徐越倩. 论专业市场与电子商务的互动发展——以浙江省为例 [J]. 商业经济与管理, 2005 (3).

[7] 施莉, 胡培. 信息技术对中国 TFP 增长影响估算：1980～2003 [J]. 预测, 2008 (3).

[8] 孙晓华, 田晓芳. 装备制造业技术进步的溢出效应——基于两部门模型的实证研究 [J]. 经济学 (季刊), 2011 (1).

[9] 唐鹏琪. 印度快速发展的软件产业对经济的影响 [J]. 南亚研究季刊, 2001 (1).

[10] 王瑞芳, 余长林. 金融发展的经济增长效应——基于扩展两部门模型的实证研究 [J]. 山西财经大学学报, 2008 (5).

[11] 余甫功, 欧阳建国. 高技术产业发展对工业的带动作用和溢出效应研究——基于两部门模型的省际 Panel Data 的实证检验 [J]. 数量经济技术经济研究, 2007 (7).

[12] Arora A., Athreye S. The Software Industry and India's Economic Development [J]. Information Economics and Policy, 2002, 14 (2): 253 – 273.

[13] Carmel E. The New Software Exporting Nations: Impacts on National Well – Being Resulting from Their Software Exporting Industries [J] . The Electronic Journal on Information System Developing Countries, 2003, 13 (3): 1 –6.

[14] Etro F. Endogenous Market Structures and Macroeconomic Theory [J] . Review of Business and Economics, LII, 2007, (4): 517 –540.

[15] Etro F. The Economic Impact of Cloud Computing on Business Creation, Employment and Output in Europe [J] . Review of Business and Economics, LIV, 2009, (2): 179 –208.

[16] Feder G. On Exports and Economic Growth [J] . Journal of Development Economics, 1983, 12 (1 –2): 59 –73.

[17] Hagel J. , Brown J. S. Cloud Computing : Storms on the Horizon [R] . Deloitte Center for the Edge, 2010.

[18] Jorgenson D. W. , Stiroh K. J. Raising the Speed Limit: US Economic Growth in the Information Age [J] . Brookings Papers on Economic Activity, 2000, 12 (1): 125 –210.

[19] Jorgenson D. W. Information Technology and the U. S. Economy [J] . Harvard Institute of Economic Research Working Papers, 2001, 91 (1): 1 –32.

[20] Oliner S. D. , Sichel D. E. The Resurgence of Growth in the Late 1990s: Is Information Technology the Story? [J] . Journal of Economic Perspectives, 2000, 14 (4): 3 –22.

地方政府竞争是否阻碍了地方政府债务绩效的提升？

——理论框架及空间计量研究*

洪 源 陈 丽

（湖南大学经济与贸易学院，长沙 410012）

摘 要 研究目标：从举债行为策略视角考察地方政府竞争对地方政府债务绩效的影响。研究方法：在采用 Global 超效率 DEA 方法测度地方政府债务绩效的基础上，用空间杜宾模型来对地方政府竞争影响地方政府债务绩效的效果与空间外溢性进行实证检验。研究发现：在地方政府效用最大化目标导向下，无论是地方政府税收竞争还是公共投资竞争，都对地方政府债务增速产生了较为显著的正向影响和空间外溢效应，导致地方政府采取主动扩大债务规模的举债行为策略。进一步地看，随着债务规模的持续增长，无论是地方政府税收竞争还是公共投资竞争，都将对地方政府债务绩效产生"规模报酬递减"的负向影响和空间外溢效应。此外，如果考虑到地方政府预算软约束现象的存在，地方政府竞争还将与地方政府预算软约束行为相结合，对地方政府债务绩效产生"使用效率递减"的负向影响。研究创新：在晋升激励导向下的地方政府竞争模型基础上，从不同地区间举债行为策略互动的视角来对地方政府竞争如何影响地方政府债务绩效进行理论诠释，并突破政府行为的空间独立性假设，实证检验地方政府竞争通过"规模报酬递减"和"使用效率递减"效应对地方政府债务绩效

* 本文获得洪源主持的国家自然科学基金面上项目"风险链视阈下的地方政府债务风险：多维评估、先导预警与常态治理研究"（71673077）、教育部人文社科研究青年基金项目"多维度视阈下地方政府债务绩效评估与优化治理研究"（15YJC790027）的资助。

提升起到的阻碍作用。研究价值：探寻影响机制以优化提升地方政府债务绩效，对于通过债务合理使用促进经济高质量发展，有效防范地方政府债务风险提供政策启示。

关键词 地方政府债务绩效；地方政府竞争；举债行为策略；空间计量模型

Does Local Government Competition Hinder the Improvement of Local Government Debt Performance?

—The Theoretical Analysis Framework and Empirical Research Based on Spatial Panel Data

Hong Yuan   Chen Li

(School of Economy and Trade, Hunan University, Changsha 410012)

Abstract: Research Objectives: To investigate the impact of local government competition on local government debt performance from the perspective of debt – raising strategy. Research Methods: On the basis of measuring the performance of local government debt with the Global Super efficiency DEA method, the spatial Durbin model is used to empirically test the effect of local government competition on local government debt performance and spatial spillover. Research Findings: Under the goal of maximizing the effectiveness of local governments, whether the local governments' tax competition or the public investment competition, all have a more significant positive impact on the growth of local government debt and spatial spillover effect. So, the local government has taken the initiative to choose the debt strategy of expanding its scale. Further, as the scale of the debt stock continues growing, both local governments' tax competition and public investment competition will have a negative impact on local government debt performance and spatial spillover effect. In addition, if consider the existence of the soft budget constraint of local governments, we'll find that local government competition will be combined with local government budget soft constraint behavior, and that has a negative impact on local government debt performance, we call it "diminishing utilization efficiency". Research Innovations: Based on the model of local government competition under promotion incentive, this paper theoretically explains how local government competition affects local government debt performance from the perspective of the interaction between different regions, and empirically tests that the local government competition has hindered the performance improvement of local government debt through the effects of "decreasing scale of returns" and "decreasing use efficiency". Research Value: Exploring the impact mechanism to optimize the performance of local government debt is of great practical significance for effectively strengthening the management level of local government debt funds and effectively preventing local government debt risks.

Key Words: Local Government Debt Performance; Local Government Competition; Debt Strategy; Spatial Econometric Model

一、问题的提出

近年来，随着我国工业化、城镇化进程的不断深入，地方政府债务成为一把典型的"双刃剑"。一方面，地方政府债务在促进经济增长和保证公共产品供给方面发挥了重要作用；另一方面，快速膨胀的债务规模也给地方政府带来了沉重的负担，日益加剧的债务风险甚至可能会引发财政危机和金融危机。据国家审计署公布的数据显示，截至 2013 年 6 月底，全国地方政府债务规模达到了 10.9 万亿元，1997～2013 年，地方政府债务年均增幅达 27.38%。而从财政部公布的政府债务数据来看，截至 2016 年底，全国地方政府债务余额为 15.32 万亿元，相比 2013 年，增幅达到 43.18% 左右。地方政府债务增长速度已经严重超过了地方经济增长速度，这不符合地方政府债务与经济发展间的正常收敛规律（伏润民等，2017）。可以理解为地方债务负担并没有得益于债务经济红利而具有可持续性，地方政府债务出现了低效率膨胀，并由此导致债务风险不断积聚。

从地方政府债务的运行规律来看，地方政府债务运行是个包括"借债—使用—偿还—借债"多个环节的循环过程，而要使债务循环具有可持续性，需要对"使用"环节进行严格把关，否则，很可能产生债务风险。

可以说，债务使用的绩效直接决定了政府举债进行投资的经济收益回报是否能超过举债成本，从而为今后政府偿债提供相应的直接或间接支持。只有通过用好债务资金，才能使债务与承债能力之间形成良性循环。因此，我国防控地方政府债务风险的重点应从债务本身转移到债务使用的绩效评价上（刘尚希，2014）。在党的十九大报告指出"我国经济已由高速增长阶段转向高质量发展阶段"的背景下，2018 年 9 月，中共中央、国务院印发了《关于全面实施预算绩效管理的意见》中提出"将各级政府收支预算全面纳入绩效管理，推动提高收入质量和财政资源配置效率，增强财政可持续性"。财政部《关于做好 2018 年地方政府债务管理工作的通知》中更是明确提出：建立健全"举债必问效、无效必问责"的债务资金绩效管理机制。显然，要推动经济高质量发展，不断提高债务资金的使用绩效和投入产出效率是其中的一项重要举措。如何在开展科学系统的地方政府债务绩效评价基础上，进行有针对性的债务绩效优化治理分析，通过债务合理使用来促进经济在质的大幅提升中实现量的有效增长，对切实加强地方政府债务资金管理水平和有效防范地方政府债务风险都具有重要参考价值。

从现有文献研究的情况看，对于地方政府债务绩效的研究主要从两个方面来开展：一是从地方政府债务与经济增长的关系视角来探讨债务的宏观经济绩效。国外在此方面的研究热潮形成于 2007 年之后的国际金融危机和欧洲主权债务危机，Reinhart 和 Rogoff（2010）、Minea 和 Parent（2012）、Baum 等（2012）陆续对政府债务的经济增长效应进行了实证研究，基本上验证了两者之间的倒"U"形关系。国内学者基于中国的省级面板数据，运用面板分位数模型（徐长生等，2016）、面板门槛模型（朱文蔚，2014）以及 PSTR 模型（齐红倩等，2015）对地方政府债务与经济增长的非线性关系进行了实证研究，认为当债务规模处于较低水平时，债务对于经济增长有促进作用，但随着债务规模的不断提升，其对经济增长由促进作用逐渐转为抑制负面作用。二是基于债务绩效所包含的效率性、经济性以及有效性的要素出发来开展地方政府债务绩效评估。学者主要在依据投入产出框架以及平衡计分卡框架构建债务绩效评价指标体系的基础上，运用 DEA 方法（洪源等，2014；金荣学和胡智煜，2015）、主成分分析法（考燕鸣等，2009）以及层次分析法（金荣学和宋菲菲，2013）来开展地方政府债务绩效评估和测度。

上述研究都侧重于对地方政府债务绩效的评估和现状判断，鲜有对于地方政府债务绩效的影响机制方面的研究，因而无法对今后进一步优化提升地方政府债务绩效提出有参考价值的管理建议。实际上，地方政府债务绩效的核心内涵是债务资金的投入产出效率，而这种投入产出效率又往往与地方政府举债行为策略有着密切关系。例如，当地方政府采取主动扩张的举债行为策略时，随着债务规模的持续快速增长，往往会出现债务资金用途扭曲，能够实际用于形成资本的债务资金漏出，进而降低了债务资金的资本转化率（贾俊雪等，2017）。反之，当地方政府采取审慎的举债行为策略时，事前谨慎遴选举债融资项目和严格限定举债程序及用途则会提高债务资金投入—产出效率。已有相关研究证明，在中国式分权构架下，由经济增长晋升激励驱动下的地方政府竞争是影响地方政府债务举债行为策略的关键因素。陈骁（2014）通过构建"分权自治—地方政府竞争—融资失序"的分析框架，提出地方政府债务迅猛增长的真正的原因在于地方政府渴望"找钱花"，其背后的动机在于地方政府之间的竞争。杨大楷和汪若君（2014）、缪小林和伏润民（2015）的研究均认为，地方政府"为增长而竞争"是促使地方政府债务扩张的重要因素，地方政府展开"负债大战"以吸引资本流入，晋升激励越强的政府，债务的规模越大。贾俊雪等（2017）指出，地方政府过度竞争的一个突出负面效应就是债务规模的持续快速膨胀。那么，接下来需要进一步探讨的问题是：地方政府竞争是否会通过改变地方政府举债行为策略进而对地方政府债务绩效产生显著影响？如果在当前地方政府竞争模式下，已有研究所述，地方政府倾向于主动扩张的举债行为策略，那么地方政府竞争是否会对地方政府债务绩效的提升起到阻碍作用？

针对上述问题，本文从构建地方政府竞争影响地方政府债务绩效的理论框架出发，基于我国2007~2016年省级面板数据，在采用Global超效率DEA方法测度地方政府债务绩效的基础上，运用空间计量模型实证检验地方政府竞争影响地方政府债务绩效的效果和路径。本文的贡献主要体现在：第一，现有文献中主要对地方政府竞争如何影响地方政府举债行为策略进行了相关理论分析，缺乏对地方政府竞争通过改变地方政府举债行为策略进而影响地方政府债务绩效的理论解释。本文试图在晋升激励导向下的地方政府竞争模型基础上，将地方政府竞争、地方政府举债行为策略与地方政府债务绩效纳入统一分析框架，并从不同地区间举债行为策略互动的视角来对地方政府竞争如何影响地方政府债务绩效进行系统理论诠释。第二，现有研究多建立在地区间政府行为是空间独立的假设之上，采用传统的计量回归模型考察变量间关系，而忽视空间因素的影响。事实上，由于地区之间的竞争和效仿，使相邻地区之间不再是相互独立的经济个体，地方政府在制定本地区举债行为策略时不仅考虑自身相关因素，而且还会考虑其他地区的举债策略（Thushyanthan，2012；刁伟涛，2016）。因此，本文拟运用空间杜宾模型来对地方政府竞争影响地方政府债务绩效的效果与空间外溢性进行实证检验，并从软预算视角对影响机制进行了扩展性分析，为从空间视角来优化地方政府债务绩效提供决策依据。

二、理论分析框架

本文借鉴 Basley 和 Case（1995）、贾俊雪等（2017）的研究，构建了晋升激励导向下的地方政府竞争模型，据此从举债行为策略视角剖析地方政府竞争对地方政府债务绩效的影响及其机理。

（一）模型框架

本文考虑的经济体拥有一个中央政府和两个同质地区 i 和 j 的地方政府，每个地区还有一个代表性企业，并且资本在地区间可以自由流动。

1. 代表性企业

假设企业的生产函数采用柯布—道格拉斯函数形式，同时假设地区 i 和地区 j 拥有相同的劳动力，同时劳动力变量因不完全流动而短期内不变，而且生产函数具有规模报酬不变的特征，因此，代表性企业的人均生产函数形式为：

$$y_i = A k_i^{\alpha} \tag{1}$$

式中，y_i 为 i 地区人均产出；k_i 为 i 地区人均民间资本投入；α 为民间资本投入的产出弹性；A 为技术变量。在式（1）的基础上，考虑现实经济中税收和公共投资对于企业生产函数的影响，借鉴皮建才等（2014）的做法，在生产函数中引入税收和公共投资，则人均生产函数可以表示为：

$$y_i = A(1 - t_i) g_i^{\sigma} k_i^{\alpha} \tag{2}$$

式中，g_i 为 i 地区人均政府公共投资；σ 为人均公共投资的产出弹性；t_i 为 i 地区全部税收（包括中央与地方共享税和地方税）的实际平均税率。

假定经济体中民间初始总资本为 2k，则有：

$$2k = k_i + k_j \tag{3}$$

鉴于资本可以在两个地区之间自由流动，因此，当均衡时，两个地区的资本边际回报率相等且等于整个经济体的资本回报率 ω，否则资本就会从回报率低的地区流向高回报率地区，即：

$$\frac{\partial y_i}{\partial k_i} = A(1-t_i)g_i^{\sigma}\alpha k_i^{\alpha-1} = \omega \tag{4}$$

2. 地方政府

要对地方政府行为进行分析，首先需要建立地方政府的效用函数。目前地方政府效用函数主要对地方政府行为进行分析，首先需要建立地方政府的效用函数。目前地方政府效用函数主要有两类设定方法：一是基于地区经济绩效的官员晋升考核机制，具体是基于政治标尺竞争理论，认为地区经济增长与官员晋升存在密切的正相关关系（范剑勇和莫家伟，2014）；二是基于本地区居民效用或福利的最大化的官员晋升考核机制（程丹宇和龚六堂，2015）。从中国实际来看，为了使地方政府能够更好地贯彻落实以经济建设为中心的国家发展战略，中央政府建立起了以经济增长为核心的政绩考核体系，导致地方政府间自上而下的标尺竞争模式（吴小强和韩立彬，2017），因此，本文将采用第一类方法中的晋升激励导向来设定地方政府效用函数。

假设地方政府效用函数取决于两个方面，一方面是本地的 GDP，因为经济增长意味着更高的财政收入和更大的经济控制权；另一方面是竞争对手即另一地区的 GDP，这主要是因为要在标尺竞争中取得寻求晋升机会。基于此，地方政府效用函数可以表示为：

$$U_i = \lambda y_i + \eta(y_i - y_j) = y_i - \eta y_j \tag{5}$$

式中，λ 和 η 表示两方面在地方政府效用函数中的权重，$\lambda > 0$，$\eta > 0$，$\lambda + \eta = 1$。

与此同时，鉴于在中国式分权体制下所呈现出的财政分权和政治集权两大特征，其中政治集权下"自上而下"的官员晋升激励机制导致地方政府间为吸引外部资本流入而开展竞争，而财政分权下地方政府拥有相应的财政自主权，这也使地方政府能够通过以下两种手段来开展吸引外部资本的竞争：一种手段是通过税收优惠等税收政策来降低资本税负实现，另一种手段则是通过加大公共投资等支出政策提升资本边际收益来实现（李永

友和沈坤荣，2008；李香菊和赵娜，2017），即地方政府的税收竞争行为和
公共投资竞争行为。两个途径都将导致地方政府预算约束发生变化，因而
须构建如下地方政府预算约束方程式来反映地方政府竞争的情况：

$$b_i = (c_i + g_i) - t_i y_i \qquad (6)$$

式中，b_i 表示 i 地区的人均地方政府举债规模；g_i 表示 i 地区的人均政
府公共投资性支出；c_i 表示 i 地区的人均政府消费性支出；$t_i y_i$ 表示 i 地区
的人均税收。同时，为了更好地反映地方政府竞争行为对于地方政府一般
公共预算收支的单独影响，这里暂时没有考虑中央财政转移支付和政府基
金性预算。在此基础上，我们可以得出当地方政府开展税收竞争使税收减
少 $\Delta t_i y_i$，或者开展公共投资竞争使公共投资增加 Δg_t 时，有：

$$b_i + \Delta b_i = (c_i + g_i + \Delta g_t) - (t_i y_i - \Delta t_i y_i) \qquad (7)$$

式（7）可以进一步简化为：

$$\Delta b_i = \Delta g_t + \Delta t_i y_i \qquad (8)$$

由式（8）可知，当期 i 地区由税收竞争导致的人均税收变动额和由公
共投资竞争导致的人均公共投资变动额，可以由 i 地区人均地方政府举债规
模变动额来表示。

（二）模型求解与假设

1. 模型求解步骤 1：基于企业优化问题，求解企业最优投资决策，分析
地方政府通过税收竞争和公共投资竞争对于企业投资资本的影响

具体来看，代表性企业的优化问题为：在式（3）和式（4）的约束下
和地方政府竞争变量给定的情况下，选择在不同地区的资本投入来实现其
利润最大化。因此，对式（3）和式（4）进行全微分，并利用克莱姆法则
求解可得：

$$\begin{cases} \dfrac{\partial k_i}{\partial t_i} = \dfrac{A g_i^\sigma \alpha k_i^{\alpha-1}}{\Pi} < 0 \\ \dfrac{\partial k_i}{\partial g_i} = -\dfrac{A(1-t_i)\sigma g_i^{\sigma-1}\alpha k_i^{\alpha-1}}{\Pi} > 0 \end{cases} \qquad (9)$$

式中，$\Pi = A(1-t_i)g_i^\sigma \alpha(\alpha-1)k_i^{\alpha-2} + A(1-t_j)g_j^\sigma \alpha(\alpha-1)k_j^{\alpha-2} < 0$。由
于在前面假设中设定两个地区是同质的，所以在均衡时有 $k_i = k_j = \bar{k}$；$t_i = t_j = \bar{t}$；$g_i = g_j = \bar{g}$。因此，式（9）可以简化为：

$$\begin{cases} \dfrac{\partial k_i}{\partial t_i} = \dfrac{A\,\overline{g}^{\sigma}\alpha\,\overline{k}^{\alpha-1}}{2A(1-t)\,\overline{g}^{\sigma}\alpha(\alpha-1)\,\overline{k}^{\alpha-2}} < 0 \\[4mm] \dfrac{\partial k_i}{\partial g_i} = -\dfrac{A(1-\overline{t})\sigma\,\overline{g}^{\sigma-1}\alpha\,\overline{k}^{\alpha-1}}{2A(1-t)\,\overline{g}^{\sigma}\alpha(\alpha-1)\,\overline{k}^{\alpha-2}} > 0 \end{cases} \tag{10}$$

由式（10）可见，地方实际税率的减少和公共投资的增加都将有利于吸引企业到本地区投资，其原因在于：地方政府通过税收竞争使地方实际税率减少将降低企业成本，致使企业在该地区资本投入增加；地方政府通过公共投资竞争使公共投资增加将会提升企业投资的边际收益，因此可促使企业增加在该地区的资本投入。

2. 模型求解步骤2：基于政府效用最大化问题，分析地方政府竞争对地方政府效用的影响，进而得出在地方政府效用最大化导向下的地方政府举债行为策略

针对式（10）中的结论，我们可以将本地区新增资本与地方政府竞争的关系表示为：

$$\Delta k_i = f(\Delta g_i, \ -\Delta t_i) \tag{11}$$

式（10）表明当期本地区新增资本可以用当期本地区地方政府的税收竞争与公共投资竞争的增量函数来表示。在此基础上，由式（4）和式（10）可知，在经济体中总资本有限的情况下，$f(\cdot)$ 满足拟凹性，即 $f'(\Delta g_i, \ -\Delta t_i) > 0$；$f''(\Delta g_i, \ -\Delta t) < 0$，表明地方政府竞争将导致本地新增资本，但是由于资本流动均衡条件限制，地方政府竞争所导致的本地区资本增加是递减的。

在此基础上，假设当期流入经济体的新增资本总量为 Δk，两个地区 i 和 j 地方政府为争夺 Δk 展开竞争，其中当期流入 i 地区的新增资本为 Δk_i，则当期 i 地区总资本为 $k_i + \Delta k_i$。与此同时，当期 j 地区的总资本可以表示为 $k_j + (\Delta k - \Delta k_i)$。基于式（5）和式（11）分别对两地政府效用、税收竞争以及公共投资竞争求导，可得：

$$\begin{cases} \dfrac{\partial U_i}{\partial(\Delta g_i)} = \dfrac{\partial U_i}{\partial(-\Delta t_i)} = A(1-t_i)g_i^{\sigma}\alpha f'(\Delta g_i, \ -\Delta t_i)\big[k_i + f(\Delta g_i, \ -\Delta t_i)\big]^{\alpha-1} + \\ \quad \eta A(1-t_j)g_j^{\sigma}\alpha f'(\Delta g_i, \ -\Delta t_i)\big[k_j + \Delta k - f(\Delta g_i, \ -\Delta t_i)\big]^{\alpha-1} > 0 \\[4mm] \dfrac{\partial U_j}{\partial(\Delta g_i)} = \dfrac{\partial U_j}{\partial(-\Delta t_i)} = -A(1-t_j)g_j^{\sigma}\alpha f'(\Delta g_i, \ -\Delta t_i)\big[k_j + \Delta k - f(\Delta g_i, \ -\Delta t_i)\big]^{\alpha-1} - \\ \quad \eta A(1-t_i)g_i^{\sigma}\alpha f'(\Delta g_i, \ -\Delta t_i)\big[k_i + f(\Delta g_i, \ -\Delta t_i)\big]^{\alpha-1} < 0 \end{cases}$$

$$\tag{12}$$

由式（12）可知，由于地方政府竞争能使流入本地区的资本增加，使本地区 GDP 随之增加，进而提高本地地方政府效用，并且地方政府竞争力度越大，本地地方政府效用就越高。与此同时，其他地区政府通过加大竞争而吸引资本的做法会导致本地区资本流入异地，会增加异地 GDP，并进而减少本地地方政府效用。因此，地方政府在效用最大化目标导向下，会不断加大税收竞争与公共投资竞争力度，力争使更多资本流入本地，从而带来地方经济的发展，让自身在围绕 GDP 增长的政治晋升激励中获利。

在式（12）的基础上，由式（8）可知，在地方政府预算约束下，无论地方政府是通过加大税收竞争还是公共投资竞争来提高本地效用，其资金来源实际上最终需要通过主动扩大举债融资规模来实现。即 $\frac{\partial U_i}{\partial(\Delta g_i)} = \frac{\partial U_i}{\partial(-\Delta t_i)} > 0 \Rightarrow \frac{\partial U_i}{\partial(\Delta b_i)} > 0$。特别是在我国目前"财权集中、事权下放"为特征的财政分权体制下，地方政府可支配财力与支出责任的不对称，更加促使地方政府依赖举债来为竞争提供资金支持。因而随着地方政府竞争强度的加大，地方政府债务规模也势必将快速增长。

据此，我们可以提出推论假设 1：在地方政府效用最大化目标导向下，开展税收竞争和公共投资竞争将会导致地方政府采取主动扩大债务规模的举债行为策略。

3. 模型求解步骤 3：基于地方政府举债行为策略，分析地方政府税收竞争与公共投资竞争对于地方政府债务绩效的影响

首先，鉴于地方政府债务绩效的核心是地方政府债务资金投入产出的对比关系，为了后续分析方便，在此我们设定本地区地方政府债务资金使用的最终产出为本地区 GDP，故在此可以将地方政府债务绩效定义为当期本地区人均 GDP 增长率与本地区人均债务规模增长率之比，即：

$$B_{Ei} = \frac{\partial y_i}{y_i} \Big/ \frac{\partial b_i}{b_i} \tag{13}$$

其次，为了后续对于地方政府债务绩效变动分析的方便，我们设定以下两个函数表达式：

$$\begin{cases} y_i = \gamma(g, -t_i) \\ b_i = \upsilon(g, -t_i) \end{cases} \tag{14}$$

在式（14）中，设定 $\upsilon(\cdot)$ 为单调递增函数，即 $\upsilon'(\cdot) > 0$；$\upsilon''(\cdot) >$

0。表明随着地方政府税收竞争和公共竞争程度的加大，地方政府债务规模也不断扩大，即呈现出地方政府竞争导致的地方政府主动扩大债务规模的举债策略。同时，由式（2）、式（4）以及式（9）可知，$\gamma(\cdot)$ 和前面的 $f(\cdot)$ 相似，为拟凹性函数，即 $\gamma'(\cdot) > 0$；$\gamma''(\cdot) < 0$。表明由于受资本流动均衡条件限制，地方政府税收竞争和公共投资竞争所导致的本地区 GDP 增长效用是递减的。

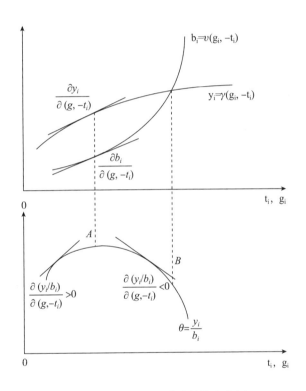

图1　地方政府债务绩效的静态分析

最后，为了对地方政府竞争如何影响地方政府债务绩效做直观的分析，我们根据式（13）和式（14）绘制了如图1所示的地方政府债务绩效的静态分析图。在图1中，上半部分为函数 $\upsilon(\cdot)$ 和 $\gamma(\cdot)$ 的数值模拟曲线，分别为单调递增函数曲线和拟凹性函数曲线，代表着当地方政府采取主动扩大债务规模的举债策略时，本地区人均地方政府债务规模和人均 GDP 的发展变化情形。而两个函数曲线的斜率则分别为 $\dfrac{\partial b_i}{\partial(g, -t_i)}$ 和 $\dfrac{\partial y_i}{\partial(g, -t_i)}$，代表着随着本地区地方政府竞争程度加大，本地区人均地方政府债务规模和人均 GDP 的增长情形。从图 1 中可以看出，随着地方政府竞争程度的加大，人均地方政府债务规模曲线的斜率是不断提高的，而人均 GDP 曲线则呈现先增后降的趋势，显然，当 $\dfrac{\partial b_i}{\partial(g, -t_i)} = \dfrac{\partial y_i}{\partial(g, -t_i)}$ 时，$\dfrac{y_i}{b_i}$ 值为最大。

图 1 的下半部分则为地方政府债务产出转化率的数值模拟曲线，债务产出转化率即 $\theta = \dfrac{y_i}{b_i}$，它代表着本地区人均 GDP 与人均债务规模之比，它的倒数形式 $\dfrac{1}{\theta} = \dfrac{b_i}{y_i}$ 则为地方政府债务的负债率。与此同时，地方政府债务产出转化率曲线的斜率则为 $\dfrac{\partial(y_i/b_i)}{\partial(g, -t_i)}$，它代表着随着地方政府竞争的变化，地方政府债务绩效 B_{Ei} 将产生怎样的变化，也即地方政府竞争对于地方政府债务绩效的影响情况。从图 1 中地方政府债务产出转化系数的模拟曲线形状可以看出，随着地方政府竞争程度的提高，其呈现出先增后减的趋势，其斜率也相应由正转变为负。具体来看，在地方政府竞争到达资本流动均衡点 A 以前，随着本地区地方政府竞争程度的提高，地方政府债务产出转化率是不断提高的，此阶段本地区的 GDP 增长率要高于债务增长率，同时地方政府债务产出转化系数曲线的斜率也为正，表明地方政府债务竞争导致地方政府债务绩效不断提升。而在资本流动均衡点 A 之后，可以看出随着本地区地方政府竞争程度的提高，地方政府债务产出转化率是不断降低的，此阶段本地区的 GDP 增长率要低于债务增长率，同时地方政府债务产出转化率曲线的斜率也由正转为负，表明地方政府债务竞争将导致地方政府债务绩效不断下降。而随着地方政府竞争程度进一步加大，当到达 B 点之后，此时地方政府债务的产出转化率将小于 1，这意味着在后面阶段，地方政府竞争不但导致本地区的债务增长率要高于 GDP 增长率，而且本地区地方政府债务存量规模也将大于 GDP 总量规模，即地方政府负债率超过 100%，此后地方政府竞争将导致地方政府债务绩效更快速度的下降。

由于从我国当前地方政府债务规模增速与 GDP 增长率的对比情况来看，根据我们测算的结果，2007～2016 年，我国 30 个省份的地方政府债务平均增速要明显高于当地的 GDP 平均增长速度（如本文后面的图 3 所示）。因此，可得知我国各地区的地方政府债务产出转化系数都已经处于图 1 中的资本流动均衡点 A 以后阶段，在这一阶段，地方政府通过降低地方实际税负开展税收竞争或加大公共投资支出开展公共投资竞争都将导致地方政府债务绩效的降低。究其原因，如图2所示，受资本流动均衡条件限制，当地方政府竞争程度和地方政府存量规模（负债率）达到一定水平之后，地方政府竞争所导致的债务规模持续快速膨胀，将会使本地区地方政府债务产出转化率呈现收敛下降趋势，最终起到阻碍地方政府债务绩效提升的作用。

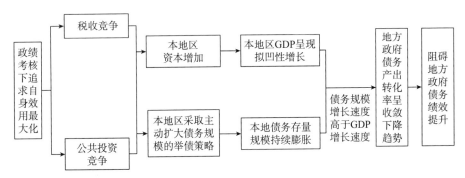

图2 地方政府竞争对于地方政府债务绩效的影响机制

基于此，我们可以最终提出推论假设2：在地方政府采取主动扩大债务规模的举债策行为策略背景下，地方政府税收竞争和公共投资竞争将会导致地方政府债务产出转化率随着债务规模的持续快速增长而呈现收敛下降趋势，进而产生"规模报酬递减"效应以阻碍地方政府债务绩效的提升。

三、计量模型构建与数据来源

（一）计量模型构建

为了对理论分析部分提出的两个推论假设进行实证检验，同时考虑到地方政府竞争和地方政府举债行为可能存在的空间自相关性和空间外溢性，本文在借鉴 LeSage 和 Pace（2009）提出的空间杜宾模型基础上，构建了如下两个模型来开展实证分析：

$$Bg_{it} = \alpha + \rho_1 dWBg_{it} + \rho_2(1 - d)WBg_{it} + \beta Tc_{it} + \gamma WTc_{it} + \theta lnIc_{it} +$$

$$\delta WIc_{it} + \sum_{n=1}^{N} \lambda_n X_{nit} + \mu_i + \upsilon_t + \varepsilon_{it} \tag{15}$$

$$Be_{it} = \alpha + \rho WBe_{it} + \beta(Tc_{it} \times Bd_{it}) + \gamma_1 W(Tc_{it} \times Bd_{it}) + \theta(Ic_{it} \times Bd_{it}) +$$

$$\delta W(Ic_{it} \times Bd_{it}) + \sum_{n=1}^{N} \lambda_n Y_{nit} + \mu_i + \upsilon_t + \varepsilon_{it} \qquad (16)$$

其中，式（15）用于对推论假设 1，即地方政府竞争对于地方政府举债行为策略的影响，来进行识别和实证检验。在式（16）中被解释变量 Bg_{it} 是地区 i 在 t 年的地方政府债务规模增速，解释变量 Tc_{it} 和 Ic_{it} 分别是地区 i 在 t 年的税收竞争和公共投资竞争，W 代表空间权重矩阵，X_{nit} 代表控制变量，μ_i 和 υ_t 分别代表地区固定效应和时间固定效应，ε_{it} 代表随机误差项。此外，d 代表虚拟变量，当与相邻地区相比，本地区 GDP 增速相对较低时，取值为 1，而当与相邻地区相比，本地区 GDP 增速相对较高时，取值为 0。之所以采取虚拟变量，主要由前面理论分析可知，本地区地方政府效用函数在很大程度上会受到相邻地区 GDP 的影响，因而在本地区 GDP 增速相对于相邻地区 GDP 增速处于不同区制（即增速落后和增速领先）时，出于政绩和自身效用最大化的考虑，本地区举债行为策略对于相邻地区举债行为策略的反应敏感程度也是不同的。故通过虚拟变量的设置，来反映不同区制中地方政府举债策略对其空间滞后项的反映方向和程度。与此同时，对于模型变量的估计系数来说，ρ_1、ρ_2 代表被解释变量的空间滞后项系数，其中，ρ_1 代表本地区 GDP 增速落后时相邻地区地方政府举债行为策略对于本地区举债行为策略的影响，而 ρ_2 代表本地区 GDP 增速领先时的相应影响。γ 和 δ 代表两个解释变量的空间滞后项系数，即分别代表相邻地区税收竞争和公共投资竞争对于本地区地方政府举债行为策略的影响。

式（16）则用推论假设 2，即地方政府竞争对于地方政府债务绩效的影响，来开展识别与实证检验。在式（17）中被解释变量 Be_{it} 是地区 i 在 t 年的地方政府债务绩效，解释变量 $Tc_{it} \times Bd_{it}$ 和 $Ic_{it} \times Bd_{it}$ 分别是地区 i 在 t 年的税收竞争与地方政府负债率（地方政府债务余额/GDP）的交互项和公共投资竞争与地方政府负债率的交互项。之所以采取交互项变量，主要由前面的理论分析可知，地方政府竞争影响地方政府债务绩效的方向和程度与地方政府债务既定存量规模水平有密切关联，因而希望通过上述交互项的设置，来反映出在地方政府采取举债策略形成相应债务存量水平的情况下，地方政府竞争对于地方政府债务绩效的具体影响情况。W 代表空间权重矩阵，Y_{nit} 代表控制变量。

（二）变量与样本数据说明

1. 模型被解释变量

式（15）中的被解释变量 Bg_{it} 为地方政府债务增速，在此我们以 2007～2016 年全国 30 个省（市、自治区）① 的当年地方政府债务新增规模除以上年度债务余额规模进行测算。由于 2014 年之后地方政府债务数据可以根据各省公布的政府债务限额报告来获得，而 2014 年之前上述数据中只有 2010 年和 2013 年审计署公布的地方政府性债务审计数据，属于国家公开的权威数据。因此，为了保持债务样本数据的可获得性和一致性，对于地方政府债务新增规模数据测算我们参考吕健（2014）、洪源等（2018）提出的债务资金恒等式方法：当期地方政府新增债务规模 = 当期地方政府市政领域固定资产投资额 - 当期地方政府自有可投资财力 = 当年地方政府市政领域固定资产投资额 -（预算内资金用于市政领域内投资 + 土地出让收入用于投资资金 + 用于市政领域内投资项目的盈利现金流入）。其中，对于地方政府市政领域固定资产投资额，根据全社会固定资产按行业的分类，电力、燃气及水的生产和供应业、交通运输、仓储和邮政业等 7 个行业②属于地方政府主要承担的基础设施及公益性行业，故将这 7 个行业的固定资产投资额进行加总作为市政领域投资总额；对于土地出让收入可用于投资资金，用当期土地出让价款减去征地拆迁等成本性支出后的土地出让纯收益来表示；对于市政领域投资项目的盈利现金收入，我们将当期市政领域行业的固定资产折旧率乘以上一期市政领域固定资产投资总额所得出的固定资产折旧额来表示。恒等式中所需的各数据来自《中国统计年鉴》《中国国土资源统计年鉴》以及《中国固定资产统计年鉴》。需要特别指出的是，2014 年后各省公布的地方政府一般债务和专项债务规模实际上为地方政府直接负有偿还责任的显性债务范畴，而本文依据政府债务资金最终投向的恒等式测算的债务规模除了包含上述显性债务外，还包括 2013 年审计署政府性审计报告中提到的地方政府负有担保责任和可能承担一定救助责任的债务，即

---

① 西藏由于较多经济数据均存在缺失，无法保证地方政府债务新增规模测算的时序连续性，故不包括在内。

② 具体选取 7 个行业，包括电力、燃气及水的生产和供应业，交通运输、仓储和邮政业，科学研究、技术服务和地质勘察业，水利、环境和公共设施管理业，教育、卫生、社会保障和社会福利业以及公共管理和社会组织业。

2014 年之后提出的地方政府隐性债务，如地方融资平台债务和政策性融资担保债务等。

在得到上述各年各地区的地方政府债务新增规模样本数据的基础上，为了进一步得到各省的负债率样本数据，还需要测算出各年各地区的地方政府债务余额样本数据。具体来看，主要利用 2013 年审计署公布的 2012 年度各地区地方政府债务余额规模数据，结合前面测算出的债务新增规模数据，去倒推出其他年份各地区的地方政府债务余额规模数据①。

具体测算出的 2007～2016 年全国 30 个省份地方政府债务新增规模加总、债务平均增速以及负债率情况如图 3 所示。从图 3 中可看出，在债务新增规模在全国范围都普遍处于高位的情况下，西部和东北部地区的债务平均增速及负债率明显较东部及中部地区更高。

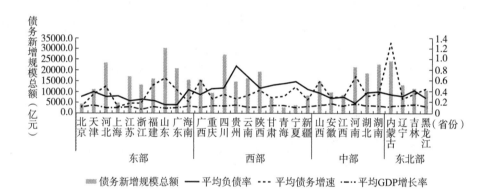

图 3　2007～2016 年全国 30 个省份地方政府债务新增规模加总、
平均负债率、平均债务增速和平均 GDP 增长率情况

式（16）中的被解释变量 Be_{it} 为经测算的地方政府债务绩效。根据本文前面的分析，债务绩效的核心是债务资金的投入产出效率，一般来说可以简单地采用地区 GDP 增长率/债务增速来表示。但为了全面反映出地方政府债务资金的产出情况，从而更准确地测度地方政府债务绩效，在此我们采

① 在地方政府债务采取借新债还旧债的情况下，某省 2011 年地方政府债务余额等于审计署公布的该省 2012 年底地方政府债务余额减去本文测算的 2012 年该省地方政府债务新增规模。该省 2013 年地方政府债务余额则等于审计署公布的该省 2012 年底地方政府债务余额加上测算的 2013 年该省地方政府债务新增规模。

用数据包络分析方法（DEA）来进行测算。鉴于传统的 DEA 方法存在相对有效决策单元难以比较以及绩效测度结果无法跨期可比等问题，为此，我们拟采用 Global 超效率 DEA 方法来开展不同时期不同地区的地方政府债务绩效测度，其中，基于全局参比的 Global – DEA 方法以样本考察期内所有债务投入产出数据构建生产前沿面，通过满足循环性以确保不同时期的债务绩效能够直接进行比较，而超效率 DEA 方法则解决了相对有效决策单元之间的绩效值的可比问题。具体来看，我们首先根据地方政府竞争背景下的债务资金投向和产出情况，构建了地方政府债务的绩效测度的投入产出指标体系（见表1）。然后，将每一个省份看作一个决策单元（DUM），假设有 S 个 DUM（s = 1，2，…，S），在每个时期 t（t = 1，2，…，T），每个 DUM 使用 N 种投入（$x \in R_+^N$），联合生产出 J 种产出（$y \in R_+^J$），λ 为生产技术权重，则基于 Pastor 和 Lovell（2005）提出的基于全局基准技术（GBT）前沿面构造方法，将所有时期的投入产出数据来确定一个相同的生产前沿，并在测算中通过 Charners – Cooper 转换方法将如式（18）所示的基于全局基准技术的超效率 DEA 模型转化为等价的线性规划模型进行求解地方政府债务绩效值 θ。

表 1　地方政府债务绩效投入产出指标描述性统计

	指标	平均值	标准差	最小值	最大值
投入	地方政府债务新增规模（千亿元）	1.4703	1.3153	0.0459	7.3890
产出	GDP 增量（千亿元）	1.7914	1.5471	0.5330	8.0881
	固定资本增量（千亿元）	1.1983	0.9483	0.0037	4.2743
	道路面积增量（百万平方米）	0.1212	0.1421	0.0127	0.5508
	公路里程数增量（千公里）	3.9053	4.8303	1.5010	36.5930
	建成区面积增量（千平方公里）	0.0967	0.1024	0.0020	0.3340

　　注：固定资本增量采用张军等（2004）的方法，以 1978 年为基期进行测算。同时，鉴于在 2013 年审计署公布的全国政府性债务报告中，地方政府债务资金中投向市政建设及土地收储领域的占比为 45.86%，投向交通运输设施建设领域的占比为 24.43%，故产出指标主要基于以上两个领域来设置。

$$s.t. \begin{cases} \min_{\theta,m} \theta \\ \sum_{t=1}^{T} \sum_{s=1,s\neq k}^{S} \lambda_s^t x_{sn}^t \leqslant \overline{x}_{sn}^t \quad (n=1,2,\cdots,N) \\ \sum_{t=1}^{T} \sum_{s=1,s\neq k}^{S} \lambda_s^t y_{sj}^t \leqslant \overline{y}_{sj}^t \quad (j=1,2,\cdots,J) \\ \lambda_s^t \geqslant 0 \quad (s=1,2,\cdots S, s\neq k, t=1,2,\cdots,T) \\ \overline{x}_n \geqslant x_{nk} \quad (n=1,2,\cdots,N) \\ \overline{y}_j \geqslant 0, \overline{y}_j \leqslant y_{sj} \quad (j=1,2,\cdots,J) \end{cases} \quad (17)$$

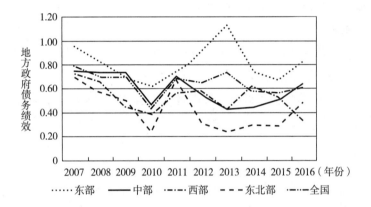

图4 2007～2016年分区域地方政府债务绩效趋势

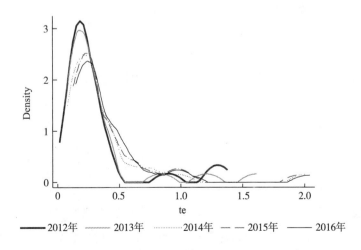

图5 2012～2016年地方政府债务绩效核密度曲线

从测算的地方政府债务绩效结果来看，图 4 表明，2007～2016 年全国地方政府债务绩效平均值介于 0.42～0.78，总体绩效偏低。其中，东部、中部、西部以及东北部地区地方政府债务绩效平均值分别介于 0.61～1.13、0.42～0.76、0.38～0.72、0.24～0.69，各地区的绩效值都有较大的波动，且西部和东北部地区地方政府债务绩效明显低于全国平均水平。从图 5 看，曲线左峰突出，右侧较平坦，且波峰较窄，尾部较长；随着时间的推移，曲线稍稍向右平移。这表明地方政府债务绩效还大多处于较低水平，随着时间的变化，地方政府债务绩效水平的增幅较小。

2. 模型核心解释变量

由前面的理论分析可知，在中国式分权体制下，财政分权特征使地方政府拥有相应财政自主权，从而能通过税收竞争和公共投资竞争两种具体手段来吸引外部资本流入本地区，进而发展当地经济。对于地方政府税收竞争和公共投资竞争的测度，我们主要采取如下方式：

首先，对于税收竞争变量，参考傅勇和张晏（2007）、肖叶和刘小兵（2018）的做法，采用如下公式测算：

$$Tc_{it} = \frac{Tax_t / GDP_t}{Tax_{it} / GDP_{it}} \tag{18}$$

式（18）中，Tax_t 为 t 年样本省中的增长税、营业税以及企业所得税等三类与企业资本密切相关税种的税收收入总和；GDP_t 为 t 年样本省的地区生产总值的总和；Tax_{it}/GDP_{it} 则反映了 t 年 i 省的资本平均税率。因此，Tc_{it} 表示所有地区的资本平均税率与某一地区的资本平均税率之比。显然，某地区 Tc_{it} 值越大，则表明该地区相对资本平均税率越低，则该地区的税收竞争程度越高。

其次，对公共投资竞争变量，参考税收竞争变量的测算公式，采用如下公式测算：

$$Ic_{it} = \frac{Invest_{it} / GDP_{it}}{Invest_t / GDP_t} \tag{19}$$

式（19）中，$Invest_{it}$ 为 t 年样本省地方政府市政领域固定资产投资总和，在此和前面一样，用全社会固定资产投资中按行业划分中的 7 个行业投资额加总来测算；而 $Invest_{it}$ 为 t 年 i 省地方政府市政领域固定资产投资额。显然，某地区 Ic_{it} 值越大，则表明该地区地方政府市政领域投资的相对经济占比越高，则该地区的公共投资竞争程度越高。

基于式（18）和式（19）测算出的地方政府税收竞争和公共投资竞争的样本数据可以看出，地方政府税收竞争程度较高的区域主要为中部和东北部地区，中部地区以湖南、湖北、河南为中心形成了"高—高"聚集区，以安徽和江西形成了"高—低"聚集区，而东北地区以黑龙江、吉林以及内蒙古形成了"高—高"聚集区。同时，地方政府公共投资竞争程度较高的区域主要集中在西部和中部地区，西部地区以青海、云南、贵州为中心形成了"高—高"聚集区，以四川、重庆、山西为中心形成了"高—低"聚集区，中部地区则以江西、安徽为中心形成了"高—低"聚集区。并且随着时间的推移，上述地区的公共投资竞争程度大部分都有加重的趋势。

3. 模型控制变量

式（15）中的控制变量主要为对地方政府举债策略产生影响的重要因素，参考吕健（2014）、罗党论和佘国满（2015）的做法，我们选取了财政分权度（Cf）、财政压力（Cd）、对外开放水平（Op）、城市化率（Ub）以及金融发展水平（Fd）来作为控制变量。其中，财政分权的度量为了体现1994 年分税制后我国事权和支出责任下放的分权特征，采用各省本级人均财政支出/中央人均财政支出来表示，以此反映出地方政府的财政自主性。财政压力用当年各省本级财政支出/当年各省人均本级财政收入来表示，对外开放水平采用各省进出口总额/GDP 来表示，城市化率采用当年各省城镇人口/总人口来表示，金融发展水平采用各省银行全部贷款余额/GDP 来表示。

式（16）中的控制变量主要为对地方政府债务绩效产生影响的重要因素，参考洪源等（2014）、金荣学和胡智煜（2015）的做法，我们选取了人口密度（Pd）、市场化水平（Ma）、土地出让收入占比（Lb）以及政府金融干预程度（Fg）来作为控制变量。其中，市场化水平采用王小鲁（2016）发布的各省份市场化指数来表示，土地出让收入占比采用当年各省土地出让收入占当年各省本级财政收入的比重来表示，政府金融干预程度采用当年各省财政储蓄存款/当年各省吸储总量来表示。上述变量数据来自《中国统计年鉴》《中国财政年鉴》《中国金融年鉴》以及《中国国土资源统计年鉴》，具体的统计性描述如表 2 所示。

表2　模型变量统计性描述

	变量	平均值	标准差	最小值	最大值
被解释变量	地方政府债务绩效 Be	0.6617	0.7307	0.0776	1.9769
	地方政府债务规模增速 Bg	0.2013	0.2496	0.0051	1.4951
解释变量	税收竞争 Tc	1.1187	0.3406	0.3687	1.8679
	投资竞争 Ic	1.1958	0.4338	0.2776	2.3198
	地方政府负债率 Bd	0.2614	0.1130	0.0504	0.6601
控制变量	财政分权 Cf	0.8342	0.0594	0.6976	0.9576
	财政压力 Cd	2.0692	0.7038	1.0517	4.3487
	对外开放水平 Op	1.6562	1.3942	0.0784	7.3235
	城市化率 Ub	0.5478	0.1356	0.3159	0.8960
	金融发展水平 Fd	1.1707	0.4221	0.5528	2.5847
	人口密度 Pd（人/平方千米）	2727.9110	1242.5280	622.0000	5967.0000
	市场化水平 Ma	42.8725	9.4716	28.6000	80.2322
	土地出让收入占比 Lb	0.4861	0.2268	0.1045	1.3955
	金融干预程度 Fg	0.0347	0.0399	0.0068	0.3421

4. 空间权重矩阵

构建恰当的空间权重矩阵是开展空间计量的前提，本文主要设计了两类空间权重矩阵。第一类是地理距离权重矩阵。根据引力模型，地区之间影响作用的大小与它们之间的距离远近有关，因此，空间权重矩阵 W 的集合元素设为 $w_{ij}=1/d_{ij}^2$，即以各地区省会城市省级政府所在地经纬度坐标数据计算的两地地理距离平方的倒数来表示。第二类是地理相邻矩阵。如果两地在地理上相邻，则空间权重矩阵的集合元素 w_{ij} 取值为1，如果地理上不相邻，则取值为0。

四、实证检验结果与分析

在运用空间计量模型开展实证回归之前，首先需要进行 Moran's I 空间相关性检验。在此我们基于地理相邻空间权重矩阵，测算了式（15）和式（16）中各被解释变量和解释变量的2007~2016年全局 Moran's I 指数，结果显示各变量均在 5% 的置信水平下显著，表明各变量之间具有显著的空间相关性和集聚特征，需要采用空间面板数据模型来进行估计和分析。与此同时，解释变量的税收竞争和公共投资竞争 2007～2016 年全局 Moran's I 指数都呈现出波动中上升的趋势，说明省域间的税收竞争和公共投资竞争水平的空间依赖性得到不断的加强。

（一）基本回归结果检验

1. 地方政府竞争影响地方政府举债行为策略的实证检验

基于式（15），表 3 给出了地方政府竞争影响地方政府举债行为策略的回归结果。其中，方程 1 和方程 2 分别以地理相邻矩阵和地理距离矩阵为权重的单区值模型回归结果，而方程 3 和方程 4 则加入虚拟变量 d 的双区制模型回归结果。从 R – squared、LogL 和 σ – squared 等检验值来看，双区制模型的回归结果要更优于单区制模型，说明双区制模型能更好地解释地方政府举债策略的空间相关性。

首先，从被解释变量的空间滞后项 WBg 估计系数来看，方程 1 的地理相邻权重矩阵中为 0.2785，方程 2 的地理距离矩阵中为 0.3012，并且都通过了 1% 的显著性水平检验。这表明邻近地区的债务增速会对本地区债务增速产生显著的正向影响，也即邻近地区的举债行为策略会显著地影响到本地区的举债行为策略，相邻地区的举债行为策略具有空间相关性和趋同性。进一步从方程 3 和方程 4 的双区制模型回归结果来看，双区制模型能够更好地解释地方政府举债行为策略的空间外溢机制。当与相邻地区相比，本地区 GDP 增速相对落后时，方程 3 中的 dWBg 系数为 0.4057，方程 4 中的 dWBg 为 0.6103，而当本地区 GDP 增速相对领先时，方程 3 中的（1 – d）WBg 系数为 0.2263，方程 4 中的（1 – d）WBg 系数为 0.2859。这表明本地区 GDP 增速相对于相邻地区处于不同区制时，本地区举债行为策略对于相邻地区举债行为策略的反应敏感程度有较大的不同，当本地区 GDP 增速相对落后时，相邻地区采取主动扩大债务规模的举债行为策略将会对本地区举债行为策略产生更为明显的正向影响。这也从侧面反映出在地方政府效用最大化目标导向下，自上而下的标尺锦标赛激励我国地方官员为争夺晋升位次而开展竞争行为，进而对区域间的举债行为策略产生显著的影响。

其次，从解释变量的估计系数来看，在方程 1～方程 4 中，地方政府税收竞争 Tc 的估计系数都为正且至少通过了 10% 的显著性水平检验，而地方政府公共投资竞争 Ic 的估计系数为正且至少通过了 1% 的显著性检验。这表明无论是地方政府税收竞争，还是公共投资竞争，都对地方政府债务增速产生了较为显著的正向影响，这也论证了前面理论分析部分提出的推论 1 的正确性，即在地方政府效用最大化目标导向下，开展税收竞争和公共投资竞争将会导致地方政府采取主动扩大债务规模的举债行为策略。具体从两项地方政府竞争的系数值看，公共投资竞争的系数要明显高于税收竞争，这表明相对于税收竞争，地方政府公共投资竞争对于债务增速的正向效应更为显著。其原因主要是对于地方政府税收竞争来说，在我国，由于税种的设置权和税收的立法权、税法的解释权主要由中央行使，地方政府不可能通过制定税法来进行地区间的税收竞争，因而地方政府税收竞争主要是通过一些隐蔽的形式，例如，通过"用足税收优惠政策"以及税收征管强度调整的形式来进行（杨卫华，2017）。而对于地方政府公共投资竞争来说，近年来"土地担保＋融资平台公司举债＋影子银行贷款"的地方政府融资模式为地方政府大规模开展基础设施和公共投资竞争提供了渠道及资金支持，并且随着我国市场化程度的提高，相对于税收竞争，公共投资竞争在吸引外部资本流入以及拉动本地区经济增长方面的作用更加直接明显。因此，地方政府在开展竞争过程中，通常更倾向于采用公共投资竞争的方式，公共投资竞争的额度和强度也明显高于税收竞争，进而导致公共投资竞争刺激债务规模增长的效应也更加突出。

再次，从解释变量的空间滞后项估计系数来看，在方程 1 ～方程 4 中，无论是税收竞争还是公共投资竞争的空间滞后项系数，虽然较前面变量本身的估计系数要小，但都为正，且至少通过了 10% 的显著性水平检验。这表明相邻地区的税收竞争和公共投资竞争行为都刺激了本地区债务规模的增长，地方政府竞争对于地方政府举债行为策略的影响具有较显著的空间外溢性。其原因如前面理论分析所述，相邻地区政府通过加大竞争而吸引资本的做法会导致本地区资本流入异地，会增加异地 GDP，减少本地区地方政府效用。在官员晋升激励和效用最大化目标导向下，区域间政府竞争出现连锁效应并呈现越发激烈的态势，本地区政府也将随之加大竞争力度，进而导致本地区债务规模也随之扩大。

最后，从控制变量的估计系数来看，财政分权 Cf 和财政压力 Cd 两个变量与债务增速在至少 10% 的水平下呈正向关系，表明我国以"财权集中、事权下放"为特征的财政分权虽然赋予了地方一定的财政自主权，但同时也造成了地方政府因财力和支出责任的不对称而存在"天然型财力缺口",这也使地方政府承受巨大的财政压力,进而导致了地方政府债务规模不断攀升。城市化率 Ub 与债务增速在 10% 的水平下呈正向关系,表明地方政府债务规模随着城市化水平的提高而快速增长,不难看出,中国地方政府具有典型的城市"建设债"特征。金融发展水平 Fd 与债务增速也有较为显著的正向关系,表明近年来金融体系中的表内商业银行贷款以及表外影子银行贷款对地方政府债务规模膨胀起到了较明显的推动作用。另外,对外开放水平 Op 的估计系数虽然为负,但均没有通过显著性检验,表明其对于债务增速的影响不显著。

表3 以地方政府债务增速为被解释变量的空间计量检验结果

方程 变量	被解释变量:地方政府债务增速 Bg			
	方程 1 "地理相邻 + 单区制"	方程 2 "地理距离 + 单区制"	方程 3 "地理相邻 + 双区制"	方程 4 "地理距离 + 双区制"
WBg	0.2785 *** (0.1337)	0.3012 *** (0.1517)	—	—
dWBg	—	—	0.4057 *** (0.2073)	0.6103 *** (0.3124)
(1 − d) WBg	—	—	0.2263 *** (0.1002)	0.2859 *** (0.1353)
Tc	0.0343 * (0.0187)	0.0681 * (0.0276)	0.1537 ** (0.0859)	0.1645 ** (0.0966)
WTc	0.1374 ** (0.0495)	0.1546 ** (0.0535)	0.1258 ** (0.0419)	0.0871 * (0.0394)
Ic	0.5442 *** (0.0275)	0.6328 *** (0.0356)	0.7946 *** (0.0412)	0.4540 *** (0.0204)
WIc	0.5017 *** (0.1287)	0.6154 *** (0.1652)	0.7488 *** (0.1863)	0.3117 *** (0.0898)
Cf	0.1094 * (0.1187)	0.1075 * (0.1162)	0.1082 * (0.1171)	0.1146 * (0.1277)
Cd	0.0234 ** (0.0131)	0.0362 ** (0.0166)	0.0294 ** (0.0143)	0.0308 ** (0.0157)

续表

方程 变量	被解释变量：地方政府债务增速 Bg			
	方程 1 "地理相邻 + 单区制"	方程 2 "地理距离 + 单区制"	方程 3 "地理相邻 + 双区制"	方程 4 "地理距离 + 双区制"
Op	− 0. 0662 (0. 0071)	− 0. 0745 (0. 0085)	− 0. 0524 (0. 0066)	− 0. 0316 (0. 0035)
Fd	0. 0142 * (0. 0138)	0. 0347 * (0. 0306)	0. 1536 ** (0. 1427)	0. 0956 ** (0. 0857)
Ub	0. 2024 * (0. 2289)	0. 2506 * (0. 2624)	0. 1122 * (0. 1284)	0. 1617 * (0. 1857)
地区效应	Yes	Yes	Yes	Yes
时间效应	Yes	Yes	Yes	Yes
R^2	0. 4862	0. 5021	0. 8634	0. 9107
Log − L	304. 89	317. 88	548. 27	569. 64
σ^2	0. 0012	0. 0030	0. 0085	0. 0088

注：括号内数值是回归系数标准误差，＊、＊＊、＊＊＊分别表示10％、5％和1％的统计显著性水平，下同。

2. 地方政府竞争影响地方政府债务绩效的实证检验

基于式（16），表4给出了地方政府竞争影响地方政府债务绩效的回归结果。其中，方程1和方程2分别以地理相邻矩阵和地理距离矩阵为权重的2007～2016年样本时期回归结果，在此基础上，我们进一步将样本时期划分为2007～2009年、2010～2012年、2013～2016年三个短期时段，相应的回归结果如方程3～方程8所示。之所以进行上述样本时期的划分，主要是考虑到2008～2009年，为了应对国际金融危机，我国推出的"四万亿"经济刺激计划导致地方政府债务规模出现了第一次大幅增长，因而第一阶段以2009年以前来划分。第二阶段考虑到我国经济增长速度从2013年开始结束近20年8％以上的高速增长，转而进入增速换挡的"新常态"时期，因而希望划分2013年前后的不同时间段，通过这种样本时期的划分来考察在经济发展不同阶段下地方政府竞争对于债务绩效影响的不同。

首先，从被解释变量空间滞后项WBe估计系数来看，在方程1～方程6中，系数都为正，且都通过了至少5％的显著性水平检验。这表明地方政府债务绩效存在显著的空间相关性，并且空间上相邻地区债务对于本地区债务绩效有正向影响，即相邻地区债务绩效越高，本地区债务绩效也越高；反之，则越低，区域间的地方政府债务绩效具有较强的空间外溢性。

表4　以地方政府债务绩效为被解释变量的空间计量检验结果

方程 变量	被解释变量：地方政府债务绩效 Be							
	方程1 地理相邻 2007~ 2016年	方程2 地理距离 2007~ 2016年	方程3 地理相邻 2007~ 2009年	方程4 地理距离 2007~ 2009年	方程5 地理相邻 2010~ 2012年	方程6 地理距离 2010~ 2012年	方程7 地理相邻 2013~ 2016年	方程8 地理距离 2013~ 2016年
WBe	0.4836** (0.0119)	0.5692*** (0.0184)	0.3284** (0.0126)	0.2877** (0.0114)	0.2018** (0.0102)	0.2466** (0.0109)	0.5029*** (0.0176)	0.6176*** (0.0195)
$Tc \times Bd$	-0.2369** (0.1581)	-0.2825** (0.1668)	-0.2027** (0.1156)	-0.2372** (0.1284)	-0.1351* (0.0818)	-0.1089* (0.0665)	-0.3201** (0.2107)	-0.3485** (0.2831)
$W(Tc \times Bd)$	-0.2226** (0.0558)	-0.1091* (0.0278)	-0.1199* (0.0285)	-0.1067* (0.0274)	-0.1250* (0.0291)	-0.0642 (0.0128)	-0.2681** (0.0647)	-0.2768** (0.0681)
$Ic \times Bd$	-0.3563*** (0.1363)	-0.4201*** (0.1833)	-0.2870** (0.1248)	-0.2574** (0.1112)	-0.1886** (0.0731)	-0.2475** (0.1072)	-0.6878** (0.3245)	-1.1201*** (0.5809)
$W(Ic \times Bd)$	-0.2420** (0.1768)	-0.2230** (0.1612)	-0.2476** (0.1187)	-0.1933** (0.0892)	-0.1959** (0.0904)	-0.1859** (0.0842)	-0.2531** (0.1812)	-0.4624*** (0.2735)
Pd	0.0002 (0.0003)	0.0006 (0.0008)	0.0009 (0.0011)	0.0002 (0.0003)	-0.0002 (0.0001)	0.0001 (0.0002)	0.0004 (0.0005)	0.0012 (0.0015)
Ma	0.1451** (0.2023)	0.1796** (0.2517)	0.2258** (0.2964)	0.0828* (0.0992)	0.2974** (0.3462)	0.3163** (0.3755)	0.1884** (0.2602)	0.1326** (0.2004)
Lb	-0.0795* (0.0806)	-0.1962** (0.2122)	-0.1210* (0.1728)	-0.1086* (0.1249)	-0.0866* (0.0973)	-0.0742* (0.0899)	-0.0998** (0.1227)	-0.0487** (0.5122)
Fg	-0.7624*** (0.2236)	-0.8769*** (0.3124)	-0.2218** (0.1187)	-0.2455** (0.1317)	-0.5032*** (0.2024)	-0.3515*** (0.1726)	-0.1775** (0.1018)	-0.1965** (0.1094)
地区效应	Yes	Yes	Yes	Yes	Yes	Yes	Yes	Yes
时间效应	Yes	Yes	Yes	Yes	Yes	Yes	Yes	Yes
R^2	0.7877	0.8059	0.8245	0.8867	0.6612	0.5877	0.8678	0.9214
Log-L	76.28	92.55	42.87	35.24	25.47	21.22	108.45	117.65
σ^2	0.0038	0.0031	0.0019	0.0016	0.0012	0.0011	0.0042	0.0047

其次，从解释变量的估计系数来看，在方程1和方程2中，税收竞争与

负债率的交互项 Tc × Bd 至少通过了 5% 的显著性水平检验，分别为 −0.2369 和 −0.2825，公共投资竞争与负债率的交互项 Ic × Bd 均通过了 1% 的显著性水平下检验，分别为 −0.3563 和 −0.4201。上述结果表明随着债务存量水平的持续提高，无论是地方政府税收竞争还是公共投资竞争，都将对于地方政府债务绩效产生较为显著的负向影响，这也论证了前面理论分析部分提出的推论 2 的正确性，即在地方政府采取主动扩大债务规模的举债策略下，地方政府税收竞争和公共投资竞争将会导致债务产出转化率随着债务规模持续膨胀而呈现收敛下降趋势，进而产生"规模报酬递减"效应以阻碍地方政府债务绩效的提升。进一步从方程 3 ~ 方程 8 中的分时期回归结果来看，相较于 2007 ~ 2009 年，2010 ~ 2012 年无论是税收竞争与负债率的交互项还是公共投资竞争与负债率的交互项系数绝对值都有所降低。这主要是由于 2008 ~ 2009 年国际金融危机期间，在大规模投资计划和地方政府资金所需配套资金的催化下，地方政府债务存量规模大幅增长所致。而相对于 2010 ~ 2012 年，2013 ~ 2016 年无论是税收竞争与负债率的交互项，还是公共投资竞争与负债率的交互项系数绝对值，都有明显大幅的提高。这表明，随着我国经济进入新常态后，经济增速下行压力加大导致地方政府间的竞争更趋激烈，并且在地方政府债务存量水平不断提高的情形下，地方政府竞争对于债务绩效所产生的"规模报酬递减"效应也更明显。

再次，从解释变量空间滞后项的估计系数来看，在方程 1 ~ 方程 8 中，税收竞争与负债率交互项的空间滞后项系数除了方程 6 不显著外，其余至少都通过了 10% 显著性水平的检验，且都为负。公共投资竞争与负债率交互项的空间滞后项系数都至少通过了 5% 显著性水平的检验，也都为负。这表明，相邻地区债务规模增长与政府竞争对债务绩效所带来的"规模报酬递减"效应也将对本地区债务绩效产生较显著影响，具有空间外溢性。这也说明了地方政府竞争与举债策略在区域间具有"示范"和"集聚"作用，某一地区在政府竞争与举债策略上的做法，会导致相邻地区去"模仿"，进而对相邻地区的债务绩效产生影响。

最后，从控制变量的估计系数来看，市场化水平 Ma 与地方政府债务绩效在 10% 的显著性水平下呈正向关系，表明市场化水平越高，政府对于债务资金的管理水平也会相应提高，债务资金的使用也会更加透明，债务绩效水平也会越高。土地收入占比 Lb 和金融干预程度 Fg 分别在 5% 和 10% 的显著性水平下呈现负向关系，这表明本地区债务资金对于土地出让收入的依赖程度越高，地方政府干预金融信贷的话语权越强，地方政府债务管理的规范程度则越低，地方政府债务绩效水平也将越低。人口密度 Pd 与地方政府债务绩效虽然呈正向关系，但并没有通过显著性检验，表明人口密度对于地方政府债务绩效的影响并不明显。

（二）稳健性检验

为了保证回归结果的稳健性，本文从以下四个方面进行了相应的稳健性检验：

第一，针对在式（15）中采用了债务增速作为被解释变量，为了保证回归结果的稳健，我们将被解释变量分别换成取自然对数的人均新增债务规模和债务新增规模/GDP。如表 5 中的方程 1 和方程 2 所示。其中，方程 2 中我们还在地理距离权重的基础上，进一步构造了经济距离空间权重矩阵①。从两个方程的回归结果来看，当被解释变量换成上述两种形式后，作为解释变量的税收竞争和公共投资竞争的估计系数都显著为正，与前面的基本回归结果保持一致，这说明除了增速形式外，新增债务规模的比例形式和绝对额形式都支持地方政府竞争将会导致地方政府采取主动扩大债务规模的举债行为策略结论。

第二，在针对式（16）的基本回归中，本文并没有考虑地方政府的跨期选择问题，但是现实中可能存在本期地方政府债务绩效受上一期地方政府债务绩效影响的情况。为此，需要考虑引入地方政府债务绩效的时间滞后项的影响。考虑到本文的样本总量为 270 个，属于小 N 小 T 的样本，在引入被解释变量的时间滞后项后，采用 GMM 和 MLE 两种估计方法进行动态空间面板模型估计的效率并不高，所以本文并没有将地方政府债务绩效的时间滞后项放入前面的基本回归中，而只是在此作为稳健性检验。通过表 5 中的方程 3 可以看出，地方政府债务绩效的时间滞后项为正，且通过了

---

① 经济距离权重矩阵的构造方法为：$W_e = W_d \, \text{diag} \, (\overline{Y_1}/\overline{Y}, \, \overline{Y_2}/\overline{Y}, \, \cdots, \, \overline{Y_n}/\overline{Y})$。其中，$W_d$ 代表地理距离权重矩阵，W_e 代表经济距离权重矩阵，$\overline{Y} = 1/n \, (t_1 - t_0 + 1) \sum\limits_{i=1}^{} \sum\limits_{t_0}^{t_1} Y_i$ 为考察期内 i 省物质资本存量均值，$\overline{Y_i} = 1/ \, (t_1 - t_0 + 1) \sum\limits_{t_0}^{t_1} Y_i$ 为考察期内总物资资本存量均值，t 为不同时期，diag 为对角矩阵符号。其中，对于各省物质资本存量数据，和本文表 1 中相同，根据张军（2004）方法得到。

10%的显著性水平检验，说明当期地方政府债务绩效会受到以往债务绩效水平的影响，地方政府债务绩效具有一定的内生惯性和路径依赖。同时，解释变量和空间滞后项的系数符号则与基本回归保持了总体一致。

表5　稳健性检验结果

被解释变量 方程 解释变量	人均债务新增规模 方程1 地理距离	债务新增规模/GDP 方程2 经济距离	被解释变量 方程 解释变量	地方政府债务绩效 方程3 地理距离	GDP增速/债务增速 方程4 经济距离	被解释变量 方程 解释变量	地方政府债务绩效 方程5
WBg (1)	0.2185 ** (0.1056)	—	L. Be	0.0674 * (0.0093)	—	TC (Bd≤0.21)	0.0014 (0.0008)
WBg (2)	—	0.5590 *** (0.0568)	WBe	0.4285 *** (0.0112)	0.3087 *** (0.0096)	TC (0.21< Bd≤0.38)	-0.0706 * (0.0343)
Tc	0.0641 * (0.0279)	0.0273 * (0.0129)	Tc × Bd	-0.1065 * (0.0062)	-0.0562 * (0.0047)	TC (Bd>0.38)	-0.2047 ** (0.1068)
WTc	0.1518 ** (0.0561)	0.0234 * (0.0157)	W (Tc × Bd)	-0.0267 (0.0018)	0.0087 (0.0025)	IC (Bd≤0.26)	0.0958 * (0.0371)
Ic	0.6355 *** (0.0362)	0.0985 ** (0.0023)	Ic × Bd	-0.3445 *** (0.1267)	-0.2664 ** (0.0587)	IC (0.26< Bd ≤0.42)	-0.2183 ** (0.0872)
WIc	0.6023 *** (0.1725)	0.0690 ** (0.0183)	W (Ic × Bd)	-0.0908 ** (0.0317)	-0.1014 * (0.0077)	IC (Bd>0.42)	-0.4754 *** (0.1954)
控制变量	控制	控制	控制变量	控制	控制	控制变量	控制
地区效应	Yes	Yes	地区效应	Yes	Yes	地区效应	Yes
时间效应	Yes	Yes	时间效应	Yes	Yes	时间效应	Yes
R^2	0.6574	0.3288	R^2	0.2227	0.5527	R^2	0.4677

　　第三，针对在式（16）中采用了测算的地方政府债务绩效水平作为解释变量，考虑到前面理论分析中采用了GDP增速/地方政府债务增速这一指标作为地方政府债务绩效的替代变量，以此简单直观地反映出地方政府债务绩效的核心内涵，即债务资金投入产出的对比关系。在此，我们将被解释变量换为GDP增速/地方政府债务增速，并且对于空间权重矩阵，也进一步采用前面构造的经济距离权重矩阵。回归结果如表5中的方程4所示，当被解释变量替换后，作为解释变量的税收竞争与负债率的交互项以及公共

投资竞争与负债率的交互项估计系数都为负。与此同时，公共投资竞争与负债率的交互项空间滞后项的估计系数也为负。总体来看，回归结果与前面的基本回归结果也保持了一致，也进一步论证了地方政府竞争导致债务产出转化率随着债务规模的持续增长而呈现收敛下降趋势，从而阻碍地方政府债务绩效提升的作用。

第四，在式（16）中，我们设置了地方政府竞争与地方政府负债率的交互项，假设随着地方政府债务存量水平的变化，地方政府竞争对于地方政府债务绩效存在线性影响。那么地方政府竞争对于地方政府债务绩效的影响是否还存在非线性影响？为此，本文还构建了面板门槛模型来对此进行实证检验。从表 5 中的方程 5 中可以看出，无论是地方政府税收竞争，还是公共投资竞争，对于地方政府债务绩效的影响存在于地方政府负债率的三重门槛效应。其中，从地方政府税收竞争来看，在 Bd≤0.21 的阶段，即地方政府负债率低于 21% 时，税收竞争对于地方政府债务绩效的影响为 0.0014，但并没有通过显著性检验，说明此阶段税收竞争对于债务绩效可能有正向促进作用，但并不明确。在 0.21＜Bd≤0.38 阶段，税收竞争对于债务绩效的影响转为 -0.0706，且通过 10% 的显著性水平检验，说明税收竞争对于债务绩效的提升开始起到阻碍作用。而在 Bd＞0.38 阶段，即地方政府负债率高于 38% 时，税收竞争对于债务绩效的影响为 -0.2047，且通过了 5% 的显著性水平检验，说明税收竞争对于债务绩效的负向影响进一步加强。从地方政府公共投资竞争来看，也存在与税收竞争类似的影响变化趋势。在 Bd≤0.26 的阶段，即地方政府负债率低于 26% 时，公共投资竞争对于地方政府债务绩效能起到一定的正向促进作用，在 0.26＜Bd≤0.42 阶段，公共投资竞争对于地方政府债务绩效开始转为负向抑制作用，而在 Bd＞0.42 阶段，即负债率高于 42% 时，公共投资竞争对于地方政府债务绩效的负向抑制作用进一步加强。鉴于自 2009 年之后，我国大部分省份的负债率都已经超过 21%，而 2012 年之后甚至有半数以上省份的负债率都已经超过 38%，因此，地方政府竞争对于地方政府债务绩效的负向影响实际上在不断加强。这也进一步印证了前面基本回归结果所得出的结论。

（三）区域异质性检验

鉴于前面运用局域空间相关性 LISA 分析得出的我国不同区域的地方政府竞争可能具有不同的空间聚集特征，以式（16）为基础，我们将样本地区划分为东部、东北部、中部以及西部来进行空间计量回归，回归的结果如表6中方程1~方程4所示。具体从回归结果中可以看出，从税收竞争Tc以及其空间滞后项WTc的估计系数来看，4个地区的估计系数除了东部地区以外，都显著为负，但从估计系数的绝对值大小来看，中部和东北部地区税收竞争对于债务绩效的负向影响最大，而东部地区最小。这种结果也与前面对于税收竞争的区域空间集聚分析中所得出的中部和东北部地区形成了"高—高"聚集区的结论相一致。由于相对于东部发达地区市场一体化程度较高，不再以低税负为重要竞争筹码，中部和东北部地区在吸引资本时相对比较优势较弱，因而在近年来"中部崛起战略"和"东部振兴战略"的实施背景下，以税收优惠为主要竞争筹码，通过竞相降低税负形成相对于邻接地区的比较优势。这两个地区税收竞争强度更高也导致了在债务规模增长过程中税收竞争对于债务绩效的负向影响最大。与此同时，从公

表6 区域异质性检验结果

方程 变量	被解释变量：地方政府债务绩效 Be						
	方程1 地理距离 东部	方程2 地理距离 东北部	方程3 地理距离 中部	方程4 地理距离 西部	方程5 地理距离 广东省	方程6 地理距离 山西省	方程7 地理距离 甘肃省
WBe	0.4134*** (0.0132)	0.4336*** (0.0145)	0.3820*** (0.0112)	0.5615*** (0.0162)	0.5237*** (0.0158)	0.6627*** (0.0192)	0.7627*** (0.0204)
Tc×Bd	-0.0435* (0.0224)	-0.3701*** (0.1883)	-0.3801*** (0.1110)	-0.1759* (0.0785)	-0.0157 (0.0092)	-0.1627* (0.0596)	-0.0883* (0.0518)
W(Tc×Bd)	0.0041 (0.0015)	-0.3137*** (0.3568)	-0.5152*** (0.0619)	-0.1108* (0.1002)	-0.0019 (0.0008)	-0.1134* (0.1012)	-0.0064 (0.0028)
Ic×Bd	-0.2265*** (0.1067)	-0.2685*** (0.1344)	-0.3768*** (0.1754)	-0.5206*** (0.4286)	-0.5548*** (0.4327)	-0.8875*** (0.6721)	-0.9743*** (0.7217)
W(Ic×Bd)	-0.0952* (0.0318)	-0.1983*** (0.1005)	-0.2552*** (0.1301)	-0.2656*** (0.1506)	-0.2892* (0.1024)	-0.5819*** (0.3637)	-0.7194*** (0.4281)
控制变量	控制	控制	控制	控制	控制	控制	控制
地区效应	Yes	Yes	Yes	Yes	Yes	Yes	Yes
时间效应	Yes	Yes	Yes	Yes	Yes	Yes	Yes
R^2	0.7741	0.8924	0.9536	0.9655	0.6874	0.5277	0.6687

共投资竞争 Ic 以及其空间滞后项 WIc 的估计系数来看，4 个地区的估计系数都显著为负。但从估计系数的绝对值大小来看，中部、东北部以及东部地区大致保持同一水平，而西部地区则明显高于其余 3 个地区，这也与前面对于公共投资竞争的区域空间集聚分析中所得出的"高—高"聚集区主要集中在西部地区的结论相一致。由于公共投资竞争相对于税收竞争来说，其在吸引资本与刺激经济增长方面都更加直接，因而在我国各区域地方政府中都成为更普遍、力度更大的竞争方式。特别是对于经济相对落后的西部地区来说，通过主动扩大举债来开展公共投资竞争，提高吸引资本的竞争力，能在以 GDP 为导向的政绩竞争中取得后发优势，而在这种公共投资竞争强度加大、债务规模迅速增长的过程中，债务资金使用效率也相应出现了下降。因此，西部地区公共投资竞争强度更高也导致了在债务规模增长过程中公共投资竞争对于债务绩效的负向影响最大。

考虑到样本数据的可获得性，特别是由于地方政府市政领域固定资产投资额的统计数据在地级市层面的大量缺失，我们无法依据债务资金恒等式方法对于 2007～2016 年所有地级市层面的地方政府债务新增规模进行测算，同时也无法测度同时期所有地级市层面的地方政府公共投资竞争情况，因而没有开展基于整个地级市层面的地方政府竞争对于地方政府债务绩效影响的实证检验。但是，为了回答在地级市层面是否仍然能得到与前面以省级样本数据为基础进行回归的检验结论，我们选取了东部地区的广东省 21 个地级市（包括 2 个副省级市）、中部地区的山西省 11 个地级市以及西部地区甘肃省 12 个地级市的样本数据，依据式（17）进行回归。之所以选取这三个省份的地级市样本数据，是由于这三个省份的统计年鉴或地级市的国民经济和社会发展统计公报中公布了分行业固定资产投资数据，为本文获得市政领域固定资产投资额进而测算债务新增规模和公共投资竞争样本数据提供了条件。根据表 6 中方程 5～方程 7 显示的回归结果，我们可以看出：首先，在三个省份的地级市中，地方政府债务绩效的空间滞后项系数显著为正，且估计系数绝对值普遍高于前面省级样本数据的回归结果，这说明相邻地级市中地方政府举债策略更具有趋同性，债务绩效的空间外溢性更加明显。其次，从税收竞争与负债率以及其空间滞后项的估计系数来看，广东省的地级市样本中都为负，但都不显著，甘肃省的地级市样本中空间滞后项不显著，山西省的地级市样本中虽然都显著，但估计系数绝对值也明显低于省级样本的回归结果。上述说明从税收竞争对于债务绩效的负向影响来看，地级市层面要明显低于省级层面。这可能是由于在相同的省域范围内，地级市之间可以运用的差别税收优惠政策空间不大，同时，地级市政府对于税务部门的行政管辖也不如省级政府直接，从而通过税务部门来调节税收执法力度的空间也相应缩减，这种地级市之间税收竞争强度的下降也使其对于债务绩效的负向影响明显降低。最后，从公共投资竞争与负债率以及其空间滞后项的估计系数看，三个省份的地级市样本都显著为负，且估计系数绝对值都明显高于省级层面。这说明从公共投资竞争对于债务绩效的负向影响来看，地级市层面要明显高于省级层面。这可能是我国地级市政府官员之间的标尺竞争程度较省级政府官员之间更加激烈，以经济增长为导向的官员晋升激励效应也更加明显，因而地级市政府更倾向于采用大规模的公共投资竞争来拉动本地经济增长，并且在地级市政府的债务负债率普遍高于省级政府的情况下，导致了公共投资竞争对于债务绩效的负向影响越发明显。

（四）影响机制的扩展性检验

在前面的理论分析中，我们假设了地方政府本级预算收支保持平衡的预算约束条件。但从我国地方政府预算运行的实际情况来看，中国式财政分权背景下的地方政府还普遍存在预算软约束的现象（Alesina et al.，2008；郭月梅和欧阳洁，2017）。所谓预算软约束，是指财政预算无法对政府行为形成强有力的约束，预算机制不足以制约政府过度收支的倾向（谭志武，2006）。结合中国具体的实践来看，地方政府的预算软约束主要体现在两个方面：一是任意突破政府预算计划，增加收支项目，扩大收支规模；二是在存在中央政府对地方的转移支付情形下，地方政府形成了利用中央转移支付来弥补自身预算赤字的预期，从而导致地方政府不断扩大支出并且长期维持本级财政赤字的状态。显然，在存在上述预算软约束的情况下，地方政府竞争对于地方政府债务的影响机制有可能发生改变。为此，在式(17) 的基础上，我们加入了地方政府竞争与相关预算约束变量的交互项，以此进一步考察在放松预算约束条件之后的地方政府竞争对地方政府债务绩效的影响机制。

在预算软约束变量的设定上，我们主要通过以下两个变量来反映地方政府存在的预算软约束情形：一是借鉴汪冲（2014）的已有研究，将各省当年本级支出预算数与自有财力决算数的差额来反映收支执行方面的预算软约束。具体而言，收支执行预算软约束变量（Ps）等于两者差额占地方政府本级支出的比重。二是借鉴郭玉清等（2016）的已有研究，将各省人均转移支付/全国人均转移支付作为转移支付方面的预算软约束变量（Tr），以此反映地方政府对于中央救助的预期情况。上述变量的样本数据来源均来自历年《中国财政统计年鉴》和《地方财政统计资料》。

表7　加入预算软约束变量后的影响机制扩展性检验结果

方程＼变量	被解释变量：地方政府债务绩效 Be			
	方程1 地理距离 多重交互	方程2 地理距离 分步交互	方程3 地理距离 分步交互	方程4 地理距离 分步交互
WBe	0.2591 *** (0.0086)	0.1982 *** (0.0054)	0.2857 *** (0.0091)	0.2826 *** (0.0089)
Tc × Bd	−0.1562 ** (0.0817)	−0.1265 ** (0.0504)	−0.2148 *** (0.1127)	—
W（Tc × Bd）	−0.0352 * (0.0301)	−0.0116 * (0.0102)	−0.0258 * (0.0220)	—
Ic × Bd	−0.3515 *** (0.1734)	−0.2617 *** (0.1299)	−0.3167 *** (0.1411)	—
W（Ic × Bd）	−0.0896 ** (0.0384)	−0.0715 ** (0.0252)	−0.1020 ** (0.0438)	—
Tc × Tr	−0.0367 * (0.0465)	−0.0736 * (0.0895)	—	−0.0199 * (0.0218)
W（Tc × Tr）	−0.0033 (0.0186)	−0.0096 (0.0375)	—	−0.0012 (0.0104)
Ic × Tr	−0.0822 ** (0.0436)	−0.1024 *** (0.0624)	—	−0.0349 * (0.0320)
W（Ic × Tr）	−0.0029 (0.0021)	−0.0089 (0.0076)	—	−0.0018 (0.0011)
Tc × Ps	−0.0039 * (0.0094)	—	−0.0053 * (0.0112)	−0.0015 * (0.0062)
W（Tc × Ps）	−0.0014 * (0.0022)	—	−0.0008 (0.0015)	−0.0003 (0.0011)

续表

方程	被解释变量：地方政府债务绩效 Be			
变量	方程1 地理距离 多重交互	方程2 地理距离 分步交互	方程3 地理距离 分步交互	方程4 地理距离 分步交互
$Ic \times Ps$	-0.0075^* (0.0093)	—	-0.0186^{**} (0.0103)	-0.0038^* (0.0046)
$W (Ic \times Ps)$	-0.0017^* (0.0024)	—	-0.0038^* (0.0046)	-0.0009 (0.0013)
控制变量	控制	控制	控制	控制
时间效应	Yes	Yes	Yes	Yes
地区效应	Yes	Yes	Yes	Yes
R^2	0.6659	0.4237	0.4858	0.1124

表7显示了加入地方政府竞争与预算软约束交互项之后的空间计量回归结果。从方程1~方程4的回归结果可以看出，无论是多重交互，还是分布交互，税收竞争与政府负债率的交互项以及其空间滞后项的估计系数均显著为负，公共投资竞争与政府负债率的交互项以及空间滞后项的估计系数也均显著为负，这表明，即使考虑地方政府预算软约束情形，地方政府竞争在辖区内和辖区间对地方政府债务绩效所产生的"规模报酬递减"仍然显著存在。与此同时，从方程1的回归结果看，无论是税收竞争与转移支付预算软约束的交互项 $Tc \times Tr$，还是公共投资与转移支付预算软约束的交互项 $Ic \times Tr$ 都通过了10%显著性水平的检验，且均为负。这表明，地方政府对于中央转移支付的救助预期越强，地方政府竞争对于债务绩效产生的负向影响也越强。其原因是中央通过转移支付进行事后救助实际上相当于免费削减了地方政府的举债成本，因此，在地方政府开展竞争过程中，这种救助预期将进一步激励地方政府主动降低举债融资门槛，放松对于债务项目的甄别努力，从而导致债务资金使用效率下降。从两项交互项的空间滞后项来看，虽然估计系数都为负，但均没有通过显著性检验，这表明各地区的转移支付预算软约束通常是由当地政府与中央政府的财政关系来决定，各地区间的空间外溢效应并不明显。从方程1的回归结果还可以看到，无论是税收竞争与收支执行预算软约束的交互项 $Tc \times Ps$，还是公共投资竞争与收支执行预算软约束的交互项 $Ic \times Ps$，都至少通过了5%的显著性水平检

验，且均为负。这表明地方政府突破预算计划的程度越高，政府竞争对于债务绩效产生的负向影响也越强。其原因是收支执行预算软约束的存在，削弱了预算制度约束政府行为的功能，为地方政府违规使用债务资金，改变债务资金用途提供了可能。因此，在地方政府开展竞争过程中，这种对预算纪律的破坏将导致债务使用效率大幅下降。从两项交互项的空间滞后项来看，估计系数都为负，且均通过了至少 10% 显著性水平的检验，这表明收支执行预算软约束一旦在某一地区实行，相邻地区也会相应去"模仿"该做法，进而产生空间外溢效应。

为了证实上述多重交互项估计的稳健性，我们分别进行了分步骤地加入交互项开展回归检验，回归估计结果与多重交互估计结果基本一致。总体来看，上述回归结果说明地方政府竞争不但与地方政府主动扩大债务规模的举债策略相结合，对地方政府债务绩效产生了"规模报酬递减"的负向效应，而且通过与地方政府预算软约束行为相结合，对地方政府债务绩效产生了"使用效率递减"的负向效应。

五、结论与启示

本文首先在晋升激励导向下的地方政府竞争模型基础上，从不同地区间举债行为策略互动的视角来对地方政府竞争如何影响地方政府债务绩效进行系统理论诠释。研究发现，在地方政府效用最大化目标导向下，开展税收竞争和公共投资竞争将会导致地方政府采取主动扩大债务规模的举债行为策略。同时，地方政府税收竞争和公共投资竞争导致债务产出转化率随着债务规模的持续快速增长而呈现收敛下降趋势，进而阻碍地方政府债务绩效的提升。然后，在采用 Global 超效率 DEA 方法测度地方政府债务绩效的基础上，运用空间杜宾模型实证检验了地方政府竞争影响地方政府债务绩效的效果和路径。研究发现，在地方政府竞争、举债策略以及债务绩效都存在显著的空间相关性和集聚特征基础上，无论是地方政府税收竞争，还是公共投资竞争，都对地方政府债务增速产生了较为显著的正向影响和空间外溢效应；进一步地，随着债务存量水平的持续提高，无论是地方政府税收竞争，还是公共投资竞争，都对地方政府债务绩效产生"规模报酬递减"的负向影响和空间外溢效应。上述实证检验结果通过稳健性检验和分区域异质性检验后，仍然具有显著性。此外，如果考虑到地方政府预算软约束现象的存在，地方政府竞争还将与地方政府预算软约束行为相结合，对地方政府债务绩效产生了"使用效率递减"的负向影响。

本文在现有文献基础上进一步拓展了关于我国地方政府债务绩效问题的理论与实证研究，通过探寻影响机制以优化提升地方政府债务绩效，对于切实加强我国地方政府债务资金管理水平和有效防范地方政府债务风险都具有重要的政策启示。基于此，本文从以下几方面提出了优化治理地方政府债务绩效的建议：

（1）调整现行地方官员晋升考核体系，将债务绩效考核引入官员晋升竞争机制中。现行中国式分权体制确立了以GDP增长为核心的官员晋升考核体系，形成了向上负责的标尺竞争机制。这一地方政府治理机制成为地方政府采取主动扩大债务规模的举债行为策略的制度根源。因此，优化完善官员晋升考核体系始终是当前以及未来地方政府治理体系建设的核心。今后应通过规范地方税收优惠政策和强化投资项目管理等财政管理措施来抑制地方政府税收竞争及公共投资竞争冲动，并明确地方官员在职期间的"社会经济成效—政绩运作成本—债务绩效水平"的联动考核标准，以积极引导地方政府规范举债行为。

（2）建立健全地方政府债务资金绩效管理机制，硬化债务预算约束。在当前地方政府债务规模快速持续增长的背景下，对于地方政府债务资金的绩效管理尤为重要。在将地方政府债务（包括隐性债务）纳入全口径预算的基础上，严格限定举债程序和资金用途，推进实施地方政府债务项目滚动管理和绩效管理，提高债务资金使用绩效。同时，应控制中央转移支付规模的过快增长，优化转移支付资金分配方式以有效硬化地方政府预算约束，防范地方政府债务使用的道德风险。此外，需要特别注意的是，考虑到区域间债务举借策略的空间关联性，今后应加强跨区域的债务合作治理与防范，建立起地方政府间债务绩效因素的互动关联机制，在区域协同优化治理债务绩效问题上实现"示范"和"聚集"效应。

参考文献

［1］陈骁.分税制、地方政府竞争与地方政府债务［J］.中国行政管理，2014（11）.

［2］程宇丹，龚六堂.财政分权下的政府债务与经济增长［J］.世界经济，2015

（11）．

［3］刁伟涛．我国省级地方政府间举债竞争的空间关联性研究［J］．当代财经，2016（7）．

［4］傅勇，张晏．中国式分权与财政支出结构偏向：为增长而竞争的代价［J］．管理世界，2007（3）．

［5］伏润民，缪小林，高跃光．地方政府债务风险对金融系统的空间外溢效应［J］．财贸经济，2017（9）．

［6］范剑勇，莫家伟．地方债务、土地市场与地区工业增长［J］．经济研究，2014（1）．

［7］郭玉清，何杨，李龙．"救助预期"、公共池激励与地方政府举债融资的大国治理［J］．经济研究，2016（3）．

［8］郭月梅，欧阳洁．地方政府财政透明、预算软约束与非税收入增长［J］．财政研究，2017（7）．

［9］洪源，秦玉奇，杨司键．地方政府性债务使用效率测评与空间外溢效应［J］．中国软科学，2014（10）．

［10］洪源，王群群，苏知立．地方政府债务风险非线性先导预警系统的构建与应用研究［J］．数量经济技术经济研究，2018（6）．

［11］金荣学，胡智煜．基于 DEA 方法的地方政府性债务支出效率研究［J］．华中师范大学学报，2015（7）．

［12］金荣学，宋菲菲．地方政府债务支出绩效评价体系研究［J］．行政事业资产与财务，2013（3）．

［13］贾俊雪，张晓颖，宁静．多维晋升激励对地方政府举债行为的影响［J］．中国工业经济，2017（7）．

［14］考燕鸣，王淑梅，马静婷．地方政府债务绩效考核指标体系及评价模型研究［J］．当代财经，2009（7）．

［15］刘尚希．地方政府性债务风险不是来自债务本身［J］．中国党政干部论坛，2014（2）．

［16］李永友，沈坤荣．辖区间竞争、策略性财政政策与 FDI 增长绩效的区域特征［J］．经济研究，2008（5）．

［17］李香菊，赵娜．税收竞争如何影响环境污染——基于污染物外溢性属性的分析［J］．财贸经济，2017（11）．

［18］吕健．政绩竞争、经济转型与地方政府债务增长［J］．中国软科学，2014（8）．

［19］罗党论，佘国满．地方官员变更与地方债发行［J］．经济研究，2015（6）．

［20］缪小林，伏润民．责权分离、政绩利益环境与地方政府债务超常规增长［J］．

财贸经济，2015（4）．

[21] 皮建才，殷军，周愚．新形势下中国地方官员的治理效应研究［J］．经济研究，2014（10）．

[22] 齐红倩，席旭文，庄晓季．公共债务对经济增长影响的非线性特征——基于 PSTR 模型的国际经验分析［J］．世界经济研究，2015（6）．

[23] 吴小强，韩立彬．中国地方政府债务竞争：基于省级空间面板数据的实证研究［J］．财贸经济，2017（9）．

[24] 王小鲁，樊纲，余静文．中国分省份市场化指数报告（2016）［M］．北京：社会科学文献出版社，2017．

[25] 汪冲．政府间转移支付、预算软约束与地区外溢［J］．财经研究，2014（8）．

[26] 徐长生，程琳，庄佳强．地方债务对地区经济增长的影响机制——基于分位数面板模型的分析［J］．经济学家，2016（5）．

[27] 肖叶，刘小兵．税收竞争促进了产业结构转型升级吗？——基于总量与结构双重视角［J］．财政研究，2018（5）．

[28] 杨大楷，汪若君．政府竞争视角下的地方政府债务研究：理论分析与模型构建［J］．管理现代化，2014（3）．

[29] 朱文蔚．中国地方政府性债务与区域经济增长的非线性关系研究［J］．财经论丛，2014（12）．

[30] Alesina G. T. Why is Fiscal Policy Often Procyclical［J］. Journal of European Economic Association, 2008, 16（5）: 1006 – 1036.

[31] Baum A., Checherita – Westphal C., Rother P. Debt and Growth: New Evidence for the Euro Area［R］. ECB Working Paper, No. 1450, 2012.

[32] Besley T., Case A. Incumbent Behavior: Vote – Seeking, Tax – Setting, and Yardstick Competition［J］. The American Economic Review, 1995, 85（1）: 25 – 45.

[33] Lesage J, P. and Pace R. K. Introduction to Spatial Econometrics［M］. Boca Raton: CRC Press, 2009.

[34] Minea A. and Parent A. Is High Public Always Harmful to Economic［R］. CERDI, Etudes at Documents, 2012.

[35] Pastor J. T and C. A. Lovell A Global Malmquist Productivity Index［J］. Economics Letters, 2005, 88（2）: 266 – 271.

[36] Reinhart C., M., Rogoff K. S. Growth in a Time of Debt［R］. NBER Working Paper, No. 15639, 2010.

[37] Thushyanthan B. Soft Budget Constraints and Strategic Interactions in Subnational Borrowing: Evidence from the German States, 1975 – 2015［J］. Journal of Urban Economics, 2012, 71（2）: 114 – 127.

研发补贴对企业创新产出的影响研究

——基于空间面板模型的分析*

李世奇　朱平芳

（上海社会科学院数量经济研究中心　上海　200020）

摘　要　通过测算企业非劳务性研发经费投入对创新产出的最优滞后期，基于创新产出的溢出效应，运用空间面板模型，使用中国31个省级地区2009~2015年的数据，并按规模和所有权性质对企业进行分类，研究研发补贴对企业专利申请数和新产品销售收入的影响。研究发现，研发补贴仅对大型企业和国有企业的专利和新产品有显著的促进作用，对中型企业、非国有企业和外资企业的两种创新产出均无显著直接影响。研发投入最优滞后期和产出弹性的结果反映出外资企业的创新和转化能力最强；相比于非国有企业，国有企业自主创新能力较强，但转化能力较弱；非国有企业更为重视新产品销售收入，研发资金和人才的稀缺仍然是非国有企业进行大规模创新的主要制约因素。

关键词　研发补贴；创新产出；最优滞后期；空间计量

*　本文得到上海市科技发展基金资助软科学研究基地"上海市科技统计与分析研究中心"项目建设资助，并得到上海社会科学院创新工程数量经济学科团队建设项目支持。

The Impact of R&D Subsidies on Innovative Output of Enterprises: Empirical Analysis of Spatial Panel Model

Li Shiqi   Zhu Pingfang

(Research Center for Quantitative Economics Shanghai
Academy of Social Sciences, Shanghai 200020)

Abstract: By measuring optimal lag of enterprises non – labor R&D input on innovative output based on its spillover effect, using spatial panel model and the data of Chinese 31 provincial regions during 2009 – 2015, according to the size and the ownership of enterprises, this article studies the impact of R&D subsidies on enterprises patent application number and new product sales revenue. This study finds that only the impact on large and state – owned enterprises is significant, but the impact on medium enterprises, non – state – owned enterprises and foreign – funded enterprises is not. The result of optimal lag and the output elasticity shows that the innovation and transformation ability of foreign – funded enterprises is strongest. Compared to non – state – owned enterprises, the independent innovation ability of state – owned enterprises is stronger, but the transformation ability is weaker. Non – state – owned enterprises pay more attention on the new product sales income, the scarcity of R&D capital and talent are the main restricting factors on non – state – owned enterprises large – scale innovation.

Key Words: R&D Subsidies; Innovative Output; Optimal Lag; Spatial Econometrics

一、文献综述

研发补贴对企业创新产出的影响一直以来受到学者的广泛关注。国内外文献研究创新产出的问题大多使用 Griliches – Jaffe 知识生产函数。Griliches（1979）首次提出了知识生产函数的概念，将研发投入纳入生产函数的框架，为度量研发投入与创新产出之间的关系奠定了基础。Jaffe（1989）在研究大学的创新活动对企业创新产出的溢出影响时进一步将研发经费投入和研发人力投入纳入分析框架，得到 Griliches – Jaffe 知识生产函数的一般形式：

$$I = AK^{\alpha}H^{\beta}e^{\varepsilon} \tag{1}$$

式中，I 为创新产出；K 为历年研发资本投入形成的研发资本存量；H 为研发人力投入，A 为影响创新产出的其他变量，ε 为误差项。Hall 和 Mairesse（1995）以及 Griffith 等（2006）分别利用该函数研究了法国和英国制造业企业的研发投入产出关系。Griffith 等（2006）也基于此探讨了美国的研发溢出对英国企业创新产出的影响。

国内利用知识生产函数分析中国企业研发投入与产出的文献也有许多，吴延兵（2006）在测算了中国各工业行业 R&D 资本存量的基础上，利用知识生产函数分析了研发资本投入、研发人力投入对企业创新产出的影响。周亚虹等（2012）利用中国工业企业的微观数据基于知识生产函数的模型分析了影响企业自主创新绩效的多项因素。朱平芳等（2016）基于研发投入的溢出效应对知识生产函数进行了扩展，测算了中国工业行业 R&D 物质资本投入和人力资本投入对 R&D 产出的溢出影响。

上述研究为本文分析政府研发补贴对企业创新产出的溢出影响奠定了理论基础，研发资本投入和研发人力投入是分析创新产出不可忽视的因素，但有关研发资本存量的测算也为本文分析政府研发补贴的影响带来了困难。首先，研发资本存量的测算都是基于永续盘存法，其中核心的折旧率指标都是根据过往文献 Griliches（1990）关于专利更新的比例为 10% 的结论设置为 10%（周亚虹等，2012；朱平芳等，2016）或根据经验设置为 15%（吴延兵，2006），但假设中国各个地区的研发资本折旧率处于相同的水平又显得过于主观，所以很难准确测算各地区工业企业研发资本存量。其次，政府研发补贴也是企业研发资本投入的一部分，但政府研发补贴不仅仅用于企业研发资本的形成，也用于企业研发人力投入的支出，根据现有数据无法测算出到底有多少政府研发补贴形成了企业研发资本存量。最后，即使能够将企业研发资本存量分为企业自有研发投入形成的存量以及政府研发补贴形成的存量，但却与本文的研究目的相去甚远，因为评估政府研发补贴政策的作用，最主要的目的还是聚焦于单位补贴对企业单位创新产出的影响，而不是单位补贴形成的资本存量的影响。

朱平芳和徐伟民（2003）根据研发投入与产出的时滞机制，通过逐个确认企业各类研发资金来源的时滞，使用滞后 5 期的政府研发补贴对上海大中型工业企业专利产出的影响进行了估计，依据的理论基础是新经济增长理论中指出的"研发经费投入对创新产出会产生显著的促进作用"，这种显著的作用为确定最佳滞后期提供了标准，即在回归中处于最佳滞后期的研发经费投入的作用应该最为显著。朱平芳和徐伟民（2005）进一步研究了1994～2004 年上海大中型工业企业专利产出的滞后机制，指出企业研发投入对专利授权数最大的贡献发生在投入后的第四年，而根据一年左右的专利授权时间，研发投入对专利申请数的最大贡献则发生在投入后的第三年。朱平芳和徐伟民（2003，2005）的贡献在于根据知识生产函数的理论思想，从研发投入与产出时滞关系入手分析政府研发补贴对企业创新产出的影响，符合政策评价的目的，另辟蹊径解决了研发存量的"测不准"问题。符淼（2009）在测算 1990～2006 年中国省际区域的地理距离与技术溢出效应时采用滞后 2 期的研发投入。项歌德等（2011）在分析 1998～2008 年中国 31个省级地区工业企业 R&D 经费投入对 R&D 产出的溢出影响时，测算出企业R&D 经费投入对专利申请数的最佳滞后期为 2 年。白俊红（2011）在利用1998～2007 年中国大中型工业企业分行业数据分析了政府研发补贴对专利产出的有效性时，直接使用当期的政府研发补贴也得到了有益的结论。杨洋等（2015）使用 2003～2007 年的中国工业企业数据从微观角度分析政府研发补贴对不同所有制企业创新绩效的影响时，使用的是当期的政府研发补贴。毛其淋和许家云（2015）也从企业微观视角使用 1998～2007 年的中国工业企业数据分析了政府补贴对新产品创新的影响，也使用的是当期的政府研发补贴。郑延冰（2016）使用 2013 年北京中小型民营科技企业调查数据在测算政府补贴对企业研发效率的影响时同样使用的是当期的补贴。由以上文献可以看出，在使用流量而不是存量测算研发投入对产出的影响时，滞后期是关键的因素。

现有文献在评价政府研发补贴对企业创新产出的影响时仍存在诸多不足。

第一，微观企业数据一般来源于中国工业企业数据库，聂辉华等（2012）指出了该数据库存在诸如样本匹配、异常变量、字段定义模糊的问题，尤其是 2008 年以后该数据库不再提供关于企业研发投入的字段数据，使基于此数据库的企业创新活动研究全部是在 2007 年以前，尽管数据的时限不影响研究成果的价值，但近十年来随着政府对创新的重视程度不断提升，科技政策不断调整，对企业补贴的力度和思路也在发生变化，需要使用对应的数据来评估这种政策变化，而且有些微观数据仅来源于某一年份某一地区的调查数据，不具有代表性。

第二，在使用宏观数据来分析企业研发投入与产出的关系时，已有文献明确指出企业研发投入对产出溢出效应的存在，所以在评估政府研发补贴政策时，也不能忽视这种溢出效应。尽管项歌德等（2011）将企业研发经费投入按照资金来源分为私人部门投入和公共部门投入，但是却忽略了研发经费中存在着劳务费等用于人力投入的支出。吴延兵（2006）指出，因为知识生产函数中已经包含了 R&D 资本投入和 R&D 人力投入，如果在 R&D 资本投入中仍包含劳务费就会产生重复计算的问题，所以尚未有文献基于知识生产函数的理论构想和空间溢出效应研究中国政府研发补贴对创新产出的影响。

第三，尽管近年来大多数文献采用当期的政府研发补贴去测算对产出的影响，但是却缺乏相关的实证结果支撑，直接认为当期的研发投入对产出具有最显著的贡献是没有根据的。

二、实证模型构建与变量说明

（一）研发补贴对企业创新产出影响的实证模型设定

本文根据 Griliches – Jaffe 知识生产函数提供的理论基础以及朱平芳和徐伟民（2003）、项歌德等（2011）通过确定最优滞后期，使用研发资本投入而不是研发资本存量，测算研发投入对产出影响的方法，构建如下基本模型：

$$RD\_Output_{it} = \beta_1 En\_RDA_{it-j} + \beta_2 Gov\_RD_{it-j} + \beta_3 H_{it} + \beta_4 Size_{it} + u_i + \alpha_t + \varepsilon_{it} \tag{2}$$

式中，RD_Output_{it} 为地区 i 第 t 年来源于企业的 R&D 产出，本文使用企业专利申请数 Pat_{it} 和新产品销售收入 NP_{it} 作为代表企业 R&D 产出的变量，专利申请数是衡量企业 R&D 产出最常用的指标，但使用专利数量来度量

R&D 产出也存在一定的缺陷（Griliches，1990），特别是在中国这种缺陷会被放大（钱锡红等，2010）。第一，发明专利申请的要求较高，很多改良性的生产流程创新、管理模式创新以及经营模式创新很难申请专利或者体现在专利数量上。第二，企业基于商业机密以及战略布局的考虑不会将核心技术申请专利，而在核心技术的周边申请辅助性专利，建立一道篱笆墙，保护核心技术不被抄袭，所以很多专利是防御性专利而不是核心专利，在中国知识产权保护还不是很完善的情况下这种现象更为普遍。第三，企业存在为了获得更多的政府补贴做大专利数量的动机，尤其是实用新型和外观专利，申请的难度较低，所需的时间较短，所以专利数量很难准确反映企业的 R&D 产出，而新产品销售收入可以较为全面地反映包括流程、管理、经营创新的各类创新活动的产出水平，相对专利申请数而言数据的质量更高；En_RDA$_{it-j}$为地区 i 第 t－j 年企业 R&D 经费支出中的非劳务性投入[①]，使用非劳务性投入而不是企业 R&D 经费支出 En_RD$_{it}$，是为了避免 En_RD$_{it}$中的劳务费支出与研发人力投入产生重复计算问题，j 为研发经费投入的最优滞后期。Gov_ RD$_{it-j}$为政府对企业研发补贴；H$_{it}$为企业研发人力投入，本文使用企业的研究人员数作为代表人力投入的变量，研究人员作为企业 R&D 人员中实际进行创新活动的人员数量，数据质量较高，因为在统计企业 R&D 人员数时，很多企业研发部门中的非研究人员也被统计作为 R&D 人员，直接使用 R&D 人员数存在高估企业研发人力投入的问题；Size$_{it}$为企业总资产的对数，是规模控制变量；u$_i$为个体固定效应项，α$_t$为时间固定效应项，ε$_{it}$为随机误差项。

本文的目的是基于空间溢出效应衡量政府研发补贴对企业创新产出的影响，所以需要在模型中加入空间效应项。创新产出的空间溢出效应已经被众多文献所证实，通过经济产业链的传递不同行业、不同地区之间创新产出会相互影响，当然我们也不能排除误差项和遗漏变量存在的空间相关性。最重要的是，如果本地政府研发补贴对当地企业的创新产出有显著的影响，那么通过政府研发补贴自身的空间溢出效应以及企业创新产出的溢出效应的传导，会对其他地区企业的创新产出产生溢出影响，基于这三种空间溢出效应，本文构建三类空间面板模型，当然实证中选择哪个模型需要进一步验证。

[①]　非劳务性投入指企业 R&D 经费支出中扣除劳务费的部分，以下均简称为研发经费投入。

$$RD\_Output_{it} = \delta WRD\_Output_{it} + \beta_1 En\_RDA_{it-j} + \beta_2 Gov\_RD_{it-j} +$$
$$\beta_3 H_{it} + \beta_4 Size_{it} + u_i + \alpha_t + \varepsilon_{it} \qquad (3)$$

$$RD\_Output_{it} = \beta_1 En\_RDA_{it-j} + \beta_2 Gov\_RD_{it-j} + \beta_3 H_{it} + \beta_4 Size_{it} + u_i + \alpha_t + \varepsilon_{it}$$
$$\varepsilon_{it} = \lambda W \varepsilon_{it} + \upsilon_{it} \qquad (4)$$

$$RD\_Output_{it} = \delta WRD\_Output_{it} + \rho WGov\_RD_{it-j} + \beta_1 En\_RDA_{it-j} +$$
$$\beta_2 Gov\_RD_{it-j} + \beta_3 H_{it} + \beta_4 Size_{it} + u_i + \alpha_t + \varepsilon_{it} \qquad (5)$$

式（3）为 SAR 模型，式（4）为 SEM 模型，式（5）为 SDM 模型。本文之所以不考虑企业研发资本性投入 En_RDA_{it-j} 和研发人力投入 H_{it} 的空间效应，是因为创新产出的溢出效应主要来自研发投入的溢出效应，如果在 SDM 模型中加入 WEn_RDA_{it-j} 和 WH_{it}，会重复计算企业创新活动的溢出效应，研发投入和创新产出的溢出效应两者只能取其一（项歌德等，2011；朱平芳等，2016），由于前文已经对研发投入的溢出效应作了分析，所以这里将重点放在创新产出的溢出效应上。而政府研发补贴所占的研发投入比例较小，所以并不会显著影响企业创新产出溢出效应的结果。

（二）变量说明与数据来源

如表 1 所示，Pat_{it} 和 NP_{it} 作为模型的因变量，En_RDA_{it}、Gov_RD_{it}、H_{it} 作为模型的自变量，数据分别来源于《中国科技统计年鉴》和《工业企业科技统计年鉴》中关于规模以上工业企业（以下简称企业）自主知识产权及相关情况中的专利申请数、企业新产品开发及销售情况中的新产品销售收入、企业 R&D 经费内部支出情况中的非劳务性支出、政府资金以及企业 R&D 人员情况中的研究人员。由于在 2010 年（2009 年数据）针对企业 R&D 经费支出分类的统计口径发生了重大变化，所以本文所选取的样本区间为 2009 ~ 2015 年。$Size_{it}$ 作为模型的其他控制变量，数据来源于《中国工业统计年鉴》。

本文使用各地区生产者价格指数对 NP_{it} 的名义值进行了处理，使用固定资产投资价格指数对 En_RDA_{it} 的名义值进行了处理，使用企业 R&D 经费支出价格指数对 Gov_RD_{it} 的名义值进行了处理，2009 年为基期，R&D 经费支出价格指数的构建思路和方法与前文相同。

政府研发补贴可能对不同规模和不同所有制企业的创新产出产生不同的作用，本文按规模将企业分为两类：大型企业（Lar）和中型企业（Med），按所有制将企业分为三类：国有及国有控股企业，简称国有企业

（SoE）；内资企业中的非国有及国有控股企业，简称非国有企业（nSoE）；港澳台企业和外资企业，简称外资企业（FoE）。

表1   变量说明

变量名称	经济含义
Pat_{it}	第i个地区第t年企业专利申请数（万件）
NP_{it}	第i个地区第t年企业新产品销售收入（亿元）
En_RDA_{it}	第i个地区第t年企业研发经费投入（亿元）
Gov_RD_{it}	第i个地区第t年政府对企业研发补贴（亿元）
En_RDA_{it-j}	第i个地区第t-j年企业研发经费投入（亿元）
Gov_RD_{it-j}	第i个地区第t-j年政府对企业研发补贴（亿元）
H_{it}	第i个地区第t年企业研究人员数（万人）
$Size_{it}$	第i个地区第t年企业总资产的对数
Lar	前缀：大型企业
Med	前缀：中型企业
SoE	前缀：国有企业
nSoE	前缀：非国有企业（限内资企业）
FoE	前缀：外资企业（包括港澳台企业）

本文所考察的样本为中国2009~2015年31个省市区的省际面板数据，数据来自《中国科技统计年鉴》《工业企业科技统计年鉴》《中国工业统计年鉴》《中国统计年鉴》以及各省市区统计年鉴。各变量的统计性描述如表2~表7所示。

表2   变量统计性描述（全体企业：2009~2015年）

变量名称	样本数	平均值	标准差	最小值	最大值
Pat_{it}	217	1.46	2.31	0.00	11.99
NP_{it}	217	0.34	0.46	0.00	2.41
En_RDA_{it}	217	24.81	33.52	0.01	177.15
Gov_RD_{it}	217	8.49	8.32	0.00	35.14
H_{it}	217	3.11	3.50	0.00	17.56
$Size_{it}$	217	9.69	1.08	5.53	11.58

表3 变量统计性描述（大型企业：2009~2015年）

变量名称	样本数	平均值	标准差	最小值	最大值
$LarPat_{it}$	217	0.57	0.93	0.00	6.19
$LarNP_{it}$	217	0.23	0.31	0.00	1.70
$LarEn\_RDA_{it}$	217	12.87	16.15	0.00	78.59
$LarGov\_RD_{it}$	217	5.24	6.04	0.00	31.89
$LarH_{it}$	217	1.82	2.07	0.00	11.66
$LarSize_{it}$	217	8.91	1.12	4.73	10.79

表4 变量统计性描述（中型企业：2009~2015年）

变量名称	样本数	平均值	标准差	最小值	最大值
$MedPat_{it}$	217	0.40	0.64	0.00	3.30
$MedNP_{it}$	217	0.07	0.11	0.00	0.62
$MedEn\_RDA_{it}$	217	6.62	9.53	0.00	52.57
$MedGov\_RD_{it}$	217	1.92	2.34	0.00	13.56
$MedH_{it}$	217	0.79	0.95	0.00	5.19
$MedSize_{it}$	217	8.31	1.08	3.60	10.19

表5 变量统计性描述（国有企业：2009~2015年）

变量名称	样本数	平均值	标准差	最小值	最大值
$SoEPat_{it}$	217	0.34	0.36	0.00	2.24
$SoENP_{it}$	217	0.09	0.10	0.00	0.56
$SoEEn\_RDA_{it}$	217	7.22	6.02	0.00	27.71
$SoEGov\_RD_{it}$	217	5.03	5.83	0.00	33.53
$SoEH_{it}$	217	1.36	0.97	0.00	3.90
$SoESize_{it}$	217	8.93	0.93	5.12	10.25

表6 变量统计性描述（非国有企业：2009~2015年）

变量名称	样本数	平均值	标准差	最小值	最大值
$nSoEPat_{it}$	217	0.76	1.43	0.00	8.21
$nSoENP_{it}$	217	0.14	0.25	0.00	1.38
$nSoEEn\_RDA_{it}$	217	11.73	21.33	0.00	135.83

变量名称	样本数	平均值	标准差	最小值	最大值
nSoEGov_RD$_{it}$	217	2.41	3.56	0.00	16.36
nSoEH$_{it}$	217	1.21	2.03	0.00	10.05
nSoESize$_{it}$	217	7.79	1.48	3.01	10.39

表7 变量统计性描述（外资企业：2009～2015年）

变量名称	样本数	平均值	标准差	最小值	最大值
FoEPat$_{it}$	217	0.31	0.66	0.00	3.62
FoENP$_{it}$	217	0.10	0.19	0.00	0.98
FoEEn_RDA$_{it}$	217	5.63	10.36	0.00	52.39
FoEGov_RD$_{it}$	217	0.95	1.64	0.00	9.21
FoEH$_{it}$	217	0.54	0.96	0.00	5.37
FoESize$_{it}$	217	7.56	1.71	2.06	10.58

（三）空间权重矩阵的设计

空间权重矩阵的选择和构建对空间计量分析有着极其重要的影响。空间权重矩阵的恰当构建与选择和最终估计结果的解释力密切相关（陈彦光，2009）。在任何应用空间计量模型的实证研究中，对空间权重矩阵的设定是整个研究中至关重要的一环（朱平芳等，2011）。

现有空间计量模型的实证研究中，所使用的空间权重矩阵大都是地理相邻空间矩阵、地理距离矩阵以及经济距离矩阵，或者是地理距离和经济距离的加权矩阵。无论上述何种矩阵都是对称的，但是对称的空间权重矩阵并不符合实际的经济活动。

在空间权重矩阵 W 中，w_{ij} 和 w_{ji} 分别作为其第 i 行、第 j 列元素以及第 j 行、第 i 列反映的是 i 和 j 两个个体之间的空间相关性。如果仅从地理学上而言，$w_{ij} = w_{ji}$ 的假定是合理的，两者之间的影响是对称的，并不具有方向性。但是在经济学上，w_{ij} 在实际计算中反映的是 j 对 i 的影响，w_{ji} 反映的是 i 对 j 的影响，两者均具有方向性，且并不等价。例如，北京、上海对西藏经济发展的影响要远远大于西藏对北京、上海经济发展的影响。

朱平芳等（2016）将投入产出表中的感应力系数以及影响力系数引入

空间权重矩阵中，刻画了不同行业上下游之间的影响力，构建了适用于中国工业行业 R&D 溢出效应分析的非对称空间权重矩阵。本文借鉴朱平芳等（2016）的思路，构建适用于中国省际空间效应分析的非对称空间权重矩阵，所设计的空间权重矩阵既要反映地理与经济距离，也要体现非对称性。

Bodson 和 Peeters（1975）指出，可以考虑使用地区之间的交通数据来构建空间权重指标，但由于两地之间的交通数据相比于经济数据较难获取，而且如何匹配交通数据与经济数据也是一大难点，所以说还未有文献采用交通数据构建空间权重矩阵来分析中国的经济问题。

众所周知，改革开放以来，中国的铁路建设极大促进了中国的经济发展，尤其是 2008 年以来，高铁的大规模建设进一步拉近了各地区的经济联系。铁路客运列车的运行时间可以真实地反映两地之间的实际空间距离，体现了技术进步所带来的距离变化，而铁路客运车次的数量又可以反映两地之间人员交流的密集程度，从而间接地体现出两地之间的经济联系。所以利用铁路客运列车的运行时间以及车次的数量可以构建一种全新的复合空间权重矩阵。

本文抓取了 2017 年 5 月 30 日中国铁路客户服务中心（12306 网站）上中国境内任意两个车站之间当天的运行车次数据。经统计，全国当天运行 7290 列车次，经过 31 个省市区的 2914 个车站，总共获得 523556 条数据。每条数据包含的信息有"车次""出发站""到达站""运行时间"，以及该车次的"始发站""终点站"各个车站所属的省份。

因为本文需要的是省际之间的铁路客运数据，所以将各个车站归属于其所在的省份进行统计。例如，从北京到上海的 G11 次列车，经过济南、曲阜、南京和苏州，由于济南和曲阜属于山东，南京和苏州属于江苏，所以北京到上海的车次数量为 1，北京到山东、江苏的车次数量均为 2，山东和江苏到上海的车次数量也均为 2，山东到江苏的车次数量为 4，各省市之间的时间则为平均值。

但中国铁路客运车次在设计时，往往使用单双号代表往返的两列车次（比如从北京到上海的高铁是单号，从上海到北京的高铁则是双号），单双号对应的两列车可能会在具体经停的车站上有一些差别，但总体上来说是对称的。为了更加准确地刻画省际之间的非对称影响，本文将始发站赋予加倍的数量，即如果出发站是始发站，则车次数量记为 2。在上例中，由于北京是始发站，则从北京到上海的车次数量记为 2，从北京到山东、江苏的车次数量记为 4，其余不变。

之所以将始发站出发的车次数量加倍，是因为始发站往往会选择设立在综合实力比较强的城市，比如，北京和上海是全国仅有的 2 个向其他 30 个省市区均有始发列车的省级地区。较强综合实力个体与较弱综合实力个体之间的影响是不对称的，较强综合实力个体对较弱综合实力个体的影响会大于反向的影响，对始发站的处理正是为了反映这种非对称性。

设 w_{ij} 是 j 省（市、区）对 i 省（市、区）在空间上的影响，n_{ij} 为 j 省（市、区）出发到 i 省（市、区）的车次数量，sf_{ij} 为 j 省（市、区）始发到 i 省（市、区）的车次数量，t_{ij} 为 j 省（市、区）到 i 省（市、区）的平均时间，那么：

$$w_{ij} = \begin{cases} \dfrac{n_{ij} + sf_{ij}}{t_{ij}} & \text{if } n_{ij} \neq 0 \text{ and } i \neq j \\ 0 & \text{if } n_{ij} = 0 \text{ or } i = j \end{cases} \tag{6}$$

即 j 对 i 在空间上的影响与 j 到 i 的运行车次数量以及始发车次数量成正比，与 j 到 i 的平均时间成反比，并对所得到的矩阵进行标准化，构建出本文所使用的复合空间权重矩阵 W：铁路客运空间权重矩阵。它既是技术进步背景下地理距离的体现，也反映了地区之间非对称的经济影响，比传统对称的邻接矩阵、地理距离矩阵、由人均 GDP 之差的倒数构建的经济距离矩阵要更切合实际，也较好地避免了抽象的经济距离矩阵所带来的内生性问题，对于衡量研发补贴等反映科技创新变量之间的空间相关性具有很强的适用性。

三、实证分析

（一）最优滞后期的确认

由于研发经费投入对创新产出会产生显著促进作用，所以为选择最优滞后期提供了标准，本文使用不包括政府研发补贴以及空间效应的基本模型估计不同滞后期的企业 R&D 经费投入系数，通过该系数的 t 统计量的大小选择影响最为显著的滞后期作为空间面板模型中企业 R&D 经费投入和政府研发补贴的滞后期。朱平芳和徐伟民（2003，2005）确定的研发经费投入对专利申请数的最优滞后期为 4 期，项歌德等（2011）确认的最优滞后期为 2 期，而随着技术的进步最优滞后期在不断缩短，由于本文将专利申请数和新产品销售收入共同作为创新产出，两者的最优滞后期可能存在差别，所以本文以滞后 3 期作为考察的最大滞后期。

表 8　不同类型企业 R&D 经费投入的 t 统计量

变量	当期	滞后 1 期	滞后 2 期	滞后 3 期	变量	当期	滞后 1 期	滞后 2 期	滞后 3 期
Pat_{it}	1.67	3.24	0.98	0.03	NP_{it}	1.32	2.09	4.18	1.08
$LarPat_{it}$	2.76	3.68	1.07	0.15	$LarNP_{it}$	1.28	3.45	6.73	1.56
$MedPat_{it}$	2.94	4.16	1.46	0.29	$MedNP_{it}$	2.48	3.36	0.89	0.07
$SoEPat_{it}$	3.73	5.74	1.59	0.42	$SoENP_{it}$	0.83	2.55	3.86	0.72
$nSoEPat_{it}$	0.13	1.23	3.30	2.71	$nSoENP_{it}$	3.13	6.04	1.30	0.26
$FoEPat_{it}$	4.44	4.12	1.37	0.24	$FoENP_{it}$	6.26	4.56	1.25	0.17

通过比较当期到滞后 3 期不同类型企业 R&D 经费投入系数的 t 统计量的大小，我们发现如果仅就全体企业而言，当把专利申请数作为企业的创新产出时，滞后 1 期的 t 统计量最大，所以滞后 1 期是中国规模以上工业企业研发经费投入对专利申请数的最优滞后期，而当把新产品销售收入作为企业的创新产出时，滞后 2 期的 t 统计量最大，所以滞后 2 期是中国规模以上工业企业研发经费投入对新产品销售收入的最优注滞后期。专利和新产品的滞后期之所以不同，是因为新产品销售收入是企业创新成果产业化后的结果，所需要的周期可能比专利要长。

但是，在将全体企业按照规模和所有权进行分类后，最优滞后期出现了明显的差别。从规模分类看，大型企业与全体企业所呈现出来的专利和新产品的最优滞后期相同，但中型企业新产品的最优滞后期则为滞后 1 期，即中型企业研发经费投入形成专利和新产品的时间周期是一致的。从所有权性质来看，国有企业主导了全体企业创新产出的最优滞后期，专利为滞后 1 期，新产品为滞后 2 期。而非国有企业则出现倒置的情况，专利为滞后 2 期，新产品为滞后 1 期。

国有企业和非国有企业两者最优滞后期完全相反的原因主要有四点：第一，国有企业比非国有企业的研发力量更强，人才和技术储备更完善，从研发投入到形成专利的时间更短；第二，国有企业以自主创新为主，新产品与所申请的专利有直接的关系，而非国有企业以技术引进和仿制为主，新产品并不主要来源于所申请的专利；第三，国有企业比非国有企业在专利申请所需要的审批时间上具有明显的优势，更容易受到政府的照顾；第四，国有企业由于其市场支配和行业垄断的地位，一般不会采取前文所提到的"为保护商业机密不申请核心技术专利或申请防御性专利"的措施，而出于显示国家创新实力以及参与国际市场竞争的考虑，一般有了技术突破就会申请专利，但非国有企业所面临的国内市场的竞争极大，通过法律手段去维护知识产权的成本又过高，如果申请专利不能减少反而会增加外部性收益时，非国有企业更倾向于不申请专利而直接将核心技术产业化和商业化。综合上述四点原因，使所观察到非国有企业新产品和专利的形成周期出现倒置的现象。

特别需要注意的是，外资企业专利和新产品的最优滞后期均为当期，这突出体现了外资企业相比于国内企业在创新上的优势：一方面，技术优势使外资企业所需要的研发投入周期更短；另一方面，通过全球资源配置直接将国外已经成型的技术直接拿到中国进行应用，只需要较短的时间和较少的研发投入适应中国本土化的市场需求。当然，近年来中国企业综合创新实力的进步有目共睹，但很多国内以新技术、新模式、新业态创立的企业，出于避税或资金流通的考虑，将公司注册地设立在海外或者香港，从统计角度这些企业属于外资企业和港澳台企业。

从国有企业、非国有企业以及外资企业所呈现研发投入产出的滞后特征可以发现，大型企业的最优滞后期主要受到国有企业的影响，而中型企业则受到非国有企业和外资企业的综合影响，所以，尽管大型企业和中型企业专利的最优滞后期均为滞后 1 期，但背后的原因是不同的。

（二）空间相关性的 Moran's I 检验

考察政府研发补贴对企业创新产出影响的空间效应，必须首先对企业创新产出的空间效应进行空间相关性检验，我们采用测算出来的最优滞后期对企业创新产出的基本模型进行回归得到残差向量 e，计算全局 Moran's I 指数。Moran's I 指数的计算方法及检验结果的判定详见第五章第四节。

由表 9 可以看出，企业专利数量、新产品销售收入受到了来自其他地区企业专利数量、新产品销售收入的影响，空间溢出效应为正且显著。分规模看，大型企业和中型企业专利数量、新产品销售收入的空间效应均为正且显著，分股权性质来看，国有企业、非国有企业以及外资企业专利数量、新产品销售收入的空间效应均为正且显著。

表9 不同类型企业 Moran's I 指数检验结果

变量	Moran I 指数	Z_value	p 值	变量	Moran I 指数	Z_value	p 值
Pat_{it}	0.586	14.352	0.000	NP_{it}	0.438	10.816	0.000
$LarPat_{it}$	0.475	11.734	0.000	$LarNP_{it}$	0.378	9.410	0.000
$MedPat_{it}$	0.541	13.285	0.000	$MedNP_{it}$	0.472	11.622	0.000
$SoEPat_{it}$	0.338	8.394	0.000	$SoENP_{it}$	0.302	7.534	0.000
$nSoEPat_{it}$	0.602	15.354	0.000	$nSoENP_{it}$	0.618	15.686	0.000
$FoEPat_{it}$	0.443	10.942	0.000	$FoENP_{it}$	0.187	4.797	0.000

（三）模型选择的 LR 检验

本文从 SDM 模型出发，对 $H_{01}: \rho = 0$ 和 $H_{02}: \rho = -\delta\beta_2$ 两个原假设进行 LR 检验，从而判断 SAR 与 SEM 是否更为适用。如果两个原假设均遭到拒绝，则 SDM 是合适的模型。如果拒绝了第一个原假设，但无法拒绝第二个原假设，那么 SEM 是合适的模型。如果拒绝了第二个原假设，但无法拒绝第一个原假设，那么 SAR 是合适的模型。

表10 LR 检验结果

	全体企业	大型企业	中型企业	国有企业	非国有企业	外资企业
	Pat_{it}	$LarPat_{it}$	$MedPat_{it}$	$SoEPat_{it}$	$nSoEPat_{it}$	$FoEPat_{it}$
LR test（$\rho = 0$）	0.2727	0.3506	0.2309	0.3102	0.1664	0.1871
LR test（$\rho = -\delta\beta_2$）	0.0521	0.0833	0.0296	0.0617	0.0484	0.0367
	NP_{it}	$LarNP_{it}$	$MedNP_{it}$	$SoENP_{it}$	$nSoENP_{it}$	$FoENP_{it}$
LR test（$\rho = 0$）	0.2619	0.4506	0.1790	0.3813	0.2580	0.2821
LR test（$\rho = -\delta\beta_2$）	0.0554	0.0767	0.0410	0.0756	0.0531	0.0350

注：表中均为 LR 检验的 p 值。

由表10 LR 检验结果可以看出，无论是专利申请数还是新产品销售收入，不同类型企业使用 SDM 模型的回归结果，都显著拒绝第二个原假设

H_{02}：$\rho = -\delta\beta_2$，但无法拒绝第一个原假设 H_{01}：$\rho = 0$，所以全体企业以及按规模和按所有制分类的企业样本都应该使用 SAR 模型。

（四）实证结果

本文采用极大似然估计 MLE 的方法对空间面板模型进行估计，使用双向固定效应以及聚类稳健标准。

1. 专利申请数作为创新产出

从表 11 第一列全体企业专利申请数的回归结果可以看出，政府研发补贴对专利产出并没有显著的直接影响，研发经费投入 En_RDA_{it} 和研发人力投入 H_{it} 的影响非常显著。与全体企业的结果相同，研发补贴对中型企业、非国有企业和外资企业的专利申请数没有显著的影响，但是研发补贴对大型企业和国有企业的专利申请数有显著的正向影响，系数分别为 0.0166 和 0.0103，在 10% 的水平下显著。

表 11　不同类型企业空间面板模型回归结果

	全体企业 Pat_{it}	大型企业 $LarPat_{it}$	中型企业 $MedPat_{it}$	国有企业 $SoEPat_{it}$	非国有企业 $nSoEPat_{it}$	外资企业 $FoEPat_{it}$
En_RDA_{it-j}	0.0248 ***	0.0254 ***	0.0229 ***	0.0275 ***	0.0129 ***	0.0302 ***
	(2.62)	(2.58)	(2.78)	(5.13)	(2.76)	(4.18)
Gov_RD_{it-j}	0.00858	0.0166 *	0.00408	0.0103 *	0.00477	0.0190
	(0.32)	(1.83)	(0.34)	(1.74)	(0.59)	(0.52)
H_{it}	0.153 ***	0.156 *	0.130 *	0.128 ***	0.117 **	0.255 ***
	(3.29)	(4.72)	(1.69)	(2.90)	(2.10)	(3.55)
$Size_{it}$	−0.198	0.179 *	−0.0219	0.156 *	−0.056	−0.339
	(−1.23)	(1.85)	(−0.87)	(1.72)	(−0.72)	(−1.47)
$WPat_{it}$	0.237 ***	0.135 *	0.320 ***	0.214 *	0.365 ***	0.146 **
	(2.89)	(1.71)	(3.50)	(1.79)	(3.03)	(2.20)
j	1	1	1	1	2	0
R^2	0.794	0.739	0.857	0.746	0.809	0.861

注：①括号内是变量估计系数的 t 统计量值。*** 、** 、* 分别表示在 1% 、5% 和 10% 的显著性水平下通过检验，下同。

②表 10 对自变量名称进行了统一，实际回归中仍为带前缀的自变量，下同。

通过比较不同类型研发经费投入和研发人力投入的系数，我们发现，大型企业两者的系数均大于中型企业，外资企业大于国有企业，而非国有企业两者的系数最小。该系数反映了在现有条件下增加单位投入，创新产出的增量，反映的是边际产出的大小，可见在专利上，大型企业研发经费投入和研发人力投入的边际产出大于中型企业的边际产出，而外资企业在所有类型的企业中边际产出最大，非国有企业两种投入的专利边际产出小于国有企业。

但是，研究者往往更为关注的是产出弹性的大小，而不是边际产出的大小。边际产出代表的是绝对变化，弹性代表的是相对变化，产出弹性是产出对投入变化反应的强烈程度，在生产函数中代表了投入对产出的贡献率，在柯布—道格拉斯生产函数中所有投入的产出弹性之和等于1。当然，由于本文使用的是资本流量而不是存量，所以计算结果并不能完全等同于知识生产函数中的研发资本与研发人力投入的产出弹性，但可以借助产出弹性的概念来比较分析不同类型企业研发要素投入对创新产出的贡献率。创新产出弹性的计算公式为：

$$E_i = \frac{\Delta R\&D\_output}{R\&D\_output} \Big/ \frac{\Delta R\&D\_input_i}{R\&D\_input_i} = \beta_i \cdot \frac{R\&D\_input_i}{R\&D\_output}$$

E_i 为第 i 种研发投入的创新产出弹性，β_i 为边际产出，即模型估计的系数值，$R\&D\_output$ 和 $R\&D\_input_i$ 使用平均值，所以在经济学中弹性又被当作边际函数与平均函数之比。创新产出弹性反映的是当研发投入变动1%时，创新产出的变动率，可以用来评价研发投入的转化效果。

表 12 不同类型企业专利产出弹性

	全体企业	大型企业	中型企业	国有企业	非国有企业	外资企业
研发经费投入	0.421	0.573	0.379	0.584	0.361	0.548
人力投入	0.327	0.497	0.257	0.512	0.186	0.443

全体企业研发经费投入和研发人力投入的专利产出弹性分别为 0.386 和 0.327，R. Moreno（2005）指出，创新产出弹性的取值一般在 0.2 ~ 0.8，符森（2009）计算的两者专利产出弹性分别为 0.530 和 0.131，项歌德等（2011）计算的结果为 0.314 和 0.214。符森（2009）并没有将专利的溢出效应纳入模型中，所以研发资本投入的产出弹性被高估，而采用的研发人

力投入指标为"科技活动人员数"，比本文采用的"研究人员数"范围更广，存在高估研发人力投入的可能，从而低估了研发人力投入的产出弹性。本文的结果与项歌德等（2011）较为接近，因为项歌德等（2011）引入了空间效应，但其使用的是1998～2008年的数据，所以本文所计算出来的产出弹性的增加，实质上反映了10年来中国企业研发投入对产出直接贡献的提升。

通过比较两种研发投入专利产出弹性的大小，我们发现不同类型企业的研发经费投入的产出弹性均要大于研发人力投入的产出弹性，这一结果与项歌德等（2011）、符森（2009）的结果一致，说明企业的专利产出主要是资本驱动的，这与中国普通产品的生产也类似。但需要注意的是，近10年来研发人力投入的贡献已经有了长足的增长，特别是国有企业的研发人力投入的专利产出弹性高达0.512，说明中国研发人员数量高而产出低的问题（邓明、钱争鸣，2009）已经得到了一定程度的解决，特别是国有研发人员的激励机制在不断优化，人均科研经费不断增加，研发人员的积极性不断提高。但我们发现，非国有企业人力投入对专利产出的贡献极低，已有许多研究指出，非国有企业对研发人员的激励机制比国有企业更为灵活和完善，研发人员的积极性也会更高，对专利贡献过低的可能原因是非国有企业研究人员的重点并没有放在专利产出上。所以，仅仅使用专利作为创新产出会严重低估非国有企业研发人力投入的贡献。

大型企业两种研发投入的产出弹性均高于中型企业，主要原因是国有企业的产出弹性高于非国有企业。与边际产出的结果不同，外资企业两者的产出弹性略低于国有企业。可见，在考虑了不同类型企业现有研发投入和产出的平均水平后，外资企业专利的研发投入转化效果低于国有企业。而且，国有企业研发经费投入和研发人力投入的产出弹性之和大于1。也就是说，在现有基础上增加研发投入，带来的是专利产出的规模报酬递增，而非国有企业和外资企业则是规模报酬递减，全体企业整体呈现规模报酬递减，这一结果与吴延兵（2006）的结果基本一致。专利产出规模报酬递减产生的原因主要还是受到稀缺生产要素资源配置的限制，尤其是非国有企业的自主研发能力不强，很多关键技术仍然只能从国外购买，掌握核心技术的高水平研发人才仍然相对匮乏，这导致研发要素的投入不能按比例增加，从而使专利产出的规模报酬递减，毕竟专利的生成过程要远远比普通产品的生产过程复杂，知识生产函数所描述的投入与产出关系只是一种随机概率，不能保证投入多少研发资源就必定带来多少知识创新产出。国有企业之所以在专利产出上规模报酬递增，主要还是拥有丰富的研发资源，无论是研发资金还是人员都得到政府的大力支持，研发要素投入可以按比例增加，几乎不会受到资源配置的约束。国有企业规模控制变量显著为正的系数也验证了国有企业专利产出规模报酬递增现象的存在。

不同类型企业专利的空间溢出效应均十分显著，这说明一个地区企业的专利产出不仅与本地的研发投入有关，也与其他地区的专利产出相关，其他地区企业专利申请数的增长对本地区企业专利申请数有显著的促进作用。本文估计出来的中国工业企业专利产出的地区空间溢出系数为 0.237，符森（2009）的结果为 0.189，邓明、钱争鸣（2009）的结果为 0.247，项歌德等（2011）的结果为 0.241，溢出效应的估算结果均非常接近。非国有企业专利产出溢出效应的大小及其显著性水平均要高于国有企业和外资企业，中型企业也要高于大型企业，说明非国有企业在专利上的相互借鉴与合作有可能更为密切，知识生产较大的外部性带来了更为显著的空间溢出效应。

2. 新产品销售收入作为创新产出

如表 13 所示，与专利申请数的结果相似，研发补贴对全体企业、中型企业、非国有企业和外资企业的新产品销售收入并没有显著的影响，而对大型企业和国有企业的新产品销售收入则有显著的正向影响。不同类型企业新产品销售收入的空间溢出效应均十分显著，其他地区企业新产品销售收入的增长会带动本地区企业新产品销售收入的增长，说明新产品销售收入作为一种创新产出也具有较大的外部性。非国有企业新产品溢出效应的大小及其显著性水平高于国有企业，中型企业也高于大型企业。

表 13 不同类型企业空间面板模型回归结果

	全体企业 NP_{it}	大型企业 $LarNP_{it}$	中型企业 $MedNP_{it}$	国有企业 $SoENP_{it}$	非国有企业 $nSoENP_{it}$	外资企业 $FoENP_{it}$
En_RDA_{it-j}	0.00428 ***	0.00419 ***	0.00435 ***	0.00357 ***	0.00386 *	0.00673 ***
	(3.57)	(6.41)	(3.28)	(2.77)	(5.49)	(5.89)
Gov_RD_{it-j}	0.00251	0.00699 **	0.00221	0.0100 **	0.00291	0.00169
	(0.93)	(2.11)	(1.16)	(1.99)	(0.35)	(0.11)

续表

	全体企业 NP$_{it}$	大型企业 LarNP$_{it}$	中型企业 MedNP$_{it}$	国有企业 SoENP$_{it}$	非国有企业 nSoENP$_{it}$	外资企业 FoENP$_{it}$
H$_{it}$	0.0389 ***	0.0379 ***	0.0403 ***	0.0249 ***	0.0471 ***	0.0883 ***
	(3.05)	(4.59)	(3.90)	(2.63)	(4.34)	(5.34)
Size$_{it}$	0.0298	− 0.0476 **	0.0420	− 0.057 *	0.0134	0.0191
	(1.06)	(− 2.46)	(0.67)	(− 1.95)	(0.41)	(0.80)
WNP$_{it}$	0.112 *	0.127 *	0.217 **	0.146 *	0.252 ***	0.326 ***
	(1.93)	(1.80)	(2.14)	(1.88)	(2.77)	(3.37)
j	2	2	1	2	1	0
R^2	0.781	0.654	0.839	0.693	0.867	0.842

与专利产出的结果不同,在新产品销售收入上,大型企业研发经费投入和研发人力投入的边际产出均小于中型企业的边际产出,非国有企业两种投入的边际产出大于国有企业,而外资企业在所有类型的企业中边际产出仍然最大。如表 14 所示。

表 14   不同类型企业新产品产出弹性

	全体企业	大型企业	中型企业	国有企业	非国有企业	外资企业
研发经费投入	0.312	0.234	0.412	0.286	0.587	0.379
人力投入	0.356	0.300	0.455	0.377	0.407	0.477

不同类型企业新产品销售收入回归结果与专利回归结果的不同也体现在两种研发投入的产出弹性上。第一,全体企业的研发经费投入的新产品产出弹性小于研发人力投入的新产品产出弹性,说明中国工业企业整体的新产品产出主要由研发人力投入所驱动,研发资本投入的相对贡献较低。第二,国有企业两种研发投入的新产品产出弹性均明显小于两者的专利产出弹性,即研发投入增长相同的比例,国有企业专利申请数的增速比新产品的增速更快,说明国有企业从专利到新产品的商业化能力仍然较为薄弱,或者说国有企业更为重视专利产出而对新产品并不重视。这一现象与国有企业面临的市场以及考核机制有关,国有企业利用自身的垄断地位可以通

过销售普通产品获得利润，生产新产品可能会面临一定的市场风险，如不能有效地控制生产成本或者市场接受度不高，都会导致利润受损，以"利润"为核心的考核机制让国有企业更为保守，对新产品商业化的积极性不高，新产品投入市场的过程较慢，而专利申请数作为上级主管部门考核国有企业研发绩效的主要指标会让国有企业投入必要的优质资源。第三，非国有企业两种投入的新产品产出弹性明显高于专利产出弹性，而且两者均高于国有企业的新产品产出弹性，与两种企业专利产出弹性的比较结果完全相反，尤其是非国有企业研发人力投入的新产品产出弹性相比于专利的产出弹性有了极大的增长。说明国有企业将主要的研发资源都投入到了新产品的生产上，相比于专利国有企业更为重视新产品的生产，非国有企业面临着极大的市场竞争压力，如果不能不断地推陈出现，就会被市场所淘汰，所以必须提高新产品商业化的速度。由于很多非国有企业并不具备核心技术能力，只能通过购买专利的方式研发制造新产品，可能处于相互竞争状态的多家企业购买的是同一家的专利技术，那么只能通过加快新产品的上市速度打败竞争对手获得收益，这也解释了为什么非国有企业新产品的最优滞后期仅为滞后 1 期而专利为滞后 2 期的原因。第四，不同类型研发经费投入和研发人力投入的产出弹性之和均小于 1，也就是说，在现有基础上增加研发投入，带来的是新产品的规模报酬递减，尤其是大型企业和国有企业的产出弹性之和最小，研发投入对新产品产出的转化效果最低。这两种企业的规模控制变量显著为负的系数也说明规模报酬递减现象的存在，这再次说明国有企业对新产品的重视程度不够，相关研发要素的投入无法按比例增长，而非国有企业新产品生产与专利一样，都面临研发资源配置的约束，高效率研发资金与高水平研发人才的稀缺是制约非国有企业扩大研发规模的主要因素。

（五）稳健性检验

鉴于空间计量模型的回归结果对空间权重矩阵的敏感性，本文使用最常用的 0-1 空间权重矩阵进行稳健性检验，结果如表 15 所示。政府研发补贴对大型企业和国有企业的专利申请数和新产品销售收入仍然有显著的促进作用，对其他类型企业的两种创新产出无显著影响，其他核心解释变量的符号以及显著性水平均无明显的变化，说明本文空间面板模型的实证结果是稳健可靠的。

表 15　专利——使用 0 – 1 空间权重矩阵的回归结果

	全体企业 Pat_{it}	大型企业 $LarPat_{it}$	中型企业 $MedPat_{it}$	国有企业 $SoEPat_{it}$	非国有企业 $nSoEPat_{it}$	外资企业 $FoEPat_{it}$
En_RDA_{it-j}	0.0259 ** (2.41)	0.0271 ** (2.65)	0.0247 *** (2.97)	0.0298 *** (5.72)	0.0114 *** (2.47)	0.0281 *** (3.90)
Gov_RD_{it-j}	0.0109 (0.39)	0.0177 * (1.91)	0.00425 (0.33)	0.0107 * (1.84)	0.00533 (0.66)	0.0194 (0.53)
H_{it}	0.165 *** (3.41)	0.188 * (5.40)	0.146 ** (2.23)	0.163 *** (3.72)	0.112 ** (1.98)	0.224 *** (3.10)
$Size_{it}$	– 0.0541 (– 0.37)	0.0330 * (1.70)	– 0.0236 (– 0.85)	0.179 ** (2.02)	– 0.098 (1.19)	– 0.0136 (– 0.47)
$WPat_{it}$	0.189 * (1.92)	0.108 * (1.73)	0.305 *** (3.00)	0.155 * (1.82)	0.399 *** (3.93)	0.152 * (1.86)
j	1	1	1	1	2	0
R^2	0.637	0.442	0.666	0.454	0.662	0.759

表 16　新产品销售收入——使用 0 – 1 空间权重矩阵的回归结果

	全体企业 NP_{it}	大型企业 $LarNP_{it}$	中型企业 $MedNP_{it}$	国有企业 $SoENP_{it}$	非国有企业 $nSoENP_{it}$	外资企业 $FoENP_{it}$
En_RDA_{it-j}	0.00475 *** (3.43)	0.00452 *** (6.67)	0.00493 *** (3.99)	0.00375 *** (3.39)	0.00381 *** (4.84)	0.00641 *** (5.64)
Gov_RD_{it-j}	0.00294 (1.09)	0.00768 ** (2.33)	0.00247 (1.24)	0.0137 ** (2.26)	0.00379 (0.42)	0.00310 (0.19)
H_{it}	0.0401 *** (3.34)	0.0392 *** (5.50)	0.0439 *** (4.92)	0.0272 *** (3.00)	0.0416 *** (3.71)	0.0713 *** (4.16)
$Size_{it}$	0.0167 (0.73)	– 0.0377 ** (– 2.16)	0.0541 (0.90)	– 0.0327 * (– 1.89)	0.0314 (1.02)	0.00820 (0.36)
WNP_{it}	0.0823 * (1.79)	0.0741 * (1.76)	0.139 * (1.76)	0.0992 * (1.75)	0.290 *** (2.87)	0.379 *** (4.10)
j	2	2	1	2	1	0
R^2	0.617	0.533	0.618	0.541	0.724	0.756

四、结论

由于专利申请数量在反映企业创新产出上的部分缺陷，本文将两者分别作为创新产出的代表性变量进行研究。在测算各项研发投入对产出的贡献时，尤其是为了准确衡量政府研发补贴的影响作用，不能忽略研发溢出效应的存在，所以在模型中加入创新产出的空间滞后项。在知识生产函数的理论框架下，使用研发经费投入的流量而不是存量需要对研发经费投入的最优滞后期进行测算。不同类型企业最优滞后期的差异反映出国有企业、非国有企业以及外资企业自主创新能力以及科技成果转化能力上的区别，外资企业的创新和转化能力最强，国有企业转化能力较弱，而非国有企业维护知识产权的成本过高，申请专利所需要的时间也比国有企业要更长，而过快申请专利容易泄露核心技术，更倾向于直接将核心技术产业化和商业化，所以出现两者最优滞后期倒置的现象。

不同类型企业专利和新产品的空间溢出效应均显著为正，说明一个地区的创新产出受到了其他地区研发溢出的影响。政府研发补贴仅对大型企业和国有企业的专利及新产品有显著的促进，对其他类型企业的两种创新产出均无显著直接影响。通过计算研发经费投入和人力投入的两种创新产出的弹性，我们发现，不同类型企业研发经费投入的专利产出弹性均高于研发人力投入的专利产出弹性，但是除去非国有企业，其他类型企业研发经费投入的新产品产出弹性均要高于研发人力投入的新产品产出弹性，反映出我国企业的专利产出主要由资本驱动，而新产品产出主要由研发人力驱动。同时，国有企业专利产出呈现规模报酬递增的特征，而新产品销售收入则呈现规模报酬递减，国有企业规模变量的系数也验证了上述结果，结合国有企业两种创新产出的最优滞后期，反映出国有企业自主创新能力较强，集中利用大量的研发资源进行专利攻关，取得了一定的成绩，但将专利成果转化为新产品销售收入的能力仍然不强。而非国有企业研发人力投入的专利产出和新产品产出弹性的计算结果说明，相比于专利，非国有企业更为重视新产品销售收入，将主要的研发人力资源投入到新产品产出上。因为非国有企业自主创新能力不强，在激烈的市场竞争下需要通过购买专利，利用现有研发人才在产品上不断地推陈出新才能不被市场淘汰，研发资金和人才的稀缺仍然是非国有企业进行大规模创新的主要制约因素。

参考文献

［1］白俊红．中国的政府 R&D 资助有效吗？——来自大中型工业企业的经验证据［J］．经济学（季刊），2011（4）：1375－1400．

［2］陈彦光．基于 Moran 统计量的空间自相关理论发展和方法改进［J］．地理研究，2009（6）：1449－1463．

［3］邓明，钱争鸣．我国省际知识存量、知识生产与知识的空间溢出［J］．数量经济技术经济研究，2009（5－26）：42－53．

［4］符淼．地理距离和技术外溢效应——对技术和经济集聚现象的空间计量学解释［J］．经济学（季刊），2009（4）：1549－1566．

［5］毛其淋，许家云．政府补贴对企业新产品创新的影响——基于补贴强度"适度区间"的视角［J］．中国工业经济，2015（6）：94－107．

［6］聂辉华，江艇，杨汝岱．中国工业企业数据库的使用现状和潜在问题［J］．世界经济，2012（5）：142－158．

［7］钱锡红，杨永福，徐万里．企业网络位置、吸收能力与创新绩效——一个交互效应模型［J］．管理世界，2010（5）：118－129．

［8］吴延兵．R&D 存量、知识函数与生产效率［J］．经济学（季刊），2006（3）：1129－1156．

［9］项歌德，朱平芳，张征宇．经济结构、R&D 投入及构成与 R&D 空间溢出效应［J］．科学学研究，2011（2）：206－214．

［10］杨洋，魏江，罗来军．谁在利用政府补贴进行创新？——所有制和要素市场扭曲的联合调节效应［J］．管理世界，2015（1）：75－86，98，188．

［11］郑延冰．民营科技企业研发投入、研发效率与政府资助［J］．科学学研究，2016（7）：1036－1043．

［12］周亚虹，贺小丹，沈瑶．中国工业企业自主创新的影响因素和产出绩效研究［J］．经济研究，2012（5）：107－119．

［13］朱平芳，罗翔，项歌德．中国中小企业创新绩效空间溢出效应实证研究——基于马克思分工协作理论［J］．数量经济技术经济研究，2016（5）：3－16．

［14］朱平芳，徐伟民．政府的科技激励政策对大中型工业企业 R&D 投入及其专利产出的影响——上海市的实证研究［J］．经济研究，2003（6）：45－53，94．

［15］朱平芳，徐伟民．上海市大中型工业行业专利产出滞后机制研究［J］．数量经济技术经济研究，2005（9）：137－143．

［16］朱平芳，张征宇，姜国麟．FDI 与环境规制：基于地方分权视角的实证研究［J］．经济研究，2011（6）：133－145．

［17］ Bodson P. , Peeters D. Estimation of the Coefficients of a Linear Regression in the Presence of Spatial Autocorrelation. An Application to a Belgian Labour – Demand Function ［J］. Environment and Planning A, 1975, 7 （4）: 455 – 472.

［18］ Griffith R, Harrison R, Van Reenen J. How Special Is the Special Relationship? Using the Impact of US R&D Spillovers on UK Firms as a Test of Technology Sourcing ［J］. American Economic Review, 2006, 96 （5）: 1859 – 1875.

［19］ Griliches Z. Issues in Assessing the Contribution of Research and Development to Productivity Growth ［J］. The Bell Journal of Economics, 1979: 92 – 116.

［20］ Griliches Z. Patent Statistics as Economic Indicators: A Survey ［J］. Journal of Economic Literature, 1990, 28 （4）: 1661.

［21］ Hall B. H. , Mairesse J. Exploring the Relationship between R&D and Productivity in French Manufacturing Firms ［J］. Journal of Econometrics, 1995, 65 （1）: 263 – 293.

［22］ Jaffe A. B. Real Effects of Academic Research ［J］. The American Economic Review, 1989: 957 – 970.

珠江流域工业的溢出效应分析[*]

——基于区域间投入产出关联

向其凤　孟彦菊　谢佳春

（云南财经大学统计与数学学院，昆明　650221）

摘　要　珠江流域是我国经济最活跃的区域之一。流域内各省份的工业产业是否存在溢出效应？这种效应能否促进珠江流域工业经济的协调发展？本文基于区域间投入产出建立了产业关联的溢出效应模型，估计了珠江流域滇黔桂粤工业的产业溢出效应，结果表明，珠江流域四省份的工业产业存在显著的区域间溢出效应，资本投入有正效应，而劳动投入则有负效应，总体上具有一定的集聚溢出效应；经济发达的广东对珠江流域其他省份存在挤出效应，而经济欠发达的滇黔桂却对其他省份存在溢出效应，工业集聚溢出不利于珠江流域工业经济的整体协调发展。

关键词　区域间投入产出；产业内溢出；产业间溢出；空间关联

---

　*　本文为国家社会科学基金项目"珠江流域投入产出表的编制及应用"（编号：14CTJ004）阶段性成果。

Analysis of Industrial Spillovers in Pearl River Basin

—Based Inter – regional Input – output Correlation

Xiang Qifeng　Meng Yanju　Xie Jiachun

(Statistics & Mathematics School, Yunnan University of Finance & Economics, Kunming 650221)

Abstract: The Rearl river basin is one of the most active regions in China's economy. Are there spillovers in the industrial industries of each province in the river basin? Can this effect promote the coordinated development of industrial economy in Pearl river basin? In this paper, the model of industrial spillovers is established based on regional input – output, and the industrial spillovers of Yunnan, Guizhou, Guangxi and Guangdong industries in the pearl river basin is estimated. The results show that the industrial industries of the four provinces in the pearl river basin have significant regional spillovers, capital investment has positive effect, while labor investment has negative effect, and there is a certain agglomeration spillover effect on the whole. Economically developed Guangdong has a crowding effect on other provinces of the pearl river basin, while underdeveloped Yunnan, Guizhou and Guangxi has a spillover effect on other provinces, and industrial agglomeration overflow is not conducive to the overall coordinated development of the industrial economy of the pearl river basin.

Key Words: Interregional Input and Output; Industrial Spillover; Inter – industry Spillover; Spatial Correlation

一、引言

随着经济发展, 社会经济活动的范围由点到面进行扩展, 跨区域经济合作已成为一种促进经济增长的着力点。从我国京津冀经济区到环渤海湾经济带, 以及以上海为中心的长三角经济区到涉及上海、江苏、浙江、安徽四省市的长三角经济带。这种以跨多个行政单位组成的经济区逐渐形成经济一体化的趋势、演变成为跨区域合作的基本单位，区域间经济一体化的研究已然成为提升区域间经济进一步发展的核心。

珠江流域滇黔桂粤四省工业主要集中在省会城市附近，而偏离省会城市的地区，工业分布较少，从这点可以看出，珠江流域各省工业存在产业空间聚集现象。珠江流域区域间工业分布也极不均匀。而工业是一个地区经济发展的引擎，因此有必要对珠江流域区域间工业做进一步深入的研究。

工业作为区域经济增长的主要动力，既是区域经济中最重要的产业部门之一，也是产业链中前后联系最多的部门。区域间的工业部门的联系是区域间经济联系的主体。Marshall（1920）认为，上下游产业的投入产出关系是产业集聚的三大因素之一。事实上，投入产出关系也是技术溢出的渠道，通过跨区域的资本和劳动要素投入，带动整个区域的技术升级，地理邻近加强了这种溢出效应。

已有的关于区域间经济溢出效应的研究按方法可以分为两大类：一类是基于区域间投入产出关系的分解：Miller（1963）通过对两地区投入产出模型分析并测度了地区间经济反馈效应，但是，他并没有进一步更深入地提出这种区域间溢出效应的概念以及测量的具体方法。潘文卿和李子奈（2007）在两地区投入产出模型的基础上，改进了区域间溢出效应与反馈效应的测度，并且在此基础上考察了中国内陆和沿海经济影响之间的反馈与溢出效应，通过研究他们发现沿海地区的经济发展对内陆地区的影响并不如我们认为的那样显著。Groenewold 等（2007）将中国东部、中部、西部三大经济区域的溢出效应进行了分析，得出东部沿海地区向中部、西部地区以及中部地区向西部地区的溢出效应，但是不存在西部地区向东中部地区的溢出效应。2008 年，Groenewold 等再次将中国更加具体地划分为东南、长江流域、黄河流域、东北、西北、西南六个大的经济区域，并且分别考察了这六个区域之间的溢出效应，得出的结论同样是西南地区依旧不存在对外的溢出效应。潘文卿（2012）进一步提出，对更为具体的区域分析是进一步研究的主要内容，并且提到，我国沿海地区对内陆地区的溢出效应影响不是很大。另一类是基于地理空间加权的计量分析，从"地理学第一定律"出发，以地理距离或经济距离作为权重矩阵，分析某一因素导致的经济增长。马国霞（2007）分析了中国制造业两个产业之间的空间集聚度，揭示了驱动中国制造业产业间积聚的机制在于纵向的投入产出关系和规模外部经济，地理邻近有助于这种机制的强化。

综合来看，可以认为西南地区区域间主要存在内部的溢出效应。因此单独对珠江流域滇黔桂粤区域间的工业溢出效应进行分析是很有必要的。本文依据 2012 年珠江流域区域间 21 部门投入产出表对珠江流域区域间滇、黔、桂、粤四省工业部门产业间关联及其影响因素进行研究。本文采用传统柯布—道格拉斯以及基于柯布—道格拉斯生产函数加入空间产业关联矩阵后分别从产业和区域省份角度对珠江流域滇、黔、桂、粤四省工业影响又称产业溢出效应进行分析。

二、基于空间产业关联的溢出效应模型

（一） 基础模型

考虑资本与劳动对产出的影响。在没有空间产业关联的情况下，柯布—道格拉斯（Cobb – Douglas）生产函数为：

$$Y = AK^{\alpha}L^{\beta}e^{\mu} \tag{1}$$

式中，Y、K、L、A 分别代表产出、资本投入量、劳动投入量以及当时的技术水平。α、β 分别代表资本的产出弹性与劳动的产出弹性。式（1）两边取对数变换后即呈线性的计量方程：

$$LnY = LnA + \alpha LnK + \beta LnL + \mu \tag{2}$$

（二） 基于空间产业关联的溢出效应模型

式（2）就是本文的基础模型形式，即没有产业空间相关时资本与劳动的投入对产出影响的计量模型。产业间的相互关联会对技术（广义的技术，包括投入要素质量的提高）乃至人力资本的流动产生直接和间接的影响。其中，产业空间相关的根本出发点是基于地理学第一定律，即空间上分布的事物是相互联系的。空间相邻自相关是指一个区域分布的地理事物的某一属性和其他相邻事物的同种属性之间存在相关关系，空间相关揭示了观测变量与地理要素之间的紧密程度。

显然，珠江流域滇、黔、桂、粤四省区间工业产业间的关联必然使相邻的省份间的工业产出存在一定的联系。要考察这种联系对各省工业产出的影响，必须确定珠江流域滇黔桂粤四省间的工业是否存在空间自相关。因此，产业空间相关系数矩阵是判断珠江流域滇、黔、桂、粤四省间产业是否存在关联的核心。本文采用区域间直接消耗系数矩阵来表示两两产业之间的空间相关系数矩阵。将区域间的直接消耗系数矩阵 A 处理成为对角矩阵和非对角矩阵两个部分：

$$
\begin{bmatrix}
A_{11} & A_{12} & A_{13} & A_{14} \\
A_{21} & A_{22} & A_{23} & A_{24} \\
A_{31} & A_{32} & A_{33} & A_{34} \\
A_{41} & A_{42} & A_{43} & A_{44}
\end{bmatrix}
=
\begin{bmatrix}
A_{11} & & & \\
& A_{22} & & \\
& & A_{33} & \\
& & & A_{44}
\end{bmatrix}
+
\begin{bmatrix}
0 & A_{12} & A_{13} & A_{14} \\
A_{21} & 0 & A_{23} & A_{24} \\
A_{31} & A_{32} & 0 & A_{34} \\
A_{41} & A_{42} & A_{43} & 0
\end{bmatrix}
\tag{3}
$$

可以令，

$$
\omega =
\begin{bmatrix}
A_{11} & A_{12} & A_{13} & A_{14} \\
A_{21} & A_{22} & A_{23} & A_{24} \\
A_{31} & A_{32} & A_{33} & A_{34} \\
A_{41} & A_{42} & A_{43} & A_{44}
\end{bmatrix},\quad
\omega_1^* =
\begin{bmatrix}
A_{11} & & & \\
& A_{22} & & \\
& & A_{33} & \\
& & & A_{44}
\end{bmatrix},
$$

$$
\omega_2^* =
\begin{bmatrix}
0 & A_{12} & A_{13} & A_{14} \\
A_{21} & 0 & A_{23} & A_{24} \\
A_{31} & A_{32} & 0 & A_{34} \\
A_{41} & A_{42} & A_{43} & 0
\end{bmatrix}
$$

式中，ω 矩阵即珠江流域区域间工业各产业部门两两之间的产业空间相关系数矩阵，ω_1 矩阵表示珠江流域各省区内工业部门直接消耗系数矩阵块，表示区域内关联。将 ω_1^* 的对角线元提出，构成对角矩阵 ω_0，则 ω_0 表示各省工业部门产业内溢出，即水平异质性。记 $\omega_1 = \omega_1^* - \omega_0$，则 ω_1 表示区域内产业间的溢出效应。ω_2^* 矩阵表示珠江流域各省份间工业产业间关联，即纵向异质性。进一步把 ω_2^* 分为前向关联矩阵 ω_2 和后向关联矩阵 ω_3：

$$
\omega_2 =
\begin{bmatrix}
0 & A'_{21} & A'_{31} & A'_{41} \\
A'_{12} & 0 & A'_{32} & A'_{42} \\
A'_{13} & A'_{23} & 0 & A'_{43} \\
A'_{14} & A'_{24} & A'_{34} & 0
\end{bmatrix}
\quad
\omega_3 =
\begin{bmatrix}
0 & A_{12} & A_{13} & A_{14} \\
A_{21} & 0 & A_{23} & A_{24} \\
A_{31} & A_{32} & 0 & A_{34} \\
A_{41} & A_{42} & A_{43} & 0
\end{bmatrix}
\tag{4}
$$

ω_3 表示珠江流域区域各省间工业产业间前向关联矩阵，ω_2 为 ω_3 的转置，表示珠江流域各省间工业产业间后向关联矩阵（赵果庆，2015）。

在式（2）的基础上，再考虑产业间的空间关联。产业的空间相关不仅对资本的产出效应产生影响，也影响劳动的产出效应。各省份内的产业相关和省际之间的产业相关将对整个珠江流域的工业部门产出产生影响。将式（2）加入产业空间相关矩阵后变形得到式（5）：

$$LnY = LnA + \alpha LnL + \beta LnL + \lambda_0 \omega_0 LnK + \lambda_1 \omega_1 LnK + \lambda_2 \omega_2 LnK +$$

$$\lambda_3 \omega_3 LnK + \eta_0 \omega_0 LnL + \eta_1 \omega_1 LnL + \eta_2 \omega_2 LnL + \eta_3 \omega_3 LnL + \mu \qquad (5)$$

式中，ω 系列矩阵即珠江流域区域间工业各产业部门两两之间的产业空间相关系数矩阵，这里 ω 矩阵取四种形式，分别代表水平溢出效应矩阵、区域内产业间溢出效应矩阵、前向溢出效应矩阵、后向溢出效应矩阵。

三、工业部门分类、数据来源与说明

（一）工业部门分类

根据 42 部门的投入产出表，我们将工业部门细分为 17 个行业，行业的具体名称如表 1 所示。

表 1　珠江流域区域间投入产出表工业部门名称分类及代码

产业代码	部门产业名称	产业代码	部门产业名称
1	采矿业	10	金属制品业
2	食品加工业	11	通用设备及专用设备
3	纺织业	12	交通运输设备
4	木材加工及家具制作业	13	电气机械和器材
5	造纸印刷和文教体育用品	14	通信设备、计算机和其他电子设备
6	石油、炼焦产品和核燃料加工品	15	仪器仪表、办公用品制造业
7	化学工业	16	其他制造业
8	非金属矿物制品业	17	电力、热力、水的生产和供应业
9	金属冶炼和压延加工业		

（二）数据来源与说明

工业部门分行业的总产出、资本投入、劳动投入数据均来自国研网统计数据库中工业统计数据库。对应编表年份，工业总产出 Y 为 2012 年滇黔桂粤四省份 17 个部门规模以上工业的工业总产值（亿元），资本投入 K 为 2012 年四省份 17 个部门的资产合计（亿元，包括固定资产和流动资产），劳动投入 L 为 2012 年四省份 17 个部门的全部从业人员年平均数（万人）。分省份的变量描述统计如表 2 所示。

表 2　主要变量的描述统计

省份	变量名称	最小值	最大值	均值	标准差
广东	资产合计 K（千元）	543.35	14969.16	4054.64	3781.72
	从业人员数 L（人）	2.87	310.84	80.62	84.99
	工业总产值 Y（千元）	616.77	21756.91	5483.39	4899.76
广西	资产合计 K（千元）	14.04	2234.80	666.25	671.26
	从业人员数 L（人）	0.41	21.30	8.93	6.18
	工业总产值 Y（千元）	28.26	2520.78	866.58	728.94
贵州	资产合计 K（千元）	10.92	2243.01	472.48	659.80
	从业人员数 L（人）	0.20	28.49	4.96	7.04
	工业总产值 Y（千元）	7.65	1258.80	359.53	451.53
云南	资产合计 K（千元）	13.34	3450.88	731.77	1039.44
	从业人员数 L（人）	0.24	20.67	5.62	6.80
	工业总产值 Y（千元）	10.64	2265.22	508.30	712.82
合计	资产合计 K（千元）	10.92	14969.16	1481.28	2476.77
	从业人员数 L（人）	0.20	310.84	25.03	52.96
	工业总产值 Y（千元）	7.65	21756.91	1804.45	3262.43

从分省份的工业资本投入、劳动投入和工业总产值来看，广东省是珠江流域最大的经济体，其工业 17 个部门的资产合计均值、从业人员数均值和工业产值均值均远远高于珠江流域四省份的均值。广东省的工业 17 个部门资产合计、从业人员数合计、工业总产值合计占到了珠江流域四省份合计的 68.43%、80.51% 和 75.97%。贵州省是珠江流域最小的经济体，其工业 17 个部门资产合计、从业人员数合计、工业总产值合计仅占到了珠江流域四省份合计的 7.97%、4.96% 和 4.98%。广东省作为珠江流域经济增长的龙头，是否对其他省份的经济产生了外部性，带动了流域内其他省份工业经济的增长？

表3　珠江流域四省份的各工业部门总产值和工业结构

部门	总产值（亿元）				部门总产值在工业总产值中占比（%）			
	广东	广西	贵州	云南	广东	广西	贵州	云南
1	1270.03	586.69	1258.8	883.85	1.36	3.98	20.60	10.23
2	5037.91	2355.17	880.86	1994.51	5.40	15.99	14.41	23.08
3	6625.43	386.74	22.84	24.93	7.11	2.63	0.37	0.29
4	1749.33	618.99	68.66	43.94	1.88	4.20	1.12	0.51
5	5545.97	440.27	44.27	165.48	5.95	2.99	0.72	1.92
6	3397.5	973.72	111.51	254.41	3.64	6.61	1.82	2.94
7	9116.59	1191.6	825.16	1094.16	9.78	8.09	13.50	12.66
8	3101.99	982.97	321.6	338.22	3.33	6.67	5.26	3.91
9	4525.15	2520.78	877.64	2265.22	4.85	17.11	14.36	26.21
10	3887.8	205.65	56.17	73.52	4.17	1.40	0.92	0.85
11	4418.38	541.5	73.59	132.17	4.74	3.68	1.20	1.53
12	5030.05	1701.29	200.14	167.46	5.40	11.55	3.27	1.94
13	9465.4	484.94	75.98	79.23	10.15	3.29	1.24	0.92
14	21756.91	533.52	58.05	19.3	23.34	3.62	0.95	0.22
15	616.77	28.26	7.65	13.59	0.66	0.19	0.13	0.16
16	1277	82.24	17.99	10.64	1.37	0.56	0.29	0.12
17	6395.44	1097.53	1211.03	1080.43	6.86	7.45	19.81	12.50

　　珠江流域四省份的工业产业结构也有着明显的区别。2012年，广东工业产值最大的部门是通信设备、计算机和其他电子设备制造业、电气机械和器材制造业、化学工业和纺织业，这四个部门的工业总产值占到了广东工业总产值的50.38%。广西工业产值最大的部门是金属冶炼和压延加工业、食品加工业、交通运输设备制造业和非金属矿物制品业，这四个部门的工业总产值占到了广西工业总产值的52.73%。贵州工业产值最大的部门是采矿业、电力、热力、水的生产和供应业、食品制造业、金属冶炼和压延加工业和化学工业，这五个部门的工业总产值占到了贵州工业总产值的82.68%。云南工业产值最大的部门是金属冶炼和压延加工业、食品制造业、化学工业、电力、热力、水的生产和供应业和采矿业，这五个部门的工业总产值占到了云南工业总产值的84.69%。从表3中可以看出，云南、贵州两省的工业产业结构具有高度的相似性，广东的工业结构和云南、贵州两

省的工业结构具有互补性，广西的工业结构则处于这两种结构的中间地带。四省份工业产业间的关联对各自工业经济的增长有什么样的作用？这种作用是否促进了珠江流域工业经济的协调发展？

四、珠江流域工业空间溢出效应的分析

（一）产业空间相关的检验

首先要考察珠江流域区域的工业经济是否存在空间上的自相关，这里使用 Moran's I，即莫兰指数来辨识是否存在空间自相关。莫兰指数计算公式为：

$$
\text{Moran's I} = \frac{\sum_{i=1}^{N} \sum_{j=1}^{N} W_{ij}(Y_i - \overline{Y})(Y_j - \overline{Y})}{S^2 \sum_{i=1}^{N} \sum_{j=1}^{N} W_{ij}} \tag{6}
$$

式中，Y_i 表示第二产业第 i 产业部门的产出。以编制的 2012 年珠江流域滇黔桂粤四省份 42 部门产业间投入产出表，计算区域间投入产出的直接消耗系数矩阵，选取工业 17 部门的系数矩阵作为权重矩阵 W，采用 R 软件计算得到结果如表 4 所示。

表 4   珠江流域区域间第二产业空间自相关检验结果

Moran's I	Std Error	p. value
0.4661	0.2747	0.0800

同理，可计算莫兰指数的期望和方差。标准化的莫兰指数在不存在空间相关性的原假设下服从正态分布。莫兰指数的标准差以及 Z 检验的 P 值如表 4 所示。从莫兰指数结果来看，Moran's I 指数为 0.4661，在 10% 的水平下显著不为 0，在 5% 的水平下显著为正，表明珠江流域区域间工业部门存在正的空间自相关。

（二）产业间溢出效应分析

考虑到各省工业细分行业的资本投入和劳动投入，由于规模的原因，往往会高度相关，导致模型（2）具有严重的多重共线性。图 1 显示了四省的资本投入 K 和劳动投入 L 取对数后的散点图。两者的相关系数 r 高达 0.9146，表明 LnK 和 LnL 的确实存在高度相关性。此外，对于模型（5），溢出效应变量之间也可能存在严重的多重共线性，会导致回归系数的方差变大，回归系数不显著，因此我们对模型采用岭回归，根据取固定值（Samprit Satterjee Alis S. Hadi and Bertram Price，2004）的方法选取岭参数 λ，运用 SPSS 中的岭回归程序估计模型。

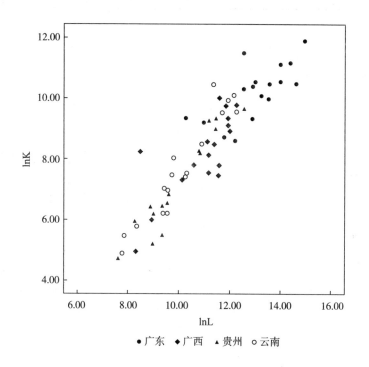

图 1　珠江流域四省份 lnK 和 lnL 的散点图

记基础模型（2）的估计结果为模型（1），将 ω 矩阵的水平溢出效应矩阵、区域内溢出效应矩阵、后向溢出效应矩阵、前向溢出效应矩阵和整体溢出效应矩阵分别代入模型（5）中，记相应的模型分别为模型（2）~模型（6），运用岭回归估计得出的结果整理后如表 5 所示。模型（1）表示不考虑珠江流域产业间溢出和空间溢出效应的估计结果；模型（2）表示仅考虑珠江流域四省工业部门内部溢出（水平溢出），将工业水平空间相关矩阵 ω₀ 加入模型后的估计结果；模型（3）表示仅考虑珠江流域四省份内工业部门间溢出效应,将区域内工业部门的直接消耗系数矩阵 ω_1 加入模型得出的估计结果;模型(4)表示仅考虑珠江流域四省份工业部门间由需求拉动产生的溢出效应,加入区域间工业部门后向空间相关矩阵 ω_2 得出的估计结果;模型(5)表示仅考虑珠江流域四省份工业部门间由供给推动产生的溢出效应,加入区域间工业部门前向空间相关矩阵 ω_3 得出的估计结果;模型(6)表示考虑了所有的效应后的模型(5)的估计结果。

表5　模型(4)的岭回归估计

变量	lnY					
	(1)	(2)	(3)	(4)	(5)	(6)
lnA	2.7677	1.8859	2.1124	1.0875	2.5482	1.2851
lnK	0.5574 ***	0.5811 ***	0.5370 ***	0.7105 ***	0.4687 ***	0.6871 ***
lnL	0.4043 ***	0.3885 **	0.4024 ***	0.3598 ***	0.3718 ***	0.3702 ***
ω_0 lnK		0.0065				− 0.0164
$\omega_1 \times$ lnK			0.0034			− 0.0068
$\omega_2 \times$ lnK				0.2099 ***		0.1496 ***
$\omega_3 \times$ lnK					0.0591 **	0.0467 **
$\omega_0 \times$ lnL		0.0139				− 0.0335
$\omega_1 \times$ lnL			0.0112			− 0.0020
$\omega_2 \times$ lnL				− 0.1169 *		− 0.0671 *
$\omega_3 \times$ lnL					0.0885 **	0.0669
Adj − R^2	0.9308	0.9315	0.9251	0.9467	0.9080	0.9433
SE	0.2630	0.2616	0.2737	0.2309	0.3034	0.2382
F	451.7247	229.0244	207.8300	298.3200	166.2258	112.3744
λ	0.3046	0.1412	0.2021	0.0326	0.3647	0.0493

注: *** 、** 和 * 分别表示1%、5%和10%的显著性水平。

在不考虑产业和区域间溢出效应的模型(1)中,模型的参数均在1%的显著性水平下显著,资本的产出弹性为0.5574,表示2012年在劳动投入不变的情况下,工业部门的资本投入每增加1%,珠江流域四省份的工业总产值平均增加0.5574%;劳动的产出弹性为0.4043,表示在资本投入不变的情况下,工业部门的劳动投入每增加1%,珠江流域四省份的工业总产值平均增加0.4043%。资本的产出弹性明显大于劳动的产出弹性,表明2012年珠江流域四省份的工业产出中,资本的贡献要高于劳动的贡献,工业经济依然主要靠投资拉动。规模报酬系数 $\alpha + \beta = 0.9617$,略小于1,对参数的约束检验结果显示该参数约束 $\alpha + \beta = 1$ 成立，表明珠江流域四省份的工业整体具有规模报酬不变性。

从模型（2）的估计结果看，加入空间产业关联矩阵 ω_0，产出弹性 α 和 β 的系数没有明显的变化，空间滞后项 $\omega_0 \ln K$ 和 $\omega_0 \ln L$ 并不显著，相比模型（1），$Adj - R^2$ 略有增加，模型的回归标准误也有所减小，但变化不明显，表明珠江流域四省份工业的产业内溢出效应（水平溢出）不显著。模型（3）的估计结果相比模型（1）没有明显的差异，空间滞后项 $\omega_1 \ln K$ 和 $\omega_1 \ln L$，表明珠江流域四省份内工业产业间的溢出效应也不显著。

从模型（4）看，在加入空间产业后向关联矩阵 ω_2 后，模型（4）的 $Adj - R^2$ 相比模型（1）有了明显的提高，模型误差 SE 相比模型（1）减小了，空间滞后项 $\omega_2 \ln K$ 和 $\omega_2 \ln L$ 均显著，表明模型（4）优于模型（1）。从产出弹性 α 和 β 的估计值看，珠江流域四省份工业的区域间产业关联增加了资本投入对工业产出的影响，却降低了劳动投入对工业产出的影响，这表明珠江流域区域的工业正从劳动密集型转向资本密集型。空间滞后项 $\omega_2 \ln K$ 的系数在 1% 的水平下显著为正，表明珠江流域区域间的资本投入对工业产出具有显著的后向溢出效应，即珠江流域内某一省份工业需求的增加，会拉动流域内其他省份工业产出的增加。空间滞后 $\omega_2 \ln L$ 的系数为负，在 10% 的水平下显著，表明珠江流域区域间的劳动投入对工业产出具有显著的负向溢出效应，起到了"挤出作用"。

从模型（5）的估计结果看，加入了空间产业前向关联矩阵 ω_3 后，模型（5）的 $Adj - R^2$ 相比模型（1）小，模型误差 SE 比模型（1）的误差大，这可能是由于模型（5）的岭参数偏大的原因。模型（5）中产出弹性 α 和 β 的估计值和模型（1）较为接近，空间滞后项 $\omega_3 \ln K$ 和 $\omega_3 \ln L$ 在 5% 的水平下显著为正，表明珠江流域区域间的资本投入和劳动投入对工业产出具有前向溢出效应，即珠江流域内某一省份工业产业供给的增加，会推动其他省份工业产出的增加。

从总模型（6）的估计结果来看，在考虑了产业内水平溢出、区域内溢出和区域间溢出后，相比模型（1），模型（6）的 $Adj - R^2$ 有所增加，误差 SE 有明显减小，表明模型（6）优于模型（1）。但相比模型（4），模型（6）没有明显改进，可能是因为模型（6）中不显著的变量较多的原因。从模型（6）中产出弹性的估计值看，α 的估计值大于模型（1）中的估计值，β 的估计值小于模型（1）中的估计值，表明珠江流域四省份工业的区域间产业关联增加了资本投入对工业产出的影响，降低了劳动投入对工业产出的影响。空间滞后项 $\omega_2\ln K$、$\omega_3\ln K$ 和 $\omega_2\ln L$ 显著，其余空间滞后项不显著，表明珠江流域四省份的工业产业没有显著的产业内溢出效应和区域内产业间溢出效应，仅存在显著的区域间溢出效应。在区域间溢出效应中，资本投入对工业产出的溢出效应为正，劳动投入对工业产出的溢出效应为负，表明珠江流域区域间的溢出效应主要通过区域间产业后向关联产生，资本投入有溢出效应，而劳动投入则有挤出效应。

（三）省际间产业关联溢出效应分析

珠江流域滇黔桂粤四省份的经济总量、经济结构存在巨大的差别，在区域工业经济增长中的作用必然各不相同。为此，我们进一步考察四省份对区域内其他省份的溢出效应。在研究某一省份的工业溢出效应时，我们仅保留空间产业关联矩阵 W 中和该省相关的块，将其余的块设为 0，按照式（3）和式（4）构造相应的空间产业关联矩阵 ω_0、ω_1、ω_2 和 ω_3，对每个省份估计模型（5），其结果如表 6 所示。

表 6 珠江流域各省份对珠江流域工业产业产出溢出效应的估计结果

变量	广东	广西	贵州	云南
lnA	2.0369	2.7305	2.7877	2.8778
lnK	0.5494 ***	0.4159 ***	0.4397 ***	0.4313 ***
lnL	0.3800 ***	0.3594 ***	0.3696 ***	0.3592 ***
$\omega_0 \times$ lnK	0.0784 *	0.0892	− 0.5267 **	− 0.1795 *
$\omega_1 \times$ lnK	0.0531 *	0.0325	− 0.0226	− 0.0205
$\omega_2 \times$ lnK	0.3537 ***	0.2105 **	− 0.2391 **	− 0.2450 ***
$\omega_3 \times$ lnK	0.0874	0.5714 ***	0.8416 **	1.1484 ***
$\omega_0 \times$ lnL	− 0.1105	0.2595	0.3386	− 0.0342
$\omega_1 \times$ lnL	− 0.0101	0.0685	0.0705	− 0.0311
$\omega_2 \times$ lnL	− 0.5675 ***	0.3094	− 0.3253 *	− 0.3609 **
$\omega_3 \times$ lnL	0.6240	1.6212 **	7.0423 **	2.3049 *
Adj − R^2	0.9317	0.8983	0.9021	0.8973
SE	0.2614	0.3189	0.3129	0.3205
F	92.3895	60.1884	62.7372	59.5347
λ	0.1610	0.5269	0.4049	0.4814

注：***、** 和 * 分别表示 1%、5% 和 10% 的显著性水平。

从表 6 最后的拟合优度看，四个模型的 $Adj - R^2$ 在 0.9 左右，F 统计量均显著，表明模型整体显著，且拟合得较好。在广东的空间产业关联溢出效应模型中，资本和产出的弹性分别为 0.5494 和 0.3800，在 1% 的水平下显著，表明资本和劳动投入是影响广东工业产出的最主要因素，资本投入对工业产出的影响大于劳动投入。$\alpha + \beta = 0.9294$，广东的工业呈现轻微的规模报酬递减状态。在空间产业关联矩阵的滞后项中，$\omega_0 lnK$、$\omega_1 lnK$、$\omega_2 lnK$ 和 $\omega_2 lnL$ 显著，其余项不显著，表明广东的工业资本投入对珠江流域的工业产出具有显著的产业内溢出效应、产业间溢出效应和区域间溢出效应，广东省的工业劳动投入对珠江流域四省的工业产出均具有显著的区域间溢出效应。从溢出效应的符号看，资本的各项溢出效应符号均为正，劳动溢出的符号为负，表明资本投入对珠江流域四省的工业产出具有溢出效应，而劳动投入对珠江流域滇黔桂三省份的工业产出具有挤出效应。

从广西的空间产业关联溢出效应模型估计结果看，资本和产出的弹性分别为 0.4159 和 0.3594，在 1% 的水平下显著，$\alpha + \beta = 0.7753$，表明资本和劳动投入是影响广西工业产出的最主要因素，资本投入对工业产出的影响大于劳动投入，广西的工业呈现出明显的规模报酬递减状态。在空间产业关联矩阵的滞后项中，$\omega_2 lnK$、$\omega_2 lnL$ 和 $\omega_3 lnL$ 显著，其余项不显著，表明广西的工业资本投入和劳动投入对珠江流域的工业产出仅具有显著的区域间溢出效应；从溢出效应的符号看，各项溢出效应符号均为正，表明广西的资本投入和劳动投入对珠江流域的工业产出具有溢出效应。

在贵州的空间产业关联溢出效应模型中，资本和产出的弹性分别为 0.4397 和 0.3696，在 1% 的水平下显著，表明资本和劳动投入是影响贵州工业产出的最主要因素，资本投入对工业产出的影响大于劳动投入。$\alpha + \beta = 0.8093$，表明贵州的工业呈现出规模报酬递减状态。在空间产业关联矩阵的滞后项中，$\omega_0 lnK$、$\omega_2 lnK$、$\omega_3 lnK$ 和 $\omega_2 lnL$、$\omega_3 lnL$ 显著，其余项不显著，表明贵州的工业资本投入对珠江流域的工业产出具有显著的产业内溢出效应和区域间溢出效应，工业劳动投入对珠江流域的工业产出均具有显著的区域间溢出效应。从溢出效应的符号看，$\omega_0 lnK$、$\omega_2 lnK$ 和 $\omega_2 lnL$ 的符号为负，表明贵州省的资本投入的产业内溢出具有挤出效应，资本和劳动投入通过区域间产业后向关联的溢出对珠江流域的工业产出具有挤出效应；$\omega_3 lnK$ 和 $\omega_3 lnL$ 的符号为正，表明贵州的资本和劳动投入通过区域间产业前向关联的溢出对工业产出具有溢出效应。

从云南的空间产业关联溢出效应模型估计结果看，资本和产出的弹性分别为 0.4313 和 0.3592，在 1% 的水平下显著，$\alpha + \beta = 0.7905$，表明资本和劳动投入是影响云南工业产出的最主要因素，资本投入对工业产出的影响大于劳动投入，云南的工业呈现出规模报酬递减状态。在空间产业关联矩阵的滞后项中，$\omega_0 \ln K$、$\omega_2 \ln K$、$\omega_3 \ln K$ 和 $\omega_2 \ln L$、$\omega_3 \ln L$ 显著，其余项不显著，表明云南的工业资本投入对珠江流域的工业产出具有显著的产业内溢出效应和区域间溢出效应，工业劳动投入对珠江流域的工业产出均具有显著的区域间溢出效应。从溢出效应的符号看，$\omega_0 \ln K$、$\omega_2 \ln K$ 和 $\omega_2 \ln L$ 的符号为负，表明云南省的资本投入的产业内溢出具有挤出效应，资本和劳动投入通过区域间产业后向关联的溢出对珠江流域四省的工业产出具有挤出效应；$\omega_3 \ln K$ 和 $\omega_3 \ln L$ 的符号为正，表明云南的资本和劳动投入通过区域间产业前向关联对工业产出产生正向溢出效应。

五、主要结论

技术溢出作为一种外部效应，是促进区域经济共同增长的力量。由于区域间的产业关联，珠江流域四省份的要素投入产生"溢出"和"挤压"双重效应，两者之和为正效应，正改变着四省的生产函数。这表明，由于产业关联和空间关联，珠江流域四省的工业产生了集聚溢出效应。

从产业关联溢出看，珠江流域四省份工业的区域间产业关联增加了资本投入对工业产出的影响，降低了劳动投入对工业产出的影响。珠江流域四省份的工业产业没有显著的产业内溢出效应和区域内产业间溢出效应，但存在显著的区域间溢出效应。在区域间溢出效应中，资本投入对工业产出的溢出效应为正，劳动投入对工业产出的溢出效应为负，表明珠江流域区域间的溢出效应主要通过区域间产业后向关联产生，资本投入有溢出效应，而劳动投入则有挤出效应。总体来看，资本的溢出效应和劳动的溢出效应之和为正，表明珠江流域四省份的工业具有一定的集聚溢出效应。

从珠江流域各省份的情况看，广东的工业资本投入对珠江流域四省份的工业产出具有显著的产业内溢出效应、产业间溢出效应和区域间溢出效应，广东的工业劳动投入对珠江流域滇黔桂三省份的工业产出均具有显著的区域间挤压效应。广西的工业资本投入和劳动投入对珠江流域四省份的工业产出仅具有显著的区域间溢出效应。贵州和云南的资本和劳动投入通过区域间产业后向关联的溢出对珠江流域四省份的工业产出具有挤出效应，通过区域间产业前向关联的溢出对工业产出具有溢出效应。在各省的溢出总效应中，除广东为负效应外，其余各省均为正效应，表明经济发达的广东对珠江流域其他省份存在挤压效应，而经济欠发达的滇黔桂却对其他省份存在溢出效应，工业集聚溢出不利于珠江流域工业经济的整体协调发展。

参考文献

［1］潘文卿，李子奈. 中国沿海与内陆间经济影响的反馈与溢出效应［J］. 经济研究，2007（5）：68 - 77.

［2］潘文卿. 中国的区域关联与经济增长的空间溢出效应［J］. 经济研究，2012，47（1）：54 - 65.

［3］赵果庆等. 中国 FDI 双重集聚与效应［M］. 北京：中国科学出版社，2015.

［4］Samprit Satterjee Alis S. Hadi, Bertram Price. 例解回归分析［M］. 郑明等译，北京：中国统计出版社，2004.

［5］Miller R. E. Comments on the "General Equalibrium" Model of Professor Moses［J］. Metroeconomica, 1963（40）：82 - 88.

［6］Groenwold, N., G. Lee and A. Chen. Regional Output Spillovers in China：Estimate from a VAR Model［J］. Papers in Regional Science, 2007（86）：101 - 122.

［7］Groenwold, N., G. Lee and A. Chen. Inter - regional Spillovers in China：The Importance of Common Shocks and the Regions［J］. China Economic Reciew, 2007（19）：32 - 52.

5. 绿色经济、实验经济学

基于空间面板模型的中国产业能源消费特征分析[*]

陈星星[1,2]

（1. 中国社会科学院数量经济与技术经济研究所，北京　100732；

2. 特华博士后科研工作站，北京　100029）

摘　要　分别从全局空间自相关、空间集聚和局部空间自相关三个角度分析 2000~2014 年中国 28 个省份 7 个行业的能源消费的空间特征，研究中国省域行业能源消费的空间分布和空间演化行为。研究结果表明，从终端消费总量来看，能源消费从东到西依次递减，而经济欠发达地区的能源消费水平较低。从分行业来看，不同行业的能源消费区域分布差异明显。2000~2014 年中国省域产业能源消费呈现显著的正向空间自相关性，中国产业能源消费整体上呈现空间集聚分布。随着时间变迁，终端消费总量的空间集聚性减弱。终端能源消费基本集中在东部地区，从排名前 5 位的消费集中度看，区域集集中度有下降的趋势，能源消费的区域间差异在减弱。中国大部分省份能源消费属于“双高集聚”，一部分省份属于“双低集聚”，能源消费区域间基本不存在异质性。

关键词　空间面板；能源消费；空间自相关；区域集中度

---

[*]　本文获得国家社科基金青年项目“新能源产业技术效率、环境效应与定价机制研究”（项目编号：16CJL034）、中国博士后科学基金第 65 批面上资助项目“供给侧改革与新能源发展技术效率、环境效应的测度研究”（资助编号：2019M650777）、中国博士后科学基金第 12 批特别资助项目“新能源产出效率、环境问题与空间效应的定量测度”（资助编号：2019T120117）的资助。

Development Status and Spatial Characteristics of Industry Energy Consumption

Chen Xingxing[1,2]

(1. Institute of Quantitative & Technical Economics, Chinese Academy of
Social Sciences, Beijing 100732;

2. Tehua Postdoctoral Programme, Beijing 100029)

Abstract: According to 7 sectors of energy consumption of China's 28 provinces in 2000 – 2014, this article analyzes spatial distribution and spatial evolution behavior of Chinese provincial industry energy consumption by using global spatial autocorrelation, spatial agglomeration and local spatial autocorrelation methods. The results show that: Total energy terminal consumption is decreasing from east to west. Energy consumptions of Ningxia and Qinghai are relatively low. The distribution of energy consumption in different industries is obviously different. China's industrial energy consumption shows significant positive spatial autocorrelation in 2000 – 2014, and the industrial energy consumption in China shows a spatial agglomeration distribution as a whole. The terminal energy consumption is mainly concentrated in the eastern region. The regional concentration degree has a downward trend, and the regional differences of energy consumption are weakening. Energy consumption of Chinese most provinces is "double high concentration", some provinces are "double low concentration". There is no heterogeneity among regions in China's energy consumption.

Key Words: Spatial Panel; Energy Consumption; Spatial Autocorrelation; Regional Concentration

一、问题的提出与文献述评

能源安全关系到国家经济的发展、人民生活的改善和社会的长治久安，是经济社会发展的全局性、战略性问题。由于经济发展的不平衡，能源资源的分布差异，以及节能减排目标的综合考虑，目前中国能源产业的区域发展存在极大的差异。研究当前中国行业能源发展现状以及空间分布特征，不仅可以促进区域能源发展的均衡性，分析不同行业能源的消费情况，还可以优化能源配置，根据不同的区域特征制定不同的能源政策。

现有关于能源消费的研究集中在能源消费对经济增长的作用，能源消费与产业结构的关系，能源消费变化的影响因素以及能源消费的利用效率等，缺乏基于空间面板数据的能源消费空间计量分析，同时关于行业能源消费的空间研究也处于空白。Klein 和 Ozmucur（2002）运用回归分析法研究了1980~2000 年中国能源消费与经济增长间的关系。Fisher - Vanden（2004）研究了中国能源消费变化的影响因素。Yuan 等（2008）利用新古典加总生产函数模型，将资本、劳动力和能源作为独立投入，从能源总量和分行业（煤炭、石油、电力消费）的角度测算了中国能源产出增长和使用间因果关系的存在性和方向，发现无论是从总量还是分行业的角度看，产出、劳动、资本和能源使用均存在长期协整关系，电力和石油消费对 GDP 存在 Granger 因果关系，但煤炭和总能耗对 GDP 不存在 Granger 因果关系。Eberspächer 和 Verl（2013）基于图形优化理论，开发出可以选择能源优化配置的消耗模型，通过具体工业行业数据实例分析，证实了该方法的可行性。Zhou 等（2010）认为，1970~2001 年，中国通过实施积极的能效政策使能源需求量增长显著下降，单位能耗 GDP 每年下降约 5%。然而 2002~2005 年的单位能耗 GDP 平均每年增长约 3.8%。为了控制能源需求增长，2005 年 11 月，中国政府出台能源强度在 2006~2010 年减少 20% 的减排目标。他们表示，中国能源和经济的前景不容乐观，中国积极的减排措施有利于减少全球温室气体的排放。

从国内的研究来看，曹俊文（2012）运用统计上的离差方法研究了中国能源消费水平的空间差异，但其并未研究细分行业的能源消费情况，同时也未给出能源的空间测度。梁竞、张力小（2009）研究了典型城市的能源消费规模、结构和效率的空间分布特征，运用简单聚类分析方法将省域能源消费量系统聚类，并不是空间经济学意义上的聚类。梁竞、张力小（2010）运用 Theil 指数研究了省会城市能源消费的空间差异，但其采用截面数据忽略了能源消费的时间演化，并且在分析消费结构空间差异时仅考虑了细分能源产品的消费量，并未转化为行业的能源消费量。吴玉鸣和李建霞（2008），吴玉鸣（2012）运用空间滞后模型和空间误差模型研究了不同因素对能源消费行为的影响，但他们均未在影响因素中考虑空间因素与变量间的交互影响,同时也未进一步研究能源行业的空间关联性。孙玉环、李倩、陈婷(2015)研究了中国能源消费强度的区域差异,利用基尼系数和空间分析法研究了能源消费强度变化。陈星星(2015)测算了中国能源消耗产出效率。李平、陈星星(2016)进一步研究了中国八大经济区域能源消耗产出效率差异。王立猛、何康林(2008)基于 STIRPAT 模型分析了中国区域环境压力的空间差异,发现不同省份间人口数量和富裕度对环境压力影响存在显著差异。赵荣钦等(2010)仅使用了 2007 年的能源消费截面数据,并没有利用面板数据综合分析中国的能源消费问题。张雷(2006)研究了中国能源消费碳排放的区域格局变化,他认为在研究中国能源消费碳排放问题时,不仅需要从总量变化方面评估,还需要从区域格局的变化来把握,这样才对相关的政策制定具有更加明确的针对性和可操作性,但遗憾的是,他仍将中国能源消费碳排放问题停留在区域格局的划分,而并没有从空间计量的角度分析不同能源消费碳排放的区域联系。

结合现有文献的不足,本文的创新和贡献在于:第一,由于历年《中国能源统计年鉴》中未公布行业能源消费数据,仅公布了省域行业中细分能源产品的消费量,需要通过历年能源平衡表中省域分行业主要能源消费品折标准煤参考系数折算获取,现有研究均未涉及行业能源消费的研究,因此,本文首次根据省域面板行业能源消费数据,深入分析了中国细分行业能源的消费状况和空间特征;第二,现有关于能源消费的空间计量研究仅采用单一能源产品估算(王火根和沈利生,2007),或者仅考虑了省域能源消费总量(吴玉鸣,2012),抑或在分析省域能源消费的空间分布时仅采用截面数据(梁竞和张力小,2009),并没有从动态的时空角度分析能源消费的空间变化。本文在分析中国能源发展现状的基础上,综合研究了中国能源行业消费规模、消费结构的空间分布,并对能源行业消费进行空间分类,从而分析了中国能源行业的空间分布状况和集聚状况。

二、理论模型

(一) 全局空间自相关方法

全局空间自相关方法描述了空间位置的属性值与其相邻位置属性值之

间的空间关系，具体到能源消费行为的研究中，即为区域能源消费行为的空间相关性。全局空间自相关性通常用全局 Moran's I 指数衡量，公式如下：

$$I = \frac{\sum\limits_{i=1}^{n}\sum\limits_{j\neq i}^{n} w_{ij}(x_i - \overline{x})(x_j - \overline{x})}{S^2 \sum\limits_{i=1}^{n}\sum\limits_{j=1}^{n} w_{ij}} \tag{1}$$

式中，w_{ij} 为能源消费的空间权重矩阵，当省域 i 与省域 j 相邻时记为 1，不相邻时记为 0；x_i 为第 i 个省份的能源消费值；$\overline{x}$ 为省域能源消费的平均值；S^2 为省域能源消费的方差，$S^2 = \frac{1}{n}\sum\limits_{i=1}^{n}(x_i - \overline{x})^2$。可以用全局 Moran's I 指数的 Z 统计量衡量该指数的显著性水平。

（二）区域集中度测算方法

参考市场结构集中度的测量方法，选取各产业中能源消费 5 位的省份作为能源消费规模较大的前 5 个省份。假设 t 年第 j 个产业的能源消费产业集中为 CR，zdxf 代表各省份终端消费总量，则能源消费产业集中度可以表示为：

$$CR_{jt} = \frac{\sum\limits_{i=1}^{5} zdxf_{ijt}}{\sum\limits_{i=1}^{28} zdxf_{ijt}}, \quad i = 1, \cdots, 28; \ j = 1, \cdots, 7; \ t = 2000, \cdots, 2014$$

$$\tag{2}$$

式（2）即为能源消费产业集中度的测算公式，可以用来反映区域内能源消费的产业集中情况。

（三）局部自相关原理

全局 Moran's I 指数只能测算省域间能源消费的自相关程度，并由此判断能源消费产业的分布状态，但是不能测算能源消费区域间的异质性，即区域间能源消费集聚的显著性和具体的空间位置。这就需要借助局部相关 Moran's I 指数，进一步分析每一个空间单元与邻近单元在某一属性的相关程度，具体可以用 Anselin（1995）提出的空间联系的局部指标 LISA 指数来识别一个地区及其与其邻近地区的关系。LISA 指数的计算公式如下所示：

$$LISA_i = Z_i \sum_{j=1}^{28} w_{ij} Z_j \tag{3}$$

式中，$Z_i = (x_i - \bar{x})/s$，即区域能源消费的标准差；w_{ij} 是第 i 个区域相对于第 j 个区域的权重。

（四） 空间面板计量模型

目前，空间面板计量模型有三种：空间滞后模型（SLM）、空间误差模型（SEM）和空间 Durbin 模型（SDM）。本文构建的空间滞后模型为：

$$lny_{itk} = \delta \sum_{j=1}^{28} w_{ij} lny_{jtk} + \beta lnX_{itk} + \sum Control_{it} + \mu_i + \lambda_t + \varepsilon_{it}, \varepsilon_{it} \sim i.\,i.\,dN(0, \delta^2) \tag{4}$$

式中，δ 是空间自回归系数，y_{itk} 表示第 i 个省域第 t 年 k 行业的能源消费（$i = 1, \cdots, 28; t = 1990, \cdots, 2014; k = 0, 1, \cdots, 7$），$X_{itk}$ 表示第 i 个省域第 t 年 k 行业能源消费的影响因素，β 是行业能源消费影响因素的系数，$Control_{it}$ 表示其他控制变量。w_{ij} 表示空间权重矩阵中的元素。μ_i 表示空间固定效应，即控制所有省域固定，不随年份变化的变量；λ_t 表示时间固定效应，即控制所有年份固定，不随省域变化的变量；ε_{it} 为随机扰动项。

中国行业能源消费空间误差模型和空间 Durbin 模型分别表示如下：

$$lny_{itk} = \beta lnX_{itk} + \sum Control_{it} + \mu_i + \lambda_t + \varphi_{it}$$

$$\varphi_{it} = \rho \sum_{j=1}^{28} w_{ij} \varphi_{it} + \varepsilon_{it}, \varepsilon_{it} \sim i.\,i.\,dN(0, \delta^2) \tag{5}$$

$$lny_{itk} = \delta \sum_{j=1}^{28} w_{ij} lny_{itk} + \beta lnX_{itk} + \eta \sum_{j=1}^{28} w_{ij} lnX_{itk} + \gamma \sum w_{ij} Control_{it} + \mu_i + \lambda_t +$$

$$\varepsilon_{it}, \varepsilon_{it} \sim i.\,i.\,dN(0, \delta^2) \tag{6}$$

三、研究设计及数据描述

本文根据 2000～2015 年《中国能源统计年鉴》中地区能源平衡表，获取 2000～2014 年中国 28 个省份 15 年的行业能源消费数据，从而分析中国产业能源消费的空间分布及演化、中国产业能源消费的空间集聚特征以及中国产业能源消费的局部自相关情况。由于省域行业能源数据不能直接得到，本文根据 2015 年《中国能源统计年鉴》中公布的各种能源折标准煤参考系数,折算各地区能源平衡表(实物量)中终端消费量的各项能源消费值,从而得到省域能源行业消费量(部分缺失数据用线性插值法补全)。根据2015年《中国能源统计年鉴》的解释,能源消费总量由终端能源消费量、能源加工转换损失量和损失量构成,因此,本文测算的是细分行业终端能源消费量,其加总量高于全国能源消费总量的原因在于,没有考虑能源加工转换损失量和损失量。各种能源折标准煤参考系数如表1所示。

表1　能源折标准煤系数

原煤(万吨标准煤/万吨)	洗精煤(万吨标准煤/万吨)	其他洗煤(万吨标准煤/万吨)	焦炭(万吨标准煤/万吨)	焦炉煤气(万吨标准煤/亿立方米)	其他煤气(万吨标准煤/亿立方米)	原油(万吨标准煤/万吨)	汽油(万吨标准煤/万吨)
0.7143	0.9	0.2857	0.9714	57.14	62.43	1.4286	1.4714
煤油(万吨标准煤/万吨)	柴油(万吨标准煤/万吨)	燃料油(万吨标准煤/万吨)	液化石油气(万吨标准煤/万吨)	炼厂干气(万吨标准煤/万吨)	天然气(万吨标准煤/亿立方米)	热力(万吨标准煤/万百万千焦)	电力(万吨标准煤/亿千瓦小时)
1.4714	1.4571	1.4286	1.7143	1.5714	133	0.03412	12.29

注:其他洗煤用洗中煤折标准煤系数;焦炉煤气用低折标准煤系数;其他煤气取发生炉煤气、重油催化裂解煤气、重油热裂解煤气、焦炭制气、压力气化煤气折标准煤系数平均值。

资料来源:笔者根据2015年《中国能源统计年鉴》整理。

根据能源折算标准煤系数,可以得到2000～2014年中国28个省份7个细分行业的能源消费数据(缺省西藏、海南数据,重庆并入四川)。依照前文的行业分类,用A01,…,A07分别代表农、林、牧、渔业(A01),工业(A02),建筑业(A03),交通运输、仓储和邮政业(A04),批发、零售业和住宿、餐饮业(A05),其他(A06),生活消费(A07)。其中,生活消费又分为城镇生活消费和乡村生活消费。将2000～2014年分为2000～2004年、2005～2009年和2010～2014年3个时段,整理后的省域各行业分时段能源消费均值按区域汇总。全国分为东部、中部、西部,具体划分如下:北京、天津、河北、辽宁、上海、江苏、浙江、福建、山东、广东为东部10个省份;山西、内蒙古、吉林、黑龙江、安徽、江西、河南、湖北、湖南为中部9个省份;广西、四川、贵州、云南、陕西、甘肃、青海、宁夏、新疆为西部 9 个省份。

四、实证分析

通过整理 2000～2014 年中国 28 个省份 7 个行业的能源消费值，分别从全局空间自相关、空间集聚和局部空间自相关三个角度分析中国能源消费的空间特征。其中，全局空间自相关分析中进一步研究中国省域行业能源消费的空间分布和空间演化行为。

（一）产业能源消费的空间分布及演化

1. 能源消费的空间分布

2000～2014 年，中国省域各行业能源消费均值在 9 亿吨标准煤以上的省份（从高到低排序）为：江苏（10.4734 亿吨标准煤）、山东（9.7564 亿吨标准煤）、广东（9.6334 亿吨标准煤）、河北（9.1703 亿吨标准煤），能源消费均值在 1 亿吨标准煤以下的有两个省份：宁夏和青海，能源消费均值分别为 0.9537 亿吨标准煤和 0.7195 亿吨标准煤。江苏的能源消费中，工业行业能源消费年均值为 8.9544 亿吨标准煤，占江苏能源消费总量的 85%；江苏的生活能源消费年均值为 0.4389 亿吨标准煤，其中城镇和乡村能源消费量分别占比为 60% 和 40%。对于能源消费总量最少的青海，其工业行业能源消费量占能源消费总量的 84%，城镇能源生活消费与乡村能源生活消费的比例为 4.7：1。

进一步研究 2000～2014 年中国省域各行业能源消费均值空间分布，从终端消费总量看，能源消费从东到西依次递减，能源消费主要集中在河北、山东、江苏、广东，而经济欠发达地区如宁夏、青海的能源消费水平较低。分行业看，不同行业的能源消费区域分布差异明显。①农、林、牧、渔业能源消费主要集中在河北和江苏，由东向西递减；②工业能源消费主要集中在山东、江苏和广东，与能源消费总量的分布状况一致；③建筑业能源消费主要集中在河北和山东，江苏和河南有少量分布，其他省份消耗较少；④交通运输、仓储和邮政业、批发、零售业和住宿、餐饮业与生活消费的能源消费分布较为相似，东多西少，集中在长江流域；⑤其他能源消费主要集中在东部沿海，且北京、上海、广东 3 个特大城市的密度较高。

全局 Moran's I 指数可以反映省域能源消费历年的产业集中度情况。根据 2000～2014 年中国省域 7 个行业能源消费均值测算各行业的全局 Moran's I 指数①。总体来看，2000～2014 年中国省域产业能源消费呈现显著的正向空间自相关性，即中国产业能源消费整体上看具有空间集聚分布状态。从时空变迁来看，2000 年中国产业能源消费通过 10% 显著性水平的仅有 1 个，2005 年有 4 个、2010 年有 6 个、2014 年有 4 个。因此，中国产业能源消费集聚随时间呈现先增多后减少的现象，在 2010 年产业能源消费的集聚状态最高。

2000 年，工业行业能源消费 Moran's I 指数通过 5% 的显著性检验，且数值为正，说明工业行业在能源消费水平较高的省份（如山东、江苏），其周边省份（如河北、河南、浙江）的能源消费水平也较高；能源消费水平较低的省份（如贵州），其周边省份（如云南、广西、湖南）的能源消费水平也较低。其他行业均未通过检验，说明除了工业行业呈现空间集聚外，其他行业在空间上是分散的。2005 年，工业，建筑业，批发、零售业和住宿、餐饮业，其他 4 个行业的 Moran's I 指数均通过 10% 的显著性检验，且数值为正，说明这些行业具有正向的空间集聚，而农、林、牧、渔业，交通运输、仓储和邮政业以及生活消费在空间上是分散的。2010 年，除生活消费外，其他行业均通过 10% 的显著性检验，说明 2010 年中国大部分行业具有空间集聚性。2014 年的行业空间集聚情况与 2005 年相似，有 4 个行业具有空间集聚状态，其他行业在空间上发散。

随着时间变迁，终端消费总量的空间集聚性减弱，2014 年呈发散状态。农、林、牧、渔业，交通运输、仓储和邮政业和生活消费的空间集聚性并不显著，在大多数年份是发散的。工业能源消费的空间集聚性逐年增强，建筑业能源消费的空间集聚性先增强后减弱，在 2004～2009 年中国经济迅速发展的 6 年间集聚性显著。批发、零售业和住宿、餐饮业和其他行业的空间集聚性缓慢增强，且集聚水平弱于工业和建筑业。因此，从行业看，对于与居民生活相关的行业（如 A04～A07），其能源消费比较分散，而对于生产性行业（如 A02 和 A03），能源消费的空间集聚性水平较高。

前文研究结果表明，中国能源消费呈现空间集聚的现象，但具体哪个行业在哪个地区具有集聚现象并未给出。下文通过分析 2014 年中国区域及

---

① 由于篇幅所限，各行业的全局 Moran's I 指数未列出。

省域能源消费行业占比，来考察中国能源消费的产业空间集聚现象。表2为
中国东部、中部、西部能源消费产业占比。总体来看，2014年东部地区所
有行业的能源消费水平均占主导地位，东部地区能源消费占比超过50%的
行业是批发、零售业和住宿、餐饮业（A05）和其他行业（A06），说明这
两个行业在东部地区占据绝对优势。而农、林、牧、渔业（A01）在东部、
中部、西部分布大体均衡。西部地区的工业能源消费占比大于中部地区的
能源消费占比，其他产业能源消费均为中部地区高于西部地区。2014年，
中国东部、中部、西部能源消费行业占比虽然东部地区消费程度较高，但
整体上分布较为均衡。

表2　2014年中国东部、中部、西部能源消费行业占比

单位：万吨标准煤

行业	行业能源消费总量	东部地区		中部地区		西部地区	
		消费量	占比（%）	消费量	占比（%）	消费量	占比（%）
A01	18598.96	7352.40	39.53	6191.22	33.29	5055.34	27.18
A02	858478.01	354678.54	41.31	212397.00	24.74	291402.47	33.94
A03	12344.47	5849.33	47.38	3316.75	26.87	3178.40	25.75
A04	53695.44	24001.88	44.70	16439.21	30.62	13254.35	24.68
A05	43051.61	22228.39	51.63	11180.92	25.97	9642.30	22.40
A06	58389.87	34307.31	58.76	13424.37	22.99	10658.19	18.25
A07	143827.73	69058.65	48.01	39579.21	27.52	35189.87	24.47

资料来源：笔者根据2015年《中国能源统计年鉴》整理。

2014年，中国东部地区能源消费总量为517476万吨标准煤，中部地区
为302529万吨标准煤，西部地区为368381万吨标准煤。总体来看，中国各
区域均为工业行业能源消费占比最高，但从东部、中部、西部横向对比来
看，其他行业（A06）在东部地区相比与中部和西部地区更具优势；农、
林、牧、渔业（A01）和交通运输、仓储和邮政业（A04）在中部地区占据
优势；而西部地区能源消费水平最高的为工业部门（A02）。

2. 能源消费的时空演化

从终端能源消费总量来看，2000~2009年，能源消费逐年上升，从
2.3441亿吨标准煤上升到5.6988亿吨标准煤，增长了2.43倍。2010~2012

年，能源消费呈现"先下降，再上升，又下降"的波动趋势，2014 年稳定在 3. 9097 亿吨标准煤的水平。工业部门（A02）与终端能源消费总量的变化趋势一致，也与工业部门中用作原料、材料的能源消费总量变动一致。中国建筑业（A03）能源消费在 2003 ~ 2005 年有显著增长，年均增长率为57. 68%，2005 ~ 2009 年为 0. 3 亿吨标准的水平，随后于 2010 年急剧下降至 350 万吨标准煤的水平，说明中国建筑业在经历了 2003 ~ 2005 年的飞速发展后，近年来发展迅速放缓，能源消费大量减少。其他行业的能源消费总量水平不高，并呈现逐年递增的态势。

从 2000 年与 2014 年中国各行业能源消费的空间变化可以看出，经过 7个行业能源消费的叠加后，2000 年中国能源消费集中在东部沿海地区，江苏、山东和广东的能源消费量远高于其他地区，能源消费呈现空间分布不均衡的状态。而 2014 年中国能源消费区域不均的状况明显改善。尽管能源消费仍集中在四川、重庆、山东、江苏和广东，但新疆、内蒙古、河南等中西部地区的能源消费量显著提升，说明中国能源消费有明显的从东部沿海地区向内陆中西地区扩散的现象，也反映了中国近十几年来的重大能源调配工程取得了巨大成效，尤其是"西气东输""西电东送""北煤南运"等重点工程促进了中国能源的区域一体化发展。

（二）产业能源消费的空间集聚

按照上述方法，以能源终端消费排名前 5 位的省份作为参照，2000 ~ 2014 年中国各产业能源消费的集中度如表 3 所示（由于篇幅所限，仅显示2000 年、2005 年、2010 年和 2014 年的数据。）。2000 ~ 2005 年，终端能源消费总量排名前 5 位的省份主要集中在江苏、山东、广东、辽宁和上海，2010 年后，江苏的能源消费集中度下降，四川和河北取代辽宁和上海成为排名前 5 位的能源消费大省。总体来看，终端能源消费基本集中在东部地区，中部地区有河南、吉林、湖北、湖南、黑龙江和内蒙古上榜，西部地区仅有新疆、四川、陕西上榜；从排名前 5 位的消费集中度来看，集中度有下降的趋势，即能源消费的区域间差异在减弱。

从 2000 ~ 2014 年中国能源消费排名前 5 位的产业集中度均值看（见表4），除生活消费（A07）为 39. 59% 外，其他产业集中度均值均在 40% 以上，其中建筑业（A03）的产业集中度均值达到 71. 61%。根据 Bain（1959）对行业市场集中度的划分方法，建筑业能源消费属于高度集中寡占型，生活消费属于低度集中寡占型，其他产业属于中下度集中寡占型。

表 3　中国省域能源消费集中度　　　　　　单位:%

	终端消费总量	农、林、牧、渔业（A01）	工业（A02）	建筑业（A03）	交通运输、仓储和邮政业（A04）	批发、零售业和住宿、餐饮业（A05）	其他（A06）	生活消费（A07）
2000 年	江苏 19.78	广东 11.60	江苏 23.02	河北 60.94	上海 13.60	广东 17.07	上海 19.27	河北 16.45
	山东 8.33	山东 8.48	山东 9.01	河南 14.18	广东 9.99	上海 9.83	北京 10.84	广东 9.03
	广东 7.72	河南 7.64	广东 7.56	新疆 7.40	四川 5.74	安徽 9.38	广东 8.65	上海 6.99
	辽宁 6.02	河北 6.99	辽宁 6.45	天津 3.05	江苏 5.57	北京 5.68	河北 7.09	四川 6.02
	上海 5.99	四川 4.97	上海 5.69	广东 1.69	辽宁 4.98	天津 5.36	山东 6.07	山东 4.70
CR5	47.84	39.68	51.74	87.27	39.88	47.33	51.91	43.19
2005 年	江苏 12.03	广东 11.28	江苏 12.71	山东 51.53	上海 13.69	广东 14.75	上海 18.64	广东 10.25
	山东 10.50	河北 9.55	广东 9.62	河北 17.18	山东 9.80	上海 13.64	广东 11.37	上海 8.24
	广东 9.14	山东 7.26	辽宁 8.15	江苏 16.02	陕西 9.60	山东 8.56	北京 8.35	山东 7.08
	辽宁 7.21	新疆 6.31	山东 7.71	河南 5.45	广东 7.62	北京 5.63	河南 6.85	河北 6.19
	上海 6.93	河南 6.10	上海 6.63	上海 3.49	福建 5.47	江苏 5.44	江苏 6.15	江苏 6.09
CR5	45.81	40.50	44.82	93.68	46.18	48.03	51.38	37.85
2010 年	山东 7.88	河北 12.11	山东 8.22	四川 14.33	山东 8.65	广东 12.61	北京 13.86	四川 10.53
	四川 7.71	湖南 8.35	江苏 8.07	广东 7.29	广东 8.53	山东 7.37	广东 11.03	广东 8.78
	广东 7.46	山东 7.63	四川 7.46	浙江 7.16	四川 7.29	四川 7.29	上海 8.83	山东 6.66
	江苏 7.37	河南 7.26	河南 7.04	山东 5.46	上海 5.83	浙江 5.94	江苏 7.01	江苏 5.99
	河北 6.45	广东 5.67	河北 6.94	江苏 4.89	内蒙古 4.86	北京 5.74	山东 6.37	河北 5.65
CR5	36.87	41.02	37.72	39.13	35.16	38.94	47.10	37.62
2014 年	江苏 7.74	新疆 10.57	四川 16.97	四川 8.00	广东 7.54	广东 12.01	北京 11.30	广东 9.64
	山东 7.56	河北 8.08	江苏 7.50	浙江 7.65	四川 7.31	四川 8.63	广东 10.25	四川 9.56
	广东 7.39	河南 7.90	山东 7.32	广东 6.84	江苏 6.41	浙江 5.94	上海 7.31	山东 6.71
	四川 7.13	山东 7.63	河北 5.97	江苏 6.14	山东 5.71	河北 5.79	江苏 7.07	江苏 6.16
	河北 6.26	广东 6.90	广东 5.79	山东 5.36	河南 5.22	山东 5.32	四川 5.19	河北 5.50
CR5	36.08	41.07	43.56	33.99	32.20	37.70	41.12	37.58

资料来源：笔者根据 2001～2015 年《中国能源统计年鉴》整理。

表4　2000～2014年中国排名前5位（CR5）能源消费集中度　单位:%

年份	终端消费总量	农、林、牧、渔业（A01）	工业（A02）	建筑业（A03）	交通运输、仓储和邮政业（A04）	批发、零售业和住宿、餐饮业（A05）	其他（A06）	生活消费（A07）
2000	47.84	39.68	51.74	87.27	39.88	47.33	51.91	43.19
2001	49.64	40.55	52.18	88.03	40.03	49.46	56.60	61.49
2002	41.93	51.76	43.84	87.67	40.06	50.24	49.55	38.95
2003	41.25	89.53	41.67	83.59	42.27	50.39	55.09	43.90
2004	47.93	82.24	48.70	94.18	44.70	75.78	50.99	35.53
2005	45.81	40.50	44.82	93.68	46.18	48.03	51.38	37.85
2006	48.49	42.36	48.51	89.98	44.40	47.97	50.56	35.91
2007	48.43	44.42	48.39	89.54	45.54	47.19	52.92	35.95
2008	46.08	43.50	46.00	89.18	49.87	47.48	51.39	35.02
2009	47.56	43.69	47.84	87.52	54.92	46.01	51.95	34.87
2010	36.87	41.02	37.72	39.13	35.16	38.94	47.10	37.62
2011	58.97	40.34	37.19	39.26	34.01	38.45	45.44	38.81
2012	36.41	39.41	36.53	37.43	33.71	38.07	45.64	40.10
2013	36.39	39.33	37.12	33.68	31.50	35.93	43.51	37.03
2014	36.08	41.07	43.56	33.99	32.20	37.70	41.41	37.58
平均	44.65	47.96	44.39	71.61	40.96	46.60	49.68	39.59

资料来源：笔者根据2001～2015年《中国能源统计年鉴》整理。

2000～2014年中国排名前5位（CR5）终端能源消费总量集中度变化不大，维持在40%左右的水平。建筑业的能源消费集中度变化幅度最大，在2009～2010年从87.52%急剧下降到39.13%，随后一直维持在33%左右的水平，这也与前文的分析一致。能源消费产业集中度变化较大的还有农、林、牧、渔业（A01）和批发、零售业和住宿、餐饮业（A05），这得益于中国产业结构的调整，使区域能源消费差异逐渐减小，在2012～2014年各产业能源消费集中度差异水平很小且趋于稳定。工业部门作为能源消费最大的产业，其产业集中度稳定在40%～50%的区间。

根据上述能源消耗产业区域集中度，进一步分析中国能源消耗产业地域分布排行情况。2000～2014年，28个省份全部上榜次数为600次，其中东部地区上榜490次，占总上榜次数的81.67%；中部地区上榜49次，占总上榜次数的 8.17%；西部地区上榜 61 次，占总上榜次数的 10.17%。因此，尽管中国能源消费产业集中度具有趋同的现象，总体来看，能源消费产业地区差异仍非常大。从地区上榜次数看，广东在历年中名列前茅，山东、河北、江苏排名靠前且有上升趋势，上海上榜次数逐年缩减，2014 年仅上榜 1 次。

（三）产业能源消费的局部自相关

进一步研究 2000～2014 年中国能源消费产业布局的局部自相关指数。从终端消费总量来看，Z 值小于零的省份有江西、山西、四川、福建、天津、安徽、广东，其他省份的 Z 值均大于零。结合 LISA 指数，则可以将 28 个省份及其相邻省份间关系分为以下四种情况：①"双高集聚"有（按 Z 值从大到小排序）：山东、江苏、河北、上海、宁夏、甘肃、贵州、陕西、云南、河南、辽宁、青海、新疆、湖北、内蒙古、黑龙江、湖南、浙江、北京、广西；②"高低集聚"仅有吉林；③不存在"低高集聚"的省份；④"双低集聚"有（按 Z 值从大到小排序）：江西、山西、四川、福建、天津、安徽、广东。因此总体来看，中国大部分省份属于"双高集聚"，即自身能源消费水平与周围能源消费水平均高于区域内平均水平；一部分省份属于"双低集聚"，即自身能源消费水平与周围能源消费水平均低于区域内平均水平。因此可以看出，中国能源消费区域间基本不存在异质性。

进一步将中国能源消费的产业分布分为四个类别，如表 5 所示。可以发现，所有行业的大多数省份均属于"双高集聚"。工业（A02）和生活消费（A07）的"高低集聚"均为 5 个省份，其他行业为 1～3 个。农、林、牧、渔业（A01）、交通运输、仓储和邮政业（A04）、批发、零售业和住宿、餐饮业（A05）和生活消费（A07）的"双低集聚"省份分别为 10 个、10 个、12 个和 11 个。此外，所有行业均不存在"低高集聚"现象。

表 5　中国省域能源消费产业类型

行业	双高集聚	高低集聚	低高集聚	双低集聚
农、林、牧、渔业（A01）	山东、河南、云南、贵州、四川、吉林、陕西、宁夏、甘肃、江西、湖北、青海、广西、黑龙江、内蒙古、福建	湖南、新疆	—	广东、山西、浙江、辽宁、安徽、北京、天津、河北、江苏、上海

续表

行业	双高集聚	高低集聚	低高集聚	双低集聚
工业（A02）	江苏、山东、上海、宁夏、甘肃、贵州、陕西、云南、河南、河北、新疆、青海、内蒙古、湖北、浙江、黑龙江、山西	湖南、广西、北京、辽宁、吉林	—	江西、天津、福建、四川、安徽、广东
建筑业（A03）	山东、河北、江苏、河南、甘肃、湖南、陕西、广西、贵州、宁夏、江西、四川、吉林、湖北、黑龙江、云南、青海、广东、福建、新疆、内蒙古、浙江	上海	—	辽宁、山西、北京、天津、安徽
交通运输、仓储和邮政业（A04）	江苏、上海、甘肃、宁夏、黑龙江、河南、贵州、内蒙古、吉林、山东、云南、河北、陕西、新疆、山西、北京	浙江、天津	—	青海、广西、湖南、福建、湖北、辽宁、江西、四川、安徽、广东
批发、零售业和住宿、餐饮业（A05）	上海、宁夏、江苏、贵州、甘肃、吉林、云南、黑龙江、陕西、浙江、山西、内蒙古、辽宁	河北、河南、湖北	—	天津、北京、山东、湖南、安徽、青海、广西、江西、福建、四川、新疆、广东
其他（A06）	上海、江苏、甘肃、宁夏、内蒙古、陕西、新疆、浙江、青海、贵州、云南、黑龙江、湖北、山西、山东、吉林、河北	河南、湖南、辽宁	—	广西、安徽、福建、江西、四川、北京、天津、广东
生活消费（A07）	宁夏、山东、新疆、甘肃、江苏、上海、河南、内蒙古、陕西、辽宁、河北、浙江	湖北、黑龙江、吉林、山西、北京	—	福建、贵州、青海、湖南、安徽、云南、广西、天津、江西、广东、四川

注：所有省份均按照 Z 值从大到小排列。

资料来源：笔者根据 2001~2015 年《中国能源统计年鉴》整理。

五、空间计量分析及稳健性检验

前文从产业能源消费的空间分布及时空演化、能源消费的空间集聚，以及产业能源消费的局部自相关三个维度分析了中国产业能源消费的空间特性，为进一步分析中国产业能源消费的影响因素及其空间特性，下文运用空间面板计量的方法，研究中国产业能源消费的影响因素及空间分布状况。

（一）产业能源消费影响因素的空间面板计量分析

由于中国行业能源消费存在空间，因此有必要构建充分考虑时间和空间效应的空间面板计量模型，来探讨中国行业能源消费的影响因素对能源消费的时空影响状况。

本文构建的产业能源消费影响因素空间面板计量分析模型的被解释变量为各细分行业能源消费数据，核心解释变量为分省域实际资本存量（cap）和就业人口（lab），控制变量为财政支出占 GDP 的比重（gov）、外商直接投资占 GDP 的比重（fdi）、规模以上工业企业 R&D 经费占 GDP 的比重（rd）、进出口总额占 GDP 的比重（open）、城镇人口占总人口的比重（urban）、工业增加值占 GDP 的比重（industry）。有关数据来源于历年《中国统计年鉴》以及分省份统计年鉴，部分缺失数据用万德数据库和中国经济社会大数据研究平台补充。

基于空间滞后模型（SLM）的能源消费分行业空间面板计量结果如表6所示。可以看出，该模型下只有第（3）列和第（8）列的空间自回归系数显著，且工业部门的空间自回归系数 rho 显著为正，生活消费的空间自回归系数显著为负。这说明工业部门的能源消费水平在空间上呈现"高高集聚"与"低低集聚"的现象，而生活消费在空间上呈现"高低集聚"与"低高集聚"的现象。此外，对于工业部门，核心解释变量就业人口的回归系数显著为负，说明提高单位就业人口，工业部门的能源消费水平下降。外商直接投资占 GDP 的比重（fdi）与进出口总额占 GDP 的比重（open）显著为负，说明开放程度越高，进出口比例越高，工业能源消费水平下降；而工业增加值占 GDP 的比重（industry）越高，工业部门能源消费越高。对于生活消费而言，实际资本存量（cap）、就业人口（lab）、控制变量为财政支出占 GDP 的比重（gov）、规模以上工业企业 R&D 经费占 GDP 的比重（rd）、进出口总额占 GDP 的比重（open）提高，生活能源消费水平增加。

表 6　能源消费分行业空间面板计量结果（SLM）

	(1)	(2)	(3)	(4)	(5)	(6)	(7)	(8)
	lnzdxf	lnnlmy	lngy	lnjzy	lnjtys	lnpfls	lnqt	lnshxf
lncapital	0.1745	0.0377	0.0868	0.5292 **	0.5102 ***	0.7195 ***	0.5900 ***	0.5163 ***
	(0.1174)	(0.0780)	(0.1248)	(0.2604)	(0.0882)	(0.1605)	(0.1549)	(0.0933)
lnlabor	-0.1308	0.6538 ***	-0.4345 *	0.1854	0.2624	0.1128	0.2023	0.4639 ***
	(0.2647)	(0.1735)	(0.2488)	(0.3773)	(0.1853)	(0.2320)	(0.1947)	(0.1461)
industry	4.2192 ***	1.3013 *	4.7938 ***	3.7060	2.0835 ***	1.9515 **	1.2425	0.4074
	(0.6890)	(0.6722)	(0.7935)	(2.7070)	(0.6149)	(0.9914)	(0.8341)	(0.4707)
urban	0.2336	-0.3736 **	0.3831	-1.6610 **	0.2520	0.3514	0.1674	0.6005
	(0.3188)	(0.1899)	(0.4457)	(0.6831)	(0.3321)	(0.5356)	(0.5016)	(0.5269)
gov	0.9642	0.4682	1.4144	-0.5264	1.9312 ***	1.7239	2.6214 *	1.8246 ***
	(0.8216)	(1.1312)	(1.0197)	(1.8969)	(0.6175)	(1.2551)	(1.3918)	(0.5766)
fdi	-2.7e+02 **	72.6651	-3.5e+02 ***	131.1565	-2.8e+02 **	-1.1e+02	-1.9e+02	-1.2e+02
	(119.8189)	(201.3831)	(134.5800)	(380.3211)	(113.3263)	(123.8637)	(129.1417)	(126.7729)
rd	14.1170 **	8.7426	16.8070 *	6.7053	9.5577	7.8771	7.6927	17.1026 **
	(6.6986)	(7.1298)	(8.7586)	(24.8000)	(6.9650)	(10.5734)	(9.1533)	(8.4323)
open	-10.6879	-13.5712 *	-37.8063 *	39.2521 *	20.8920 ***	19.4530 ***	29.8897 *	11.9035 **
	(12.0645)	(7.9657)	(22.2230)	(22.4589)	(7.9214)	(5.7177)	(17.4224)	(5.4567)
常数项	6.7757 ***	0.4818	7.7779 ***	-2.4225	-1.3494	-2.5443 *	-1.7594	-1.3274
	(1.6496)	(1.1104)	(1.9003)	(2.1732)	(1.1249)	(1.3051)	(1.1636)	(0.8599)
rho	0.0806	-0.0205	0.2262 ***	0.1317	0.0122	-0.0010	0.0283	-0.0234 **
	(0.0561)	(0.0262)	(0.0843)	(0.0840)	(0.0222)	(0.0247)	(0.0538)	(0.0093)

表 7 显示了空间误差模型（SEM）下能源消费分行业空间面板计量结果。从空间自回归系数来看，终端能源消费、工业与建筑业的能源消费呈现空间正相关，并且工业增加值占 GDP 的比重（industry）与规模以上工业企业 R&D 经费占 GDP 的比重（rd）对终端能源消费和工业能源消费均有显著正向影响；外商直接投资占 GDP 的比重（fdi）对终端能源消费有显著负

向影响，城镇人口占总人口的比重（urban）对建筑业能源消费有显著负向影响。

表7　能源消费分行业空间面板计量结果（SEM）

	(1)	(2)	(3)	(4)	(5)	(6)	(7)	(8)
	lnzdxf	lnnlmy	lngy	lnjzy	lnjtys	lnpfls	lnqt	lnshxf
lncapital	0.2325 *	0.0361	0.2075	0.6923 ***	0.5180 ***	0.7214 ***	0.6081 ***	0.4980 ***
	(0.1386)	(0.0749)	(0.1688)	(0.2651)	(0.0889)	(0.1549)	(0.1455)	(0.0927)
lnlabor	0.0515	0.6353 ***	0.0121	0.2495	0.2692	0.1114	0.2165	0.4460 ***
	(0.2366)	(0.1729)	(0.2719)	(0.3608)	(0.1866)	(0.2333)	(0.1988)	(0.1487)
industry	3.5584 ***	1.3992 **	3.8526 ***	2.7178	2.0418 ***	1.9689 **	1.1650	0.4377
	(0.8561)	(0.6599)	(1.0349)	(2.6320)	(0.6528)	(0.9897)	(0.8960)	(0.4931)
urban	0.1986	− 0.5488 *	0.3367	− 1.9391 **	0.2361	0.3736	0.1861	0.6750
	(0.3137)	(0.3160)	(0.3984)	(0.7901)	(0.3050)	(0.5459)	(0.4865)	(0.5915)
gov	0.4483	0.6175	− 0.0053	− 0.2759	1.9391 ***	1.7151	2.5515 *	1.7335 ***
	(0.8941)	(1.1540)	(1.2494)	(1.9621)	(0.6188)	(1.2757)	(1.3487)	(0.5550)
fdi	− 2.3e + 02 *	75.5387	− 2.5e + 02	252.3115	− 2.9e + 02 **	− 1.1e + 02	− 1.8e + 02	− 1.3e + 02
	(131.1188)	(209.6541)	(152.6965)	(346.9155)	(115.6635)	(121.9644)	(118.8529)	(122.2611)
rd	14.5848 *	8.5215	18.0316 *	2.3355	9.9757	7.2299	8.9391	14.3331 *
	(8.1856)	(6.6916)	(10.4989)	(27.0057)	(7.1140)	(11.3060)	(10.6124)	(8.0768)
open	− 10.7035	− 13.2574 *	− 36.8151	31.5746	21.1620 ***	19.0787 ***	32.4588 **	12.5745 **
	(15.6376)	(7.5382)	(29.8274)	(21.3863)	(7.7437)	(5.3584)	(13.4063)	(5.4802)
常数项	6.1622 ***	0.5061	6.4440 ***	− 3.0028	− 1.3604	− 2.5689 **	− 1.8185	− 1.2349
	(1.5875)	(1.1333)	(2.0040)	(2.2535)	(1.1451)	(1.2969)	(1.1953)	(0.8946)
lambda	0.2743 ***	− 0.0905	0.4176 ***	0.2483 **	0.0316	− 0.0401	0.0751	− 0.0268
	(0.0494)	(0.0715)	(0.0409)	(0.1073)	(0.0683)	(0.0912)	(0.0813)	(0.0433)

　　表8分别显示了终端能源消费与7个细分能源消费子行业的空间杜宾模型（SDM）计量分析结果。可以看出，第(1)~(4)列的空间自回归系数 rho 均为显著，且除了农林牧渔业的空间自回归系数显著为负外，其他行业均显著为正。从第(1)列来看，只有工业增加值占GDP的比重（industry）以及变量 industry 的空间滞后项对终端能源消费的影响显著，且为正向影响，说明工业增加值占GDP的比重越高，终端能源消费水平越高，并且从空间

上看，终端能源消费在空间上呈现正向集聚，即终端能源消费水平高的区域相互集聚，终端能源消费水平低的区域相互集聚。

表8 能源消费分行业空间面板计量结果（SDM）

	（1）	（2）	（3）	（4）	（5）	（6）	（7）	（8）
	lnzdxf	lnnlmy	lngy	lnjzy	lnjtys	lnpfls	lnqt	lnshxf
lncapital	0.2089	0.0652	0.1665	0.7070 ***	0.3167 ***	0.5802 ***	0.3928 ***	0.3494 ***
	(0.1751)	(0.0922)	(0.1967)	(0.2458)	(0.0683)	(0.1550)	(0.1452)	(0.1288)
lnlabor	0.1121	0.5995 ***	-0.0309	0.2402	0.3878 **	0.2128	0.3297 *	0.5819 ***
	(0.2448)	(0.1804)	(0.3482)	(0.3332)	(0.1507)	(0.1946)	(0.1732)	(0.1423)
industry	3.0464 ***	0.7716	3.4002 ***	2.2850	1.6487 ***	1.8129 **	0.9171	0.2771
	(0.8073)	(0.7472)	(0.9086)	(2.3408)	(0.4876)	(0.7735)	(0.7813)	(0.4418)
urban	0.2171	-0.1378	0.2830	-2.5713 ***	0.1238	0.4718	-0.0530	0.4134
	(0.2984)	(0.1979)	(0.3642)	(0.8283)	(0.1472)	(0.4461)	(0.2231)	(0.3991)
gov	-0.0751	-1.1752	-0.5116	0.1814	0.9218	1.1703	2.0556	0.9476
	(0.9364)	(1.2358)	(1.1476)	(1.9709)	(0.9366)	(1.0741)	(1.6371)	(0.5960)
fdi	-1.9e+02	105.9193	-2.5e+02 *	142.2918	-2.2e+02 **	-63.0081	-2.0e+02	-72.8487
	(134.7281)	(156.4776)	(134.5703)	(357.5408)	(104.8078)	(137.5429)	(142.0555)	(127.4602)
rd	11.0861	16.4793 **	13.7030	-19.9218	3.2257	16.0217	4.0841	26.9482 ***
	(8.2485)	(7.7889)	(10.3967)	(26.3795)	(7.4548)	(9.9703)	(9.5738)	(8.3569)
open	-11.0455	-0.6915	-38.8160	20.0260	16.4149 **	20.2186 ***	26.5663 *	9.7182
	(16.9831)	(8.3614)	(26.0029)	(24.5347)	(6.5206)	(7.8345)	(14.8625)	(6.0575)
常数项	5.9820 ***	0.5646	7.0445 **	-2.0561	0.0653	-2.0728	-0.1490	-0.6118
	(1.8656)	(1.3236)	(2.8135)	(2.3921)	(1.1179)	(1.3481)	(1.3354)	(1.1639)
W × lncapital	-0.1407	-0.0798	-0.2561	-0.2606	0.1408	0.1684	0.2518 **	0.0590
	(0.1986)	(0.1400)	(0.2281)	(0.2801)	(0.1125)	(0.1716)	(0.1258)	(0.1567)
W × lnlabor	-0.2631	0.0696	-0.3248	-0.1042	-0.3171 ***	-0.2305	-0.4449 ***	-0.1295
	(0.2128)	(0.1452)	(0.2369)	(0.2897)	(0.0968)	(0.1660)	(0.1504)	(0.1481)
W × industry	2.6376 **	2.5342 **	2.5457 *	3.0844	2.3509 ***	1.5351	1.2696	0.5293
	(1.1146)	(0.9918)	(1.4040)	(2.3501)	(0.7809)	(1.0245)	(0.9601)	(0.9956)
W × urban	0.0014	-2.0469 ***	-0.1194	0.8197	0.5835 *	0.5096	-0.2829	0.8731 ***
	(0.4090)	(0.7805)	(0.5359)	(1.1214)	(0.3516)	(0.5344)	(0.4102)	(0.2787)
W × gov	0.5298	3.9129 **	2.6037 *	-1.6213	0.9832	-0.0615	-0.8862	1.2914
	(1.1333)	(1.5879)	(1.4810)	(1.9726)	(0.8355)	(1.2155)	(1.3123)	(0.9646)

续表

	(1)	(2)	(3)	(4)	(5)	(6)	(7)	(8)
	lnzdxf	lnnlmy	lngy	lnjzy	lnjtys	lnpfls	lnqt	lnshxf
W × fdi	245.9382	328.8879	66.5001	− 7.6e + 02	603.8808 ***	526.4479	462.3690 *	268.1188
	(354.6695)	(346.1539)	(434.2513)	(739.6563)	(231.1106)	(368.1028)	(259.4627)	(267.0818)
W × rd	− 0.4509	6.5486	− 1.0884	36.9377	2.8398	− 19.6959 ***	− 2.5175	− 26.1387 ***
	(7.0580)	(10.0585)	(9.8539)	(24.3655)	(7.0062)	(7.2273)	(7.6242)	(6.5863)
W × open	2.0203	− 18.9635	28.6541	72.1915 **	− 18.3149 **	− 28.0910 **	− 4.1778	6.3109
	(25.2665)	(15.4032)	(36.3568)	(33.5332)	(8.9830)	(12.6043)	(12.1726)	(13.5143)
rho	0.2191 ***	− 0.0883 **	0.3636 ***	0.2054 *	− 0.0681	− 0.0776	0.0886	− 0.0494
	(0.0454)	(0.0424)	(0.0432)	(0.1080)	(0.0599)	(0.0884)	(0.0613)	(0.0391)

(二) 稳健性检验

产业能源消费影响因素模型面临由于遗漏变量引起的模型内生性问题,需要进一步消除模型内生性的影响。由于模型的遗漏变量可以分为两类:一类是由于不可观测的个体异质性引起的, 例如, 制度建设、市场环境、政府管制对能源消费的影响, 因此, 本文采用面板数据个体固定效应模型消除省域间不可观测的异质性影响;另一类是随省域及时间变化的不可观测的变量, 这类遗漏变量需要借助外生工具变量, 从而消除模型内生性带来的偏误。

对终端消费 (zdxf) 做豪斯曼检验 (Hausman Test) 值为 5.45, 模型接受固定效应的原假设, 豪斯曼检验结果如表 9 所示。

表 9　能源终端消费 (zdxf) 的豪斯曼检验

	(b) fe	(B) re	(b − B) Difference	sqrt (diag (V_b − V_B)) S. E.
lncapital	0.1524942	0.208863	− 0.0563688	0
lnlabor	− 0.5008996	0.1121317	− 0.6130313	0.1982635
industry	3.238418	3.046389	0.1920294	0.179813
urban	0.1396988	0.2171389	− 0.07744	0
gov	1.038314	− 0.0751156	1.11343	0

续表

	(b) fe	(B) re	(b－B) Difference	sqrt (diag (V_b－V_B)) S. E.
fdi	－247. 3405	－193. 7531	－53. 58742	0
rd	9. 824808	11. 08615	－1. 261338	0
open	－12. 2448	－11. 04549	－1. 199304	3. 418835

为了寻找核心解释变量的工具变量，可以使用实际资本存量（capital）的一期滞后（L1. capital）和二期滞后（L2. capital）作为其工具变量。这样既能很好地满足外生性条件，又符合相关性条件，因此能够较好地处理遗漏变量导致的估计偏误。在确定核心解释变量的工具变量后，本文分别采用普通最小二乘法估计、两阶段最小二乘法、有限信息最大似然法、GMM估计以及迭代 GMM 估计对终端能源消费进行稳健性检验，结果见表 10 第（1）～（5）列。

从表 10 可以看出，在加入实际资本存量的一期滞后和二期滞后后，采用不同的估计方法，实际资本存量（capital）、工业增加值占 GDP 的比重（industry）、规模以上工业企业 R&D 经费占 GDP 的比重（rd）、进出口总额占 GDP 的比重（open）对终端能源消费的影响均显著为正，财政支出占GDP 的比重（gov）、外商直接投资占 GDP 的比重（fdi）对终端能源消费的影响均显著为负，就业人口（lab）和城镇人口占总人口的比重（urban）对终端能源消费影响不显著，模型结果稳健。

表 10 能源终端消费（zdxf）稳健性检验

	(1)	(2)	(3)	(4)	(5)
lncapital	0. 2730 ** (0. 1290)	0. 4989 *** (0. 0654)	0. 5003 *** (0. 0656)	0. 5378 *** (0. 0629)	0. 5418 *** (0. 0628)
lnlabor	0. 1130 (0. 1984)	0. 0103 (0. 0712)	0. 0090 (0. 0713)	－0. 0185 (0. 0699)	－0. 0213 (0. 0698)
industry	3. 4659 *** (0. 8927)	0. 8101 *** (0. 2695)	0. 8082 *** (0. 2694)	0. 7817 *** (0. 2690)	0. 7842 *** (0. 2693)
urban	0. 2212 (0. 3977)	－0. 2059 (0. 3207)	－0. 2098 (0. 3205)	－0. 2560 (0. 3105)	－0. 2725 (0. 3090)

续表

	（1）	（2）	（3）	（4）	（5）
gov	− 0. 4449	− 1. 8384 ***	− 1. 8415 ***	− 1. 8300 ***	− 1. 8257 ***
	（0. 8431）	（0. 3827）	（0. 3829）	（0. 3827）	（0. 3826
fdi	− 2. 1e + 02 *	− 2. 8e + 02 ***	− 2. 8e + 02 ***	− 2. 8e + 02 ***	− 2. 8e + 02 ***
	（122. 0255）	（106. 0383）	（106. 0844）	（106. 4118）	（106. 4605）
rd	13. 3827 *	15. 1307 **	15. 1275 **	15. 5160 **	15. 4245 **
	（7. 6538）	（6. 8065）	（6. 8063）	（6. 8021）	（6. 8021）
open	4. 2711	17. 1212 ***	17. 1149 ***	15. 6349 ***	15. 6430 ***
	（10. 5920）	（5. 7662）	（5. 7644）	（5. 7163）	（5. 7064）
常数项	5. 4381 ***	5. 6831 ***	5. 6843 ***	5. 5946 ***	5. 5865 ***
	（1. 1669）	（0. 4260）	（0. 4258）	（0. 4229）	（0. 4226）

注：*、**、***分别表示在 10%、5% 和 1% 的水平下显著；括号内为标准误差。

此外，表 10 结果表明，迭代 GMM 的估计效果最好，下面用迭代 GMM 估计进一步检验 7 个能源消费子行业的稳健性。

表 11　能源消费 7 个子行业的稳健性检验

	（1）	（2）	（3）	（4）	（5）	（6）	（7）
	lnnlmy	lngy	lnjzy	lnjtys	lnpfls	lnqt	lnshxf
lncapital	0. 4701 ***	0. 4739 ***	1. 1689 ***	0. 7367 ***	0. 8501 ***	0. 7128 ***	0. 6387 ***
	（0. 0767）	（0. 0722）	（0. 1137）	（0. 0712）	（0. 0899）	（0. 0803）	（0. 0625）
lnlabor	0. 2285 **	− 0. 0154	− 0. 2710 **	0. 0809	0. 0566	0. 1806 *	0. 3262 ***
	（0. 0888）	（0. 0823）	（0. 1299）	（0. 0879）	（0. 1234）	（0. 1070）	（0. 0692）
industry	1. 1248 ***	1. 0220 ***	− 0. 4336	0. 4053 *	0. 9900 ***	− 0. 0388	0. 4311
	（0. 2549）	（0. 3600）	（0. 6144）	（0. 2224）	（0. 2391）	（0. 2014）	（0. 3108）
urban	− 0. 6065 *	− 0. 2047	− 3. 4675 ***	0. 0334	0. 7456	0. 8415	0. 4720
	（0. 3451）	（0. 3682）	（0. 6591）	（0. 5145）	（0. 5338）	（0. 6471）	（0. 3678）
gov	− 3. 4905 ***	− 2. 0707 ***	− 2. 3063 **	0. 5787	0. 8828	1. 6003 ***	1. 4348 ***
	（0. 6221）	（0. 4336）	（0. 9197）	（0. 3579）	（0. 5514）	（0. 4181）	（0. 3320）
fdi	− 5. 0e + 02 ***	− 2. 4e + 02 *	− 3. 6e + 02 *	− 4. 8e + 02 ***	− 3. 9e + 02 ***	− 3. 1e + 02 ***	− 1. 4e + 02 **
	（166. 5892）	（123. 1993）	（194. 8388）	（96. 1471）	（99. 5306）	（76. 8005）	（71. 2721）

续表

	(1)	(2)	(3)	(4)	(5)	(6)	(7)
	lnnlmy	lngy	lnjzy	lnjtys	lnpfls	lnqt	lnshxf
rd	− 19. 2609 **	22. 9308 ***	26. 3478	7. 7046	9. 2494	6. 9469	3. 5781
	(9. 0020)	(8. 2988)	(17. 3505)	(7. 2101)	(8. 0171)	(6. 1249)	(5. 9145)
open	− 0. 0067	7. 4715	37. 4767 ***	22. 0616 ***	27. 0635 ***	44. 1300 ***	10. 2842 **
	(4. 6841)	(8. 1802)	(8. 7506)	(5. 9277)	(5. 5545)	(6. 4925)	(4. 2520)
常数项	1. 0445 *	5. 7650 ***	− 0. 8940	− 0. 7594	− 2. 8685 ***	− 2. 1263 ***	− 1. 3129 ***
	(0. 5992)	(0. 5205)	(0. 9065)	(0. 5006)	(0. 6712)	(0. 5811)	(0. 4263)

注：*、**、***分别表示在10%、5%和1%的水平下显著；括号内为标准误差。

可以发现，迭代 GMM 估计下实际资本存量（cap）、就业人口（lab）、工业增加值占 GDP 的比重（industry）、规模以上工业企业 R&D 经费占 GDP 的比重（rd）、进出口总额占 GDP 的比重（open）对子行业能源消费有正向影响，而对财政支出占 GDP 的比重（gov）、外商直接投资占 GDP 的比重（fdi）的影响为负，模型结果稳健。

六、结论及建议

本文深入分析了 2000~2014 年中国 28 个省份 7 个行业的能源消费，从全局空间自相关、空间集聚和局部空间自相关三个角度分析中国能源消费的空间特征，研究中国省域行业能源消费的空间分布和空间演化行为，从而对中国能源行业消费的发展给予系统分析和政策建议。

（一）主要结论

（1）从终端消费总量看，能源消费从东到西依次递减，能源消费主要集中在河北、山东、江苏、广东，而经济欠发达地区如宁夏、青海的能源消费水平较低。从分行业看，不同行业的能源消费区域分布差异明显。中国各区域均为工业行业能源消费占比最高，但从东部、中部、西部横向对比看，其他行业在东部地区相比与中部和西部地区更具优势；农、林、牧、渔业和交通运输、仓储和邮政业在中部地区占据优势；而西部地区能源消费水平最高的为工业部门。

(2) 2000～2014 年，中国省域产业能源消费呈现显著的正向空间自相关性，中国产业能源消费整体上呈现空间集聚分布。随着时间变迁，终端消费总量的空间集聚性减弱。2000～2009 年能源消费逐年上升，2010～2012 年能源消费呈现"先下降，再上升，又下降"的波动趋势。工业部门与终端能源消费总量的变化趋势一致，也与工业部门中用作原料、材料的能源消费总量变动一致。中国建筑业能源消费在 2003～2005 年有显著增长，年均增长率为 57.68%。

(3) 根据区域集中度的测算结果，2000～2005 年终端能源消费总量排名前 5 位的省份主要集中在江苏、山东、广东、辽宁和上海，2010 年后，四川和河北取代辽宁和上海成为排名前 5 位的能源消费大省。终端能源消费基本集中在东部地区，中部地区有河南、吉林、湖北、湖南、黑龙江和内蒙古上榜，西部地区仅有新疆、四川、陕西上榜；从排名前 5 位的消费集中度来看，集中度有下降的趋势，能源消费的区域间差异在减弱。从 2000～2014 年中国能源消费排名前 5 的产业集中度均值来看，除生活消费为 39.59% 外，其他产业集中度均值均在40% 以上，其中建筑业的产业集中度均值达到 71.61%。

(4) 通过分析能源消费产业布局的局部自相关指数，可以将 28 个省份及其相邻省份间关系分为四种情况：①"双高集聚"有山东、江苏、河北、上海、宁夏、甘肃、贵州、陕西、云南、河南、辽宁、青海、新疆、湖北、内蒙古、黑龙江、湖南、浙江、北京、广西；②"高低集聚"仅有吉林；③不存在"低高集聚"的省份；④"双低集聚"有江西、山西、四川、福建、天津、安徽、广东。因此总体来看，中国大部分省份属于"双高集聚"，即自身能源消费水平与周围能源消费水平均高于区域内平均水平；一部分省份属于"双低集聚"，即自身能源消费水平与周围能源消费水平均低于区域内平均水平。中国能源消费区域间基本不存在异质性。

（二）政策建议

(1) 由于中国能源消费区域差异和行业差异明显，能源消费从东到西依次递减，工业行业，尤其是用作原料、材料的能源消费值水平较高，因此在开展我国能源工作时，应根据不同区域的能源消费特点、行业消费特征和区域集中度特征，实行有差异的分类分区管理。对于能源消费水平较高的区域和行业，应在保证地区经济发展的条件下，降低能源消费水平，缩小能源消费区域差异，提高能源利用效率，促进能源的区域整体发展。

(2) 中国能源消费存在显著的空间自相关特性，能源消费整体上呈现空间集聚分布，这需要政府部门在制定节能减排目标时，应充分考虑能源消费的空间集聚和空间溢出特性，建立节能减排和大气污染防治的联动机制和区域协同预警机制，降低节能减排成本，提高环境污染的综合治理能力。此外，能源消费也是地区经济的"晴雨表"，可以根据能源消费的变化情况，第一时间跟踪原料、材料的流向，从而促进区域行业间的协调发展。

（3）中国能源消费产业布局的局部自相关指数将中国省域及邻域间能源消费关系分为四种类别：①对于"双高集聚"区域，应当尽量避免中心区域吸收效应造成周边区域消费水平的下降，从而向"高低集聚"的类别转化；②对于"高低集聚"区域，可以利用中心极化现象或者扩散现象，充分发挥技术溢出效应，带动周边地区能源技术水平、管理水平的提高和能源科技人才的流动，从而走向"双高集聚"；③对于"低高集聚"区域，这时中心区域发展较差而周边区域发展较好，应当反思和抑制周边区域发展对中心区域产生负向影响的因素，帮助中心区域走出低谷，转向"双高集聚"；④对于"双低集聚"区域，应当通过政策引导和政府财政支持，使中心区域和周边区域迅速崛起，过渡到"高低集聚"和"低高集聚"类型，并最终实现整个区域的"双高集聚"。

参考文献

［1］曹俊文. 中国能源消费水平空间差异及成因研究［J］. 统计研究，2012，29（10）：59 – 63.

［2］梁竞，张力小. 中国省会城市能源消费的空间分布特征分析［J］. 资源科学，2009，31（12）：2086 – 2092.

［3］梁竞，张力小. 基于 Theil 指数的城市能源消费空间差异测度分析［J］. 中国人口·资源与环境，2010，20（S1）：85 – 88.

［4］吴玉鸣，李建霞. 中国省域能源消费的空间计量经济分析［J］. 中国人口·资源与环境，2008（3）：93 – 98.

［5］陈星星. 集聚还是分散：中国行业能源消费存在空间异质性吗？［J］. 山西财经大学学报，2018（9）：48 – 61.

［6］吴玉鸣. 中国区域能源消费的决定因素及空间溢出效应——基于空间面板数据计量经济模型的实证研究［J］. 南京农业大学学报（社会科学版），2012，12（4）：124 – 132.

［7］孙玉环，李倩，陈婷. 中国能源消费强度地区差异及影响因素分析——基于省份数据的空间计量模型［J］. 东北财经大学学报，2015（6）：71 – 77.

［8］李平，陈星星. 我国八大经济区域能源消耗产出效率差异研究［J］. 东南学术，2016（5）：91 – 105，248.

［9］陈星星. 中国能源消耗产出效率的测算与分析［J］. 统计与决策, 2015 (23): 114 – 119.

［10］王立猛, 何康林. 基于 STIRPAT 模型的环境压力空间差异分析——以能源消费为例［J］. 环境科学学报, 2008 (5): 1032 – 1037.

［11］赵荣钦, 黄贤金, 钟太洋. 中国不同产业空间的碳排放强度与碳足迹分析［J］. 地理学报, 2010 (9): 1048 – 1057.

［12］陈星星. 非期望产出下中国省域能耗效率评估与提升路径［J］. 东南学术, 2018 (1): 151 – 159.

［13］张雷. 中国一次能源消费的碳排放区域格局变化［J］. 地理研究, 2006 (1): 1 – 9.

［14］王火根, 沈利生. 中国经济增长与能源消费空间面板分析［J］. 数量经济技术经济研究, 2007 (12): 98 – 107, 149.

［15］Klein L. R. , Ozmucur S. The Estimation of China's Economic Growth Rate［EB/OL］. http: //www. icasinc. org/s202/s2002lrk. html, 2002.

［16］Fisher – Vanden K. , Jefferson G. H. , Liu H. , Tao Q. What is driving China's Decline in Energy Intensity［J］. Resource and Energy Economics, 2004, 26 (1): 77 – 79.

［17］Yuan J. H. , Kang J. G. , Zhao C. H. , Hu Z. G. Energy Consumption and Economic Growth: Evidence from China at Both Aggregated and Disaggregated Levels［J］. Energy Economics, 2008, 30 (6): 3077 – 3094.

［18］Eberspächer P. , Verl A. Realizing Energy Reduction of Machine Tools Through a Control – integrated Consumption Gragh – based Optimization Method［J］. Procedia CIRP, 2013 (7): 640 – 645.

［19］Zhou N. , Levine M. D. , Price L. Overview of Current Energy – efficiency Policies in China［J］. Energy Policy, 2010: 6439 – 6452.

［20］Anselin L. Local Indicators of Spatial Association—LISA［J］. Geographical Analysis, 1995, 27 (2): 93 – 115.

居民家庭消费规模经济下的
儿童抚养成本研究

张　楠

（山西财经大学统计学院　太原　03006）

摘　要　本文从居民家庭消费规模经济的视角研究当前儿童的抚养成本问题，并探讨评估了家庭等价收入中儿童和成人的不同权重。文章构建了 Working – leser 形式下的 Engel 单方程模型，利用 2010 ~ 2016 年四期的中国家庭追踪调查（CFPS）进行实证研究。结果显示：随着收入的增加，食品在预算中的份额下降；随着家庭福利水平的提高，儿童的抚养成本在下降，年龄较大的儿童比年龄较小的儿童所需的抚养成本更高。同时，当家庭中多一个成人时，在评估家庭等价收入时赋予该成人最合适的权重是 0.35。我们在研究家庭福利和家庭贫困时，要求考虑到家庭的规模经济与等级规模，才不会高估家庭贫困，误导家庭福利政策和补偿机制。

关键词　儿童抚养成本；等价规模；Engel 模型

Research on Cost of Children under the Scale
Economy of Household Consumption

Zhang Nan

（School of Statistic，Shanxi University of Finance and
Economics，Taiyuan 03006）

Abstract：From the perspective of household consumption scale economy， this paper studies the current child – rearing cost problem, discusses and evaluates the different weights of children and adults in the family equivalent income. This paper constructs Engel single equation model in the form of working – leser, and conducts empirical research by using the Chinese family Panel Studies (CFPS) in the fourth period from 2010 to 2016. The results show: As income increases, the share of food in the budget decreases. As the level of family welfare increases, the cost of child support is falling, and the cost of raising an older child is higher than that of a younger child. At the same time, when there is one more adult in the family, the most appropriate weight given to that adult is 0.35 when assessing the family's equivalent income. When we study family welfare and family poverty, we need to consider family economies of scale and equivalence – scale, so that we can not overestimate family poverty and mislead family welfare policies and compensation mechanisms.

Key Words: Cost of Children; Equivalence Scale; Engel Model

一、引言

人们生活在不同规模和组成的家庭中，为了达到相同的生活水平，共同生活的两个人往往比单身的两个人需要更少的钱，这得益于家庭消费的规模经济。一个家庭可以通过不同的家庭消费品和服务来增加其他家庭成员的福利。一般地，家庭消费商品可分为公共物品和私人物品。家庭规模经济是由公共物品产生的。公共物品可以由多个家庭成员共同消费，并且其中一人所获得的满足感不会减少另外一个人所获的满足感。如果所有的商品都是私人的，那么生活成本就会随着家庭规模的增加而增加；反之，生活成本就不会受到家庭规模的影响（Mok T. P. et al., 2011）[①]。通常，规模经济取决于家庭中公共物品和私人物品的比例。

"全面两孩"政策的实施，必然会对我国社会与经济发展产生深远影响，从微观层面上讲，也必定会影响居民家庭人口结构规模和消费习惯。

[①]　Mok T. P., Maclean G., Dalziel P. Household Size Economies: Malaysian Evidence [J]. Economic Analysis & Policy, 2011, 41 (2): 203 – 223.

当一个家庭的规模因新生儿的出生变大时，由于新成员需要新的食物、衣服和教育支出等，家庭的消费支出被分化。如果家庭成员没有机会增加他们的收入，那么必定需要削减成年人的消费份额，被削减的成年人消费份额就是家庭需要弥补的收入空缺。因此，衡量儿童出生前后以及儿童成长过程中，家庭为维持相同的福利水平需要弥补多少收入空缺是研究儿童抚养成本①的关键所在。

儿童抚养成本的估计是分析收入不平等和贫困问题的重要前提之一，由于儿童通过各项支出来分化家庭中成人消费的部分，因此，该成本是造成家庭经济减少的重要原因之一，但是儿童抚养成本的估计在学界并没有达成共识。最早尝试对儿童抚养成本②（Henderson，1950）进行估计的学者为之后的研究提出了思路，Henderson 估算了自孩子出生以来，要维持家庭生活水平多必需的收入的补偿变化。这一问题需要比较不同规模家庭的生活标准和儿童的费用理论，因此，我们引入了家庭等价规模的概念。

等价规模（Equivalence Scales），是基于消费者理论和家庭消费支出行为，是用来测度家庭消费规模经济性的综合指标，以比较具有不同人口规模和组成的家庭生活水平，用来解释一个特定类型的家庭需要多少钱才能达到另一种类型家庭的生活水平。等价规模以家庭规模经济为前提，给不同类型、不同年龄的家庭成员赋予不同的权重，调整不同规模家庭的收入水平，使其具有可比性。在我国"全面二孩"的生育政策和人口老龄化的实际国情下，充分考虑不同规模和结构的家庭成员的消费异质性和居民家庭消费的规模经济性，考虑家庭结构和规模因素的不同，对居民家庭等价规模的测度以及儿童抚养成本的估计都有重要的现实意义，是收入不平等、家庭福利研究和贫困等后续问题的第一步和核心内容。

本文试图用 Engel 等价规模来估计儿童抚养成本。Engel 单方程模型在诸多文献中得到验证和广泛使用，本文选取家庭食品支出份额作为因变量，希望得到不同年龄段以及不同家庭规模下儿童的抚养成本。

---

① 本文对儿童抚养成本的界定：家庭中的成人自儿童出生以来到儿童成长为 18 岁的独立的自然人为止的养育成本。

② A. Henderson. The cost of children Parts Ⅱ and Ⅲ［J］. Population Studies，1950，4（3）：267–298.

二、文献综述

对于儿童抚养成本的应用研究多数是与家庭福利、家庭贫困等方面相结合。核心方法即使用等价规模来估计儿童抚养成本，使用 Deaton 和 Muellbauer（1980）和 Deaton（1997）的方法，或者使用基于 Engel 和 Rothbarth 的单方程方法。例如，希腊（Tsakloglou，1991），印度和巴基斯坦（Deaton，1997），日本（Oyama M.，2006），中国香港（Cheung C. K.，2017）以及土耳其（Selim R. and Kaya G.，2017）等。

在使用 Engel 模型的等价规模估计儿童抚养成本的研究中，Deaton 和 Muellbauer（1980）指出家庭收入和食品支出份额之间呈负相关，并得到斯里兰卡的等价规模为 1.12，印度尼西亚的等价规模在 1.45 ~ 1.58，并且 Deaton（1997）在之后的研究中测度印度和巴基斯坦的等价规模分别为 1.24 和 1.28。Tsakloglou（1991）使用了线性和非线性的二次形式，得到希腊 0 ~ 5 岁的儿童等价规模估计为 1.299，6 ~ 13 岁的儿童则为 1.352。Oyama（2006）指出，儿童抚养成本的增加是造成日本生育率下降的一大原因，她估计 0 ~ 6 岁儿童的等价规模在 1.280 ~ 1.454。M. Menon 和 F. Perali（2009）估计了不同年龄段儿童的抚养成本，比较了不同家庭收入水平的情况并且试图解决基于需求的等价规模的计量识别问题，结果表明家庭人口特征和经济理论是一致的。Olivier Bargain 等（2017）估计了家庭资源的共享规则，通过南非 2010 年收入和支出调查数据，其中包含特定家庭成员消费的商品，认为家庭消费规模经济导致了潜在的资源共享中的不平等。结果表明，规模经济在贫困方面有明显的性别差异，同时指出忽视规模经济会导致贫困估计过高，而在非洲家庭中，儿童家庭资源份额较国际标准偏低，由此造成由于家庭内部分配导致了儿童贫困的低估。Cheung C. K.（2017）以中国香港数据为例，评估儿童贫困措施对不同等价规模选择的敏感性，检验了官方贫困线在衡量中国香港儿童贫困方面的稳健性。Selim R. 和 Kaya G.（2017）评估了土耳其在不同收入水平上的儿童抚养成本，本文使用 2003 年、2007 年和 2014 年的家庭预算调查微观数据指出儿童抚养成本呈下降趋势。同时表示，用 Engel 模型估计中等收入水平和高收入水平的家庭结果显著。

在我国现有研究中，李振刚（2011）等从预算标准法的角度对儿童抚养成本做了阐述，详细测算了在居民家庭可接受的最低生活水平下，不同年龄、性别，不同家庭类型的儿童抚养成本；李沛霖（2016）采用2014年中国家庭发展追踪调查数据，从家庭支出的角度，对0~5周岁儿童抚养直接经济成本进行估算和分析。研究发现，从全国看，抚养一个0~5岁的儿童每年平均大概需要10454元，这给家庭带来了一定的经济压力，影响了生育二胎的抉择；有针对二孩政策下关于二孩的生育成本研究，如王志章（2017）等基于微观调查数据，运用分类加总的方法测算广州、重庆、武汉、南昌、潍坊和玉溪生育二孩的基本生育成本，并分析生育二孩的生育成本分摊现状，发现当前二孩生育成本严重私人化，政府和社会对生育成本分担较少。

可以看出，我国现有研究主要是针对家庭中儿童的生育成本，而鲜有文章从家庭规模经济的角度出发研究我国的儿童抚养成本问题。从这个角度看，我国对于儿童抚养成本的研究与国外有相当大的差距，这也为我们的研究提供新的视角和创新点。本文运用中国家庭动态跟踪调查（CFPS）测算反映我国家庭规模经济性的等价规模，并分析不同年份下，我国等价规模和儿童抚养成本的变化。

三、理论构建

（一） Engel 模型

在 Engel 模型中，成年家庭成员的生活水平用分配给食品的预算份额表示。等价规模可以理解为两种不同各类型家庭收入的比率。图1反映了 Engel 模型下的等价规模。如图1所示，X_0 和 W_{f0} 是小规模家庭的家庭总开支和食品份额，当新生儿诞生后，家庭规模增大，在家庭总支出不变的情况下，食品消费增加，家庭食品份额增加到 W_{f1}，此时，家庭福利较儿童出生前下降，家庭需要 $X_1 - X_0$ 的收入补偿才能维持与之前相同的家庭福利水平，并以此作为衡量儿童抚养成本的一个标准[①]。事实上，由于受到收入差

① Deaton, A. S. and Muellbauer, J. On Measuring Child Costs: With Applications to Poor Countries [J]. The Journal of Political Economy, 1986, 94 (4): 720 –744.

异的影响，我们常用绝对形式$\dfrac{X_1 - X_0}{X_0}$来衡量。

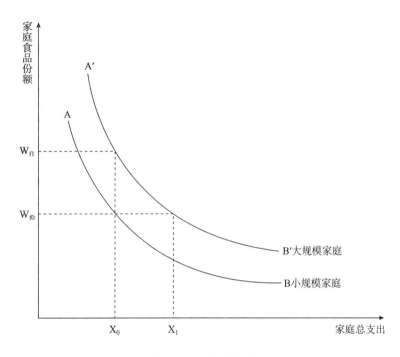

图 1　Engel 等价规模

　　我们用 Working – leser 形式来估计 Engel 单方程模型。选取家庭预算中的食品份额为被解释变量，主要的解释变量为家庭总支出和家庭组成变量：包括 0 ~ 6 岁的儿童数量[①]，7 ~ 17 岁的儿童数量以及成人数量。在此基础上，加入虚拟变量：家庭户籍水平（城市或农村），得到的恩格尔模型回归方程为：

$$w_f = \alpha_0 + \alpha_1 \ln \text{Exp} + \beta_1 n_a + \beta_2 n_{c1} + \beta_3 n_{c2} + \lambda \text{UrDummy} + \varepsilon \qquad (1)$$

　　式中，w_f 为家庭食品支出份额；$\ln\text{Exp}$ 为家庭总支出的自然对数；n_a 为家庭成年人数量；n_{c1} 为家庭 0 ~ 6 岁的儿童数量；n_{c2} 为家庭 7 ~ 17 岁的儿童数量；UrDummy 为家庭户籍水平的虚拟变量。

---

　　①　根据《联合国儿童权利公约》，关于儿童的界定是指"18 岁以下的任何人"；同时，根据我国未成年人保护法对未成年人的规定，"未成年人是指未满 18 周岁的公民"，于是我们界定儿童为 0 ~ 17 周岁的居民。

（二）等价规模与儿童抚养成本估计

在 Engel 模型下，估计出式（1）后，若参考家庭 w_0 的食品份额与一般家庭的相同时，有：

$$w_0 = \alpha_0 + \alpha_1 \ln Exp_0 + \beta_1 n_a^0 \tag{2}$$

$$w_0 = w_h = \alpha_0 + \alpha_1 \ln Exp_h + \beta_1 n_a^h + \beta_2 n_{c1}^h + \beta_3 n_{c2}^h \tag{3}$$

有：

$$\alpha_0 + \alpha_1 \ln Exp_0 + \beta_1 n_a^0 = \alpha_0 + \alpha_1 \ln Exp_h + \beta_1 n_a^h + \beta_2 n_{c1}^h + \beta_3 n_{c2}^h \tag{4}$$

式中，Exp_h 一般家庭 h 的总支出，Exp_0 为参考家庭的总支出，n_i 为每个年龄段的家庭成员数。式（3）定义了没有孩子的参照家庭的 Working - leser 方程，而式（4）定义了有儿童的其他家庭组合。w_0 是指在参考家庭和一般家庭相同的食品预算份额[①]。在相同的家庭福利水平下，通过求解以下方程来估计儿童的抚养成本以及家庭中需要补偿的空缺支出：

$$E^h = \frac{Exp_h}{Exp_0} = \exp\left[\sum_{i=1}^{3} \left(\frac{-\beta_i}{\alpha_1} \right) (n_i^0 - n_i^h) \right] \tag{5}$$

四、家庭儿童抚养成本的估计

本文旨在分析国内 2010 年、2012 年、2014 年、2016 年的中国家庭动态跟踪调查（CFPS）数据，研究当我国的家庭规模和收入变动时，等价规模和儿童抚养成本的变化。

（一）数据来源与指标说明

中国家庭追踪调查（CFPS）由北京大学中国社会科学调查中心实施，旨在通过跟踪收集个体、家庭、社区三个层次的数据，反映中国社会、经济、人口、教育和健康的变迁，为学术研究和公共政策分析提供数据基础。CFPS 样本覆盖 25 个省/市/自治区，调查对象包含样本家户中的全部家庭成员，于 2010 年正式开展访问。CFPS 重点关注中国居民的经济与非经济福利，以及包括经济活动、教育成果、家庭关系与家庭动态、人口迁移、健

---

① 在 Engel 定律下估计等价规模，假设不同类型的家庭具有相同的福利水平。

康等在内的诸多研究主题。

考虑到数据的时效性，本文选取 2010 年、2012 年、2014 年、2016 年四年的数据进行实证。由于本研究是以家庭住户为基本单位，家庭成员信息和家庭支出为主要数据，因此，选择家庭问卷数据库和家庭关系数据库，以住户 ID 为连接变量合并两大数据库，从而获取到家庭的各项消费支出的详细分项数据，以及被调查家庭的全部成员的年龄、性别、最高学历等信息。我们对家庭收入排序分组，将研究家庭分为低收入、中低收入、中高收入、高收入四类家庭。

（二）描述性统计

对 2010 年、2012 年、2014 年、2016 年四年的家庭关系数据和家庭金融数据匹配整理，得到 2010 年样本家庭 14960 户，2012 年家庭 13451 户，2014 年家庭 14219 户，2016 年家庭 14763 户。将家庭构成分为表 1 中的 10 类，在后续的研究中，我们着重研究除了其他项外的其余九类，因为，我们认为，一般的有儿童家庭没有与此类家庭进行生活水平比较的倾向性。

表 1　家庭人口构成

家庭构成	2010 年		2012 年		2014 年		2016 年	
	户数	占比（%）	户数	占比（%）	户数	占比（%）	户数	占比（%）
单身成人无子女	744	4.97	721	5.36	1108	7.79	1300	8.81
单身成人与一个儿童	117	0.78	109	0.81	139	0.98	201	1.36
单身成人与一个以上儿童	27	0.18	27	0.20	18	0.13	56	0.38
两个成人无子女	2520	16.84	1984	14.75	2146	15.09	2465	16.70
两个成人与一个儿童	1738	11.62	1333	9.91	1275	8.97	1491	10.10
两个成人与两个儿童	986	6.59	755	5.61	536	3.77	654	4.43
两个成人与三个儿童	180	1.20	125	0.93	91	0.64	118	0.80
三个成人与儿童	1689	11.29	1596	11.87	1468	10.32	1584	10.73
四个成人与儿童	2001	13.38	1991	14.80	2116	14.88	2128	14.41
其他	4958	33.14	4810	35.76	5322	37.43	4766	32.28
家庭户数总计	14960	100	13451	100	14219	100	14763	100

对 2010 年、2012 年、2014 年、2016 年四年的家庭关系数据和家庭金融数据匹配整理，得到 2010 年样本家庭 14798 户，2012 年家庭 13439 户，2014 年家庭 14219 户，2016 年家庭 14030 户，但在剔除掉其他项家庭的基础上，由于各年度数据都有不同程度的数据缺失和问题数据，以 2010 年为例，家庭食品支出为 0 的家庭占到样本总数的 15%，还存在不少家庭总支出为 0，因此，为了保证文章的合理性和数据的稳健性，本文剔除了家庭食品支出和家庭总支出的为 0 的家庭，并且剔除了家庭消费性支出中小于 1% 和大于 99% 的极小值和极大值，没有考虑样本权重。最终得到 2010 年样本家庭 8318 户，2012 年家庭 6931 户，2014 年家庭 7014 户，2016 年家庭 8726 户。

表 2 展示了人口统计变量的样本均值和标准差。它表明，除 0~6 岁儿童数的均值自 2010 年以来有小幅度的增长外，家庭规模的均值和每个家庭的儿童数量的均值等在 2012 年有过小幅增长后持续减少。这些减少可以从表 1 中家庭不同类型的变化看出。无子女夫妇的比例同样在 2012 年有小幅减少后，从 14.75% 显著增加到 2016 年的 16.7%。与此同时，单身无子女成人比率连年显著上升。2010 年，这一比例仅为 4.97%，2016 年上升至 8.81%。而 0~6 岁儿童数的均值的连续增长也是对自 2011 年底双独二孩政策到 2015 年 10 月全面二孩政策实施的正面印证。另一个影响到我国家庭类型变动的因素是离婚率的上升，可以从表 1 看出，单身成人和一个儿童占比从 2010 年的 0.78% 增长到 2016 年的 1.36%，而一个以上儿童占比则从 0.18% 增长到 0.38%。

表 2 主要变量描述性统计

变量	2010 年		2012 年		2014 年		2016 年	
	均值	标准差	均值	标准差	均值	标准差	均值	标准差
家庭规模	3.47	1.48	3.51	1.51	3.35	1.56	3.3	1.62
家庭 0~6 岁儿童数	0.32	0.56	0.34	0.57	0.36	0.59	0.36	0.61
家庭 7~17 岁儿童数	0.67	0.77	0.67	0.77	0.58	0.73	0.57	0.75
家庭儿童合计数	0.99	0.87	1.01	0.86	0.94	0.86	0.93	0.89
家庭成人数	2.48	0.89	2.57	0.93	2.57	0.98	2.48	0.98
家庭食品支出	8452	7024	13084	10929	13443	11807	17250	15936
家庭消费性支出	22323	18610	30473	24963	36396	32874	45073	43122
家庭总支出	27385	25692	35387	40033	44401	41934	—	—
观测家庭总数	8318		6931		7014		8726	

另外，表2中展示了家庭不同类型部分支出的均值和标准差。实证所需的每年各类价格指数来自中国国家统计局官网，每个年份消费价格指数以2010年为基期进行了折算，其中2016年的家庭总支出数据在CFPS数据库公开数据中暂未给出，为确保数据准确性，本文未对家庭总支出数据做进一步估算。可以看出，家庭各项消费性支出自2010~2016年持续增加。

表3和表4显示了有子女家庭和无子女家庭在4个调查期的支出模式。我们发现，无儿童家庭的食品支出较有儿童的家庭占比较大，2010~2014年，儿童数量增加时，家庭的食品支出占用了更多的家庭预算，这一现象在2016年的研究中并不明显。我们认为，这是由于调查数据的延续性，随着被调查家庭儿童的年龄增长，在食品中呈现一定的规模经济性导致。由于食品支出中包含了家庭在外就餐的费用以及烟酒的费用，使无儿童家庭食品份额较大，以2014年为例，无儿童家庭在外就餐的费用占比达到食品支出的15.85%，而三个以上儿童的家庭的占比仅为9.82%。

表3 分项支出占比1 单位:%

分项支出	2010年				2012年			
	无儿童	一个儿童	两个儿童	三个以上儿童	无儿童	一个儿童	两个儿童	三个以上儿童
食品支出	40.44	36.06	38.33	42.14	45.18	41.18	43.59	49.53
衣着支出	3.70	5.33	4.65	4.47	4.22	5.59	5.30	5.23
居住支出	8.37	5.88	5.75	5.69	8.41	6.65	6.34	6.10
家庭设备日用品支出	11.30	11.60	10.26	10.41	10.02	12.69	12.09	8.97
医疗保健支出	19.01	11.50	13.54	11.64	16.50	8.57	9.92	8.72
交通通信支出	9.79	14.05	13.16	12.78	6.73	9.31	8.74	7.40
文教娱乐支出	5.36	12.97	11.17	10.37	4.62	11.39	9.53	10.23
其他消费性支出	2.03	2.62	3.13	2.50	4.31	4.63	4.50	3.81
居民消费性支出	100	100	100	100	100	100	100	100

就交通通信支出而言，无儿童家庭的该项支出普遍偏小，而有儿童家庭中，儿童数量增加会造成该项支出的持续减少，呈现一定规模经济性。长期看，食品占家庭总支出的比例下降，这一趋势在有孩子的家庭中最为明显，2010年，有3个以上儿童的家庭的食品份额近42.2%，2016年则降

至 35.7%。另一项文教娱乐支出在家庭支出构成中占比较为稳定,且无儿童家庭占比明显低于有儿童家庭。

众所周知,支出模式随收入的不同而大不相同。表 5 是 2012 年不同收入水平下支出份额的细分。家庭类型用收入四分位数进一步细分,将研究家庭分为低收入、中低收入、中高收入、高收入四类家庭。以 2012 年为例,食品支出是低收入家庭最重要的支出类别,平均占家庭支出的 46.99% 左右,而高收入家庭的占比为 38.36%。与最高的四分位数高收入家庭相比,医疗保健支出是低收入家庭支出占比次之的类别。相比之下,交通通信支出,家庭设备及日用品支出,文教娱乐支出等项目下,高收入家庭均明显高于低收入家庭。

表 4　分项支出占比 2　　　　　　　　　　单位:%

分项支出	2014 年				2016 年			
	无儿童	一个儿童	两个儿童	三个以上儿童	无儿童	一个儿童	两个儿童	三个以上儿童
食品支出	40.85	35.79	34.49	37.48	42.32	36.90	36.49	35.72
衣着支出	4.97	5.62	5.32	4.92	4.70	5.04	4.99	4.76
居住支出	16.41	15.36	17.48	16.86	9.56	7.15	7.54	7.21
家庭设备日用品支出	9.26	12.38	12.11	9.48	16.48	21.87	21.22	24.21
医疗保健支出	13.49	8.71	9.98	10.16	13.00	8.44	9.82	9.37
交通通信支出	7.34	9.66	9.55	9.41	7.31	8.79	8.35	8.26
文教娱乐支出	5.82	10.76	9.69	9.66	5.56	10.74	10.70	9.75
其他消费性支出	1.85	1.70	1.34	2.03	1.07	1.08	0.89	0.71
居民消费性支出	100	100	100	100	100	100	100	100

表 5　2012 年不同收入水平下的支出分项占比　　　　　　单位:%

	食品支出	衣着支出	居住支出	家庭设备及日用品支出	医疗保健支出	交通通信支出	文教娱乐支出	其他消费性支出
低收入家庭	46.99	4.32	6.30	9.18	13.42	7.37	8.40	4.02
中低收入家庭	45.38	4.93	6.97	10.98	11.30	7.97	9.24	3.24
中高收入家庭	43.33	5.46	7.16	10.78	10.32	8.48	9.38	5.09
高收入家庭	38.36	5.77	7.14	14.83	8.56	9.72	10.34	5.27

（三） Engel 模型下的估计

由于四年的调查数据项目略有不同，2010 年的调查数据中缺失家庭外出就餐费用项，我们的食品支出份额采用的是食品支出与总支出比重，其余 3 个调查年份采用去除外出就餐与烟酒支出外的净食品支出，而由于2016 年家庭总支出数据未推算，食品支出份额用食品支出与消费性支出比重取代。家庭学历水平按照家庭主事人学历以及财务回答人的学历处理。

我们对 Engel 模型进行了估计，首先确定这四年的样本数据中，就食品支出份额而言，家庭支出是不是显著的负相关，以及家庭构成是否是显著的正相关。从表6 可以看到，"家庭消费总支出的对数" 在各年度系数都显著为负，印证了恩格尔定律中描述的 "随着收入的增加，食品在预算中的份额下降"。表6 还指出了人口统计变量的系数。可以看出，当家庭的儿童数量增加时，食品支出的预算份额就会增加，0 ~ 6 岁儿童数量的增加造成食品支出预算份额的显著增加，而在 7 ~ 18 岁儿童和成人的数量上，这一结果并不理想，我们认为大龄儿童和成人在食品上存在一定程度的规模经济性。我们将城市/农村变量处理为虚拟变量，从回归结果看，2010 ~ 2014 年对食品支出份额而言，城市住户与农村住户相比食品支出份额更小，反映出城市家庭的生活水平略高于农村。同时，就家庭主事人的学历而言，与文盲/半文盲比较，学历越高，对食品支出份额越有显著的负相关影响。

表6　Engel 模型估计结果

变量说明	变量	食品支出份额			
		2010 年	2012 年	2014 年	2016 年
家庭消费性支出对数	ln_pce	—	—	—	− 0. 188 *** (− 28. 25)
家庭总支出对数	ln_expense	− 0. 151 *** (− 30. 56)	− 0. 0950 ** (− 2. 98)	− 0. 206 *** (− 25. 08)	—
0 ~ 6 岁儿童数量	child1	0. 0317 *** (4. 99)	0. 0187 ** (3. 9)	0. 0229 * (2. 49)	0. 0156 ** (3. 45)
7 ~ 17 岁儿童数量	child2	0. 03867 *** (5. 50)	0. 027 * (2. 38)	0. 027 *** (4. 5)	0. 0291 * (2. 74)
成人数量	adult	− 0. 00217 (− 0. 76)	0. 0327 *** (4. 07)	− 0. 0008 (− 0. 20)	− 0. 0085 *** (− 3. 66)

续表

变量说明	变量	食品支出份额			
		2010 年	2012 年	2014 年	2016 年
城市/农村	1. urban	−0.0402 *** (−7.9)	−0.0783 *** (−5.35)	−0.0931 *** (−13.01)	0.0628 *** (14.65)
初中	2. edu	−0.0187 *** (−3.42)	−0.0634 *** (−3.79)	0.0099 (1.47)	0.0181 ** (3.24)
高中/中专/ 技校/职高	3. edu	−0.0170 * (−2.35)	−0.0945 *** (−4.51)	−0.007 (−0.83)	0.0192 ** (2.82)
大专	4. edu	−0.0474 *** (−4.50)	−0.157 *** (−4.55)	−0.0529 *** (−4.55)	−0.0157 (−1.67)
大学本科	5. edu	−0.0413 ** (−3.19)	−0.157 *** (−4.05)	−0.0764 *** (−5.37)	−0.0488 *** (−4.51)
硕博士	6. edu	−0.064 (−0.52)	−0.0424 (−0.11)	−0.117 * (−2.00)	−0.0828 ** (−2.96)
中低收入家庭	2. fin_p	0.0257 *** (3.89)	0.00561 (−0.31)	0.0424 *** (−4.64)	0.0402 *** (7.44)
中高收入家庭	3. fin_p	0.0460 *** (6.55)	−0.0284 (−1.47)	0.0644 *** (−6.52)	0.0650 *** (10.60)
高收入家庭	4. fin_p	0.0735 *** (9.23)	−0.0746 *** (−3.43)	0.0838 *** (−7.86)	0.0725 *** (10.84)
	_cons	1.409 *** (43.54)	0.406 *** (4.54)	1.425 *** (−33.61)	1.176 *** (42.26)
	R^2	0.167	0.0415	0.0986	0.119
	观测个数	8318	6653	7014	8517

注：*** 、** 、* 分别表示在 1%、5% 及 10% 的显著性水平下显著，括号内为估计参数的 t 值。

利用表 6 中的系数，用家庭支出的比值作为等价规模的估计值，我们将两个成人无子女的家庭作为参照家庭。表 7 给出了使用方程 5 对等价规模的估计。2010 年，年龄在 0~6 岁的儿童的成本为 1.23，而 7~17 岁的儿童为 1.29。这意味着在孩子出生之前，这类家庭需要 23%~29% 的经济补偿才能达到与无子女家庭同样的福利水平。换句话说，一个年龄在 0~6 岁的孩

子的抚养成本相当于一对成年夫妇消费水平的 0.23 倍或是一个成年单身的
0.46 倍。此外，表 7 呈现了其他 3 个调查年份的儿童抚养费用，2012 年，
0~6 岁儿童的抚养成本估计为 1.22。2016 年这一数字降至 1.09。随着家庭
福利水平的提高，儿童的成本也在下降。我们对收入细分为低收入水平、
中低收入水平、中高收入水平和高收入水平。从回归估计结果看到，只有
2012 年的估计结果是随着收入水平的提高，食品份额减少，而其他年份不
减反增，我们分析认为近年来在收入提高的基础上，人们对生活水平的改
善日益注重对食物品质的保证，而不仅解决日常得到温饱问题。在表 7 中，
我们列出了 2012 年单身成年无子女家庭的等价规模，其估计值为 0.81，这
意味着通过与两个成人无子女的参照家庭比较发现，当家庭中多一个成人
时，该成人最合适的权重是 35%，由于回归结果中其他年份的成人数量系
数受到规模经济的影响结果不显著，并与我们预期的结果相反，因此其等
价规模参考价值不大，故这里不再呈现其结果。

表 7　Engel 模型下的等价规模

年份	单身成人 无子女	两个成人 无子女	两个成人与一个 0~6 岁儿童	两个成人与一个 7~17 岁儿童	两个成人与两个 0~6 岁儿童	两个成人与两个 7~17 岁儿童
2010	—	1	1.23	1.29	1.52	1.67
2012	0.75	1	1.22	1.24	1.48	1.55
2014	—	1	1.12	1.14	1.25	1.30
2016	—	1	1.09	1.17	1.18	1.36

五、主要结论与政策建议

本文利用 Engel 模型估计了我国的儿童抚养成本以及 Engel 等价规模。
通过对 CFPS 数据库 2010 年、2012 年、2014 年、2016 年四年的数据进行实
证，使用等价规模对儿童抚养成本进行评估。研究中，我们选取无子女夫
妇家庭作为参照家庭，将家庭类型分为十类，确保我们研究能较全面地代
表中国家庭。其中，囊括了单个成人家庭，单个成人与儿童的家庭类型等
类型，此类家庭通常收入较低，面临更大贫困风险。因此，我们建议通过

计算 Engel 等价规模表，并其应用到贫困和不平等的研究中，用来反映不同家庭类型行为的变化。

研究得到，在 Engel 等价规模下，以 2010 年为例，一个 0～6 岁的孩子的抚养成本大约在一对成年夫妇收入的 23%，而一个 7～17 岁的孩子抚养成本约为一对成年夫妇收入的 29%，四年的分析结果都与国际上多数学者研究的不同国家的结果接近。我们认为，基于 Engel 等价规模的儿童抚养成本的探索是正确的，因为它们符合食品占家庭总支出的比重与家庭财富负相关，与儿童数量正相关的经验现实。通过四年的估算，我们看到儿童的抚养成本是逐年走低的趋势。同时，抚养成本随儿童年龄的不同而不同，年龄较大的儿童抚养成本要比年龄较小的抚养成本高得多，甚至接近另一个成年人的消费水平。为此，该结论可以作为官方计算家庭等价收入时不同年龄段儿童和成人赋予合适权重的重要依据。作为衡量家庭规模经济的重要指标，Engel 等价规模是基于食品支出的研究，我们在研究家庭福利和家庭贫困时，要求考虑到家庭的规模经济，这样才不会高估家庭贫困，而误导家庭福利政策和补偿机制。

此外，就不同收入水平上的家庭而言，由于其回归结果不尽如人意，没有对基于收入水平的儿童抚养成本做进一步的梳理。而在国际上，针对不同家庭收入水平的儿童抚养成本研究结果不尽相同，但多数研究认为较富裕的家庭比较贫穷的家庭在子女上的支出比例更低，即儿童抚养成本更低。同时，我们估计增加一个成年人的权重约在 0.35 附近。一般地，对额外的成年人使用较低的权重会导致无子女夫妇所需的家庭收入更高，从而导致更多的家庭有更年幼的孩子被认为处于贫困状态。

尽管等价规模的使用在国家政策和家庭福利方面颇具重要性，但我们选择不同的等价规模方法会使等价规模结果相差较大，因此，对于等价规模研究的稳健性论证及其方法的合理性解释和选择尤为关键，也成为各国研究等价规模的一大难题。本文使用 Engel 等价规模作为基于食品支出的研究，常由于食品较小的规模经济被认定存在高估儿童抚养成本的问题。为此，我们认为基于不同的估计方法，根据实际的家庭支出模式估计儿童抚养成本，并给出较高和较低的界限范围以供参考是现阶段的解决办法之一。

参考文献

[1] 李振刚，尚晓援，张丽娟. 预算标准法与儿童抚养成本研究——以夏县农村儿

童抚养成本为例 [J]. 青年研究, 2011 (6): 11 - 24.

[2] 李沛霖. 中国儿童抚养直接经济成本影响因素分析 [J]. 福建行政学院学报, 2016 (5): 103 - 112.

[3] 王志章, 刘天元. 生育 "二孩" 基本成本测算及社会分摊机制研究 [J]. 人口学刊, 2017, 39 (4): 17 - 29.

[4] Deaton, A. and J. Muellbauer. Economics and Consumer Behavior [M]. Cambridge University, 1980.

[5] Gan L., Vernon V. Testing the Barten Model of Economies of Scale in Household Consumption: Toward Resolving a Paradox of Deaton and Paxson [J]. Journal of Political Economy, 2003, 111 (6): 1361 - 1377.

[6] Deaton A. The Analysis of Household Surveys: A Microeconometric Approach to Development Policy [J]. Social Indicators Research, 1997, 37 (2): 246 - 250.

[7] Tsakloglou, P. Estimation and Comparison of Two Simple Models of Equivalence Scales for the Cost of Children [J]. The Economic Journal, 1991, 101 (405): 343 - 357.

[8] Engel, Ernst. Die Lebenskosten Belgischer Arbeitfamilien Fruher and Jetzt [J]. International Statistical Institute Bulletin, 1895 (9): 1 - 74.

[9] Oyama M. Measuring Cost of Children Using Equivalence Scale on Japanese Panel Data [J]. Applied Economics Letters, 2006, 13 (7): 409 - 415.

[10] Cheung C. K., Chou K. L. Measuring Child Poverty in Hong Kong: Sensitivity to the Choice of Equivalence Scale [J]. Social Indicators Research, 2017 (2): 1 - 13.

[11] Selim R., Kaya G. The Changes of Cost of Children for Turkey by Using Income - Dependent Equivalence Scales [J]. Social Indicators Research, 2017 (1): 1 - 22.

[12] Menon M., Perali F. Econometric Identification of the Cost of Maintaining a Child [J]. Working Papers, 2009, 20 (1): 7 - 14.

[13] Bargain O., Kwenda P., Ntuli M. Gender Bias and The Intrahousehold Distribution of Resources: Evidence from African Nuclear Households in South Africa [J]. Wider Working Paper, 2017 (1): 7 - 14.

"搭便车"抑或"搭黑车":环境规制的 "本地—邻地"绿色技术进步效应检验

董直庆　王　辉　王林辉

(华东师范大学经济学院,上海　200241)

摘　要　研究目标:环境规制的"本地—邻地"绿色技术进步效应。研究方法:在Acemoglu等(2012)环境技术进步方向模型的基础上,构建两地区模型数理演绎环境规制对"本地—邻地"绿色技术创新的影响,结合空间面板回归模型检验环境规制对"本地—邻地"绿色技术进步的真实后果。研究发现:①环境规制并非一定能够激励本地绿色技术进步,只有当规制强度跨越规制拐点时,才能推动本地绿色技术进步。反之,环境规制将反向阻碍本地绿色技术进步,表现出正"U"形的作用关系。同时,不同区域诸如不同经济圈环境规制对本地绿色技术进步的影响差异显著。②环境规制方向和强度变化,邻地的绿色技术创新未必能够"搭便车",却可能由环境规制引发污染产业就近转移降低绿色技术进步的恶果。邻地绿色技术进步效应存在"门槛效应"且表现出延时性类"U"形特征,而且环境规制地的绿色技术进步会反向阻碍邻地的绿色技术创新能力,形成"本地—邻地"绿色技术进步的反向竞争与挤出效应。

关键词　环境规制;绿色技术进步;"本地—邻地"

"Hitchhiker" or "Black Car": An Empirical Test of Environmental Regulation on "Local – adjacent" Green Technology Progress

Dong Zhiqing　Wang Hui　Wang Linhui

(College of Economics, Northeast Normal University, Shanghai 200241)

Abstract: Research Objectives: The green technology progress effect of Environmental regulation for "local – adjacent". Research Methods: Based on environmental technology progress direction model of Acemoglu et al. （2012）, this paper builds two region model to deduce the effect of environmental regulation on "local and adjacent" green technology innovation. Research Findings: ①The environmental regulation is not necessarily motivate local green technology progress, only when the intensity of regulation surpasses a turning point, environmental regulation can promote local green technology progress. On the contrary, environmental regulation will hinder the progress of local green technology and show a positive "U – shaped" relationship. At the same time, environmental regulations in different regions, such as different economic zones, have significantly different impacts on the progress of local green technologies. ②The direction of environmental regulation and intensity change, the green technology innovation of adjacent region may not be able to "hitchhiker", may be triggered by environmental regulation pollution industries transfer to the nearest to reduce the consequences of green technology. Adjacent to the green technology progress effect exists "threshold effect" and show the delay type "U – shaped" characteristics, and environmental regulation in local green technology will reverse block adjacent to the green technology innovation ability, form the "local – adjacent" green technology competition and crowding out.

Key Words: Environmental Regulation; Green Technology Progress; Local – adjacent

一、前言

近年来，我国城市雾霾天气频繁，环境质量不断恶化。《2016 年环境绩效指数报告》（耶鲁大学）指出，我国为 PM2.5 超标的"重灾区"，环境绩效指数 EPI 排名倒数第二位。空气、清洁水和土地污染对居民生产和生活破坏力惊人，引发严重的社会经济代价。相关数据显示，2014 年我国严重的环境污染造成经济损失达 3.82 万亿元，环境污染引发各类疾病，并诱致超过百万人早逝。毫无疑问，人口密集中心尤其是大城市地区污染企业外迁、关停转中小型污染企业、大幅度缩减化石能源使用等，可以抑制局部地区污染物排放。然而，诸如此类直接遏制污染排放为目的环境规制政策，往往以经济增长为代价，易造成经济增长与环境保护形成交替占优博弈，长远来看反而会束缚地区经济绩效提升和节能减排空间（沈能，2012）。也易鼓励地方政府的机会主义和短视行为，出现"中心—外围"地区增长和环境博弈，往往出现中心地区环境规制引发污染就近转移现象（沈坤荣等，2017）。

解决环境污染问题有效手段，长期上主要依靠技术进步（Andreoni and Levinson，2001；Brock and Taylor，2005，2010；王敏等，2015），尤其是以绿色技术导向的创新方向（Acemoglu et al.，2012；董直庆等，2014）。不过，在自由市场经济环境中，传统非清洁技术领域的产品生产和技术研发存在天然资源及利润优势，绿色技术创新后发劣势明显，仅凭市场难以实现技术进步朝绿色方向转变。加之区域间经济增长和技术差距，地区间表现出明显的跨界污染（Keller and Levinson，2002；List et al.，2003）、产业梯次承接引发污染转移（林伯强等，2014；Wu et al.，2017）等，经济和环境两难境遇加剧了地区环境治理的困难。这意味着面对环境污染的治理问题，任何地区皆不能独善其身（刘华军等，2017），联防联治和协同减排成为区域间环境协同治理的关键（邵帅等，2016）。然而区域间环境规制政策的实施方向和实施强度存在非同步及非一致性，增加了环境规制激励绿色技术创新的难度。如何激励绿色技术创新并协调区域环境规制政策的实施，实现环境规制效应的一致性成为亟须解决的问题。

环境规制与技术创新关系争论由来已久，早期文献一般认为环境规制引致"遵循成本"导致企业生产负担加重，不仅无法激励企业绿色技术创新，反而可能产生适得其反的效果，尤其是高治污成本的资源密集型行业和产业，规制成本引致的成本负担尤其明显（Gollop and Roberts，1983；Conrad and Wastl，1995；Gray and Shadbegian，2003）。Porter 和 van der Linde（1995）认为，技术进步形成"创新补偿"收益超过环境规制成本，合理的环境规制措施能够有效激励被规制企业的生产技术革新。大量文献就环境规制影响技术创新的补偿效应进行深入探讨，以寻求环境质量与经济增长的双赢模式。Jaffe 和 Palmer（1997）及 Hamamoto（2006）以污染治理成本和 R&D 支出，分别表征环境规制强度和技术创新，以美日制造业数据检验环境规制与技术创新关系，结果表明，环境规制压力存在刺激企业技术创新效应。Acemoglu 等（2012）进一步将生产部门划分为清洁型与非清洁型两种，通过构建技术进步方向模型系统演化技术进步内生化过程，从理论上分析了环境政策激励对技术创新的影响，数值模拟结果发现，政府环境污染税收和研发补贴政策的组合能够在不牺牲经济增长的情况下，促进清洁技术创新，减少污染排放。李树和陈刚（2013）以 TFP 作为技术创新指标研究环境规制与技术创新关系，也认为环境规制能够有效激励技术创新。Popp 等（2009），张成等（2011）进一步依据"遵循成本"理论与"创新补偿"理论验证波特假说，结果发现，环境规制所导致的企业"遵循成本"，确实压缩了企业的利润空间，短期内无法有效激励企业进行技术研发。但从长期上看，政策规制仍会使企业倾向于提高技术研发投入，以期通过生产效率提高和生产方式转变所带来的创新效应，弥补企业"遵循成本"的负面影响，从而实现生产利润提升与清洁生产转型相容发展。此外，相当一部分学者认为，环境规制强度与治污技术及清洁技术之间并非简单的线性关系，而是呈现先减后增的"U"形特征，即环境规制存在门槛（李斌等，2011，2013；董直庆等，2015；陈超凡，2016）。

适宜的环境规制政策能够有效激励技术创新已达成共识，不过，不同区域之间跨界污染（Keller and Levinson，2002；List et al.，2003；陆铭和冯皓，2014）和高污染产业跨区域转移（林伯强和邹楚沅，2014；Wu et al.，2017）易恶化流入地的环境质量，导致落后地区出现环境规制的"趋劣竞争"（Woods，2006；Konisky，2007；杨海生等，2008；朱平芳，2011；刘洁等，2013；李胜兰等，2014）或出现"污染天堂"现象（Copeland and Taylor，2004；沈坤荣和金刚等，2017）。进而不同地区的环境规制差异引致区域间产业转移，使落后地区产业结构重构，改变企业研发决策。通常伴随环境规制趋紧，企业会就地进行技术创新淘汰污染产品生产，或将污染企业就近迁移至环境规制较弱地区（沈坤荣等，2017）。

环境规制可能会引发污染就近转移，那么，本地环境规制是否会对邻地绿色技术进步产生影响？这方面问题，仅有少量文献从存在密切贸易来往的国家与国家层面展开过相关研究。Lanjouw 和 Mody（1996）发现，正是由于美国对汽车尾气排放的严格规制，使其汽车主要进口来源国的德国和日本汽车尾气排放控制专利比例异常之高。Dechezleprêtre 等（2011）认为，中国国内环境政策的趋紧以及发达国家愈加严格的气候管制政策，成为 2000 年以后中国低碳专利占比大幅增长的重要原因。Popp（2006）则认为，外国政策规制的变动不会增加本国的技术创新活动。沈坤荣等（2017），Wu 等（2017）亦关注到环境规制的跨界影响，这类研究仅注意到本地环境规制对邻地污染产业转移的影响，并未关注环境规制引致的地区绿色技术创新选择的变化。沈坤荣等（2017）认为，本地环境规制的增强引发了污染产业的就近迁移，增加了邻近地区的污染产值，追求区域经济利益最大化的差异性环境政策，不利于全局环境治理。Wu 等（2017）发现，"十一五"规划减排任务颁布之后，企业出现明显的从环境规制相对严格的沿海省份向中西部迁移的趋势。

不难发现，前沿文献研究重点关注同地区环境规制的技术创新效应，普遍忽视一个地区环境规制是否会从其属地即本地向邻地的技术扩散，尤其未重视是否会转变邻地的技术创新方向。基于此，本文构建数理模型演绎"本地—邻地"环境规制与绿色技术创新之间的作用机理，利用我国省际面板数据结合空间面板杜宾模型，实证检验环境规制与绿色技术创新的"本地—邻地"效应，进一步考察本地环境规制与邻地绿色技术创新的传导机制。本文的主要创新之处：一是从环境规制的邻地技术进步效应视角出发，构建模型数理分析本地环境规制与邻地绿色技术的作用机理，结合地区经济时序数据检验环境规制的"本地—邻地"绿色技术进步的效应（Popp et al.，2009；Acemoglu et al.，2012；张成等，2011；李斌等，2013；董直庆等，2015）。二是有别于传统文献分析环境规制对本地绿色技术进步的单向效应，从环境规制和技术进步耦合式发展视角，结合环境规制约束下区域产业转移的特征性事实（List et al.，2003；Wu et al.，2017；林伯强等，2014；陆铭等，2014），检验本地环境规制对邻地绿色技术创新的传导路径，丰富环境规制的绿色创新效应研究。三是结合世界知识产权组织提供的绿色专利清单，利用中国知网专利数据库搜索绿色技术的相关专利集，统计不同省（市）域、不同时期绿色技术专利数据，验证环境规制与"本地—邻地"技术创新方向转变效应，避免以往依靠数据测算技术进步的误差（张成等，2011），以及单纯以某一行业的技术进步作为某类技术创新的技术选择性偏误问题（董直庆等，2015；Aghion，2016）。本文的剩余结构安排如下：第二部分是理论模型；第三部分是计量模型选择、指标设计与数据来源说明；第四部分是实证检验结果与评价；第五部分是作用机制检验；第六部分是基本结论。

二、理论模型

假设 1：一国产品市场包括 a 地区的生产部门与 b 地区的生产部门（以下简称 a 部门与 b 部门），地区 a 与地区 b 间商品与劳动可以自由流动，所有中间品投入皆用于最终品生产。最终品 Y_t 采用固定替代弹性的 CES 生产技术生产，a 部门与 b 部门中间产品生产均采用劳动与蕴含前沿技术的资本品投入，即以机器设备质量提升方式推动整个产品部门的技术进步。

最终产品部门：产品总产能 Y_t 的生产技术采用固定替代弹性的 CES 生产函数表示：

$$Y_t = \left(Y_{at}^{\frac{\varepsilon-1}{\varepsilon}} + Y_{bt}^{\frac{\varepsilon-1}{\varepsilon}} \right)^{\frac{\varepsilon}{\varepsilon-1}}$$

式中，Y_{at} 和 Y_{bt} 分别代表 a 部门和 b 部门的经济产出，替代弹性 ε 表示 a 部门与 b 部门产品之间的替代特征。

中间产品生产部门：中间产品由劳动和资本品进行生产，满足 C – D 生产技术：

$$Y_{jt} = L_{jt}^{1-\alpha} \int_0^1 A_{jit}^{1-\alpha} m_{jit}^{\alpha} di \tag{1}$$

$$e(Y_{jt}) = (1 - \theta(A_{jt})) L_{jt}^{1-\alpha} \int_0^1 A_{jit}^{1-\alpha} m_{jit}^{\alpha} di \tag{2}$$

式（1）中，Y_{jt} 代表生产部门 j 中间品的产出规模，L_{jt} 代表生产部门 j 的劳动力投入量，其中一国总的劳动力在 a 部门与 b 部门间进行分配；m_{jit} 为生产部门 j 使用的第 i 种资本品的数量，可以用产品生产过程中使用的机器设备数量表示；A_{jit} 代表生产部门 j 中所使用的第 i 种机器的质量，代表生产部门 j 的技术水平。$e(Y_{jt})$ 为中间产品生产过程中所产生的副产品即污染产出，$\theta(A_{jt})$ 为绿色技术的减排能力，其值受制于部门绿色技术水平本身且满足 $\dfrac{\partial\theta(A_{jt})}{A_{jt}}>0$，即随着 A_{jt} 的增加而提高。式（2）表明，绿色技术的提升既可以提高部门产出，又可以降低部门污染物排放强度，最终污染水平取决于绿色技术增产能力与减排能力的净效应，其中 $\alpha\in(0,1)$。地区生产部门的技术创新过程满足（张海洋，2005）：

$$A_{jt}=(1+\beta_j\vartheta_j)A_{jt-1} \tag{3}$$

式中，$j\in\{a,b\}$，A_{jt} 代表地区绿色技术创新，β_j 代表地区绿色技术进步率，ϑ_j 代表 j 部门技术研发成功率。张海洋（2005）的研究指出，技术进步率与研发投入 R&D 之间满足 $\beta_j^*=\delta R_t^\varphi$，我们假定研发投入 $R_t=\lambda_{jt}Y_{jt}$。Jones（1995），易信等（2015）的研究指出，研发生产函数规模效应的设定违背经济增长的基本规律，即研发投入过程不存在规模效应。为此，将研发投入修正为人均研发投入，以规避研发规模效应，β_j 设定为如下函数形式：

$$\beta_j=\left(\frac{\lambda_{jt}Y_{jt}}{L_{jt}A_{jt}}\right)^\varphi \tag{4}$$

式中，λ_{jt} 为部门研发投入比例值，φ 为研发投入产出弹性。

假设 2：生产部门生产产品同时会产生环境污染，通常产品生产越多，环境的负外部性越大即污染产出水平越高，环境质量越差。为抑制企业生产过程中的污染物排放，提高环境质量，政府对产品生产部门征收一定比例的污染税。

通过选择最优劳动力和机器投入实现其利润最大化，生产部门 j 的利润最大化问题为：

$$\max_{[L_{jit}\ m_{jit}]}p_{jt}L_{jt}^{1-\alpha}\int_0^1 A_{jit}^{1-\alpha}m_{jit}^\alpha di-w_{jt}L_{jt}-\int_0^1 p_{mit}^j m_{jit}di-\tau_{jt}p_{jt}e(Y_{jt})$$

式中，p_{jt} 为 Y_{jt} 的价格，p_{mit}^j 为 m_{jit} 的价格，w_{jt} 为生产部门 j 劳动力的价格，依据利润最大化原则，上式对 L_{jt} 和 m_{jit} 求偏导，整理可得：

$$w_{jt}=(1-\alpha)p_{jt}[1-\tau_{jt}(1-\theta(A_{jt}))]L_{jt}^{-\alpha}\int_0^1 A_{jit}^{1-\alpha}m_{jit}^\alpha di$$

$$p_{mit}^j=\alpha p_{jt}[1-\tau_{jt}(1-\theta(A_{jt}))]L_{jt}^{1-\alpha}\int_0^1 A_{jit}^{1-\alpha}m_{jit}^{\alpha-1}di$$

资本品m_{jit}由垄断竞争厂商生产，生产成本和使用价格分别为$\alpha^2 r_j$和p^j_{mit}，则为中间产品生产部门 j 提供物质资本的生产商，其利润最大化问题为：

$$\max\left[\,p^j_{mit}m_{jit} - \alpha^2 r_j m_{jit}\,\right]$$

求解该最优化问题，得到生产部门 j 第 i 类机器生产商的最优产量与最大利润：

$$m_{jit} = p_{jt}^{\frac{1}{1-\alpha}}\left[\,1 - \tau_{jt}(1-\theta(A_{jt}))\,\right]^{\frac{1}{1-\alpha}}L_{jt}A_{jit}r_j^{\frac{1}{\alpha-1}} \tag{5}$$

$$\pi_{jit} = \alpha(1-\alpha)r_j^{\frac{\alpha}{\alpha-1}}p_{jt}^{\frac{1}{1-\alpha}}\left[\,1 - \tau_{jt}(1-\theta(A_{jt}))\,\right]^{\frac{1}{1-\alpha}}L_{jt}A_{jit}$$

进一步推导可得，为中间品的生产提供资本品的所有机器生产商，其利润总和：

$$\pi_{jt} = \alpha(1-\alpha)r_j^{\frac{\alpha}{\alpha-1}}p_{jt}^{\frac{1}{1-\alpha}}\left[\,1 - \tau_{jt}(1-\theta(A_{jt}))\,\right]^{\frac{1}{1-\alpha}}L_{jt}A_{jt}$$

由此可得 a 部门与 b 部门机器生产商的相对利润：

$$\frac{\pi_{at}}{\pi_{bt}} = \left(\frac{p_{at}}{p_{bt}}\right)^{\frac{1}{1-\alpha}}\left(\frac{r_a}{r_b}\right)^{\frac{-\alpha}{1-\alpha}}\left(\frac{1-\tau_{at}(1-\theta(A_{at}))}{1-\tau_{bt}(1-\theta(A_{bt}))}\right)^{\frac{1}{1-\alpha}}\frac{A_{at}}{A_{bt}}\frac{L_{at}}{L_{bt}} \tag{6}$$

由式（6）可知，生产部门 a 与生产部门 b 的相对利润，取决于两部门资本品的相对成本$\frac{r_a}{r_b}$、中间品相对价格$\frac{p_{at}}{p_{bt}}$、相对技术创新水平$\frac{A_{at}}{A_{bt}}$及相对劳动力供给规模$\frac{L_{at}}{L_{bt}}$，且受区域间环境税率τ_{jt}以及绿色技术减排能力$\theta(A_{jt})$的影响。

将资本品供应厂商的最优产量式（5）代入产品生产函数式（1），可得部门最优产出：

$$Y_{jt} = r_j^{\frac{\alpha}{\alpha-1}}p_{jt}^{\frac{\alpha}{1-\alpha}}\left[\,1 - \tau_{jt}(1-\theta(A_{jt}))\,\right]^{\frac{\alpha}{1-\alpha}}L_{jt}A_{jt} \tag{7}$$

将式（7）代入式（4）可得均衡技术进步率g_{jt}^A：

$$g_{jt}^A = \frac{A_{jt}-A_{jt-1}}{A_{jt-1}} = \vartheta_j\lambda_{jt}^{\varphi}r_j^{\frac{\alpha\varphi}{\alpha-1}}p_{jt}^{\frac{\alpha\varphi}{1-\alpha}}\left[\,1 - \tau_{jt}(1-\theta(A_{jt}))\,\right]^{\frac{\alpha\varphi}{1-\alpha}}$$

进一步推导可得，地区绿色技术与环境规制作用关系满足：

$$\frac{\partial A_{jt}}{\partial \tau_{jt}} = A_{jt-1}\frac{\partial g_{jt}^A}{\partial \tau_{jt}} = \frac{G[\theta(A_{jt})-1]}{1 - G\,\tau_{jt}\dfrac{\partial\theta(A_{jt})}{\partial A_{jt}}} \tag{8}$$

式中，$G = \dfrac{\alpha\varphi}{1-\alpha}A_{jt-1}\vartheta_j\lambda_j^{\varphi}r_j^{\frac{\alpha\varphi}{\alpha-1}}p_{jt}^{\frac{\alpha\varphi}{1-\alpha}}\left[\,1 - \tau_{jt}(1-\theta(A_{jt}))\,\right]^{\frac{\alpha\varphi}{1-\alpha}-1}$，所以 G > 0，由前文假定可知$\dfrac{\partial\theta(A_{jt})}{A_{jt}} > 0$以及$\theta(A_{jt})-1 < 0$，由式（8）可以得出：

当 $1 - G\tau_{jt}\dfrac{\partial\theta(A_{jt})}{\partial A_{jt}} > 0$ 时，即 $\tau_{jt} < 1\Big/\Big(G\dfrac{\partial\theta(A_{jt})}{\partial A_{jt}}\Big)$，$\dfrac{\partial A_{jt}}{\partial\tau_{jt}} < 0$，本地环境规制强度的提升对绿色技术进步存在抑制作用；

当 $1 - G\tau_{jt}\dfrac{\partial\theta(A_{jt})}{\partial A_{jt}} < 0$ 时，即 $\tau_{jt} > 1\Big/\Big(G\dfrac{\partial\theta(A_{jt})}{\partial A_{jt}}\Big)$，$\dfrac{\partial A_{jt}}{\partial\tau_{jt}} > 0$，本地环境规制的提升则能促进绿色技术进步。

结论1 绿色技术进步 A_{jt} 受本地环境规制强度 τ_{jt}、前期绿色技术水平以及绿色技术减排能力 $\theta(A_{jt})$ 的影响，环境规制并非一定能够有效提高绿色技术进步，即环境规制对绿色技术进步的作用门槛效应，只有当环境规制强度跨越门槛值 $1\Big/\Big(G\dfrac{\partial\theta(A_{jt})}{\partial A_{jt}}\Big)$ 时，环境规制才能对绿色技术进步发挥正向作用效应。

依据劳动市场完全竞争和自由流动假定，a 部门与 b 部门劳动边际产品价值相等：

$$(1-\alpha)p_{at}[1-\tau_{at}(1-\theta(A_{at}))]L_{at}^{-\alpha}\int_0^1 A_{ait}^{1-\alpha}m_{ait}^{\alpha}di = (1-\alpha)p_{bt}[1-\tau_{bt}(1-\theta(A_{bt}))]L_{bt}^{-\alpha}\int_0^1 A_{bit}^{1-\alpha}m_{bit}^{\alpha}di$$

分别将 a 部门和 b 部门的最优机器产量 $m_{ait} = p_{at}^{\frac{1}{1-\alpha}}[1-\tau_{at}(1-\theta(A_{at}))]^{\frac{1}{1-\alpha}}L_{at}A_{ait}r_a^{\frac{1}{\alpha-1}}$ 和 $m_{bit} = p_{bt}^{\frac{1}{1-\alpha}}[1-\tau_{bt}(1-\theta(A_{bt}))]^{\frac{1}{1-\alpha}}L_{bt}A_{bit}r_b^{\frac{1}{\alpha-1}}$ 代入上式，可得：

$$\frac{w_{at}}{w_{bt}} = 1 = \left(\frac{p_{at}}{p_{bt}}\right)^{\frac{1}{1-\alpha}}\left(\frac{r_a}{r_b}\right)^{\frac{-\alpha}{1-\alpha}}\left(\frac{1-\tau_{at}(1-\theta(A_{at}))}{1-\tau_{bt}(1-\theta(A_{bt}))}\right)^{\frac{1}{1-\alpha}}\frac{A_{at}}{A_{bt}}$$

进一步推导得到中间品的相对价格与技术创新关系满足：

$$\frac{p_{at}}{p_{bt}} = \left(\frac{r_a}{r_b}\right)^{\alpha}\left(\frac{A_{at}}{A_{bt}}\right)^{\alpha-1}\left(\frac{1-\tau_{at}(1-\theta(A_{at}))}{1-\tau_{bt}(1-\theta(A_{bt}))}\right)^{-1} \tag{9}$$

根据行业最终品的 CES 生产函数特征，可以得到各生产部门的中间品价格等于最终产品部门的边际产出价值。由此可得生产部门 a 与生产部门 b 的产出关系满足：

$$\frac{Y_{at}}{Y_{bt}} = \left(\frac{p_{bt}}{p_{at}}\right)^{\varepsilon}$$

进一步将 a 地区与 b 地区的最优产量 $Y_{at} = r_a^{\frac{\alpha}{\alpha-1}}p_{at}^{\frac{\alpha}{1-\alpha}}[1-\tau_{at}(1-\theta(A_{at}))]^{\frac{\alpha}{1-\alpha}}L_{at}A_{at}$ 和 $Y_{bt} = r_b^{\frac{\alpha}{\alpha-1}}p_{bt}^{\frac{\alpha}{1-\alpha}}[1-\tau_{bt}(1-\theta(A_{bt}))]^{\frac{\alpha}{1-\alpha}}L_{bt}A_{bt}$ 代入式（6），

进一步整理可得:

$$f(\tau_{at}, \tau_{bt}) = \frac{\pi_{at}}{\pi_{bt}} = \left(\frac{r_a}{r_b}\right)^{-\alpha(\varepsilon-1)} \left(\frac{A_{at}}{A_{bt}}\right)^{(1-\alpha)(\varepsilon-1)} \left(\frac{1-\tau_{at}(1-\theta(A_{at}))}{1-\tau_{bt}(1-\theta(A_{bt}))}\right)^{\varepsilon} \quad (10)$$

$$f(\tau_{at}, \tau_{bt}) = \left(\frac{r_a}{r_b}\right)^{\alpha} \left(\frac{A_{at}}{A_{bt}}\right)^{\alpha-1} \frac{Y_{at}}{Y_{bt}} \quad (11)$$

由式（10）可知，机器供应商根据机器在不同部门的相对利润来决定技术创新投入选择。也就是说，当 a 地区机器生产的相对利润较高时，研发人员将只针对 a 地区产品进行技术创新提供新机器；当 b 地区产品相对利润较高时，研发人员只针对 b 地区产品进行技术创新提供新机器；当两部门利润相等时，不同部门的技术创新投入无差异。由式（11）可知，环境规制将导致区域间进行产业调整，进而改变产品的生产结构。由式（10）至式（11）可知：

若两个地区均没有实施环境政策，即 $\tau_{at} = \tau_{bt} = 0$ 时，不同地区间机器研发投入的相对利润水平，取决于资本品生产成本与地区间绿色技术水平，且相对利润水平与资本品生产成本 r_j 成反比，与地区绿色技术水平 A_{jt} 呈正向相关。假定初始时刻 $f(0, 0) < 1$，即 $\frac{A_{at}}{A_{bt}} < \left(\frac{r_a}{r_b}\right)^{\frac{\alpha}{1-\alpha}}$ 时，若不施加政策干预的情况下，a 地区将不存在绿色技术创新。

若假设初始状态下 $f(\tau_{at}, \tau_{bt}) < 1$，$\tau_{at}$ 保持现有水平不变，则当地区 b 提高环境规制 τ_{bt} 的水平，将式（10）对环境规制 τ_{bt} 求偏导可得：

$$\frac{\partial f}{\partial \tau_{bt}} = -f\left\{(1-\alpha)(\varepsilon-1)A_{bt}^{-1}\frac{\partial A_{bt}}{\partial \tau_{bt}} + \frac{\varepsilon}{1-\tau_{bt}(1-\theta(A_{bt}))}\left(\theta(A_{bt}) + \tau_{bt}\frac{\partial \theta(A_{bt})}{\partial \tau_{bt}} - 1\right)\right\} \quad (12)$$

令 $M = (1-\alpha)(\varepsilon-1)A_{bt}^{-1}\frac{\partial A_{bt}}{\partial \tau_{bt}}$，表示环境规制所引致的技术进步效应 $N = \frac{\varepsilon}{1-\tau_{bt}(1-\theta(A_{bt}))}\left(\theta(A_{bt}) + \tau_{bt}\frac{\partial \theta(A_{bt})}{\partial \tau_{bt}} - 1\right)$，表示环境规制所引致的减排效应。

由式（12）可知：第一，环境规制在区域间绿色技术进步的作用方向和作用强度，受地区环境规制的本地绿色技术进步效应 $\frac{\partial A_{bt}}{\partial \tau_{bt}}$ 和环境规制的减排能力 $\frac{\partial \theta(A_{bt})}{\partial \tau_{bt}}$ 的影响。若地区 b 环境规制没有跨越环境规制门槛值 $\frac{\partial A_{jt}}{\partial \tau_{jt}} <$

0（本地环境规制对本地的绿色技术创新存在抑制作用）时，伴随区域 b 环境规制的提高，厂商投入 a 部门进行机器研发利润增大，提高了 a 部门的技术进步。当 τ_{bt} 增大直至相对利润 $f(\tau_{at}, \tau_{bt}) > 1$，地区 b 的环境规制推动了地区 a 的绿色技术创新，环境规制存在正向溢出效应。第二，若地区 b 环境规制已经跨越门槛值 $\frac{\partial A_{jt}}{\partial \tau_{jt}} > 0$ 时，b 地区环境规制 τ_{bt} 促进了 b 地区自身的绿色技术进步，对 a 地区绿色技术创新的影响方向表现出不确定性，其作用方向和作用强度直接取决于 M + N 变化时引发的净效应（绿色技术的扩散效应或极化效应）：若 $\tau_{bt} > (1 - \theta(A_{bt})) / \frac{\partial \theta(A_{jt})}{\partial A_{jt}}$，则 M + N > 0，$\frac{\partial f}{\partial \tau_{bt}} < 0$，b 地区环境规制增强将弱化 a 地区的绿色技术创新。反之，若 M + N < 0，$\frac{\partial f}{\partial \tau_{bt}} > 0$，当 τ_{bt} 增大直至 $f(\tau_{at}, \tau_{bt}) > 1$，b 地区环境规制增强将带动 a 地区绿色技术创新。

结论 2 环境规制引发企业研发创新利润变化，影响本地与邻地的产品生产规模和利润结构，进而转变地区间技术创新的投入方向和投入强度。本地环境规制对绿色技术创新的非一致性也是其对邻地绿色技术进步差异化的重要原因，若本地环境规制尚未跨越规制拐点，环境规制强度提高至 $f(\tau_{at}, \tau_{bt}) > 1$ 时，将推动邻地绿色技术进步，环境规制对邻地绿色技术进步表现先减后增的"U"形效应；若本地环境规制已经跨越规制拐点，本地环境规制对邻地绿色技术进步的作用方向，取决于绿色技术进步激励效应与减排效应的累积。

三、计量模型选择、指标设计与数据来源说明

主流观点认为，环境规制对本地的绿色技术创新方向表现出非线性特征，两者可能在某些条件下表现出"U"形变化趋势。或者说，当环境规制强度跨越某临界点时，环境规制将明显转变技术进步方向。而且正如数理模型演绎结果所示，环境规制对本地绿色技术进步表现出"U"形特征同时，将引致邻地绿色技术进步表现出延时性类"U"形效应。这暗示本地的环境规制在不同情境下，可能使邻地处于"搭便车"或"搭黑车"的角色转换境地。本文结合数理模型的本地环境库兹涅茨"U"形特征，将环境规制及其平方项引入计量模型，构建环境规制与技术进步二次曲线模型，分

类对比环境规制的"本地—邻地"绿色技术进步效应。结合经济发展阶段，参考董直庆等（2015）研究中控制变量的选取，在模型中同时引入经济发展水平、研发资本、外商直接投资和所有制结构作为控制变量，计量模型设计如下：

$$G\_tech_{it} = \delta_0 + \rho_0 WCI_{it} + \beta_1 ER_{it} + \beta_2 ER_{it}^2 + \beta_3 K_{it} + \beta_4 ED_{it} + \beta_5 OS_{it} +$$
$$\beta_6 FDI_{it} + \theta_1 WER_{it} + \theta_2 WER_{it}{}^2 + \theta_3 WK_{it} + \theta_4 WED_{it} + \theta_5 WOS_{it} + \theta_6 WFDI_{it} + \varepsilon_{it}$$

$$(13)$$

式中，G_tech_{it} 表示第 i 个省份在 t 年的绿色技术水平；ER_{it} 为解释变量第 i 个省份在 t 年的环境规制强度；控制变量：研发资本、经济发展水平、外商直接投资和所有制结构分别以 K_{it}、ED_{it}、FDI_{it} 和 OS_{it} 表示。式（13）中，δ_0 为不随个体变化的截距项，β 为解释变量待估参数。W 为空间权重矩阵，θ_i 为空间交互项系数，ρ_0 为因变量的空间滞后项系数，ε_{it} 为随机误差项。

一般地，最基本的空间权重矩阵 W_{ij} 根据区域之间的邻接性确定。若 i 地区与 j 地区存在边界上的邻接关系，则赋予权重 W_{ij} 为 1，否则为 0。李婧等（2010）认为，地区之间的经济关联不只局限于地理邻接，以地理邻接条件作为空间权重矩阵的选择依据，不足以充分反映区域之间经济关联的客观事实。当然，由于地理距离远近不同，一个区域与所有与之不相邻区域的空间关联强度存在差异，诸如北京和山东、云南之间的空间权重，按照邻接矩阵的设定应为 0，但依照常理北京对与其距离较近的山东影响，一般要大于与之距离较远的云南。因此，本文空间模型中选择距离权重矩阵 $1/d^\gamma$ 表征地区之间的空间效应，其中 d 为两个省域地理中心位置之间的距离，γ 取值为 1。考虑到区域间专利技术传播及模仿学习的便捷性，本文认为，在计量回归中，权重矩阵的选取应存在调整空间。以北京、天津与上海以及广东之间权重大小为例，当 γ 取值为 1，北京与天津之间的影响权重是北京与上海之间影响权重的 10 倍，是北京与广州之间影响权重的近 20 倍。这间接反映了相邻地区专利技术具有迅速传播模仿的特性。因此，当 γ 取值为 1 时，相对于上海和广东对北京地区的影响，可能会夸大天津对北京的相对作用强度。为此，本文同时选取 γ 取值为 0.5 作为空间权重矩阵进行比照检验。

被解释变量：绿色技术进步 G_tech_{it}。为能够直接表征绿色技术进步，有别于传统使用测算方法获取技术进步并剔除可能存在的估计偏误，本文选取绿色技术发明专利授权数来表征。根据世界知识产权组织（WIPO）提供的绿色专利清单（http：//www.wipo.int/classifications/ipc/en/est/）中列示的绿色专利国际专利分类（IPC）编码，通过设置专利类型、IPC 分类编码及发明单位（个人）地址，从中国知网专利数据库搜索获取（王班班，2017）。环境规制 ER_{it} 采用经济方式型环境规制表征方法，以地方政府排污费收入占 GDP 比重来衡量，体现"谁污染，谁治理"和"谁消耗，谁承担"的效率和责任原则，强调以市场为导向利用排污费征收、环境税及补贴等经济手段，来规范排污者的行为。排污费支出有利于企业实现污染外部成本内部化，发挥环境规制对企业清洁技术创新的激励作用。该指标值越大，表明环境规制强度越高（董直庆等，2015）。其他控制变量指标设计如下：经济发展水平 ED 采用各地区人均国内生产总值衡量，利用地区人均 GDP 指数平减，得到以 2003 年为基期的人均实际地区国内生产总值；外商直接投资 FDI，以外商直接投资额来表征（李斌，2013）；所有制结构 OS 则选择规模以上工业企业资产中，国有及国有控股工业资产所占的比重表示；研发资本 K，选取各地区研究与开发机构 R&D 经费支出。考虑到各地区经济规模差异和数据的可比性，通过各地区消费价格指数（CPI）消除物价影响并进行对数变换。在此，选取除西藏以外的 30 个省市 2003~2011 年的面板数据作为样本。相关指标数据均来源于历年《中国工业企业数据库》《中国统计年鉴》《中国环境统计年鉴》《中国科技统计年鉴》以及中国知网数据库。

观察本地及邻地环境规制强度与绿色技术进步的变动趋势（见图 1 和图 2）。图 1 和图 2 的散点图及其相应拟合线表明，无论在本地还是邻地，环

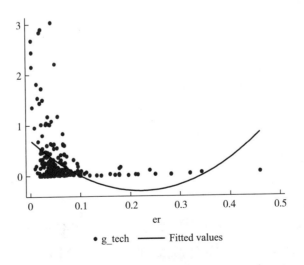

图 1　环境规制与本地绿色技术进步关系

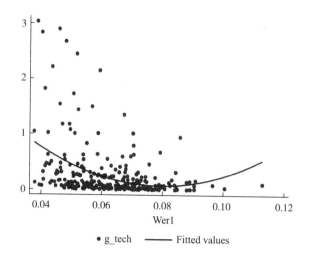

图 2   环境规制与邻地绿色技术进步关系

境规制与本地和邻地的绿色技术创新均表现为明显的"U"形关系。不过，两者在 U 形曲度和周期上存在一定程度的差异，这吻合理论模型的预期，先行间接验证计量模型设定形式的合理性。

四、实证检验结果与评价

通过回归方程考察环境规制与"本地—邻地"绿色技术进步的关系，首先以式（13）考察全样本绿色技术进步效应。本文所采用的面板数据时间跨度为 9 年，时间截面维度远小于横截面维度，单位根过程影响很小，因而不需考虑时间序列数据的平稳性问题。通常，对于短面板数据由于每个个体信息量有限，一般假定随机扰动项满足独立同分布且不存在自相关。同时，本文选择空间面板数据模型时，以 Hausman 检验判定模型满足固定效应模型还是随机效应模型。结果显示，所有模型皆满足固定效应模型。表 1 给出各个模型的回归结果。

表 1 结果显示：

（1）环境规制的本地绿色技术进步效应 U 形特征突出。当 $r=1$ 或 $r=0.5$ 时，SDM 模型在全国样本的回归分析中，环境规制变量 ER 的一次项系数和二次项系数分别为负和正，且至少在 10% 的置信水平上显著，说明整

表 1　全样本环境规制的"本地—邻地"绿色技术进步方向转变效应检验

矩阵 W		$\gamma = 1$		$\gamma = 0.5$	
	变量	固定效应	随机效应	固定效应	随机效应
		G_tech	G_tech	G_tech	G_tech
本地效应	ER	- 2. 8330 **	- 1. 9867 *	- 4. 0576 **	- 2. 1029 *
		(1. 1032)	(1. 1576)	(1. 3131)	(1. 1651)
	ER^2	5. 6130 *	4. 2314	7. 5640 **	4. 2148
		(2. 9311)	(2. 7328)	(3. 3563)	(2. 7734)
	K	0. 0431 **	0. 0052	0. 0028	0. 0126
		(0. 0161)	(0. 0395)	(0. 0185)	(0. 0408)
	ED	0. 2272 ***	0. 3685 ***	0. 2416 ***	0. 3615 ***
		(0. 0215)	(0. 0469)	(0. 0185)	(0. 0426)
	OS	- 0. 3589 **	0. 6893 **	- 0. 3924 ***	0. 6252 **
		(0. 1220)	(0. 2924)	(0. 1161)	(0. 2828)
	FDI	- 5. 3039 ***	- 6. 2167 ***	- 6. 3366 ***	- 6. 4319 ***
		(1. 0927)	(1. 2563)	(1. 1185)	(1. 2808)
	CONSTANT		3. 8552		1. 1392
			(2. 8277)		(5. 5295)
邻地效应	WER	- 26. 4588 **	- 13. 0795 **	- 64. 1219 **	- 10. 0962
		(8. 9005)	(4. 6027)	(20. 9070)	(6. 4159)
	WER^2	43. 9317 **	17. 2281	108. 9919 **	3. 4217
		(22. 1219)	(12. 6319)	(51. 0363)	(19. 5490)
	WK	- 0. 5384 ***	- 0. 3125	- 1. 5123 ***	- 0. 1721
		(0. 1428)	(0. 2273)	(0. 3383)	(0. 4341)
	WED	0. 4589 **	0. 3907 **	1. 6150 ***	0. 5973 **
		(0. 1844)	(0. 1695)	(0. 3953)	(0. 2843)
	WOS	- 1. 0423	- 0. 8103	- 3. 8437 **	0. 4592
		(0. 7852)	(1. 1639)	(1. 8876)	(2. 4673)
	WFDI	- 20. 4174 **	- 9. 6123	- 60. 2457 ***	- 4. 1949
		(8. 0709)	(8. 2371)	(17. 6105)	(16. 2081)
ρ		- 1. 3032 ***	- 0. 9500 ***	- 3. 5848 ***	- 1. 4153 **
		(0. 2689)	(0. 2467)	(0. 5727)	(0. 4370)
σ^2		0. 0790 ***	0. 0516 ***	0. 0669 ***	0. 0525 ***
		(0. 0070)	(0. 0052)	(0. 0066)	(0. 0054)

续表

矩阵 W	$\gamma = 1$		$\gamma = 0.5$	
变量	固定效应	随机效应	固定效应	随机效应
	G_tech	G_tech	G_tech	G_tech
Hausman – test		27.44 (0.0001)		17.43 (0.0078)
N	270	270	270	270
R^2	0.614	0.496	0.609	0.485
er 拐点	0.2523		0.2682	
W – er 拐点	0.3011		0.2942	

注：括号内为标准误，$***$、$**$、$*$分别表示在1%、5%、10%的水平下显著。

体上我国环境规制对本地绿色技术创新确实表现出先抑后扬的"U"形关系，即绿色技术创新水平先随环境规制强度的增加而降低，当环境规制跨越规制拐点之后，绿色技术创新水平随环境规制的增强而提高。$\gamma = 1$ 或 $\gamma = 0.5$ 的显著度及正负项关系结果保持一致。以 $\gamma = 1$ 的回归结果为例，SDM 模型结果显示本地环境规制拐点约在 0.2523%，即地方政府环境治理支出占 GDP 比值为 0.2523% 时，环境规制将激励技术进步朝偏向清洁方向转变。不过，当前全国各省域环境规制强度平均值仅为 0.0616%，远低于拐点水平 0.2523%，暗示当前阶段以改善环境质量为目的的短期环境政策趋紧反而会取得适得其反的效果，对绿色技术方向转变产生抑制。经济发展水平 ED 对绿色技术创新表现为显著的正向促进作用，暗示地区人均收入水平的提高，其绿色技术水平也会不断提高。原因在于：一方面，源于地区经济实力越强，用于 R&D 研发的经费越多，技术创新产出和技术水平自然越高；另一方面，地区经济水平越高，居民越富裕则环保意识越强，对环境质量的要求越高且容忍度越低，要求企业转向绿色技术创新的意愿越强。

值得注意的是，所有制结构 OS 对绿色技术创新水平的回归结果显著为负，说明国有及国有控股企业并未更多地进行绿色技术研发，较高的国有资产反而抑制了地区绿色技术研发。表明，在环境规制过程中，资本的国有性质并未引导企业朝环境规制的正向激励方向转变，资本逐利性完全涵盖资本的性质。此外，外商直接投资 FDI 对绿色技术创新的影响显著为负，说明中国前些年招商引资过程中可能存在引进污染生产的现象，"污染避难所"假说在我国多少成立。当然，研发资产 K 对于我国绿色技术创新水平具有显著正向作用，通常研发投入越多，企业技术创新产出越高，绿色技术进步需要研发投入驱动。

（2）环境规制的邻地技术进步效应表现出类 U 形。从全样本的数据检验结果来看，当 $\gamma = 1$ 或 $\gamma = 0.5$ 时，环境规制对邻地技术进步作用保持 5% 的显著性水平，显著性和作用强度均高于本地环境规制的效果。从一次项和二次项系数值及显著性上可以看出，邻地环境规制对本地区绿色技术进步的作用表现出类"U"形特征，这个 U 形有别于本地效应，主要体现为：一是 U 形倾斜度即系数值显著高于本地环境规制，表明环境规制对邻地技术进步作用突出。暗示本地环境规制强度提高，将显著抑制邻地绿色技术进步。这种结果可能是环境规制强化迫使企业短期内就近转移污染产业，引发邻地环境规制无法跟随提高，产业转移甚至被迫其降低或放松环境规制，进而减弱邻地绿色技术创新的结果。二是邻地环境规制拐点落后于本地环境规制拐点，拐点值约为 0.3011%，明显大于本地环境规制拐点 0.2523%，表明邻地环境规制对本地绿色技术进步的影响可能存在滞后性，即环境规制在滞后期中明显抑制绿色技术进步。两者固定效应与随机效应结果无差异，均表现出类似的作用效应。

对于控制性变量，研发资本对邻地的绿色技术进步明显有别于本地的作用效应。若研发资本系数为负且显著，表明研发投入将抑制邻地研发投入增长，进而对邻地绿色技术进步形成挤出效应。当然，经济发展水平越高，对邻地绿色技术进步的溢出效应越明显，越能推动邻地绿色技术进步方向转变。所有制结构和 FDI 与环境规制的本地绿色技术进步效应类似，国有资本和 FDI 都未通过政策规制实现正向激励企业转向绿色技术进步。

环境规制的"本地—邻地"绿色技术进步关系的散点图和统计回归结果表明，一些地区正处于环境规制的绿色技术进步负向抑制效应突出，而另一些地区环境规制和绿色技术进步实现一定程度的相容发展，暗示不同地区环境规制的绿色技术进步效应可能存在明显差异。考虑到环境规制政策跨域影响的就近性，依据我国地区发展特点和发达地区集聚特征，按照京津冀经济圈、长三角经济圈以及珠三角经济圈分别进行回归，进一步考察不同地区环境规制对绿色技术进步的作用效果。在此重点关注代表性地区间环境规制对绿色技术进步的作用。其中，京津冀经济圈包括与京津冀三地相邻或相近的辽宁、内蒙古以及山西等六个省份，长三角经济圈包括与江浙沪相邻或相近的江西、湖北、福建、河南以及安徽等8个省份，珠三角经济圈包括与广东、广西、福建相邻或相近的贵州、云南、湖南、江西以及海南等8个省份。不同经济圈环境规制的技术进步方向转变效应回归结果如表2所示。

表2　不同地区环境规制的技术进步方向转变效应对比检验

变量		京津冀经济圈		长三角经济圈		珠三角经济圈	
		G_tech ($\gamma=1$)	G_tech ($\gamma=0.5$)	G_tech ($\gamma=1$)	G_tech ($\gamma=0.5$)	G_tech ($\gamma=1$)	G_tech ($\gamma=0.5$)
本地效应	ER	3.2145** (1.5043)	3.2459* (1.9442)	61.3168** (19.4511)	50.1165* (27.4352)	−16.1136*** (3.8548)	−23.2066*** (4.8324)
	ER²	−1.1977 (2.6743)	−1.0957 (3.4719)	−630.0512** (224.7090)	−465.4977 (317.8470)	49.6567*** (14.0310)	72.2652*** (17.1052)
	K	−0.2848*** (0.0394)	−0.5149*** (0.0608)	0.6300*** (0.1589)	0.4165 (0.3328)	0.1678** (0.0675)	0.1771* (0.0966)
	ED	0.4063*** (0.0464)	0.9999*** (0.0911)	0.1863*** (0.0491)	0.2106* (0.1197)	0.5288** (0.1813)	0.3466 (0.2482)
	OS	1.6984*** (0.3158)	2.1835*** (0.4059)	4.6356*** (0.7352)	5.6609*** (1.2498)	0.8648 (0.9778)	−0.0862 (1.3463)
	FDI	−5.9317*** (1.1541)	−0.6042 (1.6291)	15.3942** (4.7251)	24.5321** (7.7203)	−11.7873*** (2.8391)	−14.1435*** (3.7221)
邻地效应	WER	2.2397 (4.7820)	4.3276 (7.7790)	19.3733 (96.2156)	22.0674 (178.0592)	−85.0227*** (16.3084)	−140.3332*** (28.9541)
	WER²	2.3794 (8.8441)	2.6868 (14.3733)	−635.5395 (968.9355)	−366.8971 (1833.4841)	265.0931*** (58.0628)	440.1903*** (101.7553)
	WK	−1.1943*** (0.1417)	−2.2494*** (0.2615)	1.7004* (0.8981)	0.8150 (2.0171)	0.3795 (0.3626)	0.6394 (0.6087)
	WED	2.8215*** (0.2428)	5.3432*** (0.4887)	−0.7003 (0.4774)	0.0057 (0.9597)	0.0760 (0.8439)	−0.1647 (1.3834)
	WOS	2.8582** (1.1847)	5.4705** (1.9140)	16.0947*** (3.1011)	28.2317*** (6.8619)	−2.4284 (4.0268)	−6.0495 (7.1410)
	WFDI	22.6675** (9.9279)	38.7238** (14.7638)	76.4026*** (21.5443)	145.4930*** (43.9363)	−31.1011** (12.7638)	−55.0029** (21.8876)

变量	京津冀经济圈		长三角经济圈		珠三角经济圈	
	G_tech ($\gamma = 1$)	G_tech ($\gamma = 0.5$)	G_tech ($\gamma = 1$)	G_tech ($\gamma = 0.5$)	G_tech ($\gamma = 1$)	G_tech ($\gamma = 0.5$)
ρ	-0.4504**	-1.1337***	-0.6788**	-1.6209***	-1.7703***	-2.9708***
	(0.1873)	(0.2294)	(0.3007)	(0.4311)	(0.2915)	(0.3336)
σ^2	0.0067***	0.0043***	0.0343***	0.0274***	0.0220***	0.0129***
	(0.0012)	(0.0007)	(0.0058)	(0.0055)	(0.0047)	(0.0030)
N	54	54	72	72	72	72
R^2	0.482	0.394	0.002	0.030	0.675	0.656
er 拐点				0.0486	0.1611	0.1606
W − er 拐点					0.1604	0.1594

注：括号内为标准误，***、**、*分别表示在1%、5%、10%的水平下显著。

表2结果显示：

（1）不同地区环境规制的本地绿色技术进步效应差异突出。长三角经济圈环境规制的本地效应则显示出显著的倒"U"形特征。这可能源于长三角经济圈是我国最重要和经济实力最强的经济中心之一，市场经济制度相对完善和经济实力强，相对完善和合理的环境规制政策易于激励企业积极主动转向绿色技术。此时，适度的环境规制就能有效推动绿色技术创新。当然，绿色技术创新存在边际递减规律，过高的环境规制会反向抑制绿色技术创新的效果。珠三角经济圈与全国样本结果一致，表现出明显的"U"形趋势。不过，京津冀经济圈回归结果中环境规制二次项 ER2 系数不显著，一次项 ER 系数显著为正，表明京津冀经济圈内环境规制与绿色技术创新并未显示出明显的"U"形关系，环境规制有效促进京津冀地区绿色技术创新。即在京津冀地区环境规制约束更强，企业绿色技术进步方向转变明显。可能的原因是，京津冀的中心北京作为国家首都和全国经济政治中心，地域的行政性和环境压力使其具有很强的政策带动性，政策传播及执行的辐射面较广。其相邻地区地域和政治关联性亦容易形成与北京相协同的政策规制决策，从而有效推动绿色技术进步。

（2）不同地区环境规制的邻地绿色技术进步效应表现迥异。在京津冀经济圈与长三角经济圈，环境规制的邻地技术进步效应明显有别于环境规制的本地技术进步效应，其邻地技术进步效应的一次项和二次项均不显著，反映出环境规制在京津冀和长三角地区均无明显的邻地绿色技术进步效应。这些地区的绿色技术进步主要源于自身环境规制的结果。而珠三角经济圈与本地绿色技术进步效应类似，均表现出"U"形变化特征。

在控制变量的绿色技术进步效应上，各地区经济发展水平 ED 与全国样本的结果表现出相似性，都是经济发展水平越高，其绿色技术进步效应越明显。所有制结构 OS 和外商直接投资 FDI 的"本地—邻地"绿色技术创新的作用明显有别于全国样本，主要表现出显著的正向促进作用。其原因可能是，在京津冀和长三角经济圈，由于经济实力和资源环境约束，这类较高经济发展阶段的地区，对国有资本和 FDI 可能存在正向筛选，即市场将主动选择绿色技术或清洁生产类企业和资本进入，而在经济欠发达地区（全国层面）资本对环境规制可能会出现逆向选择问题。这意味着，京津冀和长三角的国有资本或 FDI 持续增长，将明显拉动本地和邻地的绿色技术进步，这些地区的国有资本和 FDI 对绿色技术进步存在正向溢出效应。

正如前述，环境规制的"本地—邻地"绿色技术进步效应差异，一方面，体现为环境规制的转变技术进步方向效果存在差异；另一方面，回归结果显示环境规制邻地效应的"U"形拐点迟于本地。同时，在不同经济圈的回归结果中，京津冀经济圈以及长三角经济圈的环境规制邻地绿色技术创新的作用皆不显著。暗示环境规制的邻地绿色技术进步效应可能存在滞后，不能使用同类模型估计环境规制的本地和邻地效应。为进一步考察环境规制的邻地绿色技术进步可能存在的跨期影响，表3记录了以环境规制的滞后一期作为解释变量的回归结果。

表3   环境规制邻地绿色技术进步效应的延时性检验

变量		全国样本		京津冀经济圈		长三角经济圈		珠三角经济圈	
		G_tech ($\gamma=1$)	G_tech ($\gamma=0.5$)	G_tech ($\gamma=1$)	G_tech ($\gamma=0.5$)	G_tech ($\gamma=1$)	G_tech ($\gamma=0.5$)	G_tech ($\gamma=1$)	G_tech ($\gamma=0.5$)
本地效应	ER (-1)	-3.0254 ** (1.2063)	-4.2255 ** (1.4682)	0.1057 (2.0893)	-1.6201 (2.9048)	70.9288 ** (22.8001)	66.7456 ** (32.1135)	-13.6330 ** (4.1932)	-21.4818 *** (5.6172)
	ER (-1)²	5.3428 * (3.1485)	7.1753 * (3.6947)	1.9468 (3.5352)	4.8004 (5.0004)	-705.3166 ** (258.3462)	-567.2775 (367.7268)	35.8431 ** (15.6151)	58.9194 ** (20.3297)
	K	0.0553 ** (0.0178)	0.0169 (0.0207)	-0.3121 *** (0.0620)	-0.5781 *** (0.1119)	0.7969 *** (0.2161)	0.4407 (0.4520)	0.1253 (0.0837)	0.1303 (0.1215)

	变量	全国样本		京津冀经济圈		长三角经济圈		珠三角经济圈	
		G_tech ($\gamma=1$)	G_tech ($\gamma=0.5$)	G_tech ($\gamma=1$)	G_tech ($\gamma=0.5$)	G_tech ($\gamma=1$)	G_tech ($\gamma=0.5$)	G_tech ($\gamma=1$)	G_tech ($\gamma=0.5$)
本地效应	ED	0.2334 ***	0.2490 ***	0.3454 ***	0.9402 ***	0.1536 **	0.2047	0.4278 **	0.0942
		(0.0227)	(0.0200)	(0.0789)	(0.1599)	(0.0605)	(0.1607)	(0.2081)	(0.2894)
	OS	-0.4219 **	-0.4530 ***	1.6819 ***	2.3516 ***	5.3996 ***	6.0154 ***	0.1069	-1.7979
		(0.1318)	(0.1255)	(0.4947)	(0.6985)	(0.9472)	(1.6307)	(1.0603)	(1.4576)
	FDI	-6.0936 ***	-7.3928 ***	-7.7074 ***	-1.2782	20.0425 ***	29.3555 **	-15.7746 ***	-21.7288 ***
		(1.2825)	(1.3821)	(1.7103)	(2.3762)	(5.9724)	(10.7204)	(3.3367)	(4.7089)
邻地效应	WER (-1)	-28.3508 **	-66.6479 **	-11.2268 *	-18.1078 *	137.1529	161.2368	-79.3014 ***	-137.0643 ***
		(9.9190)	(23.5691)	(6.0215)	(10.9131)	(109.2991)	(205.3509)	(19.0736)	(34.9347)
	WER $(-1)^2$	42.8747 *	103.9090 *	20.4906 *	33.4494 *	-1581.7381	-1287.1737	220.1260 **	386.1996 **
		(24.2838)	(56.8426)	(10.7919)	(19.6021)	(1109.4815)	(2121.9092)	(67.2399)	(122.1982)
	WK	-0.5483 ***	-1.5318 ***	-1.3020 ***	-2.4661 ***	2.5909 **	0.9386	0.0854	0.2643
		(0.1600)	(0.3841)	(0.2300)	(0.4949)	(1.2081)	(2.7185)	(0.4141)	(0.7303)
	WED	0.5087 **	1.5580 ***	2.5894 ***	5.1814 ***	-1.0394 *	0.0127	-0.3475	-1.5088
		(0.2057)	(0.4474)	(0.3782)	(0.8050)	(0.6198)	(1.2817)	(0.9562)	(1.6110)
	WOS	-1.3055	-3.8224 *	4.0087 **	6.9323 **	21.1044 ***	31.9893 ***	-6.8575	-16.2956 **
		(0.8540)	(2.0511)	(1.8559)	(3.2973)	(4.0489)	(8.9266)	(4.3631)	(7.8866)
	WFDI	-28.8689 **	-73.8477 **	21.9391 *	49.5432 **	106.3165 ***	178.6045 **	-53.0464 ***	-100.1673 ***
		(10.3548)	(23.1225)	(13.2912)	(23.3408)	(31.6637)	(65.3994)	(16.6102)	(29.1153)
ρ		-1.4588 ***	-3.2693 ***	-0.4505 *	-0.9479 **	-0.7588 **	-1.7516 ***	-1.8705 ***	-3.0674 ***
		(0.2931)	(0.6450)	(0.2300)	(0.3177)	(0.3149)	(0.4469)	(0.2959)	(0.3523)
σ^2		0.0827 ***	0.0707 ***	0.0091 ***	0.0070 ***	0.0333 ***	0.0271 ***	0.0224 ***	0.0140 ***
		(0.0079)	(0.0076)	(0.0017)	(0.0014)	(0.0059)	(0.0057)	(0.0051)	(0.0040)
N		240	240	48	48	64	64	64	64
R^2		0.618	0.617	0.585	0.414	0.005	0.019	0.690	0.671

注：括号内为标准误，***、**、*分别表示在1%、5%、10%的水平下显著。

回归结果显示：

（1）环境规制的本地绿色技术进步效应延时效应与当期结果非一致，即表现出反向作用效果。对比于当期的作用结果，环境规制的本地绿色技术进步效应的延时性检验结果显著性有所下降，而且表现出与当期明显不同的变化特征，即此时出现"U"形关系，表明环境规制的当期效应，已经完全反映其对绿色技术进步的影响，激励本地绿色技术创新。

（2）环境规制的邻地绿色技术进步效应延时性特征突出，且表现出明显的"U"形特征。结果显示，延时性结果的显著性明显提高，且与全国样本、京津冀以及珠三角经济圈样本邻地环境规制效应相似，表明邻地环境规制对本地绿色技术创新确实存在延时性类"U"形关系。

五、环境规制"本地—邻地"绿色技术
进步效应的作用机制检验

那么，究竟是什么原因引致不同区域环境规制的"本地—邻地"技术创新方向转变出现差异？尤其是为什么环境规制的邻地绿色技术进步效应会表现出延时性类"U"形特征？也就是说，环境规制通过何种传导机制，最终引发本地和邻地绿色技术进步方向转变。一些文献研究表明，区域间资源禀赋、经济发展水平的差异，往往易导致环境规制的本地技术创新效应出现非一致性，强环境规制甚至会损害落后地区的技术创新能力。这暗示，落后地区在发达地区采取强规制激励绿色技术创新后，往往会采取宽松政策优先发展经济，借助弱环境规制降低发达地区污染产业转移的成本，达到发达地区向落后地区污染产业梯度转移进而发展经济的目的。即环境规制是否会通过省域间污染转移尤其是就近转移（沈坤荣等，2017），损害邻地的绿色技术进步，致使邻地在特定条件下从环境规制的"搭便车"行为变成"搭黑车"。本节以污染企业资产总值①作为因变量 DI，分别从代表性地区对比环境规制是否通过污染产业转移，进而引发环境规制的绿色技术进步差异后果。回归结果如表 4 所示。

表 4　"本地—邻地"环境规制作用机制的空间效应检验（一）

变量		京津冀经济圈		长三角经济圈		珠三角经济圈	
		DI （$\gamma = 1$）	DI （$\gamma = 0.5$）	DI （$\gamma = 1$）	DI （$\gamma = 0.5$）	DI （$\gamma = 1$）	DI （$\gamma = 0.5$）
本地 效应	ER	1.6288 （2.0264）	2.1045 （2.9612）	10.4449 （9.7632）	16.2638 （14.3168）	8.7466 ** （3.2844）	13.4863 ** （5.4881）
	K	0.3063 （0.1964）	0.3147 （0.3360）	−0.4224 （0.3482）	−1.7097 ** （0.7742）	0.6621 *** （0.1464）	0.8738 *** （0.2525）

---

① 参考沈坤荣等（2017）的研究以国务院 2006 年公布的《第一次全国污染源普查方案》中明确规定的 11 个重污染行业作为污染密集型产业。

续表

变量		京津冀经济圈		长三角经济圈		珠三角经济圈	
		DI ($\gamma = 1$)	DI ($\gamma = 0.5$)	DI ($\gamma = 1$)	DI ($\gamma = 0.5$)	DI ($\gamma = 1$)	DI ($\gamma = 0.5$)
本地效应	ED	− 0.4848 **	− 0.6968 *	0.2294 **	0.8253 **	− 0.7125	− 1.5680
		(0.1732)	(0.3566)	(0.1041)	(0.2788)	(0.5486)	(0.9635)
	OS	5.9412 ***	9.3678 ***	− 7.7503 ***	− 11.2505 ***	− 7.3790 **	− 10.7970 **
		(1.6572)	(2.5963)	(1.6038)	(2.7331)	(3.0312)	(5.2406)
	FDI	24.1359 ***	32.8055 ***	− 13.2635	− 24.8857	− 15.5824 *	− 15.0922
		(5.9292)	(9.8075)	(10.0859)	(16.7188)	(8.9075)	(14.6260)
邻地效应	WER	3.1139	5.9294	95.0855 *	146.4621	22.8871 *	54.8723 *
		(6.3907)	(12.3426)	(54.9449)	(103.8477)	(13.3504)	(29.7709)
	WK	0.2194	0.3934	− 4.4184 **	− 12.1442 **	1.3770 *	2.9373 *
		(0.7236)	(1.4861)	(1.9967)	(4.7398)	(0.7772)	(1.6409)
	WED	− 1.5565	− 2.6977	2.5963 **	6.5302 **	− 6.4232 **	− 11.7392 **
		(1.0154)	(1.9999)	(0.9769)	(2.1711)	(2.5734)	(5.3933)
	WOS	21.4159 ***	39.3765 ***	− 9.2787	− 32.9888 **	− 20.2092 *	− 45.3905 *
		(5.9267)	(11.7323)	(6.3128)	(14.2064)	(12.1498)	(27.1943)
	WFDI	72.7092 **	125.1061 *	− 38.5077	− 106.9690	21.0403	12.8018
		(36.8475)	(67.1563)	(45.2369)	(94.1788)	(38.4829)	(83.4468)
ρ		− 0.3696	− 0.9279 **	− 0.0166	− 0.6750	0.0199	− 0.6671
		(0.3000)	(0.4018)	(0.2748)	(0.4251)	(0.2561)	(0.4110)
σ^2		0.1915 ***	0.1667 ***	0.1678 ***	0.1485 ***	0.2218 ***	0.2045 ***
		(0.0381)	(0.0395)	(0.0280)	(0.0266)	(0.0370)	(0.0360)
N		54	54	72	72	72	72
R^2		0.259	0.295	0.370	0.329	0.070	0.089

注：括号内为标准误，*** 、** 、* 分别表示在 1%、5%、10% 的水平下显著。

表 4 结果显示：

（1）在三个代表性地区的本地效应中，环境规制与本地的污染水平均未表现出显著性，暗示环境规制对本地绿色技术进步的作用，主要正向激励企业绿色技术创新投入转变技术进步方向，不会增加本地的污染水平。

（2）在同样的三个代表性地区中，环境规制对邻地污染水平表现正向显著性且强度明显，尤其在长三角经济圈及珠三角经济圈，环境规制显著提高邻地的污染规模，印证前面推断，环境规制使企业出现就近污染转移，提高邻地的污染水平。虽然京津冀经济圈的估计结果不显著，但两者的正向关系，也间接反映环境规制可能存在类似的就近转移特征。京津冀经济圈回归结果不显著的原因可能是，以北京为代表的京津冀周边地区，本身环境污染比较严重，环境监管压力和民众诉求强烈，导致这一地区环境管制政策往往以行政式命令为主，并非通过市场化方式进行。诸如，针对污染较为严重的企业，往往以取缔和关停为主。2013 年，北京市经信委制定《北京工业污染行业、生产工艺调整退出及设备淘汰目录》，对环保不达标和违法违规企业要求关停，在 2013 ~ 2017 年计划关停退出污染企业 1200 家，结果使京津冀经济圈污染企业跨区域转移不明显。

　　为进一步反映这种污染产业转移的变化趋势，在回归变量中加入时间哑变量，用以描述污染产业跨区域或就近转移的时间特征，结果见图3。

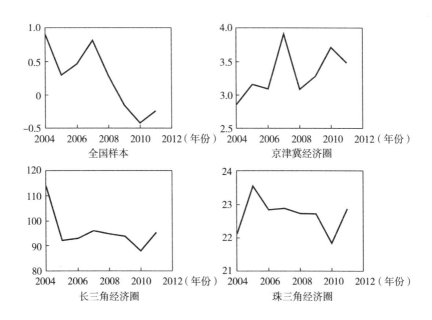

图 3　污染产业跨区域或就近转移的变化趋势

　　数据显示：

　　（1）从全国样本来看，污染跨区域或就近转移呈现逐年下降的趋势。在全国层面污染跨区域或就近转移下降，主要原因可能在于，一方面，污染企业迁入地随着经济发展水平的提高，对环境质量的要求也在不断提高，承接污染企业的意愿与需求都将降低（沈坤荣等，2017）；另一方面，经济发展水平的提高以及绿色技术进步，社会对环境问题引发的诉求越发强烈，同时，污染累积使环境承载力有限，迫使各地开始持续重视绿色技术和绿色产业，尤其鼓励迁入绿色产业和发展可持续经济，绿色产业的发展也逐渐对污染产业形成挤压，缩小污染企业转移利润。此外，随着产业技术升级，污染产业从跨省或就近转移开始转向直接淘汰，也是污染企业转移程度减弱的重要原因。

（2）不同地区污染产业跨区域或就近转趋势差异明显。正如前述，这种污染产业转移特征受制于该地区经济发展阶段和经济体制。其中，与全国层面的趋势类似，长三角及珠三角经济圈污染企业转移程度出现不同程度的下降，近些年有一定程度的反弹。不过，由于政治经济中心及本身该地区比较严重的环境污染问题，京津冀地区经济圈污染产业转移存在明显的波动式上升趋势，近些年表现出下降态势。

可以看出，环境规制确实诱发污染产业省域或就近转移，致使邻近或相对落后地区大量承接污染性产业转移后，为保增长可能引发该地区环境规制下降，或者是由于传统产业转移和规模扩张，传统非绿色技术创新市场优势不断固化，进而对绿色技术进步形成冲击。

问题是，污染产业跨区域或就近转移表现出持续下降态势，是否意味着环境规制的邻地绿色技术进步效应不断减弱？通常一地区是否实施环境规制以及规制强度如何，直接受制于该地区的污染水平和污染强度。为此，本文在回归分析中引入环境规制与污染产业规模（在此以 DI 表征）的交互项，检验环境规制和污染产业规模的影响，结果如表 5 所示。

表 5 "本地—邻地"环境规制作用机制的空间效应检验（二）

变量		全国样本		京津冀经济圈		长三角经济圈		珠三角经济圈	
		G_tech ($\gamma=1$)	G_tech ($\gamma=0.5$)	G_tech ($\gamma=1$)	G_tech ($\gamma=0.5$)	G_tech ($\gamma=1$)	G_tech ($\gamma=0.5$)	G_tech ($\gamma=1$)	G_tech ($\gamma=0.5$)
本地效应	ER	15.2995** (5.0087)	17.9483** (6.5839)	4.7230* (2.8550)	0.3530 (4.4767)	384.4001** (175.8294)	576.9358** (204.2955)	−7.2503** (2.9076)	−10.4337* (5.4154)
	ER^2	8.5683** (2.9610)	10.2915** (5.2291)	−3.5967 (2.7750)	0.0511 (5.2707)	−776.6559* (470.6856)	−677.0728 (462.7463)	53.4520** (20.8391)	79.5497** (25.6515)

续表

变量		全国样本		京津冀经济圈		长三角经济圈		珠三角经济圈	
		G_tech ($\gamma=1$)	G_tech ($\gamma=0.5$)	G_tech ($\gamma=1$)	G_tech ($\gamma=0.5$)	G_tech ($\gamma=1$)	G_tech ($\gamma=0.5$)	G_tech ($\gamma=1$)	G_tech ($\gamma=0.5$)
本地效应	ER*DI	-2.2572*** (0.6115)	-2.6862** (0.8167)	-0.1055 (0.3467)	0.2596 (0.5776)	-34.9497** (15.6069)	-57.6758** (19.3649)	-0.5163** (0.2560)	-0.7821** (0.2431)
	DI	0.3147*** (0.0674)	0.3278*** (0.0752)	0.0030 (0.0748)	-0.1920 (0.1764)	1.8301** (0.8285)	3.1292** (1.0217)	-0.0548** (0.0259)	-0.0549** (0.0224)
	K	0.0310* (0.0164)	0.0021 (0.0281)	-0.1651 (0.1335)	-0.5205*** (0.0837)	0.5759*** (0.1072)	0.2046 (0.2644)	0.2530** (0.1138)	0.2902* (0.1731)
	ED	0.2017*** (0.0216)	0.2103*** (0.0362)	0.4890*** (0.0669)	1.0148*** (0.1362)	0.1584*** (0.0207)	0.2120** (0.1024)	0.4304 (0.4041)	0.1943 (0.4933)
	OS	-0.1359 (0.1341)	-0.1614 (0.1679)	1.7517*** (0.3009)	1.8575** (0.6876)	3.5787*** (0.6482)	3.7780*** (1.0870)	0.2735 (1.9920)	-0.9089 (2.4775)
	FDI	-4.2307*** (1.0899)	-4.8225* (2.5316)	1.0081 (2.5692)	-2.2880 (2.7204)	13.8568*** (3.8765)	21.7180*** (6.0732)	-12.8647*** (3.4005)	-15.8409*** (4.4283)
邻地效应	WER	87.0421** (41.3225)	174.8880 (118.3569)	20.1899 (13.9277)	-19.4258 (23.0539)	1402.5104** (528.0528)	2852.5734** (868.2576)	-46.3963** (22.3310)	-71.2137* (40.0445)
	WER²	56.5249** (22.2379)	117.3308 (87.3537)	-18.5726* (10.6658)	6.3282 (25.9416)	-830.6143 (1249.5996)	-865.7037 (2044.7646)	283.5808*** (65.2992)	483.7993*** (113.7859)
	WER*DI	-13.7544** (5.0042)	-27.9468* (14.8175)	-0.5637 (1.4447)	2.5499 (3.4364)	-155.3519** (56.5389)	-317.6375*** (93.8777)	-2.3402** (1.0391)	-4.3606** (1.3720)
	WDI	0.7683* (0.4538)	1.2454 (1.2837)	-0.0256 (0.5842)	-1.5664 (1.0674)	8.8453** (3.0602)	18.8997*** (5.4114)	-0.1155 (0.1596)	-0.1777 (0.2543)
	WK	-0.4098** (0.1441)	-1.1210** (0.5158)	-0.0416 (0.4678)	-2.2186*** (0.3308)	1.3357** (0.6039)	-0.6352 (1.8573)	0.6612 (0.6690)	1.1395 (1.1417)
	WED	0.3152* (0.1851)	1.1170 (0.7425)	2.6927*** (0.2758)	5.4548*** (0.7563)	-0.6837* (0.3506)	0.2449 (0.8927)	-0.3644 (1.7093)	-0.9637 (2.6030)
	WOS	-1.0650 (0.8196)	-3.5287 (2.7202)	3.1695* (1.6474)	3.1296 (3.9036)	12.9491*** (3.3847)	21.3058** (6.7006)	-4.5275 (7.0839)	-10.1087 (11.9173)
	WFDI	-17.6506** (8.1850)	-46.6049** (21.7589)	48.1370** (17.6870)	24.7931 (23.1073)	69.5760*** (20.4642)	131.3546*** (35.1629)	-35.2772** (16.0891)	-64.1155** (26.4748)
	ρ	-1.4818*** (0.2719)	-3.2590*** (0.7568)	-0.5518** (0.1968)	-1.1328*** (0.3207)	-0.8589** (0.3233)	-1.9256*** (0.3949)	-1.9016*** (0.1427)	-3.1001*** (0.1956)

续表

变量	全国样本		京津冀经济圈		长三角经济圈		珠三角经济圈	
	G_ tech ($\gamma=1$)	G_ tech ($\gamma=0.5$)	G_ tech ($\gamma=1$)	G_ tech ($\gamma=0.5$)	G_ tech ($\gamma=1$)	G_ tech ($\gamma=0.5$)	G_ tech ($\gamma=1$)	G_ tech ($\gamma=0.5$)
σ^2	0.0721***	0.0619***	0.0040***	0.0040***	0.0268**	0.0192**	0.0180**	0.0115**
	(0.0066)	(0.0183)	(0.0007)	(0.0005)	(0.0099)	(0.0065)	(0.0075)	(0.0053)
N	270	270	54	54	72	72	72	72
R^2	0.630	0.621	0.400	0.414	0.192	0.142	0.668	0.635

注: 括号内为标准误, ***、**、*分别表示在1%、5%、10%的水平下显著。

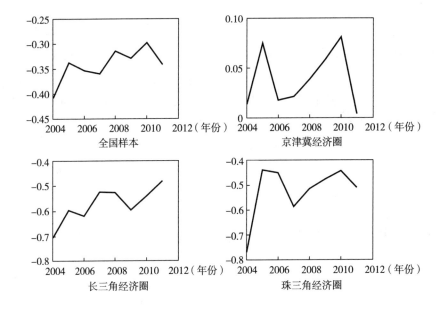

图4　污染产业技术阻碍时间趋势

表5结果显示:

(1) 在本地的绿色技术进步效应中, 加入污染产业后的回归结果与无污染产业变量时的结果基本无差异, 环境规制确实在初期并未推动绿色技术进步, 甚至明显抑制绿色技术创新。环境规制和污染产业交互项系数为负且显著, 说明环境规制在初期抑制本地的绿色技术创新, 可能是由于污染产业环境规制引发成本提升降低经济增长, 引发绿色技术创新投入下降所导致。

(2) 在邻地的绿色技术进步效应中, 环境规制与污染产业规模交互项系数显著为负。表明污染产业跨区域或就近转移,明显抑制邻地的绿色技术进步。

(3) 从分样本来看,本地与邻地效应中的环境规制系数皆有所提升,亦印证污染产业规模对环境规制的创新激励存在阻碍效应。同时,ER* DI 及 WER* DI 除京津冀经济圈以外皆显著为负,表明环境规制对绿色技术创新的影响,随污染产业规模的增加而不断强化。这些结论印证环境规制引发污染产业跨区域或就近转移,可能是环境规制引发绿色技术进步出现邻地效应的主要原因。

六、基本结论

本文在 Acemoglu 等 (2012) 环境技术进步方向模型基础上,扩展两部门模型,数理演绎环境规制的本地和邻地绿色技术创新效应,利用我国 2003 ~ 2011 年 30 个省 (市) 的数据,构建空间面板计量经济模型,检验我国环境规制的"本地—邻地"绿色技术创新效应及其时间特征,验证"本地—邻地"环境规制的绿色技术进步效应的作用机理。结果发现:

(1) 环境规制的本地绿色技术进步效应表现出"U"形特征,受制于环境规制自身门槛效应的影响。也就是说,当环境规制在低于某一临界值时,环境规制会加重企业负担,无法有效激励企业开展绿色研发创新。当环境规制跨越门槛后,环境规制和绿色技术创新将会出现相容发展。

(2) 环境规制的邻地绿色技术创新表现出延时性类"U"形关系。暗示环境规制在现有产业结构下,尤其是传统粗放型经济模式下,相邻地区的绿色技术进步存在相互抑制,绿色技术进步跨区域并没有表现出正向的技术扩散效果,一地的绿色技术创新能力显著抑制另一地区尤其是邻地的绿色技术创造能力,绿色技术创新没有出现协同效应。

(3) 不同区域环境规制的绿色技术进步效应差异显著。以代表性地区检验结果发现,京津冀、长三角和珠三角环境规制效果明显不同。同时,环境规制引致污染产业跨区域或就近转移呈现逐年下滑趋势,而且环境规制的邻地绿色技术进步效应主要通过污染产业转移方式实现。

参考文献

[1] 陈超凡. 中国工业绿色全要素生产率及其影响因素——基于 ML 生产率指数及动态面板模型的实证研究 [J]. 统计研究, 2016, 33 (3).

[2] 董直庆，蔡啸，王林辉. 技术进步方向、城市用地规模和环境质量 [J]. 经济研究，2014（10）.

[3] 董直庆，焦翠红，王芳玲. 环境规制陷阱与技术进步方向转变效应检验 [J]. 上海财经大学学报，2015，17（3）.

[4] 李斌，彭星，陈柱华. 环境规制、FDI 与中国治污技术创新——基于省际动态面板数据的分析 [J]. 财经研究，2011（10）.

[5] 李斌，彭星，欧阳铭珂. 环境规制、绿色全要素生产率与中国工业发展方式转变 [J]. 中国工业经济，2013，301（4）.

[6] 李婧，谭清美，白俊红. 中国区域创新生产的空间计量分析——基于静态与动态空间面板模型的实证研究 [J]. 管理世界，2010（7）.

[7] 李胜兰，初善冰，申晨. 地方政府竞争、环境规制与区域生态效率 [J]. 世界经济，2014（4）.

[8] 李树，陈刚. 环境规制与生产率增长——以 APPCL2000 的修订为例 [J]. 经济研究，2013（1）.

[9] 林伯强，邹楚沅. 发展阶段变迁与中国环境政策选择 [J]. 中国社会科学，2014（5）.

[10] 刘洁，李文. 中国环境污染与地方政府税收竞争——基于空间面板数据模型的分析 [J]. 中国人口·资源与环境，2013，23（4）.

[11] 刘华军，孙亚男，陈明华. 雾霾污染的城市间动态关联及其成因研究 [J]. 中国人口·资源与环境，2017，27（3）.

[12] 陆铭，冯皓. 集聚与减排：城市规模差距影响工业污染强度的经验研究 [J]. 世界经济，2014（7）.

[13] 邵帅，李欣，曹建华，杨莉莉. 中国雾霾污染治理的经济政策选择——基于空间溢出效应的视角 [J]. 经济研究，2016（9）.

[14] 沈坤荣，金刚，方娴. 环境规制引起了污染就近转移吗？ [J]. 经济研究，2017（5）.

[15] 沈能. 环境效率、行业异质性与最优规制强度——中国工业行业面板数据的非线性检验 [J]. 中国工业经济，2012，288（3）.

[16] 王敏，黄滢. 中国的环境污染与经济增长 [J]. 经济学（季刊），2015，14（2）.

[17] 杨海生，陈少凌，周永章. 地方政府竞争与环境政策——来自中国省份数据的证据 [J]. 南方经济，2008（6）.

[18] 易信，刘凤良. 金融发展、技术创新与产业结构转型——多部门内生增长理论分析框架 [J]. 管理世界，2015（10）.

[19] 张成，陆旸，郭路，于同申. 环境规制强度和生产技术进步 [J]. 经济研究，2011（2）.

[20] 张海洋. R&D 两面性、外资活动与中国工业生产率增长 [J]. 经济研究, 2005 (5).

[21] 赵磊, 方成, 丁烨. 浙江省县域经济发展差异与空间极化研究 [J]. 经济地理, 2014, 34 (7).

[22] 朱平芳, 张征宇, 姜国麟. FDI 与环境规制: 基于地方分权视角的实证研究 [J]. 经济研究, 2011 (6).

[23] Acemoglu D., Aghion P., Bursztyn L., et al. The Environment and Directed Technical Change [J]. American Economic Review, 2012, 102 (1): 131–166.

[24] Aghion, P., A. Dechezlepretre, D. Hemous and R. Martin. Carbon Taxes, Path Dependency and Directed Technical Change: Evidence from the Auto Industry [J]. Journal of Political Economy, 2016, 124 (1): 1–51.

[25] Andreoni, J., A. Levinson. The Simple Analytics of the Environmental Kuznets Curve [J]. Journal of Public Economics, 2001, 80 (2): 269–286.

[26] Brock, W., M. Taylor. The Green Solow Model [J]. Journal of Economic Growth, 2010, 15 (2): 127–153.

[27] Brock, W., M. Taylor. Economic Growth and the Environment: A Review of Theory and Empirics [J]. Handbook of Economic Growth, 2005 (1): 1749–1821.

[28] Cesaroni F., Arduini R. Environmental Technology in the European Chemical Industry [Z]. LEM Working Paper, 2001.

[29] Conrad K., Wastl D. The Impact of Environmental Regulation on Productivity in German Industries [J]. Empirical Economics, 1995, 20 (4): 615–633.

[30] Copeland, B. R., and M. S. Taylor. Trade, Growth and the Environment [J]. Journal of Economic Literature, 2004, 42 (1): 7–71.

[31] Dechezleprêtre, A., M. Glachant, I. Hascic, N. Johnstone, and Y. Ménière. Invention and Transfer of Climate Change – Mitigation Technologies: A Global Analysis [J]. Review of Environmental Economics and Policy, 2011, 5 (1): 109–130.

[32] Frondel M., Horbach J., Rennings K. End – of – pipe or Cleaner Production? An Empirical Comparison of Environmental Innovation Decisions Across OECD Countries [J]. Business Strategy and the Environment, 2007, 16 (8): 571–584.

[33] Gollop F. M., Roberts M. J. Environmental Regulations and Productivity Growth: The Case of Fossil – Fueled Electric Power Generation [J]. Journal of Political Economy, 1983 (91): 654–674.

[34] Gray W. B., Shadbegian R. J. Plant Vintage Technology and Environment Regulation [J]. Journal of Environmental Economics and Management, 2003 (46): 384–402.

[35] Hamamoto M. Environmental Regulation and the Productivity of Japanese Manufacturing

Industries ［J］. Resource and Energy Economics, 2006, 28 (4): 299 – 312.

［36］Hansen B. E. Threshold Effects in Non – dynamic Panels: Estimation, Testing, and Inference ［J］. Journal of Econometrics, 1999, 93 (2): 345 – 368.

［37］Hartman R. , Kwon O. Sustainable Growth and the Environmental Kuznets Curve ［J］. Journal of Economic Dynamics and Control, 2005, 29 (10): 1701 – 1736.

［38］Jaffe A. B. , Palmer K. Environmental Regulation and Innovation: A Panel Data Study ［J］. Review of Economics and Statistics, 1997, 79 (4): 610 – 619.

［39］Johnstone N. , Haščič I. Popp D. Renewable Energy Policies and Technological Innovation: "Evidence based on Patent Counts" ［J］. Environmental and Resource Economics, 2010, 45 (1): 133 – 155.

［40］Keller, W. , A. Levinson. Pollution Abatement Costs and Foreign Direct Investment Inflows to U. S. States ［J］. Review of Economics and Statistics, 2002, 84 (4): 691 – 703.

［41］Konisky, D. Regulatory Competition and Environmental Enforcement: Is There a Race to the Bottom? ［J］. American Journal of Political Science, 2007, 51 (4): 853 – 872.

［42］List, J. A. , W. W. McHone and D. L. Millimet. Effects of Air Quality Regulation on the Destination Choice of Relocating Plants ［J］. Oxford Economic Papers, 2003, 55 (4): 657 – 678.

［43］Nakano M. Can Environmental Regulation Improve Technology and Efficiency? An Empirical Analysis Using the Malmquist Productivity Index ［R］. Spain: Eaere, 2003, (6): 28 – 30.

［44］Popp D. International Innovation and Diffusion of Air Pollution Control Technologies: The Effects of NO_x and SO_2 Regulation in the US, Japanand Germany ［J］. Journal of Environmental Economics and Management, 2006, 51 (1): 46 – 71.

［45］Popp D. , Newell R. G. and Jaffe A. B. Energy, the Environment, and Technological Change ［R］. National Bureau of Economic Research, NBER, Working Paper Series, No. 14832, 2009.

［46］Port M. E. America's Green Strategy ［J］. Scientific American, 1991, 268 (4): 168.

［47］Porter M. E. , van der Linde C. Toward a New Conception of the Environment Competitiveness Relationship ［J］. Journal of Economics Perspectives, 1995 (9): 97 – 118.

［48］Woods, N. Interstate Competition and Environmental Regulation: A Test of the Race – to – the – Bottom Thesis ［J］. Social Science Quartely, 2006 (87): 174 – 189.

［49］Wu, H. , H. Guo, B. Zhang and M. Bu. Westward Movement of New Polluting Firms in China: Pollution Reduction Mandates and Location Choice ［J］. Journal of Comparative Economics, 2017, 45 (1): 119 – 138.

［50］Wang Youqiang, Tsui Kai – yuen. Polarization Ordering and New Classes of Polarization Indices ［J］. Journal of Public Economic Theory, 2000, 3 (2): 349 – 363.

中国 IFDI 与 OFDI 共生演化模式识别研究[*]

张莅黎

（云南财经大学统计与数学学院经济统计系，昆明　650221）

摘　要　IFDI 与 OFDI 的关系问题是统筹国内国际两个开放大局中的重要问题。本文基于生态学中种群竞争共生模式，利用 1982～2016 年 IFDI 与 OFDI 数据建立共生动力系统（I&OFDI – SDS）模型，并识别了中国 IFDI 与 OFDI 共生发展的演化模式。结果表明：中国 IFDI 与 OFDI 存在偏利共生发展的演化模式，IFDI 通过耦合机制对 OFDI 产生促进作用，是促进 IFDI 与 OFDI 共生演化的主导因素。因此，在目前 IFDI 将进入受客观环境容量约束而阻力增大的运行区间时，更应当注重改善投资环境，引进 IFDI，才能有效促进中国 IFDI 与 OFDI 共生发展，统筹两个开放大局协调发展。

关键词　IFDI；OFDI；I&OFDI – SDS 模型；共生演化

* 基金项目：国家自然科学基金项目"我国'十三五'宏观经济目标与最优控制研究"（71563059）。

Research on Symbiotic Evolution Pattern Recognition of IFDI and OFDI in China

Zhang Lili

(School of Statistics and Mathematics, Yunnan University of Finance and Economics, Kunming 650221)

Abstract: The relationship between IFDI and OFDI is an important issue in coordinating domestic and international openness. This paper is based on the symbiosis model of population competition in ecology, using IFDI and OFDI data from 1982 to 2016, the symbiotic dynamics system model (I&OFDI – SDS model) was applied to the evolution pattern recognition of the interactive development of IFDI and OFDI in China, and empirical research was carried out. Through research, it is found that China's IFDI and OFDI follow the evolutionary model of preferential and beneficial symbiotic development, IFDI promotes OFDI through coupling mechanism and IFDI is the dominant factor to promote the symbiotic evolution of IFDI and OFDI. In this regard, when the current IFDI will enter the operating range constrained by objective environmental capacity and the resistance will increase, more attention should be paid to improving the investment environment and introducing IFDI in order to effectively promote the symbiotic development of China's IFDI and OFDI, and promote the coordinated development of the two opening situations.

Key Words: IFDI; OFDI; I&OFDI – SDS model; Symbiotic Evolution

一、引言

随着经济全球化的深入发展，国际直接投资成为一国宏观经济运行的重要组成部分，无论是外商直接投资（IFDI），还是对外直接投资（OFDI），都是一国参与国际分工和世界经济竞争的重要方式。伴随着国家发展阶段的演进和比较优势的积累，以 IFDI 为主的国家，随着经济发展水平和国内企业综合实力的提升，IFDI 的技术溢出效应超过了进口技术溢出，这些国家开始进行 OFDI，每一国都同时具有东道国和投资国双重身份，IFDI 和 OFDI 将共同影响一国的经济增长和发展。

中国经过 40 年的对外开放，已成为全球最大外资引进国和最大对外投资国之一。尤其是近年来，中国 IFDI 和 OFDI 呈现出持续共同增长态势，以 OFDI 的迅速增长和 IFDI 的增速放缓为重要特征，自 2000 年 OFDI 启动到 2015 年赶上 IFDI，仅仅 15 年时间，增长速度一直处于递增状态，中国 IFDI 与 OFDI 已趋向总量平衡状态且未来可能呈现 OFDI 持续大于 IFDI 的基本趋势。按 Dunning 的投资发展路径理论（IDP）对发展阶段与 FDI 流动的一般标准，中国较早发生了 FDI 净流入向净流出转换的阶段，从而体现出偏离国际经验统计关系的特殊性。中国 IFDI 与 OFDI 增长态势与经典理论和典型发达国家的循序渐进模式也有所不同，从纯粹"引进来"到"引进来和走出去"双向发展演变，可见 IFDI 与 OFDI 之间的互动关系已经成为一个亟待解决的问题。然而，虽然党的十八届三中全会提出"引进来与走出去更好结合"，但学术界对于这种可能的反向失衡研究还不多，对由此可能带来的种种影响和问题关注还不多。但对中国而言，基于经济事实探讨国际直接投资问题，在开放经济的条件下探索 IFDI 与 OFDI 的互动关系，对于中国应如何正确选择双向国际直接投资战略以促进经济发展具有重要的作用。

理论和实践表明，IFDI 和 OFDI 的发展对于推动产业结构升级、促进经济增长具有作用。如何揭示我国 IFDI 与 OFDI 互动机制？这是统筹引进外资与对外投资两大战略中的核心问题。近年来，中国 IFDI 与 OFDI 互动发展内在机制及相关问题已引起中国政府的高度关注。国家社会科学基金重大项目《中国 IFDI 与 OFDI 互动发展的内在机制与经济学解释》（16ZDA043）一题两项立题，分别由中山大学黄新飞和复旦大学田素华教授任首席专家；国家社科重大课题《引进外资与对外投资两大战略的协调机制与政策研究》由冼国明教授主持；自然科学基金也有类似的选题如《IFDI 与 OFDI 互动发展内在机制的研究》由钟昌标教授主持。这些课题均在密集探索中国 IFDI 与 OFDI 的互动发展机理及相关问题解释。

本质上，IFDI 和 OFDI 是外商直接投资企业种群和对外直接投资企业种群相互作用的宏观行为。两个企业种群在特定的区域内集聚，通过 IFDI 企业的本地化与对 OFDI 企业的溢出效应，以及在产业链上分工与合作，形成共生体系，其内部具有复杂的互动机制。面对中国 IFDI 与 OFDI 在经济下行之际呈现出同向增长的态势，本文应用 1982~2016 年 IFDI 与 OFDI 的流量数据，基于 Lotka – Volterra 模型构建 IFDI 和 OFDI 共生演化的动力系统模型（I&OFDI – SDS）以分析两者共生演化的机制，识别出 IFDI 和 OFDI 共生演化的模式，并通过数值模拟方法和冲击实验进一步探索中国 IFDI 与 OFDI 传导机制效应，为稳定和扩大 IFDI 和 OFDI 齐升共长提供政策含义。

二、文献综述

　　IFDI 与 OFDI 互动发展机制理论建立在著名的海默命题基础上：跨国公司必须具备当地竞争者所没有的优势才能在海外投资获利并生存下来。由此为出发点的所有权优势、区位优势和内部化优势理论（OLI）及其进一步的拓展，为以欧美国家为背景的跨国公司的 OFDI 行为做出了理论解释。国际直接投资发展路径模型（IDP）（Dunning，Narula，1994，1996，2002）把按收入水平划分的国家发展阶段与 OLI 相结合，力图从宏观层面解释国家之间的 FDI 流动的一般规律和特征。基于 IDP 理论大量研究的验证，中国 IFDI 与 OFDI 的双向发展过程与 Dunning 投资发展路径基本吻合（刘红忠，2001；高敏雪、李颖俊，2004；李辉 2007；梁军、谢康，2008；张纯威和石巧荣，2016）。但 IDP 理论是基于欧美国家 FDI 背景出发点的，而发展中国家则有所不同，理解这一点有助于认识中国和其他新兴经济体的国家发生 OFDI 的"特殊性"。随后的国际化生产模型（IPM），从理论进一步修补了 IFDI 与 OFDI 互动发展的企业和产业的作用，新兴经济体国家在发达国家开展 OFDI，其目的在于开发与巩固其在全球产业价值链中的地位，从生产网络获取战略性资源，寻找战略性资源潜在供应商（Dicken，2010），呈现出对先进技术与战略性资产获取的主要动机（王碧珺，2016），也在一定程度上解答了传统的 IDP 理论无法解释新兴经济体的国家发生 OFDI 的"特殊性"。

　　近年来，基于在较短的时期内中国 OFDI 快速增长而成为全球对外直接投资大国的事实，学者也越来越多地关注中国企业"走出去"的动机、"走出去"的优势和"走出去"的制度因素。中国企业"走出去"的动机主要可以归纳为寻找海外战略资源，更好地获得技术外溢，促使中国企业的 OFDI 投向国际前沿管理经验丰富以及技术水平较高的领域。黄益平（2013）

提出了中国 OFDI 发展特殊性与其金融抑制程度和对外直接投资生命周期相关，中国企业"走出去"的主要目的在于培养自身竞争力。中国企业"走出去"的优势整体上不同于传统 IDP 理论的 OLI 优势。陈涛涛等（2011）认为，中国企业"走出去"优势主要在于依托现有资源条件、经济结构以及国家发展战略基础上发挥本土化优势。东道国的制度环境很大程度上影响着跨国企业的对外投资问题，国内的制度环境也制约着中国企业的跨国投资。李春根和鲍少杰（2010）研究发现，中国国内的政策与制度完善与否，同样与中国企业"走出去"密切相关，并认为税收政策与服务的完善对我国国内企业"走出去"有重要作用。

国际双向投资间的互动发展关系近年来吸引了很多学者的目光。从目前的成果上看，更多的是从互动对引进外资对对外投资能力的角度进行研究，此相比较，对 OFDI 产生增长效应的研究相对薄弱，研究的滞后与中国对外投资开放时间较短有着直接的关系。潘文卿、陈涛涛、陈晓（2011，2015）等利用全球层面数据，针对微观层面的技术和信息溢出效应、宏观层面的吸收能力、市场规模和经济发展水平等进行分析，得出 IFDI 对目标国家的 OFDI 具有积极作用的结论。Nam 和 Li（2013）以上海汽车工业企业为案例，研究发现，当一个企业对其技术能力进行升级时，OFDI 能够促使学习型企业接近难以从内向国际化战略中获取的人力技能、知识及其他智力资本，由此验证了中国 OFDI 对 IFDI 的反向作用关系。Yao 等（2016）通过分析中国 OFDI 存量的动态调整，发现滞后的 IFDI 与同期的 OFDI 之间存在较强的正向关系，表明中国的资本流出部分地由资本流入诱发。李磊、冼国明等（2018）利用 2004～2013 年的企业层面微观数据进行研究表明外商投资的溢出效应将会导致企业对外直接投资的增加，"引进来"显著地促进了"走出去"。与此相反，陈涛涛等（2011）从中国与印度的比较角度进行检验，从总体上看，中国的外资流入并没有对对外投资产生明显的直接作用，而印度的外资流入对其对外投资的直接促进作用却是显著的，这涉及 IFDI 对 OFDI 影响渠道。Ziying（2014）基于计划行为理论研究 IFDI、创业行为与 OFDI 之间的关系，认为中国的 IFDI 与 OFDI 存在负向关系，且 OFDI 受到外向型创业行为的重要影响。

国际双向投资间的互动发展机制并没有成熟的理论体系，但可以从其互动基础的角度进行研究。杨先明、伏润民（2004）、杨先明（2004，2012）的研究得出 OFDI 需要与东道国的产业结构、发展状况、阶段特点等多方面基础要件保持一致，才是真正实现 IFDI 与 OFDI 互动发展的前提和基础。赵果庆等（2015）认为，OFDI 与东道国互动发展取决于经济发展阶段相对稳定性，体现了增长要素的积累状况，从而决定东道国吸引 FDI 的能力以及所创造的技术条件与贸易条件，东道国的 IFDI 需要与 OFDI 母国的投入产出结构级差接近，是形成一种有效的互动发展内在机制的条件。同时，溢出效应的存在也为 IFDI 和 OFDI 的互动发展提供了基础，蒋殿春、张宇（2008）经研究发现，IFDI 对中国企业产生了显著的技术溢出、信息溢出和竞争溢出效应。黄远浙、钟昌标等（2014）认为，总体上 IFDI 对中国产业发展的溢出效应要大于挤出效应，但不同的行业差异性明显；溢出效应强弱既取决于行业自身的要素结构和能力，也与外资在本行业的进入速度与规模相关：当超过一定度时，外资对本土企业的出口能力等产生挤出效应。

从文献研究看，尽管 IDP 理论从一国发展阶段演化角度同时考察了 IF-DI 与 OFDI 的发展次序及路径，但仍然缺乏对两者内在互动关系形成的理论解释。一些研究也力图从不同角度对 IFDI 对 OFDI 影响或者 OFDI 对 IFDI 影响进行解释，但目前的研究对 IFDI 与 OFDI 互动发展内在机制的研究难以发现更"直接"的互动关系，对 IFDI 与 OFDI 互动发展的作用机制和影响路径并不清晰。而 IFDI 和 OFDI 的互动发展与一个共生系统相似，无论是吸引外资还是对外投资，微观企业一直是其中的行为主体，其同样也是产业构成的主体，不同产业在双向投资中相互独立而相关的特性也是 IFDI 和 OFDI 发挥作用与互动的关键。因此，本文在前人研究的基础上，引入共生理论，从企业种群共生集聚的视角深入探索中国 IFDI 与 OFDI 互动发展的内在机制、影响机制及其实现条件，能够为中国双向投资互动发展的内在机制、模式与路径提供参考。

三、模型设定及共生演化类型

自然界或社会生活中许多事物的发展规律都是由起初的快速发展阶段逐步达到增长极限，经过快速增长后因受到环境条件和自身因素的制约，增长速度逐渐减缓并趋于稳定。在自然生态系统的协同演化研究中，生态学中的 Lotka – Volterra 模型是研究物种密度变化和种间关系的经典模型。

IFDI 和 OFDI 分别代表的是引进外商投资与对外直接投资。在本质上，

IFDI 和 OFDI 是外商直接投资企业种群和对外直接投资企业种群的投资行为的宏观统计表现，体现出两个企业种群相互作用的一种共生关系的动力学行为。依据两物种 Lotka – Volterra 模型，IFDI 和 OFDI 的共生动力系统（I&OFDI – SDS）模型为：

$$\begin{cases} dIFDI/dt = a_1 IFDI + b_1 IFDI^2 + c_1 IFDI \cdot OFDI \\ dOFDI/dt = a_2 OFDI + b_2 OFDI^2 + c_2 IFDI \cdot OFDI \end{cases} \tag{1}$$

式中，IFDI 和 OFDI 分别表示两个企业种群在 t 时间的直接投资数量，$IFDI^2$ 和 $OFDI^2$ 分别表示两个企业种群各自内部的演化机制，a_1 和 a_2 表示 IFDI 和 OFDI 单独存在时的增长参数，b_1 和 b_2 表示 IFDI 和 OFDI 自身的加速度参数；IFDI · OFDI 表示 IFDI 和 OFDI 共生的耦合作用变量，c_1 和 c_2 分别表示共生耦合对 IFDI 和 OFDI 产生的效应，据此划分 IFDI 和 OFDI 关系类型，如表 1 所示。

表 1 IFDI 和 OFDI 共生演化关系与模式

序号	关系类型	(c_1, c_2)	关系特征
1	双强关系	（+，+）	IFDI 与 OFDI 相互促进
2	双弱关系	（−，−）	IFDI 与 OFDI 相互抑制
3	独立关系	（0，0）	IFDI 与 OFDI 互不影响
4	强弱关系	（+，−）	IFDI 增强与 OFDI 减弱
5		（−，+）	IFDI 减弱与 OFDI 增强
6	单强关系	（+，0）	IFDI 增强 OFDI 无影响
7		（0，+）	IFDI 无影响 OFDI 增强
8	单弱关系	（−，0）	IFDI 减弱 OFDI 无影响
9		（0，−）	IFDI 无影响 OFDI 减弱

式（1）中含有线性项和非线性项，该系统作为二维非线性动态系统，可能存在一个或几个均衡解，也有可能是一条均衡曲线或混沌系统，所以只能运用数值模拟进行求解，且当初始值不同时，该模型的解可能完全不同，所以数值模拟的解是图形解。一般地，如果 I&OFDI – SDS 模型有稳定的均衡点，那么，当受外部冲击而偏离均衡状态时，I&OFDI – SDS 模型中具有逐渐回到均衡状态的恢复机制，无论初始取何值，该动态系统的模型解都会趋向于某个均衡点。I&OFDI – SDS 模型最复杂的运动情况是混沌运

动，对初始条件变化比较敏感，存在混沌吸引子。

式（1）中的待估计参数，对于微分动力系统方程，只有将其转化为离散形式才能进行计量估计，式（1）的计量模型为：

$$\begin{cases} IFDI_{t+1} = a_1 IFDI_t + b_1 IFDI_t^2 + c_1 IFDI_t \cdot OFDI_t + u_1 \\ OFDI_{t+1} = a_2 OFDI_t + b_2 OFDI_t^2 + c_2 IFDI_t \cdot OFDI_t + u_2 \end{cases} \quad (2)$$

式（2）中 u_1 与 u_2 分别表示 IFDI 和 OFDI 增长动力计量估计的残差，代表随机因素的影响。不难看出，式（2）是一个包含线性项和非线性项的计量模型。当所有非线性项不显著或者其系数为零时，该模型退化成二维一阶向量自回归模型。因此，该模型可视为向量自回归模型的非线性扩展。

四、I&OFDI – SDS 参数估计与模型图形解

（一）数据来源及说明

本文选用联合国贸发会议数据库公布的 1982～2016 年 IFDI 与 OFDI 的流量数据（单位：亿美元）为基础建立模型。从中国目前的情况看，IFDI 和 OFDI 流量渐进平衡，但存量仍处于失衡状态。联合国贸发会议（UNCTAD）《2016 年世界投资报告》显示，2015 年中国 OFDI 和 IFDI 金额分别为 1275.60 亿美元和 1356.10 亿美元，同比增长 3.6% 和 5.5%，2014 年、2015 年 IFDI 和 OFDI 流量基本平衡。从存量来看，IFDI 和 OFDI 存量差距自 2005 年以来逐渐缩小，截至 2015 年底，中国 IFDI 累计流入存量为 12209.03 亿美元，OFDI 累计流出存量为 10102.02 亿美元，两者差距 2107.01 亿美元。尤其是近年来，中国 IFDI 和 OFDI 呈现出持续共同增长态势，且 OFDI 在 2016 年首次超越 IFDI（见图 1）。从形态上看，中国 IFDI 和 OFDI 可能是相互促进的关系，至少是单强关系。

（二）平稳性检验

在计量模型建模时要求所有的变量都需具有相同的单整阶数，而观察表明，图 1 的中国 IFDI 和 OFDI 数据呈现出较强的非平稳性特征，明显是具有单位根的生成过程，仍须进一步对 IFDI 和 OFDI 的非平稳性进行检验。表

2 的结果显示，所有的变量的一阶差分都是不单整的，二阶差分后所有的变量都是二阶单整，变量的所有线性与非线性项都可以进入模型。

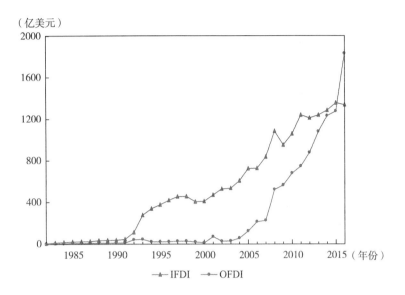

图 1 1982~2016 年中国 IFDI 与 OFDI 发展趋势

表 2 变量的平稳性检验

阶数	变量	检验方程 （C，T，K）	ADF 统计量值	临界值 （5%）	结果
一阶	$\Delta IFDI_t$	（C，T，4）	-1.1990	-3.5628	有单位根
	$\Delta OFDI_t$	（C，T，2）	-2.3506	-3.5628	
	$\Delta IFDI_t^2$	（C，T，0）	-1.4566	-3.5529	
	$\Delta OFDI_t^2$	（C，T，5）	-1.9800	-3.5806	
	$\Delta (IFDI_t \cdot OFDI_t)$	（C，T，1）	-1.3129	-3.5577	
二阶	$\Delta^2 IFDI_t$	（C，T，0）	-8.5764	-3.5577	无单位根
	$\Delta^2 OFDI_t$	（C，T，0）	-8.7200	-3.5577	
	$\Delta^2 IFDI_t^2$	（C，T，0）	-6.4417	-3.5577	
	$\Delta^2 OFDI_t^2$	（C，T，0）	-9.2093	-3.5577	
	$\Delta^2 (IFDI_t \cdot OFDI_t)$	（C，T，0）	-9.5694	-3.5577	

注：检验形式（C，T，K）分别表示 ADF 方程中的常数项、时间趋势和滞后阶数，由 AIC 准则自动确定，△表示差分算子。

（三）I&OFDI – SDS 模型参数估计

建模时将不显著的变量进行剔除，得到模型估计参数和 t 值（见表3）。I&OFDI – SDS 模型中两个方程的 R^2 分别是 0.9679 和 0.9779，对于原数据的拟合效果较好，具有较好的解释能力；模型中各变量的参数估计值均通过了 5% 的显著性水平检验，DW 值为 2.0618 和 2.2338，DW 值接近 2，表明两个回归模型不存在序列自相关。

表3 参数估计

变量	$IFDI_{t+1}$		$OFDI_{t+1}$	
	(1)		(2)	
	参数估计	t 统计量	参数估计	t 统计量
$IFDI_t$	1.1913	19.1357	$-0.4.77 \times 10^{-4}$	-2.7284
$OFDI_t$				
$IFDI_t^2$	-1.35×10^{-4}	-2.3443		
$OFDI_t^2$				
$IFDI_t \cdot OFDI_t$			1.373×10^{-3}	9.20556
u	u_1		u_2	
R^2	0.9779		0.9679	
DW	2.2338		2.0618	

由于表3中模型（1）和模型（2）的变量是非平稳变量，它们之间是否存在长期的协整关系对于 I&OFDI – SDS 模型至关重要，还需对模型（1）和模型（2）的残差进行 EG 平稳性检验，从表4可以看到，在 MacKinnon 5% 临界值的水平下，其方程组的残差全部通过检验，u_1 和 u_2 为平稳的变量。这说明 I&OFDI – SDS 模型是非线性协整动力系统，表明我国 IFDI 与 OFDI 存在长期非线性均衡关系。

表4 计量模型残差检验

变量	检验方程	Adj. R^2	DW	AIC	ADF	临界值（5%）
u_1	(C, T, 0)	0.5306	2.0601	11.4129	-6.1773	-3.5529
u_2	(C, T, 0)	0.5335	1.7801	11.7524	-6.1692	-3.5529

将表3中的离散模型转换成函数关系。于是，经过数学变形可以得到 I&OFDI - SDS 模型：

$$
\begin{cases}
dIFDI/dt = 0.1913IFDI - 1.35 \times 10^{-4}IFDI^2 \\
dOFDI/dt = -OFDI - 4.77 \times 10^{-4}OFDI^2 + 1.373 \times 10^{-3}IFDI \cdot OFDI
\end{cases} \tag{3}
$$

式（3）为一个二维二阶的非线性动力系统，且两个方程表现出的动态传导机制具有不对称的特点。dIFDI/dt 方程表明，IFDI 的发展演化仅受到自身的发展的影响，并未受到来自 OFDI 耦合作用的影响；dOFDI/dt 方程表明，OFDI 的发展演化不仅与自身的发展相关，还受到来自 IFDI 的正向耦合作用。这说明，I&OFDI - SDS 机制中 IFDI 是自我演化的，而 OFDI 除自我演化外，还受 IFDI 耦合机制的驱动。显然，IFDI 是 IFDI 与 OFDI 共生演化系统的驱动力，对比表1，IFDI 与 OFDI 共生模式为单强共生模式。也就是说，IFDI 对 OFDI 演化起推动作用，而 OFDI 对 IFDI 的演化无关，而 OFDI 对 IFDI 有寄生性，OFDI 与 IFDI 耦合作用对 OFDI 演化具有决定性作用。

当然，I&OFDI - SDS 机制不是理想的机制。从 dIFDI/dt 的方程看，IFDI 演化机制中具有其平方项（$IFDI^2$）的阻碍作用，IFDI″小于零，IFDI 负加速演化。解 dIFDI/dt = 0 得，$IFDI^* = 1417$ 亿美元，2016 年，中国 IFDI 为 1337 亿美元，2017 年为 1310 亿美元，已接近 $IFDI^*$，即将进入减速增长区，有可能出现负增长。而 dOFDI/dt 的方程，表明 OFDI 一直受 OFDI 及其平方项（$OFDI^2$）阻碍，但随着 OFDI 与 IFDI 成长，两者的 IFDI · OFDI 项日益扩大，克服了 OFDI 自身阻力获得增长。因此，从式（3）看，OFDI 超过 IFDI 是必然的结果，当 IFDI 超过环境容量后，由于自身的拥塞作用，进入低增长区，甚至是负增长也是必然的，以此通耦合机制削弱对 OFDI 的推动力。

（四）I&OFDI - SDS 模型均衡解与稳定性

对于动力系统模型，其可能会存在均衡点，也可能不存在均衡点。当其存在均衡点时，其可能是稳定的均衡点，也可能是非稳定的均衡点。当其不存在均衡点时，其就是一个混沌系统。而对于现实中的 IFDI 和 OFDI 在经济系统中是可以相互影响的，所以此系统存在稳定的均衡点。如果其存在稳定的均衡点，那么无论其在均衡点附近取任何值，系统都会收敛到此均衡点，并将此稳定的均衡点称为点吸引子。如果此吸引点是一个强吸引点，那么系统被吸引并最终固定于某一稳定状态的速度越快，故其收敛速度也就越快。

当 dOFDI/dt = dIFDI/dt = 0 时，在 I&OFDI – SDS 模型均衡点 E（OFDI，IFDI）为（1982.37，1417.04）。E 点是一具稳定的吸引子，I&OFDI – SDS 从不同的初始点出发，均向 E 点运动，如图 2 所示。

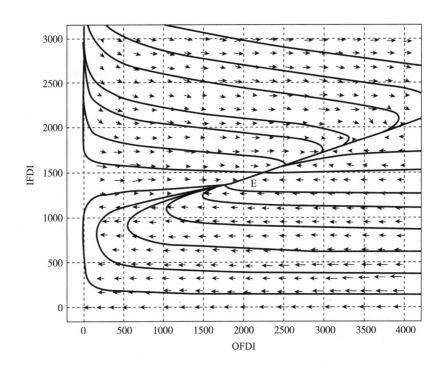

图2　I&OFDI – SDS 的相图

五、I&OFDI – SDS 模型的冲击实验与传导响应

在没有任何外部冲击的情况下，I&OFDI – SDS 会从不同的初始值趋向于均衡点。但由于 IFDI 是引起 I&OFDI – SDS 演化的主导力量，当 IFDI 受到外部冲击时，其会打破 I&OFDI – SDS 内稳态机制，演化路径会发生改变。

（一）初始点冲击与传导响应

在没有任何外部冲击的情况下，I&OFDI – SDS 模型动力系统会从不同的初始值趋向于均衡点。但当该动力系统受到外部冲击时，其均衡点可能会随着外部冲击而发生改变，均衡点的偏移大小和偏移时长也将会受到外部冲击力的影响，持续性的外部冲击将会导致该系统的均衡点可能就不再是一点，而是一条均衡路径。为了得到此方程的均衡解，选取了三个初始点 A（26，400）、B（500，1000）、C（2200，2000），通过数值计算求解 I&OFDI – SDS 的演化路径。虽然 IFDI 赋予三个不同的初始点，但经过一段时间后（30 年）其演化路途趋向 1417 线（见图 3）。同样地，OFDI 也从三个不同的初始点，经过一段时间后（30 年）其演化路途趋向 1982 线，如图4 所示。

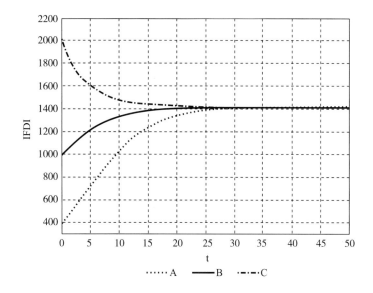

图3 不同初始点的 IFDI 演化路径

对比图 3 和图 4 可以看出，IFDI 和 OFDI 的演化路径受均衡点所支配，使不同初始点出发各自相轨线都趋向于不动点吸引子，这表明该 I&OFDI – SDS 具有内稳态机制，同时表明 I&OFDI – SDS 对初始值的冲击变化不敏感，是一个确定性系统。当然，IFDI 和 OFDI 趋向均衡点的演化也有较大差异。这表明 I&OFDI – SDS 演化的初始点不同，趋向均衡点演化路径明显不同，在均衡点的吸引下殊途同归（见图 5）。值得一提的是，2016 年中国 OFDI 与 IFDI 的实际值（1831，1337），与均衡点非常接近，这表明 OFDI 与 IFDI

即将到达现阶段的均衡点，其增长动力开始减退。

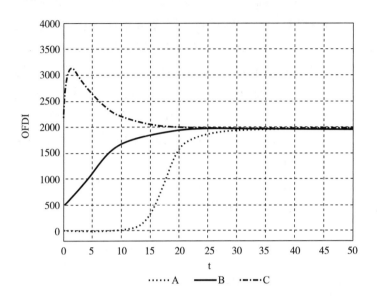

图 4　不同初始点的 OFDI 演化路径

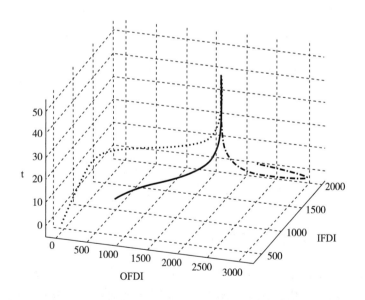

图 5　I&OFDI – SDS 对不同初始点的响应路径

（二）单点冲击与传导响应

基于表3计量模型，将对 IFDI 进行一个衡量冲击，以此来考察 I&OFDI - SDS 变化。若对 IFDI 施加一个正 50 单位的均衡冲击时，IFDI 将会缓慢地上升，直至到达均衡点 E 的上方，虽在前期均衡波动较大，但形成的新均衡点与原均衡点变化不大，而 OFDI 通过传导机制对于该冲击的响应较大，进而达到更高的新均衡点（见图6）。若对 IFDI 施加一个单点负 50 单位的均衡冲击时，IFDI 将会缓慢下行，并在均衡点 E 的下方形成新的均衡点，而 OFDI 将会以更快的速度下行，甚至下降到 IFDI 的新均衡点以下（见图7）。可见，在传导机制的作用下，对 IFDI 施加正负单点 50 单位的均衡冲击时，OFDI 比 IFDI 更加敏感，响应幅度更大。

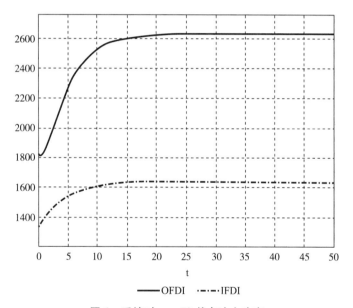

图6   系统对 u_1 +50 单点冲击响应

（三）持续冲击与传导响应

对表3计量模型中的 IFDI 进行一个持续增加的冲击，以考察 I&OFDI - SDS 对持续增强或减弱引力的响应。若对 IFDI 施加一个正 5t 的持续递增冲击时，IFDI 会不断地缓慢上升，且在此时没有稳定的均衡点，而是一条缓慢的均衡上升路径，而 OFDI 则以加快甚至翻倍的速度在上升，形成一条加速稳定上升的均衡路径（见图8）。这说明当政府实施某项促进 IFDI 的政策时，将促进 IFDI 的缓慢增长和 OFDI 的快速增长。若对 IFDI 施加一个负 5t 的持续递减冲击时，IFDI 将会快速持续下降，OFDI 对于 IFDI 的持续性负冲击更加敏感，将会更加快速持续地下降，如图9所示。

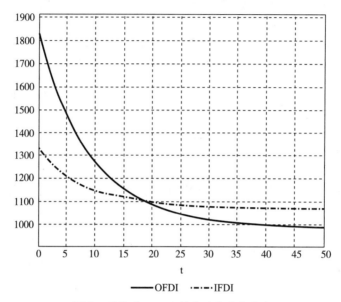

图7　系统对 $u_1 - 50$ 单点冲击冲击响应

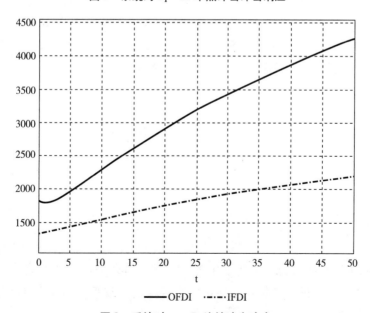

图8　系统对 $u_1 + 5t$ 连续冲击响应

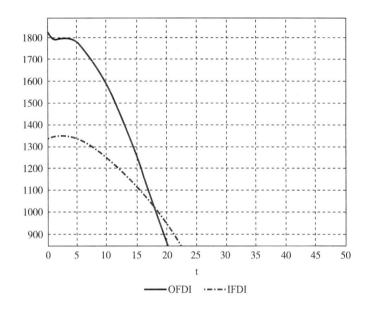

图9 系统对 $u_1 - 5t$ 连续冲击响应

对 I&OFDI – SDS 进行冲击试验中，可以发现，无论对 IFDI 施加均衡正负冲击，还是递增减型持续冲击，IFDI 与 OFDI 都会随冲击方向而变化。相对而言，OFDI 对冲击的响应更大，赋予 IFDI 的任何冲击，OFDI 都将以较快的速度发生大幅度的变化。同时也可看出，宏观调控政策效应与 IFDI 的政策指向有关，对 IFDI 进行激励政策，是比较可行的，也能取得较好的效果，因此要打破增长稳态并获得两个开放大局齐发展就应将政策重心放于IFDI 上。

六、结论与政策含义

本文通过对 IFDI 和 OFDI 建立共生动力系统模型（I&OFDI – SDS），识别出 IFDI 与 OFDI 存在偏利共生发展的演化模式，且 IFDI 通过耦合机制对OFDI 产生促进作用，也是两者互动发展的主导推动因素。通过数值模拟显示，OFDI 与 IFDI 能通过共生演化机制对 IFDI 冲击有明显的响应，OFDI 响应更加强烈，为进一步优化双向国际直接投资的政策方向、力度和战略布局提供参考。

研究表明，目前中国 IFDI 与 OFDI 实际值即将到达到稳态值附近，将会受到均衡点的阻滞，更重要的是 IFDI 将进入减速度区域，增长放慢，甚至会出现负增长，给自身与 OFDI 持续增长带来不利影响。因此，为统筹两个开放大局齐发展，中国应该采取相应的政策促进 IFDI 继续流入，以打破稳定状态，达成 IFDI 与 OFDI 增长一致性和同步性。首先，中国必须重视并引导 IFDI 与 OFDI 流动的合理布局，注重引入外资，出台吸引外资的相关政策，逐步减少外资限制性措施，放宽部分行业的外资准入限制，进一步扩大鼓励政策范围。贯彻实施商务部修改后的《外商投资企业设立及变更备案管理暂行办法》，将不涉及国家规定实施准入特别管理措施的外商投资企业设立及变更事项，由审批改为备案管理，不断扩大对外开放积极利用外资。其次，目前应以改善投资和市场环境、以扩大对外开放为主，尽快在全国推行在自贸试验区试行过的外商投资负面清单，制定新的外资基础性法律，对外商投资管理体制进行改革。同时，完善营商环境法治化、国际化、便利化使之更规范、更透明、更公平。总之，在加强对外投资鼓励企业"走出去"的同时，应更加重视引进外资的促进作用，只有给予 IFDI 连续的促进力，才能打破现有的内在稳定性，有效促进中国 IFDI 与 OFDI 共生发展，统筹推进两个开放大局的发展。

当然，随着国际双向投资的进一步发展，在国际投资环境变化和国内自主创新和技术进步的推动下，IFDI 与 OFDI 的演化模式和路径也会发生变化，应根据中国经济的发展事实对国际双向投资的战略布局进行相应的调整。

参考文献

［1］刘红忠. 中国对外直接投资的实证研究及国际比较［M］. 上海：复旦大学出版社，2001.

［2］高敏雪，李颖俊. 对外直接投资发展阶段的实证分析——国际经验与中国现状的探讨［J］. 管理世界，2004（1）.

［3］李辉. 经济增长与对外投资大国地位的形成［J］. 经济研究，2007（2）：47.

［4］梁军，谢康. 中国"双向投资"的结构：阶段检验与发展趋势［J］. 世界经济研究，2008（1）.

［5］张纯威，石巧荣. 中国对外直接投资规模演进路径［J］. 金融经济学研究，2016（1）：13.

［6］王碧珺. 中国对外直接投资的理论、战略与政策［M］. 北京：经济管理出版

社，2016.

[7] 黄益平. 对外直接投资的"中国故事"[J]. 国际经济评论，2013（1）.

[8] 李春根，鲍少杰. 对外直接投资、"走出去"企业与税收扶持[J]. 当代经济管理，2010，32（12）.

[9] 李磊，冼国明，包群. "引进来"是否促进了"走出去"？——外商投资对中国企业对外直接投资的影响[J]. 经济研究，2018（3）.

[10] 杨先明，伏润民，赵果庆. 经济发展阶段与国际直接投资的效应[J]. 世界经济与政治，2004（4）.

[11] 赵果庆. 中国 FDI 双重集聚与效应[M]. 北京：中国社会科学出版社，2015.

[12] 陈涛涛，潘文卿，陈晓. 吸引外资对于对外投资能力的影响研究[J]. 国际经济合作，2011（5）.

[13] 潘文卿，陈晓，陈涛涛，顾凌骏. 吸引外资影响对外投资吗？——基于全球层面数据的研究[J]. 经济学报，2015（3）.

[14] 蒋殿春，张宇. 经济转型与外商直接投资技术溢出效应[J]. 经济研究，2008（7）.

[15] 黄远浙，钟昌标，俞峰. 行业间外资进入速度对内资企业绩效的影响分析[J]. 国际贸易问题，2014（3）.

[16] 张晓峒. 计量经济学基础（第 3 版）[M]. 天津：南开大学出版社，2007.

[17] 龚六堂，苗建军. 动态经济学方法（第 2 版）[M]. 北京：北京大学出版社，2012.

[18] Dunning B. J. H., Narula R. Foreign Direct Investment and Governments：Catalysts for Economic Restructuring [J]. Economic Review, 1998（1）：7 – 14.

[19] Dunning, John H., Hoesel, et al. Explaining the "new" Wave of Outward FDI from Developing Coountries：The case of Taiwan and Korea [J]. Research Memorandum, 1996（1）：7 – 9.

[20] Dicken P. Global Shift：Mapping the Changing Contours of the World Economy [M]. New York：SAGE Publications Ltd., 2010.

[21] Yao S., Wang P., Zhang J., et al. Dynamic Relationship between China's Inward and outward Foreign Direct Investments [J]. China Economic Review, 2016（40）：54 – 70.

[22] Nam K. M., Li X. Out of Passivity：Potential Role of OFDI in IFDI – based Learning Trajectory [J]. Industrial & Corporate Change, 2013, 22（3）：711 – 743.